हड़प्पा सभ्यता की निरंतरता

हड़प्पा सभ्यता की निरंतरता

सुनील कुमार झा

रिसर्च इंडिया प्रेस
नई दिल्ली

ISBN : 978-81-89131-39-5

प्रथम संस्करण : 2013

प्रकाशक :
रिसर्च इंडिया प्रेस
ई-6/34, संगम विहार
नई दिल्ली-110062
दूरभाष : 011-26047013, मोबाइल : 9818085794
E-mail: researchindiapress@yahoo.co.in

टाईपसेटिंग
जी. आर. शर्मा
मो. : 9968281826

पूज्य गुरु वर
डॉ. बुद्ध रश्मि मणि
भारतीय पुरातत्व सर्वेक्षण
को
सादर समर्पित

विषय-सूची

पुरोवाक्

भारतीय संस्कृति के आधारभूत तत्वों के निर्माण में हड़प्पा सभ्यता का महत्वपूर्ण योगदान है। निरन्तर प्रवाहमान भारतीय संस्कृति के मूल तत्व की जड़ें हड़प्पा सभ्यता के प्रारम्भिक चरण के पूर्व भी जाती हैं, किन्तु उनका स्पष्ट प्रस्फुटन इसके विकसित नगरीय चरण मे ही दशष्टिगोचर होता है। लगभग आधी सहस्राब्दी तक सतत प्रवाहमान सांस्कृतिक धारा एक अत्यन्त विस्तश्त भूखण्ड को अबाध रूप से आप्लावित करती रही। इस संस्कृति के मूल तत्व इस पूरे क्षेत्र में इतने गहरे तक समाये कि इनकी प्रतिध्वनि सदियों तक सुनाई देती रही। ऐसी विशाल एवं समृद्ध सभ्यता का अवसान एकाएक हो जाय यह कदाचित सम्भव नहीं है। कालान्तर में अस्तित्व में आयी अन्य संस्कृतियों में भी हड़प्पा सभ्यता के अनेकानेक तत्व स्पष्टतः दृष्टिगत होते हैं। इसी विषय को ध्यान में रखकर हड़प्पा सभ्यता का अन्य संस्कृतियों में निरन्तरता दिखाने का प्रयास प्रस्तुत पुस्तक में किया गया है। समय के थपेड़ों ने सांस्कृतिक आयाम एवं उनके मूल स्वरूप को भले ही परिवर्तित कर दिया हो पर गहराई में पैठने पर उन्हें पहचानना सम्भव है। इस सभ्यता के भौतिक जीवन की प्रतिध्वनि उत्खनित पुरा–सामग्रियों में स्पष्टतः सुनाई देती है। विभिन्न धार्मिक मान्यताएं कालान्तर में प्रचलित देखी जा सकती हैं। आज की भारतीय संस्कृति में भी हड़प्पा सभ्यता के विभिन्न तत्वों का स्पष्ट प्रभाव दशष्टिगत है। जन–जन में व्याप्त नमस्कार की मुद्रा सैन्धव–सरस्वती क्षेत्र से प्राप्त मृण्मूर्तियों में आसानी से देखी जा सकती है। लिंगोपासना के स्पष्ट साक्ष्य विभिन्न पुरास्थलों के उत्खननों से प्राप्त हुए हैं। आँगनयुक्त गृह–संयोजना तीसरी सहस्राब्दी से आधुनिक युग तक देखी जा सकती है। इस तरह का नैरन्तर्य हमें सहज ही प्रभावित करता है। ऐसी ही निरन्तरता हमें कला, वास्तु, अन्त्येष्ठि संस्कार आदि में भी दिखाई देती है। सम्भव है कि वे अपने मूलरूप से परिवर्तित होकर नवीन रूप में प्रचलन में आई हों। इस तरह भारतीय संस्कृति के मूल स्वरों में सांस्कृतिक निरंतरता की पश्ष्ठभूमि सिंधु–सरस्वती सभ्यता से तैयार होती दिखती है।

डॉ. सुनील कुमार झा की पुस्तक 'हड़प्पा सभ्यता की निरंतरता' में विशेष रूप से हड़प्पा सभ्यता एवं अन्य संस्कृतियों के विभिन्न पुरास्थलों से प्राप्त पुरावशेषों एवं मृद्भाण्डों का विवरण प्रस्तुत करते हुए विभिन्न सांस्कृतिक तत्वों की निरंतरता को निरूपित करने का प्रयास किया गया है। हड़प्पा सभ्यता की समुचित नगर नियोजन व्यवस्था, कृषि, पाषाण, अस्थि, हाथी दाँत, मृत्तिका शिल्प एवं धातु निर्मित वस्तुओं में अंतर्निहित निरंतरता को दर्शाने का सुन्दर प्रयास हुआ है। मृद्भाण्डों की बनावट,

आकार–प्रकार, चित्रण, अलंकरण आदि के आधार पर भी हड़प्पा सभ्यता के तत्वों की निरंतरता को निरूपित करने का सफल प्रयास किया गया है। कला एवं शिल्प की अनेकानेक कृतियों में प्रतिबिम्बित विशेषताओं को साहित्यिक साक्ष्यों के साथ सुमेलित करने का अच्छा प्रयास लेखक द्वारा किया गया है। डॉ0 झा ने प्राचीन साहित्यिक व धार्मिक ग्रन्थों से प्राप्त साक्ष्यों के आलोक में इस सभ्यता के सामाजिक, आर्थिक एवं धार्मिक जीवन के विभिन्न पक्षों एवं महत्वपूर्ण सांस्कृतिक तत्वों के निरन्तरता को रेखांकित करने का उत्कृष्ट प्रयास किया है। आशा है कि यह पुस्तक जिज्ञासु पाठको, विद्वानों एवं छात्रों के लिये बहुत उपयोगी सिद्ध होगी।

प्रोफेसर विभा त्रिपाठी
प्राचीन भारतीय इतिहास, संस्कृति एवं पुरातत्त्व
काशी हिन्दू विश्वविद्यालय
वाराणसी–221 005, भारत

आभार

"हड़प्पा सभ्यता की निरंतरता" विषयक ग्रंथ प्रस्तुत करते हुए संतोष की अनुभूति कर रहा हूँ। यद्यपि मैंने प्रतिपाद्य विषय को साक्ष्य सम्मत एवं विद्वानों के विश्लेषणों का अध्ययन कर यथा संभव सुग्राह्य बनाने का प्रयास किया है, तथापि इस कार्य में मुझे किस सीमा तक सफलता मिली है, इसका निश्चय मैं स्वयं नहीं कर सकता। प्रस्तुत विषय के लिये प्रमुख प्रमाणिक ग्रंथों, भारतीय पुरातत्त्व सर्वेक्षण द्वारा प्रकाशित वार्षिक प्रतिवेदन पुरातात्त्विक उत्खनन प्रतिवेदन एवं शोध लेखों को आधार बनाकर ग्रंथ के कार्य को सम्पन्न किया है।

परम् पूज्य गुरूवर डॉ. बुद्ध रश्मि मणि, संयुक्त महा–निदेशक, भारतीय पुरातत्त्व सर्वेक्षण, नई दिल्ली ने वैदुष्यपूर्ण विषय चयन से लेकर कार्यावसान पर्यन्त शोध कार्य को सरल बनाया है, जिसका प्रति फल प्रस्तुत ग्रंथ है। अस्तु ग्रंथ की सम्पन्नता का सम्पूर्ण श्रेय गुरूवर को ही है। उनकी इस महान कृपा का आभार शब्दों द्वारा प्रकट कर सकना मेरे लिए संभव नही है। अतः उनके प्रति मूक सहृदय प्रणति निवेदन ही लेखक की स्नेह एवं श्रद्धा की चरम सीमा है।

परम् विदुषी गुरु प्रो. विभा त्रिपाठी, काशी हिन्दू विश्वविद्यालय ने इस ग्रंथ के प्रणयन में अनेकों महत्वपूर्ण सुझाव ही नहीं वरण पुरोवाक्य भी लिख कर अनुग्रहित कीं एवं विषय की महत्ता को दर्शाया है, मैं अंतःकरण से उनके प्रति सहृदय आभार व्यक्ति करता हूं।

परम् आदरणीय डा. रविन्द्र सिंह विष्ट, संयुक्त महानिदेश (पूर्व), भारतीय पुरातत्व सर्वेक्षण ने अपने अगाध हड़प्पा सभ्यता की ज्ञान में से अनेकों प्रकार की जानकारी व उक्त संस्कृति का उन्मय संस्कृतियों से संबंध को बारिकी से समझाया। उनके विद्वतपूर्ण सुझाव इस पुस्तक के प्रणयन में महत्वपूर्ण साबित हुआ। अतः गुरूवर का मैं हृदय से आभारी हूं।

परम् श्रद्धेय गुरूवर प्रो. (डॉ.) देवी प्रसाद तिवारी, प्राचीन भारतीय इतिहास एवं पुरातत्त्व विभाग, लखनऊ विश्वविद्यालय, की महती कृपा एवं महत्वपूर्ण दिशा निर्देशों के लिए अंतःकरण से ऋणी हूँ।

इस ग्रंथ के सम्पादन में लब्ध प्रतिष्ठ विद्वानों ने अपने अमूल्य सुझाव एवं प्रोत्साहन दिये उन में परम् आदरणीय श्री डी. आर. गहलोत संयुक्त महानिदेशक, डॉ. अमरेन्द्र नाथ, निदेशक (अ.प्र.), डा. उर्मिला संत निदेशक, भारतीय पुरातत्व सर्वेक्षण नई दिल्ली, प्रो. सीताराम दुबे, काशी हिन्दू विश्वविद्यालय, वाराणसी, श्री ए. के. खन्ना, श्री पी. एल. मीणा, श्री के. अमरनाथ रामकृष्ण, श्री अजय श्रीवास्तव, श्री आर. के. वर्मा, श्री मनोज कुमार जोशी, डॉ. पीयूष भट्‌ट, डॉ. वीरेन्द्र कुमार, डॉ. प्रभाकर

उपाध्याय, डॉ. हरिओम शरण, डॉ. सर्जुन प्रसाद, श्रीमती रे के साथ कई अन्य विद्धानों ने भी अपने बहुआयामी सहयोग एवं महत्वपूर्ण सुझाव दिये। अतः इन सभी विद्धानों का मैं अत्यन्त आभारी हूँ।

डॉ. सैयद जमाल हसन का मैं अन्तःकरण से आभारी हूँ जिन्होंने मुझे महत्वपूर्ण सुझाव देकर हर स्तर पर प्रोत्साहित किया है। इसी क्रम में डॉ. संजय कुमार मंजुल, श्री मदन सिंह चौहान, डॉ. अरविन मंजुल एवं श्री नवरत्न पाठक के प्रति कृतज्ञ हूँ, जिनके द्वारा मुझे हमेशा प्रेरणा मिलती रही है। अग्रज श्री मनोज सक्सेना के अमूल्य सहयोग को मै शब्दों में व्यक्त नहीं कर सकता, फिर भी उनके प्रति आभार व्यक्त करना अपना कर्तव्य समझता हूँ।

मैं विशेष रूप से अपने अनुज समान डॉ. बृजेश रावत, रायबरेली, डॉ. मुकेश कुमार मिश्र, लखनऊ, श्री बीरी सिंह, आगरा, श्री अमरेन्द्र कुमार का उल्लेख करना चाहता हूँ जिन्होनें इस ग्रंथ के संकलन एवं कार्य को पूर्ण कराने में महत्वपूर्ण भूमिका निभायी है, आप सभी का सह्रदय से आभारी हूँ।

उन समस्त ग्रंथकारों एवं निबंधकारों जिनका उल्लेख मेरे द्वारा किया गया और इनकी उस सामग्री ने हमारे विषय–बोध को जागृत किया तथा ग्रंथ के सम्पादन में अति महत्वपूर्ण माध्यम बना, उनका मैं सहस्र कोटि ऋणि हूँ।

इस ग्रंथ के लिए आवश्यक सामग्री के संकलन में विभिन्न पुस्तकालयों एवं शोध संस्थानों यथा– केन्द्रीय ग्रथांलय भारतीय पुरातत्त्व सर्वेक्षण, नई दिल्ली, पुरातत्व संस्थान पुस्कालय, भारतीय पुरातत्त्व सर्वेक्षण, लाल किला नई दिल्ली, दिल्ली मण्डल पुस्तकालय, भारतीय पुरातत्त्व सर्वेक्षण, सफदर जंग, नई दिल्ली, भारतीय इतिहास अनुसंधान परिषद पुस्तकालय, फिरोजशाह रोड, नई दिल्ली, इन्दिरा गाँधी कला केन्द्र ग्रंथालय, नई दिल्ली, भारतीय अध्ययन केन्द्र, भारतीय अध्ययन केन्द्र अमेरिकन संस्थान पुस्तकालय, गुड़गांव, हरियाणा, भारतीय पुरातत्त्व परिषद पुस्तकालय, कटवरिया सराय, नई दिल्ली की सहायता ली। अतः इन सभी संस्थानों के अध्यक्षों, निदेशकों तथा कर्मचारियों के सहयोग के लिए मैं अत्यन्त आभारी हूँ।

शोध कार्य हेतु आर्थिक सहायता के रूप में महत्वपूर्ण सहयोग के रूप में भारतीय इतिहास अनुसंधान परिषद (ICHR), नई दिल्ली से जूनियर रिसर्च फेलोशिप (J.R.F) मिली जिसके लिए मैं परिषद का अत्यन्त आभारी हूँ।

पूज्य माता श्रीमती फूलदेवी, पूज्य पिता श्री धनेश्वर झा, अग्रज श्री चिरंजीव झा एवं श्री विरेन्द्र झा ने मुझे इस योग्य बनाया तथा इस कार्य के सम्पादन में मेरी धर्मपत्नी श्रीमती सुमन झा से बड़ा सहयोग एवं संबल मिला, साथ ही उनकी माता श्रीमती वीणा देवी एवं पिता श्री विश्वनाथ झा का आशीर्वाद मेरे इस कार्य से जुड़ा रहा। अतः मैं अपने सम्पूर्ण परिवार के प्रति सस्नेह वंदनीत हूँ।

इस कार्य प्रकाशन में रिसर्च इंडिया प्रेस के श्री सुमन पाठक का आभारी हूँ। जिन्होनें इस ग्रंथ को बड़ी कुशलता से प्रकाशित किया है। साथ ही टाईपसैटिंग के लिए श्री जी. आर. शर्मा का भी आभारी हूं।

अत्यन्त सावधानियाँ बरतने के बावजूद भी अनेक त्रुटियाँ अवश्य ही रह गई होगीं, अस्तु मैं विनम्र क्षमा प्रार्थी हूँ।

दशहरा, 2010 विनयावनत्

सारनाथ, वाराणसी सुनील कुमार झा

आमुख

सभ्यता का तात्पर्य ऐसे व्यवस्थित मानवीय समाज से है जो सुनियोजित और सुसंगठित हो तथा वह अपनी निजी विशेषताओं द्वारा पहचानी जाती हो। भारत के इतिहास में इसी तरह की एक सभ्यता आज से पाँच हजार वर्ष पूर्व सिन्धु नदी की घाटी में विद्यमान थी, जिसे हड़प्पा सभ्यता या सिन्धु सभ्यता कहा जाता है।

हड़प्पा सभ्यता भारत वर्ष का गौरवमय अतीत ही नहीं बल्कि विश्व की तत्कालीन चार सभ्यताओं में से एक रही है। इस महान् विस्तृत वैभवपूर्ण नगरीय सभ्यता का अवसान कैसे हुआ? क्या हड़प्पा काल में इसके अतिरिक्त अन्य संस्कृतियों का अस्तित्व भारत वर्ष में रहा या नहीं? यह विस्तृत सभ्यता किस रूप में परिवर्तित हुई? ये विषय अत्यन्त महत्वपूर्ण हैं। विद्वानों के इस संदर्भ में भिन्न–भिन्न मत हैं। इतनी समृद्ध सभ्यता का अवसान होने के बाद इसके अंश या प्रभाव परवर्ती संस्कृतियों पर नहीं पड़ा होगा, यह युक्ति संगत प्रतीत नहीं होता। विगत कुछ वर्षो में पुरातात्विक क्षेत्र में काफी कार्य किया गया है, जिसके आधार पर हड़प्पा सभ्यता की निरंतरता और उत्तरजीवितता (Continuity and Survival) के विषय में अनेक महत्वपूर्ण साक्ष्यों का संकलन हो सका है।

यह ग्रन्थ कुल सात अध्यायों में विभाजित है जिसके अध्याय एक, भूमिका में हड़प्पा सभ्यता के विषय में संक्षिप्त विवरण प्रस्तुत किया है। साथ ही इस सभ्यता की भौगोलिक स्थिति एवं क्षेत्र विस्तार का विवरण प्रस्तुत है। भौगोलिक स्थिति के विषयानुसार उक्त क्षेत्र में स्थिति नदियाँ, वातावरण, जीवजन्तु आदि के विषय में संक्षिप्त उल्लेख किया गया है। इस अध्याय में हड़प्पा सभ्यता की समकालीन नवपाषाण संस्कृति, ताम्रपाषाण संस्कृति, गैरिक मृद्भाण्ड संस्कृति, काले एवं लाल मृदभाण्ड संस्कृति एवं चित्रित धूसर संस्कृति के विषय में भी संक्षिप्त विवरण उल्लिखित है। इसी अध्याय में स्रोत–सामग्री के रूप में पुरातात्विक अवशेषों एवं साहित्यिक उल्लेखों से संदर्भित ग्रंथों का सहयोग लिया गया है। पुरातात्विक स्रोतों के रूप में भारत में उत्खनित पुरास्थलों से प्राप्त पुरावशेषों का विवरण प्रस्तुत किया गया है। साहित्यिक स्रोत के अन्तर्गत वैदिक साहित्य, अष्टाध्यायी, अर्थशास्त्र, महाकाव्यों के विवरणों को लिया गया है। जो इस सभ्यता के विभिन्न तत्वों को प्रदर्शित करते हैं।

अध्याय–दो : हड़प्पा सभ्यता के अन्वेषित पुरास्थल' एवं उत्खनित में इस काल के उत्खनित महत्वपूर्ण स्थलों का विवरण प्रस्तुत है। यथा– प्राक् हड़प्पा काल, विकसित हड़प्पा काल एवं उत्तरवर्ती या अन्त हड़प्पा काल, साथ ही हड़प्पा कालीन अन्वेषित पुरास्थलों का उल्लेख भी है।

अध्याय–तीन : 'हड़प्पा सभ्यता की समकालीन एवं परवर्ती संस्कृतियां' में हड़प्पा सभ्यता के समकालीन एवं बाद की संस्कृतियों से संबंधित उत्खनित कुछ महत्वपूर्ण पुरास्थलों का विवरण प्रस्तुत किया है। यथा– नवपाषाणकाल, ताम्रपाषाण काल, गैरिक वर्णीय एवं ताम्र निधि मृदभाण्ड काल, कृष्ण–लोहित एवं कृष्ण–लेपित मृद्भाण्ड काल और चित्रित धूसर मृद्भाण्ड काल के साथ ही इन कालों के अन्वेषित पुरास्थलों का उल्लेख है।

अध्याय–चार : 'पुरावशेषों के आधार पर हड़प्पा सभ्यता का अन्य संस्कृतियों से सम्पर्क एवं निरंतरता' में पुरावशेषों के आधार पर हड़प्पा सभ्यता के पुरावशेषों एवं अन्य संस्कृतियों से प्राप्त पुरावशेषों में कौन–कौन से तत्वों यथा– भौगोलिक परिवेश, नदियाँ, जीव–जन्तु, मृण्मूर्तियों एवं अस्थियों के आधार पर समानता, खान–पान, रहन–सहन, वेश–भूषा, नगर संरचनाएं, अस्त्र–शस्त्र, आमोद–प्रमोद, खेल–कूद, धार्मिक–जीवन एवं अन्य संस्कारों आदि में समानता है, यह देखने का प्रयास किया गया है। चिन्हित समानताओं के आधार पर निरंतरता को रेखांकित किया गया है।

अध्याय–पांच : 'मृदभाण्डों के आधार पर हड़प्पा सभ्यता का अन्य संस्कृतियों से सम्पर्क एवं निरंतरता' में हड़प्पा संस्कृति से प्राप्त मृद्भाण्ड़ों का अन्य समकालीन एवं परवर्ती संस्कृतियों से प्राप्त मृद्भाण्डों की समानता के आधार पर हड़प्पा सभ्यता की उक्त संस्कृति में निरंतरता को रेखांकित किया गया है। मृद्भाण्ड़ों के निर्माण प्रक्रिया एवं तकनीक, आकार–प्रकार, रंग–रूप, चित्रण आदि के आधार पर बाद की संस्कृतियों के साथ अन्र्तसंबंध को दर्शाया गया है।

अध्याय–छ : 'साहित्य एवं परम्परा में हड़प्पा सभ्यता की सांस्कृतिक निरंतरता' से संबन्धित है। साहित्य एवं परम्परा में हड़प्पा सभ्यता की निरंतरता को खोजना इसका उद्देश्य है। इस कार्य के लिए सर्वप्रथम हड़प्पा कालीन प्राप्त पुरावशेषों का साहित्यिक विवरणों से मिलान किया गया है। प्राप्त अवशेषों एवं साहित्यिक विवरणों में कई ऐसे अवयव हैं जो दोनों संस्कृतियों में समान रूप से विद्यमान है। अतः इन दोनों के मध्य निरन्तरता को रेखांकित किया गया है। इस कार्य में जिन साहित्यों के विवरण को हड़प्पा सभ्यता के पुरा अवशेषों से मूल्यांकन किया गया है उनमें वेद, वेदांग, अष्टाध्यायी, महाकाव्य, अर्थशास्त्र आदि प्रमुख हैं।

अध्याय–सात : 'उपसंहार' में प्रस्तुत शोध–प्रबंध के निष्कर्षों को दर्शाया गया जिनके आधार पर यह कहा जा सकता है कि हड़प्पा सभ्यता का पूर्ण अन्त न हो कर उक्त सभ्यता को कुछ परिवर्तनों के साथ परवर्ती संस्कृतियों ने अपने में आत्मसात् कर लिया।

वाराणसी

सुनील कुमार झा

फलक सूची

19. ताम्र निर्मित बरछी, सनौली, मेरठ, उत्तर प्रदेश
20. हडप्पाकालीन ताम्र निर्मित कंगन व छल्ले, फतेहाबाद, हरियाणा
21. ताम्र निर्मित बरछी, भिडाना, फतेहाबाद, हरियाणा
22. हडप्पाकालीन जुता खेत, कालीबंगा, राजस्थान
23. हल आकृति बणावली, फतेहाबाद, हरियाणा

फलक सं. 4

24. ताम्रपाषाणिक कार्बनीकृत अनाज, लहुरादेवा, संत कबीर नगर, उत्तर प्रदेश
25. ताम्रपाषाणिक कार्बनीकृत अनाज, लहुरादेवा, संत कबीर नगर, उत्तर प्रदेश
26. नवपाषाणिक अर्द्ध मूल्यवान प्रस्तर के मनकें, बुर्जहोम, कश्मीर
27. नवपाषाणिक अर्द्ध मूल्यवान प्रस्तर के मनकें, बुर्जहोम, कश्मीर
28. हडप्पाकालीन मृद्‌भाण्ड एवं मनके भिडाना, फतेहाबाद, हरियाणा
29. हडप्पाकालीन मृद्‌भाण्ड एवं मनके भिडाना, फतेहाबाद, हरियाणा

फलक सं. 5

30. हडप्पाकालीन स्वर्ण वृषभ एवं मनके, कुणाल, हरियाणा
31. अर्द्ध मूल्यवान पत्थर के मनके, मांडी, मुज्जफरनगर, उत्तर प्रदेश
32. ताम्रपाषाणिक सेलखडी, मनके लहुरादेवा संत कबीर नगर, उत्तर प्रदेश
33. हडप्पाकालीन मनके, भिडाना, फतेहरवाद, हरियाणा
34. हडप्पाकालीन अर्द्ध मूल्यवान पत्थर के मनके, सनौली, मेरठ, उत्तर प्रदेश
35. स्वर्ण ढ़क्कन, सनौली, मेरठ, उत्तर प्रदेश

फलक सं. 6

36. हडप्पाकालीन घुमावदार चूड़ियाँ, कुणाल, फतेहरवाद, हरियाणा
37. स्वर्ण आभूषण, मांडी, मुज्जफरनगर, उत्तर प्रदेश
38. अस्थि निर्मित कंघी, बुर्जहोम, कश्मीर
39. हडप्पाकालीन हाथी दाँत निर्मित कंघी, बणावल, फतेहरवाद, हरियाणा
40. हड़प्पाकालीन ताम्र निर्मित दर्पण, राखीगढ़ी, हिसार, हरियाणा
41. दर्पण, धौलावीरा, कच्छ, गुजरात

फलक सं. 7

42. हडप्पाकालीन सेलखडी मुहर, मोहनजोदड़ो, पाकिस्तान
43. मृणपात्र पर अंकित चित्र, गोण्डोसोप, यूरोप प्रथम शती ई.

फलक सं. 8

फलक सं. 9

फलक सं. 10

फलक सं. 11

69. ताम्र निर्मित पात्र, हड़प्पा, पाकिस्तान
70. अलंकृत मृद्भाण्ड, वणावली, फतेहाबाद, हरियाणा

फलक सं. 12

71. चित्रित मृद्भाण्ड, भिडाना, फतेहाबाद, हरियाणा
72. चित्रित मृद्भाण्ड, कुणाल, हरियाणा
73. अलंकृत मृद्भाण्ड, नौसेरो, पाकिस्तान
74. चित्रित धूसर मृद्भाण्ड, भगवानपुरा, फतेहाबाद, हरियाणा
75. चित्रित धूसर मृद्भाण्ड, भगवानपुरा, फतेहाबाद, हरियाणा
76. नवपाषाणिक चटाई छाप मृद्भाण्ड, बुर्जहोम, कश्मीर
77. कनिशपुर, बारामूला, कश्मीर
78. लहुरादेवा, संत कबीर नगर, उत्तर प्रदेश

अध्याय – एक

भूमिका

(अ) स्रोत-सामग्री

इस ग्रंथ के प्रणयन में मुख्यतः दो प्रकार के स्रोतों का उपयोग हुआ है।

1. पुरातात्त्विक स्रोत एवं
2. साहित्यिक स्रोत

1. पुरातात्त्विक स्रोत– पुरातात्त्विक स्रोतों के अन्तर्गत मुख्यतः उत्खनन प्रतिवेदन के रूप में प्रकाशित रिपोर्टों इण्डियन आर्क्यालाजी – ए रिव्यू, भारतीय पुरातत्त्व सर्वेक्षण द्वारा प्रकाशित अभिलेख तथा उत्खनित से प्राप्त सामग्री का भरपूर उपयोग किया गया है। इसी प्रकार भारतीय पुरातत्त्व परिषद्, नई दिल्ली से प्रकाशित वार्षिक शोध लेखों की सामग्री, एवं प्राग्धारा, लखनऊ से प्रकाशित वार्षिक शोध लेखों, के अतिरिक्त अनेक विद्वानों के ग्रंथों का भी विशेष सहयोग लिया गया है।

सम–सामयिक हो रहे कतिपय उत्खनन कार्यों में भागीदारी और कुछ उत्खनन के निरीक्षण से प्राप्त ज्ञान तथा विभिन्न संग्रहालयों में प्रदर्शित पुरावशेषों का साक्षात् अध्ययन व विश्लेषण प्रमुख है।

2. साहित्यिक स्रोत– साहित्यिक स्रोतों के अन्तर्गत मूलतः संस्कृत, प्राकृत एवं पालि ग्रंथों तथा उनके अनुवाद ग्रंथों का उपयोग किया गया है। वैदिक एवं वैदिकोत्तर ग्रंथों में ऋग्वेद, यजुर्वेद, सामवेद, अथर्ववेद, उपनिषद्, आरण्यक आदि का यथा स्थान उल्लेख किया गया है। इसके बाद रामायण, महाभारत, पातंजलि का महाभाष्य, कौटिल्य का अर्थशास्त्र तथा स्मृतियों का भी अध्ययन एवं विश्लेषण है। द्वितीयक ग्रंथों के रुप में हिन्दी तथा अंग्रेजी भाषा के आधुनिक ग्रंथों, शोध लेखों आदि का भी महत्वपूर्ण उपयोग किया गया है जिनका विस्तृत उल्लेख संर्दभ सूची में किया गया है।

(ब) विषय प्रवेश

(क) हड़प्पा सभ्यता

हड़प्पा सभ्यता की खोज : भारत में हड़प्पा सभ्यता की खोज सन् 1921 ई. में हुई। इसके पूर्व तक यह विश्वास किया जाता था कि वैदिक संस्कृति भारत की प्राचीनतम् संस्कृति है। लेकिन सन् 1921

भारत
राजनैतिक
जम्मू और कश्मीर
श्रीनगर
हिमाचल प्रदेश
शिमला
पंजाब
चंडीगढ़
देहरादून
उत्तराखण्ड
हरियाणा
दिल्ली
राजस्थान
जयपुर
उत्तर प्रदेश
लखनऊ
सिक्किम
गंगटोक
अरूणाचल प्रदेश
इटानगर
असम
दिसपुर
नागालैण्ड
कोहिमा
मणिपुर
इम्फाल
शिलांग
मेघालय
बिहार
पटना
अगरतला
त्रिपुरा
आइजोल
मिजोरम
झारखंड
रांची
पश्चिम बंगाल
कोलकाता
गांधीनगर
गुजरात
भोपाल
मध्य प्रदेश
छत्तीसगढ़
रायपुर
ओडिशा
भुवनेश्वर
बंगाल की खाड़ी
दीव
दमन
दादरा और नागर हवेली
महाराष्ट्र
मुम्बई
हैदराबाद
आंध्र प्रदेश
अरब सागर
पणजी
गोवा
कर्नाटक
बंगलौर
चैन्नै
पॉण्डिचेरी (पुदुच्चेरी)
तमिलनाडु
केरल
कवरती
लक्ष द्वीप (भारत)
अंडमान और निकोबार द्वीप समूह (भारत)
पोर्ट ब्लेअर
तिरूवनंतपुरम
हिन्द महासागर

मानचित्र 1

ई. में अचानक रावी नदी के तट पर हड़प्पा नामक स्थल से भारत की कांस्य कालीन नागरीय सभ्यता के अवशेष मिले।[1] हड़प्पा के टीले का सबसे पहले सन् 1826 ई. में *चार्ल्स मैसन* ने उल्लेख किया था। *जनरल कनिंघम* ने भी सन् 1853 ई. एवं सन् 1873 ई. में सर्वेक्षण कर कुछ पुरावस्तुएं प्राप्त की सन् 1912 ई. में *जे. एफ. फ्लीट* ने यहां से प्राप्त की गयी सामाग्रियों पर *रायल एशियाटिक सोसायटी* द्वारा प्रकाशित पत्रिका में एक लेख प्रस्तुत किया। किन्तु *कनिंघम* एवं *फ्लीट* हड़प्पा के पुरातात्विक महत्व का सही–सही मूल्यांकन करने में असमर्थ रहे।

इससे यह स्पष्ट हो गया कि भारत सभ्यता के इतिहास की दृष्टि से विश्व की अन्य प्राचीन सभ्यताओं के समकक्ष है। इसका विस्तृत स्वरूप जानने के लिए *दयाराम साहनी* ने सन् 1921 ई. में हड़प्पा का पुरातात्त्विक उत्खनन किया। इस सभ्यता के अन्य स्थलों की खोज में *राखालदास बनर्जी*[2] ने सन् 1922 ई. में सिंधु नदी के पश्चिमी तट पर लरकाना जिले में मोहनजोदड़ो नामक टीले से इस सभ्यता का दूसरा महत्वपूर्ण पुरास्थल खोज निकाला। यहां से प्राप्त हड़प्पा शैली की पुरावस्तुओं से स्पष्ट हो गया कि एक दूसरे से चार सौ मील दूरी पर स्थित ये दोनों पुरास्थल एक ही सभ्यता से संबंधित है। इन स्थलों से प्राप्त पुरातात्विक अवशेषों में एक अज्ञात लिपि में अभिलिखित ऐसी मुद्राएँ सम्मिलित थीं, जैसे बेबिलोनिया के कुछ स्थलों से तीसरी सहस्राब्दी ई. पू. के स्तरों से प्राप्त हुई थीं। इन संकेतों से स्पष्ट होने लगा कि भारतीय सभ्यता सुमेरियन सभ्यता के समान प्राचीन है। इसके परिणाम स्वरूप हड़प्पा और मोहनजोदड़ो दोनों स्थलों का विशाल पैमाने पर उत्खनन किया गया। *माधोस्वरूप वत्स* ने हड़प्पा पुरास्थल पर सन् 1925 ई. से सन् 1931 ई. तक, *मार्शल, हारग्रीव्ज* और *सनाउल्लाह* ने मोहनजोदड़ो में सन् 1925 ई. से सन् 1927 ई. तक विस्तार से उत्खनन कराया। *मार्शल* के पश्चात् सन् 1931 ई. तक मैके ने मोहनजोदड़ो में उत्खनन कार्य जारी रखा।[3] इसके बाद उसने सन् 1934–1936 ई. में चहुन्जोदड़ो का उत्खनन किया। पुरातत्ववेताओं को इन स्थलों की जानकारी से संतोष नहीं मिला इसलिए *मजूमदार, हारग्रीव्ज* और *आरेलस्टीन* जैसे पुरातत्वविदों ने सिंध और बलुचिस्तान में अन्य कांस्य कालीन स्थलों को खोजने का सफल प्रयास किया। सन् 1935 ई. में *माधोस्वरूप वत्स* को काठियावाड़ में रंगपुर[4] से सैंधव सभ्यता के अवशेष मिले तो व्हीलर ने हड़प्पा में सन् 1946 ई. में पुनः उत्खनन कार्य किया।

पचास के दशक तक विश्वभर के इतिहासकारों को भारतीय सैंधव सभ्यता से परिचय हो चुका था। सैंधव सभ्यता के विषय में तत्सम्बन्धी ज्ञान का प्रमुख आधार *वत्स, मैके, मार्शल* और *व्हीलर* द्वारा प्रकाशित हड़प्पा और मोहनजोदड़ो का पुरातात्विक विवरण था। उसी के आधार पर सैंधव सभ्यता की प्रकृति, प्रसार और प्राचीनता सम्बन्धी रूपरेखा निश्चित की गई।

सन् 1947 ई. में देश का विभाजन हो जाने पर सैंधव सभ्यता के अधिकांश स्थल पाकिस्तान की सीमा क्षेत्र में चले गए। इसके परिणाम स्वरूप एक ओर भारतीय पुरातत्ववेताओं ने भारत में सैंधव सभ्यता का विस्तार जानने के लिए राजस्थान, गुजरात और हरियाणा में ऐसे अनेक स्थल खोज निकाले जिनके अवशेष सैंधव सभ्यता के समान थे। तब से अब तक सिंधु और शुष्क घग्घर (प्राचीन सरस्वती) नदी की उपत्यका में लगभग 2600 से अधिक स्थल खोजे जा चुके हैं। इनमें गुजरात में लोथल,[5] राजस्थान में कालीबंगा,[6] कच्छ में धौलावीरा तथा हरियाणा में राखीगढ़ी सर्वाधिक महत्वपूर्ण सिद्ध हुए, जहां पर क्रमशः *एस. आर. राव, बी. बी. लाल, आर. एस. बिष्ट* एवं *अमरेन्द्र नाथ* ने विस्तार

से उत्खनन कराया। अन्य स्थलों में देसलपुर, कुन्तासी, पादरी, आलमगीरपुर, हुलास, भगतराव, वणावली, मीताथल,[7] सूरकोटडा, कुणाल, ढलेवां, भिड़ाना, बरोर तरखनवाला थेह, चक 86 और जुनी कुरान का उल्लेख किया जा सकता है। उधर पाकिस्तान में भी इस सभ्यता के अन्य स्थल मेहरगढ़, अमरी, बालाकोट, रहमानदेहरी, कोटडीजी और नौशारों में देखे गए। इस प्रकार स्वतंत्रता प्राप्ति के पश्चात के युग में भारत और पाकिस्तान में अनेक नये स्थलों की खोज और उत्खनन से भारत के पुरा ऐतिहासिक युग के विषय में हमारे ज्ञान में पर्याप्त विकास हुआ है। भारत में सरस्वती की उपत्यका में इस सभ्यता के अधिकांश स्थल केन्द्रित होने के कारण अब इसे सिन्ध–सरस्वती सभ्यता नाम दिए जाने का आग्रह किया गया।

विस्तार : भारत और पाकिस्तान में सैन्धव सभ्यता सम्बन्धी स्थलों के उत्खनन से अब यह स्पष्ट हो गया है कि यह सभ्यता केवल सिन्धु घाटी तक ही सीमित नहीं थी। इसका प्रसार उत्तर में जम्मू–कश्मीर के जम्मू क्षेत्र में मांडा (अखनूर) से लेकर दक्षिण के महाराष्ट्र में दैमावाद तक, पूर्व में आलमगीरपुर से लेकर पश्चिम में सुत्कागेंडोर तक विस्तृत था। यह सभ्यता अनेक नगरों, कस्बों और गाँवों को मिलाकर लगभग साढ़े आठ लाख वर्ग मील में फैली हुई थी। इस प्रकार इस सभ्यता का प्रभाव क्षेत्र तत्कालीन मिस्री और सुमेरियन सभ्यताओं से कई गुना अधिक विस्तृत था।

रचना और प्रकृति : सैन्धव सभ्यता के हड़प्पा, मोहनजोदड़ो, लोथल, रंगपुर, सुरकोटडा, धौलावीरा और राखीगढ़ी जैसे स्थलों के उत्खनन से यह सिद्ध हो गया है कि यह सभ्यता प्रकृत्या नगरीय सभ्यता थी। वैसे ग्रामीण पुरा स्थल भी काफी संख्या में नगरीय पुरास्थल के चारों ओर दूर–दूर तक फैले हुए मिलते हैं, किन्तु इसके जमाव कम होने के कारण वर्तमान समय में ये पुरास्थल प्रायः नष्ट हो गये हैं या मिलते भी हैं तो इनके काफी कम जमाव हैं। अतः इन पुरास्थलों पर उत्खनन कार्य लगभग नहीं हो सका है। इसके नगर प्रायः नदियों के किनारे, पूर्व नियोजित और अधिकांशतः दो भागों में विभाजित होते थे, जिन में से एक भाग गढ़ी (दुर्ग) के रूप में संयोजित किया जाता था। मूलतः नगरों को चौपड़ की बिसात के सदृश्य नियोजित किया गया था अर्थात् नगरों में महापथ, पथ और वीथियां एक दूसरे को समकोण पर काटते थे। नगरों के अवशेषों से नगर वास्तु के अनेक तत्वों– दुर्ग, प्राकार, परिखा, पक्की ईटों से निर्मित सार्वजनिक और व्यक्तिगत भवनों के साथ–साथ भौतिक जीवन पर प्रकाश डालने वाले अनेक महत्वपूर्ण साक्ष्य उपलब्ध हुए हैं, जिनमें सोने, चांदी और मनकों से निर्मित आभूषण, लाल रंग के चित्रित मृद्भाण्ड, ताम्र और चांदी के पात्र, बाट, बटखरे, बलुआ और चूने पत्थर एवं कांस्य से निर्मित मूर्तियां, मिट्टी के खिलौने, मनके, मातृदेवियों की मूर्तियां और मिट्टी के बैलगाड़ियों के नमूने सम्मिलित हैं। यहां से विभिन्न आकारों में छोटी–छोटी मुहरें प्राप्त हुई हैं जिनमें ऊपरी भाग में अभिलेख ओर नीचे के भाग में वृषभ, व्याघ्र, गैंडा, हाथी, एकश्रिंगी और मकर जैसे पशुओं के चित्र बने हुए हैं। कुछ मुहरें ताम्र से भी बनाई गई हैं। अन्य पुरातात्विक अवशेषों में ताम्र और कांस्य के उपकरण और अस्त्र–शस्त्रों का उल्लेख किया जा सकता है।

इन सब अवशेषों से सिंधु–सरस्वती सभ्यता का एक विशिष्ट रूप प्रकट होता है। इस सभ्यता में नगरों का विशिष्ट महत्व होते हुए भी यहां के नगर वैभवशाली न होकर सामान्य लेकिन पूर्णतः नियोजित दिखाई देते है। प्रायः अन्य समकालीन सभ्यताओं के नगरों में दो प्रमुख लक्षण दिखाई देते हैं। वहां नगरों के एक भाग में शासक वर्ग के प्रासाद बने हुए हैं और दूसरे भाग में साधारण नागरिक

रहते थे। उदाहरण के लिए पश्चिमी एशिया के नगरों में एक ओर देवता, पुजारी या राजा और अभिजात्य वर्ग के वैभवशाली प्रासाद मिलते हैं तो दूसरी ओर सामान्य जनों के ऐसे सामान्य आवास जिनमें साधारण सुविधाएं भी उपलब्ध नहीं थी, लेकिन सैन्धव नगरों के शासकों, कुलीन वर्ग और सामान्य नागरिकों सभी के आवास भी पक्की ईटों से निर्मित हैं और उनमें कुएं, स्नानागार और ढकी नालियां जैसी सभी सुविधाएं उपलब्ध थी। ऐसा लगता है कि सैन्धव सभ्यता में शासक और शासित वर्ग में अधिक भेद नहीं था[6] क्योंकि किसी भी नगर के उत्खनन से न तो वैभवशाली प्रासादों के अवशेष मिले हैं और न मन्दिरों के। यहां पर मेसोपाटामिया और मिस्री सभ्यताओं की तरह राजकीय समाधियां अथवा पिरामिड भी प्राप्त नहीं हुए हैं जिन से उन में दफन किए गए लोगों की भौतिक समृद्धि का अनुमान शव के साथ रखी गई सामग्री, आभूषण, फर्नीचर, पात्र अभिलेख और अन्य वस्तुओं से किया जा सके। लेकिन इसका अर्थ यह नहीं है कि सैन्धव समाज में राजकीय और सामान्य जन में बिल्कुल भेद नहीं था। निश्चय ही दोनों वर्गों में अन्तर तो रहा होगा परन्तु उनके प्रमाण प्रत्यक्ष नहीं हैं। साधारणतः सैन्धव नागरिक सरल और आडम्बरहीन जीवन व्यतीत करने में विश्वास करते थे जो समय–समय पर न्यूनाधिक रूप में परिवर्तित होता रहता था।

प्रारम्भ में हड़प्पा और मोहनजोदड़ो में उत्खनन के आधार पर यह विश्वास किया जाता था कि सभी सैन्धव नगर एक जैसे हैं। *स्टुअर्ट पिग्गट* और *व्हीलर* इस मान्यता के प्रबल समर्थक थे। लेकिन अब अनेक नगरों के उत्खनन के पश्चात् *स्टुअर्ट पिग्गट* की इस मान्यता को स्वीकार करना कठिन प्रतीत होता है। नगरों के तुलनात्मक अध्ययन से यह स्पष्ट हो चुका है कि सभी सैन्धव नगर एक समान नहीं हैं। सिन्धु–सरस्वती उपत्यका में प्रत्येक नगरों की संरचना अपने में विशिष्ट है। कुछ नगर द्विस्तरीय हैं, जैसे कालीबंगा और मोहनजोदड़ो तो कुछ नगर चतुस्तरीय हैं जैसे हड़प्पा, कुछ नगर बिना विभाजन के ही स्वयं में पूर्ण हैं जैसे लोथल। इसी प्रकार कुछ नगर चारों ओर से खुले हैं तो कुछ पूर्णतः दुर्गीकृत हैं जैसे धौलावीरा। इसके विपरीत कुछ नगरों का एक भाग ही गढ़ी के रूप में संयोजित किया गया है। इस संदर्भ में हड़प्पा का उदाहरण समीचीन प्रतीत होता है। इससे यह स्पष्ट है कि सैन्धव सभ्यता में नगर नियोजन की कोई निश्चित मान्य रूपरेखा नहीं थी। आवश्यकता और परिवेश के अनुसार उनकी योजना बनाई जाती थी। यह एक असंदिग्ध तथ्य है कि नगर निर्माण में वहां के भौगोलिक परिवेश ने महत्वपूर्ण योगदान दिया था। यदि समग्र दृष्टि से देखा जाय तो मैदानी प्रदेशों में जहां पक्की ईटों का प्रयोग हुआ है वहां पहाड़ी क्षेत्रों में (जैसे सुरकोटडा और धौलावीरा में) भवन निर्माण में पत्थर का प्रयोग किया गया है। इसके विपरीत अपेक्षया शुष्क प्रदेशों में जैसे (कालीबंगा और राखीगढ़ी में) कच्ची ईटों का प्रयोग किया गया है। जैसे–जैसे सिन्धु–सरस्वती सभ्यता का अधिक प्रकटीकरण होता जा रहा है उसके नगरों, भवनों और नाली व्यवस्था में भिन्नता स्पष्ट होने लगी है।

सैन्धव सभ्यता के अवशेषों में ऐसे साक्ष्य भी विद्यमान हैं जिन से इसकी एकरूपता और निजत्व का संकेत मिलता है। सैन्धवों के धातु ज्ञान, तांबे और कांस्य के उपकरण, चाक पर निर्मित विशिष्ट आकारों वाले काले रंग से चित्रित लाल रंग के मृद्भाण्ड, स्वर्ण, चांदी और घिया पत्थर के आभूषण, कांस्य, हाथीदांत और शंख की कलाकृतियां, बाट–बटखरे, मुद्रा छाप तथा लिपि इस सभ्यता को एक निजी सांस्कृतिक सूत्र में बांधते हैं। तत्कालीन अन्य किसी सभ्यता में कहीं भी इन तत्वों का अनुकरण

नहीं किंया है। इस संदर्भ में सैन्धव लिपि का अपना निजी विशिष्ट स्वरूप सुविदित है लेकिन द्विभाषी अभिलेख न मिलने के कारण अभी तक यह पढ़ी नहीं जा सकी है, इसलिए वर्तमान में सैन्धव सभ्यता के सांस्कृतिक पक्ष के यथार्थ स्वरूप को जान पाना सम्भव नहीं है। इतना अवश्य है कि परवर्ती ऐतिहासिक परम्पराओं के प्रकाश में एक सीमा तक तत्कालीन विचारों और विश्वासों का अनुमान लगाया जा सकता है।

उपरोक्त सभी तथ्यों से स्पष्ट हो जाता है कि भारत में नवपाषाण काल के पश्चात पुरा–ऐतिहासिक युग में ताम्र के प्रयोग, कांस्य के आविष्कार, स्थायी जीवन, पक्की ईटों के मकान, पशुपालन, कृषि में हल का प्रयोग, चाक पर बने सुन्दर मृद्भाण्ड, धातु के अस्त्र–शस्त्र, श्रम विभाजन, व्यापार में नौकायन और लिपि के अविष्कार से सिन्धु–सरस्वती उपत्यका में एक उन्नत समाज का आविर्भाव हुआ। लेकिन लिपि के अभिज्ञान के अभाव में इस समाज की राजनीतिक और सामाजिक व्यवस्था, धार्मिक विश्वास और आर्थिक संगठन, रीति–रिवाजों, आदर्शों और मूल्यों के विषय में निश्चत विवरण देना सम्भव नहीं है। किन्तु पुरातात्विक अवशेषों को परवर्ती परम्पराओं के सन्दर्भ में विश्लेषित करके और तत्कालीन अन्य सभ्यताओं में प्रचलित व्यवस्थाओं के आधार पर केवल अनुमान लगाया जा सकता है।

राजनीतिक संगठन : वैश्विक समाज में प्रायः राजनीतिक संगठन की तीन प्रणालियों का उदय हुआ– राजतंत्र, धर्मतंत्र और प्रजातंत्र। इन्हीं में से से एक प्रणाली का प्रयोग सैन्धव राजनीतिक जीवन में भी हुआ होगा। लेकिन निश्चित साक्ष्य के अभाव में सैन्धव सभ्यता के राजनैतिक परिदृश्य का स्वरूप केवल अनुमान का विषय है। *मैके* का विश्वास है कि मोहनजोदड़ो एक प्रतिनिधि शासक के अधीन था, परन्तु *पिग्गट* उसके विचार से सहमत नहीं है। जैसा देखा गया है कि सैन्धव नगर पश्चिमी नगरों के समान वैभवपूर्ण न होकर समान्य और सादे नगर थे। अतः अनुमान किया जा सकता है कि सैन्धव सभ्यता में वैभवशाली राजतन्त्र के लिए कोई स्थान नहीं था। यदि यहां राजतन्त्र व्यवस्था रही भी होगी तो यह स्वीकार करना होगा कि राजा ओर प्रजा में अधिक भेद नहीं था। राजा का निवास स्थान सामान्य नागरिकों के निवास से आकार में थोड़ा बड़ा रहा होगा। अपने देश में ऐतिहासिक युग में भी बड़े–बड़े सम्राट बहुत सरल जीवन व्यतीत करते थे। अशोक और समुद्रगुप्त के नाम इस परम्परा के सर्वोत्तम उदाहरण हैं। भारतीय समाज की परम्परागत अनुकूलता को देखते हुए यह विश्वास किया जा सकता है कि सैन्धव युगीन शासकों की परम्परा ही आगे बढ़ी होगी जिस के दर्शन ऐतिहासिक युग में होते हैं।

राज्य द्वारा अनाज का उत्पादन और वितरण पर नियंत्रण, व्यापार और सुव्यवस्थित नागारिक जीवन को देखकर अनायास यह कहा जा सकता है कि इन नगरों के शासक पर्याप्त शक्तिशाली एवं प्रभावशाली रहे होंगे। *पिग्गट* के अनुसार वे निश्चित व्यापार संहिता, उत्पादन की तकनीक, ईटों और मृद्भाण्डों के आकार, भार और नाप की प्रणाली पर नियंत्रण रखते होंगे। कुछ इतिहासकारों का मत है कि प्राचीन युग में कोई सरकार इतनी शक्तिशाली तभी होती थे जब उसे धर्म का सहारा उपलब्ध होता था। इसलिए *पिग्गट* का निश्चित मत है कि यहां के शासकों पर पुरोहित वर्ग का प्रभाव था।[9] *व्हीलर* भी इस मत से सहमत हैं। *व्हीलर* के अनुसार राज्य संचालन का सूत्र चाहे किसी के हाथ में रहा हो लेकिन उस पर धार्मिक व्यवस्था का प्रभाव अवश्य था। यहां के शासक सुमेर के पुरोहित राजाओं तथा उनके प्रतिनिधियों के समान थे। लेकिन ऐसा नहीं लगता कि इस सभ्यता के स्वामी

सुमेरियनों के समान स्वयं धर्माधीश थे अथवा मिस्री फराओ के समान स्वयं को देवता का प्रतिनिधि कहते थे। यहां से न तो भारतीय मन्दिरों के अवशेष मिले हैं और न सुमेरियन जिगुरतों के अस्तित्व के प्रमाण। अतः यह मानना एक भ्रांत धारणा होगी कि सैन्धव प्रदेश में सुमेरियन शासकों के समान नगर राज्य थे अथवा धर्मतंत्रीय शासन व्यवस्था थी जो भी हो इतना स्पष्ट प्रतीत होता है कि सिन्धु–सरस्वती की सरकार में नागरिकों को नियंत्रण मे रखने की अपूर्व क्षमता थी। इसलिए इन नगरों में दीर्घकाल तक अपरिवर्तित व्यवस्था बनी रही।

लिखित साक्ष्यों के अभाव में केवल पुरातात्विक आधार पर यह तो निश्चय के साथ कहा जा सकता है कि सैन्धव समाज में नगर प्रबन्ध उच्च कोटि का था। स्थान–स्थान पर कूड़ा एकत्र करने के पात्र, नालियों का नियमित रूप से साफ किया जाना, मकानों का ठीक स्थिति में निर्मित होना, जल ओर अन्न का वितरण तथा स्वास्थ्य सम्बन्धी उचित निरीक्षण व्यवस्था जैसी बातें इस ओर संकेत करती हैं कि इन नगरों में कुशल नगरपालिका जैसी संस्था रही होगी।

समाज : अन्य समाजों के समान सैन्धव समाज भी पर्याप्त जटिल रहा होगा, जिस में विभिन्न समुदायों, एकाधिक धार्मिक परम्पराओं के अनुयायी और विभिन्न प्रकार के व्यवसायी लोग रहते होंगे। लेकिन हमारे पास यह जानने का कोई साधन नहीं है कि सैन्धव समाज किस प्रकार विभाजित था। इस समाज में सभी लोग समान भाव से रहते थे अथवा उनमे किसी भी स्तर पर ऊंच–नीच का भेद विद्यमान था। सैन्धव स्थलों से प्राप्त समृद्ध पुरातात्विक अवशेषों से ऐसा प्रतीत होता है कि सैन्धव समाज कृषि व्यवस्था के साथ–साथ व्यापार तंत्र में अत्यधिक निपुण था। सैन्धव व्यापारी अपनी विशाल नौकाओं में माल भरकर दूरस्थ प्रदेशों तक व्यापार करते थे। उनकी मुद्राओं पर नौकाओं के चित्र तथा सुमेरियन नगरों से सैन्धव मुद्राओं की उपलब्धि इस तथ्य को सिद्ध करती है। व्यापार के लिए प्रभूत उत्पादन की आवश्यकता होती है। अतः निश्चय ही सैन्धव समाज में व्यापारी, कृषक, शिल्पी, धातुविद, लिपिकार, सुनार, बढ़ई, योद्धा, नगर व्यवस्थापक, ईट बनाने और पकाने वाले, वास्तुविद्, अध्यापक, पुजारी, वैद्य, जुलाहे, मुद्रा शिल्पी, पशुपालक और अन्य अनेक प्रकार के लोग रहे होंगे।[10] लेकिन ज्ञान की वर्तमान अवस्था में उनके सामाजिक स्तर,[11] आपसी सम्बन्ध, पारिवारिक उत्तरदायित्व, कर्मकाण्ड, सांस्कृतिक मूल्य या आदर्शों के विषय में कुछ भी कह सकना सम्भव नहीं है। फिर भी सैन्धव नागरिकों के विषय में एक तथ्य निर्विवाद रूप रो स्वीकार किया जाता है कि सैन्धव नागरिक प्रकृत्या शान्ति प्रिय थे। यहां से आत्मरक्षा के योग्य भी बहुत कम हथियार प्राप्त हुए हैं। उत्खनन में कहीं से भी ढाल, कवच या शिरस्त्राण प्राप्त नहीं हुए हैं।

धार्मिक विश्वास : अनेक पुरातत्वविदों एवं इतिहासकारों ने सैन्धव नगरों के उत्खननों से प्राप्त मूर्तियों, मृद्फलकों, ताम्र फलकों तथा मुद्राओं पर उत्कीर्ण प्रतीकों एवं परवर्ती पौराणिक धर्म की पृष्ठभूमि से सैन्धव धर्म के मूल स्वरूप की कल्पना करने का प्रयास किया है।[12] इन साक्ष्यों के आधार पर सैन्धव धर्म के दो पक्ष प्रकट होते हैं– साम्प्रदायिक धर्म और लोक धर्म। सैन्धव धर्म के साम्प्रदायिक पक्ष में दो देवताओं की पूजा परम्परा की कल्पना की गई है। इनमें एक पुरुष देवता है जिसकी पहचान पौराणिक वर्णनों के आधार पर शिव से की गई है और दूसरे देवता को नारी रूप में स्वीकार कर के साधारणतः उसे मातृ देवी मानने का आग्रह किया गया है। सैन्धव धर्म का दूसरा पक्ष लोकधर्म है जिसमें सम्भवतः पशुओं और वृक्षों की पूजा की जाती थी।

पशुपति शिव : मैके को मोहनजोदड़ों से एक ऐसी मुद्रा मिली थी जिस पर एक त्रिमुखी पुरुष एक चौकी पर योग मुद्रा में बैठा हुआ दिखाई देता है।[13] वह उर्द्धमेद्र है और सिर पर ऋंगमुकुट धारण किए हुए है। उसकी चौकी के नीचे दो हिरन तथा उसके बाई ओर भैंसा और गैंडा तथा दाहिनी ओर हाथी और व्याघ्र के चित्र उत्कीर्ण हैं (चित्र–42)। मार्शल के अनुसार वक्ष पर कवच पहने हुए है। मुद्रा के ऊपरी भाग में अभिलेख उत्कीर्ण है। इसी प्रकार की दूसरी मुद्रा पर योग मुद्रा में बैंठी आकृति के दोनों और पशुओं के स्थान पर सर्प बने हुए हैं।

मार्शल ने इन मुद्राओं पर उत्कीर्ण त्रिमुखी पुरुष देवता की पहचान परवर्ती हिन्दू देवता शिव से की है। पुराणों में शिव को 'पशुपति', 'उर्द्धमेढ्' और 'योगीराज' कहा गया है। अन्यत्र शिव को 'त्रिवक्त्र' और 'त्रिशीर्ष' भी कहा गया है। महाभारत में शिव का– 'त्रिऋंगशीर्ष' विरूद् मिलता है। अतः मुद्रा पर उत्कींर्ण अभिलेख के पढ़े जाने तक यह कल्पना अधिक प्रभावशाली प्रतीत होती है कि सैन्धव युग में त्रिमुखी विषाणिन योगीराज पशुपति जैसे पुरुष देवता का अस्तित्व था जिसे परवर्ती युग में शिव के रूप में वर्णित किया गया है। इसलिए सर्पों सहित मुद्रा पर उत्कीर्ण पुरूष का स्वरूप अनायास पौराणिक शिव के निकट प्रतीत होता है।

मार्शल के इस अभिज्ञान के विपरीत अन्य विद्वानों द्वारा इस देवता की पहचान हित्ती देवता तेशुब,[14] महिषमुखी संशलिष्ट देव,[15] सोम और वैदिक राजा[16] के रूप में की गई है। इसमें राय चौधरी का मत उल्लेखनीय है। *राय चौधरी* के अनुसार इस आकृति को शिव मानना सम्भव नहीं है, क्योंकि उसके चारों ओर उत्कीर्ण पशु आकारों में स्वयं उसका वाहन वृषभ अनुपस्थित है। यह देवता हित्ती देव तेशुब के समान प्रतीत होती है जिसकी प्रकृति वैदिक रूद्र से मिलता है लेकिन अन्य तत्वों को छोड़कर केवल वृषभ के चित्रण के अभाव में इस मुद्रा पर उत्कीर्ण आकृति का शिव के साथ तादात्म्य न करना कठिन प्रतीत होता है। इस संदर्भ में हड़प्पा से प्राप्त एक मुद्रा का उल्लेख किया जा सकता है। जिस पर मध्य में एक बैठी आकृति उत्कीर्ण है। उसके पास कुछ पशु भी दिखाए गए जिन की पहचान करना कठिन है। पास ही एक वृक्ष पर बने मचान पर एक आदमी बैठा प्रतीत होता है। वृक्ष के नीचे एक बाध को खड़े दिखाया गया है। मुद्रा के दूसरी और एक बैल त्रिशूल के सम्मुख खड़ा है और एक खड़ी आकृति एक भवन के सामने बनाई गई है। यहां पर बैठी आकृति की पहचान शिव से की गई है। पौराणिक काल में वृषभ को शिव का वाहन और त्रिशूल को उसका आयुध बताया गया है। क्या शिव के स्वरूप के साथ ये सभी तत्व सैन्धव युग में ही जुड़ गए थे? इसके लिए और अधिक साक्ष्यों एवं शोध की जरूरत है, जब तक इस लिपि को पढ़ा नही जाय तब तक निश्चित रुप से कुछ नहीं कहा जा सकता है।

सैन्धव युग में यदि पशुपति शिव आराध्य देव थे तो उनकी पूजा किस प्रकार की जाती थी यह केवल अनुमान का विषय है। सैन्धव नगरों से ऐसे किसी भवन के अवशेष नहीं मिले हैं जिसे निःसन्देह रूप से मन्दिर[17] कहा जा सके। यद्यपि व्हीलर ने माहनजोदड़ों के भवनों को मन्दिर मानने की सम्भावना व्यक्त की थी। इसमें एक आर. एच. क्षेत्र में एक वर्गाकार भवन है जहां से दो मूर्तियां मिली थी। दूसरे, प्रायः यह अनुमान किया गया है कि स्तूप के नीचे मन्दिर दबा है। क्योंकि धार्मिक स्थान पर ही कुषाण काल में स्तूप बनाया गया होगा। स्तूप टीले का उत्खनन न होने तक यह सम्भावना केवल अनुमानित है।

मातृदेवी : सैन्धव नगरों से प्राप्त कुछ मुद्राओं और मृणमूर्तियों के आधार पर सैन्धव धर्म में मातृदेवी की पूजा के अस्तित्व की कल्पना की गई है (चित्र–54, 56)। मातृदेवी की पूजा स्वतन्त्र रूप से एक स्त्री देवता के रूप में होती थी अथवा किसी पुरुष देवता की शक्ति के रूप में, यह अनुमान का विषय है लेकिन इतना निश्चित है कि अन्य सभ्यताओं के समान सैन्धव सभ्यता में भी मातृदेवी प्रजनन शक्ति के रूप में स्थापित हो चुकी थी।

सैन्धव नगरों से प्राप्त दो मुद्राओं पर मातृदेवी का अंकन स्वीकार किया गया है। इनमें से एक मुद्रा[18] पर पीपल की टहनी के प्रभामण्डल के मध्य एक आकृति को श्रृंगमुकुट धारण किए हुए दिखाया गया है। सिर के पीछे उसके केश वेणी के रूप में लटक रहे हैं। इस खड़ी आकृति के सम्मुख उसी प्रकार की दूसरी आकृति एक घुटना नीचे टेक कर बैठी है। उसी के पास गले में माला पहने हुए भेड़ खड़ी है। मुद्रा के नीचे के भाग में इसी प्रकार की सात आकृतियों का एक पंक्ति में खड़े हुए दिखाया गया है।

मोहनजोदड़ो से प्राप्त एक दूसरी मुद्रा[19] पर ऊपर की ओर एक पंक्ति में सात व्यक्तियों को खड़े हुए दिखाया गया है। उपर के भाग में एक झुकी हुई आकृति चौड़े फल वाला शस्त्र लिए हुए है। उसके सामने बकरा और वृक्ष जैसा आकार है पुरातत्त्वविदों और अन्य विद्वानों ने इन मुद्राओं पर देवी को बलि दिए जाने के दृश्य का प्रकटीकरण माना है।

हड़प्पा से प्राप्त एक मुद्रा पर स्पष्टतः मातृदेवी की प्रजनन शक्ति का प्रदर्शन हुआ है। इस मुद्रा पर शीर्षासन करते हुए नारी की योनी से वृक्ष[20] निकलते हुए दिखाया गया और बाई ओर दो बाघों का चित्रण हुआ है। इस मुद्रा में दूसरी ओर संभवतः नरबलि का दृश्य अंकित है।

मातृदेवी की पूजा के संदर्भ में दूसरा साक्ष्य, जिसकी प्रायः चर्चा की जाती है, मूर्तियों का है। बलूचिस्तान के कांस्य कालीन गांवों के समान मोहनजोदड़ो और हड़प्पा से बहुत से पक्की मिट्टी के खिलौनें प्राप्त हुए हैं जिनमें ऐसी मृणमूतियाँ भी हैं जो निश्चय ही नारी आकार की हैं[21], ये मूर्तियाँ प्रायः नग्न हैं। वे कमर के नीचे मेखला से बँधे एक पट्टा पहने हुए हैं। पैर वृक्ष के तने के समान सीधे और अँगुली विहीन हैं। गले में मिट्टी की पट्टियों को चिपकाकर कई लड़ियों का हार पहने हुए है। इस प्रकार आँख और वक्ष मिट्टी की गोली टिकलियों को लगाकर बनाई गई हैं। इनके सिर पर एक शिरोवस्त्र है। इन्हीं के साथ ऐसी नारी मूर्तियाँ भी मिली हैं जो शिशु को स्तनपान कराते हुए गर्भवती[22] के रूप में लेटी हुई दिखायी गयी हैं। प्रायः विद्वानों का मत है कि ये मूर्तियाँ मातृदेवी की हैं और इन्हें सैन्धव घरों में विभिन्न नामों के द्वारा पूजा जाता होगा। वस्तुतः इन मूर्तियों से सम्बन्धित विचार श्रद्धास्पद नहीं है। ये मूर्तियाँ साधारण नारी आकार की भी हो सकती हैं। इनमें दैवीय तत्व का अभाव और विस्तृत क्षेत्र में अनुपलब्धि इस विचार को बल प्रदान करती है। फिर भी निश्चित साक्ष्य के अभाव में सभी कुछ अनुमान पर आश्रित है।

गोयल[23] जैसे विद्वानों ने मुद्राओं पर उत्कीर्ण तथा कथित पशुपति को शिव मानकर दूसरी मुद्राओं पर उत्कीर्ण आकृति को दैवी मानकर पौराणिक शिव और अम्बिका के सम्बन्धों को सैन्धव समाज के धार्मिक सन्दर्भ में देखने का प्रयत्न किया है।

लिंग और योनि पूजा : मोहनजोदड़ो और हड़प्पा से सीप, मिट्टी, कार्नेलियन और लाल रंग के पत्थर से बने कई लिंग मिले हैं (चित्र–58)। इसी प्रकार इन नगरों से ऐसे चक्र भी मिले हैं, जिनके

बीच में छेद है। इन में कुछ बहुत छोटे लगभग 1/2 इंच व्यास के तथा कुछ बहुत बड़े लगभग 4 फीट व्यास के हैं। इनमें छोटे चक्र कांचली मिट्टी, शंख और कार्नेलियन में बने हुए हैं। कुछ विद्वान् के मत में ये मण्डल योनियाँ हैं। जिन्हें मातृदेवी का प्रतीक माना जा सकता है। सैन्धव धर्म में मातृशक्ति और शिव की उपासना मानवीय रूप के साथ–साथ संभवतः परवर्ती हिन्दू धर्म के समान लिंग और योनि के रूप में भी की जाती थी।

विश्व सभ्यताओं के धार्मिक विश्वासों में सैन्धव धर्म का अपने निजत्व के लिए उल्लेख किया जाना चाहिए। जैसा सुविदित है तत्कालीन अन्य धर्मों के समान सुमेरियन धर्म बहुदेववादी था। अन्, एनकी, एनलिल और निन्माह के अतिरिक्त उनके देव समूह में सैकड़ों देवता थे। सुमेरियनों ने अपने देवताओं की कल्पना मनुष्य रूप में की थी जो आचार व्यवहार में मनुष्यों के समान थे। अन् को वे देवराज मानते थे। इसी प्रकार मिस्र के निवासी भी प्राचीन काल से बहुदेववाद धर्म में आस्था रखते थे। वे सभी प्राकृतिक अवयवों को दैवी सत्ता से सम्पन्न मानते थे। उनके देवताओं में सूर्य का सर्वोपरि स्थान था। यूनानी देवता भी मानव रूप धारी थे जिनका अधिनायक था आकाश देव जियस। वे भी असंख्य गौण देवताओं, देवियों, जल देवियों, परियों, दैत्यों और राक्षसों में आस्था रखते थे। परन्तु सैन्धव धर्म इन सभी प्राचीन धर्मों की धारा से हटकर विशिष्ट धर्म दिखाई देता है। यहाँ न तो प्राकृतिक शक्तियों का दैवीकरण हुआ है और न देव श्रृंखला का निर्माण हुआ। यहाँ तो प्रारंभ से एक देवता शिव पशुपति का वर्चस्व दिखाई देता है। यह सैन्धव धर्म की अपनी निजी विशेषता थी।

लोकधर्म : सैन्धव धर्म का सर्वाधिक महत्त्वपूर्ण पक्ष लोकधर्म है जिसमें पशुओं और वृक्षों की पूजा की जाती थी। विश्व के सभी धर्मों में पशु और वृक्षों की पूजा होती रही है। सैन्धव युगीन समाज में भी धर्म का यह पक्ष बहुत लोकप्रिय रहा होगा। सैकड़ों सैन्धव मुद्राओं पर कुकुदमान वृषभ, हाथी, गेंड़ा व्याघ्र, एकश्रृंगी, घड़ियाल और बकरे जैसे पशुओं के अनेक प्रकार के चित्र उत्कीर्ण मिलते हैं जिनमें कुछ पशुओं का सम्मिलित आकार एक काल्पनिक पशु के रूप में भी मिलता है। वास्तविक पशुओं में भैंसे, भारतीय नील गाय, बैल, हाथी, गैंड़ा, बाघ तथा छोटे सींग वाले वृषभ का चित्रण मिलता है। इन पशुओं के सम्मुख प्रायः भोजन पात्र रखा है (चित्र–49)। वृषभ सैन्धवों का सबसे प्रिय पशु था[24]।

सैन्धव लोकधर्म में बकरे का विशेष महत्व था[25] एक मुद्रा पर मुड़े हुए सींग वाला अज चित्रित है। पशु के गले में तीन मालाएं पड़ी हैं। प्रायः इसे बलि का दृश्य स्वीकार किया गया है। दो मुद्राओं पर मानव आकृतियों के सम्मुख बकरे खड़े हैं। कुछ मुद्राओं में मानव आकृति का चेहरा बकरी जैसा है। बकरे की कई मृण्मूर्तियां और ताम्र मूर्तियां प्राप्त हुए हैं। बकरी का एक खिलौना ताम्र कलश में प्राप्त हुआ है। संभवतः बकरी को अधिक पवित्र माना जाता होगा।

प्राचीन काल में लोगों को विश्वास था कि पहाड़ी पर बिचरने वाली बकरी दूसरे का लोक मार्ग बताती है। हड़प्पा के शव स्थान में एक अस्थि पंजर के बगल में अल्प आयु की भेड़ या बकरी का भी अस्थि पंजर मिला है जिसे कई स्थानों पर काटा गया है। उसकी कुछ पसलियां मृतक की हथेली पर रखी थीं। ऐसा लगता है मृतक संस्कार के समय इस पशु का बलिदान किया गया था[26]। पशुओं का अंकन सैकड़ों मुद्राओं पर होने से सैन्धव समाज में इनके महत्त्व का अनुमान लगाना सहज संभव है।

इस प्रकार वृक्षों का अंकन, विशेषतः पीपल का बहुत जीवन्त रूप में अंकन हुआ है। आयताकार मुद्रा पर अन्य वृक्षों के रूप में प्रकट हुए हैं। एक मुद्रा पर उत्कीर्ण पीपल की टहनी के मध्य खड़ी आकृति मार्शल के अनुसार पीपल की आत्मा है और सात आकृतियां देवी की दूत हैं। भारत में चिरकाल से वृक्षों में देवी देवताओं के निवास की कल्पना की गई है। पीपल वृक्ष को इस दृष्टि से सर्वोपरि माना जाता है। यह परम्परा सैन्धव काल से चली आ रही है अन्य वृक्षों में बबूल, शीशम, शिरीश, नीम और केला का अंकन हुआ है।

मोहनजोदड़ो से महास्नानागार (जलकुण्ड) के अवशेष मिले हैं। यह कुण्ड प्राचीन कुण्डों के समान जल के स्थायी स्रोत से सम्बन्धित नहीं था। इसमें कुएँ से जल भरा जाता था। निश्चय ही कुछ विशिष्ट पर्वों पर सार्वजनकि स्थान के लिए इसका प्रयोग होता होगा। इससे यह संकेत मिलता है कि सैन्धव लोग जल की पवित्र शक्ति में विश्वास करते थे। अन्य स्थानों से इस प्रकार के अवशेषों का न मिलना इस बात का द्योतक है कि इस प्रकार का कुण्ड मोहनजोदड़ो नगर की विशेषता रही होगी।

अग्निपूजा : क्या सैन्धव समाज का कोई पक्ष अग्नि पूजा या यज्ञ परम्परा में विश्वास करता था। इस प्रकार के धार्मिक विश्वास की कल्पना के साथ यह भी स्वीकार करना होगा कि किसी कालखण्ड में सैन्धव और आर्य साथ–साथ रहे थे अथवा सैन्धव में ही एक वर्ग वैदिक यज्ञ धर्म का अनुयायी था। इस विश्वास का एक आधार कालीबंगा एवं राखीगढ़ी से मिले कुछ अवशेष हैं जिन्हें पुरातत्त्वविदों ने अग्नि कुण्ड एवं हवन कुण्ड के रूप में स्वीकार किया है।[27] कालीबंगा में दुर्ग के दक्षिणी भाग में कच्ची मिट्टी के चबूतरे बने हैं। इनके बीच में बना आवागमन का मार्ग इन्हें एक दूसरे से पृथक् करता है। आकार में सभी चबूतरे एक समान नहीं हैं। दुर्ग से ये सर्वथा पृथक् करता है। आकार में सभी चबूतरे एक समान नहीं है। दुर्ग से ये सर्वथा पृथक् प्रतीत होते हैं। चबूतरों पर ऊपर चढ़ने के लिए सोपान बने हुए हैं। ऐसा विश्वास किया जाता है कि इन चबूतरों का सम्बन्ध किसी प्रकार के धार्मिक अनुष्ठानों से था। एक चबूतरे पर आयताकार वेदी में पक्की ईंटें लगी हुई हैं, जिसमें गोजातीय तथा मृग ऋंग की हड्डियाँ मिली हैं। एक अन्य चबूतरे पर एक पंक्ति में सात आयताकार वेदिकाएँ बनी हैं। इस प्रकार की वेदिकाएँ नगर के मकानों में भी मिली हैं। इन्हें बनाने के पूर्व एक आयताकार गड्ढा खोदा जाता था, जिसके बीच आयताकार या बेलनाकार स्तम्भ बनाया जाता था या कभी–कभी ईंटें खड़ी कर दी जाती थीं। इन कुण्डों में कोयला और पके हुए मृद् पिण्ड पाए गए हैं। एक मृद् पिण्ड पर मानव द्वारा सम्भवतः बकरी की बलि दिए जाने का चित्र उत्कीर्ण है। दूसरी ओर देवता का चित्र बना है जिसके सिर पर ऋंगमुकुट है। कच्ची ईटों के बने ऊँचे चबूतरे पर आयताकार कुण्ड राखीगढ़ी में भी मिले हैं, जिनके अन्दर राख, हड्डी के टुकड़े, मिट्टी में मिले हुए पाए गए हैं। इस प्रकार के कुण्ड आमरी और लोथल में भी मिले हैं। सैन्धव धार्मिक विश्वास के सन्दर्भ में ये महत्त्वपूर्ण साक्ष्य हैं।

कला एवं स्थापत्य : सैन्धव नगरों के उत्खनन से प्राप्त मूर्तियों, भवनों के अवशेषों और अन्य कला सामग्री से सैन्धव नागरिकों की कलाभिरूचि के विषय में अपेक्षाकृत अधिक निश्चित रूप से विचार किया जा सकता है। कलाकृतियों के प्रत्यक्ष होने के कारण न केवल उनकी शिल्पगत विशेषताओं का विश्लेषण ही किया जा सकता है बल्कि कलाकृतियों के द्वारा व्यक्त प्रतीकों, विषय वस्तु और तकनीक के विषय में निश्चय ही उन भावों और परिस्थितियों तक पहुँच पाना संभव हो सकता है जो उस कृति की प्रेरणा रहें होंगे। यह आश्चर्य का विषय है कि सैन्धव नगरों में हड़प्पा और मोहनजोदड़ो के

अतिरिक्त कहीं से भी उल्लेखनीय मूर्तियाँ प्राप्त नहीं हुई हैं। इसके अतिरिक्त यहाँ से जो भी मूर्तियाँ प्राप्त हुई हैं, वे संख्या में बहुत अधिक नहीं है और उनके निर्माण में अनेक प्रकार के पत्थरों और शैलियों का प्रयोग हुआ है इन प्रतिमाओं को एक कला परम्परा के अन्तर्गत निर्मित मूर्तियाँ स्वीकार करना कठिन है। पहले यह विचार किया जाता था कि इन नगरों में पत्थर की अनुपलब्धता इनकी कम संख्या का कारण रही होगी। परन्तु अब धौल वीरा में भवन निर्माण तक में प्रस्तर के प्रयोग के साक्ष्य मिलने के बावजूद भी वहाँ से मूर्तियों के न मिलने का क्या अर्थ है? ऐतिहासिक युग से लेकर आज तक भारतीय समाज में कला का विकास धर्म के सन्दर्भ में हुआ है। यदि इस परम्परा को पीछे ले जाकर सैन्धव युग पर आरोपित किया जाय तो इससे यही संकेत मिलेगा कि उनके धर्म में सम्भवतः मूर्तियों का प्रमुख स्थान नहीं था। लेकिन यह विचार मात्र एक सम्भावना है क्योंकि अभी तो उनके धर्म की रूपरेखा को निश्चत किया जाना ही शेष है। अभी तक मोहनजोदड़ो से छोटी बड़ी ग्यारह मूर्तियाँ और हड़प्पा से मूर्तियों के दो कबन्ध मिले हैं। मोहनजोदड़ो से प्राप्त सबसे श्रेष्ठ मूर्ति हल्के पीले रंग के पत्थर में बनी है। यह लगभग 9 इंच ऊँची एक पुरुष की आवक्ष मूर्ति जिसमें उसे उत्तरीय ओढ़े हुए दिखाया गया है उत्तरीय पर तिफुलिया आकार बने हैं, जिसमें सम्भवतः रंग भरा जाता था। मूर्ति के नेत्र उन्मीलित तथा सिर और दाढ़ी के केश सलीके से पटिया कर बनाए गए हैं। पुरुष का माथा कम चौड़ा है सिर पर पट्ट बंधा हुआ है। पुरातत्त्ववेताओं ने इसे योगी या पुजारी की मूर्ति माना है। हड़प्पा से प्राप्त दो कबन्धें में एक पुरुष का है तो दूसरा नारी का है। पुरुष मूर्ति लगभग चार इंच लम्बी लाल पत्थर में निर्मित यर्थाथवादी कला का नमूना है। छोटे आकार में मूर्तिकार ने बड़ी कुशलता से नग्न शरीर की सुडौल मांसपेशियों को यथार्थ रूप में उकेरा है। इसकी कला कई शताब्दियों के अनुभव को प्रकट करती हैं। वक्ष और उदर का बढ़ा हुआ भाग और मांसल जघाएं बड़ी कुशलता से तराशे गए हैं। इस दृष्टि से इस मूर्ति को अन्य मूर्तियों के समकक्ष रखना कठिन है। दूसरी नारी मूर्ति का कबन्ध जो स्लेट रंग के पत्थर में निर्मित है, कमर की गतिशील मांसपेशियों को देखकर ऐसा लगता है कि यह किसी नटी की मूर्ति रही होगी।

इसके अतिरिक्त मोहनजोदड़ो से जो बलुआ पत्थर की मूर्तियां मिली हैं, उनके अवयव बहुत स्पष्ट नहीं हैं और सभी नग्नावस्था में हैं। इसमें एक मूर्ति का मस्तक श्वेत पत्थर में बना हुआ है। चेहरे के अंग स्पष्ट नहीं है लेकिन आँख में पच्चीकारी का काम है। दूसरी मूर्ति का भी केवल सिर मिला है। इसमें पुरुष केशों को पीछे की ओर समेट कर जूड़ा बनाया गया है। केशों को केवल रेखाओं के द्वारा दिखाया गया है। कुपटी हुई छोटी दाढ़ी, आँखों के स्थान पर गढ़े और सीपी के आकार के कान कला के प्रारम्भ के द्योतक है। इसी प्रकार एक मूर्ति घिया पत्थर में निर्मित तहमत पहने हुए घुटने मोड़कर बैठी अवस्था को प्रदर्शित करती है। इसकी पीट पर केशों को वेणी बनाकर लटकाया गया है। इसी प्रकार एक मूर्ति घुटने पर हाथ रखे बैठे हुए पुरुष की है। इसके सिर पर पट्ट बंधा है जिसके छोर पीछे की ओर लटक रहे हैं। चूने पत्थर में निर्मित बहुत छोटे आकार में एक बन्दर की मूर्ति भी मिली है। पत्थर की सभी मूर्तियों का शिल्प अपरिष्कृत और किसी निश्चित परम्परा का द्योतक नहीं है।

यह आश्चर्य का विषय है कि पत्थर के विपरीत सैन्धव कलाकार ताम्र मूर्तियाँ ढालने में अधिक कुशल थे। कांसे की नारी मूर्तियों में दो मूर्तियाँ उल्लेखनीय है इनमें भी एक नर्तक की 4 इंच ऊँची मूर्ति विशेष दर्शनीय है। इसमें नग्न नर्तकी को पूरे आकार में प्रदर्शित किया गया है। उसका एक हाथ

कमर पर रखा हुआ है और एक पैर थोड़ा उठा हुआ है जो सम्भवतः नृत्य भंगिमा को प्रदर्शित करता है। मूर्ति के एक हाथ में ऊपर तक बगड़ी (कंगन) भरी हुई है। सिर के घुंघराले बालों को पीछे जूड़ा बनाकर व्यवस्थित किया गया है। नर्तकी की देह यष्टि पतली लेकिन लम्बी टांगों पर टिकी हुई है। इस मूर्ति के अतिरिक्त भैंसे और मेढ़े की मूर्तियों को भी ढ़ाल कर बनाया गया है। ताम्र या कांस्य मूर्तियों का अस्तित्व इस बात का संकेतक है कि सैन्धव इस प्रकार की मृण्मूर्ति बनाने में भी कुशल रहे होंगे। परन्तु यथार्थ में जो मृण्मूर्तियाँ प्राप्त हुई है वह कला की प्रारंभिक स्थिति की द्योतक है । पक्की मिट्टी के नारी आकारों और कांसे की नारी में कोई समानता नहीं है।

सैन्धव शिल्प की वास्तविक परम्परा के दर्शन मुद्रा शिल्प में होते हैं। हड़प्पा सभ्यता से सम्बन्धित पुरास्थलों से घिया पत्थर की वर्गाकार, आयताकार, गोलाकार, बेलनाकार और त्रिपार्श्व के आकार में लगभग दो इंच चौड़ी, दो इंच लम्बी सैकड़ों मुद्राएँ प्राप्त हुई हैं। इन पर ऊपर के भाग में अभिलेख और नीचे के भाग में कुकुदमान वृषभ, हस्ति, घड़ियाल, बाघ, गैड़ा, एकऋंगी (चित्र–49) जैसे पशुओं का यथार्थ चित्र उत्कीर्ण किया गया है। छोटे से पत्थर खण्ड में अन्दर की ओर आकृतियों को खोदकर उत्कीर्ण करना सैन्धव कला की निजी विशेषता थी। कुछ मुद्राओं पर ज्यामितिय आकार, नाव, काल्पनिक पशु और पीपल को शैलीगत रूप में प्रदर्शित किया गया है। एक ही परम्परा में निर्मित सैकड़ों की संख्या में इन मुद्राओं की उपलब्धि से यह सिद्ध है कि मुद्रा कला इस क्षेत्र की सुस्थिर कला थी। मुद्राओं में सर्वाधिक चर्चित वे मुद्राएँ हैं जिन पर पुरुष या नारी आकार उत्कीर्ण हैं। इन आकारों का वर्तमान में 'पशुपति' और मातृदेवी से तादात्म्य स्थापित किया गया है। कुछ मुद्राएँ तांबे में भी बनाई गई हैं इनमें एक ओर पशु मूर्ति और दूसरी ओर अभिलेख उत्कीर्ण हैं।

मुद्राओं के सम्बन्ध में एक तथ्य महत्त्वपूर्ण है कि अधिकांश मुद्राएँ हड़प्पा, मोहनजोदड़ो, लोथल और राखीगढ़ी से प्राप्त हुई हैं। अन्य नगरों से इसकी उपलब्धता अपेक्षाकृत नगण्य है। बड़े नगरों से सर्वाधिक संख्या में इसकी प्राप्ति संभवतः इनके व्यापारिक प्रयोग के संकेतक हैं (चित्र–42, 44, 46, 47 एवं 49)।

स्थापत्य कला : जहाँ तक वास्तुकला और वास्तु रचना का सम्बन्ध है इस सभ्यता के लोग प्रबुद्ध और सोच–विचार कर कार्य करने वाले ऐसे लोग थे जिन्होंने विभिन्न कालों में वास्तु के क्षेत्र में नयी संरचना प्रस्तुत करने का प्रयास किया है।

सामान्यतः सैन्धव वास्तुकार नगर नियोजन में सिद्धहस्त थे। वे नगर बसाने के पूर्व उसका स्थल विन्यास निश्चित कर लेते थे। सम्पूर्ण विश्व में 'उर' नगर के एक काल को छोड़कर कहीं भी नियोजित नगरों के प्रमाण नहीं मिलते हैं। यह सैन्धव वास्तुकारों की निजी उपलब्धि थी। नगर नियोजन में नगर की दिशा, भूमि, आवासों का स्थान, दुर्गीकरण, महापथ और वीथियों की दिशा और नाली व्यवस्था सभी पर विचार किया जाता था। निश्चय ही सुनियोजित नगर राजनीतिक, सामाजिक और आर्थिक दृष्टि से उपयोगी रहे होंगे। हड़प्पा, मोहनजोदड़ो, लोथल, कालीबंगा, धौलावीरा, राखीगढ़ी निश्चय ही महत्त्वपूर्ण और विख्यात नगर थे। नदियों के तट पर होने के कारण व्यापार की प्रगति में इनका महत्त्वपूर्ण योगदान रहा होगा। नगरों के सुनियोजित होने के कारण ही स्थानीय प्रशासन की सुविधा रही होगी।

यह महत्त्वपूर्ण है कि सभी सैन्धव नगर स्वयं में विशिष्ट हैं। इसकी रचना समान वास्तु विन्यास के आधार पर नहीं हुई है। नगरों की स्थापना का एक स्तर से लेकर चार स्तरीय नगरों के रूप में हुई है। अनेक स्तरीय नगरों में दुर्ग प्रायः आयताकार हैं। कुछ नगर क्षेत्रफल की दृष्टि से छोटे है तो कुछ बहुत बड़े। यहाँ पर स्मरणीय है कि सभी नगर एक जैसे नहीं हैं कुछ को महानगर, कुछ को केवल वर्तमान कस्बे के समान माना जा सकता है।

चर्चा की जा चुकी है कि सिन्धु–सरस्वती नगरों के पुरातात्त्विक अवशेषों से यह स्पष्ट प्रतीत होता है कि उस युग में वास्तु विद्या का अपरिमित विकास हो चुका था। नगर संयोजन, आवास विन्यास, प्रकार की संरचना, पक्की ईंटों, पत्थर और मिट्‌टी का प्रयोग, ईंटों के विभिन्न आकारों, दीवार बनाने की तकनीक, कदलीकरण (तोड़ेदार) मेहराब प्रयोग, जल निरोधक माध्यम और फर्श की बनावट सभी में उनका वास्तुगत चातुर्य प्रकट होता है। सैन्धव नगरों में वास्तुकला की दृष्टि से साधारण एवं सार्वजनिक या राजकीय भवनों में आकार–विस्तार को छोड़कर विशेष अन्तर नहीं हैं।

प्रत्येक नगर में सड़कों का जाल सा बिछा हुआ था। महापथों और पंथों के निर्धारित संयोजन के कारण अनेक मुहल्लों में विभक्त होता था। मुख्य राजमार्ग 33 फीट तक चौड़ा पाया गया है। सभी सड़कें सीधी और एक दूसरे को समकोण पर काटती थीं। वीथियों और गलियों में दोनों ओर सीधी रेखा में मकान बनाए गए थे। कोई भी मकान दूसरे मकान से आगे की ओर नहीं निकला है। प्रायः बड़े आकार के भवन नगर के मध्य में और छोटे मकान परिधि पर बनाए गए थे। सामान्य नागरिकों के आवासों में दो–तीन कक्ष, स्नानागार और आंगन दिखाई देता है। आवासों का मुख्य द्वार मुख्य मार्ग पर न होकर गली में बनाया जाता था। इस व्यवस्था के पीछे एकान्त और सुरक्षा का भाव रहा होगा। कुछ द्वार इतने चौड़े हैं कि बैलगाड़ी आंगन में जा सकती थी। अवशिष्ट मकानों की दीवारें अधिक ऊँची शेष नहीं बची हैं। ऐसा प्रतीत होता है कि हड़प्पा सभ्यता के निवासियों के मकानों में वातायनों का कम प्रयोग किया गया है। कुछ घरों में सीढ़ियों के अवशेष इस बात को सिद्ध करते हैं कि कुछ मकान दुमंजिले भी रहे होंगें। ऐसे मकान की दीवारें नीचे से मोटी दिखाई देती हैं। साधारण मकानों के फर्श मिट्‌टी से कूटकर बनाए गए हैं लेकिन कुछ स्थान ऐसे भी हैं जहाँ खड़ी ईटें बिछाकर फर्श बनाए गए हैं। लोथल से ऐसे प्रमाण भी मिले हैं जहाँ फर्श पर अलंकृत ईटें लगाई गई हैं। साधारणतः स्नानागार का फर्श बनाते समय ईटों के बीच बिटुमिन जैसे जल निरोधक पदार्थ का प्रयोग किया गया है। मकानों की छतें लकड़ी की बल्लियों पर बांस का आच्छादन बिछाकर मिट्‌टी और चूना के मिश्रण को कूटकर बनायी जाती थी। प्रायः हड़प्पनों के भवनों में स्तम्भों का प्रयोग नहीं किया गया है। केवल कुछ बड़े भवनों में विस्तार की दृष्टि से पक्की ईटों से बने चौकोर स्तम्भ प्रयुक्त किए गए हैं।

पहले यह विश्वास किया जाता था कि सैन्धवों ने गोल स्तम्भों का प्रयोग नहीं किया है परन्तु अब धौलावीरा के उत्खनन के पश्चात् यह धारणा असत्य सिद्ध हो गई है। मैदानी क्षेत्रों में पक्की ईटों और पहाड़ी क्षेत्रों में पत्थरों का प्रयोग किया जाता था। हड़प्पन नगरों के निर्माण में विभिन्न प्रकार की आयताकार ईटें प्रयुक्त की गई हैं। इनमें सूजा पट्‌टी ईटों का निर्माण विशेष उल्लेखनीय है। ये एक छोर पर कम और एक छोर पर अधिक चौड़ी होती थी। इन्हें प्रायः कुओं में और धान कूटने के स्थानों पर लगाया गया है। दीवारों की संरचना में ईंटों को अनेक प्रकार से लम्बाई, चौड़ाई या मोटाई में खड़े करके लगाया गया है। द्वार बनाने के लिए कदलीकरण (तोडेदार) मेहराब का प्रयोग विशेष उल्लेखनीय

है। यह हड़प्पनों की अपनी खोज थी। तत्कालीन विश्व में अन्यत्र कहीं भी इस तकनीक का प्रयोग नहीं हुआ है। मकानों से जल निकालने के लिए नालियाँ बनी हुई हैं जो ऊपर से ईटों द्वारा ढ़की जाती थी। नालियों के बीच–बीच में पक्के गर्त बने हुए हैं, जिनमें कूड़ा एकत्र होकर नालियों में सतत जल प्रवाह बना रहता था। विश्व में सफाई की ऐसी सुदृढ़ व्यवस्था और किसी सभ्यता में अज्ञात है।

सैन्धव–सरस्वती सभ्यता के नगरों में कुछ भवनों का उल्लेख आवश्यक है इनमें मोहनजोदड़ो के महास्नानागार, मोहनजोदड़ो एवं हड़प्पा के अन्नागार, हड़प्पा के प्रकार, लोथल के बन्दरगाह और धौलावीरा की बावड़ियां हैं।

महास्नानागार : मोहनजोदड़ो में स्तूप टीले के पास एक बड़े सरोवर के अवशेष मिले हैं जिसे *मार्शल* ने महास्नानागार कहा है। इस प्रकार का पक्का सरोवर हड़प्पा सभ्यता या मोहनजोदड़ो नगर की अपनी विशेषता थी। इस स्नान कुण्ड की लम्बाई 39 फीट, चौड़ाई 23 फीट तथा गहराई 8 फीट है। इसमें स्नान के लिए उतरने के लिए उत्तर और दक्षिण में सीढ़ियां बनी हुई है। इसके सोपानों पर जो लगभग 9 इंच चौड़े हैं, लकड़ी के पट्टे लगाए जाते थे। सरोवर का फर्श खड़ी ईटों से तथा दीवारें इस प्रकार बनाई गई है कि जल का रिसाव न होने पाए[28]। सरोवर के ऊपरी भाग में 15 फीट चौड़ा भ्रमण पथ है जिसके चारों ओर कई प्रकोष्ठ बने हुए हैं। इन्हीं में से एक में जलकूप बना हुआ है, जिसके जल से सरोवर को भरा जाता था। स्नानागार का फर्श दक्षिण–पश्चिम की ओर ढ़ालू है यहीं पर एक नाली बनी है जिससे कुण्ड का जल बाहर निकाला जाता था। यह नाली निकास के बाद इतनी ऊँची है कि इसमें व्यक्ति खड़ा होकर चल सकता है। सम्भवतः स्नानागार के पास कुछ दुमंजिले कक्ष भी बने हुए थे।

अन्नागार : हड़प्पा से एक बड़े भवन के अवशेष प्राप्त हुए हैं जिसे अन्न भण्डार के लिए प्रयुक्त किया जाता था। यह अन्नागार 200 फीट लम्बे और 150 फीट चौड़े अधिष्ठान पर निर्मित किया गया था। इस भवन की अपनी लम्बाई 169 फीट एवं चौड़ाई 135 फीट थी। इस भवन में छः–छः कमरे एक दूसरे के सामने दो पंक्तियों में बनाए गए हैं और मध्य में आवागमन के लिए स्थान छोड़ दिया गया है। इन कक्षों में अन्न का भण्डार किया जाता था। इन कक्षों में छोटी–छोटी कम ऊँची दीवार बनाकर उस पर लकड़ी की कड़ियां लगाकर अनाज रखा जाता था। इस भवन से अनाज रखने के बड़े पात्र भी प्राप्त हुए हैं। अन्नागार की ऐसी सुनियोजित व्यवस्था तत्सम्बन्धी भवन का निर्माण कुशल प्रशासन तन्त्र का प्रमाण है। मोहनजोदड़ो से भी इसी प्रकार के अन्नागार के अवशेष मिले हैं। प्रायः पुरातत्त्ववेताओं ने यह अनुमान किया है कि सैन्धव युग में सम्भवतः परवर्ती परम्परा के अनुसार अन्न के रुप में ही कर वसूल किया जाता था। लोथल से भी अन्नागार के अवशेष मिले हैं।

सभा भवन : मोहनजोदड़ो से एक विशाल भवन के अवशेष प्राप्त हुए हैं। महास्नानागार के निकट स्थित यह भवन 80 फीट लम्बा और 80 फीट चौड़ा था। इसकी छत ईटों से निर्मित बीस समचतुस्त्र स्तम्भों पर टिकी हुई थी। इस भवन का प्रयोग किस रूप में किया जाता था इस विषय में अनेक विचार प्रस्तुत किए गए हैं। मैके के अनुसार वहाँ सामूहिक बाजार लगता था तो दीक्षित का अनुमान है कि यहाँ पर धार्मिक वाद–विवाद के लिए लोग एकत्र होते थे। लेकिन सैन्धव सभ्यता की प्रकृति को देखते हुए ये दोनों ही अनुमान सत्य से दूर प्रतीत होते हैं। सैन्धव चाहे राजतंत्र में विश्वास करते हों या प्रजातंत्र अथवा धर्मतंत्र में लेकिन इस प्रकार के भवन का सभा भवन के रूप में प्रयोग अधिक समचीन

प्रती होता है। ऐतिहासिक काल में भी पाटलिपुत्र से इस प्रकार के भवन के अस्तित्व के संकेत मिलते हैं। मोहनजोदड़ो में सम्भवतः पत्थर की कमी के कारण इसके स्तम्भ ईंटों से बनाए गए हैं। यही भवन यदि धौलावीरा में निर्मित हुआ होता तो वहाँ पत्थर के गोल स्तम्भों का प्रयोग होता।

लोथल की गोदी : लोथल से पक्की ईटों से निर्मित 14 मीटर लम्बा और 36 मीटर चौड़ा एक ढ़ाँचा मिला है। *एस0 आर0 राव* ने इसकी पहचान बन्दरगाह से की है जहां पर कृत्रिम रूप से जल एकत्र करके भारी नौकाओं से माल उतारा और चढ़ाया जाता था। इस गोदी की गहराई लगभग 3.4 मीटर है। राव के अनुसार इस की उतरी दीवार में 92 मीटर चौड़ा प्रवेश द्वारा था जिसमें नौकाओं का आवागमन होता था और यह भोगवा नदी से जुड़ा हुआ था जिसके जल से गोदी को भरा जाता था। गोदी की दक्षिण दीवार में एक मीटर चौड़ी नाली जल निकास के लिए बनी है। यहां पर ईटों के बीच खांचे मिले हैं जो इस तथ्य के संकेतक है कि यहां पर लकड़ी का कपाट लगा था, जिसे आवश्यकता अनुसार उठाया और गिराया जा सकता था। *राव* के अनुसार लोथल की गोदी फिनीशिया और रोम की गोदियों से अधिक विकसित थी। कुछ विद्वानों ने, इसे गोदी न मानकर कुण्ड माना है। जिसमें *लारेंस लैश्निक* का नाम उल्लेखनीय है।

दुर्ग का प्राकार : प्रायः हड़प्पा और माहनजोदड़ों में दुर्ग की रक्षा के लिए मिट्टी और ईटों से बना विशाल परकोटा मिलता है। पुरातत्ववेताओं का अनुमान है कि प्रारम्भ में इसके निर्माण का उद्देश्य नगर को बाढ़ के पानी से बचाना था। स्थापत्य की दृष्टि से इसकी रचना महत्वपूर्ण है। यह परकोटा, जैसा हड़प्पा के अवशेषों से स्पष्ट है कि नीचे से चौड़ा (लगभग 10 फीट) और ऊपर की ओर कम होता गया है। इसकी अधिकतम् ऊँचाई 35 फीट तक शेष देखी गई है। इसके निर्माण में मिट्टी और कच्ची ईटों का प्रयोग किया गया है परन्तु बाहरी प्राचीर पक्की ईटों के आवरण के रूप में निर्मित है। इस आकार में स्थान–स्थान पर चौकोर आयताकार और विशाल गोपुरम बने हुए थे।[12] हड़प्पा में पुर के चारों ओर बने प्राकार में प्रमुख द्वार उत्तर की ओर था। परवर्ती युग में पश्चिमी द्वार को बंद कर दिया गया। मोहनजोदड़ो, धौलावीरा, राखीगढ़ी तथा अन्य नगरों से भी रक्षा प्राचीर के अवशेष मिले हैं परन्तु उनकी स्थापत्य रचना हड़प्पा के समान नहीं है। ऐतिहासिक युग में हड़प्पा परम्परा के विकास के प्रमाण कौशाम्बी तक मिलते हैं।

बावड़ियाँ : कुछ दशक पूर्व तक यह विश्वास किया जाता था कि सैन्धव सभ्यता में भवन निर्माण के लिए पत्थर का प्रयोग नहीं हुआ है। परन्तु अब कच्छ में धौलावीरा के उत्खनन से उक्त मान्यता खण्डित हो चुकी है। यहां से अनेक स्थानों पर वास्तु निर्माण में केवल सफेद पत्थर का प्रयोग हुआ है, बल्कि भूतल में पत्थर को काटकर पानी एकत्र करने के लिए बावड़ियाँ बनायी गई हैं। यहां के उत्खनन से सैन्धव सभ्यता की विशेषताओं में यह एक नया तथ्य जोड़ दिया है। गुजरात और राजस्थान में बावड़ियाँ बनाने की परम्परा नयी नहीं है। ऐतिहासिक युग में बनी बावड़ियां तो कला एवं स्थापत्य के सुन्दर उदाहरण हैं। लेकिन अब इस परम्परा का इतिहास पुराऐतिहासिक युग से प्रारम्भ हो गया है। इसी संदर्भ में बनावली की परिखा का उल्लेख भी महत्वपूर्ण है।

विज्ञान का विकास : पुराऐतिहासिक सैन्धव सभ्यता में निःसन्देह विज्ञान और तकनीकी का पर्याप्त विकास हो चुका था। पक्के ईटों, नालियों, समकोण पर काटते राजपथ, लिपि, बटखरे, स्वर्ण, रजत, सीसा, ताम्र तथा कांस्य जैसी धातुओं का प्रयोग तथा मध्य–पूर्व देशों से व्यापारिक संबंधों की स्थापना

से स्पष्ट वैज्ञानिक विकास परिलक्षित होता है। दूसरे, इस सभ्यता की आर्थिक व्यवस्था अतिरिक्त उत्पादन पर निर्भर थी और अतिरिक्त उत्पादन का अर्थ है कृषि के क्षेत्र में वैज्ञानिक और तकनीकी विकास का होना।

इस सभ्यता के प्रमुख नगर माहनजोदड़ो, हड़प्पा, गनेड़ीवाला, राखीगढ़ी, धौलावीरा, चान्हूदड़ों, लोथल, कालीबंगा, सुत्कागेंडोर, बणावली, सुरकोतडा, मिताथल, कुणाल, कुन्ताशी, रोजदी, पादरी, ढलेवां, रोपड़, बरोर, भिडाना आदि थे। जिनमें लोथल एवं सुत्केन्डोर जैसे बन्दरगाह तथा व्यापार के केन्द्र थे। यहीं से माल का आयात–निर्यात होता था। दूरस्थ गांवों में अन्न उत्पादन की सुनियोजित व्यवस्था रही होगी। नगरों से दूर इस प्रकार के कृषि संबंधी स्थलों का उत्खनन वांछनीय है। साक्ष्यों के अनुसार सैन्धव जन गेहूँ, जौ, मटर, चना, सरसों, तरबूज, अनार, नींबू आदि की खेती करते थे। स्मरणीय है कि सैन्धव गेहूँ के अवशेष मिस्र में अलओमरो से भी प्राप्त हुए हैं। चांदी और ताम्र के पात्रों पर लिपटे वस्त्र के अवशेष तथा अम्बखेड़ी से प्राप्त धागा बटने वाली तश्तरी (तकली) कपास की खेती की ओर संकेत करते हैं।

खेती की तकनीक के संबंध में फ्लिन्ट की एक बड़ी कुदाल, बणावली (चित्र–23) एवं राखीगढ़ी से प्राप्त पक्की मिट्टी की हल की आकृति, कालीबंगा में हल से जुते खेत के साक्ष्यों (चित्र–22) के आधार पर निष्कर्ष निकाला जा सकता है। इसी प्रकार सिंचाई व्यवस्था पर भी अप्रत्यक्ष रूप से प्रकाश पड़ता है। लोथल का साक्ष्य है कि गोदी में जल भरने के लिए उसे एक कृत्रिम नहर द्वारा नदी से जोड़ा गया था। अगर इसे स्वीकार किया जाय तो यह अनुमान असंगत नहीं होगा कि खेतों में भी सिंचाई के लिए नहरों का प्रयोग किया जाता रहा होगा। पानी के निष्कासन में सैन्धवों की कुशलता नालियों के प्रयोग से भी स्पष्ट है। नगरों से कुओं के अवशेष मिले हैं। अतः गाँवों में इनके माध्यम से सिंचाई असम्भव नहीं है।

सैन्धव नगरों से उपलब्ध मिट्टी की गाड़ियाँ (चित्र–63), वृषभ मूर्तियां, मिट्टी के बड़े–बड़े पात्र अन्नागारों के अवशेष तथा हंसिए के आकर के मनके क्रमशः यातायात में बैलगाड़ी, अन्न की वैज्ञानिक संग्रहण प्रणाली से परिचय तथा उर्वरता संबंधी विश्वास को प्रकट करते हैं।

ऐसा प्रतीत होता है कि सैन्धवों को खगोल विद्या का पर्याप्त ज्ञान था। कृषि के लिए मूलतः वर्षा के पानी पर निर्भर रहने के कारण ऋतुओं और पंचाग के ज्ञान की संभावना को भी अस्वीकार नहीं किया जा सकता। ग्रहों की निश्चित गति ने अवश्य ही उनका ध्यान आकर्षित किया होगा। कुछ पात्रों पर बने सूर्याकार के क्षीण साक्ष्य के आधार पर मैके का अनुमान है कि सैन्धव सौर–पंचांग का प्रयोग करते थे। सितारों की ओर उन्होंने ध्यान नहीं दिया। स्मिथ इस तथ्य को कृषक समुदाय का विशेष गुण मानते हैं परन्तु यह विचार निराधार प्रतीत होती है, क्योंकि ऐसी स्थिति में सैन्धवों द्वारा उत्तर–दक्षिण तथा पूर्व–पश्चिम दिशा में सड़कों के नियोजन तथा शवों को उत्तर–दक्षिण दिशा में रखकर दफनाने की व्याख्या करना कठिन हो जाएगा। वस्तुतः ध्रुवतारे के तादातम्य का श्रेय सैन्धवों को दिया जाना चाहिए। मुद्रा और पात्र पर उत्कीर्ण नाव का चित्र तथा लोथल की गोदी का साक्ष्य निश्चत रूप से सैन्धवों के कुशल नाविक होने का परिचायक है। माल से लदी उनकी नौकाएं अवश्य पश्चिमी समुद्र के किनारे–किनारे बहरीन द्वीप या उससे आगे जाती होंगी। इन साक्ष्यों के आधार पर उनका खगोल विद्या से परिचय स्वीकार करना असंगत नहीं होगा।

मोहनजोदड़ो, हड़प्पा तथा लोथल से प्राप्त प्राकारों, अन्नागारों तथा गोदी से युक्त नियोजित नगरों के अवशेषों में गणित और ज्यामिति का विकसित ज्ञान निहित है। विशाल पैमाने पर सार्वजनिक स्मारकों के निर्माण में प्रयुक्त सामग्री और मजदूरों की गणना पर्याप्त जटिल कार्य रहा होगा परन्तु यह किस प्रकार किया जाता था इसका कोई सीधा साक्ष्य उपलब्ध नहीं है।

नगरों के नियोजन से स्पष्ट है कि सैन्धव सर्वेक्षण पद्धति से परिचित थे। सुनियोजित नाली व्यवस्था, भूमि को समतल बनाने की विधि और विस्तृत नाप–जोख से परिचय सिद्ध करती है। वास्तु में समतल, कोणाकार, सीधी, निश्चित आकार तथा कुएं बनाने के लिए सूजा पट्टी ईटों का प्रयोग में समानान्तर ज्यामिति और वृत का ज्ञान निहित है। सैन्धवों ने प्रायः द्विविभाजन प्रणाली का प्रयोग किया है। साधारण ईटों की मोटाई, चौड़ाई और लंबाई से 1:2:4 का अनुपात देखा गया है। भारों में भी यहां द्विगुणित तत्व विद्यमान हैं। उत्खनन में प्राप्त बटखरे 1, 2, 3, 4, 9, 32, 34, 160, 200, 320, 640, 1600 के अनुपात में मिले हैं। इससे स्पष्ट है कि कुछ बड़े भारों में प्रयुक्त दशमलव प्रणाली को छोड़ शेष में द्विगुणित प्रणाली विद्यमान है। मोहनजोदड़ो, हड़प्पा, लोथल तथा कालीबंगा से शंख, हाथी दाँत या धातु की छड़ के ऐसे टुकड़े मिले हैं जिन पर चिन्ह बने हुए हैं, *मैके* के अनुसार ये सभी दशमलव प्रणाली में चित्रित पैमाने हैं।

सैन्धव धातु–विज्ञान में पर्याप्त कुशल थे। वे स्वर्ण (चित्र–30, 35, 37), रजत, ताम्र, सीसा तथा कांस्य (चित्र–40, 41) जैसी धातुओं से परिचित थे। इनमें कांस्य ने उनकी आर्थिक–व्यवस्था और तकनीकी के विकास में महत्त्वपूर्ण योगदान दिया। विभिन्न प्रकार के ताम्र और कांस्य उपकरण (चित्र–16, 17, 18, 19, 20, 21), शस्त्र, गृहकार्य में प्रयुक्त वस्तुएँ और आभूषण इस तथ्य को प्रकट करते हैं कि यहाँ पर धातु का बड़े पैमाने पर प्रयोग होता था। इस बात में यह तथ्य भी अन्तर्निहित है कि सैन्धव–जन धातु खोजने तथा उसको खदान से निकालने की विधि में निपुणता प्राप्त कर चुके थे। कुछ साक्ष्यों से स्पष्ट प्रतीत होता है कि सैन्धवों ने धातु शास्त्र में अपूर्व प्रगति की थी। उदाहरण के लिए कांस्य के विश्लेषण में बहुत कम अशुद्धियाँ मिली हैं। इसी प्रकार वे गर्म धातु को पीटकर तैयार करना जानते थे। कांस्य बनाने में उन्होंने टिन को आवश्यकतानुसार मात्रा में मिलाया है और यह मात्रा संयोग नहीं है बल्कि विभिन्न प्रकार के उपकरणों के लिए सप्रयास ऐसा किया गया है। मार्शल के अनुसार ताम्र और कांस्य का साथ–साथ प्रयोग इस बात का संकेतक है कि कांस्य सीमित मात्रा में तैयार होता था। कांस्य बनाने के लिए टिन केवल हजारीबाग में मिलता है, परन्तु इसके सैन्धव स्थलों से दूर होने के कारण ऐसा अनुमान किया जाता है कि तत्कालीन समय में टिन उत्तर–पश्चिम में कहीं से आता रहा होगा। ताम्र अजमेर, सिरोही, मेवाड़, जयपुर, खेतड़ी तथा सिंहना की खानों के अतिरिक्त संभवतः अफगानिस्तान और बलूचिस्तान से भी आता था। धातु की चादर को पीट कर पात्र और उपकरण बनाने जैसी सरल विधि के अतिरिक्त धातु को ढालकर 'सायर–परड्यू' (Lost Vax Method) विधि से भी वस्तुएँ बनाते थे। मोहनजोदड़ो से प्राप्त ताम्र की नर्तकी प्रमिता इसका सर्वोत्तम उदाहरण है। मोहनजोदड़ो और हड़प्पा से स्वर्ण के मनके तथा अन्य आभूषण मिलने से स्वर्ण की प्राचीनता स्थापित होती है। अल्चिन के अनुसार स्वर्ण के मनके सर्वप्रथम नवपाषाण कालीन स्थलों से प्राप्त हुए थे। उस समय उपयुक्त उपकरणों के अभाव में स्वर्ण धरातल से एकत्र किया जाता था।

रसायन के क्षेत्र में निश्चित ही सैन्धवों ने प्रगति की थी। परन्तु साक्ष्यों के अभाव में निश्चयपूर्वक कुछ भी कहना संभव नहीं है। मनके बनाने की कला, चमक उत्पन्न करना तथा वास्तु में बिटुमिन के प्रयोग से इसका अनुमान लगाया जा सकता है।

ऐतिहासिक युग की आयुर्वेदिक विद्या अवश्य ही किसी न किसी रूप में प्रागैतिहासिक काल में विद्यमान रही होगी। सैन्धव काल में औषधि और शल्य चिकित्सा विज्ञान का पर्याप्त विकास हो चुका था। यद्यपि यह जानना कठिन है कि सैन्धवों ने जड़ी–बूटियों के गुण जानने के लिए क्या प्रयोग किए परन्तु मुद्राओं पर उत्कीर्ण पीपल और नीम के चित्र इस दृष्टि से महत्वपूर्ण हैं। नीम का अवश्य ही औषधि के रूप में प्रयोग होता होगा। *मार्शल* ने यहाँ से उपलब्ध शिलाजीत के विषय में चरक का साक्ष्य दिया है, जिसके अनुसार शायद ही कोई ऐसी बीमारी हो जो शिलाजीत से ठीक न हो सके। हड़प्पा से आर्सेनिक (पीला हड़ताल) प्राप्त हुआ जिसका औषधि, विष तथा तांबे को कठोर बनाने के लिए प्रयोग किया जाता था। मोहनजोदड़ो और हड़प्पा से मूंगा भी मिला है। यहीं से प्राप्त बारहसिंगे के सींग का प्रयोग भी संभवतः औषधि के रूप में किया जाता था। इसी प्रकार मोहनजोदड़ो से प्राप्त गैंडे के सींग का प्रयोग, पूर्वी एशिया के समान, औषधि के लिए किया जाता था। वनावली से प्राप्त आंवला, रीठा एवं सिकाकाई का उपयोग औषधि एवं सौन्दर्य प्रसाधन के रूप में होता होगा।

सिंधुघाटी से प्राप्त बहुत से लघु उपकरणों का शल्य चिकित्सा की दृष्टि से अध्ययन होना चाहिए। मैके के अनुसार पत्ती के आकार के मनके शल्य चिकित्सा के उपकरणों के रूप में प्रयुक्त होते थे। कालीगबंगा से प्राप्त एक बच्चे के कपाल में छः छेद बने हुए मिले हैं। पुराविकृति विज्ञान की दृष्टि से यह साक्ष्य महत्त्वपूर्ण है।

सैन्धव सभ्यता के अवशेष और अर्थव्यवस्था : भारतीय समाज की अर्थव्यवस्था के प्राचीनतम् साक्ष्य सैन्धव सभ्यता के अवशेषों से संकेतित हैं। तत्कालीन लिपि के अभिज्ञान के अभाव में सैन्धव अर्थव्यवस्था के विषय में निश्चित विवरण सम्भव नहीं है परन्तु उत्खनन से जो साक्ष्य मिले हैं,[29] उसके आधार पर उसका व्यापारोन्मुख स्वरूप अनुमानित है। सन् 1923 ई. में सर्वप्रथम हड़प्पा की खोज से लेकर वर्तमान युग तक सैन्धव सभ्यता के अनेक स्थल प्रकाश में आ चुके हैं[30]। इनमें से कुछ गांवों के, कुछ कस्बों के और कुछ बड़े नगरों के अवशेषों के आधार पर ही की जा सकती है।

प्रायः यह विश्वास किया जाता है कि सैन्धव जीवन का मूलाधार व्यापार तंत्र था। परन्तु यह भी सत्य है कि किसी भी युग में व्यापारिक नगरों के उदय के लिए कृषि की उन्नति और श्रम–विभाजन पहली शर्त है। इस दृष्टि से सैन्धव सभ्यता के गांवों में भी अतिरिक्त अन्न का उत्पादन हुआ होगा। लेकिन तत्कालीन कृषि व्यवस्था के विषय में केवल अनुमान लगाया जा सकता है। यह तो निश्चित है कि सैन्धव नगरों के चारों ओर दूर–दूर तक गांवों में अन्न विशेषतः गेहूँ प्रभूत मात्रा में उत्पन्न होता था। कालीबंगा के उत्खनन से जुते हुए खेत के अवशेष मिले हैं[31]।

सैन्धव कृषि तन्त्र में भूमि पर किसका अधिकार था यह जानना सम्भव नहीं है। यह भी ज्ञात करना कठिन है कि राज्य में राजनीतिक दृष्टि से राजतन्त्र, गणतन्त्र या धर्मतन्त्र की व्यवस्था थी। फिर भी भूमि पर व्यक्तिगत अधिकार के साथ–साथ राजा का या मंदिर का अधिकार रहा होगा। हो सकता है तत्कालीन अन्य सभ्यताओं के समान मंदिर के लिए सम्मिलित रूप से सभी नागरिक कृषि कर्म को

सहयोग देते रहे हों। कृषक कर देते थे या नहीं जानना कठिन है, लेकिन इतना निश्चित है कि तत्कालीन युग में प्रभूत पैदावार होती थी[32] जिसका अतिरिक्त भाग नगर के व्यवस्थापकों या सेट्ठियों द्वारा खरीद लिया जाता था। हड़प्पा, मोहनजोदड़ो, लोथल, राखीगढ़ी इत्यादि पुरास्थलों से अन्नागार के अवशेष इस बात के संकेतक है[33]। अन्न के विनिमय से कृषक नगरों से अपने उपयोग का अन्य सामान प्राप्त करते थे इस पश्ष्ठभूमि में समृद्ध व्यापारियों का अस्तित्व स्वाभाविक परिणाम है। अन्न सदा से विनिमय का सरल और अधिक उपयुक्त माध्यम रहा है। गेहूँ के व्यापारी नगर के अन्य व्यापारिकयों से जो दूसरे उद्योगों में लगे हुए थे अपने सम्बन्ध रखते होंगे।

कृषकों का कोई भी संगठन रहा हो, उसकी सम्भावना अत्यल्प है। सैन्धव गांवों में गेहूँ[34] और जौ की मुख्य पैदावार होती थीं। इसके अतिरिक्त वे खजूर, सरसों, तिल, चना, मटर भी पैदा करते थे। कालीबंगा, लोथल और रंगपुर से धान के अवशेषों से धान की उपज का निश्चित प्रमाण मिलता है।[35] खेती के लिए सिंचाई के साधनों की विशेष आवश्यकता नहीं रही होगी क्योंकि नदी की बाढ़ तथा वर्षा से पर्याप्त जल प्राप्त हो जाता था। खेतों में हल से जुताई की जाती थी।

सैन्धव नगर पूर्णतः व्यवस्थित, दुर्गीकृत तथा उनके भवन पत्थरों, पक्की ईटों एवं कच्ची ईटों से बने हुए होते थे। लगभग सभी नगर नदी के किनारे ऊँचाई पर आयताकार क्षेत्र में बसे हुए थे। यहाँ से सोने तथा चाँदी के आभूषण, विभिन्न प्रकार के मिट्टी के पात्र, मृण्मूर्तियाँ, बाट–बटखरे, ताम्र और कांस्य के उपकरण, गेहूँ, धान तथा अन्य अन्नों के अवशेष, कुएँ, धान कूटने की ओखली, हाथीदांत के कंघी, ताम्र दर्पण, केश–पिन, सहस्रों मुद्राऐं, मुद्राछाप पत्थर की मूर्तियाँ, कांस्य की मुहरें, मूर्तियाँ और पात्र प्राप्त हुए हैं। इससे अनुमान लगाया जा सकता है कि सैन्धव नगरों में अनेक व्यवसाय और उद्योग विकसित थे, जिन्हें ईट बनाने वाले, ईट पकाने वाले भट्टे के मालिक, बढ़ई, वनों से लकड़ी काटने वाले शिल्पी, मकान बनाने वाले, कुम्हार, धातुकर्मी, जुलाहे, खाना पकाने वाले, सुरा निर्माता, स्वर्णकार, मूर्ति शिल्पी, पुरोहित, सैनिक, लेखक, मुद्रा निर्माता, नाव बनाने वाले, वणिक, दुकानदार, तेली, चर्मकार, अन्न पीसने वाले, माल परखने वाले, नगर वास्तुकार, व्यवस्थापक, अनेक प्रकार के लोग चलाते थे। इनके और व्यापारिकयों के अतिरिक्त एक ऐसे वर्ग का अस्तित्व भी स्वीकार करना होगा जिन्हें बिचौलिया– दो व्यापारियों के बीच वस्तुओं का मूल्य निश्चित करने वाले कहा जा सकता है। (चित्र–28, 29, 31, 33 आदि)।

सैन्धव व्यापार और उद्योग के दो पक्ष थे– स्थानीय और विदेशी। स्थानीय उद्योग में सूती कपड़े, आभूषण और अस्त्र–शस्त्र, मृद्भाण्ड, गुड़िया, नाव और मुद्रा बनाने के उद्योग बहुत विकसित थे। हड़प्पा से एक चाँदी के पात्र में सूती वस्त्र का टुकड़ा मिला है जो सूती वस्त्र उद्योग के अस्तित्व का प्रमाण है[36]। योगी की मूर्ति पर उत्तरीय सूत का बना हुआ स्वीकार किया जा सकता है।

सैन्धवों ने धातुकर्म में बहुत प्रगति की थी। स्वर्ण, चाँदी, टिन, ताम्र, कांस्य जैसी धातुओं से वे परिचित थे। सैन्धव व्यापारी संभवतः नीलगिरि और मैसूर के क्षेत्रों से सोना और रत्न प्राप्त करते थे। हो सकता है कि बिहार से चाँदी आयात करते हों। तांबा और ताबें की वस्तुएँ राजस्थान से मंगायी जाती थी। कुछ पुरातत्वविदों का अनुमान है कि सैन्धव व्यापारी स्थलमार्ग से सोना, चाँदी, टिन, सीसा और अन्य बहुमूल्य पत्थरों की खोज में अफगानिस्तान, सोवियत, मध्य एशिया, ईरान और तुर्की के प्रदेशों तक जाते थे। यहाँ से कांस्य के अस्त्र–शस्त्र, मूर्तियाँ प्राप्त हुई हैं। मुँहरों और कांस्य की नर्तकी तथा अन्य पशु मूर्तियों से

यह सिद्ध है कि सैन्धव शिल्पी कांस्य को ढ़ाल कर मूर्तियां बनाने में सिद्ध हस्त थे। ऐसी वस्तुओं की विदेश में भी मांग रही होगी। गुड़िया या मनके बनाने का उद्योग बहुत प्रगति कर चुका था। राखीगढ़ी के भवनों के अवशेषों से कई स्थानों पर प्रभूत संख्या में बने, विभिन्न प्रकार के पत्थरों और धातुओं के मनके मिले हैं जो वहां पर मनके बनाने के कारखाने के प्रमाण हैं।

सैन्धव नगरों के उत्खनन से बड़े–बड़े मृद्भाण्ड मिले हैं। दैनिक उपभोग में अनेक प्रकार के मृद्भाण्डों की विशिष्टिता सुविख्यात है। नगर के बाहर रिंगवेल द्वारा गंदा पानी भूमिगत किया जाता था, इसमें भी मृद्भाण्डों का प्रयोग होता था। अतः उस समय कुम्हार का व्यवसाय निश्चय ही सम्मानित व्यवसाय रहा होगा, क्योंकि गृहस्थों और व्यापारियों को अनेक प्रकार की वस्तुओं के संग्रह के लिए इन पात्रों की आवश्यकता रही होगी। सैन्धव कुम्हारों ने खान–पान में स्वच्छता की दृष्टि से कई प्रकार के विशिष्ट पात्रों का अविष्कार किया था। इनमें ऊँची तश्तरी, चौड़ी किनारे की थाली, छिद्रदार पात्र, टोटीदार जलपात्र तथा विभिन्न प्रकार की हांडियां मुख्य हैं। इन पात्रों को उपयोग की दृष्टि से आधुनिक नाम दिए गए गये हैं। उस समय इन पात्रों के नाम क्या थे और वस्तुतः इनका प्रयोग किस रूप में किया जाता है, इसका पूर्ण निश्चय करना कठिन है।

वणावाली, राखीगढ़ी, कुणाल, भिडाना, मिताथल, हड़प्पा, मोहनजोदड़ो, लोथल और कालीबंग आदि स्थानों से सहस्रों वर्गाकार, गोल, आयताकार और त्रिपार्श्व आकार की मुद्राएँ प्राप्त हुई हैं, जिन पर पशुओं के चित्रों के साथ अभिलेख उत्कीर्ण हैं। इन मुद्राओं के शिल्पकारों का समाज में तथा औद्योगिक जगत में सम्मानीय स्थान रहा होगा, क्योंकि मुद्राएँ विशिष्ट रूप से व्यापारियों द्वारा अपने माल पर छाप लगाने के काम आती थी। इन्हीं से संभवतः पृथक्–पृथक् व्यापारियों के माल का अभिज्ञान होता था। कुछ सैन्धव मुद्राएँ मेसोपोटामियां के नगरों के उत्खनन से प्राप्त हुई[37]। इससे यह संकेत मिलता है कि सैन्धव व्यापारियों ने पश्चिम में और आगे व्यापार करते होगें। निश्चय ही सैन्धव ही व्यापार तन्त्र में मुद्राओं का प्रयोग अर्थव्यवस्था के वैज्ञानिक स्वरूप को स्पष्ट करते हैं।

प्रायः पुरातत्त्वविद् इस बात में विश्वास करने का आग्रह करते हैं कि सैन्धव व्यापारियों की समृद्धता का सबसे बड़ा कारण विदेशी व्यापार था। यह दो तथ्यों से सांकेतिक है। प्रथम : सैन्धव मुद्राओं पर उत्कीर्ण नाव के चित्र इस बात के प्रमाण हैं, कि सैन्धव विदेशी–व्यापार समुद्री मार्ग से मेसोपोटामियां के अनेक नगरों तक स्थापित था। वहां के नगरों के उत्खनन से प्राप्त सैन्धव मुद्राएं इस सिद्धान्त को बल प्रदान करती हैं। द्वितीय : यह भी विश्वास किया जाता है कि सुमेर में भारतीय व्यापारियों के कुछ स्थानीय केन्द्र थे जहाँ पर दूसरे नगरों को माल भेजते समय वे अपनी मुहरों का प्रयोग करते होंगे। सुमेरियन शासक सारगोन के अभिलेख में दिल्मुन (बहरीन), मगन (मकरान) तथा मेलुहा (मोहनजोदड़ो) से व्यापारिक सम्पर्क का उल्लेख है[38]। अकद शासक ने मेलुहा की भाषा के अनुवाद के लिए अनुवादक की व्यवस्था की थी। मेलुहा से हाथी दांत, शंख, तांबा और मशाले की आपूर्ति होती थी। सैन्धवों का ईरान और अफगानिस्तान होकर स्थल मार्ग से मेसोपोटामियां के नगरों से संपर्क था। मार्ग के बीच में बहरीन और मकरान भी पड़ते थे। लोथल से कुछ ऐसी मुद्राएँ मिली हैं, जो बहरीन द्वीप और फारस की खाड़ी के कुछ स्थलों से प्राप्त मुद्राओं के सादृश्य है। इस आधार पर *राव* यह स्वीकार करने का आग्रह करते हैं कि बहरीन के व्यापारी मैसोपोटामियां और सैन्धव व्यापरियों के बीच बिचौलिए का काम करते थे। लोथल के उत्खनन में स्थायी पत्तन के अवशेष मिले हैं जो सैन्धवों के अन्य देशों से

सामुद्रिक व्यापार का सबल साक्ष्य प्रतीत होता है। निश्चय ही विदेशी व्यापार के कारण सैन्धव व्यापारियों के सुसंगठित तंत्र का उदय हुआ होगा।

यहाँ यह स्मरणीय है कि सैन्धव स्थलों के उत्खनन से कहीं से भी कोई सांकेतिक मुद्रा (सिक्के) प्राप्त नहीं हुई है। ऐसा प्रतीत होता है कि सैन्धवों का व्यापार विनियम प्रणाली पर आधारित था। विदेशों में भी भारतीय माल को वहाँ से प्राप्त माल से बदला जाता होगा। लेकिन यह अज्ञात है कि व्यापारिक माल का अपेक्षिक मूल्य कैसे निर्धारित होता था। मुद्रा प्रणाली के अभाव में व्यापारिक संगठनों का अस्तित्व मान लेने पर भी बैंक व्यवस्था का अस्तित्व स्वीकार करना कठिन है।

सैन्धव लिपि : सैन्धव मुद्राओं पर उत्कीर्ण लिपि अभी तक पढ़ी नहीं जा सकी है (चित्र–42, 44, 46, 49)। इसलिए सैन्धव सभ्यता का सांस्कृतिक पक्ष अभी तक अंधकार में है। सैन्धव लिपि अन्य समकालीन लिपियों के समान प्रकृत्या चित्राक्षर लिपि है। इसके चित्राक्षरों में चित्रित वस्तुओं को अनायास पहचाना जा सकता है। इस दृष्टि से यह सुमेरियन कीलाक्षर लिपि से सर्वथा भिन्न है। इसके लगभग 500 चित्राक्षर ज्ञात हैं यदि एक ही संकेत के विभिन्न रूपों को छोड़ दिया जाय तो कुल संकेत 250 के लगभग रह जायेंगे। इसलिए यह निश्चित रूप से वर्णमाला न होकर संभवतः ध्वनिलिपि और भावलिपि का मिला जुला रूप है। कालीबंगा से प्राप्त एक ठीकरे पर अतिव्याप्ति से ज्ञात होता है कि इसे दाहिनी ओर से बाईं ओर लिखा जाता था। यद्यपि यह विश्वास करने के लिए भी कारण है कि इसमें हर दूसरी पंक्ति का रूप बदलता जाता था। सैन्धव लेख मूलतः मुद्राओं पर उत्कीर्ण हैं। सिन्धु सभ्यता के विभिन्न स्थानों से अब तक 2200 से अधिक मुद्राएँ प्राप्त हो चुकी हैं। मुद्राओं पर उत्कीर्ण लेख बहुत छोटे हैं। अब तक ऐसा कोई लेख नहीं मिला है, जिसमें 26 से अधिक संकेत हों। सैन्धव लिपि का सबसे महत्त्वपूर्ण गुण यह है, कि एक हजार वर्षों के दीर्घकाल में भी इस लिपि के संकेतों में कोई विशेष परिवर्तन नहीं हुआ है। जब तक सैन्धव लिपि का अभिज्ञान न हो जाए तब तक यह जान पाना भी संभव नहीं है कि सैन्धव भाषा का स्वरूप क्या था?

सैन्धव लिपि[39] को पढ़ने का अनेक विद्वानों ने प्रयास किया है। सन् 1925 ई. में *एल. ए. वाडेल* ने सैन्धव लिपि को सुमेरियन लेखों के आधार पर पढ़ने का प्रयत्न किया। दूसरा प्रयास *डॉ. प्राणनाथ* ने किया। उन्होंने सैन्धव भाषा को आद्य संस्कृत मानकर इसे पढ़ने का प्रयत्न किया। उनके अनुसार तान्त्रिक प्रतीकों के आधार पर सिन्धु लिपि के संकेतों का अध्ययन किया जाना चाहिए। इस सुझाव को मानते हुए शंकरानन्द और बेनी माधव बरूआ ने इस लिपि को पढ़ने का प्रयत्न किया। प्रसिद्ध पुरालिपि विशेषज्ञ *हन्जी* ने सन् 1939 ई. में यह मानकर कि सैन्धव जन प्राक् हित्ती परिवार के थे सैन्धव लिपि में हित्ति भाषा को खोजने का प्रयत्न किया। इसके विपरीत *फादर हेरास* ने सैन्धव भाषा को प्राक् तमिल मानकर और *फिलन्डर्स प्रेट्री* ने मिस्री लिपि के आधार पर इसे पढ़ने की चेष्टा की। *पेट्री* के अनुसार सैन्धव मुहरों पर केवल अधिकारियों की पदवियाँ अभिलिखित है। इसके विपरीत इटली के *मरीग्गी* ने यह मानकर कि सैन्धव लिपि ध्वनि लिपि और भाव लिपि का मिला जुला रूप है इसके लेखों में कृषि संबंधी तथ्यों का अन्वेषण किया।

इसके अतिरिक्त कुछ पुराविदों ने सैन्धव लिपि की आन्तरिक रचना का और इसके संकेतों का यांत्रिक विश्लेषण भी किया है। ऐसे विद्वानों में गाड, स्मिथ, हंटर और लांगडन के नाम प्रमुख हैं। गाड और हंटर दोनों सिन्धु लिपि को अक्षरात्मक मानते हैं। कुछ पुरातत्त्वविदों ने आहत मुद्राओं पर उत्कीर्ण

चिह्नों से भी सैन्धव प्रतीकों की तुलना की है। परन्तु सैन्धव प्रतीकों के समक्ष उनकी संख्या बहुत कम है।

सन् 1069 ई. में *वी. एन. कृष्णाराव* ने सैन्धव अभिलेखों को वैदिक संस्कृत में लिखा मानकर पशुपति मुद्रा पर उत्कीर्ण अभिलेखें को 'मखनाशन' पढ़ा तो दूसरी मुद्रा पर उत्कीर्ण अभिलेख को ईशान (रूद्र)। *कृष्णाराव* ने सिन्धु लिपि में कुछ विदेशीी शासकों के नाम भी खोजे थे। इसी प्रकार *फतह सिंह* ने सैन्धव लिपि अक्षरात्मक, भावचित्रात्मक और कई प्रकार की लिपियों में संकेत खोज निकाले हैं। वे यह मानते हैं कि सैन्धव अभिलेख चार प्रकार की लिपियों में लिखे गए हैं। इनमें तीन लिपियाँ दाहिनी ओर से बाईं ओर लिखी गई हैं और चौथी संभवतः बाईं से दाहिनी ओर लिखी गई हैं।

कुछ विद्वानों ने जिनमें *आस्को पारपोला, पी. आल्तो, सिमी पारपोला* तथा *एस. कोस्केत्रियेमी* सम्मिलित हैं। कम्प्यूटर की सहायता से सैन्धव लिपि का विश्लेषण किया है। रूसी पुरातत्त्वविदों के प्रयास का आधार कम्प्यूटर है। आन्तरिक विश्लेषण विधि से माइकेल बेन्ट्रिस ने क्रीट की लाइनियर बी लिपि का उद्घाटन किया था। परन्तु यह विधि अभी सैन्धव लिपि के संदर्भ में सफल नहीं हुई है। भारतीय पुरातत्त्वेता *एस. आर. राव*[40] के अनुसार प्रारम्भ में सैन्धव में 390 चिन्ह थे जो घटते–घटते 20 रह गये। इसका अर्थ यह हुआ कि 1600 ई. पू. के आस–पास सैन्धव लिपि वर्णमालात्मक बन गई थी। संभवतः पश्चिमी एशिया की सेमेरिक लिपि के प्रभाव से उसके प्रतीकों की संख्या में कमी हुई। राव के भाषा की दृष्टि से सैन्धव भाषा वेदों की प्राचीन संस्कृत से मिलती–जुलती थी।

अनेक विद्वानों ने ज्ञात भाषाओं के आधार पर और सैन्धव संकेतों को अन्य लिपियों के संकेतों में तुलनात्मक दृष्टि से पढ़ने का प्रयत्न किया है, जबकि न तो हम सैन्धव भाषा की प्रकृति से परिचित हैं और न सैन्धव लिपि से। मूल समस्या यह है कि किसी भी प्रकार से पढ़ लेने पर, यह कैसे ज्ञात होगा कि जो पढ़ा गया है वह सही है। सैन्धव अभिलेखों में कम प्रतीक होने के कारण यह समस्या दुष्कर हो जाती है। यदि लम्बे अभिलेख हों तो विषय की निरन्तरता का संदर्भ उसके सही ज्ञान के लिए सहायक हो सकती है। वर्तमान में इस समस्या के हल के लिए द्विभाषी अभिलेख का मिलना आवश्यक है, जिससे एक ज्ञात लिपि के द्वारा दूसरी अज्ञात लिपि का उद्वाचन हो सके।

सैन्धव साहित्य : सैन्धव लिपि के अभिज्ञान के अभाव में तत्कालीन सैन्धव सभ्यता का बौद्धिक पक्ष अज्ञात है। यदि यह लिपि निर्णायक रूप से पढ़ भी ली जाय तो इससे स्थिति में अधिक परिवर्तन की संभावना नहीं है, क्योंकि संक्षिप्त मुद्रा अभिलेख के अभिज्ञान से किसी साहित्यिक रचना का उद्घाटन नहीं होगा जिससे उनके बौद्धिकता पर प्रकाश पड़ सके। एक हजार वर्षों तक लिपि का प्रयोग करने वाले नागरिकों ने निश्चय ही मात्र मुद्रा अभिलेख नहीं लिखे होंगे। उन्होंने शायद लकड़ी या चर्म पत्र जैसे नश्वर पदार्थों पर जिस साहित्य को लिखा था वह सम्पूर्णतः नष्ट हो गया है। लेकिन इतना निश्चित लगता है कि उनका साहित्य बहुत कम विकसित रहा होगा। गोयल[41] के अनुसार बहुत से आख्यान जिन्हें हम सुमेरियन कहते हैं वस्तुतः सैन्धवों की कृति थे। पंचतंत्र और पुराणों में उल्लेखित कई कथा एवं उद्धहरण हड़प्पा सभ्यता से प्राप्त मृद्भाण्डों पर चित्रण के रूप में तो कई मुहरों पर उत्कीर्ण मिलते हैं। जिससे इन विवरणों की प्राचीनता पर प्रकाश पड़ता है।

तिथिक्रम : सैन्धव–सरस्वती सभ्यता का समय निश्चित करना एक जटिल समस्या है। प्रथमतः किसी भी सभ्यता के नगरों का उदय और अन्त एक साथ नहीं होता है। कुछ नगरों का जीवनकाल 20–25 वर्ष हो सकता है और कुछ नगर कई शताब्दियों तक अपना अस्तित्व बनाए रख सकते हैं। अतः सभ्यता का काल निर्णय में पहले नगर के उदय से लेकर अन्तिम नगर के अन्त के मध्यकाल को जानना होगा जो वर्तमान अवस्था में अभी संभव नहीं है। क्योंकि जब राखलदास बनर्जी, मार्शल या वत्स द्वारा उत्खनन कार्य किए गए तब उत्खनन करने की विधि बहुत वैज्ञानिक नहीं थी। उस समय भूमि में गहराई के अनुपात में वस्तुओं की प्राचीनता निश्चित की जाती थी। आज जिस प्रकार भूमि के स्तरों का काल भेद किया जाता है तब उत्खनन करने की विधि बहुत वैज्ञानिक नहीं थी। उस समय भूमि में गहराई के अनुपात में वस्तुओं की प्राचीनता निश्चित की जाती थी। आज जिस प्रकार भूमि के स्तरों का काल भेद किया जाता है तब इस पद्यतिं से पुरातत्त्ववेता परिचित नहीं थे। उस समय वर्तमान तिथि निश्चित करने की वृक्षवलय कालानुक्रम, कार्बन–14 प्रणाली, फ्लोरोसेन्स पद्धति इत्यादि वैज्ञानिक तकनीकों का जन्म नहीं हुआ था। दूसरे सैन्धव–सरस्वती सभ्यता के संदर्भ में लिपि के अपठित रहने के कारण तत्कालीन घटनाओं और अन्य तथ्यों के प्रकाश में भी नगरों का समय निश्चित करने का मार्ग अवरुद्ध बना रहा, जबकि समकालीन सुमेरियन सभ्यता में लिपि के पढ़ लिए जाने के कारण वहाँ के शासक और घटनाओं की तिथि अपेक्षा अधिक निश्चित होने के कारण उनके पुरातात्विक स्तरों का काल स्थिर कर पाना संभव हुआ। इसलिए व्हीलर जैसे पुरातत्त्वेताओं ने सैन्धव मुहरों की पश्चिमी एशिया के नगरों के विभिन्न स्तरों से प्राप्ति के आधार पर सैन्धव–सरस्वती सभ्यता के समृद्धकाल का अनुमान लगाने का प्रयत्न किया। लेकिन इससे बहुत मोटे तौर पर केवल उस समय सैन्धव सभ्यता का अस्तितव सिद्ध किया जा सकता था। परन्तु वे मुहरें इस सभ्यता के किस नगर या क्षेत्र में गई होंगी, लिपि के न पढ़े जाने के कारण जान पाना संभव नहीं है। फिर भी अन्य साक्ष्यों के अभाव में व्हीलर का तिथि अनुमान सामान्य सत्य के अधिक निकट माना गया। बीसवीं शताब्दी के पिछले चार–पाँच दशकों में विभिन्न नगरों से प्राप्त सामग्री की कार्बन तिथि के द्वारा अब नगरों और उनके कालों की तिथि कुछ स्पष्ट होने लगी है लेकिन समग्र रूप में कोई चित्र प्रस्तुत करने में पुरातत्त्व के क्षेत्र में अभी पर्याप्त कार्य होना शेष है।

साधारणतः किसी भी सभ्यता में नगरों का जन्म एक आर्थिक और सामाजिक प्रक्रिया का परिणाम होता है। समस्त पश्चिमी एशिया में नवपाषाण काल के बाद धातु के उपकरणों के प्रयोग से अतिरिक्त उत्पादन, समाज में वर्ग भेद से श्रम विभाजन, लिपि और मुद्रा के प्रयोग से व्यापार की प्रगति के कारण व्यवस्था के पृथकत्व को नगरों के जन्म का कारण माना जाता है। भारत में भी ऐसा होना चाहिए था। परन्तु जब प्रारंभिक उत्खनन में हड़प्पा और मोहनजोदड़ो जैसे नगरों का अस्तित्व दिखाई दिया तो इन्हें मेसोपोटामिया सभ्यता का प्रभाव मानकर यहाँ पर सीधे समृद्ध नगरों का उदय होना मान लिया गया। परन्तु अब अनेक नगरों का प्राकृतिक तल तक उत्खनन होने पर यह स्पष्ट हो गया है कि सैन्धव–सरस्वती के कई नगरों के जन्म से पूर्व वहाँ पर एक संस्कृति विद्यमान थी जिसे प्राक् सैन्धव कहा गया है। इसलिए तिथिक्रम की दृष्टि से सैन्धव–सरस्वती सभ्यता के अनेक स्थानों पर दो काल स्वीकार किए गए– प्राक् सैन्धव–सरस्वती काल और दूसरा परिपक्व सैन्धव–सरस्वती काल। दूसरे काल में सभ्यता के लक्षण अधिक स्पष्ट और विकसित दिखाई देते हैं। अधिकांश स्थानों पर ये दोनों काल एक दूसरे से सम्बद्ध हैं। अतः स्वीकार करने में कोई कठिनाई

नहीं होनी चाहिए कि प्राक् सैन्धवकाल से परिपक्व सैन्धव काल तक निरन्तर विकास हुआ होगा। अतः अब *व्हीलर* की अचानक प्रौढ़ नगरों के उदय की परिकल्पना निरर्थक हो जाती है।

सैन्धव सभ्यता के प्रारम्भ और अन्त की तिथि समय–समय पर अनेक विद्वानों ने भिन्न–भिन्न प्रकार से निश्चित करने का प्रयास किया है। विद्वानों के इन प्रयासों को समवेत रूप में इस प्रकार रखा जा सकता है–

फेयरसर्विस ने क्वेटा से प्राप्त सामग्री के आधार पर सैन्धव सभ्यता की समय सीमा 2000–1500 ई. पू. तो *अल्चिन* और *श्रीमती अल्चिन* ने कोटडीजी और कालीबंगा के आधार पर इसका काल 2150–1750 ई.पू. माना है। *बुखनन* के अनुसार सैन्धव मुद्राओं का मेसोपोटामिया का साक्ष्य 2300 ई. पू. के पहले का नहीं है और प्रौढ़ सैन्धव सभ्यता मुद्राओं का मेसोपोटामियां का साक्ष्य 2300 ई.पू. के पहले का नहीं है और प्रौढ़ सैन्धव सभ्यता की अवधि 300 वर्ष से अधिक नहीं मानी जा सकती इसलिए उसने इस सभ्यता की समय सीमा 2300–2000 ई.पू. निश्चित की है। *धर्मपाल अग्रवाल* ने विभिन्न सैन्धव स्थलों से प्राप्त जैविक अवशेषों की कार्बन–14 विधि से निर्धारित तिथियों के आधार पर इस सभ्यता का जीवन काल 2300–1750 ई.पू. स्वीकार करने का सुझाव दिया है।[42]

लोथल के उत्खनन कर्ता *एस. आर. राव* के अनुसार इस बात के सबल प्रमाण उपलब्ध हैं कि लोथल में सैन्धव सभ्यता का उदय 2450 ई. पू. में हुआ था। इसी प्रकार *वाई. डी. शर्मा* ने कोटला निहंग, कालीबंगा, रोपड़, आलमगीरपुर, बाड़ा और अम्बखेड़ी के साक्ष्य का विश्लेषण करके यह निष्कर्ष निकाला कि कालीबंगा और अम्बखेड़ी में सभ्यता के विनाश में 400 वर्षों का अन्तर रहा होगा और पश्चिम उत्तर प्रदेश में इसके अन्त की सीमा 1400 ई. पू. माननी चाहिए। परन्तु सैन्धव सभ्यता के अवशेषों की प्रौढ़ता को देखते हुए इसका विस्तार 400 से अधिक वर्षों का मानना चाहिए।

इस विवरण से स्पष्ट हो जाता है कि *धर्मपाल अग्रवाल* के साक्ष्य को छोड़कर शेष मतों का आधार पश्चिमी एशिया से प्राप्त सारगोन काल की आठ सैन्धव मुद्राएं हैं। सारगोन का समय पहले 2800 ई. पू. माना जाता था बाद में इसमें सुधार करके 2370 ई. पू. निश्चित किया गया। इससे भारतीय मुद्राओं की तिथि का भी समय परिवर्तित करना पड़ा। दूसरे प्रायः अधिकांश विद्वान् मोहनजोदड़ो के साक्ष्य को 500 वर्ष से अधिक समय देने के लिए तैयार नहीं है। जैसा कहा जा चुका है कि पश्चिमी एशिया से प्राप्त मुद्राओं और तथा कथित अन्य सामग्री पर सैन्धव प्रभाव का समय निश्चित कर पाना सरल नहीं है। अतः इस स्थिति में कार्बन–14 तिथि के विश्लेषण के आधार पर परिपक्व सैन्धव सभ्यता की सीमा 2300–1750 ई. पू. स्वीकार करना ही अधिक युक्ति संगत है। इसी संदर्भ में यदि प्राक् सभ्यता के काल को 9000 वर्ष का स्वीकार कर लिया जाय, तो सैन्धव युग को 2300–1750 ई. पू. के बीच में रख पाना संभव होगा। इसी स्थिति में वूली का साक्ष्य महत्वपूर्ण हो जाता है। वूली को सुमेरियन सभ्यता के उर नगर की राज समाधियों से एक सैन्धव मुद्रा मिली थी जिसका समय 3200 ई. पू. बताया गया है। इससे भी हड़प्पा सभ्यता की प्राचीनता 3500 ई. पू. तक जाती है।

हड़प्पा सभ्यता का परिवर्तित परिदृश्य और समस्याएँ : सैन्धव सभ्यता की खोज के बाद कई दशकों तक उससे संबंधित विशेष समस्याएं पैदा नहीं हुई। लेकिन बाद के दशकों में जैसे–जैसे भारत और पाकिस्तान में नए स्थलों के उत्खनन से नयी सामग्री सामने आती गई वैसे–वैसे हड़प्पा सभ्यता संबंधी ज्ञान के विस्तार के साथ–साथ इस सभ्यता के जन्म, नगरों के अन्त और वैदिक संस्कृति से संबंधित

अनेक प्रश्न पैदा होते गए। यद्यपि आधुनिक काल में पुरातत्त्ववेताओं, भाषाशास्त्रियों, भौतिक विज्ञानियों, भूगर्भवेताओं, नृतत्वशास्त्रियों और जीवभूवृत्त वैज्ञानिकों ने अपने–अपने तंत्र के द्वारा हड़प्पा सभ्यता के अनेक पक्षों पर संधान किया है, और इन विशेषज्ञों के प्रयास से हड़प्पा सभ्यता की प्रकृति और स्वरूप से धुंध भी छटने लगी है लेकिन फिर भी अनेक जटिल प्रश्नों का उत्तर अभी नहीं मिल पाया है। यह स्पष्ट है कि 1947 ई. के बाद जितने भी नए साक्ष्य प्रकाश में आए हैं उन्होंने हड़प्पा सभ्यता के उस परिदृश्य को बदल दिया है जिस की प्रस्तुति *पिगट, मार्शल* और *व्हीलर* ने अपने कार्यों के प्रारम्भिक दशकों में की थी।

प्रारम्भिक पुरातत्ववेता उपलब्ध साक्ष्यों के आधार पर यह निश्चित नहीं कर पाए थे कि हड़प्पा सभ्यता के निर्माता कौन थे। वे किस प्रजाति के थे, वे भारत के निवासी थे या बाहर से आए थे। यद्यपि मोहनजोदड़ो से जो कंकाल प्राप्त हुए थे उन्हें नृतत्वशास्त्रियों ने मंगोलायड, आस्ट्रेलायड जैसी प्रजातियों का बताया था। लेकिन इस साक्ष्य से यह सिद्ध नहीं हो पाया कि सैन्धव समाज इनमें से किस प्रजाति की देन था। लेकिन *व्हीलर* द्वारा यह आग्रह करने पर कि सैन्धव नगरों का विनाश आर्यों के आक्रमण से हुआ था। परोक्ष रूप से सैन्धवों का अभिज्ञान निश्चित कर दिया गया। यह मान लेने पर कि आर्यों ने अपने सेनापति इन्द्र के नेतृत्व में सैन्धव दुर्गों का विध्वंस किया था, इसलिए पुरों में निवास करने वाले आर्यों के शत्रु माने जाने लगे। वैदिक साहित्य में दास और दस्युओं को आर्यों का शत्रु कहा गया है। इसलिए अनायास यह मान लिया गया कि दास और दस्यु ही सैन्धव लोग थे। ये द्रविड़ जाति के थे और पहले से ही भारत में रह रहे थे। ये अनार्य, चपटी नाक वाले कृष्णवर्ण के लोग थे। इसी समय एक और भ्रान्ति ने जन्म लिया। *व्हीलर* और *मार्शल* के समय तक जितनी भी जानकारी उपलब्ध थी, उसके आधार पर यह मान लिया कि प्रौढ़ सैन्धव सभ्यता का उदय अचानक हुआ था। इसलिए कुछ विद्वानों ने सैन्धव सभ्यता के जन्म का श्रेय सुमेरियनों को देते हुए यह स्वीकार करने का आग्रह किया कि भारत में सभ्यता का विचार ही पश्चिम एशिया से आया था। पुरातत्ववेताओं ने इस सभ्यता के मूल को बलुचिस्तान की ताम्रकालीन ग्राम्य संस्कृतियों में खोजने का प्रयत्य भी किया है लेकिन अब लोथल, कालीबंगा, हड़प्पा, राखीगढ़ी और अनेक स्थानों पर सैन्धव स्थलों के नीचे प्राक् सैन्धव संस्कृति के साक्ष्य मिल जाने से इस सभ्यता का सुमेरियन उदय का प्रश्न ही अर्थहीन हो जाता है। प्राक् सैन्धव संस्कृति से प्राकार (दुर्ग) के अवशेष मिलने से स्वयं सैन्धव ही दुर्गों को नष्ट करने वाले सिद्ध हो जाते हैं। अतः अब *व्हीलर* का यह मत भी निष्प्रभावी हो जाता है, कि आर्यों ने सैन्धवों के नगरों (पुरों) को नष्ट किया था। इसके विपरीत अब यह विचार भी बल पकड़ता जा रहा है कि आर्य ही सैन्धव सभ्यता के निर्माता थे अर्थात् सैन्धव और आर्य एक ही समाज के दो वर्ग थे। यद्यपि यह विचार बहुत विवादास्पद है, इस क्षेत्र में अभी पर्याप्त कार्य होना शेष है। इस समस्या को सुझाने में प्राक् सैन्धव संस्कृति और सैन्धव संस्कृति के निर्माताओं की स्पष्ट पहचान करनी होगी। दोनों को पृथक मान लेने पर वर्तमान अवस्था में अधिक से अधिक यह स्वीकार किया जा सकता है कि एक काल खण्ड में दोनों साथ–साथ रहे थे। दूसरी ओर आर्य और सैन्धव के संदर्भ में इस भ्रांति का निवारण भी आवश्यक है कि सैन्धव आर्यों की अपेक्षा सांस्कृतिक दृष्टि से हीनतर थे। जबकि सैद्धांतिक दृष्टि से उन्हें आर्यों से अधिक प्रबुद्ध मानना चाहिए । यदि नागरिक और ग्रामीण परिवेश की दृष्टि से विचार किया जाय तो ग्रामीण आर्यों के समक्ष सैन्धव नागरिकों को अधिक प्रबुद्ध मानना होगा। जिस समाज में एक हजार वर्षों तक लिपि का अस्तित्व बना रहा हो उन्होंने अवश्य ही श्रेष्ठ साहित्य की रचना की

होगी। यह दूसरी बात है कि माध्यम के नश्वर होने के कारण वह साहित्य उपलब्ध नहीं है। इस प्रकार के अनेक तथ्यों के प्रकाश में और बदलते हुए परिदृश्य में अब आर्य–सैन्धव सबंधों पर नए सिरे से विचार करने की आवश्यकता है। पिछले कुछ दशकों में अनेक वैज्ञानिकों के प्रयासों से सैन्धव क्षेत्र की तत्कालीन भौगोलिक, भूगर्भीय और जलवायु संबंधी स्थितियों पर नया प्रकाश पड़ा है जिससे सैन्धव नगरों के अन्त और अन्य समस्याओं पर पुनर्विचार की आवश्यकता है।

हड़प्पा सभ्यता का अन्त : हड़प्पा सभ्यता का अन्त कैसे हुआ इस समस्या का अभी तक सर्वमान्य हल नहीं खोजा जा सका है। यूरोपीय और अनेक भारतीय विद्वानों ने इस समस्या पर विचार किया है। वास्तव में पुरातत्ववेताओं तथा वैज्ञानिकों ने निश्चित साक्ष्यों के अभाव में इस सभ्यता के अन्त के लिए अनेक अनुमान लगाए हैं। जिसमें विदेशी आक्रमण, बाढ़, जलवायु परिवर्तन, नदियों का मार्ग परिवर्तन जैसे कारणों के आधार पर सैन्धव नगरों के पतन पर विचार किया है। वास्तव में सैन्धव जैसी सभ्यता जो विशाल क्षेत्र में फैली हुई और जिसके नगर कई नदियों के किनारे पंजाब, हरियाण, राजस्थान, गुजरात तथा पाकिस्तान तक विभिन्न भौगोलिक परिवेश में स्थापित थे, किसी एक कारण से उसका ह्रास सम्भव नहीं था। अतः सैन्धव नगरों की समाप्ति का अपना–अपना पश्थक् कारण हो सकता है। यह दूसरी बात है कि किसी दैवी या भौगोलिक विपदा का एक बड़े क्षेत्र में समान रूप से प्रभाव पड़ा हो। इस तथ्य को भी विस्मृत नहीं करना चाहिए कि साधारणतः किसी संस्कृति का अन्त एक नहीं अपितु अनेक कारणों से होता है।

प्रारम्भ में *गार्डेन चाइल्ड* ने सन् 1934 ई. में और बाद में *व्हीलर* ने सन् 1946 ई. में यह मत प्रगट किया था कि द्वितीय शताब्दी ई. पू. के मध्य में पतनशील सैन्धव नगरों को आर्यों के आक्रमण का सामना करना पड़ा। आर्यों के आक्रमण का सिद्धांत केवल वैदिक साहित्य पर आधारित था जिसमें इन्द्र को पुरन्दर[43] कहा गया है जिसने अयस निर्मित किलों और पुरों का नाश किया। इन अनार्यों के दुर्गों की पहचान सैन्धव नगरों के दुर्गों से की गई है।[44] पुरातात्विक अवशेषों से प्रतीत होता है कि सैन्धव शान्त प्रिय लोग थे।

इसके अतिरिक्त हड़प्पा सभ्यता के अन्त के लिए दो सर्वथा विपरीत मत प्रस्तुत किए गए हैं। एक मत में यह सिद्ध करने का प्रयास किया गया है कि सैन्धव भूमि में आर्द्रता की कमी होकर शुष्कता का विस्तार हुआ। अतः पानी की कमी के कारण सैन्धवों ने नगरों का परित्याग कर दिया। इसके विपरीत दूसरे मत में तत्कालीन समय में यहां पर्याप्त वर्षा होने की बात कही गई है और बाढ़ को सैन्धव सभ्यता के पतन के लिए उत्तरदायी ठहराया गया है। वस्तुतः इन दोनों मतों में सिन्धु सभ्यता के भौगोलिक विस्तार को देखते हुए विरोधाभास नहीं है। उदाहरण के लिए मोहनजोदड़ो की स्थिति पर विचार करे तो यह नगर दीर्घकाल तक जीवन्त था। उत्खनन से ज्ञात होता है कि यह अनेक बार पुनर्जीवित हुआ था। मार्शल ने यहां विभिन्न स्तरों पर बाढ़ के चिह्न देखे थे। इससे यह स्पष्ट है कि मोहनजोदड़ो के निवासी सिन्धु नदी में आने वाली बाढ़ के अभ्यासी थे। इसलिए बाढ़ से इस नगर का पतन नहीं हो सकता था। सन् 1940 ई. में जब *साहनी* ने इस नगर के पतन के लिए जलप्लावन का उल्लेख किया उस समय उसके कथन पर विशेष ध्यान नहीं दिया गया। बाढ़ में और जलप्लावन में अन्तर है। बाढ़ तो अस्थायी होती है जबकि जलप्लावन का समय लम्बा और उसका संबंध अत्यधिकजल से होता है। भूगर्भशास्त्रियों ने सिन्धु नदी के निचले भाग में नदी के वर्तमान तल से 70 फीट ऊँची

भूमि पर बाढ़ के चिह्न देखे थे। इसलिए यह माना जा सकता है कि अप्राकृतिक रूप से सिन्धु नदी में जल स्तर बढ़ने से मोहनजोदड़ो और आस–पास की सैन्धव बस्तियों का पतन हुआ होगा। राइक नदी में जल स्तर बढ़ने का कारण मुहाने के पास पृथ्वी की आन्तरिक हलचल मानते हैं। जिससे वह स्थान ऊपर उठ गया और सिन्धु नदी में जल एकत्र होकर वह एक झील के रूप में परिवर्तित हो गई। परन्तु लेम्ब्रिक राइक के इस मत से सहमत नहीं हैं। वैज्ञानिकों ने झील के निर्माण, विस्तार और प्रभाव को लेकर मतभेद हो सकता है परन्तु जलप्लावन की सत्यता में अविश्वास करने का कोई कारण नहीं है।

इसी प्रकार शुष्कता और विस्तार और नदियों का मार्ग परिवर्तन एक दूसरे से सम्बद्ध है। ए. घोष के अनुसार सैन्धव युग में सरस्वती नदी अपने पूरे वेग से प्रवाहित होती थी। इसलिए उसके तत्कालीन तट पर सैन्धव बस्तियों के अवशेष पाए गए हैं। लेकिन बाद की भूरे चित्रित मृदभाण्ड की संस्कृति के अवशेष, जिसे आर्यों से सम्बद्ध किया जाता है, शुष्क नदी के तल पर मध्य में मिले हैं। इससे यह स्पष्ट होता है कि सरस्वती नदी अपने मार्ग से हटकर बहने लगी थी और उसमें जल की कमी हो गई थी इसलिए सैन्धव बस्तियों का पतन हुआ। मैके भी हड़प्पा नगर का पतन के लिए रावी के मार्ग परिवर्तन को उत्तरदायी मानते हैं। जीवभूवृत्त वैज्ञानिक *गुरूदीप सिंह* ने भी अपने शोध के आधार पर 1800 ई.पू. में शुष्कता बढ़ने की बात कही है। यद्यपि *डेल्स, फेयरसर्विस, राइक्स* और *डाइसन* जैसे विद्वान इस मत से सहमत नहीं हैं कि प्रदेश में शुष्कता बढ़ रही थी।[46] उनके अनुसार सैन्धव प्रदेश में पर्याप्त वर्षा होती थी। इस तथ्य को स्वीकार करने के बाद भी *राइक्स* स्वयं कई बार यमुना नदी की सहायक नदी की जल प्रवाह की दिशा बदलने की बात मानने का आग्रह करते रहे हैं। यहां पर महत्वपूर्ण बात वर्षा न होकर नदी का मार्ग परिवर्तित होना और उसमें पानी की कमी होना है। जैसा अब स्वीकार किया जाने लगा है कि सरस्वती के सूखने का कारण उसके उद्‌गम स्थल के पास की भूमि का ऊपर उठना था।[47]

सैन्धव सभ्यता के पतन के विषय में कुछ ऐसे भी विचारों का जिक्र करना आवश्यक है, पर विश्वास करना कठिन है। उदाहरण के लिए *पिग्गट* के विचार में ईटें पकाने के लिए अधिक वन कटने के कारण भूमिगत जलस्तर में गिरावट आई जिससे सूखाग्रस्त क्षेत्रों की अभिवृद्ध हुई। परन्तु यह एक ज्ञात तथ्य है कि सैन्धव सभ्यता के नगरों में एक साथ नहीं अपितु क्रमशः आवासों का निर्माण हुआ होगा। अतः आवश्यकता के अनुसार क्रमशः ही वृक्षों की लकड़ी का प्रयोग भट्‌टों में ईटें पकाने के लिए किया गया होगा। रेगिस्तान के वृक्ष एक–दो वर्ष में तैयार हो जाते थे।

राव को लोथल और भगतराव में कम से कम दो बार बाढ़ के प्रमाण मिले हैं। उनके अनुसार ये बाढ़ 2000 ई.पू. में और इसके एक शताब्दी बाद आई होगी। राव का अनुमान है कि हड़प्पा और मोहनजोदड़ो में भी इसी समय बाढ़ आई होगी। ऐसे अवसरों पर खेती के नष्ट हो जाने और नहरों में मिट्‌टी भर जाने से सिन्धुघाटी के कुछ लोग घघ्घर की घाटी और कुछ सतलज की ओर गए होंगे। कालीबंगा में ये लोग पहले से ही आवासित क्षेत्र में पहुंचे। रोपड़ और आस–पास की बस्तियां सम्भवतः इन्हीं बाढ़ पीढ़ितों ने बसाई होगी।

इसके अतिरिक्त सभी स्थानों पर सैन्धव सभ्यता का एक साथ और वह भी अचानक ह्रास होना आवश्यक नहीं है। रंगपुर और लोथल से जो साक्ष्य मिले हैं उससे यह स्पष्ट प्रतीत होता है कि यहां

पर सैन्धव सभ्यता का क्रमिक ह्रास हुआ। यहां की परम्पराएं शनैः–शनैः परिवर्तित हुई। पक्की ईटों के स्थान पर कच्ची ईटों का प्रयोग, बस्ती का सीमित क्षेत्र, सफाई व्यवस्था में ढ़िलाई तथा अन्य प्रकार के मृद्भाण्डों का प्रयोग इस बात को सिद्ध करता है कि सैन्धव सभ्यता के आकस्मिक अन्त का कोई प्रमाण नहीं मिलता।[48] इसी प्रकार रोपड़ और आलमगीरपुर में भी ह्रासोन्मुख सैन्धव संस्कृति के दर्शन होते हैं। कुछ विद्वानों का मत है कि गेरू रंग के मृदभाण्ड जो कई स्थानों से प्राप्त हुए हैं, वास्तव में पतनोन्मुखी सैन्धव सभ्यता से ही सम्बद्ध है। यहां पर स्मरणीय है कि सैन्धव नगरों और उपनगरों का पतन होने पर भी सैन्धव परम्पराएं किसी न किसी रूप में जीवन्त बनी रही। इस संदर्भ इस विचार पर बल दिया जाने लगा है कि सैन्धव परम्परा के अनेक तत्व बाद के संस्कृतियों द्वारा अपना लिए गए। कुछ सांस्कृतिक तत्वों के दर्शन तो आज भी हिन्दू धर्म में दिखाई देते हैं।

(ख) भौगोलिक स्थिति एवं क्षेत्र विस्तार

अपनी समृद्ध सांस्कृतिक विरासत तथा विविधताओं के कारण भारत की सभ्यता संसार की एक प्राचीन सभ्यता है। इसने स्वतंत्रता प्राप्ति के बाद से 60 वर्षों में बहु आयामी सामाजिक आर्थिक प्रगति की है।

यह पूर्णतया उत्तरी गोलार्द्ध में स्थित है। इसकी मुख्य भूमि $8^{0}4'$ और $37^{0}6'$ उत्तरी अक्षांश और $68^{0}7'$ और $97^{0}25'$ पूर्वी देशान्तर के बीच फैली हुई है। इसका विस्तार लगभग 32,87263 वर्ग किमी. है, जो उत्तर से दक्षिण तक 3214 किलोमीटर और पूर्व से पश्चिम 2933 किलोमीटर है। इसकी भूमि–सीमा लगभग 15200 किलोमीटर है। मुख्य भूमि लक्षद्वीप समूह और अंडमान निकोबार द्वीप समूह के समुद्रतट की लम्बाई 7516.6 किलोमीटर है।[49]

भारत का नामकरण : इस देश का नाम भारत किस कारण पड़ा, इस संबंध में अनेक मत है। जैसे जैन अनुश्रुति के अनुसार भगवान ऋषभ देव के ज्येष्ठ पुत्र का नाग गरत था, जो अत्यन्त प्रतापी और श्रेष्ठ राजा था।[50] उसी के नाम पर इस देश का नाम भारत पड़ा। पौराणिक अनुश्रुति के अनुसार पौरव–वंश के प्रसिद्ध राजा दुष्यन्त का पुत्र भरत था जो चक्रवर्ती राजा हुआ और जिसने अन्य विविध आर्य राज्यों को जीतकर अपने अधीन किया। भारत के इस चक्रवर्ती सम्राट का उल्लेख ब्राह्मण–ग्रंथों में भी मिलता है। भरत के कारण उसके वंशज 'भारत' कहलाये ओर उनके शासन में यह देश चिरकाल तक रहा। यही कारण है कि इस देश का नाम भी भारत हो गया।[51] पुराणों में इस संबंध में एक अन्य महत्वपूर्ण अनुश्रुति भी उपलब्ध होती है। विष्णु पुराण में लिखा है, कि "समुद्र के उत्तर और हिमालय के दक्षिण में जो देश है उसका नाम भारत वर्ष है क्योंकि यहाँ भारती संतती (प्रजा) निवास करती है।"[52] इससे सूचित होता है कि भारत के निवासियों की एक प्राचीन संज्ञा 'भारती' की थी। कुछ विद्वानों ने अनुमान किया है, कि यह भारती जनता (प्रजा) उन लोगों को सूचित करती है जो आर्यो के इस देश में आने से पूर्व यहाँ निवास करते थे और जिनकी सभ्यता के अवशेष सिन्धु घाटी में (मोहनजोदडो और हड़प्पा) उपलब्ध हुए हैं। पर अन्य विद्वान इस मत को स्वीकार नहीं करते। उनका विचार है कि भारती संतति का अभिप्राय सम्राट भरत की प्रजा से है और इससे किसी आर्य भिन्न जाति का ग्रहण न कर आर्यों की भारत शाखा को ही ग्रहण किया जाना चाहिए।[53]

इस देश का एक अन्य नाम हिन्दुस्तान है। सिन्धु नदी का प्रदेश किसी समय में आर्य लोगों का एक महत्वपूर्ण केन्द्र था। प्राचीन ईरानी लोग 'स' का उच्चारण 'ह' करते थे, और वे सिन्धु नदी को

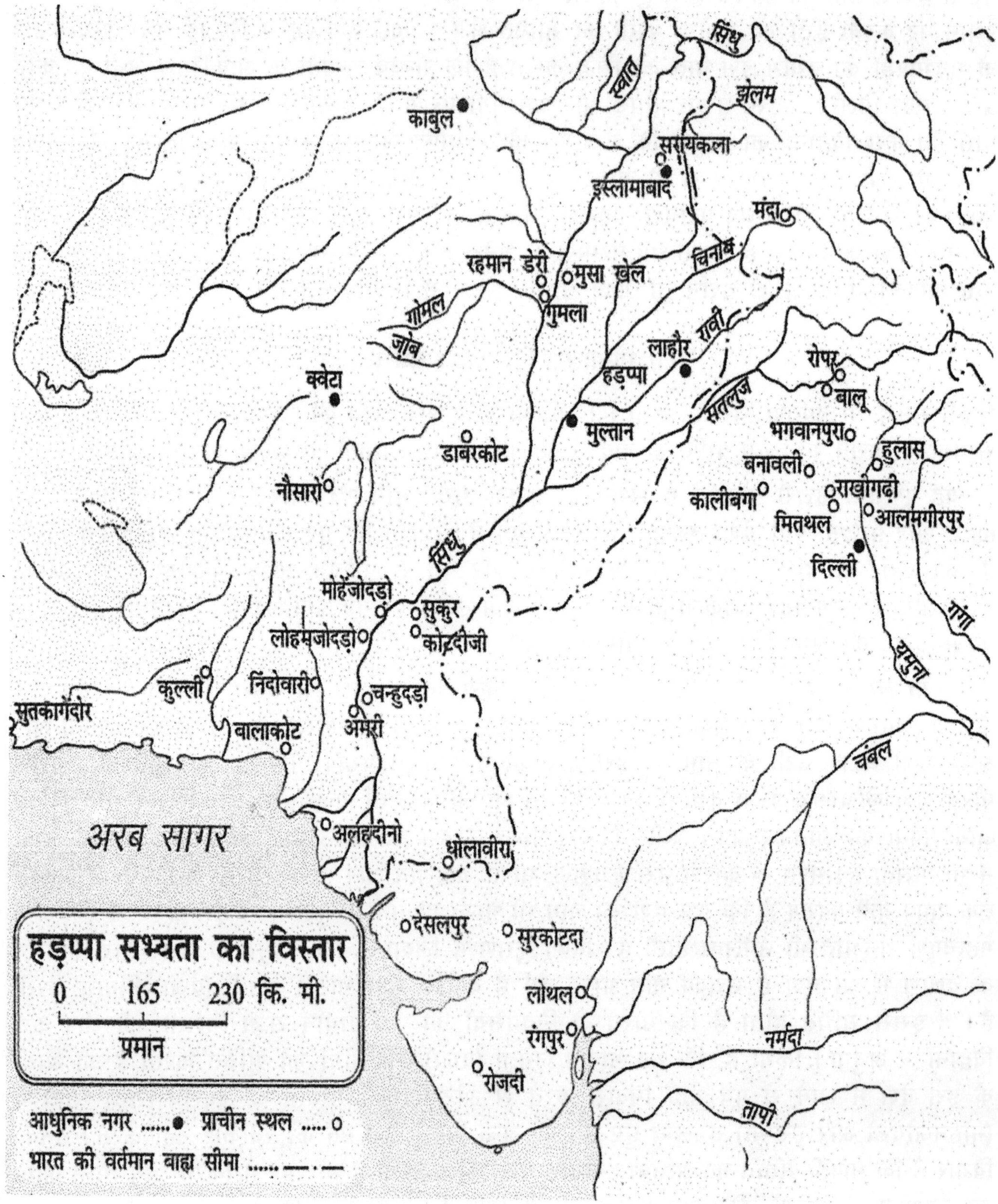
सिंधु
स्वात
झेलम
काबुल
सरायकला
इस्लामाबाद
मंदा
चिनाब
रहमान डेरी
मुसा खेल
गोमल
गुमला
जोब
रावी
लाहौर
हड़प्पा
क्वेटा
रोपर
बालू
सतलुज
मुल्तान
भगवानपुरा
डाबरकोट
हुलास
बनावली
नौसारो
कालीबंगा
राखीगढ़ी
मितथल
आलमगीरपुर
सिंधु
दिल्ली
मोहेंजोदड़ो
सुकुर
लोहमजोदड़ो
कोटदीजी
गंगा
यमुना
कुल्ली
निंदोवारी
चन्हुदड़ो
सुतकागेंदोर
अमरी
बालाकोट
चंबल
अरब सागर
अलहदीनो
धोलावीरा
देसलपुर
सुरकोटदा
हड़प्पा सभ्यता का विस्तार
0 165 230 कि. मी.
प्रमान
लोथल
रंगपुर
नर्मदा
रोजदी
ताप्ती
आधुनिक नगर ......● प्राचीन स्थल ..... ○
भारत की वर्तमान बाह्य सीमा ......—·—

मानचित्र 2

हिन्दु नदी तथा उसके तटवर्ती प्रदेशों में निवास करने वाले लोगों को 'हिन्दु' कहते थे। ईरान के सम्पर्क में जो लोग आए वे भी इस प्रदेश के निवासियों को हिन्दु और इस प्रदेश को हिन्दुस्तान कहने लगे। प्राचीन ग्रीस लोग सिन्धु नदी को इण्डस कहते थे। इसीलिए वे इसके समीपवर्ती प्रदेशों को इण्डिया कहने लगे। भारत का नाम इण्डिया इस प्रकार उद्भूत है।

भौगोलिक दशा : किसी देश की भौगोलिक दशा का उसके इतिहास पर बहुत प्रभाव पड़ता है। प्राचीन ग्रीस में बहुत से नगर राज्यों का विकास हुआ, उसका एक कारण यह था कि पर्वत श्रृंखलाओं द्वारा ग्रीस अनेक छोटे–छोटे घाटियों में विभक्त था। प्राचीन समय में क्रीट और फिनीशिया जो सामुद्रिक व्यापार व सामुद्रिक साम्राज्यों की स्थापना में समर्थ हुए। उसका कारण उनकी भौगोलिक स्थिति ही थी। वर्तमान समय में ग्रेट ब्रिटेन और जापान ने नाविक क्षेत्रों में जो असाधारण उन्नति की, उसका श्रेय भी उनकी भौगोलिक स्थिति को ही दिया जाता है। अनेक विद्वानों का मत है कि किसी देश की जलवायु और उपज शक्ति आदि का भी उसके इतिहास पर बहुत प्रभाव पड़ता है। फ्रेंच विद्वान रुसो के अनुसार ग्रीष्म जलवायु वाले देश में एक तन्त्र व स्वेच्छाचारी शासन का विकास होता है। प्रसिद्ध अंग्रेजी विद्वान बकले ने यह प्रतिपादित किया था, कि किसी देश के मनुष्यों की क्रियायें उनके अपने विचार व चिन्तन पर उतना निर्भर नहीं करती, जितना कि प्राकृतिक परिस्थितियों पर। बकले के अनुसार नार्वे और स्वीडन के लोगों में और स्पेन तथा पुर्तगाल के लोगों में जो भारी अन्तर है, उसका कारण इस देशों की भौगोलिक व प्राकृतिक परिस्थितियाँ ही हैं। मनुष्य जो भोजन करता है, जिस जलवायु में निवास करता है और जिन परिस्थितियों में रहता है उनका उसके शरीर, मन और विचारों पर बहुत असर पड़ता है। इन बाह्य प्रभावों द्वारा न केवल मनुष्यों के वैयक्तिक चरित्र का निर्माण होता है, अपितु साथ ही उनके सामूहिक व राष्ट्रीय चरित्र का भी विकास होता है।[54]

मनुष्यों के विचार, राष्ट्रीय चरित्र व संस्थाओं पर भौगोलिक दशाओं के प्रभाव को किस अंश तक स्वीकार किया जाय। इस विषय में मतभेद की गुंजाइश है। शासन व्यवस्था जलवायु और भौगोलिक दशा पर ही निर्भर नहीं होती। जिस समय रुसो यह प्रतिपादित कर रहा था कि ग्रीष्म जलवायु वाले प्रदेशों में एकतन्त्र स्वेच्छाचारी शासन होते हैं, तभी फ्रान्स, जर्मनी, आस्ट्रिया, इटली आदि यूरोपियन राज्यों में भी ऐसे ही निरंकुश राजाओं का शासन था। जो अपनी इच्छा को ही कानून समझते थे। फ्रांस के लुई चौदहवें व स्पेन के फिलिप द्वितीय का शासन जहाँगीर व औरंगजेब के शासन से स्वेच्छाचारिता में किसी भी प्रकार कम नहीं था। किन्तु यह सत्य है कि भौगोलिक व प्राकृतिक परिस्थितियों का प्रभाव देश के इतिहास पर पड़ता है।[55] जर्मन और ग्रेट ब्रिटेन जो व्यावसायिक क्षेत्र में इतना अधिक आगे बढ़ गए उसका एक प्रधान कारण वे खनिज पदार्थ हैं, जो वहाँ बहुतायत से उपलब्ध होते हैं। जिन देशों में अब परमाणु शक्ति को उत्पन्न करने में सहायक यूरेनियम आदि पदार्थ उपलब्ध हो रहे हैं, उनकी भविष्य में बहुत उन्नति होगी यह बात पूर्ण विश्वास के साथ कही जा सकती है। भारत के इतिहास पर भी इस देश की भौगोलिक परिस्थितियों का बहुत असर हुआ। अतः यह आवश्यक है कि हम देश की भूमि और अन्य प्राकृतिक दशाओं का संक्षेप के साथ निरूपण करें।

भारत की सीमा : प्राकृतिक दृष्टि से भारत की सीमाएँ अत्यन्त सुन्दर व निर्दोष हैं। इसके उत्तर में हिमालय की ऊँची दुर्गम पर्वत श्रृंखलायें हैं। पूर्व, दक्षिण तथा पश्चिम में यह समुद्र द्वारा घिरा हुआ है। उसके उत्तर–पश्चिम और उत्तर–पूर्वी दिशाओं पर समुद्र नहीं है, पर उनकी सीमा निर्धारण करने

के लिए 'हिमालय' की पश्चिम और पूर्वी पर्वत श्रृंखलाऐं दक्षिण की ओर मुड़ गई हैं और समुद्र तट तक चली गई हैं। हिमालय की पश्चिमी पर्वतमाला दक्षिण पश्चिम की ओर मुडकर सफेदकोह, सुलेमान और किरथर की पहाड़ियों के रूप में अरब सागर तक चली गइ है और भारत की सिन्धु घाटी को अफगानिस्तान और बलुचिस्तान से पश्थक् करती है। उत्तर–पश्चिम की ओर भारत की वास्तविक वैज्ञानिक सीमा हिन्दुकुश पर्वत है जो हिमालय की पर्वत श्रृंखला का ही एक अंग है। हिन्दुकुश पर्वत के दोनों ओर का प्रदेश जो अब अफगानिस्तान के अंतर्गत है, प्राचीन काल में भारत का ही अंग था। उत्तर–पूर्व में हिमालय की एक श्रृंखला दक्षिण की ओर झुकती है और लुईश, नागा और पतकोई पहाड़ियों के रूप में बंगाल की खाड़ी तक चली जाती है। प्रकृति ने भारत को एक विशाल दुर्ग के समान बनाया है जो पर्वत श्रृंखलाओं और समुद्र से घिरा हुआ है।[56] जैसी सुन्दर और स्वभाविक सीमा भारत की है, वैसी शायद ही किसी अन्य देश की हो।

भारत के समीपवर्ती देशों में उत्तर–पश्चिम में पाकिस्तान एवं अफगानिस्तान हैं। उत्तर में चीन, नेपाल और भूटान है। पूर्व में म्यांमार और बंगलादेश स्थित हैं। मन्नार की खाड़ी और पाक जलडमरूमध्य भारत को श्रीलंका से अलग करते हैं।

इस शोध का विषय उत्तर भारत है अतः हम यहाँ पर उत्तर भारत में स्थित प्रमुख पुरास्थलों को आधार बनाते हुए अन्य साक्ष्यों की समीक्षा करेंगे। इन राज्यों में मुख्यतः जम्मू कश्मीर, पंजाब, हरियाणा, हिमाचल प्रदेश, दिल्ली, उत्तर प्रदेश एवं उत्तराखण्ड आदि हैं।

भारत की भूगर्भीय रचना : प्रागैतिहासिक भारत की समीक्षा प्राकृतिक और मानवीय दोनों दृष्टियों से करना आवश्यक है। भारत का भौगोलिक रूप जैसा हम मानचित्र में देखते हैं एक दिन में नहीं बना। वह भूगर्भीय विकास या भूरचना के लंबे क्रम का परिणाम है। आरंभ में पृथ्वी सूर्य की तरह जलती हुई चंचल पिंड थी, न तो उसमें भारत आदि पृथक् देश ही थे और न जीवन या जीवित रूप का ही चिन्ह था। भूगर्भ शास्त्री पृथ्वी की आयु के चार प्रधान युग मानते हैं जिनमें से हर एक जीवन विकास के अनुसार कई छोटे–छोटे भागों में बँटा हुआ है।[57] ये युग इस प्रकार हैं– (1) अंजतुक : जब पृथ्वी पर किसी प्रकार जीवन न था, (2) पुराजंतुक : मेरूदंडविहीन प्राणियों के रूप में जीवन के चिन्ह पहले–पहल दिखाई पड़े। आरंभ में सामुद्रिक घास, और सिवार, स्पंज और लिब–लिब मछली, बाद में मत्स्य, सरीसृप, पक्षी एवं बडे–बडे पेड़ और जंगल जिनसे धरती में कोयला और अंगारों की पट्टियाँ बन गई, (3) मध्यजंतुक : जिस युग में विविध प्रकार के स्तनपायी जंतु विकासित हुए जिनमें से मनुष्य भी संवर्द्धित हुआ।

जब धरती का ऊपरी छिलका (परत) ठंडा पड़ा और जमकर कड़ा हो गया। उस समय जीवन का विकास हुआ। भूकंप, ज्वालामुखी, उद्‌गार, हवा और पानी के परिवर्तनों के कारण पृथ्वी अपने वर्तमान रूप को प्राप्त हुई। और इसी तरह भारत की भी रचना खण्ड–खण्ड करके कई बार में हुई है। उसके कुछ हिस्से बहुत पुराने हैं जो धरती की सबसे पहली पपड़ी (परत) के अंश कहे जा सकते हैं। ध्रुव उत्तर से दक्षिण तक फैली हुई उसकी रीढ़ या चट्‌टानी नींव इतनी पुरानी है जिनती कि यह सृष्टि। भारतीय प्रायद्वीप का जो हिस्सा दक्षिणी पठार या दक्षिणापथ कहलाता है, वह उसी जरठ भू की एक चिप्पड है और उसकी तुलना में उत्तरी भारत का भू–भाग एक–दूसरे महाद्वीप का अंग था, जिसे भू–शास्त्री 'गोंडवाना' के नाम से पुकारते हैं।[58] इसका विस्तार दक्षिणी अफ्रिका से लेकर आस्ट्रेलिया

होता हुआ दक्षिणी अमेरिका तक फैला हुआ था, जैसा कि इस सारे क्षेत्र में फैले हुए पशु और वनस्पति संबंधी जीवाश्म या पथराए हुए अवशेषों की पहचान से ज्ञात होता है।

गोंडवाना के पूर्वी भाग को पश्चिमी भाग से अलग करने वाला जल–विभाजक पश्चिम घाट या सहयाद्रि पर्वत माला थी। इसीलिए हम देखते हैं कि दक्षिणी पठार की वे नदियाँ जिनके उद्गम स्थल अरब सागर या रत्नाकर के बिलकुल समीप हैं। सामने की दिशा में बहती हुई बंगाल की खाड़ी या महोदधि से जा मिलती है। उत्तर में एक अति विस्तृत यूरेशियाई महाणर्व जिसे 'टेथिस' या 'पाथोधि' के नाम से पुकारते हैं। उस सारे भूखण्ड पर छाया हुआ या जो मध्य यूरोप से लेकर लघु एशिया, उत्तरी भारत और वर्मा तक फैला हुआ था। भारत में केवल अरावली या अर्बुदाचंल पर्वत–श्रृंखला ऊँचा सिर उठाए हुए इस समुद्र को देख रही थी। इस समुद्र में छुट्टा आने–जाने के जो मार्ग थे उन्हीं के कारण चीन, मध्य हिमालय और वर्मा जैसे विलग प्रदेशों से प्राप्त जीवाश्म–चिन्हों में परस्पर समानता पाई जाती है। बहुत अरसे बाद पहाड़ों का क्षरण करने वाले धक्कों का पहला अनुभव हुआ। पाथोधि समुद्र (टेथिस) पश्चिम की ओर हटा और उसकी तलहटी उभर आई और उसके दोनों किनारे की भूमि एक–दूसरे से मिल गई उन किनारों के बीच में जो मुलायम समुद्री धरती थी, उसमें सिकुडनों के पड़ने और कुचलने से भारत के हिमालय ईरान के पहाड, कार्पेथिया के पर्वत और आल्पस पर्वतों का निर्माण हुआ। इनमें सबसे बड़ा हडकंप वह था जिसमें एशिया की भूमि दक्षिण की ओर टली और पाथोधि समुद्र की तलहटी को नीचे ठेलने लगी, जिसके कारण दक्षिण पठार, जो भारत का दृढ़ भाग था, धक्के की चोट से कुछ टूट गया और सिकुड़न डालने का कारण बना। इन चुन्नटों के अवशेष भू–विद्या के पंडितों ने हिमालय के निचले भाग में ढूंढ निकाले हैं, जिनमें महा–हिमवंत की ऊँची चोटियाँ और शिमला के इर्द–गिर्द की पहाड़ियाँ शामिल हैं। इसी से संबंधित जो सिकुड़ने सामुद्रिक तलहटी में पड़ गई, उनके चिन्ह देहरादून–शिमला स्फीत क्षेत्र के उत्तरी भाग में पाए जाते हैं। इसी समय हिमालय और दक्षिणी पठार की भूमि नीचे धँस गई। उत्तर के पहाड़ों से आने वाली नदियाँ अपने साथ जो मिट्टी बालू बहाकर लाती रहीं, उससे बहुत पीछे महगढ्ढा धीरे–धीरे भर गया और उत्तरी भारत के मैदान बने।

इस तरह जब भारत वर्ष का भौगोलिक रूप और ढाँचा बन चुका था। उसके अरसे बाद भारत–भूमि पर मानव की उत्पत्ति हुई जिसने इतिहास का सूत्रपात किया। देश में मानवीय अवतार के अनुकूल परिस्थितियों को बनाने वाले प्राकृतिक इतिहास का चक्र जब पूरा हो चुका तो उसके बहुत बाद में मनुष्यों का इतिहास शुरू हुआ।

भौगोलिक विभाग : भारत की इस स्वाभाविक सीमा के बीच में इस विशाल देश के चार बड़े प्राकृतिक विभाग स्पष्ट रूप से दृष्टिगोचर होते हैं।[59] ये विभाग निम्नलिखित हैं– (1) सीमान्त के पर्वत प्रधान प्रदेश (2) उत्तर भारत का मैदान (3) विन्ध्य मेखला और मध्य भारत का पठार और (4) दक्षिण भारत। इनमें से सीमान्त के पर्वत प्रधान प्रदेश एवं उत्तर भारत के मैदान पर संक्षिप्त रूप से विचार करना उपयोगी है।

सीमान्त के पर्वत प्रधान प्रदेश : पश्चिम से पूर्व तक भारत के उत्तरी सीमान्त पर विद्यमान हिमालय की पर्वत श्रृंखला लम्बाई में 1600 मील के लगभग और चौड़ाई में 150 मील तक है। हिमालय का यह विस्तृत पार्वत्य प्रदेश अनेक स्थानों पर आबाद है। इसकी मनोहर घाटियों में अनेक जातियाँ प्राचीन

काल से बसती आई है और इसमें अनेक छोटे–बडे राज्य भी प्राचीन समय में स्वतंत्र रूप से विद्यमान रहे थे। हिमालय के सबसे अधिक पश्चिमी प्रदेश में प्राचीन काल में उरशा का राज्य था, जो आजकल के हजारा जिले में विद्यमान था।[60] उससे पूर्व में जो प्राचीन समय में भारतीय सभ्यता और संस्कृति का महत्वपूर्ण केन्द्र था, कश्मीर में विद्यमान बुर्जहोम, गुफकराल, कनिष्कपुर आदि नव पाषाण कालीन पुरास्थल है वहीं मार्तण्ड मंदिर के भग्नावशेष आदि अमरनाथ का मंदिर इस संस्कृति के परिचायक हैं। कश्मीर के उत्तर में सिंधु नदी की घाटी में दरद देश था, जो अब भी ददरिस्तान कहलाता है। कश्मीर–घाटी के दक्षिण में झेलम (जेहलम) और चेनाब नदियों के बीच का पार्वत्य प्रदेश प्राचीन समय में अभिसार देश कहलाता था। इस प्रदेश में आजकल पुँच्छ, राजौरी और बिम्भर के प्रदेश हैं। कश्मीर के दक्षिण में ही रावी और चेनाब के बीच का पार्वत्य प्रदेश प्राचीन समय में 'दार्व' देश कहलाया जाता था। इसी में आजकल जम्मू का प्रान्त विद्यमान है।

रावी और व्यास नदियों के बीच का पार्वत्य प्रदेश अब कांगडा कहलाता है। प्राचीन समय में यह त्रिगर्त देश के अंतर्गत था। कांगड़ा के साथ का जो प्रदेश अब कुल्लू कहलाता है। उसका प्राचीन नाम 'कुलूत' था। सतलज नदी की घाटी के जिन पार्वत्य प्रदेशों में ब्रिटिश युग में बशहर आदि रियासतें थी उसको प्रचीन समय में किन्नर देश कहते थे। यह किन्नर देश सतलज और यमुना के बीच की पार्वत्य घाटी तक चला गया है। यमुना के पूर्व का पार्वत्य प्रदेश गढ़ देश (गढ़वाल) है, जिसके और अधिक पूर्व में कूर्मांचल (कुमाऊँ) का क्षेत्र है।[61] कूर्मांचल के पूर्व में क्रमशः नेपाल, सिक्किम और भूटान स्थित हैं। भूटान के पूर्व में असम का उत्तरी प्रदेश आ जाता है, जिसमें आजकल अका, दफला, मीरी, अबोर और मिस्री जातियों का निवास है। ये विविध जातियाँ हिमालय के सबसे अधिक पूर्वी प्रदेश में निवास करती हैं। प्राचीन समय में इस क्षेत्र में किसी उन्नत आर्य राज्य की सत्ता सूचित नहीं होती।

हिमालय के पश्चिमी सीमान्त पर विद्यमान उरशा (हजारा) देश का उल्लेख हमने ऊपर किया है। सिन्धु नदी के पश्चिम में स्वात (सुवास्तु), पंजकोरा (गौरी) और कुनान नदियाँ, काबुल (कुंभा) नदी में मिलती है, फिर यह कुंभा नदी सिंध में आ मिलती। स्वात, पंचकोरा और कुंभा नदियों से सिंचित यह प्रदेश प्राचीन समय का पश्चिमी गन्धार देश है, जिसकी राजधानी पुष्कलावती थी। इस पुष्कलावती के खण्डहर स्वात और काबुल (कुंभा) नदियों के संगम पर उपलब्ध हुए हैं। पश्चिमी गांधार से और आगे पश्चिम की ओर चलने पर हिन्दुकुश पर्वत के साथ का प्रदेश प्राचीन समय में कपिश देश कहलाता था। कपिश के पश्चिम–उत्तर में आजकल जो बदख्शाँ और बल्ख प्रदेश है उन्हीं को प्राचीन समय में कम्बोज और बाल्हीक देश कहते थे। ये विविध प्रदेश अब भारत के अंतर्गत नहीं हैं। प्राचीन समय में ये भारत के ही अंग थे और इनमें भी भारतीय आर्यों के विविध राज्य विकसित हुए थे। भारत के चक्रवर्ती सम्राटों का यह प्रयत्न रहता था, कि इन सबको जीतकर अपने साम्राज्य में सम्मिलित करें। चन्द्रगुप्त मौर्य और गुप्तवंशी, चन्द्रगुप्त विक्रमादित्य जैसे प्रतापी सम्राट अपने इस प्रयत्न में सफल हुए थे।

हिमालय की सुविस्तीर्ण पर्वत श्रृंखलाएँ भारत के लिए संतरी का काम करती रही है। विदेशियों के लिए यह सुगम नहीं है कि वे इन्हें पार कर भारत पर आक्रमण करें। पर इस दुर्गम पर्वतमाला के होते हुए भी भारत का बाहरी दुनिया से सम्बन्ध टूटा नहीं। कारण यह है कि इसमें अनेक ऐसे दरें है, जिनसे

यहाँ अनेक विदेशी जातियाँ समय–समय पर भारत में प्रवेश करती रहीं, साथ ही भारत के लोग भी अपनी सभ्यता और धर्म का प्रचार करने या उपनिवेश बसाने के लिए बाहर जाते रहे।

उत्तर–भारत का मैदान : हिमालय के पर्वत प्रधान प्रदेशों के नीचे और विन्ध्य मेखला के उत्तर में जो विस्तृत मैदान है वह लम्बाई में 1600 मील के लगभग है। इस विशाल मैदान को नदियों के दो जाल सीचते हैं, जिनका उद्‌गम लगभग एक ही जगह से है। नदियों का एक जाल पंजाब में सिंधु व उसकी सहायक नदियों का है और दूसरा गंगा–यमुना का प्रवाह दक्षिण–पूर्व की तरफ है। इससे स्पष्ट है कि यमुना और सतलज के बीच का प्रदेश ऊँचा व जल का विभाजक है। इसी प्रदेश में राजपूताना का रेगिस्तान और अरावली (आड़ावला) पर्वतमाला फैली हुई है। सतलज और यमुना के बीच का जल विभाजक ऐतिहासिक दृष्टि से बहुत महत्वपूर्ण है। भारत के उत्तरी मैदान में यही एक ऐसा प्रदेश है जो शस्य–श्यामल व उपजाऊ नहीं है। इस प्रदेश के उत्तरी भाग में कुरुक्षेत्र का बांगर है, और दक्षिणी भाग में अरावली–पर्वतमाला और राजपूताना का मरुस्थल है। सिन्ध और गंगा के क्षेत्रों के बीच में कुरुक्षेत्र का बंगर एक ऐसा तंग रास्ता है जिससे होकर पूर्व से पश्चिम की ओर जाने वाली या पश्चिम से पूर्व की आने वाली सेनाएँ गुजर सकती हैं। यही कारण है कि कुरुक्षेत्र के बांगर प्रदेश में भारतीय इतिहास की अनेक महत्वपूर्ण व भाग्यनिर्णायक लड़ाइयाँ लड़ी गई थी।

मानव सभ्यता का विकास शुरु में नदियों की उपजाऊ घाटियों में ही हुआ था। वहाँ न केवल जल की सुविधा थी अपितु उनमें कृषि के लिए उपयुक्त जमीन व पशुपालन के लिए उपयुक्त चारागाह भी सुगमता से प्राप्त हो सकते थे। जिस प्रकार पश्चिम संसार में दजला और फरात नदियों की घाटी (ईराक) में और नील नदी की घाटी (मिश्र) में मानव–सभ्यता का विकास अति प्राचीन काल में हुआ वैसे ही भारत में सिंध नदी और गंगा की घाटियों में अत्यन्त प्राचीन समय में सभ्यता का विकास हुआ। आर्यजाति के प्रवेश से पूर्व भी अनेक आर्य भिन्न जातियों ने इस क्षेत्र में अपनी विविध बस्तियाँ बसाई थी जब आर्य लोग यहाँ आकर बसे, तब उन्होंने तो इन प्रदेशों से अपनी सभ्यता का बहुत उन्नत रूप से विकास किया।

भौगोलिक दृष्टि से उत्तर भारत के इस मैदान को पाँच भागों में विभक्त किया जा सकता है, पंजाब, सिन्ध, राजपुताना, गंगा व उसकी सहायक नदियों से सिंचित प्रदेश, गंगा का मुहाना और ब्रह्मपुत्र नदी की घाटी। सिन्ध नदी की घाटी और गंगा की घाटी के बीच के प्रदेश (राजपुताना का मरुस्थल) का इतिहास में बहुत महत्व है। प्राचीन समय में इसको पार कर पाना किसी भी सेना के लिए सुगम नहीं था। आठवीं सदी के अरब आक्रमणकारी दक्षिणी ब्लूचिस्तान के मार्ग से भारत में प्रविष्ट हुए थे। सिन्ध को उन्होंने विजय भी कर लिया था, पर राजपूताना की मरुभूमि के कारण उनको यह संभव नहीं हुआ कि वे सिन्धु से आगे बढ़कर उत्तर भारत के मैदान को अपने अधीन कर सकें। आगे चलकर जब तुर्क आक्रान्ताओं ने भारत पर आक्रमण किया तो वे उत्तरी मार्ग से भारत में प्रविष्ट हुए। विदेशी आक्रमणों से परेशान होकर पंजाव और गंगाघाटी की अनेक जातियों नें राजपुताना के मरुस्थलों में जाकर अपनी स्वतंत्रता की रक्षा की थी।

उत्तरी भारत के इस सुविस्तृत मैदान में प्राचीन समय में बहुत से छोटे–बड़े राज्य विद्यमान थे। आर्य जाति ने भारत में प्रविष्ट होने के बाद इसमें अनेक राज्य कायम किए। आर्यों के मानव (ऐक्ष्यवाकव) और ऐल (चन्द्र) वंशें ने बहुत सी शाखाओं और प्रशाखाओं में विभक्त होकर इस मैदान में अपने बहुत

से राज्य स्थापित किए थे। भारत का प्राचीन इतिहास प्रधानतया इसी मैदान का इतिहास है, क्योंकि इसी में वे चक्रवर्ती सम्राट हुए, जिन्होंने सारे भारत को अपने शासन में लाने के अनेक सफल प्रयत्न किए।

नदियाँ : भारत की नदियां इस प्रकार वर्गीकृत की जा सकती हैं (1) हिमालय की नदियां (2) प्रायद्वीपीय नदियां (3) तटीय नदियां और (4) अंतः स्थलीय प्रवाह क्षेत्र की नदियां।

हिमालय की नदियां बाहरमासी हैं जिन्हें पानी आमतौर से बर्फ पिघलने से मिलता है। इनमें वर्ष भर निर्बाध प्रवाह रहता है। मानसून के महीनों में हिमालय पर भारी वर्षा होती है जिससे नदियों में पानी बढ़ जाने के कारण अक्सर बाढ़ आ जाती है। प्रायद्वीप की नदियों में सामान्यतः वर्षा का पानी रहता है। इसीलिए पानी की मात्रा घटती–बढ़ती रहती है। अधिकांश नदियां बारहमासी नहीं है। तटीय नदियां विशेषकर पश्चिम तट की कम लम्बी है और इनका जलग्रहण क्षेत्र सीमित है। इनमें से अधिकतर में एकाएक पानी भर जाता है और ये बारहमासी नहीं हैं। पश्चिम राजस्थान में नदियां बहुत कम हैं। इनमें से अधिकतर थोडे दिन बहती हैं समुद्र की ओर कोई निकास न होने से वे अपने थालों या सांभर जैसी नमक की झीलों की ओर जाती हुई सूख जाती हैं या रेत में खो जाती हैं। इस भाग की केवल लूणी नदी ही ऐसी है जो कच्छ के रण में गिरती है।

उत्तर भारत के प्रमुख नदियों में चेनाब, व्यास, सतलज, झेलम, रावी, गंगा, यमुना, सदानीरा आदि नदियां हैं। ये सभी नदियाँ हिमालय के हिमनद से निकलती हैं, अतः इन नदियों में सालभर पानी निरंतर बहता है। इन नदियों के कारण ही उत्तर भारत की ये भूमि काफी उपजाऊ है और प्राचीन काल से इस क्षेत्र में लोगों का निवास स्थान रहा है। उत्तर भारत एवं पश्चिमोत्तर भारत का यही वह स्थान है जहाँ पर सप्तसैंधव नदियां बहती रही हैं। इन नदियों के घाटी में विश्व के प्राचीनतम् सभ्यता में से एक हड़प्पा सभ्यता के साथ ही वैदिक संस्कृति के विकास का क्षेत्र रहा है।

इस क्षेत्र की कुछ नदियों ने आदिकाल में अपने प्रवाह को बदल ली जिसके कारण यहाँ से लोग उत्तर पूर्वी भारत की गंगा, यमुना के मैदान को जाने लगे। इस क्षेत्र में पूर्व से भी लोग निवास कर रहे थे। सम्पूर्ण उत्तर भारत में समृद्धि संस्कृति का विकास हुआ।

उपर्युक्त सदानीरा नदियों के अतिरिक्त भी कई छोटी–बड़ी नदियाँ इस क्षेत्र में स्थित है, जो बडी नदियों में अपना पानी पहुँचाती हैं जिसे बड़ी नदी की सहायक नदियों के रूप में जानते हैं। इस तरह की नदियों में मुख्यतः चेतंग, मार्कंडा, तांगड़ी, घग्घर, इंदौरी, हिंडन, काली, बेतवा, सोन, दुहान आदि।

प्राचीन नदियों में जो अपने प्रवाह को बदलीं या सूख गई, जिसके कारण तत्कालीन संस्कृति पर काफी प्रभाव पड़ा उसमें प्रमुख नदियों के रूप में सरस्वती एवं दृषद्वती प्रमुख हैं। इन नदियों का उल्लेख वैदिक ग्रंथों में काफी हुआ है और आज भी इनके बेड को हरियाणा, राजस्थान एवं गुजरात में देखे जा सकते हैं।

प्राचीन साहित्य में यमुना नदी का जिक है पर इतना नहीं जितना कि सरस्वती आदि नदियों का है। संभवतः अन्य बड़ी सदानीरा नदियों के सामने पहले इसकी बिसात बहुत कम थी। बाद में जब सरस्वती आदि का जल कम हो गया तब इसका महत्व बढ़ा। भार्गव के अनुसार पहले यह नदी पानीपत के निकट ही अरवावत समुद्र में मिल जाती थी। बाद में जब यहाँ भूस्थिति में कुछ परिवर्तन आए और

समुद्र दूर चला गया तो यह पश्चिम की तरफ मुड़कर अरब सागर में मिलने लगी। लेकिन यह सिलसिला थोड़े समय ही चला लगता है और कोई अन्य भू–परिवर्तन से इसका आधुनिक बहाव हो गया।

यहाँ की अन्य प्रसिद्ध नदी सरस्वती है, जो कि अब एक बरसाती नदी बनकर रह गई है। किसी समय यह एक महान नदी थी। कुछ विद्वानों का विचार है कि प्राचीन काल में यह सतलुज से कहीं बड़ी थी। हिमालय की बर्फ से ढ़की हुई चोटियों से निकल कर यह कुरुक्षेत्र के पवित्र स्थल से बहती हुई पहले सारस्वत सागर और भू परिवर्तन के बाद अरब सागर में गिरती थी।

ऋग्वेद[62] में इस नदी की खूब स्तुति है, यहाँ तक कि पूरा का पूरा एक सूक्त के कुछ अंश और कई फुटकर मंत्र इसके गुणगान से भरे हैं। इसे श्रेष्ठतम् नदी माना गया है। यह अति बलशाली, वेगवती, पर्वतों के शिखरों को तिनके के समान बहा ले जाने वाली अति प्रचण्ड पर मातामय एवं सुखदा नदी बताई गई है। यह पवित्रता में बेजोड़ और उपयोगिता में बेमिसाल बैठती है। इससे दीनहीन लोग वरदान मांगते थे, जैसा कि निम्न मंत्र से स्पष्ट है–

अम्बितमे नदीतमे देवितमे सरस्वती ।
अप्रशस्ता इवस्मसि प्रशस्तिम्ब नस्कृथि ।। ऋग्वेद, 2.41.16

अर्थात् 'माताओं में श्रेष्ठ, नदियों में श्रेष्ठ, देवियों में श्रेष्ठ, सरस्वती! हम लोग अधर्म से कलुषित, पापों से पूरित और दीन–हीन हो गए हैं। हे माता हम सबको पुण्य प्रदान से निष्पाप बना दो, और धन, सम्पत्ति, श्री देकर दीनता'–हीनता से बचाओ। हमें कीर्ति का भाजन बना दो।'

वैदिक युग के बाद बहुत समय तक ऐसी ही स्थिति रही। पुराण तो इसकी स्तुति करते नहीं थकते। महाकवि कालिदास ने इस पवित्र नदी का गुणगान करते हुए लिखा है[63]:–

हित्वा हालमाश्रिमतरसां रेवती लोचनाकां।
बन्धुप्रीत्या समर विमुखो लांगली याः सिषेवे।।
कृत्वा तासामश्रिगममयां सौम्य सारस्वती ना।
मन्तः शुद्धस्त्वमपि भविता वर्णमात्रेण कृष्णाः।। मेघदूत, 49

अर्थात् 'हे काले मेघ, हे सुभग! जहाँ पर बलराम ने महाभारत के समय भ्रातृप्रेम के कारण युद्ध से विमुख होकर तीर्थाटन को जाते हुए रेवती की आँखों से प्रतिबिंबित मदिरा को त्याग करके जिस सरस्वती नदी के जल का पान किया, तुम भी उसका पान करना। इससे तुम रंग से काले होते हुए भी भीतर से शुद्ध हो जाओगे।'

इसी पवित्र नदी के किनारे पर ऋषियों ने बैठ कर वैदिक ऋचाओं की रचना की थी। इसी नदी से सिंचित ब्रह्मावर्त की पवित्र भूमि अन्न–धन से चारों दिशाओं को भर देती थी। पर बाद के भूपरिवर्तनों से नदी का सदानीरा रूप बदल गया और यह धीरे–धीर समुद्रगामिनी से बदलकर राजस्थान के मरुस्थल में विंशन के स्थान पर विलुप्त होने लगी।

अब तो यह केवल नाम मात्र के लिए ही नदी है। बरसात के मौसम में यह हिमाचल प्रदेश में सिरमौर की पहाड़ियों से एक छोटे से नाले के रूप में निकलती है। कुछ दूर चलकर लोर के स्थान

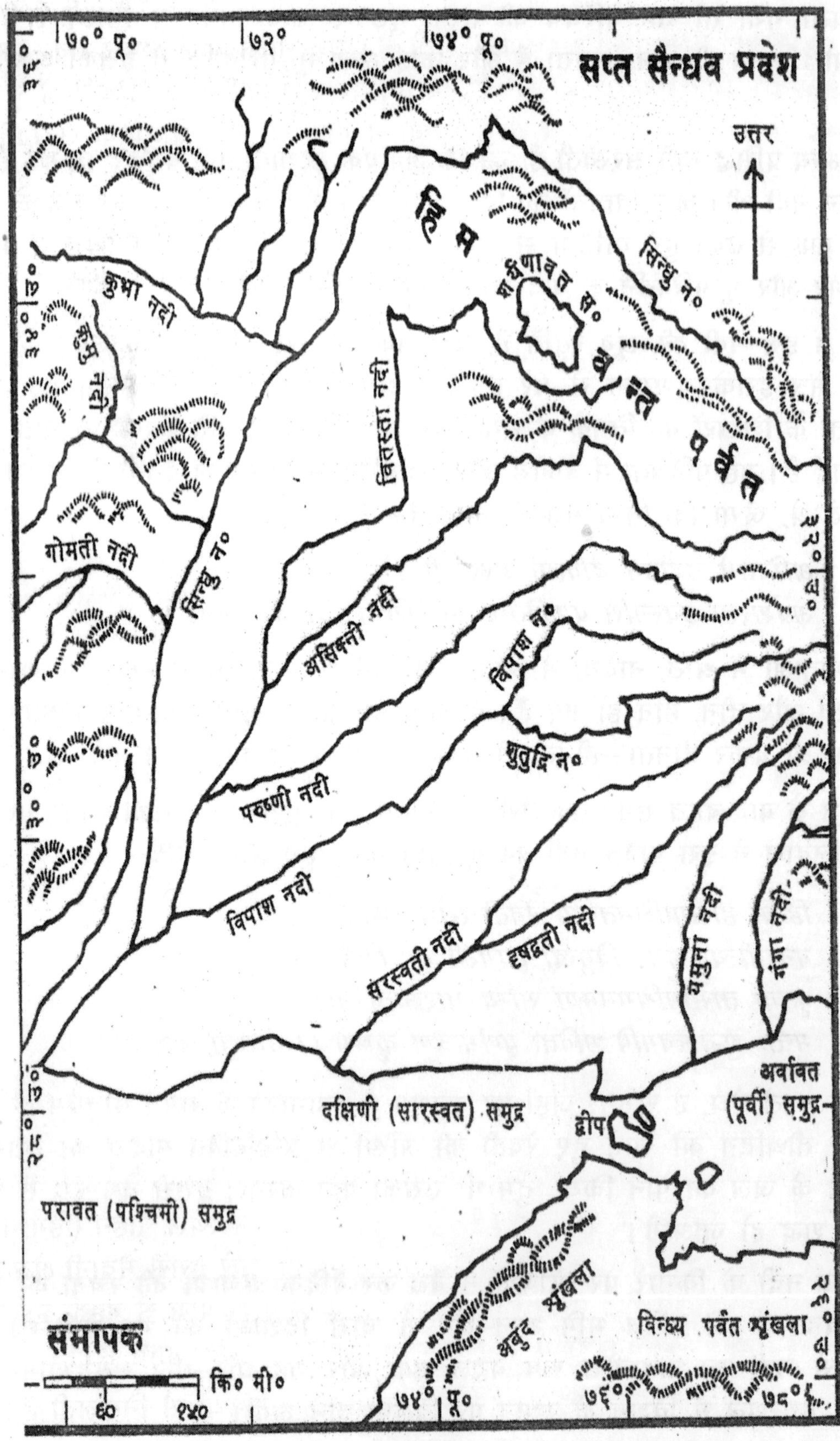

सप्त सैन्धव प्रदेश
उत्तर
७०° पू०
७२°
७४° पू०
हिमवन्त पर्वत
शर्यणावत स०
सिन्धु न०
कुभा नदी
क्रमु नदी
वितस्ता नदी
गोमती नदी
सिन्धु न०
असिक्नी नदी
विपाश न०
शुतुद्रि न०
परुष्णी नदी
विपाशा नदी
सरस्वती नदी
दृषद्वती नदी
यमुना नदी
गंगा नदी
अर्वावत (पूर्वी) समुद्र
दक्षिणी (सारस्वत) समुद्र
द्वीप
परावत (पश्चिमी) समुद्र
अर्बुद शृंखला
विन्ध्य पर्वत शृंखला
संमापक
कि० मी०
६०
१५०
७४° पू०
७६°
७८°
३४° उ०
३२° उ०
३०° उ०
२८° उ०

मानचित्र 3

पर यह नाला अति क्षीण हो जाता है। थोड़ी देर बाद भवानीपुर के स्थान पर कुछ अन्य पानी मिलने पर यह फिर अपने पुराने रूप को प्राप्त कर लेती है। यह नाला बाल छप्पर तक आते–आते फिर कमजोर हो जाता है। पर शीघ्र ही बड़ा खेड़ा के स्थान पर कुछ पानी पाकर स्थिति में सुधार आ जाता है। पेहवा के स्थान पर इस नाले के मार्कण्डेय नदी में मिल जाने से आधुनिक सरस्वती का निर्माण होता है। कुछ दूर जाकर सरस्वती घग्गर में मिल जाती है और सिरसा से परे भटनेर के पास मरुस्थल में लुप्त हो जाती है।

सरस्वती की तरह ही दृषद्वती नदी भी यहाँ की प्रसिद्ध नदी है। प्राचीन ग्रंथों में इसकी भी खूब महिमा गाई गई है। ऋग्वेद (3.23.4) में इसे 'उत्तम' नदी माना गया है। पुराणों में इसकी खूब स्तुति की गई है। उदाहरणार्थ 'मत्स्य पुराण'[64] (22.20) में इसे 'पितृवल्लभ' और श्राद्ध में करोड़ों गुणाफल देने वाली' कहा गया है। कालिका पुराण (51. 52) में इसे 'पापनाशिनी' कहा गया है। इसके कांठे पर बैठकर ऋषियों ने ब्रह्मज्ञान की प्राप्ति की थी; यहाँ सत्रांत यज्ञों के धुएं से चारों दिशाएं सदैव सुगंधित रहती थी :–

दीर्घक्षेत्रे कुरुक्षेत्रे दीर्घ सत्रन्त ईजिरे।
नद्यास्तीरे दृष्द्वत्याः पुण्यायाः शुचिरोधसः।।

पहले यह भी बड़ी सदानीरा नदी रही होगी, ऐसा विश्वास है। यह पवित्र कुरुक्षेत्र की दक्षिणी सीमा बनाती थी और समुद्रगामिनी थी। भूपरिवर्तन के बाद यह भी सरस्वती की तरह ही समान्य बरसाती नदी बनकर रह गई है।

दृषद्वती कहां है? इस बात को लेकर विद्वानों में बड़ा मतभेद है। कुछ इसे चेतंग मानते हैं। कुछ विद्वान इसे चेतंग नहीं मानते क्योंकि प्राचीन काल में चेतंग कुरूक्षेत्र? के बीच से बहती थी। अतः यह चेतंग नहीं हो सकती। कनिंघम इसे राक्षी मानते हैं[65], पर राक्षी दूसरी नदी है और अब भी विद्यमान है। कुछ लोग इसे घग्गर से मिलाते हैं। पर यह भी नहीं माना जा सकता क्योंकि घग्गर कुरुक्षेत्र के उत्तर में है जबकि दृष्द्वती दक्षिण में स्थित थी। कर्नल भार्गव के अनुसार यह आधुनिक राका[66] है और पश्चिमी यमुना नहर की हांसी–हिसार वाली शाखा इसका प्रतिनिधित्व करती है।

आपागा : यह भी प्राचीन काल में एक प्रसिद्ध नदी थी। सरस्वती और दृष्द्वती के साथ इसका भी पवित्र नदी के रूप में उल्लेख हुआ है। अब यह छोटा सा बरसाती नाला मात्र है जिसे निम्नगा चेतंग अर्थात् निचली खांड के नाम से पुकारा जाता है। हिरण्यवती, वैतरणी और मंदाकिनी इसकी अन्य शाखाएं हैं।

मार्कंडा : मार्कंडा भी प्रसिद्ध नदी रही होगी, ऐसा विद्वानों का विचार है। अब तो यह भी अन्य नदियों की तरह ही बरसाती नाला बनकर रह गई है। इसका उद्‌गम स्थल नाहन (हिमांचल प्रदेश) के पास शिवालिक की पहाड़ियां हैं। सदादानी और बेगवा नामक दो नाले इससे मैदानी क्षेत्र में आ मिलते हैं, और इससे इसकी स्थिति काफी मजबूत हो जाती है। शाहबाद के पास से बहती हुई कई बार यह नदी काफी उत्पात मचाती है। कुछ आगे चलकर यह दो भागों में बंट जाती है।

तांगड़ी : मार्कंडा की एक सहायक नदी है। यह मोरनी की पहाड़ियों से निकलती है। बर्षाकाल में यह बड़ी उत्पाती नदी मानी जाती है। अंबाला जिले में बहती हुई यह उमला नाले को साथ लेकर अंततः मार्कंडा में मिल जाती है और अंत में राजस्थान के मरुस्थल में लुप्त हो जाती है।

घग्घर : घग्घर भी एक प्रसिद्ध नदी है। यह सिरमौर की पहाड़ियों से निकलकर मनीमाजरा के स्थान के कुछ ऊपर हरियाणा क्षेत्र में प्रवेश करती है। यह अब भी सीमित रूप से सदानीरा का रूप रखती है, और पंजाब तथा हरियाणा को काफी दूर तक हदबंदी करती है। कुरूक्षेत्र और अंबाला के कई नदी नालों को मिलाकर घग्घर भी अंततः राजस्थान के मरूस्थल में अपना अस्तित्व खो बैठता है।

इन नदियों के अतिरिक्त चेतंग, चौतंग, गगु (लोहगढ़खोल), सिनीवाली (सोम) बहदिवा (विलासपुर नाला), अंशुमती आदि भी उत्तर की पुरानी नदियां हैं जो कि अब मामूली बरसाती नालों का रूप लिए हुए हैं।

दक्षिणी भाग में साहबी, कंसावली, दोहन आदि नदियां हैं। इनमें साहबी सबसे प्रसिद्ध है। यह मेवात की पहाड़ियों में जयपुर के उत्तर में लगभग 30 मील की दूरी पर मनोहरपुर और जीतगढ़ के समीप से निकलती है। छोटे–छोटे नदी नालों के मिलने से अल्वर और पाटन तक बहते–बहते यह काफी बड़ी नदी बन जाती हे। नीमराना और शाहजहाँपुर के पास अल्वर को छोड़कर कोटकासिम के ऊपर से होती हुई यह रेवाड़ी तहसील में प्रविप्ट होती है। यहाँ आने के बाद इसका पाट काफी चौड़ा हो जाता है। जिस वर्ष वर्षा अधिक हो उस वर्ष साहबी रेवाड़ी तहसील की तबाही का कारण बन जाती है। सामान्य रूप से साहबी रेवाड़ी से 6 या 7 मील पूर्व से होकर बहती है। खलीलपुर और पटौदी के बीच से बहती हुई यह लाहोरी गॉव के निकट झज्जर तहसील में प्रवेश करती है और कुछ दूर इस तहसील में बहने के बाद खेड़ी सुल्तान के पास से गुजरती हुई गुड़गाँव जिले में पुनः प्रविष्ट हो जाती है। काफी दूर तक गुड़गाँव में बहने के बाद कुतानी गांव के पास से होकर रोहतक जिले में चली जाती है और अंत में बनावटी नालों से गुजरकर यमुना नदी में मिल जाती है। कर्नल भार्गव इसे एक अत्यंत प्राचीन नदी मानते हैं। उनके अनुसार यह प्राचीन काल में 'रसा' कहलाती थी और अरावली की बर्फीली चोटियों से निकलती थी। यह सदानीरा थी और अरवावत समुद्र में गिरती थी।

साहबी के उद्‌गम स्थान के पास ही पाटन के नीचे से एक अन्य बड़ी नदी कसावती निकलती है। प्रारंभ में उसका रूप उत्तर–पूर्व दिशा में रहता है। नीमराना और रेवाड़ी तहसील के पश्चिम में बहती हुई यह नदी कोसली गाँव के नीचे से गुजरती हुई झज्जर में जा मिलती है। सुरेटी गाँव के पास यह दो भागों में विभक्त हो जाती है। एक भाग तो थोड़ी दूर चलकर झज्जर तहसील के दक्षिणी हिस्से में ही इधर–उधर फैलकर समाप्त हो जाता है और दूसरा छुछकवास की तरफ मुड़कर बेरी की तरफ धीमी गति से जाकर बटरोह नाले से मिल जाता है। कर्नल भार्गव के अनुसार यह भी प्राचीन नदी है। इसका पुराना नाम कृष्णवती था, जो प्राचीन कृष्ण नामक जन से संबद्ध होने के कारण पड़ा था।[67]

एक अन्य नदी इंदौरी है। यह नदी भी वर्षा के दिनों में मेवात की पहाड़ियों में पुरानी नगरी इंदौर के निकट बहने वाले छोटे–छोटे नालों के मिलने से बनती है। अलवर जिले में थोड़ी दूर बहने के पश्चात् ये दो शाखाओं में विभक्त हो जाती है। एक शाखा उत्तर–पश्चिम दिशा में बहती हुई रेवाड़ी तहसील के दक्षिण छोर पर साहबी नदी से मिल जाती है। दूसरी शाखा तावडू के पास बहती हुई बोहड़ा के पास नीची भूमि को जलमग्न करती हुई पटौदी के दक्षिण में साहबी नदी से मिल जाती है। संभवतः इसका पुराना नाम अंसुमती था।

दुहान नामक नदी भी काफी प्राचीन है। इसे महाभारतकार ने बधुसरा के नाम से उल्लिखित किया है। एक जनश्रुति के अनुसार (जिसका महाभारत में उल्लेख है) यह भृगु ऋषि की पत्नी दिव्य पौलामा के नेत्रजल से बनी थी। यह ऋषिपत्नी महर्षि च्यवन की माँ थी। खैर जनश्रुति में चाहे कोई दम न हो पर इससे यह तो स्पष्ट होता है कि यह ऋषि इसके तट पर रहते थे और इस क्षेत्र से संबंधित थे। यह तथ्य परंपरा से भी संपुष्ट होता है। अब ढ़ोसी (पुरानी वधुसारी) जहाँ से भी होकर बहती है एक तीर्थस्थान माना जाता है और इसका संबंध भश्गु और च्यवन ऋषियों से जुड़ा हुआ है। अब यह नदी भी यहाँ की अन्य नदियों के समान ही बरसाती नदी बनकर रह गई है जो की साहबी से मिलकर बहती है।

जलवायु : भारत की जलवायु आमतौर से उष्णकटिबंधीय है। यहाँ पर चार ऋतुएं होती है। शीत ऋतु (जनवरी–फरवरी), ग्रीष्म ऋतु (मार्च–मई), वर्षा ऋतु या दक्षिण–पश्चिम मानसून का मौसम (जून–सितंबर) और मानसून–पश्चात् ऋतु (अक्टूबर–दिसम्बर), जिसे दक्षिण प्रायद्वीप में उत्तर पूर्व मानसून का मौसम भी कहा जाता है। भारत की जलवायु पर दो प्रकार की मौसमी हवाओं का प्रभाव पड़ता है। उत्तर–पूर्वी मानसून और दक्षिण–पश्चिमी मानसून। उत्तर–पूर्वी मानसून को आमतौर पर शीत मानसून कहा जाता है। यह हवाएं स्थल से समुद्र की ओर बहती हैं, जो हिन्द महासागर, अरबसागर और बंगाल की खाड़ी को पार करके आती हैं। देश में अधिकांश वर्षा दक्षिण–पश्चमी मानसून से होती है।[68] विकसित प्रतिमानों और प्रशिक्षित व्यक्तियों की सहायता से अब वर्षा के संबंध में सफलतापूर्वक भविष्यवाणी की जा सकती है।

पेड़–पौधे : उष्ण से लेकर उत्तर–ध्रुवीय तक विभिन्न प्रकार की जलवायु के कारण भारत में अनेक प्रकार की वनस्पतियाँ पाई जाती हैं, जो समान आकार के अन्य देशों में बहुत कम मिलती हैं।[69] भारत को आठ वनस्पति क्षेत्रों में बाँटा जा सकता है– पश्चिमी हिमालय, पूर्वी हिमालय, असम, सिंधु का मैदान, गंगा का मैदान, दक्कन, मालावार और अंडमान।

पश्चिमी हिमालय क्षेत्र कश्मीर से कुमायूँ तक फैला है। इस क्षेत्र के शीतोष्ण कटिबंधीय भाग में चीड़, देवदार, कोणधारी वृक्षों (कोनीफर्स) और चौड़ी पत्ती वाले शीतोष्ण वृक्षों के वनों का बाहुल्य है।[70] इससे ऊपर के क्षेत्रों में देवदार, नीली चीड़ सनोवर वृक्ष और श्वेत देवदार के जंगल हैं। आल्पाइन क्षेत्र शीतोष्ण क्षेत्र के ऊपरी सीमा से 4,750 मीटर या इससे अधिक ऊंचाई तक फैला हुआ है। इस क्षेत्र में ऊँचे स्थानों में मिलने वाले श्वेत देवदार, श्वेत भोजवृक्ष और सदाबहार वृक्ष पाए जाते हैं। सिंधु मैदान क्षेत्र में पंजाब, पश्चिमी राजस्थान और उत्तरी गुजरात के मैदान शामिल हैं। यह क्षेत्र शुष्क और गर्म हैं और इनमें प्राकृतिक वनस्पतियां मिलती हैं। गंगा मैदान क्षेत्र के अंतर्गत अरावली की श्रेणियों से लेकर बंगाल और उड़ीसा तक का क्षेत्र आता है। इस क्षेत्र का अधिकतर भाग कछारी मैदान है और इनमें गेहूँ, चावल और गन्ने की खेती होती है। केवल थोड़े से भाग में विभिन्न प्रकार के जंगल हैं। दक्कन क्षेत्र में भारतीय प्रायद्वीप की सारी पठारी भूमि शामिल है, जिसमें पतझड़ वाले वृक्षों के जंगलों से लेकर तरह–तरह की जंगली झाड़ियों के वन हैं। कश्मीर से अरूणाचल प्रदेश तक के हिमालय क्षेत्र (नेपाल, सिक्किम, भूटान, नागालैण्ड) और दक्षिण प्रायद्वीप में क्षेत्रीय पर्वत श्रेणियों मेंं ऐसे देशी पेड–पौंधों की अधिकता है जो दुनियाँ में अन्यत्र नहीं पाए जाते।

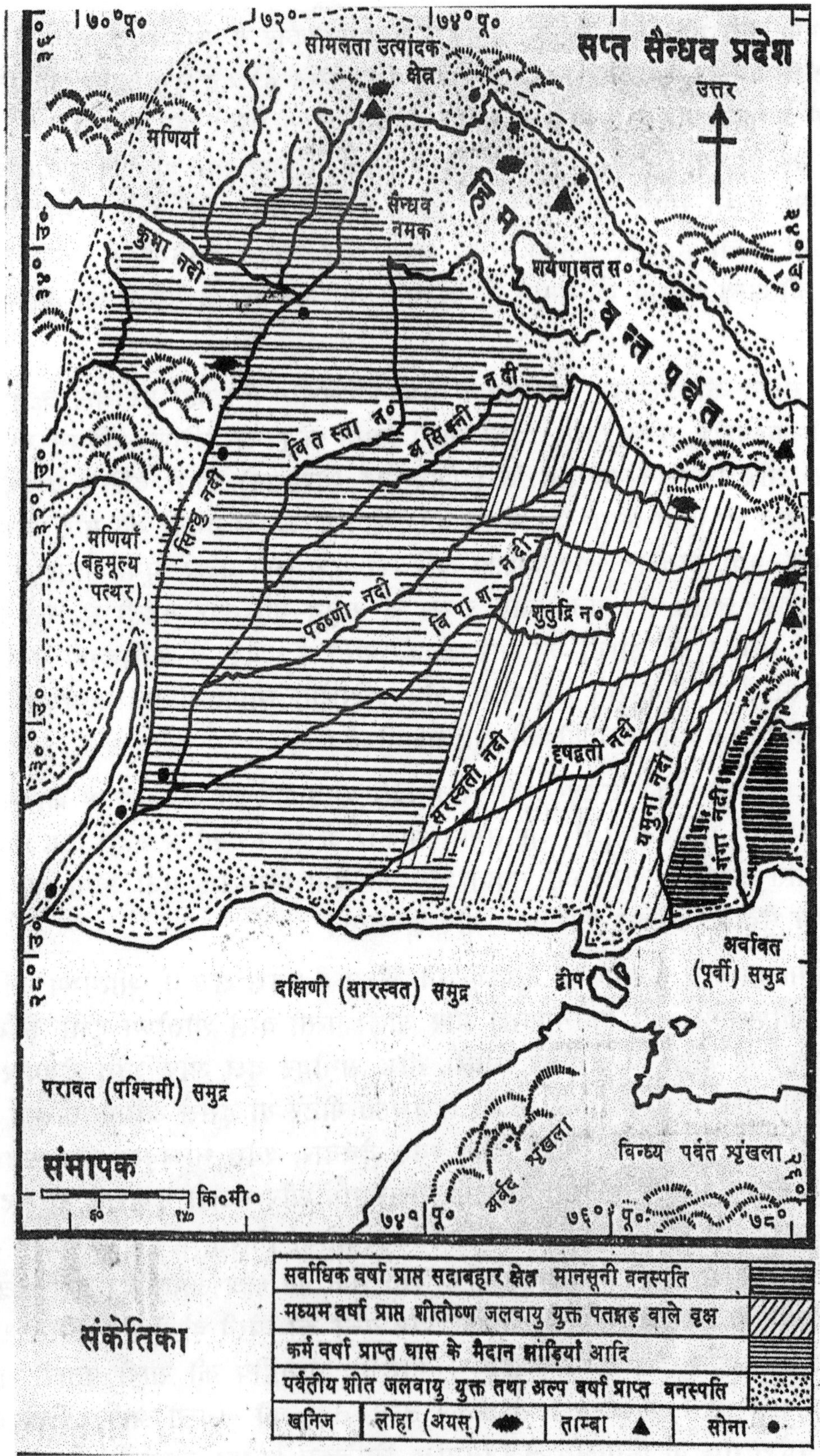
सप्त सैन्धव प्रदेश
उत्तर
सोमलता उत्पादक क्षेत्र
मणियाँ
सैन्धव नमक
कुभा नदी
शर्यणावत स०
वितस्ता न०
असिक्नी नदी
सिन्धु नदी
मणियाँ (बहुमूल्य पत्थर)
परुष्णी नदी
विपाश नदी
शुतुद्रि न०
सरस्वती नदी
दृषद्वती नदी
यमुना नदी
गंगा नदी
अर्वावत (पूर्वी) समुद्र
द्वीप
दक्षिणी (सारस्वत) समुद्र
परावत (पश्चिमी) समुद्र
संमापक
कि०मी०
अर्बुद शृंखला
विन्ध्य पर्वत शृंखला
संकेतिका
सर्वाधिक वर्षा प्राप्त सदाबहार क्षेत्र मानसूनी वनस्पति
मध्यम वर्षा प्राप्त शीतोष्ण जलवायु युक्त पतझड़ वाले वृक्ष
कम वर्षा प्राप्त घास के मैदान झाड़ियाँ आदि
पर्वतीय शीत जलवायु युक्त तथा अल्प वर्षा प्राप्त वनस्पति
खनिज
लोहा (अयस्)
ताम्बा
सोना

मानचित्र 4

वन संपदा की दृष्टि से भारत काफी संपन्न है। उपलब्ध आँकडों के अनुसार भारत का विश्व में दसवाँ और एशिया में चौथा स्थान है। अब तक लगभग 70 प्रतिशत भू–सर्वेक्षण करने के पश्चात् भारतीय वनस्पति सर्वेक्षण संस्था ने पेड–पौंधों की 47000 प्रजातियों का पता लगाया है। वाहिनी वनस्पति के अंतर्गत 15 हजार प्रजातियां है। इसमें 35 प्रतिशत के लगभग प्रजातियां देशी हैं, जो विश्व में और कहीं नहीं पाई जाती हैं। देश की वन संपदा में न केवल फूल वाले बड़े पौंधे हैं, बल्कि बिना फूल के पौंधे जैसे फर्न, लिवरवर्थ, शैवाल, फफूंदी भी शामिल हैं।

वनस्पति नृजाति विज्ञान के अंतर्गत विभिन्न पौधें और उनके उत्पादों के जनजातियों द्वारा उपयोग के बारे में अध्ययन किया जाता है। भारतीय वनस्पति सर्वेक्षण में इन पौधों का वैज्ञानिक अध्ययन किया जाता है। देश के विभिन्न जनजातीय क्षेत्रों में कई विस्तृत नृजाति सर्वेक्षण किए जा चुके हैं। वनस्पति नृजाति विज्ञान की दृष्टि से महत्वपूर्ण पौधों की 800 प्रजातियों की पहचान की गई तथा देश के विभिन्न जनजातीय क्षेत्रों से उन्हें इकठ्ठा किया गया।

खेती उद्योग और नगर विकास के लिए जंगलों की कटाई के कारण कई भारतीय पौधे लुप्त हो रहे हैं। पौंधें की लगभग 1336 प्रजातियां पिछले 60 से 100 वर्षों के दौरान दिखाई नहीं पड़ी है तथा संभावना है कि ये प्रजातियाँ लुप्त हो चुकी हैं। भारतीय वनस्पति सर्वेक्षण 'रेड डाटा बुक' नाम से लुप्तप्राय पौधों की एक सूची प्रकाशित करता है। अब तक इसके चार संस्करण प्रकाशित हो चुके हैं और पाँचवाँ संस्करण प्रकाशनाधीन है। इनमें से कुछ पौधें के नमूने वनस्पति उद्यानों और राष्ट्रीय उद्यानों में सुरक्षित रखे गए हैं। इन पौधों के नमूनों का संग्रह केन्द्रीय राष्ट्रीय वनस्पति संग्रहालयों भारतीय वनस्पति सर्वेक्षण संग्रहालयों और देश के अनुसंधान और शिक्षण संस्थानों में किया जाता है।

जीव जंतु : भारतीय प्राणी सर्वेक्षण विभाग, जिसका मुख्यालय कोलकाता में है, देश के विभिन्न हिस्सों में अपने 16 क्षेत्रीय केन्द्रों के माध्यम से भारत में जीव–जन्तुओं की विभिन्न जातियों के सर्वेक्षण का कार्य करता है। जलवायु और प्राकृतिक वातावरण की व्यापक विभिन्नता के कारण भारत में लगभग 89,451 जीव जन्तु पाए जाते हैं। इनमें से 2,577 प्रोटिस्टा (आद्यजीव), 68,389 एंथ्रोपोडा, 119 प्रोटोकॉडेटा, 2,546 किस्म की मछलियाँ, 209 किस्म के उभयचारी, 456 किस्म के सरीसृप, 1,232 किस्म के पक्षी, 390 किस्म के स्तनपायी जीव, 5000 से कुछ अधिक मोलस्क प्राणी और 8,329 अन्य कशेरूकी आदि शामिल हैं।

स्तनपायी जीवों में हिमालय की बड़े आकार वाली जंगली भेड़ें, दलदली मृग, हाथी, गौर या भारतीय भैंसा, नीलगाय, चौसिंगा मृग शामिल हैं। बिल्ली जाति के पशुओं में सिंह, और शेर सर्वाधिक भव्य दिखते हैं। इनके अलावा हिम तेंदुए, चित्तीदार तेंदुए तथा चितकबरे तेंदुए जैसे अन्य विशिष्ट प्राणी भी पाए जाते हैं। स्तनपायी जीवों की कई अन्य प्रजातियां अपनी सुंदरता, रंग, विरंगेपन गरिमा और विशिष्टिता के लिए उल्लेखनीय हैं। बड़ी संख्या में पाए जाने वाले रंग–बिरंगे पक्षी, देश की अमूल्य धरोहरों में से एक हैं। अनेक किस्म के पक्षी जैसे बतख, मैना, कबूतर, सारस, धनेश, तोते, तीतर, मुर्गियां और सुनहरे रंग वाले पक्षी जंगलों और दलदली भूमि में पाए जाते हैं।

नदियों और झीलों में मरगमच्छ और घड़ियाल पाए जाते हैं। घड़ियाल सिर्फ भारत में ही पाए जाते हैं। पूर्वी तट और अंडमान निकोबार द्वीप समूह में खारे पानी के मरगमच्छ पाए जाते हैं। सन् 1974 ई.

में शुरू की गई मगरमच्छ पालन योजना के जरिए मगरमच्छों की नस्ल को लुप्त होने से बचाया गया। विभिन्न राज्यों में मगरमच्छ पालन के 12 योजनाएं चल रही हैं।

विशाल हिमालय श्रृंखला में कई अत्यंत आकर्षक जीव–जंतु पाए जाते हैं, जिनमें जंगली भेड़ और बकरियां मारखेर, साकिन, छछूंदर और टापिर शामिल हैं। पांडा और हिम तेंदुआ ऊँचे पहाड़ी स्थानों में पाए जाते हैं।

कृषि और आवास के लिए भूमि के विस्तार से वन संपदा नष्ट होती जा रही है। भूमि का अधिक से अधिक उपयोग, प्रदूषण, कीटनाशकों के प्रयोग, सामुदायिक संरचना के असंतुलन, बाढ़ और तूफान आदि के प्रकोप से भी पेड़–पौधों को काफी क्षति पहुँचती है। 39 से अधिक प्रजातियों के स्तनपायी जीवों, पक्षियों की, 72 सरीसृप, 17 उभयचारी जीवों की तीन और मछलियों की दो प्रजातियां तथा बड़ी संख्या में तितलियों, पंतगों और कीड़े–मकौडों के लुप्त हो जाने का खतरा है। इस दिशा में 88 राष्ट्रीय उद्यान, लगभग 490 वन्य प्राणि उद्यान हैं उनका कुल क्षेत्रफल 1.53 लाख वर्ग किलोमीटर है।

(ग) समकालीन संस्कृतियां

भारत में नव पाषाण काल : नव पाषाण कालीन मानव की भौतिक प्रगति के इतिहास में अत्यन्त महत्त्वपूर्ण स्थान है। इस काल में कृषि एवं पशु–पालन सर्वप्रथम प्रारंभ हुए। वे मानव समाज जो आखेट एवं संचय की अर्थ–व्यवस्था से आगे नहीं बढ़ पाए, सभ्यता का विकास नहीं कर सके। कांस्य काल की सभ्यताओं के उदय तथा विकास के लिए उपयुक्त पृष्ठभूमि नव पाषाण काल की अर्थ–व्यवस्था ने प्रस्तुत की। नव पाषाण काल की इस महत्त्वपूर्ण भूमिका को लक्ष्य करके ही प्रसिद्ध विद्वान गॉर्डन चाइल्ड ने इस परिवर्तन को नव पाषाण काल की क्रान्ति (Neolithic Revolution) कहा था।[71] आज–कल प्रायः यह कहा जाता है कि मध्य पाषाण काल से नव पाषाण काल में परिवर्तन आकस्मिक एवं अप्रत्याशित नहीं था। नवीन अनुसंधानों के आलोक में यह कहा जा सकता है कि आखेट एवं संचय से खाद्यान्न–उत्पादन तथा पशु–पालन के रूप में परिवर्तन क्रमिक गति से धीरे–धीरे हुआ।

जॉन लुब्बॅक ने पाषाण उपकरणों के वैशिष्टय के आधार पर सन् 1865 में पाषाण काल को पुरापाषाण काल और नव पाषाणकाल में विभाजित किया था। इस विभाजन के अधोलिखित अन्य मानदण्ड प्रस्तावित किए गए थे[72] :

1. पुरापाषाण काल में पाषाण उपकरणों का निर्माण प्रधानतः फलकीकरण की प्रविधि से किया जाता था, जबकि नव पाषाण काल में पाषाण उपकरणों को अभीष्ट आकार देने के लिए फलकीकरण के पश्चात् गढ़ना (Packing) घिसना (Grinding) तथा चमकाना (Polishing) पड़ता था।
2. पुरापाषाण काल में जिन पशुओं का शिकार किया जाता था, वे अब विलुप्त हो गए है, जबकि नव पाषाण काल के पशुओं के वंशज आज भी मिलते हैं।
3. पुरापाषाण काल में मानव अपने भरण–पोषण के लिए आखेट एवं प्रकृति प्रदत्त फल–फूलों तथा अन्य खाद्य सामग्री पर निर्भर था। नव पाषाणकाल में खाद्यान्न उत्पादन और पशुपालन प्रारंभ हो गया था।

उत्तरी दक्षिण एशिया
कनिशपुर
बुर्जहोम
गुफकराल
सराय खोला
तकाई किला
लेवान
रहमानढेरी
गुमला
पेरिआनो घुंडाइ
हड़प्पा
किले गुल मोहम्मद
राणा घुंडाइ
दांब सादात
मेहरगढ़
जलिलपुर
तोगौ
बनावली
कुणाल
कालीबंगा
दृषद्वती नदी
सिन्धु नदी
सरस्वती नदी
अजिरा
नाल
भिडाना
सिसवाल
मीताथल
यमुना नदी
मोहन जीदड़ो
कोटदीजी
अमरी
हिमालय
सरयू नदी
दादुपुर
लहुरादेवा
सिसवनियां
सहगौरा
इमलीडीह
दमदमा
नरहन
चिरांद
महदाहा
झूसी
कोलडीहवा
मलहर
सेनुवार
राजा नल का टीला
अहार
धौलावीरा
नागदा
विन्ध्य पर्वत
लोथल
पादरी
प्रभास पाटन

मानचित्र 5

सन् 1865 में लुब्बॅक द्वारा प्रस्तावित उपर्युक्त परिभाषा में अनुसंधानों एवं खोजों के फलस्वरूप प्राप्त नवीन जानकारी के परिप्रेक्ष्य में यथेष्ट परिष्कार तथा परिवर्द्धन किए गए हैं। नव पाषाण शब्द अब अनेकार्थक हो गया है। ऐसी स्थिति में इसका ठीक–ठाक अर्थ बतलाना अपेक्षाकृत कठिन हो गया है। यह कहा गया है कि विभिन्न संदर्भों में नव पाषाणिक शब्द का अर्थ है: ''एक आत्म निर्भर अर्थ–व्यवस्था, स्थायी रुप से निवास करने वाले लोगों की एक ऐसी संस्कृति जिसमें पालिशदार पाषाण उपकरणों या मिट्‌टी की बर्तन प्राप्त हो।''

नव पाषाण काल के सम्बन्ध में विद्वानों ने कतिपय भ्रान्त धारणाएँ बना ली हैं, उदाहरणार्थ, बहुत समय से यह माना जाता रहा है कि कृषि का विकास सर्वप्रथम केवल मध्य–पूर्व के हरे–भरे घास के मैदान तेजी से मरुस्थलों में परिवर्तित हो रहे थे, जिसके फलस्वरूप वहाँ पर निवास करने वाले लोगों के समक्ष अपने अस्तित्व की रक्षा की जटिल समस्या उत्पन्न हो गई। मानव–समुदाय तथा पशु मरुस्थलों में परस्पर एक दूसरे के समीप रहने के लिए बाध्य हुए। इन विषम परिस्थितियों का सामना करने के लिए कृषि तथा पशु–पालन प्रारंभ किए गए।

बीसवीं शताब्दी ईसवी के चालीसवें दशक के समय से लेकर आज तक हुए नवीन खोजों, नए अनुसंधानों एवं सम्यक् विचार मंथन के फलस्वरूप नव पाषाण काल के सम्बन्ध में उल्लेखनीय जानकारी प्राप्त हुई है। उपर्युक्त धारणाओं में संशोधन प्रस्तावित किए गए हैं। उनमें से कुछ तो निश्चयेण गलत साबित हुई हैं, कतिपय अन्य विषय में भी ऐसा ही कहा जा सकता है; जब कि अन्य अनेक के सम्बन्ध में प्रश्न चिन्ह लगाए जा रहे हैं। कृषि–कर्म का उदय एवं विकास किसी पीड़ित और अभाव की काली छाया में निवास करने वाले लोगों के पास कृषि–कार्य जैसे मन्द, अत्वरित प्रयोग तथा परीक्षण करने के लिए साधन एवं समय नहीं रहा होगा। मानव के लिए उपयोगी घासों के पौधों में चयन के द्वारा सुधार ऐसे लोगों द्वारा किया गया होगा जो आवश्यक आवश्यकताओं की सीमा से पर्याप्त ऊपर जीवन यापन कर रहे थे। कृषि एवं पशुपालन सम्बन्धी प्राचीनतम् प्रमाण पश्चिमी एशिया के क्षेत्र में इसलिए मिलते हैं क्योंकि यहाँ पर मौसम की अनुकूलता, उपयुक्त जंगली पौधों तथा पशुओं की उपलब्धता और मान की समुन्नत तकनीकी प्रगति के रूप में इसके लिए अनुकूल एवं अपेक्षित साधन प्राप्त थे।

कृषि तथा पशु–पालन का विकास साथ–साथ हुआ अथवा दोनों का विकास अलग–अलग क्षेत्रों और विभिन्न समयों में हुआ? इस सम्बन्ध में निश्चित रूप से कुछ कहना अपेक्षाकृत कठिन है। इतना निश्चित है कि ये दोनों ही शीघ्र एक–दूसरे के पूरक बन गए और कृषि तथा पशुपालन की मिश्रित अर्थ–व्यवस्था ग्राम्य जीवन का एक अभिन्न अंग बन गई। कृषि तथा पशुपालन के विकास के बाद भी जंगली जानवरों के शिकार और कन्द–मूल, फल–फूलादि का संचय होता रहा।

नव पाषाण काल में कृषि के विकास के फलस्वरूप बढईगीरी में काम आने वाले पाषाण उपकरणों का विशेष रूप से निमार्ण किया गया। कुल्हाड़ी के अतिरिक्त बसूला, रुखानी आदि प्रमुख पाषाण उपकरण थे। इनके अलावा हँसिया, सिल–लोढ़ा, ओखली आदि अन्य पाषाण उपकरण तथा उत्पादन भी उल्लेखनीय हैं। दन्तुर कटक प्रवधि से निर्मित लघु पाषाण उपकरणों का प्रचलन इस काल में भी मिलता है।

मिट्टी के बर्तनों का निर्माण नव पाषाण काल की एक अन्य प्रमुख विशेषता मानी जाती है, यद्यपि सर्वत्र प्रारंभ से ही मिट्टी के बर्तन नहीं मिलते हैं। आरम्भ में मिट्टी के बर्तन हस्त निर्मित होते थे। बर्तनों के निर्माण में मन्दगति के चाक को इस दिशा में प्रगति का अगला कदम माना जा सकता है। चाक का आविष्कार मानव की तकनीकी प्रगति की दृष्टि से विशेष महत्वपूर्ण है। प्रांरभिक मिट्टी के बर्तनों में अलंकरण बहुत कम मिलता है। चाक के प्रचलन के साथ ही मिट्टी के बर्तनों की सतह पर चित्रकारी की प्रक्रिया भी विशेश्र लोकप्रिय हुई। मिट्टी के बर्तनों के अतिरिक्त नव पाषाण काल के पुरास्थलों से प्राप्त तकुए तथा करघे के मृण्मय पुरावशेषों से यह इंगित होता है कि ऊन, सन और कपास के धागों से वस्त्र तैयार किए जाते थे। कृषि तथा पशु–पालन आदि के फलस्वरूप लोगों के जीवन में स्थायित्व का संचार हुआ। सुनिश्चित खाद्यान्न–व्यवस्था के फलस्वरूप जनसंख्या में वृद्धि होने लगी। सूखा आदि प्राकृतिक आपदाओं और किसी एक मानव समूह द्वारा दूसरे पर अप्रत्याशित आक्रमण के संकट को छोड़कर मानव का जीवन पुरापाषाणिक कालों की तुलना में काफी सुरक्षित हो गया था।

नव पाषाण काल का क्षेत्रीय विभाजन : भारत में कर्नाटक प्रान्त (तत्कालीन मैसूर राज्य) के लिंगसुगुर नामक पुरास्थल से सन् 1842 में सर्वप्रथम नव पाषाणिक उपकरण तत्कालीन मैसूर रियासत के पुरातत्त्व अधिकारी *एम. एच. कृष्ण* द्वारा प्रतिवेदित किए गए थे। सन् 1860 में *एच. पी. ले. मसूरिए* को उत्तर प्रदेश के इलाहाबाद जिले में स्थित टोंस घाटी से नव पाषाण काल के कतिपय उपकरण प्राप्त हुए थे। तदन्तर इस प्रकार के पाषाण उपकरणों का प्रतिवेदन बुन्देलखण्ड, दक्षिण तथा पूर्वी भारत के अनेक क्षेत्रों से समय–समय पर होता रहा। *रार्बट ब्रूसफूट* नामक पुराविद् ने दक्षिण भारत के कई स्थानों पर स्थित राख के ढेरों को नव पाषाणिक बतलाया था। उसकी यह धारणा थी कि राख के ये टीले इस बात का संकेत करते हैं कि नव पाषाण काल के लोग एक स्थल पर अपने पालतू पशुओं को लम्बे समय तक बाँधते रहे। इस तरह एक स्थान पर गोबर इकट्ठा होता रहा। बाद में गोबर के उस ढेर को जला दिया जाता था। दक्षिण भारत के राख के ये टीले इस बात की ओर इंगित करते हैं कि इस तरह की प्रक्रिया इस क्षेत्र में काफी लम्बे समय तक चलती रही होगी। लेकिन *ब्रूसफुट* को दक्षिण भारत की नवपाषाणिक संस्कृति के संदर्भ में अन्य किसी तरह की जानकारी नहीं प्राप्त हो सकी थी।

भारत के विभिन्न क्षेत्रों से नव पाषाणिक जो उपकरण इकट्ठे किए गए थे उनमें कुल्हाड़ियों की संख्या सबसे अधिक थी। अन्य नव पाषाणिक उपकरणों में बसूले, छेनियाँ, रुखानियाँ तथा हथौड़े आदि थे। ये सभी उपकरण किसी पुरातात्त्विक परिप्रेक्ष्य में नहीं बल्कि धरातल से प्राप्त हुए थे। सन् 1947 में मार्टीमर व्हीलर ने कर्नाटक प्रांत के चित्रदुर्ग जिले के मोलकामुरु तालुका में स्थित ब्रह्मगिरि नामक पुरास्थल का उत्खनन कराया जिससे दक्षिण भारत की नव पाषाणिक संस्कृति के सांस्कृतिक उपादानों के साथ–ही–साथ उसके संभावित कालानुक्रम के विषय में जानकारी प्राप्त हुई। तब से लेकर आज तक भारत के विभिन्न क्षेत्रों में स्थित अनेक नवपाषाणिक पुरास्थलों का उत्खनन हो चुका है। भारत में नव पाषाण काल की संस्कृतियों के अनुसंधान के क्षेत्र में जो प्रगति हुई है उनके फलस्वरूप नव पाषाणिक संस्कृतियों के विभिन्न पक्षों के सम्बन्ध में हमारी जानकारी काफी बढ़ी है। कालानुक्रम की दृष्टि से भारत के विभिन्न क्षेत्रों की नव पाषाणिक संस्कृतियाँ समकालिक या एक दूसरे के थोड़ा

आगे–पीछे विकसित हुई, ऐसा प्रतीत होता है। इन संस्कृतियों में तथापि उल्लेखनीय क्षेत्रीय विभेद भी दृष्टिगोचर होते हैं। विभिन्न विद्वानों ने भारत की नव पाषाणिक संस्कृतियो का उनकी प्रमुख विशेषताओं तथा कालानुक्रम आदि के आधार पर भिन्न–भिन्न ढंग से विभाजन किया है। बी. डी. कृष्णस्वामी ने सन् 1960 में चार क्षेत्रों में भारत की नव पाषाणिक संस्कृतियों का विभाजन किया था। सन् 1964 में बी. के. थापर ने उत्तरी, दक्षिणी और पूर्वी इन तीन प्रमुख क्षेत्रों में नव पाषाण काल की संस्कृतियों का वर्गीकरण उस समय तक उपलब्ध प्रमाणों के आधार पर किया।[73] अल्चिन दम्पति ने भारत की विभिन्न नवपाषाणिक संस्कृतियों का अध्ययन करते समय सन् 1968 में इनको निम्नलिखित पाँच वर्गों में विभाजिक किया[74] (अ) उत्तरी वर्ग : कश्मीर घाटी (ब) दक्षिणी वर्ग : गोदावरी के दक्षिण का क्षेत्र, (स) पूर्वी वर्ग : असम का क्षेत्र (द) मध्यवर्ती वर्ग : गंगा के दक्षिण का पठारी क्षेत्र और (य) पूर्वी–मध्य वर्ग : बिहार, उड़ीसा, और छोटा नागरपुर का पर्वतीय क्षेत्र। सन् 1975 में बी. के. थापर ने जो संशोधित सांस्कृतिक विभाजन प्रस्तावित किया[75] उसमें अल्चिन दम्पति के उपर्युक्त पाँच वर्गों में उत्तरी–पश्चिमी एक छठवाँ वर्ग और जोड़ दिया।[76] उत्तरी–पश्चिमी वर्ग में पाकिस्तान के बचूचिस्तान एवं सिन्ध प्रान्त में विकसति होने वाली नव पाषाणिक संस्कृति को भी सम्मिलित किया गया।

उपलब्ध पुरातात्विक साक्ष्यों के आधार पर भारत की नव पाषाणिक संस्कृतियों को अधोलिखित छः वर्गों में वर्गीकृत किया जा सकता है[77]– 1. उत्तरी भारत की नव पाषाणिक संस्कृति, 2. विन्ध्य क्षेत्र की नव पाषाणिक संस्कृति, 3. दक्षिण भारत की नव पाषाणिक संस्कृति, 4. मध्य गंगाघाटी की नव पाषाणिक संस्कृति, 5. मध्य–पूर्वी नव पाषाणिक संस्कृति और 6. पूर्वोत्तर भारत की नव पाषाणिक संस्कृति।

ताम्रनिधियाँ तथा गैरिक मृद्भाण्ड : भारत विशेषकर उत्तरी भारत के पुरातत्त्व में ताम्रनिधियों का अत्यन्त महत्त्वपूर्ण स्थान है। ताँबे के बने हुए विशिष्ट प्रकार के कतिपय उपकरण सर्वप्रथम सन् 1822 ई. में उत्तर प्रदेश के कानपुर जिले में स्थित बिठूर नामक स्थान से मिले थे। तब से लेकर आज तक इस प्रकार के उपकरण कहीं न कहीं से आकस्मिक रूप से प्रायः मिलते रहते हैं। इस प्रकार के उपकरण समूहों मे मिलते रहे हैं; अतः इन्हें 'ताम्रनिधि' की संज्ञा से अभिहित किया जाता है। ये ताम्रनिधियां खेत जोतते समय किसी किसान को, या नहर की खुदाई करते समय अथवा सड़क बनाने के लिए मिट्टी खोदते समय किसी व्यक्ति को प्रायः मिलती रही हैं। ताम्रनिधियों के वास्तविक पुरातात्विक परिप्रेक्ष्य के विषय में स्पष्ट एवं निश्चित जानकारी नहीं मिलती है।

सर्वप्रथम *विन्सेन्ट स्मिथ* ने सन् 1905 और 1907 में 'ताम्रनिधियों' की परम्परा पर ऐतिहासिक एवं पुरातात्विक दृष्टि से विचार किया और उस समय तक देश के विभिन्न भागों से जो ताम्र उपकरण उपलब्ध थे उनकी संक्षिप्त सूची प्रस्तुत की। लखनऊ संग्रहालय के संग्रहाध्यक्ष *हीरानन्द शास्त्री* ने सन् 1916 में एक संक्षिप्त निबन्ध लिखकर इस विषय की ओर विद्वानों का ध्यान आकृष्ट किया। इस समस्या को अन्तर्राष्ट्रीय स्तर पर रखने का श्रेय हाइन गेल्दर्न नामक विद्वान को है। उन्होंने सन् 1936 में इनका सम्बन्ध आर्यों से जोड़ा।

सन् 1944 में स्टुअर्ट पिग्गॅट ने हाइन गेल्दर्न के मत का समर्थन किया किंतु कुछ वर्षों के बाद ही उन्होंने अपना मत बदल दिया। सन् 1950 में प्रकाशित 'प्रिहिस्टॅरिक इंडिया' नामक पुस्तक में पिग्गॅट ने ताम्रनिधियों का सम्बन्ध सैंधव सभ्यता के उन विस्थापित लोगों से जोड़ा जो सिन्धु–घाटी के अपने

मूल स्थान से भगा दिए गए थे एवं जो शरणार्थियों के रूप में ऊपरी गंगा घाटी में रहने लगे थे।[78] इसके पश्चात् सन् 1951 में भारतीय पुरातत्त्व सर्वेक्षण विभाग के तत्कालीन निदेशक बी0बी0 लाल ने गांगेय क्षेत्र से प्राप्त 37 ताम्रनिधियों का विवेचन अपने एक विद्वतापूर्ण शोध–निबन्ध में करके तज्जनित पुरातात्त्विक समस्याओं की समीक्षा किया। विगत दशकों में अन्य अनेक ताम्रनिधियाँ प्रकाश में आयी हैं। ताम्रनिधियों की संख्या अब 86 से ऊपर पहुँच गई है । हरियाणा से 5, राजस्थान से 7, उत्तर प्रदेश से 33, बिहार से 19, पश्चिम बंगाल से 6, उड़िसा से 7, मध्य प्रदेश से 8 और कर्नाटक से 1 ताम्रनिधि मिल चुकी है।

प्रसार : ताम्रनिधियाँ उत्तर भारत में गंगा–यमुना के दोआब के अनेक स्थानों से प्राप्त हुई हैं; जैसे राजपुर–परसू (बिजनौर), फतेहगढ़ बिठूर (कानपुर), परिहर (उन्नाव), बिसौली (बदायूँ), सरथौली (शाहजहाँपुर), मानपुर (बुलन्दशहर), बहदराबाद (सहारनपुर) एवं सेफई (इटावा), मदारपुर (मुरादाबाद), आदि। इनमें से अधिकांश स्थान 78^0 से 84^0 पूर्वी देशान्तरों के बीच स्थित है। मत्स्य भाले, श्रृंगिका–तलवारें एवं मानवाकृतियाँ ये तीनों अति–विशिष्ट ताम्र आयुध प्रकार 24^0 उत्तरी अक्षांश तक ही मिले हैं।

दक्षिण–पूर्वी पठारी क्षेत्रों से उपर्युक्त विशिष्ट प्रकार प्रायः नहीं मिले हैं। अन्य प्रकार दोआब के बाहर स्थित जिन क्षेत्रों से मिले हैं उनमें बिहार के छोटा नागपुर क्षेत्र में हामी, बरगुण्डा एवं कौशल्या, पश्चिम बंगाल में तमाजुरी तथा उड़ीसा में दुनेरिया, भागरापीर इत्यादि पुरास्थलों का उल्लेख किया जा सकता है।

मध्य भारत एवं दक्कन के प्रायद्वीपीय भाग के क्षेत्रों में मध्य प्रदेश के पोण्डी, गुँगेरिया (यहाँ कुल 424 ताम्र उपकरण प्राप्त हुए थे) महाराष्ट्र के अहमदनगर जिले में स्थित दायमाबाद एवं कर्नाटक के रायचूर जिले में कल्लूर आदि पुरास्थलों से भी ताम्रनिधियाँ प्राप्त हो चुकी हैं। इन क्षेत्रों में मुख्यतः चिपटी और स्कन्धित कुल्हाड़ियाँ; छेनियाँ या सब्बर, दुधारी कुल्हाडियाँ आदि ही मिली हैं। कर्नाटक के रायचूर जिले का कल्लूर दोआब के बाहर स्थित एकमात्र ऐसा पुरास्थल है जहाँ अन्य उपकरणों के अतिरिक्त श्रृंगिका तलवार भी मिली है।

प्रमुख उपकरण–प्रकार : ताम्रनिधियों के उपकरणों को उनकी बनावट एवं आकार–प्रकार आदि के आधार पर निम्नलिखित प्रमुख प्रकारों में विभाजित किया जा सकता है[79]–

चिपटी कुल्हाडियाँ : चिपटी कुल्हाडियाँ लगभग आयताकार होती हैं । इनका धार वाला सिरा अपेक्षाकृत चौडे आकार का होता है। धर्मपाल अग्रवाल, पटना संग्रहालय के इस प्रकार के उपकरणों के अध्ययन के आधार पर यह निष्कर्ष निकाला है कि इनका निमार्ण खुले साँचे से किया गया है। यही कारण है कि ये एक ओर चिपटी तथा दूसरी ओर उन्नतोदर हैं। परंतु गुगेरिया प्रकार की चिपटी कुल्हाड़ियों का उपयोग संभवतः लकड़ी काटने तथा जंगली जानवरों के शिकार के लिए होता था।

स्कन्धित कुलहाड़ियाँ : स्कन्धित कुल्हाड़ियों के कार्यांग वाले सिरे की चौड़ाई, दूसरे सिरे की चौड़ाई से अधिक होती है। इस वर्ग के किन्हीं–किन्हीं उपकरणों में यह अंतर नाम–मात्र का है तथा कुछ अन्य में अपेक्षाकृत अधिक है। समतान्त की ओर इनकी मोटाई अधिक है। धार को देखने से यह अनुमान लगाया जा सकता है कि इनका प्रयोग लकड़ी काटने आदि के लिए किया जाता रहा होगा।

सब्बर या खन्ती : सब्बर या खन्ती उपकरण लगभग 12–15 से. मी. से लेकर 30–45 से. मी. तक लम्बे, लगभग 5 से. मी. से 15 से. मी. तक चौडे तथा एक–दो से. मी. मोटे हैं। ये सपाट और चिकने हैं। ये लगभग समानान्तर पार्श्व वाले हैं जिनकी धार ऊपरी किनारों को छाँट कर बनाई गई प्रतीत होती है। राजपुर–परसू नामक स्थल के अलावा इस प्रकार के उपकरण केवल पठारी क्षेत्र से ही मिले हैं। गुंगेरिया से प्राप्त इस प्रकार के उपकरण की धार पर आरी की तरह के दाँत बने हुए हैं। प्रस्तर तथा ताम्र उपकरणों में समानता के कारण बी. बी. लाल का मत है कि ये उपकरण प्रस्तर प्रतिरूपों की नकल है। परन्तु विचारणीय बात यह है कि सीताभंजी, बान–असुरिया, संथाल–परगना, जसपुर और ठकुरानी आदि पुरास्थलों से प्रस्तर उपकरण तो मिले हैं, लेकिन ताम्रनिधियों से सम्बद्ध उपकरण नहीं मिले हैं। धर्मपाल अग्रवाल के अनुसार लम्बे आकार वाले उपकरण सब्बर की तरह खनिज ताँबे की खुदायी के लिए प्रयुक्त होते रहे होंगे।[80] लम्बाई में छोटे तथा चौड़े उपकरणों के छेनी की भाँति प्रयोग की सम्भावना है।

दुधारी कुल्हाडियाँ : दुधारी कुल्हाड़ियों में दोनों सिरों पर अर्द्धचन्द्राकार धार मिलती है (चित्र–15)। इनके बीच का हिस्सा काफी सँकरा होता है। ये अंडाकार ताँबे की चद्दर से गोलाकार टुकड़े काट कर बनाई गई थीं। इस प्रकार की केवल तीन कुल्हाड़ियाँ उड़ीसा के भगरापीर से मिली हैं।

परशु : खुर्पी के आकार के सपाट चिकने उपकरण हैं जिनकी धार अर्द्धवृत्ताकार होती है। धार के कोने स्पष्ट रूप से मुड़े हुए होते हैं। किसी–किसी परशु के फाल (धार) वाले सिरे के दोनों कोने काफी लम्बे और मुड़े हुए होते हैं।

कड़े अथवा छल्ले : इस प्रकार के कड़ों अथवा छल्लों को ताँबे की छड़ों के दोनों सिरों को मोड़कर बनाया गया है। मध्यप्रदेश के रींवा जिले में स्थित पोंण्डी से इस प्रकार के सैंतालीस कड़े प्राप्त हुए हैं। *धर्मपाल अग्रवाल* ने ऐसी सम्भावना व्यक्त की है इनका उपयोग धातु को तौलने के लिए बाट के रूप में होता रहा होगा।

मत्स्य भाले अथवा मत्स्य शल्क : मत्स्य भालों की धार का आकार बाण फलक की भाँति प्रायः त्रिभुजाकार होता है। मत्स्य भालों को दो उप–प्रकारों में विभाजित किया जा सकता हैः प्रथम प्रकार का ऊपरी भाग लम्बा, नुकीला तथा रीढ़युक्त है। धार वाले सिरे के ऊपर के कुछ भाग को छोड़कर नीचे चार या पाँच जोड़ी तिर्यक काँटों को बनाया गया है। प्रथम प्रकार को ताँबे की चद्दर से काट कर तथा हथौड़े से पीट कर बनाया गया है।

द्वितीय उप–प्रकार का ऊपरी भाग तीर की तरह नुकीला है जिसके निचले सिरों पर नुकीले नोक निकले हुए हैं। धार के नीचे दोनों ओर समान अन्तर पर प्रायः दो–तीन परन्तु कभी–कभी तीन अथवा चार जोड़ी मुड़े हुए नुकीले काँटे बने हुए मिलते हैं। इनमें बने हुए एक ओर के उभार में एक छेद मिलता है। द्वितीय प्रकार के मत्स्य भाले की जटिल ढलाई बन्द साँचे से ही सम्भव है।

काँटेदार भाला अथवा तलवार : इस प्रकार के उपकरणों की औसत लम्बाई 30 से 70 सेमी. तक मिलती है। काँटेदार भालों की धार का आकार लगभग समानान्तर पार्श्व वाला है। धार तथा रीढ़ की बनावट काफी मजबूत होती है। धार के नीचे लगभग 10 सेमी. लम्बा मूठ मिलता है जिसके निचले हिस्से में बाहर की ओर निकली हुई एक नोक अथवा काँटा मिलता है। यह नोक उपकरण के साथ ढाल कर नहीं बनायी गई, बल्कि मूठ को छेनी से काट कर नोंक को बनाया गया था।

श्रृंगिका तलवार : श्रृंगिका तलवारों की मूठ में दो श्रृंगिकायें बनी हुई मिलती है। इसीलिए इनका नाम रखा गया है। श्रृंगिका तलवारों की धार से लेकर मूठ तक की लम्बाई लगभग 45–50 सेमी मिलती है। मूठ की प्रत्येक श्रृंगिका की लम्बाई लगभग 10 सेमी. है। ये तलवारें अपेक्षाकृत भारी, स्पष्ट रीढ़ वाली तथा ढ़ली हुई श्रृंगिकाकार मूठ वाली हैं। अधिक वजनी न होने के कारण इनका प्रयोग हाथ से पकड़कर किया जाता रहा होगा। धर्मपाल अग्रवाल ने असुविधाजनक द्विशाखीय मूठ के कारण इनके लड़ाई में प्रयोग किए जाने के विषय में शंका प्रकट की है। अग्रवाल का अनुमान है कि इनका प्रयोग जानवरों के शिकार के लिए किया जाता रहा होगा।[81]

मानवाकृति : मानवाकृति से इन उपकरणों के सादृश्य के कारण इस नाम से इन्हें अभिहित किया जाता है। इनकी लम्बाई लगभग 20 से 45 से. मी. और चौड़ाई 30 से 43 से. मी. के बीच मिलती है। इस वर्ग के उपकरणों के हाथ अन्दर की ओर पाँव बाहर की तरफ मुड़े हुए होते हैं। एकसा ताम्र चद्दर से काट कर हथौड़े से पीट कर ये बनाए गए हैं। सिर की ओर का भाग अपेक्षाकृत मोटा तथा बाहें पतली हैं। बाहों के पश्ष्ठ भाग में तेज धार मिलती है, जबकि पाँवों के अन्दर का भाग कुण्ठित या भोथरा मिलता है। इन उपकरणों का क्या प्रयोजन था? यह स्पष्ट नहीं है। मानवाकृति की तरह का होने के कारण यह अनुमान किया गया है कि ये किसी धार्मिक अनुष्ठान से सम्बन्धित रहे होंगे। धर्मपाल अग्रवाल का अनुमान है कि ये चिड़ियों के शिकार के लिए इन्हें फेंक कर प्रयोग किया जाता था।[82]

आस्ट्रिया के विद्वान *हाइन गेल्दर्न* की यह मान्यता है कि ताम्रनिधियों के इन उपकरणों का प्रसार केवल उत्तरी भारत में ऊपरी गंगाघाटी तक ही सीमित नहीं था अपितु पाकिस्तान के पंजाब, बलूचिस्तान तथा सीमाप्रान्त के क्षेत्रों तक था। इनके अलावा ईरान के लूरिस्तान और हिसार आदि से प्राप्त उपकरणों को भी गेल्दर्न ने ताम्रनिधियों के अंतर्गत सम्मिलित किया है। पाकिस्तान के शलोजन से प्राप्त बहुचर्चित टेकदार कुल्हाड़ी, डेरा गाजीखान के पश्चिम की ओर पहाड़ियों की तलहटी में स्थित मुनरों के किले से प्राप्त पंखे के आकार की मूठवाली तलवार तथा पश्चिमी एशिया के विभिन्न पुरास्थलों से प्राप्त बसूलों आदि को भी गेल्दर्न ने ताम्रनिधियों की कोटि में रखा है। बृजवासी लाल ने निम्नलिखित तीन प्रमुख तर्कों के आधार पर गेल्दर्न के इस मत का अत्यंत तर्कसंगत ढंग से खण्डन किया है–

1. ताम्रनिधियों के उपकरण विशुद्ध ताँबे के बने हुए हैं जबकि गेल्दर्न द्वारा प्रस्तावित उपकरण कांस्य धातु के हैं।
2. टेकदार कुल्हाड़ी, फोर्ट मुनरों तलवार और बेंत लगाने के लिए छेदयुक्त बसूले आदि दोआब क्षेत्र के पुरास्थलों में कभी नहीं प्राप्त हुए हैं।
3. मत्स्य भाले, श्रृंगिका तलवारें तथा मानवाकृतियाँ ऊपरी गंगा घाटी के बाहर स्थित क्षेत्रों से अभी तक प्रायः नहीं मिली हैं।

सम्बद्ध पुरानिधियाँ : बीसबीं शताब्दी के पचास के दशक के पहले ताम्रनिधियों से सम्बद्ध पुरानिधियों के सम्बन्ध में कोई विशेष जानकारी नहीं थी। बी. बी. लाल के प्रयासों के फलस्वरूप अब इस स्थिति में किंचित बदलाव आ गया है। लाल ने यह जानने के लिए कि इन ताम्रनिधियों के साथ और क्या–क्या

सामग्री सम्बद्ध रही होंगी? राजपुर–परसू तथा बिसौली का उत्खनन कराया। इन पुरास्थलों के उत्खनन से गैरिक मृद्भाण्ड प्राप्त हुए। गेरुये रंग के ये बर्तन हाथ लगाने मात्र से चूर–चूर होने लगते थे। ये दोनों एकाकी संस्कृति वाले पुरास्थल हैं। अतः इन पुरास्थलों से प्राप्त साक्ष्यों के आधार पर कालानुक्रम की दृष्टि से इन्हें कहाँ पर रखा जाए, यह कहना कठिन है, लेकिन ताम्रनिधियों और गैरिक मृद्भाण्डों की समकालिकता तथा दोनों के परस्पर सम्बद्ध होने की संभावना स्वीकार की जा सकती है। राजपुर–परसू और बसौली के अतिरिक्त लाल किला, अतरंजीखेड़ा, बहदराबाद, बडागाँव, आँबखेड़ी, बहरिया, सेफई, नसीरपुर, हस्तिनापुर, अहिछत्र तथा श्रृंगबेरपुर आदि पुरास्थलों के उत्खनन से गैरिक मृद्भाण्ड प्राप्त हो चुके हैं। दक्षिण–पूर्वी राजस्थान में नोह, जोधपुरा और पंजाब में कतपलाँव से भी गैरिक मृद्भाण्ड मिले हैं। अधिकांश पुराविद् यह मानते हैं कि ताम्रनिधियों और गैरिक मृद्भाण्डों के निर्माता एक ही संस्कृति से सम्बन्धित थे।

सहारनपुर जिले में स्थित आँबखेड़ी, बडगाँव और बुलन्दशहर में स्थित लालकिला नामक स्थलों से कतिपय मृण्मूर्तियाँ एवं मृत्पिण्ड प्राप्त हुए हैं । सेफई तथा लाल किला के उत्खननों से पालतू पशुओं की हड्डियाँ मिली हैं। अतरंजीखेड़ा से धान, जौ तथा दालों से कार्बनीकृत दाने मिले हैं। भवनों की दीवालों का निर्माण सम्भवतः बाँस–बल्लियों से किया जाता था और छाजन घास–फूस का होता था।

कालानुक्रम : ताम्रनिधियों के तिथिक्रम के सम्बन्ध में अभी तक पर्याप्त मतभेद है। ऊपरी गंगा घाटी में स्थित हस्तिनापुर, अहिच्छत्र तथा अतरंजीखेड़ा आदि पुरास्थलों के उत्खननों से यह ज्ञात हुआ है कि गैरिक मृद्भाण्डों की संस्कृति का प्रचलन इस क्षेत्र में कृष्णलोहित एंव चित्रित धूसर पात्र–परंपराओं के पूर्व था। हस्तिनापुर में दोनों सांस्कृतिक कालों के बीच समय का व्यवधान दृष्टिगोचर होता है। लाल ने चित्रित धूसर पात्र–परंपरा के आरम्भ की तिथि 1100 ई. पू. निर्धारित की है। अतः गैरिक मृद्भाण्ड संस्कृति को लाल ने इससे प्राचीनतर तिथि प्रदान करते हुए 1200ई. पू. से पहले रखा है।

ताम्रनिधियों के तिथि–क्रम पंर विचार करते समय निम्नलिखित बातों को ध्यान में रखा जा सकता है:

1. राजपुर–परसु, बिसौली, बहदराबाद, नसीरपुर, बहरिया आदि से ताम्रनिधियाँ प्राप्त हुई हैं तथा कालान्तर में इन पुरास्थलों के उत्खननों से गैरिक मृद्भाण्ड भी मिले हैं। उत्तर प्रदेश के इटावा जिले में स्थित सेफई नामक पुरास्थल के उत्खनन में एक मत्स्य भाला ऊपरी सतह से लगभग 45 से. मी. नीचे के स्तर से गैरिक भाण्डों के साथ–साथ मिला है।

2. ये उपर्युक्त सभी एकांकी संस्कृति वाले पुरास्थल हैं, जिनके अपेक्षाकृत अल्प जमाव वाले स्तरों से ताम्रनिधियों के तिथिक्रम के सम्बन्ध में कोई विशेष साक्ष्य नहीं प्राप्त हुए हैं। अभी तक गैरिक भाण्डीय संस्कृति से सम्बन्धित रेडियो कार्बन तिथियाँ उपलब्ध नहीं हैं। आक्सफोर्ड विश्वविद्यालय की पुरातत्व प्रयोगशाला के हक्सटेबल ने उत्तर प्रदेश में स्थित गैरिक मृद्भाण्डों के निम्नलिखित पुरास्थलों की उष्मा–दीप्ति तिथियाँ निर्धारित की हैं:

1. अतरंजीखेड़ा 2. झिझिना, 3. नसीरपुर और 4. लाल किला

जयपुर के जोधपुरा नामक पुरास्थल के गैरिक मृद्भाण्डों के धरातल से सम्बन्धित नमूनों की दो तिथियाँ ज्ञात हुई हैं। पहली तिथि 2600 ई. पू. है और दूसरी 2200 ई. पू.। इन तिथियों ने ताम्रनिधियों

तथा उनसे सम्बद्ध गैरिक भाण्डीय संस्कृति की तिथिक्रम की समस्या को और अधिक उलझा दिया है। अब कुछ पुराविदों ने यह कहना प्रारंभ कर दिया है कि जोधपुरा से जो गैरिक मृद्भाण्ड मिले हैं उनका ताम्रनिधियों के धरातल से मिलने वाले गैरिक मृदभाण्डों से कोइ सम्बन्ध नहीं है। वे उसे एक अलग संस्कृति 'जोधपुरा' संस्कृति मानते हैं। यदि भविष्य में गैरिक भाण्डों से सम्बन्धित पुरास्थलों से जोधपुरा जैसी तिथियाँ मिलें तो यह मानना पड़ेगा कि जिस संस्कृति को कल तक उत्तरकालीन हड़प्पा संस्कृति माना जाता था, वह वास्तव में प्राक् हड़प्पा संस्कृति थी।

ताम्रनिधियों के निर्माता : ताम्रनिधियों के निर्माताओं के विषय में पुराविदों में आपस में कुछ कम मतभेद नहीं हैं। अधिकांश पुरातत्त्वविद् यह मानते हैं कि ताम्रनिधियों तथा गैरिक मृद्भाण्डों के निर्माता एक ही संस्कृति के थे। आस्ट्रियाई विद्वान हाइन गेल्दर्न के मत का समर्थन करते हुए ताम्रनिधियों को भारत में आर्यों के संचरण के पुरातात्त्विक संकेत माना था। कालान्तर में पिग्गॅट ने अपने मत में संशोधन करते हुए ताम्रनिधियों को सिन्धु सभ्यता के विस्थापितों की कृतियाँ बतलाया। हाइन गेल्दर्न ने सार्डीनिया, यूनान, ट्रान्सकाकेशिया और मिस्र तक फैले हुए ताँबे तथा कांस्य धातु के आयुधों के आकार–प्रकारों का तुलनात्मक अध्ययन करके यह निष्कर्ष निकाला कि: 1. टेकदार–कुल्हाड़ी लगभग 1200–1000 ई. पू. के लगभग ट्रान्सकाकेशिया से ईरान होते हुए आयी; 2. फोर्ट मुनरो तलवार लगभग 1200– 1000 ई. पू. में पश्चिमी ईरान से आयी, 3. श्रृंगिका तलवार 1200–1000 ई. पू. के कोबाँ (koban) के इसी प्रकार के नमूनों की नकल पर आधारित है, कुल्हाड़ीनुमा बसूलों का 1200–1000 ई. पू. डेन्यूब क्षेत्र से ईरान होते हुए आगमन हुआ। गेल्दर्न ने यह प्रस्तावित किया कि आर्य भाषा–भाषी लोगों के द्वितीय सहस्राब्दी ई. पू. के संचरण से ताम्रनिधियाँ सम्बन्धित हैं। ट्रांसकाकेशिया, मध्य एशिया, पश्चिमी एशिया, ईरान, अफगानिस्तान तथा पाकिस्तान के क्षेत्रों में ताम्रनिधियों के उपकरणों के समरूप धातु उपकरण गिले हैं। आमतौर पर यह समझा जाता है कि आर्य इन्हीं क्षेत्रों से होते हुए भारत आये थे इसलिए देश तथा काल दोनों दृष्टियों से आर्यों के साथ इनका सम्बन्ध जोड़ा जा सकता है। अपने मत की पुष्टि के लिए गेल्दर्न ने चान्हुदड़ो गदा शीर्षो (Mace-heads) की तुलना हिसार से तृतीय काल से प्राप्त नमूनों से तथा श्रृंगिका तलवार की तुलना मध्य एशिया के कोबाँ नामक पुरास्थल से प्राप्त तलवार से की है। इनके अलावा लूरिस्थान तथा सियाल्क के 'अ' तथा 'ब' काल से प्राप्त धातु उपकरणों की ओर भी विद्वानों का ध्यान आकर्षित किया है।

बृजबासी लाल ने *गेल्दर्न* के मत का खण्डन करते हुए इस मत की अनेक विसंगतियों की ओर पुराविदों का ध्यान आकृष्ट किया है।[83] *गेल्दर्न* द्वारा प्रस्तावित उपकरण कांस्य–धातु के हैं, जो कि ताम्रनिधियों के उपकरण विशुद्ध ताँबे के बने हुए हैं। लाल के अनुसार कोबाँ संस्कृति की समक्ष तलवार और ताम्रनिधियों की श्रृंगिका तलवार में तकनीकी विषमता है। कोबाँ की सपक्ष तलवार की मूठ उस तलवार की धार को ढ़लने के पश्चात अलग से जोड़ी गयी जबकि श्रृंगिका तलवार की मूठ तथा धार एकल रूप में ढाली गई है। इसके अतिरिक्त मत्स्य–शल्क, श्रृंगिका तलवारें तथा मानवाकृतियाँ और इसी तरह के अन्य उपकरण ऊपरी गंगा घाटी के बाहर नहीं मिलते हैं। अतएव यह स्वीकार करने में कठिनाई प्रतीत होती है कि इन ताम्रनिधियों के निर्माता आर्य भाषा–भाषी रहे होगे।

ताम्रनिधियों का सम्बन्ध सिन्धु सभ्यता के विस्थापित लोगों से जोड़ने पर भी *बी. बी. लाल* ने आपत्ति प्रकट की है। इस आपत्ति का आधार यह है कि ताम्रनिधियों के धरातल (स्तरों) से सिन्धु

सभ्यता के समरूप मिट्टी के बर्तन नहीं मिलते हैं। इनके साथ ही साथ कोई ऐसी अन्य वस्तुएँ भी नहीं मिली हैं जिनके आधार पर ताम्रनिधियों का सम्बन्ध सिन्धु सभ्यता से जोड़ा जा सके। *लाल* का कहना है कि सिन्धु सभ्यता के जिन लोगों ने एक विकसित नगर सभ्यता का सूत्रपात किया था, वे ऐसी स्थिति में कैसे पहुँच गए कि उनकी संस्कृति के सामान्य तत्व भी ताम्रनिधियों के स्तरों से नहीं उपलब्ध होते हैं। तकनीकी और आकार–प्रकार की दृष्टि से भी ताम्रनिधियों के विशिष्ट उपकरणों तथा सिन्धु सभ्यता के धातु उपकरणों में समानता नहीं मिलती है।

बी. बी. लाल ने यह मत प्रतिपादित किया है कि ताम्रनिधियों को दोआब में निवास करने वाले आदिम कबीलों की कृतियाँ माना जा सकता है। लाल के अनुसार आर्य भाषा–भाषी लोगों के गांगेय क्षेत्र में आगमन के पूर्व यहाँ पर शबरों तथा निषादों आदि के पूर्वज निवास कर रहे थे। उत्तर प्रदेश के गढ़वाल क्षेत्र से लेकर पूर्व दिशा में बिहार तक प्रोटो–आस्ट्रेलॉयड प्रजातियों का किसी समय अस्तित्व था। इस बात के संकेत इन क्षेत्र की बोलियों, कतिपय प्रजातियों की शारीरिक बनावट में पुरानश्वंशीय साक्ष्यों के रूप में आज भी मिलते हैं। आर्यों के ऊपरी गंगा घाटी में आगमन के फलस्वरूप इन आदिम कबीलों को अपना मूल स्थान छोड़कर दक्षिण–पूर्व की ओर संचरण के लिए विवश होना पड़ा होगा। स्वराज्य प्रकाश गुप्त भी लाल के मत से सिद्धान्ततः सहमति प्रकट करते हैं, किन्तु उनका विचार है कि बिहार के पठारी क्षेत्र से प्राप्त ताम्रनिधियाँ तकनीकी दृष्टि से साधारण कोटि की हैं, इसलिए उन्हें गंगा के दोआब से प्राप्त ताम्रनिधियों से प्राचीनतर माना जा सकता है।[84] बिहार की ताम्र अयस्क खानें (Mines) तथा वनाच्छादित दक्षिण के पठारी भाग ताम्र अयस्क के खान ही नहीं, प्रत्युत धातुकर्म की स्वतंत्र उत्पत्ति के लिए भी बहुत अनुकूल थे। डी. पी. अग्रवाल के दक्षिण–पूर्व एशिया के क्षेत्र ताम्रनिधियों के प्रेरणा–स्रोत के रूप में उल्लिखित किया है। इस सम्भावना की पुष्टि के लिए फिलहाल यथेष्ट पुरातात्त्विक साक्ष्यों का अभाव है।

कुछ पुरातात्त्वविद् यह मानते हैं कि ताम्रनिधियों के निर्माता उत्तरकालीन हड़प्पा (परवर्ती हड़प्पा) संस्कृति के लोग थे। इनमें *यज्ञदत्त शर्मा, कृष्णदेव* तथा *विद्याधर मिश्र* जैसे विद्वानों के नाम विशेष रूप से उल्लेखनीय हैं। इन पुराविदों के प्रमुख तर्क इस प्रकार हैं :

1. गैरिक मृदभाण्डों के पात्र–प्रकारों की समता पश्चिमी उत्तर प्रदेश तथा समीपवर्ती क्षेत्रों के परवर्ती हड़प्पा संस्कृति के पात्र–प्रकारों से की जा सकती है।
2. सहारनपुर जिले में स्थित आँबखेडी में यद्यपि प्रौढ़–हड़प्पा सभ्यता के बर्तन प्रकार नहीं मिले हैं तथापि उनकी नकल पर निर्मित बर्तन, जैसी छोटी बारी वाली साधार तश्तरियाँ आदि मिली हैं। आँबखेड़ी के पात्र–प्रकारों की समता मेरठ जिले में स्थित आलमगीरपुर के परवर्ती हड़प्पा काल के बर्तनों से स्थापित की जा सकती है।
3. इनके अतिरिक्त आँबखेड़ी से मिट्टी के बने हुए ककुदमान बैल, खिलौना गाड़ी के चक्र तथा मृत्पिण्ड भी प्राप्त हुए हैं। इन पुरावशेषों की हड़प्पा के सांस्कृतिक उपादानों से समता सुस्पष्ट है।
4. गैरिक मृद्भाण्डों के विविध प्रकार के पात्र चाक–निर्मित हैं। इनसे यह इंगित होता है कि इनके निर्माता संचरणशील अथवा यायावर जीवन (Nomadic Life) नहीं व्यतीत करते थे बल्कि स्थायी रूप से निवास करते थे। यदि ताम्र निधियों के निर्माताओं को गांगेय क्षेत्र के मूल निवासी मान

लिया जाए, तब गैरिक मृद्भाण्डों के चाक–निर्मित होने का औचित्य सिद्ध करना कठिन प्रतीत होता है क्योंकि जिन लोगों ने पहले पहल मिट्टी के बर्तन बनाना शुरू किया, उन्होंने चाक का प्रारंभ कैसे किया होगा?

5. ताम्रनिधियों के उपकरणों में मानवाकृतियों तथा कड़ों को छोड़कर अधिकांश नमूने साँचे में ढाल कर प्रायः बनाए गए हैं। ताम्रनिधियों के निर्माता खुले (Open mould) तथा बन्द या दोहरे साँचे (Close or Double Mould) की ढलाई की तकनीकों से भली–भाँति परिचित थे। कतिपय नमूने तो मधूच्छिष्ट पद्धति (Lost Wax) से बनाए गए प्रतीत होते हैं। श्रृंगिका–तलवारों और मत्स्य शल्कों के निर्माण में एक अत्यन्त समुन्नत तकनीक के दर्शन होते हैं। तापानुशीतन की तकनीक का सम्भवतः ताम्रनिधियों की संस्कृति में प्रचलन नहीं था। लोथल में हड़प्पा सभ्यता के स्तर से मानवाकृति का टूटा हुआ एक नमूना भी मिला है। सनौली नामक पुरास्थल से हड़प्पा कालीन शवाधान के साथ ताम्रनिधि के कुछ अवशेष प्राप्त हुए हैं।

इस प्रकार उपर्युक्त तर्कों के आलोक में यदि ताम्रनिधियों के निर्माताओं को परवर्ती हड़प्पा संस्कृति से सम्बन्धित मान लिया जाए तो बर्तनों के चाक पर निर्माण और औजारों के बनाने में विकसित तकनीक के उपयोग आदि से सम्बन्धित कई समस्याओं का समाधान आसानी से किया जा सकता है। यह सच है कि हड़प्पा का नगर स्वरूप ताम्रनिधियों के पुरास्थलों पर अभी तक कहीं भी नहीं मिला है। विचारणीय बात यह है कि हड़प्पा सभ्यता आरंभ से अंत तक नागर सभ्यता नहीं थीं। द्वितीय सहस्राब्दि ई. पू. के लगभग हड़प्पा सभ्यता का स्वरूप लगभग एक ग्रामीण संस्कृति का सा हो गया था।

इन उपर्युक्त मतों को देखते हुए ऐसा प्रतीत होता है कि ताम्रनिधियों का सम्बन्ध भारत के आद्य इतिहास की एक स्वतंत्र तथा अनोखी संस्कृति से है। ताम्रनिधियों का अन्य संस्कृतियों से धातु उपकरणों और पुरावशेषों के आधार पर संबंध स्थापित नहीं किया जा सकता है क्योंकि इन संस्कृतियों के उपादानों के साथ ताम्रनिधियों के पुरावशेषों का विशिष्ट सम्बन्ध नहीं जोड़ा जा सकता है। उपकरणों के आकार–प्रकार और बाह्य रूप के आधार पर किसी प्रकार का निष्कर्ष निकालना तर्कसंगत नहीं प्रतीत होता है। यह भी असंभव नहीं है कि ताम्रनिधियाँ तथा गैरिक मृद्भाण्ड किसी एक विशिष्ट संस्कृति के उपादान न होकर दो भिन्न संस्कृतियों के द्योतक हों जिनका कालान्तर में परस्पर सम्पर्क हुआ हो।

गैरिक अथवा कपिश मृद्भाण्ड : सन् 1949 में *बी. बी. लाल* ने 'ताम्रनिधियों' की समस्या के संदर्भ में उत्तर प्रदेश के बदायूँ जिले में स्थित 'बिसौली' और बिजनौर जिले के 'राजपुर–परसू' नामक गाँवों के पास स्थित उन पुरास्थलों पर उत्खनन कराया था जहाँ से इसके पहले खेतों की जुताई करते समय 'ताम्रनिधियों' के उपकरण प्राप्त हुए थे।[85] इन उपर्युक्त दोनों स्थानों पर लाल को ताम्र–उपकरण तो नहीं प्राप्त हुए थे। लेकिन गैरिक (गेरुए) अथवा कपिश रंग के मिट्टी के बर्तनों के कुछ टुकड़े अवश्य मिले थे। लाल ने इस प्रकार के पात्र–खण्डों को गैरिक मृद्भाण्ड नाम उनके रंग के आधार पर प्रदान किया। इस प्रकार के मृदभाण्ड के लिए आज गैरिक मृदभाण्ड या ओ. सी. पी. एक सुप्रचलित नाम है। इसके अतिरिक्त 'गेरू पुते हुए मृद्भाण्ड' एवं 'गैरिक मृद्भाण्ड' एवं 'गैरिक मृद्भाण्ड पंरपरा' आदि नाम भी कभी–कभी प्रयुक्त किए जाते हैं।

सन् 1950–52 ई. के मध्य हस्तिनापुर में किए गए उत्खनन के फलस्वरूप इस प्रकार के पात्र–खण्ड सबसे निचले स्तरों से प्राप्त हुए।[86] इस प्रकार उन्हें एक निश्चित पुरातात्विक परिप्रेक्ष्य प्राप्त हुआ। एटा जिले के अतरंजीखेड़ा, बरेली जिले के अहिच्छत्र, इलाहाबाद जिले के श्रृंगवेरपुर और राजस्थान के भरतपुर जिले के नोह आदि पुरास्थलों से इस प्रकार के पात्रखण्ड सबसे निचले स्तरों से प्राप्त हुए हैं। इनके अतिरिक्त सहारनपुर में स्थित बड़ागाँव, आँबखेड़ी तथा बुलन्दशहर जिले में स्थित लाल किला एवं इटावा जिले में स्थित सेफई आदि एकाकी संस्कृति वाले पुरास्थलों के उत्खनन से भी इस प्रकार के पात्र–खंड प्राप्त हुए हैं। इस संदर्भ में यह भी उल्लेखनीय है कि इस प्रकार के पात्र–खंडों के साथ उत्खनन में अभी तक सेफई से ही ताम्रनिधियों से सम्बद्ध एक उपकरण प्राप्त हुआ है। सेफई के धरातल में 45 से. मी. की गहराई के स्तर से गैरिक मृद्‌भाण्डों के साथ एक मत्स्य–भाला पुरातात्विक उत्खनन से प्राप्त हुआ है।

विस्तार : गैरिक मृद्‌भाण्ड परंपरा का प्रसार पंजाब, हरियाणा, उत्तरी राजस्थान और पश्चिमी उत्तर प्रदेश के क्षेत्रों में मुख्य रूप से मिलता है। उत्तर प्रदेश में इसका प्रसार सहारनपुर जिले में हरिद्वार के पास स्थित बहदराबाद से लेकर लगभग 300 किलो मीटर दक्षिण–पश्चिम में राजस्थान के भरतपुर जिले में स्थित नोह तक मिलता है। इसी प्रकार पश्चिम में पंजाब के जालन्धर जिले के कतपलगाँव से लेकर पूर्व दिशा में लगभग 450 किलो मीटर की दूरी पर स्थित उत्तर प्रदेश के बरेली जिले के अहिच्छत्र नामक पुरास्थल तक मिलता है। सन् 1979–80 के उत्खनन सत्र के दौरान इलाहाबाद जिले में स्थित श्रृंगवेरपुर के टीले के सबसे निचले स्तरों से गैरिक मृद्‌भाण्ड प्राप्त हुए हैं।[87] इस प्रकार फिलहाल श्रृंगवेरपुर के पुरास्थल को गैरिक मृद्‌भाण्डों की सबसे पूर्वी सीमा माना जा सकता है। गैरिक–मृद्‌भाण्डों से सम्बद्ध पुरास्थलों का अधिकतम् घनत्व ऊपरी गांगेय (दोआब) क्षेत्र से मिलता है। उत्तर प्रदेश के सहारनपुर जिले में अभी तक गैरिक मृद्‌भाण्ड से सम्बन्धित लगभग 80 से अधिक पुरास्थल खोज निकाले गए हैं।[88]

पात्र–प्रकार : हस्तिनापुर के उत्खनन की रिपोर्ट में लाल ने प्रमाणाभाव में गैरिक मृद्‌भाण्ड के बर्तनों के आकार–प्रकार के सम्बन्ध में कोई निश्चित मत नहीं प्रकट किया था लेकिन अब स्थिति काफी बदल चुकी है। बहरदाबाद, बडागाँव, लालकिला (बुलन्दशहर), अतरंजीखेड़ा[89] तथा सेफई आदि के उत्खननों से प्राप्त पात्र–खण्डों के आधार पर पात्र–प्रकारों के संदर्भ में कुछ जानकारी प्राप्त की जा सकती है। बर्तनों की गढ़न सर्वत्र एक सी नहीं है। पतले एवं मोटे दोनों ही प्रकार के बर्तन प्राप्त होते हैं। गैरिक मृद्‌भाण्ड के बर्तनों के विषय में आम धारणा यह है कि ये बर्तन भलीभाँति एवं ठीक से पके हुए नहीं है। अंगुलियों से रगड़ने मात्र से ही चूर–चूर होने लगते हैं। लेकिन इस मत से प्रसिद्ध पुरातत्त्वविद् हँसमुख धीरजलाल सांकलिया सहमत नहीं है। उनका मत है कि गैरिक बर्तन कोई मृद्‌भाण्ड–परंम्परा नहीं है, अपितु कतिपय विशिष्ट परिस्थितियों का परिणाम है। संकालिया का अभिमत है कि ओ. सी. पी. पुरास्थलों के लम्बे समय तक पानी में डूबे रहने के कारण यह स्थित हो गई है।[90] यही विशेष कारण है कि इस प्रकार के बर्तन अत्यन्त नाजुक एवं भंगुर हो गए हैं। ये छूने मात्र से धूल में परिवर्तित होने लगते हैं।

भारतीय पुरातात्विक सर्वेक्षण विभाग के पुरातात्विक रसायनज्ञ डा. बी. बी. लाल, सांकलिया के उपर्युक्त मत से सहमत नहीं है। उन्होंने ओ. सी. पी. के अनेक पुरास्थलों से पात्र–खंडों के सूक्ष्म परीक्षण तथा विश्लेषण के बाद यह मत प्रकट किया है :

1. गैरिक मृद्भाण्ड कम पके नहीं हैं। इन बर्तनों का लाल रंग इस बात का परिचारक है कि ये बर्तन काफी उच्च तापक्रम में पकाये गए हैं।
2. गैरिक मृद्भाण्डों से सम्बन्धित पुरास्थलों के काफी लम्बे समय तक पानी में डूबे रहने की संभावना बहुत कम प्रतीत होती है क्योंकि ओ. सी. पी. के साथ प्राप्त होने वाले अन्य पात्र–खण्डों पर बाढ़ का प्रभाव बिल्कुल नहीं दिखलायी पड़ता है।
3. रसायनज्ञ लाल का मत है कि ओ. सी. पी. के पात्रखण्डों पर क्षरण का जो प्रभाव परिलक्षित होता है उसका प्रमुख कारण यह है कि उस प्रकार के पात्र–खण्ड बहुत दिनों तक खुले हुए पड़े रहे तथा जाड़ा, गर्मी एवं बरसात के ऋतु–परिर्वतन के शिकार हुए।

इन दोनों मतों के विद्वानों ने गैरिक मृद्भाण्ड काल की ऊपरी गंगा घाटी तथा समीपवर्ती पश्चिमी क्षेत्रों के लिए दो प्रकार की जलवायु की परिकल्पना की है। प्रथम मत के अनुसार इस काल में बहुत अधिक जल–वृष्टि हुई होगी तभी तो इन क्षेत्रों के जलमग्न होने की नौबत पैदा हुई होगी। द्वितीय मत शुष्क जलवायु की परिकल्पना करता है। इनमें से किसी भी मत के स्वीकार्य होने के लिए नवीन प्रमाण जुटाने और इस प्रकार की पुरातात्विक सामग्री के सूक्ष्म ढ़ंग से परीक्षण तथा विश्लेषण की आवश्यकता है।

कृष्णदेव और *आर. सी. गौड़* ने गैरिक मृद्भाण्ड के बर्तन प्रकारों की जो सूचियाँ या तालिकाएँ प्रस्तुत की हैं, उनमें 18 प्रकार के बर्तनों का उल्लेख है।[91] इनमें से मोटे गढ़न में बडे आकार के हौदे/नाँद (Trough), बीचो–बीच में घुण्डी वाले कटोरेनुमा ढक्कन (Bowl-lick lid with central knob), साधार तश्तरी, तसले (Basins), चटाई एवं बटी हुई रस्सी की छाप से युक्त घड़े (Vases with chord designs), कलश, पेदेंदार कटोरे, बड़े–बड़े मटके या घड़े प्रमुख पात्र–प्रकार हैं।

पतली गढ़न में छोटे किनारे (बारी) वाले साधार तश्तरियाँ, चिलमची, घुँडीदार कटोरेनुमा ढक्कन, दीप तथा छोटे आकार के कलश (Vases) आदि विशेष उल्लेखनीय हैं।

चित्रण तथा उत्कीर्ण डिजायन : गैरिक मृद्भाण्ड के पात्र–खण्डों में चित्रकारी तथा उत्कीर्ण रेखांकन दोनों का अभाव था लेकिन अब इस स्थिति में काफी परिवर्तन हो चुका है। अतरंजीखेड़ा और लाल किला (बुलन्दशहर) से प्राप्त गैरिक पात्र–खण्डों की लाल सतह पर काले रंग से चित्रण मिलते हैं जैसे घड़ों में गले के ऊपर एक चौड़ी काली पट्टी, कभी–कभी अन्य बर्तनों के ऊपरी या निचले बाहरी भाग में गहरी काली पट्टी (Thick band) समानान्तर पट्टियों के अन्दर आड़ी जाली के चौखाने मिलते हैं। लाल किला से प्राप्त एक पात्र–खण्ड पर बना हुआ ककुदमान वृषभ भी उल्लेखनीय है।

उत्कीर्ण अलंकरण (Incised decoration) अतरंजीखेड़ा, लाल किला, मानपुर और पंजाब के कतपलांव से प्राप्त गैरिक पात्र–खण्ड़ों में मिले हैं। प्रमुख उत्कीर्ण अलंकरणों में अँगुली के नाखून से उत्कीर्ण अलंकरण (Finger nail incision), खाँचेदार अलंकरण (Notched designs), लहरदार रेखायें (Wavy lines), पत्ती के आकार अथवा अंग्रेजी अक्षर वी के आकार के अलंकरण (Leav or V shaped pattern), चौखाने टेढ़ी–मेढ़ी रेखाएँ (Zigzag designs), सामानान्तर रेखाएँ (Parallal lines) विशेष रूप से उल्लेखनीय हैं।

कालानुक्रम : दोआब के गांगेय क्षेत्र में कृष्ण लोहित तथा चित्रित धूसर मृद्भाण्डों के पूर्व गैरिक मृद्भाण्ड प्रचलित थे। अधिकांश पुरास्थल जिनका उत्खनन किया गया है वे केवल एकाकी संस्कृति

वाले पुरास्थल है। ऐसी स्थिति में उनके आधार पर स्तरीकरण की सहायता से तिथिक्रम निर्धारण बहुत सरल काम नहीं है। हस्तिनापुर के उत्खनन से इस प्रकार के पात्रों के सबसे निचले स्तरों से प्राप्त होने के कारण उत्खाता लाल ने इनका समय 1200 ई. पू. के पहले अनुमानित किया है। नोह, अतरंजीखेड़ा, अहिच्छत्र तथा श्रृंगवेरपुर की खुदाइयों से भी इस प्रकार के पात्र–खण्ड आधारभूत सबसे निचले स्तरों से प्राप्त हुए हैं। गैरिक मृद्भाण्डों का काल–क्रम अनुमानपरक ढ़ंग से इस प्रकार पुरातात्त्विक साक्ष्यों के आधार पर तेरहवीं–बारहवीं शताब्दी ई. पू. के लगभग निर्धारित किया जा सकता है।

उष्मा दीप्ति तिथियाँ : अभी तक गैरिक मृद्भाण्डों की कोई भी रेडियो कार्बन (C14) तिथि उपलब्ध नहीं है। आक्सफोर्ड पुरातत्त्व अनुसंधान प्रयोगशाला के *डॉ. हक्सटेबल* ने उत्तर प्रदेश में स्थित गैरिक मृद्भाण्डों के पुरास्थलों की निम्नलिखित उष्मादीप्ति तिथियाँ निर्धारित की हैं:

अतरंजीखेड़ा	1690 ई. पू.	
झिंझना	2079 ई. पू.	± 10%
नसीरपुर	1340 ई. पू.	
लाल किला	1800 ई. पू.	

ये उष्मा–दीप्ति तिथियाँ अतरंजीखेड़ा को छोड़कर शेष उन पुरास्थलों के गैरिक मृदभाण्डों पर आधारित हैं जो मात्र एक पुरातात्त्विक संस्कृति वाले हैं। इसके अलावा एक ही स्थल के विभिन्न स्तरों के पात्र–खण्डों की उष्मा–दीप्ति तिथियों के सुसंगत तथा क्रमबद्ध होने पर ही इस सम्बन्ध में निश्चित रूप से कुछ कहा जा सकता है।

गैरिक मृद्भाण्डों के निर्माता : गैरिक मृद्भाण्डों के निर्माताओं एवं प्रयोक्ताओं के विषय में बहुत अधिक मतभेद हैं, जो विद्वान गैरिक मृद्भाण्डों का सम्बन्ध ताम्र–निधियों से जोड़ते हैं, वे इन्हें गंगाघाटी के मूल निवासियों की कृति मानते हैं। अन्य विद्वान इस मृद्भाण्डों का सम्बन्ध परवर्ती हड़प्पा या सैंधव संस्कृति के लोगों से बताते हैं। कुछ विद्वान के मत है कि ये मृद्भाण्ड किसी एक खास संस्कृति के उपादान न होकर, लाल मृदभाण्ड प्रयोग करने वाली अनेक संस्कृतियों के द्योतक हैं।

प्रसिद्ध पुरातत्ववेत्ता *बी. बी. लाल* ने सर्वप्रथम ताम्रनिधियों और गैरिक मृद्भाण्ड की समकालिकता की ओर विद्वानों का ध्यान आकर्षित किया था। इस समस्या पर विचार करते समय निम्नलिखित बातों को ध्यान में रखना आवश्यक है।

1. राजपुर–परसू, बिसौली, बहदराबाद, नसीरपुर तथा बहरिया से 'ताम्र उपकरण' प्राप्त हुए हैं तथा कालान्तर में इन पुरास्थलों के उत्खनन से मात्र गैरिक मृद्भाण्ड मिले हैं।
2. ये सभी उपर्युक्त पुरास्थल केवल एक पुरातात्विक संस्कृति वाले हैं। जिनके अपेक्षाकृत अल्प जमावों के उत्खनन से केवल गैरिक मृद्भाण्ड प्राप्त हुए हैं। ये दोनों बातें गैरिक मृद्भाण्डों और ताम्रनिधियों को अप्रत्यक्ष साक्ष्यों के आधार पर एक ही लोगों के सांस्कृतिक उपादान स्वीकार करने के लिए प्रेरित करती है। हाल ही में सेफई के उत्खनन से एक ही स्तरों से गैरिक मृद्भाण्डों के साथ एक मत्स्य–भाले की प्राप्ति इसकी पुष्टि करती है। लाल के अनुसार गांगेय

क्षेत्र में आर्य भाषा–भाषी लोगों के आगमन के पूर्व यहाँ पर शबरों तथा निषादों को गैरिक मृद्भाण्डों और ताम्रनिधियों के निर्माण का श्रेय दिया जा सकता है। स्वराज्य प्रकाश गुप्त भी मूलवासी (आदिवासी) मत का समर्थन करते हैं।

इसके विपरीत यज्ञदत्त शर्मा, कृष्णदेव तथा विद्याधर मिश्र प्रभृति विद्वानों का मत है कि गैरिक मृदभाण्डों एवं ताम्रनिधियों को परवर्ती हड़प्पा सभ्यता के निर्माताओं की कृतियाँ माना जा सकता है। इस सम्बन्ध में प्रमुख तर्क इस प्रकार हैः

1. गैरिक मृदभाण्डों के पात्र–प्रकारों की समता पश्चिमी उत्तर प्रदेश तथा समीपवर्ती क्षेत्रों के परवर्ती हड़प्पा काल के पात्र–प्रकारों से स्थापित की जा सकती है।
2. सहारनपुर जिले में स्थित आँबखेड़ी में यद्यपि प्रौढ़ हड़प्पा बर्तन–प्रकार नहीं प्राप्त होते हैं, लेकिन उनसे उद्भूत (Derivatives) पात्र–प्रकार जैसे छोटी बारी वाली साधार तश्तरियाँ आदि मिलती हैं। आँबखेड़ी के पात्र–प्रकारों की समता मेरठ जिले में स्थित आलमगीरपुर के परवर्ती हड़प्पा काल के बर्तनों से स्थापित की जा सकती है।
3. इनके अतिरिक्त आँबखेड़ी से मिट्टी के बने हुए ककुदमान बैल, खिलौना गाड़ी के चक्र तथा मृत्पिण्ड भी प्राप्त हुए हैं। इन वस्तुओं की हडप्पा के सांस्कृतिक उपादानों से समता सुस्पष्ट है।
4. गैरिक मृद्भाण्डों के विविध प्रकार के पात्र–प्रकारों से यही संकेत मिलता है कि इनके निर्माता तथा प्रयोक्ता संचरणशील अथवा यायावर जीवन नहीं व्यतीत करते थे बल्कि स्थायी रूप से निवास करते थे।

ये उपर्युक्त तर्क गैरिक मृद्भाण्डों से जुड़ी समस्या के समाधान के लिए अत्यन्त विद्वत्तापूर्ण तथा तर्कसंगत आधार प्रस्तुत करते हैं। उपलब्ध पुरातात्त्विक प्रमाण इस समस्या के पूर्ण निदान के लिए अपर्याप्त हैं आशा है कि भविष्य में इस समस्या पर अधिक प्रकाश पड़ सकेगा।

सम्बद्ध पुरानिधियाँ : गैरिक मृद्भाण्डों के साथ सम्बद्ध पुरानिधियों की संख्या बहुत कम है। ताम्रनिधियों के उपकरण समूह में से अधिकांश परिस्थितिजन्य प्रमाणों के आधार पर ही गैरिक मृदभाण्डों से सम्बद्ध माने जाते हैं। इटावा में सेफई के उत्खनन से गैरिक मृद्भाण्डों के साथ एक मत्स्य भाला अवश्य प्राप्त हुआ है। इसी प्रकार अतंरजीखेड़ा में गैरिक मृदभाण्डों के स्तरों के एक टुकड़े (Pot sherd) पर कुछ ताम्रकण (Copper grains) चिपके हुए मिले हैं। अनुमान किया जाता है कि यह पात्र–खण्ड मूषा (Crucible) अथवा साँचे का टुकड़ा है। बड़ागाँव के उत्खनन से ताँबे का एक उसी प्रकार का छल्ला (Copper-ring) प्राप्त हुआ है जिस प्रकार के पोण्डी और बहदराबाद से प्राप्त ताम्रनिधियों में मिले हैं।

मृण्मूतियाँ : सहारनपुर जिले में स्थित आँबखेड़ी से मिट्टी की बनी हुई कई वस्तुएँ मिली हैं जैसे डीलदार (ककुदमान) बैल की मृण्मूर्ति, खिलौना गाड़ी का केन्द्रीय नाभि वाला पहिया तथा मृत्पिण्ड आदि। इसी प्रकार बड़ागाँव से गोल मृत्पिण्ड, खिलौना गाड़ी का पहिया, प्रस्तर के बाट तथा कांचली मिट्टी की बनी हुई चूड़ियाँ प्राप्त हुई हैं। मानव मृण्मूर्तियाँ बहुत कम मिली हैं। लाल किला से प्राप्त मातृदेवी की मृण्मूर्ति इस संदर्भ में अत्यन्त महत्वपूर्ण मानी जा सकती है। यह सुविदित ही है कि पूर्ववर्ती हड़प्पा सभ्यता के कतिपय पुरास्थलों में बहुसंख्यक मृण्मूर्तियाँ मिली हैं।

कृषि तथा पशु–पालन : अतरंजीखेड़ा के गैरिक मृदभाण्ड वाले स्तरों से धान, जौ तथा दालों के कार्बनीकृत दाने प्राप्त हुए हैं। इस प्रकार ऊपरी गंगाघाटी में यह साक्ष्य कृषि कार्य का प्राचीनतम् प्रमाण है। इनके अतिरिक्त सिल–बट्टे भी प्राप्त हुए हैं जो अनाज के दाने को पीसने के सूचक है। बड़े–बड़े मटके और घड़े भी सम्भवतः अनाज भण्डारण के उपयोग में आते रहे होंगे।

कृष्ण–लोहित पात्र–परम्परा : कृष्ण–लोहित पात्र–परम्परा (Black-and-red Ware) से तात्पर्य उस पात्र परम्परा से है जिसके पात्र अन्दर तथा मुँह के पास काले तथा शेष भाग में लाल रंग के होते हैं। विभिन्न स्थलों तथा प्रयोगशालाओं में किए गए अनुसंधानों से स्पष्ट हुआ कि इस प्रकार के पात्र पकाने के क्रम में भट्टी में उलटकर रखे जाते थे (Inverted Firing) जिसके फलस्वरूप वे इस रूप में मिलते है।

इस पात्र परम्परा का नामकरण *व्हीलर* ने लगभग 6–7 दशक पूर्व किया था। कालान्तर में यह सातवाहन पात्र–परम्परा के नाम से भी जानी जाती थी। इसे प्रारम्भिक ऐतिहासिक काल के अन्तर्गत रखते थे। कालान्तर में हुए उत्खननों से ज्ञात हुआ कि यह पात्र परम्परा नवपाषाणिक, कांस्यकालीन, आद्यैतिहासिक तथा प्रारम्भिक ऐतिहासिक संदर्भो में अन्य पात्र–परम्पराओं के साथ मिलते हैं। भारत में इस पात्र परम्परा का काल तथा विस्तार क्षेत्र सबसे अधिक है।

प्रारम्भ में इस पात्र परम्परा की उत्पत्ति के सम्बन्ध में भी बहुत विवाद था। इसे बहुत समय तक आर्यो से सम्बन्धित माना जाता था। कुछ विद्वानों की धारणा थी कि भारत में इसका आगमन आर्य के साथ हुआ किन्तु अब इस मत में कोई तथ्य नहीं है और न ही इसकी पुष्टि के लिए साक्ष्य उपलब्ध हैं।

कुछ पुरातत्त्ववेत्ताओं के अनुसार इस पात्र परम्परा की उत्पत्ति यूनान के नवपाषाणिक ब्लैक टाप्ड वेयर (Black Topped Were) से सम्बंधित करते है, जो वहाँ पर भारत से अपेक्षाकृत अधिक प्राचीन स्तरों से प्रतिवेदित है। विद्वानों की धारणा है कि व्यापार तथा वाणिज्य के माध्यम से इसने लोथल के द्वारा भारत में प्रवेश किया होगा। एच. एन. सिंह के अनुसार इसका प्रसारण 'विचार धारा' (Idia) के माध्यम से भी हो सकता है।[92] चूँकि इस प्रकार के पात्र वहीं अपेक्षाकृत अधिक प्राचीन स्तर से मिलते हैं, इसलिए वे वहाँ से आए होंगे, बहुत पुष्ट विचार धारा नहीं हैं। जब तक कि बड़े पैमाने पर लोगों के प्रवजन (Migration) के प्रमाण नहीं मिलते, इस सम्बन्ध में कुछ कहना उचित नहीं है। भारत में इसकी स्वतंत्र उत्पत्ति को नकारा नहीं जा सकता है। अभी इस संदर्भ में कुछ भी सिद्धान्त प्रतिपादित करना उचित नहीं हैं।

भारत में यहां पात्र–परम्परा सबसे प्राचीन सन्दर्भ में नवपाषाणिक, ताम्रपाषाणिक तथा कांस्य युगीन सन्दर्भ में मिलती है। इस सबमें इसकी प्राचीनतम् तिथि कांस्ययुगीन सन्दर्भ में लोथल[93] से हैं। हड़प्पीय लोगों का सम्पर्क दक्षिण के नवपाषाणिक एवं ताम्रपाषाणिक लोगों से भी था। अतः इस बात की सम्भावना को नकारा नहीं जा सकता है कि तकनीक का प्रसार हड़प्पीय लोगों से हुआ होगा, किन्तु स्वतंत्र रूप से तकनीक के विकास की सम्भावना भी हो सकती है।

कृष्ण–लोहित पात्र, विभिन्न सांस्कृतिक सन्दर्भो में लगभग सभी प्रमुख पात्र परम्पराओं के साथ विभिन्न क्षेत्रों से मिली है। इसका संक्षिप्त विवरण इस प्रकार हैं :

हड़प्पीय सन्दर्भ : हड़प्पीय सन्दर्भ में यह विशेष रूप से गुजरात में लोथल, रंगपुर, रोजदी, देसलपुर तथा सुरकोटडा आदि पुरास्थलों से प्राप्त हुई है। इसमें प्रमुख पात्र उन्नतोदर बाहु के कटोरे (Convex sided bowl) के विभिन्न प्रकार यथा स्टड हैण्डिल युक्त कटोरे (Stud handled bowl), उलटी बारी के कटोरे (Bowl with inverted rim) तथा साधारण तशरियाँ (Simple Dish) आदि अन्य प्रकार हैं। बर्तनों में प्रायः अन्दर की ओर काली सतह पर सफेद रंग से अलंकरण किया गया है। प्रमुख अभिप्रायों में लहरदार, सीधी धारियाँ, संकेन्द्रित वृत (Concentric Circle), अर्धवृत्त (Arc), आड़ी–बड़ी रेखायें उल्लेखनीय हैं।

ताम्रपाषाणिक सन्दर्भ (मध्य भारत) : मध्य भारत में ताम्रपाषाणिक सन्दर्भ में माहेश्वर नावदाटोली मालवा पात्र परम्परा के साथ तथा बनास घाटी के विस्तृत क्षेत्र मिली हैं। बनास घाटी में यह एक स्वतंत्र पात्र–परम्परा के रूप में प्रारम्भ से मिलते हैं। राजस्थान तथा मध्य प्रदेश में इसके प्रमुख केन्द्र उदयपुर में अहार तथा गिलुण्ड, भरतपुर में नोह, चितौड़गढ़ में भगवानपुरा, सागर में एरण तथा उज्जैन में कायथा आदि हैं।

इन क्षेत्रों में इस पात्र–परम्परा में छोटे पात्र ही मूलतः मिलते हैं। इन पात्रों में कटोरे प्रमुख हैं। अल्प संख्यां में तश्तरियाँ, ढ़क्कन, साधार तश्तरियाँ तथा छोटे गोलाकार पात्र भी प्रतिवेदित हैं।

आहार में यह पात्र–परम्परा प्रारंभिक स्तर से मिलती है जो हस्तनिर्मित है। इसका अनुभाग पतला है तथा भली–भाँति गूँथी हुई मिट्टी से निर्मित है। बर्तन के अन्दर के भाग से अतिरिक्त मिट्टी को खरोचकर निकाला गया है, जिससे बर्तन पतले अनुभाग के बने। बर्तनों के ऊपर अलंकरण प्रायः बाहर बारी के नीचे तथा कभी–कभी अन्दर भी मिलता है, अलंकरण, पात्रों को पकाने के पूर्व सफेद रंग में किए गए हैं। अलंकरण अभिप्रायों में सीधी, लहरदार, टेढ़ी–मेढ़ी (Zig zag) वर्तुलाकार रेखायें तथा बिन्दु प्रमुख हैं। इसके अतिरिक्त हीरक (Diamond), त्रिभुज अभिप्राय, संकेन्द्रित घुमावदार रेखायें, अर्धवृत से निकलती रेखायें (Radiating Lines), शेवरान, वृत्त तथा बिन्दु आदि हैं। कुछ पात्रों में ग्रैफिटी भी मिलती हैं।

जयपुर में जोधपुरा, भरतपुर में नोह, एटा में अतिरंजीखेड़ा[93] स्थलों पर इस पात्र–परम्परा का स्वतंत्र स्तर मिला है। यह भी उल्लेखनीय है कि यह इन स्थलों पर धूसर पात्र–परम्परा के पूर्ववर्ती स्तर से मिली हैं, जोधपुरा तथा अतरंजीखेड़ा में यह गैरिक पात्र परम्परा की परवर्ति स्तर से है। यद्यपि दोनों स्थलों पर गैरिक पात्र परंपरा तथा कृष्ण–लोहित पात्र–परम्परा के बीच में अन्तराल मिलता है।

उच्च गंगा घाटी क्षेत्र में (A) यह नोह तथा अतिरंजीखेड़ा में धूसर–चित्रित पात्र परम्परा के पूर्ववर्ती स्तर से मिलती है तथा (B) अधिकांशतया सभी स्थलों पर जैसे अहिछत्र, आलमगीरपुर[94], अल्लापुर[95], अतरंजीखेड़ा[96], हस्तिनापुर[97], नोह, रोपड़ आदि में धूसर चित्रित पात्र–परम्परा के साथ 'A' सन्दर्भ में मिली है। इस पात्र परम्परा में प्रमुख पात्र प्रकार कटोरे (Bowl) हैं।

अतिरंजीखेड़ा में इस पात्र पंरपरा के रूक्ष गढ़न में बड़े आकार के बर्तनों में घड़े (Vase) मिले है। इस सन्दर्भ मे कटोरे (Bowl) तथा तश्तरियाँ (Dishes) मिलती हैं। दोनों वर्गो में कटोरों के स्वरूप में अन्तर मिलता है। इस पात्र–परम्परा के पात्र उत्तरी कृष्ण मार्जित पात्र–परंपरा के साथ भी मिलते है।

मध्य गंगा घाटी : चित्रित तथा अचित्रित दोनों ही प्रकार के कृष्ण–लोहित पात्र मध्य गंगा घाटी में नरहन[98], सिसवनियाँ, लहुरादेवा, सहगोरा, इमलीडीह, खैराडीह, सेनुआर, सोनपुर, चिरांद, ओरीउप आदि स्थलों पर उत्तरी कृष्ण मार्जित पात्र पंरपरा के निम्नवर्ती स्तर से मिले है।

ताम्रपाषाणिक सन्दर्भ में प्राप्त पात्र चाक पर निर्मित हैं किन्तु हस्त निर्मित पात्र भी मिलते हैं। ये रूक्ष (Coarse) तथा महीन (Fine) दोनों ही गढ़न के हैं। नरहन, चिरांद आदि से प्राप्त पात्रों में साधार तश्तरियाँ, लम्बी गर्दन के जार (Long Necked Jar), होठदार कटोरे, गहरी तश्तरियाँ, टोटीदार बर्तन, छिद्रयुक्त बर्तन, तश्तरियाँ, कटोरे, लोटा आदि हैं। सोनपुर में कटोरे, तश्तरियाँ, बड़ी तथा गहरी तश्तरियाँ औसत तथा महीन गढ़न की मिली हैं। इनमें बर्तनों के ऊपर गाढ़ा लेप मिलता है।

चित्रण प्रायः अन्दर की ओर मिलते हैं। चिरांद में कटोरे तथा तश्तरियों के अन्दर लहरदार, सीधी रेखायें, समूह मे काली सतह पर सफेद से चित्रिण मिलते हैं। बर्तन के गर्दन तथा स्कंध पर मटमैले सफेद रंग में चित्रण बने हैं। सोनपुर के कुछ पात्रों पर उत्कीर्णन भी मिलते हैं।

चित्रित धूसर पात्र–परंपरा : प्राचीन भारत की प्रथम नगरीय सिन्धु सभ्यता के लगभग 1500 ई. पू. में अवसान के पश्चात् और छठवीं शताब्दी ईसा पूर्व में ऐतिहासिक काल के बीच में देश के पुरातात्विक क्षितिज पर किन संस्कृतियों का उदय हुआ तथा उनके द्वारा किन भौतिक उपादानों का निर्माण हुआ? बीसवीं शताब्दी के पाँचवें एवं छठें दशक में भारतीय पुरातत्त्व की यह एक गहन समस्या रही है। भारतीय पुरातत्त्व में इस काल को 'अंधकार–युग' की संज्ञा प्रदान की जाती थी। चित्रित धूसर पात्र–परंपरा की खोज से इस समस्या पर अत्यन्त महत्त्वपूर्ण प्रकाश पड़ा। उत्तर प्रदेश के बरेली जिले में रामनगर कस्बे के पास स्थित अहिच्छत्र नाम के टीले के सन् 1940–44 में हुए उत्खनन से इस पात्र–परंपरा के विषय में सर्वप्रथम जानकारी हुई किंतु उस समय इसके पुरातात्विक महत्त्व को ठीक से नहीं आँका जा सका। हस्तिनापुर, कौशाम्बी, मथुरा, श्रावस्वी, तिलपत, सलीमगढ़, भोरगढ़, संकिसा तथा इन्द्रप्रस्थ आदि अनेक पुरास्थलों पर इस पात्र–परंपरा की कालान्तर में प्राप्ति ने भारतीय पुरातत्व में चित्रित धूसर पात्र–परंपरा को एक निश्चित एवं महत्वपूर्ण स्थान प्रदान किया।[99]

नामकरण : चित्रित धूसर पात्र–परंपरा नाम से ध्वनित होता है कि यह एक ऐसी पात्र–परंपरा है जिसके पात्र–खण्ड धूसर अथवा सलेटी रंग के हैं और जिनके ऊपर काले रंग से चित्रण–अभिप्राय सँजोये गए हैं। यद्यपि इस पात्र–परंपरा का रंग प्रधानतः सलेटी ही मिलता है,तथापि काले तथा चाकलेट रंग के नमूने भी इसमें पाए जाते हैं।

प्रसार : चित्रित धूसर पात्र–परंपरा का प्रसार पंजाव, हरियाणा, उत्तरी राजस्थान और ऊपरी गंगाघाटी में विशेष रूप से मिलता है। उसका प्रसार उत्तर में जम्मू–कश्मीर के जम्मू क्षेत्र में स्थित माण्डा से लेकर दक्षिण में मध्य प्रदेश के उज्जैन तक मिलता है। पाकिस्तान के सिन्ध प्रान्त में स्थित लखियोपीर इसकी पश्चिमी सीमा है। नेपाल की तराई में स्थित तिलौराकोट तक इसके पात्र–खण्ड मिलते हैं। यद्यपि चित्रित धूसर पात्र–परंपरा के पात्र–खण्ड कौशाम्बी, सोहगौरा तथा बैशाली से भी मिले हैं तथापि इन पुरास्थलों से प्राप्त ठीकरों के अवलोकन से यह स्पष्ट हो जाता है कि पूर्व दिशा में इस पात्र–परंपरा का प्रचलन अपेक्षाकृत बाद में हुआ क्योंकि इस क्षेत्र के पुरास्थलों पर इन पात्रों की संख्या कम है। वे बनावट में मोटे हैं और उन पर चित्रण–अभिप्राय भी प्रायः कम मिलते हैं। यही बात उज्जैन से प्राप्त चित्रित–धूसर पात्र–खण्डों के सम्बन्ध में भी कही जा सकती है। अतः यह कहा जा सकता है कि इस पात्र–परंपरा के निर्माता तथा प्रयोक्ता संभवतः पश्चिम से उत्तर पूर्व एवं दक्षिण की ओर अग्रसर हुए होंगे।

पात्र–प्रकार : चित्रित–धूसर मृद्‌भाण्ड परंपरा के पात्र सुन्दर, चिकनी एवं मसृण मिट्टी के बने हुए प्रतीत होते हैं। बर्तन बनाने के लिए मिट्टी को अच्छी तरह गूँथकर तैयार किया जाता था। बहुसंख्यक पात्र चाक पर बने हुए है। यद्यपि हाथ से बने हुए पात्र के उदाहरण भी यदा–कदा उपलब्ध हो जाते हैं। प्रमुख पात्र–प्रकारों में कटोरे और थालियाँ उल्लेखनीय है। पंजाब के रोपड़ जिले से प्राप्त लोटा एक अत्यन्त महत्त्वपूर्ण विशिष्ट प्रकार है। इस प्रकार यह पात्र–परंपरा भोजनालय से सम्बद्ध पात्र–परंपरा प्रतीत होती है। कुछ महत्वपूर्ण पुरास्थलों यथा– अम्बखेड़ी, बड़गांव, लालकिला[100] आदि के उत्खनित से कुछ अन्य पात्र–प्रकार भी प्रकाश में आए हैं।

इस प्रकार के बर्तनों पर मिलने वाले चित्रण अभिप्रायों में खड़ी तथा पड़ी रेखाएँ, तिरछी रेखाएँ, बिन्दु समूह, संकेन्द्रीयवृत्त, अर्द्धवृत्त, सिगमा एवं स्वास्तिक आदि प्रमुख हैं। चित्रण–अभिप्राय अधिकांशतः बर्तनों की बाहरी सतह पर मिलते हैं लेकिन यदा–कदा भीतर–बाहर दोनों तरफ भी अलंकरण मिलते हैं। ये अलंकरण सामान्यतः हल्के काले रंग से बनाए गए हैं परन्तु कभी–कभी कत्थई रंग का भी प्रयोग किया गया है। बर्तनों के थोड़ा सूखने पर तथा पकाने के पहले अलंकरण सँजोये जाते थे। बर्तनों को एक विशेष प्रकार के आँवें में प्रकाया जाता था जिसका तापमान क्रमशः कम होता जाता था। बर्तन सम तामान पर नहीं पक पाते थे इसलिए ये प्रायः लाल रंग के न होकर धूसर रंग के हो जाते थे।

सम्बद्ध पात्र परंपराएँ चित्रित धूसर पात्र–परंपरा के साथ–साथ अलंकृत धूसर पात्र–परंपरा, कृष्ण लोहित पात्र–परंपरा, कृष्ण–लेपित पात्र–परंपरा तथा लाल पात्र–परंपरा के भी दर्शन होते हैं। चित्रित धूसर पात्र–परंपरा विशिष्ट एवं भोजनालय से सम्बन्धित पात्र–परंपरा थी। अन्य पात्र–परंपराएँ दैनन्दिन कार्यों के उपयोग में आती रही होगी। घड़े, मटके, तसले, किनारेदार हाँडी, कटोरे, मर्तबान तथा चषक आदि प्रमुख पात्र–प्रकार इन उपर्युक्त पात्र–परंपराओं में मिलते हैं।

कालानुक्रम : चित्रित धूसर पात्र–परंपरा का कालानुक्रम पुरातात्विक और रेडियो कार्बन तिथियों के आधार पर निर्धारित किया जा सकता है। इस पात्र परंपरा को दो उपकालों में विभाजित किया गया है। इस पात्र–परंपरा के तिथिक्रम के विषय में बी. बी. लाल द्वारा हस्तिनापुर[101] के उत्खनन से प्राप्त प्रमाणों का विशेष महत्त्व है। लाल ने निम्नलिखित आधारों पर चित्रित धूसर पात्र–परंपरा के कालानुक्रम को निर्धारित करने का प्रयास किया हैः

1. चित्रित धूसर पात्र–परंपरा के स्तरों में लोहे का अभाव,
2. चित्रित धूसर मृदभाण्ड एवं एन.बी.पी. पात्र परंपरा के मध्य अन्तराल का होना,
3. एन. बी. पी. की आरंभिक तिथियाँ, और
4. चित्रित धूसर पात्र–परंपरा का महाभारत के कथानक से सम्बद्ध पुरास्थलों से मिलना।

आरंभ में हस्तिनापुर के उत्खनन से चित्रित धूसर पात्र–परंपरा के स्तरों से लौह–उपकरण नहीं मिले थे। ऐसे ही परिणाम पंजाब के रोपड़ के उत्खनन से भी प्राप्त हुए थे। इस आधार पर लाल ने इस पात्र–परंपरा को लौह युग से पहले रखने का आग्रह किया था। मार्टीमर व्हीलर ने भी अपनी पुस्तक 'अर्ली इंडिया एण्ड पाकिस्तान' में इसे 'कांस्य युगीन' पात्र–परंपरा कहा था। नोह, आलमगीरपुर, अल्लापुर[102]

अहिच्छत्र, भरतपुर, अतरंजीखेड़ा[103] और कौशाम्बी आदि के उत्खननों से इस पात्र–परंपरा के स्तरों से कालान्तर में लोहे के उपकरण मिले। इस प्रकार अब यह सिद्ध हो गया है कि यह लौह–युगीन पात्र–परंपरा है।

लाल ने जिस समय हस्तिनापुर का उत्खनन कराया था, उस समय सैंधव पात्र–परंपरा और एन. बी. पी. पात्र–परंपरा के अतिरिक्त अन्य मृद्भाण्ड परंपराओं के विषय में भारतीय पुराविदों को बहुत कम जानकारी थी। लाल ने अपने अन्वेषण के आधार पर यह निष्कर्ष निकाला कि सतलज, सरस्वती तथा घग्घर के मैदान में सैंधव सभ्यता की समाप्ति के बाद जो लोग निवास कर रहे थे, वे लोग निश्चित रूप से चित्रित धूसर पात्र–परंपरा का प्रयोग करते थे। इसका आशय यह निकाला गया कि चित्रित धूसर पात्र–परंपरा निश्चित रूप से सैंधव पात्र–परंपरा के बाद की है जिस समय भारत में चित्रित धूसर पात्र–परंपरा का उद्भव हुआ, उस समय तक सैंधव सभ्यता का अंत हो चुका था।

अमलानन्द घोष[104] के अनुसार पुरातत्त्व सम्बन्धी साक्ष्य यही संकेत करते हैं कि 'चित्रित धूसर पात्र–परंपरा' के लोग सैंधव सभ्यता के सम्पर्क में कभी नहीं आए। राजस्थान के गंगानगर जिले में स्थित तरखनवाला डेरा और चक 86 आदि स्थानों में जो प्रमाण मिले थे उनसे यही विदित हुआ कि सैंधव सभ्यता के लोगों का चित्रित धूसर पात्र–परंपरा से किसी प्रकार का कोई सम्पर्क नहीं हुआ था। रोपड़ और आलमगीरपुर नामक पुरास्थलों पर हुए उत्खननों से भी यही विदित हुआ कि चित्रित धूसर पात्र–परंपरा के लोगों ने यद्यपि सैंधव सभ्यता के टीलों पर अपने आवास बनाए थे किंतु उनके पास बगल में, न कि ठीक उनके ऊपर।

हस्तिनापुर[105] की चित्रित धूसर पात्र–परंपरा के कालानुक्रम के लिए लाल ने उत्तरी काली चमकीली पात्र–परंपरा के तिथिक्रम को भी एक आधार बनाया था। लाल के अनुसार तक्षशिला, कौशाम्बी तथा अहिच्छत्र के साक्ष्यों के आलोक में एन. बी. पी. की प्राचीनतम सीमा रेखा छठीं शताब्दी ई. पू. निर्धारित की जा सकती है। हस्तिनापुर में एन0बी0पी0 पात्र–परंपरा के आरंभ और चित्रित धूसर पात्र–परंपरा के अंत के बीच में समय का अन्तराल था। एन. बी. पी. पात्र–परंपरा और चित्रित धूसर पात्र–परंपरा के सांस्कृतिक उपादानों में अत्यधिक अन्तर के आधार पर लाल ने इस व्यवधान के लिए लगभग 200 वर्ष का समय निर्धारित किया था। हस्तिनापुर में चित्रित धूसर पात्र–परंपरा का अंत इस प्रकार 800 ई. पू. के लगभग निर्धारित किया गया। चित्रित धूसर पात्र–परंपरा के स्तरों का औसत निक्षेप 1.50 से 2.10 मीटर तक मिला है। चित्रित धूसर पात्र–परंपरा के इस समग्र सांस्कृतिक जमाव के लिए 300 वर्षों की अवधि अनुमानित की गई। इस प्रकार हस्तिनापुर में चित्रित धूसर पात्र–परंपरा की तिथि 1100 ई. पू0 से 800 ई. पू. के मध्य निश्चित की गई। लाल का मत है कि इस पात्र–परंपरा के प्रयोक्ता सरस्वती–दृषद्वती की घाटियों में पहले आये तथा सतलज–यमुना के मध्यवर्ती क्षेत्र में बाद में पहुँचे इसलिए उत्तरी राजस्थान में इसकी प्राचीनतम सीमा रेखा 1200 ई. पू. के आस–पास खींची जा सकती है।

हस्तिनापुर में चित्रित धूसर पात्र–परंपरा का अंत गंगा की एक भयानक बाढ़ के परिणाम स्वरूप हुआ। लाल ने पौराणिक अन्तःसाक्ष्यों के आधार पर यह मत व्यक्त किया कि जब हस्तिनापुर गंगा की बाढ़ से विनष्ट हो गया तब निचक्षु नामक शासक ने अपनी राजधानी हस्तिनापुर से हटाकर कौशाम्बी में स्थापित किया।

गंगयाऽपहृते अपि अस्मिन्नगरे नागसाह्वये।
त्यक्त्वा निचक्षुर्नगरं कौशाम्ब्यां स निवत्स्यति।।

परीक्षित के बाद निचक्षु पाँचवें कुरुवंशीय शासक थे। कौशाम्बी के छठीं शताब्दी ई. पू. के प्रसिद्ध शासक उदयन के अठारह पीढ़ियों पहले निचक्षु हुए थे। पुराणों के मर्मज्ञ विद्वान् पार्जिटर महाभारत युद्ध की तिथि लगभग 950 ई. पू. मानते हैं। इस तिथि के आधार पर ही लाल ने उदयन से निचक्षु तक के अठारह शासकों के शासन काल की औसत अवधि लगभग अठारह वर्ष मानकर हस्तिनापुर की बाढ़ को लगभग 800 ई. पू. की घटना बतलाया है। लाल का अभिमत है कि महाभारत में उल्लिखित हस्तिनापुर, अहिच्छत्र, इन्द्रप्रस्थ, काम्पिल्य, कुरुक्षेत्र, बैराट एवं मथुरा आदि पुरास्थलों के निचले स्तरों से चित्रित धूसर पात्र–परंपरा के मिलने का प्रमुख कारण यह प्रतीत होता है कि इन सभी पुरास्थलों पर एक ही संस्कृति से सम्बद्ध माने जा सकते।इस बात की संभावना है कि चित्रित धूसर पात्र–परंपरा के ही किसी चरण से महाभारत में वर्णित कौरव–पांडवों के युद्ध का कोई सम्बन्ध रहा हो।

रोपड़ में चित्रित धूसर पात्र–परंपरा की तिथि पुरातात्विक साक्ष्यों के आधार पर लगभग 1000 ई. पू. से 700 ई. पू. के मध्य निर्धारित की गई है। उत्तर प्रदेश के एटा जिले में स्थित अतरंजीखेड़ा के उत्खनन से भी चित्रित धूसर पात्र–परंपरा के कालक्रम पर महत्त्वपूर्ण प्रकाश पड़ता है। उत्खाता आर0सी0 गौड़ के अनुसार इस पुरास्थल पर विभिन्न संस्कृतियों का एक अविछिन्न क्रम मिलता है। अतरंजीखेड़ा[106] में एन. बी. पी. पात्र–परंपरा के पहले तीन पुरातात्विक संस्कृतियों के प्रमाण मिले हैं–

1. प्रथम सांस्कृतिक कालः गैरिक मृदभाण्ड,
2. द्वितीय सांस्कृतिक कालः कृष्ण लोहित मृदभाण्ड परंपरा,
3. तृतीय सांस्कृतिक काल चित्रित धूसर पात्र–परंपरा।

अतरंजीखेड़ा में चित्रित धूसर पात्र–परंपरा के काल का जमाव 80 सेमी. से 2.20 मीटर तक मिला है। इस सम्पूर्ण जमाव को तीन उपकालों में विभाजित किया गया है : 1. निचला उपकाल, 2 मध्यवर्ती उपकाल, 3. ऊपरी उपकाल। इस आधार पर यहाँ पर चित्रित धूसर पात्र–परंपरा के प्रचलन का प्राचीनतम समय बारहवीं शताब्दी ई. पू. माना गया है।

संकिसा से चित्रित धूसर मृद्भाण्ड के साथ कृष्ण लोहित एवं कृष्ण मार्जित मृद्भाण्ड जिनमें कटोरे, परात, थाली के साथ–साथ घड़े, जार, संग्रहपात्र, लघुपात्र आदि प्राप्त होते हैं। कुछ मृद्भाण्डों के ऊपर काले रंग से चित्रण के साथ–साथ उकेर कर व नाखून से भी चित्रण किया गया हैं। महत्वपूर्ण पुरावषेषों में मृण्मय मातृदेवी के सिरो भाग, मृण्मय मानव मूर्तियों के अवषेषों के साथ साथ पशुओं की मूर्तियों, मनके एवं चूड़ियों आदि के अवषेष हैं। इसके अतिरिक्त अर्द्ध मूल्यवान पत्थरों से निर्मित मनके, अस्थि निर्मित वेधक एवं वाणाग्र, लोहे की छेनी आदि प्राप्त हुए हैं। कौशाम्बी के उत्खनन से भी चित्रित धूसर पात्र–परंपरा का पुरातात्विक साक्ष्यों के आधार पर तिथिक्रम निर्धारित करने में कुछ सहायता मिली है। यहाँ पर विभिन्न पुरातात्विक सांस्कृतिक कालों के मध्य एक निरंतरता मिलती है। कौशाम्बी में चित्रित धूसर पात्र–परंपरा के काल को द्वितीय (सम्प्रति द्वितीय) सांस्कृतिक काल कहा गया है। कौशाम्बी में एन. बी. पी. पात्र–परंपरा के आरंभ का समय 605 ई. पू. निर्धारित किया गया है जिसको चित्रित धूसर पात्र–परंपरा की समाप्ति की तिथि

माना जा सकता है। कौशाम्बी में चित्रित धूसर पात्र–परंपरा की तिथि 885 ई. पू. (900 ई. पू.) से लेकर 605 ई. पू. के मध्य निर्धारित की गई है।

रेडियो कार्बन तिथियाँ कई उत्खनित पुरास्थलों से चित्रित धूसर पात्र–परंपरा से सम्बन्धित स्तरों की रेडियो कार्बन तिथियाँ उपलब्ध हैं। इन पुरास्थलों में हस्तिनापुर, अतिरंजीखेड़ा, अहिच्छत्र तथा नोह आदि विशेष रूप से उल्लेखनीय हैं। कार्बन तिथियाँ इस संस्कृति की कालावधि को 800 से 400 ई. पू. के मध्य निर्धारित करती हैं।

इस उपर्युक्त विवेचन से स्पष्ट है कि चित्रित धूसर पात्र–परंपरा का तिथिक्रम विवादपूर्ण है। इस सम्बन्ध में किसी निश्चित निष्कर्ष तक पहुँचने के लिए उपलब्ध साक्ष्य पर्याप्त नहीं हैं। उपलब्ध तथ्यों के आलोक से इसका कालानुक्रम 1000–600 ई. पू. के मध्य प्रस्तावित किया जा सकता है। साथ ही आगे होने वाले खोज एवं साक्ष्य से और अधिक जानकारी प्राप्त किया जा सकेगा।

चित्रित धूसर पात्र–पंरपरा का उद्‌भव : चित्रित धूसर पात्र–परंपरा कई दृष्टियों से उल्लेखनीय है। लाल को सरस्वती–दृषद्वती की घाटियों से लेकर ऊपरी गंगा घाटी तक हड़प्पा सभ्यता के बाद जो संस्कृति दृष्टिगोचर हुई, वह चित्रित धूसर पात्र–परंपरा की थी। उस समय तक केवल हड़प्पा सभ्यता की पात्र–परंपरा और एन. बी. पी. पात्र–पंरपरा की पूर्ववर्ती किसी अन्य पात्र–परंपरा के विषय में कोई जानकारी नहीं थी। ऐसी स्थिति में इस पात्र–परंपरा के उद्‌भव के लिए भारत की सीमा से बाहर स्थित पश्चिमी क्षेत्रों की ओर ध्यान जाना अस्वाभाविक नहीं था। यूनान के थेसली क्षेत्र में स्थित सानी, संगली, जेरिला और ईरान तथा अफगानिस्तान के क्षेत्रों आदि से भारत की चित्रित धूसर पात्र–पंरपरा की तरह के कुछ पात्र मिले थेः इस आधार पर बी. बी. लाल ने यह सम्भावना व्यक्ति की थी कि चित्रित धूसर पात्र–परंपरा के निर्माता भारत में बाहर से आए रहे होंगे। प्रश्न यह है कि क्या उन पुरास्थलों से मिलने वाले पात्र चित्रित धूसर पात्र–परंपरा से मेल खाते हैं? क्या दोनों क्षेत्रों के पात्र–प्रकार और चित्रण अभिप्राय एक ही तरह के हैं, क्या जिस परिवेश में चित्रित धूसर पात्र–परंपरा भारत में मिलती है, उसी परिवेश में बाहर भी मिलती है, स्पष्टतः इन प्रश्नों का उत्तर नाकारात्मक है। अतः पुरातत्त्वविदों को अब यह कहने में संकोच होता है कि इस संस्कृति के निर्माता भारत में बाहर से आए थे।

कतिपय उत्खनन चित्रित धूसर पात्र–परंपरा के उद्‌भव की समस्या पर महत्त्वपूर्ण प्रकाश डालते हैं। चित्रित धूसर पात्र–परंपरा प्राचीन 'मध्यदेश' की एक विशिष्ट मृद्‌भाण्ड परंपरा प्रतीत होती है। अतरंजीखेड़ा तथा नोह के उत्खननों से गैरिक मृद्‌भाण्डों एवं चित्रित धूसर पात्र–परंपराओं के मध्यवर्ती स्तरों से कृष्ण–लोहित मृद्‌भाण्ड–परंपरा के सम्बन्ध में पहले पहल इस क्षेत्र में जानकारी प्राप्त हुई है। अल्लापुर (मेरठ) के उत्खनन से कृष्ण–लोहित पात्र–परंपरा और चित्रित धूसर पात्र–परंपरा के पात्र–प्रकारों में लगभग 50 प्रतिशत तक समानता मिलती है। यही नहीं, थालियाँ तथा कटोरे दोनों ही पात्र–परंपराओं में समान रूप से मिलते हैं। ऐसी स्थिति में इस बात की प्रबल सम्भावना है कि चित्रित धूसर पात्र–परंपरा का उद्‌भव स्थानीय कृष्ण–लोहित पात्र–परंपरा से हुआ हो।

चित्रित धूसर पात्र–परंपरा और आर्य : भारतीय पुरातत्त्व में चित्रित धूसर पात्र–परंपरा को विशिष्ट स्थान देने का एक प्रमुख कारण यह है कि प्रसिद्ध पुरातत्त्वेत्ता बी. बी. लाल ने इसे महाभारत युग तथा भारत में आर्यों के संचरण से जोड़ने का प्रयास किया है। हस्तिनापुर, बरनावा, मथुरा अहिच्छत्र,

काम्पिल्य, तिलपत, पानीपत, इन्द्रप्रस्थ, कुरुक्षेत्र और विराटनगर आदि महाभारत के कथानक से जुड़े हुए पुरास्थल हैं। जिनके निचले स्तरों से इस प्रकार के पात्र–खण्ड मिले हैं। ऐसा प्रतीत होता है कि ये सभी पुरास्थल एक ही संस्कृति से सम्बन्धित थे। इस पात्र–परंपरा का मुख्य क्षेत्र गंगा तथा सतलज के बीच का भू–भाग प्रतीत होता है। यही प्राचीन 'मध्यदेश' है जिसकी पवित्रता की प्रशंसा आर्यों ने मुक्त कण्ठ से की है। हस्तिनापुर के उत्खनन से चित्रित धूसर पात्र–परंपरा के स्तरों से घोड़े की हड्डियाँ मिली हैं। अश्व वैदिक आर्यों का अत्यन्त महत्वपूर्ण पशु ही नहीं अपितु एक द्रुतगामी वाहन भी था। अश्व की अस्थियाँ आर्यों के साथ इसका सम्बन्ध जोड़ने में एक अन्य सहायक कड़ी मानी जा सकती हैं। यूनान और ईरान के कतिपय पुरास्थलों से इस तरह के पात्र–खण्डों के मिलने के कारण चित्रित धूसर पात्र–परंपरा को आर्य भाषा–भाषी लोगों से सम्बन्धित किया जा सकता है। द्वितीय सहस्राब्दि ई.पू0 में पश्चिमी एशिया के क्षेत्रों में आर्य भाषा–भाषी लोगों के विद्यमान होने से उपर्युक्त मत की पुष्टि होती है।

बी. बी. लाल इस पात्र–परंपरा का सम्बन्ध ऋग्वैदिक आर्यों से जोड़ते हैं ऋग्वैदिक आर्यों की क्रीड़ा–स्थली 'सप्त–सैंधव' क्षेत्र था। ऋग्वेद में सिन्धु, वितस्ता (झेलम), असिक्नी (चिनाव), परुष्णी (रावी) विपाश, शतुद्रि और सरस्वती आदि नदियों का अनेक बार उल्लेख मिलता है। ऋग्वेद संहिता के अंतःसाक्ष्यों से विदित होता है कि वैदिक आर्य इस क्षेत्र की भौगोलिक स्थिति से भली–भाँति परिचित थे। यदि ऋग्वैदिक आर्यों से यह पात्र–परंपरा सम्बन्धित होती तो इसके साक्ष्य अफगानिस्तान और पाकिस्तान के क्षेत्रों में मिलने चाहिए। इसके अतिरिक्त ईरान तथा पश्चिमी एशिया के अन्य देशों से भी ऐसे पात्र लगभग नहीं मिले हैं। चित्रित धूसर पात्र–परंपरा का प्रसार ऊपरी गंगा घाटी के विशेष रूप से था। ऐसा प्रतीत होता है कि ऋग्वैदिक आर्य ऊपरी गंगा घाटी से भली–भाँति परिचित नहीं थे क्योंकि ऋग्वेद में केवल दो बार स्पष्ट रूप से यमुना नदी का और एक बार गंगा नदी का उल्लेख हुआ है।

भाषा संबंधी साक्ष्यों के आधार पर कुछ विद्वानों ने यह मत प्रतिपादित किया है कि भारत में आर्य भाषा–भाषी लोग कम से कम दो शाखाओं में आए चित्रित धूसर पात्र–परंपरा का सम्बन्ध परवर्ती शाखा के आर्यों से जोड़ा जा सकता है, जिन्हें सामान्यतः उत्तर वैदिक काल के आर्य कहा जाता है। उत्तर वैदिक वाङ्मय की यजुष, साम तथा अथर्वन् की संहिताओं, ब्राह्मण ग्रन्थों एवं उपनिषदों में 'मध्य देश' का गुणगान किया गया है। 'मध्यदेश' को ही सामान्यतः भूगोलवेत्ता ऊपरी गंगाघाटी कहते हैं। इस क्षेत्र में चित्रित धूसर पात्र–परंपरा से सम्बन्धित बहुसंख्यक पुरास्थल विद्यमान हैं।

परवर्ती सिन्धु सभ्यता तथा चित्रित धूसर पात्र–परंपरा : बीसवीं शताब्दी के अस्सी के दशक में हरियाणा प्रान्त के कुरुक्षेत्र जिले में स्थित भगवानपुरा[107], पंजाब के जालन्धर जिले में स्थित दधेरी तथा जम्मू–कश्मीर प्रान्त के जम्मू क्षेत्र में स्थित माण्डा नामक पुरास्थलों के उत्खननों से चित्रित धूसर संस्कृति के सम्बन्ध में कुछ सर्वथा नवीन जानकारी मिली है। इन पुरास्थलों से जगत पति जोशी द्वारा सम्पन्न कराए गए अन्वेषणों से परवर्ती हड़प्पा संस्कृति तथा चित्रित धूसर पात्र–परंपरा के बीच परिव्याप्ति अथवा आच्छादन के प्रमाण प्राप्त हुए हैं। दूसरे शब्दों में परवर्ती हड़प्पा संस्कृति तथा चित्रित धूसर पात्र–परंपरा के बीच समय के अन्तराल न होने की सूचना मिलती है। इन पुरास्थलों के उत्खननों से प्राप्त साक्ष्यों से ज्ञात होता है कि परवर्ती हड़प्पा संस्कृति के प्रचलन काल

में ही चित्रित धूसर पात्र–परंपरा अस्तित्त्व में आ चुकी थी। ऐसी स्थिति में इन दोनों पात्र परंपराओं के पारस्परिक सम्बन्धों की नए सिरे से पुनः समीक्षा करने की आवश्यकता है। इन दोनों संस्कृतियों के तिथिक्रम को लेकर कुछ नए विवाद उठ खड़े हुए हैं। अभी तक यह समझा जाता था कि हड़प्पा सभ्यता की समाप्ति लगभग 1500 या 1700 ई. पू. में हुई तथा चित्रित धूसर पात्र–परंपरा का आरंभ लगभग 1000 ई. पू. में हुआ। यह बात समझ आती है क्योंकि दोनों के बीच समय का स्पष्ट व्यवधान है। परन्तु नए साक्ष्यों को विश्वसनीय मानने पर यह स्वीकार करना पड़ेगा कि या तो हड़प्पा सभ्यता 1500 ई. पू. के बाद भी जीवित रही अथवा चित्रित धूसर पात्र–परंपरा ही 1000 ई. पू. से पहले अस्तित्त्व में आ चुकी थी। यह कहा जा सकती है कि हरियाणा, पंजाब तथा जम्मू–कश्मीर के चित्रित धूसर पात्र–परंपरा से सम्बन्धित पुरास्थलों की रेडियो कार्बन तिथियाँ आने पर इस समस्या का समाधान किया जा सकेगा।

हरियाणा तथा पंजाब आदि के क्षेत्रों से *जे. पी. जोशी* की देख–रेख में जो अन्वेषण कार्य हुए हैं उनसे यह जानकारी मिली है कि अमृतसर के पश्चिम में स्थित पुरास्थलों पर जो पात्र–परंपरा मिलती है, वह केवल सलेटी रंग की है, उसमें चित्रण परिलक्षित होता है कि आरंभ में यह पात्र–परंपरा चित्रित नहीं थी किंतु स्थानीय चित्रित मृदभाण्ड संस्कृति के सम्पर्क में आने पर इस पात्र परंपरा के बर्तनों के ऊपर चित्रण अभिप्रायों का निरुपण होने लगा। इन क्षेत्रों के अन्वेषण तथा भगवानपुरा के उत्खनन से चित्रित धूसर पात्र–परंपरा के तीन चरण दृष्टिगत होते हैं। प्रथम चरण में भवनों के निर्माण बाँस–बल्लियों की दीवालें बनाकर किया गया था, जबकि द्वितीय में पकी हुई ईटों का प्रयोग भवन निर्माण कार्य में प्रारंभ हो गया था। एक अन्य महत्त्वपूर्ण बात यह है कि भगवानपुरा के तीनों चरणों में लोहे के उपयोग की कोई सूचना नहीं मिली है। अतः चित्रित धूसर पात्र–परंपरा को दो वर्गों में विभाजित करना होगा।

1. लौह उपकरण रहित चित्रित धूसर पात्र–परंपरा,
2. लौह उपकरण युक्त चित्रित धूसर पात्र–परंपरा।

हरियाणा, पंजाब, जम्मू में स्थित पुरास्थलों की खोज से चित्रित धूसर पात्र–परंपरा के विषय में जो नई संभावनाएँ उठ खड़ी हुई हैं, उनकी सत्यता की जाँच करने के लिए उपलब्ध प्रमाणों से अधिक साक्ष्यों की आवश्यकता है। उपलब्ध साक्ष्य चित्रित धूसर पात्र–परंपरा तथा परवर्ती हड़प्पा संस्कृति के बीच सह–अस्तित्व एवं समकालीनता की सूचनाएँ देते हैं। भविष्य के अनुसंधान ही बतायेंगे कि इन संभावनाओं में कितना बल है।

चित्रित धूसर पात्र–परंपरा की संस्कृति : ऊपरी गंगा घाटी के पुरातत्त्व में चित्रित धूसर पात्र–परंपरा का अत्यन्त विशिष्ट स्थान है। प्रसिद्ध पुरातत्त्ववेत्ता बी. बी. लाल ने जब इसका सम्बन्ध महाभारत के कथानक से सम्बन्धित पुरास्थलों से जोड़ने का आग्रह किया, उस समय ऐसा प्रतीत हुआ कि भारतीय पुरातत्त्व एक जीवन्त लोक है। चित्रित धूसर पात्र–परंपरा से सम्बन्धित कई प्रमुख पुरास्थलों का उत्खनन अभी तक हो चुका है। इनमें से विशेष उल्लेखनीय हैः उत्तर प्रदेश के हस्तिनापुर, अहिच्छत्र, अतरंजीखेड़ा, मथुरा, कौशाम्बी, हरियाणा के भगवानपुरा, पंजाब के रोपड़ और राजस्थान के उत्खननों के फलस्वरूप चित्रित धूसर पात्र–परंपरा के निर्माताओं की संस्कृति के विभिन्न पक्षों पर समुचित प्रकाश पड़ता है। कुल मिलाकर यह संस्कृति एक विकसित ग्राम्य जीवन की झाँकी प्रस्तुत करती है।

लौह उपकरण : प्रारंभ में हस्तिनापुर तथा रोपड़ के उत्खननों से चित्रित धूसर संस्कृति के धरातल से लोहे के उपकरणों के न मिलने के कारण इसे कांस्य युगीन, पात्र–परंपरा कहा गया था लेकिन बाद में आलमगीरपुर, कौशाम्बी, अहिच्छत्र, अतरंजीखेड़ा, नोह, अल्लापुर आदि सभी उत्खनित पुरास्थलों से लोहे के उपकरण प्राप्त हुए हैं। इस प्रकार अब इसको लौह–युगीन संस्कृति स्वीकार किया जाता है। प्रमुख लौह उपकरणों में बाण–फलक, कुल्हाड़ियाँ, सँड़नी, सुइयाँ और कीलें आदि विशेष उल्लेखनीय हैं। हस्तिनापुर, अतरंजीखेड़ा आदि पुरास्थलों पर लौह धातु–मल भी मिले हैं।

कृषि : चित्रित धूसर पात्र–परंपरा के निर्माताओं का आर्थिक जीवन मुख्यतः कृषि पर आधारित था। हस्तिनापुर के उत्खनन से धान के अधजले दाने प्राप्त हुए हैं। इससे यह कहा जा सकता है कि यहाँ के लोग धान की खेती करते थे तथा चावल उनका प्रमुख खाद्यान्न था। राजस्थान के भरतपुर जिले में स्थित नोह नामक पुरास्थल की खुदाई से जौ की खेती के प्रमाण मिले हैं। गेहूँ की खेती के सम्बन्ध में कोई निश्चित साक्ष्य उपलब्ध नहीं हैं। चित्रित धूसर पात्र–परंपरा के लोग लोहे के औजारों का प्रयोग करते थे लेकिन इस संस्कृति के किसी भी पुरास्थल की खुदाई से अभी तक हल के फाल का नमूना नहीं मिला है। अतः इनके खेती करने के ढ़ंग के विषय में किसी प्रकार का निश्चयात्मक मत व्यक्त नहीं किया जा सकता है।

पशुपालन : चित्रित धूसर पात्र–परंपरा के लोग गाय–बैल के अतिरिक्त घोड़े को भी पालते थे, क्योंकि हस्तिनापुर के उत्खनन से पालतू घोड़ों की हड्डियाँ मिली हैं। परिवहन का द्रुतगामी वाहन होने के कारण अश्व का प्राचीन काल में बहुत अधिक महत्व था। पालतू पशुओं का महत्व संभवतः कृषि कार्यों के अतिरिक्त दूध तथा माँस के लिए भी था।

खाद्य सामग्री : चित्रित धूसर पात्र–परंपरा के लोगों के चावल और जौ प्रमुख खाद्यान्न थे। इनके अलावा वे लोग गो–माँस, शूकर–माँस एवं हिरण का माँस भी खाते थे, क्योंकि हस्तिनापुर के उत्खनन से इन पशुओं की हड्डियों के अवशेष प्राप्त हुए हैं। इन हड्डियों को चीर कर मज्जा निकाल कर खाया गया है। अतरंजीखेड़ा के उत्खनन से भोजन बनाने के लिए रसोईघर में प्रयुक्त होने वाली सँडनी तथा चिमटे के नमूने प्राप्त हुए हैं। इनके अतिरिक्त वहाँ से सामुदायिक चूल्हे भी प्राप्त हुए हैं। चित्रित धूसर पात्र–परंपरा के भोजनालय से सम्बन्धित थाली तथा कटोरे आदि बर्तन भी इस संदर्भ में भोज्य–सामग्री सम्बन्धी विशिष्ट आदत के परिचायक हैं।

वस्त्र तथा आभूषण : अतरंजीखेड़ा के उत्खनन से मिट्टी के बर्तनों पर सूती कपड़े की छाप लगी हुई मिली है। इससे यह अनुमान लगाया गया है कि इस काल में सूती वस्त्रों का निर्माण तथा प्रयोग होता था। हस्तिनापुर और अल्लापुर की खुदाइयों से लोहे की बनी हुई नाकेदार सुइयाँ मिली हैं। इनसे वस्त्रों के सिलने का संकेत मिलता है। स्त्री तथा पुरुष दोनों को वस्त्राभूषणों का शौक था। विभिन्न प्रकार के मनके तथा ताबीजें मिली हैं। ताँबे तथा काँच की बनी हुई चूड़ियाँ चित्रित धूसर पात्र–परंपरा के प्रायः अधिकांश पुरास्थलों से प्राप्त हुई हैं।

भवन : चित्रित धूसर पात्र–परंपरा के अधिकांश पुरास्थलों से अभी तक पकी हुई ईंटों के नमूने प्राप्त नहीं हुए हैं। हरियाणा प्रान्त के कुरुक्षेत्र जिले में स्थित भगवानपुरा का पुरास्थल इसका एकमात्र अपवाद हैं जहाँ पर पकी ईंटों के भवनों आदि के कुछ अवशेष प्राप्त हुए हैं, इसलिए अधिकांश विद्वानों

का अनुमान है कि ये लो मिट्टी के बने हुए कच्चे भवनों में रहते थे। कभी–कभी मकानों की दीवालें जमीन में बाँस–बल्ली गाड़ कर बनायी जाती थी। बाँस–बल्ली से बने मकानों को बहार तथा भीतर दोनों ओर से मिट्टी से छाप–लीप कर अपेक्षाकृत आरामदायक बनाने का प्रयास किया जाता था। उत्खनन से इस प्रकार की छपाई–लिपाई में प्रयुक्त मिट्टी के जो टुकड़े मिलते हैं, उनमें सरकण्डों की छाप मिलती है। जमीन में लटठे गाड़ने के संकेत उत्खनन के दौरान स्तम्भ–गर्तों के रूप में मिलती है। घरों के छाजन संभवतः घास–फूस के होते थे। अतरंजीखेड़ा से एक घर के अंदर एक चूल्हा मिला है। घरों से प्राप्त विविध पुरातात्त्विक सामग्री में विभिन्न प्रकार के मिट्टी के बर्तन, लोहे, ताँबे आदि के बने औजार प्रमुख पुरावशेष हैं।

व्यापार तथा वाणिज्य : चित्रित धूसर पात्र–परंपरा के लोगों का आर्थिक जीवन संभवतः बहुत जटिल नहीं था। अभी तक चित्रित धूसर पात्र–परंपरा के किसी भी पुरास्थल से सिक्कों के प्रचलन का प्रमाण नहीं मिला है, इसलिए यह कहा जा सकता है कि इनका जीवन 'वस्तु–विनिमय' या अदल–बदल की आर्थिक प्रथा पर आधारित था। हस्तिनापुर के उत्खनन से प्राप्त पत्थर के कतिपय गोल टुकड़ों को उत्खाता ने बाट बतलाया है। इस बात की संभावना है कि इनका प्रयोग अनाज आदि को तौलने के लिए किया जाता रहा है। चित्रित धूसर पात्र–परंपरा के निवासियों के बीच आपस में किसी न किसी प्रकार का सांस्कृतिक संपर्क अवश्य था, क्योंकि मिट्टी तथा माणिक्य के बने एक ही प्रकार के मनके विभिन्न पुरास्थलों से मिले हैं। मनकों आदि की समरूपता के आधार पर आपस में किसी न किसी प्रकार के व्यापारिक सम्पर्क का अनुमान लगाया जा सकता है।

धार्मिक दशा : चित्रित धूसर पात्र–परंपरा की संस्कृति के धार्मिक जीवन के विषय में बहुत ही कम जानकारी है। इस संस्कृति के लोग अपने मृतकों का अंतिम संस्कार किस प्रकार करते थे, इसके सम्बन्ध में भगवानपुरा को छोड़कर अन्य कहीं से कोई संकेत अभी तक नहीं मिला है। भगवानपुरा में शव–विसर्जन के लिए दफनाने की प्रथा थी। गाय–बैल, घोड़े, भैंस आदि चौपायों तथा चिड़ियों की मृण्मूर्तियाँ प्रमुख हैं।

संदर्भ ग्रन्थ

1. कनिंघम, आर्किलोजिकल सर्वे रिपोर्ट, जिल्द 5, पृ. 105–8; माधोस्वरूप, एक्सक्वेशन एट हड़प्पा, जिल्द 2, दिल्ली, 194., व्हीलर, आर. ई. एम., 'हड़प्पा 1946; दि डिफेन्स एण्ड सीमेट्री आर.–37', एन्शीयेन्ट इण्डिया, खण्ड 3, 1947, पृ. 81–83
2. मार्शल, (सर) जान., मोहनजोदड़ो एण्ड इण्डसवैली सिविलाइजेशन, जिल्द 3, लन्दन, 1931
3. वत्स, एम.एस.,'एक्सवेशन एट रंगपुर' आर्कियोलॉजिकल सर्वे ऑफ इण्डिया, एनुअल रिर्पोट– 1934–35
4. मैके, अनेस्ट, जे. एच., 'फरदर एक्सक्वेशन एट मोहनजोदड़ो', 1927–31, जिल्द 2, नई दिल्ली
5. राव, एस. आर. लोथल एण्ड इण्डसवैली सिविलाइजेशन, बम्बई, 1973 'फरदर एक्कवेशन एट लोथल' ललितकला, 11, 1962, पृ. 14–30
6. लाल, बी.बी. तथा बी. के. थापर; 'एक्सक्वेशन एट कालीबंगा : न्यू लाइट ऑन इण्डस सिविलाइजेशन', कल्चरल फोरम, 34, 1967, पृ. 78–88

7. सूरजभान, 'एक्सकवेशन एट मीताथल' (हिसार) जे. एच. एस., 1, 1969, पृ. 1–94

8. थपल्याल, किरण कुमार, सिन्धु सभ्यता, लखनऊ, 1976; पुसालकर, ए.डी., 'इण्डस वैली सिविलाइजेशन', वैदिक एज, बम्बई, पृ. 169–200.

9. पिगट, स्टुअर्ट, 'प्रिहिस्टोरिक इण्डिया', पृ. 201; व्हीलर, आर.ई.एम., अर्ली इण्डिया एण्ड पाकिस्तान, पृ. 27

10. गार्डन, डी. ए., दि प्रिहिस्टोरिक बैक ग्राउन्ड ऑफ इण्डिया कल्चर, न्यूलाइट ऑन द मोस्ट एन्शीयेन्ट ईस्ट, पृ. 174

11. मलिक, एस. पी., इण्डियन सिविलाइजेशनः द फार्मेटिव पीरियड, पृ. 106; गुप्ता; एस. पी., 'टू अर्बनायजेशन इन इण्डिया; ए साइट स्टड़ी इन देयर सोशल स्टक्चर', पुरातत्त्व, 7, 1974, पृ. 5, 9।

12. मार्शल, जे. मोहनजोदड़ो एण्ड इण्डसवैली सिविलाइजेशन, खण्ड 1, लन्दन; मैके अर्नेस्ट, द अर्ली इण्डस सिविलाइजेशन; गोयल, एस. आर., ए रिलीजियस हिस्ट्री ऑफ एन्शीयेन्ट इण्डिया, जिल्द 1, मेरठ, 1984, पृ. 12–34; हेरास, एस. जे., 'रिलीजियस हिस्ट्री ऑफ मोहनजोदड़ो एकोर्डिंग टू इन्सक्रिपशन्श', 1936, 51, पृ. 1–29 ।

13. मार्शल, जे., पूर्वोद्धत, खण्ड 1; अग्रवाल वासुदेवशरण, भारतीय कला, वाराणसी, 1962।

14. थपल्याल, किरणकुमार, सिन्धु सभ्यता, लखनऊ, 1976, पृ. 141

15. थपल्याल, किरणकुमार, सिन्धु सभ्यता, लखनऊ, 1976, पृ. 141

16 थपल्याल, किरण कुमार, सिन्धु सभ्यता, लखनऊ, 1976, पृ. 144

17. मार्शल के अनुसार मोहनजोदड़ो में लकड़ी के मन्दिर बनते थे। मार्शल, जे. मोहनजोदड़ो एण्ड इण्ड्सवैली सिविलाइजेशन, खण्ड 1, पृ. 253

18. मैके, अर्नेस्ट, 'फरदर एक्सक्वेशन एट मोहनजोदड़ो', जिल्द1, पृ. 337–38

19. मार्शल, जे.,'मोहनजोदड़ो एण्ड इण्डसवैली एक्सक्वेशन',खण्ड 1, पृ. 393

20. मुखर्जी, राधा कुमुद, 'हिन्दू सिविलाइजेशन', 1950, पृ. 20

21. मार्शल, जे., मोहनजोदड़ो एण्ड इण्डस वैली एक्सक्वेशन, खण्ड 3, फलक 45; भट्टाचार्य, एन. इण्डियन मदर गोडेस, पृ. 148 तथा आगे

22. वत्स, माधोस्वरूप, 'एक्सक्वेशन एट हड़प्पा', जिल्द 1, पृ. 300

23. गोयल, एस. आर., ए रिलीजियस हिस्ट्री ऑफ एन्शीयेन्ट इण्डिया, जिल्द 1, मेरठ 1984, पृ. 9–24।

24. असाधारण शक्ति के परिचायक के रूप में प्रायः शासकों की सिरोभूषा में सींग लगाया जाता था। प्राचीन उर में बैलों का अनेक प्रकार से चित्रण हुआ है।

25. मार्शल, जे., मोहनजोदड़ो एण्ड इण्डस वैली एक्सक्वेशन, खण्ड 1, पृ. 107; मैके, अर्नेस्ट फरदर, एक्सक्वेशन एट मोहनजोदड़ो, जिल्द 1, पृ. 115; वत्स, माधोस्वरूप, एक्सकवेशन एट हड़प्पा, जिल्द 1, पृ. 2.8–2.9

26. वत्स, माधोस्वरूप, 'एक्सकवेशन एट हड़प्पा', जिल्द 1, पृ. 121

27. लाल, बी. बी., तथा बी. के. थापर, 'एक्सक्वेशन एट कालीबंगा', न्यू लाइट ऑन इण्डस सिविलाइजेशन', कल्चरल फोरम 34, 1967, पृ. 78–88

28. कुण्ड का बाहरी दीवारों पर विटुमिन (गिरिपुष्पक) की परत लगी हुई है। इस पदार्थ का प्रयोग मोहनजोदड़ो में जल निरोधक के रूप में सीमित है किन्तु मैसोपोटामिया में इसे साधारण रूप में प्रयुक्त किया जाता था। विश्वास किया जाता है कि यहाँ पर प्रयुक्त विटुमिन ईसाखेल, यारी और सनाई की पहाड़ियों से प्रापत किया जाता था।

29. मार्शल, जे., मोहनजोदड़ो एण्ड इण्डस वैली सिविलाइजेशन, खण्ड 1, लन्दन, 1931; राव, एस. आर., लोथल एण्ड इण्डसवैली सिविलाइजेशन, बम्बई, 1973; 'न्यू लाइट ऑन दि पोस्ट अरवन फेस ऑफ दि इण्डस सिविलाइजेशन इन इण्डिया' दि हड़प्पन सिविलाइजेशनः ए कन्टमप्रोरी पर्सपेक्टिव, श्रीनगर, 1979; अल्चिन, बी. एण्ड रेमण्ड, दि वर्थ ऑफ इण्डियन सिविलाइजेशन, 1968; थपल्याल, के. के., सिन्धु सभ्यता, लखनऊ, 1976; मैके, ई. जे. एच., अर्ली इण्डस सिवलाइजेशन, नई दिल्ली, 1976

30. थपल्याल, के. के., 'सिन्धु सभ्यता', पृ. 1–16

31. चाइल्ड, गार्डन, 'न्यू लाइट ऑन दि मोस्ट एन्शीयेन्ट ईस्ट', पृ. 209

32. पिगट, एस. प्रिहिस्टोरिक इण्डिया, पृ. 66

33. थपल्याल, के. के. 'सिन्धु सभ्यता, लखनऊ', 1976, पृ. 162–63

34. मोहनजोदड़ो से प्राप्त गेहूँ के दानों से स्पष्ट होता है कि यहाँ गेहूँ के दो प्रजातियों की खेती होती थी –ट्रिटीकेम तथा कमपेक्टम।

35. लोथल और रंगपुर से प्राप्त भाण्डों पर तथा मुद्रा छाप पर लगी धान की भूसि इस तथ्य का निसंदिग्ध ा प्रमाण है कि सैन्धव जन धान की खेती करते थे।

36. थपल्याल, के.के., 'सिन्धु सभ्यता', लखनऊ, 1976, पृ. 164–65; श्रीवास्तव बलराम, ट्रेड एण्ड कामर्स इन एन्शीएन्ट इण्डिया, पृ. 136–37

37. सूसा से एक मुद्रा घनाकार बाट, हाथी दाँत की एक गोटी और कुछ रेखांकित मनके प्राप्त हुए हैं, जिन्हें सैन्धव निर्मित माना जाता है। विस्तार से देखें थपल्याल, के.के., 'सिन्धु सभ्यता', लखनऊ, 1976, पृ. 170–171

38. अल्चिन, बी. एण्ड रेमण्ड, दि वर्थ ऑफ इण्डियन सिविलाइजेशन, 1968; व्हीलर, एम., अर्ली इण्डिया एण्ड पाकिस्तान, पृ. 108–110।

39. हन्टर, जी.आर., स्क्रिप्ट ऑफ हड़प्पा एण्ड मोहनजोदड़ो, एण्ड इट्स कनेक्शन विद् अदर स्क्रिप्ट्स, लंदन, 1934; लेन्गडन, एस. एच., दि स्क्रिप्ट् : मोहनजोदड़ो एण्ड सिविलाइजेशन, जिल्द 2, 1931, पृ. 423–55; एलेक्सीव, जे. वी., सोवियत स्टेडीज आन हड़प्पन स्क्रिप्ट, फ्लोरिडा, 1969; बर्रो, टी., 'द्रवेडियन एण्ड डिसायफरमेन्ट ऑफ इण्डस स्क्रिप्ट' एन्टिक्विटी, 43, 173, 1969, पृ. 274–78; लाल, बी. बी., सम अवजेर्वेशन्स ऑन हड़प्पन स्क्रिप्ट; इण्डियन कन्ट्रिब्यूशन टू वर्ल्ड थॉट एण्ड कल्चर, 197., पृ. 189–2.2।

40. राव, एस. आर., दि डिसाफर्मेन्ट ऑफ इण्डस स्क्रिप्ट, बम्बई, 1982

41. गोयल, श्रीराम, विश्व की प्राचीन सभ्यताएँ, वाराणसी, 1962

42. अग्रवाल, धर्मपाल, 'भारतीय पुरा–एतिहासिक पुरातत्त्व, पृ. 97।

43. थपल्याल, के. के., 'सिन्धु सभ्यता', लखनऊ, 1976, पृ. 26.

44. व्हीलर, एम., दि इण्डस वैली सिविलाइजेशन, पृ. 91; गार्डन, डी. एस., प्रिहिस्टोरिक बैक ग्राउण्ड ऑफ इण्डियन कल्चर, पृ. 94–95; चाइल्ड, गार्डन, न्यू लाइट आन दि मोस्ट एन्शीएनट ईस्ट, पृ. 232–33
45. चाहुन्जोदड़ो में सैन्धव स्तरों के ऊपर किसी बस्ती के साक्ष्य नहीं मिलते। इसी प्रकार कालीबंगा में सिन्धु सभ्यता के अवशेषों के ऊपर किसी अन्य संस्कृति के अवशेष नहीं हैं। सैन्धव काल के पश्चात् यह नगर निर्जन हो गया। ए. घोष ने सरस्वती घाओी में जिन सैन्धव और भूरे रंग से चित्रित मृदभाण्डों के साक्ष्यों का उल्लेख किया है वहाँ किसी भी स्थल पर दोनों संस्कृतियों के सम्पर्क का प्रमाण लगभग नहीं मिला है।
46. डेल्स, जी. एफ., 'दि डिक्लाइन ऑफ दि हड़प्पन्स', अमेरिकन रिव्यू, 1966; राइक्स, आर. एल., अमेरिकन अन्थ्रोपोलोजिस्ट, जिल्द 63, 1961; अग्रवाल, डी.पी., 'भारतीय पुरा–एतिहासिक पुरातत्त्व', पृ. 92।
47. थापर, के अनुसार कालीबंगा में न तो विदेशी आक्रमण हुए, न बाढ़ आई और न यहाँ पर परवर्ती सैन्धव संस्कृति का निर्माण हुआ। डेल्स के अनुसार घघ्घर और इसकी सहायक नदियों का मार्ग परिवर्तन करके गंगा और उसकी सहायक नदियों में मिलना इस क्षेत्र की संस्कृति के अन्त का मुख्य कारण प्रतीत होता है।
48. थपल्याल, के. के., सिन्धु सभ्यता, लखनऊ, 1976, पृ. 327
49. सिंह, आर.एल., 'इण्डिया ए रिजनल ज्योग्राफी', नेशनल सोसायटी ऑफ इण्डिया, वाराणसी, 1971
50. जैन, पन्नामाल, आदि पुराण, भारतीय ज्ञान पीठ, वाराणसी, 1965
51. महाभारत, गीता प्रेस, गोरखपुर, 1956–1959
52. विष्णु पुराण, बम्बई, 1889, विल्सन, 5 भाग लन्दन 1864–70, गीता प्रेस गोरखपुर, सं. 2009।
53. वर्मा, टी. पी., आर्यो का आदि देश भारत विश्वदृष्टि, सम्पूर्णानन्द स्मृति–ग्रन्थ, वाराणसी, 1993
54. विद्यालंकार, सत्यकेतु, प्राचीन भारत नई दिल्ली, 2000
55. विद्यालंकार, सत्यकेतु, प्राचीन भारत नई दिल्ली, 2000
56. सिंह, जगदीश, भारत भौगोलिक आधार एवं अध्याय राधा पब्लिकेशनन, दरियांगज नई दिल्ली, 2002
57. भट्टाचार्या, डी. के., भारतीय प्रागैतिहास की रूपरेखा जायका प्रकाशन– दिल्ली, 1999
58. सिंह, आर.एल., 'इण्डिया ए रिजनल ज्योग्राफी', नेशनल सोसायटी ऑफ इण्डिया, वाराणसी, 1971
59. विद्यालंकार, सत्यकेतु, प्राचीन भारत नई दिल्ली, 2000
60. सिंह, जगदीश, भारत भौगोलिक आधार एवं अध्याय राधा पब्लिकेशनन, दरियांगज, नई दिल्ली, 2002
61. पाण्डेय, बी. डी. कुमाऊँ का इतिहास, अल्मोड़ा बुक डिपोट, अल्मोड़ा, 1962
62. ऋगवेद (2–49–16)
63. कालीदास, मेघदूत, कालीदास ग्रन्थावली, वाराणसी, 22–20
64. मत्स्यपुराण, आनन्दाश्रम संस्कृत सीरीज, पूना, 1907
65. कनिंघम, अलेक्जेंडर, 'द ज्योग्राफी ऑफ इण्डिया', इण्डोलॉजी बुक हाऊस, वाराणसी, 1963
66. भार्गव, पी. एल., 'इण्डिया इन द वैदिक एज' – 1971 पृ. 65

67. भार्गव, पी. एल., 'इण्डिया इन द वैदिक एज' – 1971 पृ. 67
68. सिंह, आर.एल., 'इण्डिया ए रिजनल ज्योग्राफी', नेशनल सोसायटी ऑफ इण्डिया, वाराणसी, 1971
69. वही
70. बोसे, एस. सी., 'पिपुल ऑफ द हिमालया', इण्डिया पब्लिकेशनस, कलकत्ता, 1968
71. चाइल्ड, वी. गोर्डन, 'मैन मेक हिमसेल्फ वाट्ट', लंदन, 1948
72. लूबोक, जॉन – 1965
73. थापर, बी. के., 'ए चाल्कोलिथिक साईट इन द ताप्ती वैली', एन्शिएन्ट इण्डिया नं. 20–21, 1964–65 (1967) प्रकाश, 1955
74. आल्चिन, बी., 'द इण्डियन मिडिल स्टोन एज', बुलेटीन ऑफ द इन्स्टिटूट ऑफ आर्कियोलॉजी (लंदन) भाग – 2, 1969.
75. थापर, बी. के., 'प्रोब्लम्स ऑफ द नियोलिथिक कल्चर इन इण्डिया', पुरातत्त्व न.–7, 1974, पृ. 61–65.
76. आल्चिन, बी. आर, 'द रेज ऑफ सिविलाइजेशन इन इण्डिया एण्ड पाकिस्तान', कैम्ब्रिज, 1982
77. पाण्डेय, जयनारायण, पुरातत्व विमर्श प्राच्य विद्या संस्थान, इलहाबाद, 2000, पृ. 327–36.
78. पिग्गट, एस., प्रिहिस्टोरिक इण्डिया, हार्मोड्सवर्थ, 1950
79. पाण्डेय, जयनारायण, पुरातत्व विमर्श प्राच्य विद्या संस्थान, इलहाबाद, 2000, पृ. 483–495.
80. अग्रवाल, डी. पी., 'द आर्कियोलॉजी ऑफ इण्डिया', लंदन, 1982
81. वही
82. वही
83. लाल, बी. बी., 'इण्डियन आर्कियोलॉजी सिन्स इनडिपेंडेन्स', दिल्ली, 1965
84. गुप्ता, एस. पी., 'आर्कियोलॉजी ऑफ सोवियत सेन्ट्रल एशिया एण्ड इण्डिया वोर्डरलैण्ड', वाल्यूम–2
85. लाल बी. बी., 'एक्सवेशन एट हस्तिनापुर एण्ड अदर एक्सप्लोरेशन इन द अपर गंगा एण्ड सतलज वेसिन', एन्शियेन्ट इण्डिया, न. 10, पृ. 108–11, (1954–1955), 1950–52,
86. वही
87. लाल, बी. बी., 'एक्सवेशन एट श्रृंग्वेरपुर' वाल्यूम–1, ए. एस. आई., नई दिल्ली, 1993
88. पाण्डेय, जय नारायण, 2000, वही, पृ.– 495–502
89. गौड़, आर.सी., 'एक्सवेशन एट अतरंजीखेड़ा', मोतीलाल बनारसी दास, दिल्ली, 1983
90. संकालिया, एच. डी., 'प्रिहिस्ट्री एण्ड प्रोटोहिस्ट्री ऑफ इण्डिया एण्ड पाकिस्तान', पूना, 1974
91. गौड़, आर.सी.,'द ऑकर कलर ए रेसिसमेन्ट ऑफ द एविडेन्स', साऊथ एशियन आर्कियोलॉजी, 1973
92. सिंह, एच. एन., 'हिस्ट्री एण्ड आर्कियोलॉजी ऑफ ब्लैक एण्ड रेड वेयर', संदिप प्रकाशन, नई, दिल्ली
93. गौड़, आर. सी., 'एक्सवेशन एट अतरंजीखेड़ा', मोतीलाल बनारसी दास, दिल्ली, 1983

94. इण्डियन आर्कियोलॉजी, 1959–6., ए रिव्यू, आर्कियोलॉजिकल सर्वे ऑफ इण्डिया, नई दिल्ली, पृ. 104–105

95. वही, 197.–71, पृ. 63–64

96. गौड़, आर. सी., 'एक्सवेशन एट अतरंजीखेड़ा', मोतीलाल बनारसी दास, दिल्ली, 1983

97. लाल, बी.बी., 'एक्सवेशन एट हस्तिनापुर (1954–55), एन्शियेन्ट इण्डिया, न. 10, आर्कियोलॉजिकल सर्वे ऑफ इण्डिया, पृ. 68–69

98. सिंह, पुरूषोत्तम, 'एक्सवेशन एट ऩरहन (1984–89)', वाराणसी, 1994, पृ. 59–60

99. पाण्डेय, जय नारायण, 2000, वही ,पृ. 505–06

100. इण्डियन आर्कियोलॉजी, 1970–71, ए रिव्यू, आर्कियोलॉजिकल सर्वे ऑफ इण्डिया, नई दिल्ली, पृ. 47–48

101. लाल, बी. बी., 'एक्सवेशन एट हस्तिनापुर (1954–55), एन्शियेन्ट इण्डिया, न. 10, आर्कियोलॉजिकल सर्वे ऑफ इण्डिया, पृ. 68–69

102. इण्डियन आर्कियोलॉजी, 197.–71, ए रिव्यू, आर्कियोलॉजिकल सर्वे ऑफ इण्डिया, नई दिल्ली, पृ. 48–49

103. गौड, आर. सी., 'एक्सवेशन एट अतरंजीखेड़ा' मोतीलाल बनारसी दास, दिल्ली, 1983, पृ. 112

104. घोष, ए. 'एनसाइक्लोपेडिया ऑफ इण्डियन ऑर्कियोलॉजी' वाल्यूम–2, नई दिल्ली, 1989, 210

105. लाल, बी. बी., 'एक्सवेशन एट हस्तिनापुर' (1954–55), एन्शियेन्ट इण्डिया, न. 10, आर्कियोलॉजिकल सर्वे ऑफ इण्डिया, पृ. 68–69

106. गौड, आर. सी., 'एक्सवेशन एट अतरंजीखेड़ा', मोतीलाल बनारसी दास, दिल्ली, 1983, पृ. 112

107. जोशी जगतपति, 'एक्सवेशन एट भगवानपुरा (1975–76), 'आर्कियोलॉजिकल सर्वे ऑफ इण्डिया, 1983, पृ. 275

108. जोशी जगतपति, 'एक्सवेशन एट भगवानपुरा (1975–76), 'आर्कियोलॉजिकल सर्वे ऑफ इण्डिया, 1983, पृ. 275

अध्याय – दो

हड़प्पा सभ्यता के अन्वेषित एवं उत्खनित पुरास्थल

अद्यतन, उत्तर भारत में हड़प्पा सभ्यता के अनेक पुरास्थलों का अन्वेषण हो चुका है। इन अन्वेषित पुरास्थलों में से कई महत्वपूर्ण पुरास्थलों का उत्खनन भी किया गया है। उन अन्वेषित पुरास्थलों की सूची प्रस्तुत की गई है, जिनमें से अधिकांश का उत्खनन नहीं हो सका है। कुछ महत्वपूर्ण पुरास्थलों का उत्खनन किया गया है जिनमें से विषय की आवश्यकता को देखते हुए उक्त उत्खनित पुरास्थलों में से कुछ महत्वपूर्ण पुरास्थलों का संक्षिप्त विवरण इस अध्याय में प्रस्तुत किया जा रहा है। उन स्थलों के विवरणों के आधार पर ही आगे के अध्यायों में हड़प्पा सभ्यता की तत्कालीन एवं परवर्ती संस्कृतियों से साम्यता स्थापित करने के साथ–साथ उसकी उत्तरजीवितता को रेखांकित करने का प्रयास किया गया है। अतः इस अध्याय में उक्त स्थलों से प्राप्त अवशेषों– उसकी संरचना, प्राप्त संस्कृतियाँ, मृद्भाण्ड, पुरानिधियाँ आदि के संबंध में चर्चा की गई है, जिनमें बणावली[1], राखीगढ़ी[2], कुणाल[3], ढ़लेवा[4], भिड़ाना[5], मिताथल[6], सिसवल[7], रोपड़[8], सनौली[9], संघोल[10], हुलास[11], आलमगीरपुर[12], माण्डी[13] और भगवानपुरा[14] नामक पुरास्थल सम्मिलित हैं।

उत्तर-भारत के प्राक् हड़प्पाकालीन पुरास्थल[15]

क्र. सं.	पुरास्थल	जिला	स्थिति अक्षांश / देशांतर
1	अलीपुर खरड़ दो (Alipur Kharar Two)	हिसार	29° 08′00″उ. 75° 53′00″पू.
2	अलीपुर खरड़ तीन (Alipur Kharar Three)	हिसार	29° 08′00″उ. 75° 53′00″पू.
3	अलीपुर मंदरान (Alipur Mandran)	भटिंडा	29° 50′00″उ. 75° 28′00″पू.
4	अमरगढ़ एक (Amargarh One)	जींद	29° 37′05″उ. 76° 01′10″पू.
5	अमरहेरी एक (Amarheri One)	जींद	29° 21′40″उ. 76° 18′45″पू.
6	अर्निवाला थेह (Arniwala Theh)	फिरोजपुर	30° 20′00″उ. 75° 15′00″पू.
7	बादली (Badali)	रोहतक	28° 35′00″उ. 76° 48′00″पू.
8	बादसा (Badha)	रोहतक	28° 30′00″उ. 76° 51′00″पू.
9	वाघरू खूर्द (Baghru Khurd)	जींद	29° 17′28″उ. 76° 35′55″पू.

10	बहनी थेह (Bahni Theh)	कुरूक्षेत्र	
11	बलैना (Baliana)	रोहतक	28° 53′00″उ. 76° 43′00″पू.
12	बालु (Balu)	जींद	29° 40′15″उ. 76° 23′16″पू.
13	बालु दो (Balu Two)	जींद	29° 41′15″उ. 76° 23′16″पू.
14	बनावली (Banawali)	हिसार	29° 36′25″उ. 75° 23′55″पू.
15	बरसाना (Barasana)	कुरूक्षेत्र	29° 40′00″उ. 76° 35′00″पू.
16	बार्की (Barki)	हिसार	29° 17′00″उ. 75° 46′00″पू.
17	बड़ोली (Baroli)	जींद	29° 16′16″उ. 76° 21′29″पू.
18	बाता एक (Bata One)	जींद	29° 42′49″उ. 76° 19′31″पू.
19	भिराना (Bhirana)	हिसार	29° 32′00″उ. 75° 32′00″पू.
20	भुदान (Bhudan)	संगरूर	30° 31′00″उ. 75° 46′00″पू.
21	बुद्धखेड़ा तीन (Bhudha Khera Three)	जींद	29° 23′55″उ. 76° 33′10″पू.
22	बुवाना दो (Buwana Two)	जींद	29° 12′48″उ. 76° 18′27″पू.
23	चनात एक (Chanat One)	हिसार	29° 12′00″उ. 75° 32′00″पू.
24	चनात दो (Chanat Two)	हिसार	29° 12′20″उ. 75° 32′00″पू.
25	चनात तीन (Chanat Three)	हिसार	29° 11′52″उ. 75° 55′40″पू.
26	चंदैला (Chandiala)	लुधियाना	30° 52′00″उ. 76° 20′00″पू.
27	छापरा (Chhapra)	सोनीपत	29° 07′00″उ. 76° 32′00″पू.
28	छोटी मनसा (Chhoti Mansa)	भटिंडा	29° 59′00″उ. 75° 26′00″पू.
29	दरोली खेड़ा (Daroli Khera)	जींद	29° 29′24″उ. 76° 06′33″पू.
30	दात्ता (Datta)	हिसार	29° 15′25″उ. 76° 59′50″पू.
31	देवेड़र (Deverar)	जींद	29° 05′18″उ. 76° 22′55″पू.
32	ढाकल एक (Dhakal One)	जींद	29° 34′45″उ. 76° 09′42″पू.
33	धनोउरी (Dhanouri)	जींद	29° 47′20″उ. 76° 10′30″पू.
34	ढलेबान (Dhalewan)	भटिंडा	30° 02′00″उ. 75° 33′00″पू.
35	धरोदी (Dharodi)	जींद	29° 38′22″उ. 76° 04′03″पू.
36	धुर्मारखा कलान एक (Dhurmarkha Kalan One)	जींद	29° 33′24″उ. 76° 09′40″पू.
37	दोमेली (Domeli)	कपुरथला	31° 20′00″उ. 75° 46′00″पू.
38	फरीदपुर (Faridpur)	सहारनपुर	30° 06′00″उ. 77° 45′00″पू.
39	गागसीना (Gagsina)	करनाल	29° 34′00″उ. 76° 53′00″पू.
40	गरही (Garhi)	हिसार	29° 04′44″उ. 76° 05′20″पू.
41	घासवा (Ghaswa)	हिसार	29° 41′29″उ. 75° 40′20″पू.
42	घासवा तीन (Ghaswa Three)	जींद	
43	घटौली (Ghatauli)	जींद	29° 11′07″उ. 76° 21′38″पू.

44	घिमना एक (Ghimana One)	जींद	29° 15′32″उ. 76° 17′16″पू.
45	गोस्सैन (Gossain)	जींद	29° 12′50″उ. 76° 22′28″पू.
46	गुलड़वाला (Gularwala)	हिसार	29° 43′00″उ. 75° 46′00″पू.
47	गुणकली (Gunkali)	जींद	29° 16′50″उ. 76° 12′34″पू.
48	गुरनीकलान दो (Gurniklan Two)	भटिंडा	29° 50′00″उ. 75° 33′00″पू.
49	हमालपुर (Hamalpur)	करनाल	29° 33′00″उ. 76° 54′00″पू.
50	हन्दाली (Handali)	संगरूर	30° 38′00″उ. 75° 51′00″पू.
51	हँासी (Hansi)	हिसार	29° 05′00″उ. 75° 59′00″पू.
52	हाथो दो (Hatho Two)	जींद	29° 38′00″उ. 76° 11′00″पू.
53	झमोला (Jhamola)	जींद	29° 08′50″उ. 76° 20′30″पू.
54	जींद दो (Jind Two)	जींद	29° 19′02″उ. 76° 19′00″पू.
55	जींद पाँच (Jind Five)	जींद	29° 19′00″उ. 76° 19′00″पू.
56	कचरना कलान (Kachrana Kalan)	जींद	29° 29′32″उ. 76° 18′07″पू.
57	कलैत एक (Kalait One)	जींद	29° 40′38″उ. 76° 13′23″पू.
58	कलैन (Kalain)	संगरूर	30° 35′00″उ. 75° 43′00″पू.
59	कनडाला दो (Kanadala Two)	जींद	29° 23′30″उ. 76° 19′30″पू.
60	करलान (Karanal)	कपुरथला	31° 23′00″उ. 75° 22′00″पू.
61	करेला दो (Karela Two)	जींद	29° 08′08″उ. 76° 19′56″पू.
62	कर्षोला एक (Karsola One)	जींद	29° 09′00″उ. 76° 26′00″पू.
63	कर्षोला दो (Karsola Two)	जींद	29° 09′30″उ. 76° 26′00″पू.
64	कथना दो (Kathana Two)	जींद	29° 32′33″उ. 76° 23′30″पू.
65	खप्रान (Khapran)	जींद	29° 25′14″उ. 76° 10′18″पू.
66	खरक पंदवान (Kharak Pandwan)	जींद	29° 40′00″उ. 76° 17′00″पू.
67	खराल एक (Kharal One)	जींद	29° 42′10″उ. 76° 04′30″पू.
68	खराल दो (Kharal Two)	जींद	29° 41′48″उ. 76° 04′52″पू.
69	खरन्ती (Kharanti)	जींद	29° 10′07″उ. 76° 19′10″पू.
70	खड़र (Kharar)	हिसार	29° 08′57″उ. 75° 53′42″पू.
71	खेमा खेड़ी (Khema Kheri)	जींद	29° 14′00″उ. 76° 23′12″पू.
72	कोएल (Koel)	जींद	29° 44′58″उ. 76° 10′50″पू.
73	कुणाल (Kunal)	हिसार	29° 37′35″उ. 75° 39′30″पू.
74	लौन (Laun)	जींद	29° 40′04″उ. 76° 02′00″पू.
75	लोहर रघु (Lohar Raghu)	हिसार	29° 16′00″उ. 76° 04′00″पू.
76	लोहरी (Lohari)	करनाल	29° 21′30″उ. 76° 50′19″पू.

77	महोरना (Mohorana)	संगरूर	
78	मांदा (Manda)	जम्मू	32° 54′00″उ. 74° 48′00″पू.
79	मन्द कौला (Mand kaul)	गुड़गाँव	28° 08′00″उ. 77° 10′00″पू.
80	मंगली एक (Mangli One)	हिसार	29° 02′00″उ. 75° 44′00″पू.
81	मंगली दो (Mangli Two)	हिसार	29° 02′00″उ. 75° 44′00″पू.
82	मंगलपुर (Mangalpur)	जींद	29° 31′41″उ. 76° 04′07″पू.
83	मसौदपुर (Masaudpur)	हिसार	29° 12′47″उ. 75° 58′00″पू.
84	मातर शाम (Matar Sham)	हिसार	29° 10′00″उ. 75° 35′00″पू.
85	मीर्चपुर (Mirchpur)	हिसार	29° 19′30″उ. 76° 11′30″पू.
86	मोआना (Moana)	जींद	29° 26′12″उ. 76° 34′47″पू.
87	मोहोली (Moholi)	संगरूर	30° 38′00″उ. 75° 45′00″पू.
88	मोरखी (Morkhi)	जींद	29° 17′12″उ. 76° 33′16″पू.
89	नैवाला थेह (Naiwala Theh)	भटिंडा	30° 50′00″उ. 75° 30′00″पू.
90	नवानवांस (Nawanbans)	सहारनपुर	29° 54′00″उ. 77° 17′00″पू.
91	निदनी (Nidani)	जींद	29° 15′32″उ. 76° 05′04″पू.
92	पाहलवान (Pahlwan)	जींद	29° 39′00″उ. 76° 12′00″पू.
93	पाली (Pali)	हिसार	29° 10′10″उ. 76° 04′06″पू.
94	पाओली (Paoli)	जींद	29° 04′39″उ. 76° 26′30″पू.
95	पिंडारा (Pindara)	जींद	29° 19′20″उ. 76° 22′28″पू.
96	पिंजूपुरा (Pinjupura)	जींद	29° 39′00″उ. 76° 06′30″पू.
97	पीपल्था एक (Pipaltha One)	जींद	29° 45′00″उ. 76° 06′00″पू.
98	पीपल्था एक (Pipaltha One)	जींद	29° 45′33″उ. 76° 06′35″पू.
99	राधना (Radhana)	जींद	29° 15′00″उ. 76° 20′53″पू.
100	राजा सिरकप (Raja Sirkap)	फरीदकोट	29° 39′00″उ. 74° 46′00″पू.
101	राजपुर दो (Rajpur Two)	जींद	29° 10′50″उ. 76° 03′30″पू.
102	राखीगढ़ी (Rakhigarhi)	हिसार	29° 17′30″उ. 76° 06′50″पू.
103	रानी रण (Rani Ran)	जींद	29° 42′30″उ. 76° 21′32″पू.
104	रत्ता खेड़ा खुराम (Ratta Khera Khuram)	कुरूक्षेत्र	30° 07′00″उ. 76° 27′00″पू.
105	रत्ता थेह (Ratta Theh)	हिसार	29° 43′15″उ. 75° 42′15″पू.
106	रवाल्वास कलान (Rawalwas Kalan)	हिसार	29° 04′00″उ. 75° 35′00″पू.
107	रीनढ़ाना (Rindhana)	सोनीपत	29° 07′23″उ. 76° 30′00″पू.
108	रूखी (Rookhi)	सोनीपत	29° 03′00″उ. 76° 41′00″पू.
109	रोपड़ (Ropar)	रोपड़	30° 58′00″उ. 76° 32′00″पू.

110	सढ़ा मजरा (Sadabad)	जींद	29° 29′00″उ. 76° 08′00″पू.
111	सलीमगढ़ (Salimgarh)	हिसार	29° 10′30″उ. 75° 32′45″पू.
112	सारंगपुर (Sarangpur)	रोपड़	30° 46′00″उ. 76° 48′00″पू.
113	सतरोड खुर्द एक (Satrod Khurd One)	हिसार	29° 08′57″उ. 75° 46′48″पू.
114	सतरोड खुर्द तीन (Satrod Khurd Three)	हिसार	29° 08′45″उ. 75° 46′11″पू.
115	सनोली (Sanoli)	बागपत	29° 08′28″उ. 77° 13′01″पू.
116	सौंखरा दो (Saunkhara Two)	करनाल	29° 47′35″उ. 76° 50′55″पू.
117	शाहपुर (Shahpur)	हिसार	29° 09′59″उ. 75° 36′51″पू.
118	शीशपुर (Shishpur)	करनाल	29° 14′39″उ. 76° 49′03″पू.
119	सिअमलो कलान एक (Siamlo Kalan One)	जींद	29° 12′45″उ. 76° 24′10″पू.
120	सिअमलो कलान दो (Siamlo KalanTwo)	जींद	29° 12′10″उ. 76° 23′51″पू.
121	सिंगहरा (Singhra)	करनाल	29° 42′00″उ. 76° 50′00″पू.
122	सीसना (Sisana)	रोहतक	29° 56′00″उ. 76° 51′00″पू.
123	सीसवाल (Siswal)	हिसार	29° 13′12″उ. 76° 30′30″पू.
124	सुरवड़ा (Surbra)	जींद	29° 29′35″उ. 76° 04′21″पू.
125	थेराज (Theraj)	हिसार	29° 44′00″उ. 76° 08′00″पू.
126	तिगराना (Tigrana)	भिवानी	28° 53′15″उ. 76° 08′12″पू.
127	उझाना दो (Ujhana Two)	जींद	29° 43′45″उ. 76° 08′30″पू.
128	उर्दना (Urdana)	जींद	29° 28′36″उ. 76° 33′16″पू.
129	उर्लाना खुर्द दो (Urlana Khurd Two)	करनाल	29° 22′12″उ. 76° 40′50″पू.

उत्तर-भारत के हड़प्पाकालीन पुरास्थल[16]

क्र. सं.	*पुरास्थल*	*जिला*	*स्थिति अक्षांश/देशांतर*
1	आलमगीरपुर (Alamgirpur)	मेरठ	29° 00′00″उ. 77° 22′00″पू.
2	अलीदा थेह (Alida Theh)	भटिंडा	30° 20′00″उ. 75° 20′00″पू.
3	अलीपुर खरड़ एक (Alipur Kharar One)	हिसार	29° 08′00″उ. 75° 53′00″पू.
4	अलीपुर मंदरान (Alipur Mandran)	भटिंडा	29° 50′00″उ. 75° 28′00″पू.
5	अरनौली (Aranauli)	रोपड़	30° 14′00″उ. 77° 16′00″पू.
6	अर्निवाला थेह (Arniwala Theh)	फिरोजपुर	30° 20′00″उ. 75° 15′00″पू.
7	आसनवाली (Asanwali)	सहारनपुर	30° 02′00″उ. 77° 36′00″पू.
8	बादा सामना (Bada Samana)	रोपड़	
9	बाघरू (Baghru)	सेनीपत	
10	वगलिअन्दा थेह (Baglianda Theh)	भटिंडा	29° 56′00″उ. 75° 29′00″पू.

11	बलैना (Baliana)	रोहतक	28° 53'00''उ. 76° 43'00''पू.
12	बालु (Balu)	जींद	29° 40'15''उ. 76° 23'16''पू.
13	बालु दो (Balu Two)	जींद	29° 41'15''उ. 76° 23'16''पू.
14	वनावली (Banawali)	हिसार	29° 36'25''उ. 75° 23'55''पू.
15	बानी (Bani)	हिसार	29° 35'00''उ. 74° 35'00''पू.
16	बाड़ा (Bara)	रोपड़	30° 54'00''उ. 76° 30'00''पू.
17	बड़गॉव (Bargaon)	सहारनपुर	30° 12'00''उ. 77° 32'00''पू.
18	बार्की (Barki)	हिसार	29° 17'00''उ. 75° 46'00''पू.
19	बासमी (Basami)	लुधियाना	30°55'00''उ. 75° 43'00''पू.
20	बौंदकी (Baundki)	सहारनपुर	30° 04'00''उ. 77° 37'00''पू.
21	वाजिदपुर (Bazidpur)	सहारनपुर	30° 03'00''उ. 77° 36'00''पू.
22	भतनुरा (Bhatnura)	कपुरथला	31° 01'00''उ. 75° 31'00''पू.
23	भीराना (Bhirana)	हिसार	29° 32'00''उ. 75° 32'00''पू.
24	भुदान (Bhudan)	संगरूर	30° 31'00''उ. 75° 46'00''पू.
25	भुर्ताना (Bhurtana)	भिवानी	28° 55'00''उ. 75° 56'23''पू.
26	बिक्कुनोर (Bikkunor)	रोपड़	
27	चनात एक (Chanat One)	हिसार	29° 12'00''उ. 75° 32'00''पू.
28	चनात दो (Chanat Two)	हिसार	29° 12'20''उ. 75° 32'00''पू.
29	चनात तीन (Chanat Three)	हिसार	29° 11'52''उ. 75° 55'40''पू.
30	चण्डिगढ (Chandigarh)	चण्डीगढ़	30° 45'00''उ. 76° 47'00''पू.
31	चाँदपुर (Chandpur)	रोपड़	
32	चाँग (Chang)	भिवानी	28° 53'00''उ. 76° 13'23''पू.
33	छाजपुरा (Chhajpura)	सहारनपुर	29° 59'00''उ. 77° 37'00''पू.
34	छापरहेरी (Chhaparheri)	सहारनपुर	29° 54'00''उ. 77° 30'00''पू.
35	छापरा (Chhapra)	सोनीपत	29° 07'00''उ. 76° 32'00''पू.
36	छोटी मनसा (Chhoti Mansa)	भटिंडा	29° 59'00''उ. 75° 26'00''पू.
37	चिलहेरा (Chilhera)	सहारनपुर	39° 02'00''उ. 77° 39'00''पू.
38	चौड़ादेव (Chauradeo)	सहारनपुर	39° 02'00''उ. 77° 39'00''पू.
39	चुनेहती शेख (Chunehti Shekh)	सहारनपुर	29° 54'00''उ. 77° 43'00''पू.
40	दागरू (Dagru)	फरीदकोट	
41	दल्लिवाला एक (Dalliwala One)	भटिंडा	29° 49'00''उ. 75° 25'00''पू.
42	दल्लिवाला दो (Dalliwala Two)	भटिंडा	29° 50'00''उ. 75° 25'00''पू.
43	दानेवाला एक (Danewala One)	भटिंडा	29° 50'00''उ. 75° 25'00''पू.
44	दानेवाला दो (Danewala Two)	भटिंडा	29° 49'00''उ. 75° 24'00''पू.
45	दौदपुर (Daudpur)	सहारनपुर	30° 05'00''उ. 77° 36'00''पू.
46	ढाकल एक (Dhakal One)	जींद	29° 34'45''उ. 76° 09'42''पू.

47	ढलेबान (Dhalewan)	भटिंडा	30° 02′00′′उ. 75° 33′00′′पू.
48	धनाना (Dhanana)	जींद	28° 54′50′′उ. 76° 09′08′′पू.
49	धनसा (Dhansa)	दिल्ली	28° 31′00′′उ. 76° 56′00′′पू.
50	धरमहेरी दो (Dharamheri Two)	पटियाला	30° 07′00′′उ. 76° 19′00′′पू.
51	ढेर माजरा (Dher Majra)	रोपड़	31° 02′00′′उ. 76° 33′00′′पू.
52	ढ़ोगरी (Dhogri)	जालंधर	31° 23′00′′उ. 75° 40′00′′पू.
53	दिकादला (Dokadla)	करनाल	29° 13′50′′उ. 77° 04′13′′पू.
54	दोमोली (Domeli)	कपुरथला	31° 20′00′′उ. 75° 46′00′′पू.
55	फतेहपुर जाट (Fatehpur Jat)	सहारनपुर	29° 56′00′′उ. 77° 31′00′′पू.
56	फतेहपुर (Fatehpur)	सहारनपुर	29° 53′00′′उ. 77° 32′00′′पू.
57	गरही (Garhi)	हिसार	29° 04′44′′उ. 76° 05′20′′पू.
58	गढ़वाल (Garhwal)	सोनीपत	29° 11′00′′उ. 76° 32′00′′पू.
59	घडवाल एक (Ghadwal One)	रोहतक	
60	घाना खंडि (Ghana Khandi)	सहारनपुर	30° 04′00′′उ. 77° 36′00′′पू.
61	घटौली (Ghatauli)	जींद	29° 11′07′′उ. 76° 21′38′′पू.
62	घेओरा (Gheora)	पटियाला	30° 07′00′′उ. 76° 16′00′′पू.
63	गुसाईं (Gossain)	जींद	29° 12′50′′उ. 76° 22′28′′पू.
64	गुलिस्तानपुर (Gulistanpur)	मेरठ	28° 30′00′′उ. 77° 30′00′′पू.
65	गुरणीकलां एक (Gurnikalan One)	भटिंडा	29° 50′00′′उ. 75° 33′00′′पू.
66	गुरनीकलान दो (Gurniklan Two)	भटिंडा	29° 50′00′′उ. 75° 33′00′′पू.
67	हन्दाली (Handali)	संगरूर	30° 38′00′′उ. 75° 51′00′′पू.
68	हाँसी (Hansi)	हिसार	29° 05′00′′उ. 75° 59′00′′पू.
69	हसनपुर दो (Hasanpur Two)	भटिंडा	29° 59′00′′उ. 75° 33′00′′पू.
70	हाथनौर 'अ' (Hathnaur 'A')	रोपड़	
71	हाथनौर 'ब' (Hathnaur 'B')	रोपड़	
72	हिरके (Hirke)	भटिंडा	29° 44′00′′उ. 75° 22′00′′पू.
73	हुलास खेड़ा (Hulas Khera)	सहारनपुर	29° 42′00′′उ. 77° 22′00′′पू.
74	जल्माना एक (Jalmana One)	करनाल	29° 35′00′′उ. 76° 44′00′′पू.
75	जींद दो (Jind Two)	जींद	29° 19′30′′उ. 76° 19′08′′पू.
76	जींद पॅाच (Jind Five)	जींद	29° 19′00′′उ. 76° 19′00′′पू.
77	जोधाकन्न (Jodhakann)	सिरसा	
78	कबीरपुर (Kabirpur)	सहारनपुर	30° 05′00′′उ. 77° 38′00′′पू.
79	कैलाशपुर (Kailashpur)	सहारनपुर	29° 59′00′′उ. 77° 39′00′′पू.
80	कैन्नौर (Kainnaur)	रोपड़	
81	कलैत एक (Kalait One)	जींद	29° 40′38′′उ. 76° 13′23′′पू.

82	कलवेतो (Kalbeto)	सहारनपुर	
83	कलैन (Kalain)	संगरूर	30° 35′00″उ. 75° 43′00″पू.
84	कंगनवाला (Kanganwala)	लुधियाना	30° 51′00″उ. 75° 76′00″पू.
85	करनपुरा (Karanpura)	भटिंडा	29° 52′00″उ. 75° 23′00″पू.
86	कौला खेड़ा (Kaula Khera)	सहारनपुर	29° 41′00″उ. 77° 18′00″पू.
87	खतौल (Khataul)	सहारनपुर	30° 00′00″उ. 77° 40′00″पू.
88	कीरताण (Kirtan)	हिसार	29° 08′00″उ. 75° 32′00″पू.
89	कोल्कि कला (Kolki Kalan)	सहारनपुर	
90	कोटला निहंग खान (Kotla Nihang Khan)	सहारनपुर	29° 54′00″उ. 77° 38′00″पू.
91	कोटली (Kotli)	रोपड़	30° 53′00″उ. 77° 30′00″पू.
92	कृथानी (Kridhani)	सहारनपुर	29° 55′00″उ. 77° 39′00″पू.
93	कुणाल (Kunal)	हिसार	29° 37′35″उ. 75° 39′30″पू.
94	कुर्राड़ा (Kurrara)	रोपड़	30° 39′00″उ. 76° 46′00″पू.
95	कुर्राड़ी (Kurrari)	रोपड़	
96	लखमीरवाला (Lakhmirwala)	भटिंडा	29° 52′00″उ. 75° 22′00″पू.
97	ललियावाली (Lalianwala)	भटिंडा	29° 52′00″उ. 75° 20′00″पू.
98	ललुवाला (Laluwala)	भटिंडा	29° 59′00″उ. 75° 27′00″पू.
99	लोहट (Lohat)	झज्झर	28° 32′00″उ. 76° 50′00″पू.
100	माधोपुर (Madhopar)	जालंधर	
101	मदोपुर (Madopur)	जालंधर	
102	महोराणा (Mohorana)	संगरूर	30° 29′00″उ. 75° 57′00″पू.
103	मलोद (Malaud)	लुधियाना	30° 38′00″उ. 75° 57′00″पू.
104	माण्डा (Manda)	जम्मू	32° 54′00″उ. 74° 48′00″पू.
105	मंडोली (Mandoli)	दिल्ली	
106	मंसादेवी (Mansadevi)	रोपड़	
107	मसौदपुर (Masaudpur)	हिसार	29° 12′47″उ. 75° 58′00″पू.
108	मटकी झरौली (Matki Jharauli)	सहारनपुर	30° 04′00″उ. 77° 35′00″पू.
109	मेहरानवाला (Mehranwala)	रोपड़	30° 55′00″उ. 76° 50′00″पू.
110	मिर्चपुर (Mirchpur)	हिसार	29° 19′30″उ. 76° 11′30″पू.
111	मिताथल (Mitathal)	भिवानी	28° 53′10″उ. 76° 10′20″पू.
112	मोहिमुद्दीनपुर (Mohiuddinpur)	सहारनपुर	30° 00′00″उ. 77° 38′00″पू.
113	मोहोली (Moholi)	संगरूर	30° 38′00″उ. 75° 45′00″पू.
114	मोर करीमा (Mor Karima)	लुधियाना	30° 50′00″उ. 75° 37′00″पू.
115	नागवान (Nagawan)	पटियाला	30° 07′00″उ. 76° 23′00″पू.
116	नागर (Nagar)	जालंधर	31° 02′00″उ. 75° 50′00″पू.

117	नैवाला थेह (Naiwala Theh)	भटिंडा	29° 50′00′′उ. 75° 30′00′′पू.
118	ननौली (Nanauli)	सहारनपुर	
119	नाथवाना (Nathwana)	हिसार	29° 06′53′′उ. 75° 36′00′′पू.
120	नवान गाँव (Nawan Gaon)	सहारनपुर	29° 53′00′′उ. 77° 26′00′′पू.
122	नवानवांस (Nawanbans)	सहारनपुर	29° 54′00′′उ. 77° 17′00′′पू.
123	पाली (Pali)	हिसार	29° 10′10′′उ. 75° 04′06′′पू.
124	पाओली (Paoli)	जींद	29° 04′39′′उ. 76° 26′30′′पू.
125	पाटन (Patan)	हिसार	29° 05′35′′उ. 75° 38′40′′पू.
126	पिंजौरा (Pinjaura)	सहारनपुर	29° 56′00′′उ. 77° 33′00′′पू.
127	राजा सिरकप (Raja Sirkap)	फरीदकोट	30° 39′00′′उ. 74° 46′00′′पू.
128	राजगढ़ (Rajgarh)	पटियाला	30° 25′00′′उ. 76° 45′00′′पू.
129	राखीगढ़ी (Rakhi Garhi)	हिसार	29° 17′30′′उ. 75° 06′50′′पू.
130	रंगेल (Rangel)	सहारनपुर	29° 56′00′′उ. 77° 40′00′′पू.
131	रानी रण (Rani Ran)	जींद	29° 42′30′′उ. 76° 21′32′′पू.
132	रतन खेड़ा (Ratan Khera)	सहारनपुर	29° 57′00′′उ. 77° 30′00′′पू.
133	रत्ता थेह (Ratta Theh)	हिसार	29° 43′15′′उ. 75° 42′15′′पू.
134	रेड़ी मलकपुर (Reri Malakpur)	सहारनपुर	29° 55′00′′उ. 77° 29′00′′पू.
135	रोहिड़ा (Rohira)	संगरूर	30° 38′00′′उ. 75° 50′00′′पू.
136	रोपड़ (Ropar)	रोपड़	30° 58′00′′उ. 76° 32′00′′पू.
137	रूपलोन (Ruplon)	लुधियाना	31° 47′00′′उ. 76° 07′00′′पू.
138	सलारपुरा (Salarpur)	सहारनपुर	29° 49′00′′उ. 77° 16′00′′पू.
139	सालेपुर (Salepur)	सहारनपुर	29° 56′00′′उ. 77° 21′00′′पू.
140	समराला (Samarala)	लुधियाना	31° 47′00′′उ. 76° 07′00′′पू.
141	सनोली (Sanoli)	वागपत	29° 08′28′′उ. 77° 13′01′′पू.
142	सारंगपुर (Sarangpur)	रोपड़	30° 46′00′′उ. 76° 48′00′′पू.
143	सतोज–सर (Satoj-Sar)	पटियाला	
144	सतरन्द खास (Satrand Khas)	हिसार	30° 07′00′′उ. 76° 20′00′′पू.
145	सतरोड खुर्द एक (Satrod Khurd One)	हिसार	29° 08′57′′उ. 75° 46′48′′पू.
146	सतरोड खुर्द दो (Satrod Khurd Two)	हिसार	29° 08′57′′उ. 75° 46′48′′पू.
147	शेरपुर (Sherpur)	सहारनपुर	29° 53′00′′उ. 77° 39′00′′पू.
148	सिंगौली तागा (Singauli Taga)	मेरठ	28° 55′00′′उ. 77° 23′00′′पू.
149	सीसै तीन (Sisai Three)	हिसार	29° 10′00′′उ. 76° 00′00′′पू.
150	सीसवाल (Siswal)	हिसार	29° 13′12′′उ. 76° 30′30′′पू.
151	सुलतानपुर (Sultanpur)	गुरगांव	27° 56′00′′उ. 77° 08′00′′पू.
152	सुलतानपुर (Suniarheri)	पटियाला	30° 27′00′′उ. 76° 26′00′′पू.

153	तलवारा (Talwara)	हिसार	29° 41′30″उ. 75° 38′42″पू.
154	तातरपुर कलाँ (Tatarpur Kalan)	सहारनपुर	
155	तिग्राणा (Tigrana)	भिवानी	28° 53′15″उ. 76° 08′12″पू.
156	उपलाना 4 (Uplana Four)	करनाल	29° 35′40″उ. 76° 40′25″पू.
157	उर्लाना खुर्द 2 (Urlana Khurd Two)	करनाल	29° 22′12″उ. 76° 40′50″पू.
158	वादलान (Vadalan)	अमृतसर	31° 49′00″उ. 76° 48′00″पू.

उत्तर-भारत के अन्त हड़प्पाकालीन पुरास्थल[17]

क्र. सं.	पुरास्थल	जिला	स्थिति अक्षांश/देशांतर
1	आभा (Abha)	सहारनपुर	29° 55′00″उ. 77° 44′00″पू.
2	अछल साहेब (Achhal Sahib)	गुरदासपुर	32° 00′00″उ. 75° 18′00″पू.
3	अहुलना (Ahulana)	सोनीपत	29° 07′00″उ. 76° 27′45″पू.
4	अकालगढ़ (Akalgarh)	जींद	29° 07′13″उ. 76° 27′45″पू.
5	आलमगीरपुर (Alamgirpur)	मेरठ	29° 00′00″उ. 77° 22′00″पू.
6	अलाव अल्दुका (Alav Alduka)	गुड़गाँव	20° 06′00″उ. 77° 06′00″पू.
7	अलीदाथेह (Alida Theh)	भटिंडा	30° 20′00″उ. 75° 20′00″पू.
8	अलीके (Alike)	भटिंडा	29° 45′00″उ. 75° 20′00″पू.
9	अलीपुर खरड़ एक (Alipur Kharar One)	हिसार	29° 08′00″उ. 75° 53′00″पू.
10	अलीपुर मंदरान (Alipur Mandran)	भटिंडा	29° 50′00″उ. 75° 28′00″पू.
11	अलीपुर (Alipur)	सहारनपुर	29° 59′00″उ. 77° 27′00″पू.
12	अलीपुरा एक (Alipur One)	जींद	29° 30′49″उ. 76° 15′55″पू.
13	अलीपुरा दो (Alipur Two)	जींद	29° 31′25″उ. 76° 16′30″पू.
14	अमराली खेड़ा (Amarali Khera)	जींद	29° 22′00″उ. 76° 29′00″पू.
15	अमरगढ़ एक (Amargarh One)	जींद	29° 37′05″उ. 76° 01′10″पू.
16	अमरहेरी दो (Amarheri Two)	जींद	29° 20′55″उ. 76° 18′20″पू.
17	अंधेरी (Andheri)	रोपड़	30° 23′00″उ. 77° 07′00″पू.
18	अंधेरी (Andheri)	अम्बाला	
19	अनेकी पाँच (Aneki Five)	सहारनपुर	29° 59′00″उ. 78° 01′00″पू.
20	अंगैरखेड़ा	हरदोइ	
21	अनूपगढ़ (Anupgarh)	जींद	29° 15′26″उ. 76° 21′08″पू.
22	अपारा (Apara)	जालंधर	31° 05′00″उ. 75° 52′00″पू.
23	अरनोली (Aranauli)	रोपड	30° 14′00″उ. 77° 16′00″पू.
24	आसन (Asan)	रोहतक	28° 54′00″उ. 76° 46′00″पू.
25	असरफगढ़ (Ashrafgarh)	जींद	29° 17′43″उ. 76° 21′50″पू.

26	अतिकुण्ड (Atikund)	सहारनपुर	29° 54′00″उ. 78° 09′00″पू.
27	औगंद (Augand)	करनाल	29° 41′00″उ. 76° 47′00″पू.
28	बद्दोवाल (Baddowal)	लुधियाना	30° 52′00″उ. 75° 46′00″पू.
29	बदगाम (Badgam)	सहारनपुर	30° 06′00″उ. 77° 32′00″पू.
30	बधौल एक (Badhaul One)	अम्बाला	30° 20′00″उ. 77° 00′00″पू.
31	बधेरा (Bdhera)	करनाल	29° 53′00″उ. 76°40′00″पू.
32	बाधसा (Badha)	महेन्द्रगढ़	
33	बादला (Badala)	लुधियाना	30° 45′00″उ. 76° 28′00″पू.
34	बादली (Badali)	महेन्द्रगढ़	
35	बादोली (Badoli)	रोपड़	30° 21′00″उ. 77° 02′00″पू.
36	बड़सीकरी कलांन एक (Badsikari Kalan One)	जींद	29° 36′21″उ. 76° 19′04″पू.
37	बादसीकरी खूर्द (Badsikri Khurd)	जींद	29° 36′23″उ. 76° 19′47″पू.
38	बाघरू कलान (Baghru Kalan)	जींद	29° 18′45″उ. 76° 36′00″पू.
	बाघरू खूर्द (Baghru Khurd)	जींद	29° 17′28″उ. 76° 35′55″पू.
39	बहादारपुर (Bahadarpur)	जींद	29° 22′42″उ. 76° 40′08″पू.
40	बहावा (Bahawa)	संगरूर	30° 29′00″उ. 75° 48′00″पू.
41	बहलोली एक (Bahloli One)	अंबाला	
42	बहलोली दो (Bahloli Two)	अंबाला	
43	वहलोलपुरा मुस्तरका (Bahlolpur Mustarka)	करनाल	29° 43′40″उ. 76° 50′52″पू.
44	बहोला (Bahola)	करनाल	29° 48′00″उ. 76° 46′00″पू.
45	बहोली दो (Baholi Two)	करनाल	29° 28′00″उ. 76° 53′00″पू.
46	बाहरा खुर्द (Bahrah Khurd)	जींद	
47	बहरामपुर (Baharampur)	लुधियाना	30° 43′00″उ. 76° 25′00″पू.
48	बाहुपुरा (Bahupura)	सहारनपुर	30°00′00″उ. 77° 30′00″पू.
49	बकाना (Bakana)	कुरूक्षेत्र	30° 06′14″उ. 76° 35′30″पू.
50	बाला एक (Bala One)	करनाल	29° 30′22″उ. 76° 47′59″पू.
51	बाला दो (Bala Two)	करनाल	29° 30′00″उ. 76° 47′00″पू.
52	बलाना (Balana)	अंबाला	30° 20′00″उ. 76° 44′00″पू.
53	बलैना (Baliana)	रोहतक	28° 53′00″उ. 76° 43′00″पू.
54	बालु (Balu)	जींद	29° 40′15″उ. 76° 23′16″पू.
55	बालु दो (Balu Two)	जींद	29° 41′15″उ. 76° 23′16″पू.
56	बलुआ (Balua)	लुधियाना	
57	बणावली (Banawali)	हिसार	29° 36′25″उ. 75° 23′55″पू.
58	बन्दराला (Bandrala)	करनाल	29° 29′28″उ. 76° 34′45″पू.
59	बनेड़ा एक (Banehra One)	कुरूक्षेत्र	30° 02′00″उ. 76° 25′00″पू.

60	बनेड़ा दो (Banehra Two)	कुरूक्षेत्र	
61	बनहेरा (Banhera)	पटियाला	30°20'00''उ. 76° 13'00''पू.
62	बन्तीखेड़ा एक (Bantikhera One)	मुजफ्फरनगर	29° 30'00''उ. 77° 26'00''पू.
63	बन्तीखेड़ा दो (Bantikhera Two)	मुजफ्फरनगर	29° 30'00''उ. 77° 27'00''पू.
64	बाड़ा (Bara)	रोपड़	
65	व्बराह खुर्द (Barah Khurd)	जींद	29° 18'10''उ. 76° 23'05''पू.
66	वरसाना (Barasana)	कुरूक्षेत्र	29° 40'00''उ. 76° 35'00''पू.
67	बाड़े दो (Bare Two)	भटिंडा	29° 55'00''उ. 75° 28'00''पू.
68	बड़ी भैनी दो (Bari Bhaini Two)	करनाल	29° 45'00''उ. 76° 56'00''पू.
69	बड़ोदा एक (Baroda One)	जींद	29° 26'19''उ. 76° 12'30''पू.
70	बड़ोदा दो (Baroda Two)	जींद	29° 25'40''उ. 76° 11'40''पू.
71	बड़ोदी (Barodi)	जींद	29° 23'20''उ. 76° 17'06''पू.
72	बड़ोली (Baroli)	जींद	29° 16'16''उ. 76° 21'29''पू.
73	बड़ौत एक (Barot One)	कुरूक्षेत्र	29° 51'00''उ. 76° 31'00''पू.
74	बड़ौत दो (Barot Two)	कुरूक्षेत्र	29° 52'20''उ. 76° 31'00''पू.
75	बरोता (Barota)	करनाल	29° 38'00''उ. 76° 56'00''पू.
76	बरसाना दो (Barsana Two)	जींद	29° 22'00''उ. 76° 25'00''पू.
77	बरसाना (Barsana)	जींद	29° 22'00''उ. 76° 25'00''पू.
78	बर्सी (Barsi)	सहारनपुर	29° 43'00''उ. 77° 22'00''पू.
79	बरवाली (Barwali)	लुधियाना	30° 47'00''उ. 76° 17'00''पू.
80	बासमी (Basami)	लुधियाना	30°55'00''उ. 75° 43'00''पू.
81	बसंदा (Basanda)	गुड़गाँव	28° 23'00''उ. 76° 46'00''पू.
82	बासी (Bassi)	गुड़गाँव	28° 28'00''उ. 77° 00'00''पू.
83	बासीगुजरन (Basi Gujran)	लुधियाना	30° 53'00''उ. 76° 21'00''पू.
84	बासी (Bassi)	पटियाला	
85	बाता एक (Bata One)	जींद	29° 42'49''उ. 76° 19'31''पू.
86	बाता दो (Bata Two)	जींद	29° 42'49''उ. 76° 18'30''पू.
87	बाता तीन (Bata Three)	जींद	29° 42'49''उ. 76° 18'30''पू.
88	वाता चार (Bata Four)	जींद	29° 41'18''उ. 76° 18'00''पू.
89	बाडां मथान (Bathan Mathan)	लुधियाना	30° 47'00''उ. 76° 23'00''पू.
90	बौली (Bauli)	कुरूक्षेत्र	29° 59'00''उ. 76° 54'00''पू.
91	बौड़शाम एक (Baursham One)	करनाल	29° 53'00''उ. 76° 47'00''पू.
92	बौड़शाम दो (Baursham Two)	करनाल	
93	वेलरखा (Belarkha)	जींद	29° 39'00''उ. 76° 07'00''पू.

94	बेरीखेड़ा (Beri Khera)	जींद	29° 23′40″उ. 76° 31′50″पू.
95	भाबरी (Bhabri)	सहारनपुर	29° 57′00″उ. 77° 38′00″पू.
96	भदास खेड़ा (Bhadas Khera)	गुरगाँव	
97	भगवानपुर (Bhagwanpura)	कुरूक्षेत्र	30° 04′00″उ. 76° 57′00″पू.
98	भैनी (Bhaini)	कुरूक्षेत्र	30° 02′00″उ. 77° 00′00″पू.
99	भलाड़ी (Bhalari)	कुरूक्षेत्र	30° 01′24″उ. 77° 02′00″पू.
100	भामल (Bhamal)	लुधियाला	30° 56′00″उ. 75° 31′00″पू.
101	भानी थेह (Bhani Theh)	कुरूक्षेत्र	29° 45′00″उ. 76° 30′00″पू.
102	भस्मारा (Bhasmara)	करनाल	
103	भस्सौर (Bhassaur)	संगरूर	30° 26′00″उ. 75° 55′00″पू.
104	भटपुरा (Bhatpura)	बुलन्दशहर	28° 32′00″उ. 78° 03′00″पू.
105	भवानीखेड़ा (Bhawani Khera)	कुरूक्षेत्र	29° 59′00″उ. 76° 50′00″पू.
106	भवात (Bhawat)	सोनीपत	29° 13′00″उ. 76° 30′00″पू.
107	भेदकी (Bhedki)	सहारनपुर	29° 57′00″उ. 77° 36′00″पू.
108	भीखी (Bhikhi)	भटिंडा	30° 04′00″उ. 75° 31′00″पू.
109	भिर्राणा (Bhirana)	हिसार	29° 32′00″उ. 75° 32′00″पू.
110	भोंगरा (Bhongra)	जींद	29° 26′00″उ. 76° 09′12″पू.
111	भुडन (Bhudan)	संगरूर	30° 31′00″उ. 75° 46′00″पू.
112	बुद्धा खेड़ा (Budda Khera)	सहारनपुर	30° 03′00″उ. 77° 31′00″पू.
113	भुकरी (Bhukari)	रोपड़	30° 11′00″उ. 77° 21′00″पू.
114	भुरा (Bhura)	मुजफ्फरनगर	29° 25′00″उ. 77° 14′00″पू.
115	भुरा (Bhura)	पटियाला	30° 28′00″उ. 76° 10′00″पू.
116	भुतना (Bhutana)	सोनीपत	29° 11′00″उ. 76° 37′00″पू.
117	बीबीपुर (Bibipur)	कुरूक्षेत्र	29° 59′00″उ. 76° 40′00″पू.
118	बीचपरी (Bichpari)	सोनीपत	29° 12′00″उ. 76° 40′00″पू.
119	बिजना (Bijna)	करनाल	29° 35′00″उ. 76° 53′54″पू.
120	बिलासपुर (Bilaspur)	सहारनपुर	29° 44′00″उ. 77° 13′00″पू.
121	बिर्मि (Birmi)	लुधियाना	30° 53′00″उ. 74° 45′00″पू.
122	बोधा (Bodha)	अंबाला	30° 04′00″उ. 76° 35′00″पू.
123	बूतगढ़ (Bootgarh)	अंबाला	
124	ब्रास (Brass)	पटियाला	30° 35′00″उ. 76° 32′00″पू.
125	बुदानपुर (Budanpur)	कुरूक्षेत्र	
126	बुदनपुर (Budanpur)	करनाल	29° 42′00″उ. 76° 04′00″पू.
127	बुदनपुरा (Budanpura)	कुरूक्षेत्र	30° 05′00″उ. 76° 25′00″पू.
128	बुद्धकेरन पीन (Buddkern Pin)	करनाल	29° 44′00″उ. 76° 56′00″पू.
129	बुद्ध खेड़ा (Bhudha Khera)	अंबाला	30° 21′40″उ. 77° 04′00″पू.

130	बुद्धखेड़ा दो (Bhudha Khera Two)	जिंद	29° 23′55′′उ. 76° 33′10′′पू.
131	बुद्धखेड़ा तीन (Bhudha Khera Three)	जींद	
132	बुद्ध खेड़ा (Bhudha Khera)	कुरूक्षेत्र	29° 50′00′′उ. 76° 15′00′′पू.
133	बुर्ज (Burj)	पटियाला	30° 09′00′′उ. 76° 29′00′′पू.
134	बुवाना एक (Buwana One)	जींद	29° 12′48′′उ. 76° 17′45′′पू.
135	बुवाना दो (Buwana Two)	जींद	29° 12′48′′उ. 76° 18′27′′पू.
136	चमकौर (Chamkaur)	रोपड़	30° 54′00′′उ. 76° 25′00′′पू.
137	चनारथल कलाँ (Chanarthal Kalan)	पटियाला	31° 31′00′′उ. 76° 21′00′′पू.
138	चंदिआला (Chandiala)	लुधियाना	30° 52′00′′उ. 76° 20′00′′पू.
139	चण्डीगढ़ (Chandigarh)	चण्डिगढ़	30° 45′00′′उ. 76° 47′00′′पू.
140	चण्डीगढ़ एक (Chandigarh One)	चण्डिगढ़	30° 45′00′′उ. 76° 47′20′′पू.
141	चन्दलाना (Chandlana)	कुरूक्षेत्र	29° 57′00′′उ. 76° 40′00′′पू.
142	चाँदपुर (Chandpur)	बुलन्दशहर	28° 37′00′′उ. 78° 04′00′′पू.
143	चाँग (Chang)	भिवानी	28° 53′00′′उ. 76° 13′23′′पू.
144	चौड़देओ (Chaurdeo)	सहारनपुर	29° 57′00′′उ. 77° 44′00′′पू.
145	चीका (Cheeka)	कुरूक्षेत्र	30° 03′00′′उ. 76° 21′00′′पू.
146	छापरा (Chhapra)	सोनीपत	29° 07′00′′उ. 76° 32′00′′पू.
147	छिना (Chhina)	अमृतसर	31° 45′00′′उ. 74° 45′00′′पू.
148	छोटी मनसा (Chhoti Mansa)	भटिंडा	29° 59′00′′उ. 75° 26′00′′पू.
149	चिमारहेड़ी (Chimarheri)	कुरूक्षेत्र	
150	चिम्मों (Chimun)	हिसार	29° 40′13′′उ. 75° 39′45′′पू.
151	चिमुन दो (Chimun Two)	हिसार	29° 40′50′′उ. 75° 39′52′′पू.
152	चिनीकांगरिदा थेह (Chinikangrida Theh)	जालंधर	31° 23′00′′उ. 75° 47′00′′पू.
153	चितौली (Chitauli)	रोपड़	30° 51′00′′उ. 76° 35′00′′पू.
154	चोवाला (Chowala)	अंबाला	
155	चोवाला (Chowala)	रोपड़	30° 15′00′′उ. 77° 17020′′पू.
156	दचोर (Dachor)	करनाल	29° 40′00′′उ. 76° 42′00′′पू.
157	दधेड़ा (Dadhera)	पटियाला	30° 20′00′′उ. 76° 21′00′′पू.
158	दधेड़ी (Dadheri)	लुधियाना	30° 40′00′′उ. 76° 19′00′′पू.
159	दहेड़ू (Daheru)	लुधियाना	30° 45′00′′उ. 76° 09′00′′पू.
160	दलामवाला (Dalamwala)	जींद	29° 23′08′′उ. 76° 23′02′′पू.
161	दल्हेरी (Dalheri)	सहारनपुर	
162	दन्दरा (Dandra)	लुधियाना	30° 51′00′′उ. 75° 48′00′′पू.
163	दन्दराला (Dandrala)	पटियाला	30° 28′00′′उ. 76° 18′00′′पू.
164	दानेवाला एक (Danewala One)	भटिंडा	29° 50′00′′उ. 75° 25′00′′पू.

165	दानेवाला दो (Danewala Two)	भटिंडा	29° 49′00″उ. 75° 24′00″पू.
166	दत्ता (Datta)	हिसार	29° 15′25″उ. 76° 59′50″पू.
167	दौलतपुर (Daulatpur)	कुरूक्षेत्र	29° 57′00″उ. 76° 57′00″पू.
168	दौलतपुर (Daulatpur)	बुलंदशहर	28° 14′00″उ. 78° 11′00″पू.
169	देहरा (Dehara)	करनाल	29° 12′22″उ. 77° 04′20″पू.
170	देवेडर (Deverar)	जींद	29° 05′18″उ. 76° 22′55″पू.
171	देऊरड़ (Deorar)	जींद	29° 05′57″उ. 76° 23′38″पू.
172	देवल खेड़ा (Deval Khera)	बुलंदशहर	28° 20′00″उ. 78° 15′00″पू.
173	देवीदास पुर (Devidas Pur)	कुरूक्षेत्र	29° 58′00″उ. 76° 58′00″पू.
174	ढाबलां (Dhablan)	पटियाल	30° 20′00″उ. 76° 15′00″पू.
175	ढाकल एक (Dhakal One)	जींद	29° 34′45″उ. 76° 09′42″पू.
176	ढाकल दो (Dhakal Two)	जींद	29° 31′09″उ. 76° 10′25″पू.
177	ढलेवां (Dhalewan)	भटिंडा	30° 02′00″उ. 75° 33′00″पू.
178	धाम्मो माजरा (Dhammo Majra)	पटियाला	30° 20′00″उ. 76° 22′00″पू.
179	धमोला (Dhamola)	सहारनपुर	30° 00′00″उ. 77° 35′00″पू.
180	धनाना (Dhanana)	जींद	28° 54′50″उ. 76° 09′08″पू.
181	धनगेरिआन (Dhangerian)	पटियाला	30° 37′00″उ. 76° 30′00″पू.
182	धनोरा (Dhanara)	कुरूक्षेत्र	
183	धनसा (Dhansa)	दिल्ली	28° 31′00″उ. 76° 56′00″पू.
184	ढांसा दो (Dhansa Two)	दिल्ली	
185	ढांसा तीन (Dhansa Three)	दिल्ली	
186	धनतोड़ एक (Dhantora One)	कुरूक्षेत्र	30° 04′28″उ. 76° 53′02″पू.
187	धरम गढ़ (Dharam Garh)	जींद	29° 25′00″उ. 76° 40′00″पू.
188	धरम गढ़ (Dharam Garh)	पटियाला	29° 27′42″उ. 76° 49′10″पू.
189	धरमहेड़ी एक (Dharamheri One)	पटियाला	
190	धरमहेड़ी दो (Dharamheri Two)	पटियाला	30° 07′00″उ. 76° 19′00″पू.
191	धरोदी (Dharodi)	जींद	29° 38′22″उ. 76° 04′03″पू.
192	ढेरमाजरा (Dher Majra)	रोपड़	31° 02′00″उ. 76° 33′00″पू.
193	धींगाना (Dhingana)	जींद	29° 13′30″उ. 76° 26′33″पू.
194	ढींगी (Dhingi)	पटियाला	30° 25′00″उ. 76° 07′00″पू.
195	ढोगरी (Dhogri)	जालंधर	31° 23′00″उ. 75° 40′00″पू.
196	धोंदेड़ी (Dhonderi)	जालंधर	31° 22′00″उ. 75° 40′00″पू.
197	धुमरखा कलाँ दो (Dhumarkha Kalan Two)	जींद	29° 32′27″उ. 76° 08′42″पू.
198	धुन्दवा (Dhundwa)	जींद	29° 42′48″उ. 76° 11′19″पू.

199	धुर्मारखा कलाँ एक (Dhurmarkha Kalan One)	जींद	29° 33′24′′उ. 76° 09′40′′पू.
200	धुर्मारखा कलाँ दो (Dhurmarkha Kalan Two)	जींद	29° 32′24′′उ. 76° 08′40′′पू.
201	दिकादला (Dokadla)	करनाल	29° 13′50′′उ. 77° 04′13′′पू.
202	दोडवान (Dodwan)	गुरदासपुर	32° 08′00′′उ. 75° 25′00′′पू.
203	दोगरू (Dogru)	फरिदकोर	30° 50′00′′उ. 76° 03′00′′पू.
204	दोमेली (Domeli)	कपुरथला	31° 20′00′′उ. 75° 46′00′′पू.
205	दोराहा (Doraha)	लुधियाना	30° 48′00′′उ. 76° 01′00′′पू.
206	दुधाखेड़ी (Dudakheri)	कुरूक्षेत्र	29° 46′00′′उ. 76° 27′00′′पू.
207	दुदली बुखारा (Dudli Bukhara)	सहारनपुर	29° 56′00′′उ. 77° 36′00′′पू.
208	दुगेचारी (Dugechari)	सहारनपुर	
209	दुगेरी (Dugeri)	रोपड़	30° 54′00′′उ. 76° 28′00′′पू.
210	दुखेरी एक (Dukheri One)	अंबाला	30° 16′00′′उ. 76° 53′00′′पू.
211	दुखेरी दो (Dukheri Two)	अंबाला	30° 15′20′′उ. 76° 53′00′′पू.
212	दुंगार (Dungar)	मुझफ्फरनगर	29° 15′00′′उ. 77° 22′00′′पू.
213	दुराद (Durad)	करनाल	
214	दुराद (Durad)	पटियाला	30° 10′00′′उ. 76° 27′00′′पू.
215	फरीदपुर (Faridpur)	सहारनपुर	30° 06′00′′उ. 77° 45′00′′पू.
216	फरमाना दो (Farmana Two)	सोनीपत	
217	फतेहपुर (Fatehpur)	मुजफ्फरनगर	29° 27′45′′उ. 77° 22′50′′पू.
218	गढ़रोना (Gadhrona)	सहारनपुर	29° 46′00′′उ. 77° 58′00′′पू.
219	गागसीना (Gagsina)	करनाल	29° 34′00′′उ. 76° 53′00′′पू.
220	गज्जुखेड़ा (Gajju Khera)	पटियाला	30° 35′00′′उ. 76° 28′00′′पू.
221	गलरिआन (Galarian)	होसियारपुर	31° 57′00′′उ. 75° 39′00′′पू.
222	गल्वाढ़ी (Galwadhi)	पटियाला	30° 42′00′′उ. 76° 14′00′′पू.
223	गंधार (Gandhara)	रोहतक	28° 50′00′′उ. 76° 44′00′′पू.
224	गंगना (Gangana)	सोनीपत	29° 15′00′′उ. 76° 37′00′′पू.
225	गरह (Garh)	सहारनपुर	29° 57′00′′उ. 77° 58′00′′पू.
226	गरही (Garhi)	हिसार	29° 04′44′′उ. 76° 05′20′′पू.
227	गर्हि रोदन (Garhi Rodan)	कुरूक्षेत्र	29° 57′30′′उ. 76° 43′44′′पू.
228	गरही सरदारन (Garhi Sardaran)	कुरूक्षेत्र	29° 57′10′′उ. 76° 41′10′′पू.
229	गढ़वाल (Garhwal)	सोनीपत	29° 11′00′′उ. 76° 32′00′′पू.
230	गठेरा (Gatheri)	सहारनपुर	30° 04′00′′उ. 76° 30′00′′पू.
231	गोंसपुर (Gaunspur)	लुधियाना	30° 57′00′′उ. 75° 42′00′′पू.
232	घडरोना (Ghadrona)	सहारनपुर	29° 46′00′′उ. 77° 58′00′′पू.

233	घामुर खेड़ा (Ghumar Khera)	कुरूक्षेत्र	30° 00′00′′उ. 76° 48′00′′पू.
234	घरौंदा (Gharaunda)	करनाल	29° 32′02′′उ. 76° 58′13′′पू.
235	घरिंदा (Gharinda)	अमृतसर	31° 35′00′′उ. 74° 35′00′′पू.
236	घर्वाली (Gharwali)	जींद	29° 10′06′′उ. 76° 20′31′′पू.
237	घासवा (Ghaswa)	हिसार	29° 41′29′′उ. 75° 40′20′′पू.
238	घासवा एक (Ghaswa One)	जींद	
239	घेओरा (Gheora)	पटियाला	30° 07′00′′उ. 76° 16′00′′पू.
240	घिमना एक (Ghimana One)	जींद	29° 15′32′′उ. 76° 17′16′′पू.
241	घुराम (Ghuram)	पटियाला	30° 07′00′′उ. 76° 23′00′′पू.
242	गीदर विंदी (Gidar Windi)	लुधियाना	30° 56′00′′उ. 75° 25′00′′पू.
243	गीतलपुर (Gitalpur)	करनाल	29° 53′00′′उ. 76° 49′00′′पू.
244	गोगरिअन एक (Gogrian One)	जींद	29° 27′46′′उ. 76° 16′20′′पू.
245	गोगरिअन दो (Gogrian Two)	जींद	29° 27′36′′उ. 76° 15′50′′पू.
246	गोगरिअन तीन (Gogrian Three)	जींद	29° 27′46′′उ. 76° 15′10′′पू.
247	गोकुलपुर (Gokulpur)	गुड़गाँव	27° 48′00′′उ. 77° 07′00′′पू.
248	गोरसीअन कादिर (Gorsian Qadir)	लुधियाना	30° 570′′उ. 75 33′00′′पू.
249	गोस्सैन (Gossain)	जींद	29° 12′50′′उ. 76° 22′28′′पू.
250	गुलाबगढ़ (Gulab Garh)	कुरूक्षेत्र	29° 57′00′′उ. 76° 47′00′′पू.
251	गुलाबगढ़ (Gulab Garh)	कुरूक्षेत्र	29° 57′45′′उ. 76° 47′30′′पू.
252	गुलड़वाला (Gularwala)	हिसार	29° 43′00′′उ. 75° 46′00′′पू.
253	गुलिस्तान पुर (Gulistan Pur)	मेरठ	28° 30′00′′उ. 77° 30′00′′पू.
254	गुरह (Gurah)	लुधियाना	30° 50′00′′उ. 75° 34′00′′पू.
255	गुरनीकलान दो (Gurniklan Two)	भटिंडा	29° 50′00′′उ. 75° 33′00′′पू.
256	हन्दाली (Handali)	संगरूर	30° 38′00′′उ. 75° 51′00′′पू.
257	हन्साली (Hansali)	पटियाला	30° 36′00′′उ. 76° 29′00′′पू.
258	हँसढेरा (Hansdhera)	जींद	29° 48′03′′उ. 76° 08′30′′पू.
259	हँस्याला (Hansyala)	कुरूक्षेत्र	30° 01′34′′उ. 76° 47′30′′पू.
260	हरदा खेड़ा (Harda Khera)	सहारनपुर	30° 02′00′′उ. 77° 28′00′′पू.
261	हरदो रावल (Hardo Ralval)	गुरूदासपुर	31° 55′00′′उ. 74° 57′00′′पू.
262	हरिपुर (Haripur)	गुरूदासपुर	31° 55′00′′उ. 74° 53′00′′पू.
263	हरनौली (Harnauli)	रोपड़	
264	हरतारी (Hartari)	करनाल	29° 18′52′′उ. 76° 56′07′′पू.
265	हसनपुर (Hasanpur)	रोपड़	30° 21′00′′उ. 77° 07′00′′पू.
266	हस्सनपुर (Hassanpur)	अंबाला	

267	हातमपुर (Hatampur)	सहारनपुर	29° 57'00''उ. 78° 01'00''पू.
268	हातछोया एक (Hatchhoya One)	मुझफ्फरनेगर	29° 37'00''उ. 77° 18'00''पू.
269	हातछोया दो (Hatchhoya Two)	मुझफ्फरनगर	29° 36'00''उ. 77° 18'00''पू.
270	हाथवाला (Hathwala)	जींद	29° 06'18''उ. 76° 27'50''पू.
271	हाथो एक (Hatho One)	जींद	29° 36'35''उ. 76° 17'18''पू.
272	हाथो दो (Hatho Two)	जींद	29° 38'00''उ. 76° 11'00''पू.
273	हावड़ा (Hawara)	रोपड़	30° 50'00''उ. 76° 24'00''पू.
274	हेर (Her)	अमश्तसर	31° 40'00''उ. 74° 48'00''पू.
275	हिरके (Hirke)	भटिंडा	29° 44'00''उ. 75° 22'00''पू.
276	हिरके (Hirke)	हिसार	
277	हुडिआ (Hudia)	कुरूक्षेत्र	30° 08'00''उ. 77° 07'00''पू.
278	हुलास (Hulas)	सहारनपुर	29° 42'00''उ. 77° 22'00''पू.
279	हुस्सैनपुर बोपदा (Hussainpur Bopada)	मुजफ्फरनगर	29° 42'00''उ. 77° 22'00''पू.
280	हुजूर नगर (Hujur Nagar)	मुजफ्फरनगर	29° 19'00''उ. 77° 40'00''पू.
281	इसेरहेल (Iserhel)	पटियाला	30° 38'00''उ. 76° 31'00''पू.
282	जगरोआ (Jagaroa)	गुरदासपुर	32° 05'00''उ. 75° 29'00''पू.
283	जैनेर (Jainer)	सहारनपुर	30° 02'00''उ. 77° 43'00''पू.
284	जल्माना एक (Jalmana One)	करनाल	29° 35'00''उ. 76° 44'00''पू.
285	जल्माना दो (Jalmana Two)	करनाल	29° 35'00''उ. 76° 44'30''पू.
286	जंधेरी (Jandheri)	मुजफ्फरनगर	29° 40'00''उ. 77° 26'00''पू.
287	जसाल (Jasal)	मुजफ्फरनगर	29° 21'00''उ. 77° 17'00''पू.
288	जसात (Jasat)	गुरगाँव	28° 18'00''उ. 76° 38'00''पू.
289	जठेरी (Jatheri)	कुरूक्षेत्र	29° 44'00''उ. 76° 33'00''पू.
290	जौला (Jaula)	मुजफ्फरनगर	29° 16'45''उ. 77° 25'00''पू.
291	जौरासी खास (Jaurasi Khas)	करनाल	29° 15'06''उ. 77° 02'58''पू.
292	झाल (Jhal)	मुजफ्फरनगर	29° 16'15''उ. 77° 20'50''पू.
293	झमोला (Jhamola)	जींद	29° 08'50''उ. 76° 20'30''पू.
294	झंजारी (Jhanjari)	करनाल	29° 45'00''उ. 76° 59'00''पू.
295	झोगरोदी (Jhogrodi)	लुधियाना	30° 50'00''उ. 76° 10'00''पू.
296	जींद दो (Jind Two)	जींद	29° 19'02''उ. 76°. 19'00''पू.
297	जींदचार (Jind Four)	जींद	29° 19'00''उ. 76° 21'45''पू.
298	जीवन खेड़ा (Jiwan Khera)	जींद	29° 24'00''उ. 76° 23'00''पू.
299	जोगना खेड़ा एक (Jogna Khera One)	कुरूक्षेत्र	29° 59'00''उ. 76° 48'00''पू.
300	जोशी (Joshi)	करनाल	29° 25'08''उ. 76° 45'28''पू.

301	जुलनी खेड़ा (Julani Khera)	जींद	29° 38′30″उ. 76° 18′51″पू.
302	कवरचा (Kabracha)	जींद	29° 33′30″उ. 76° 13′20″पू.
303	कछवा एक (Kachhwa One)	करनाल	29° 43′40″उ. 76° 53′21″पू.
304	कछवा दो (Kachhwa Two)	करनाल	29° 44′00″उ. 76° 53′00″पू.
305	कचरना कलाँ (Kachrana Kalan)	जींद	29° 29′32″उ. 76° 18′07″पू.
306	कोद्दोन (Koddon)	लुधियाना	30° 46′00″उ. 76° 02′00″पू.
307	कैलापुर (Kailapur)	मुजफ्फरनगर	29° 20′00″उ. 77° 59′00″पू.
308	कैनोर (Kainor)	रोपड़	
309	कैनूर (Kaonur)	रोपड़	30° 50′00″उ. 76° 30′00″पू.
310	काला गढ़ (Kala Garh)	कुरुक्षेत्र	29° 47′00″उ. 76° 30′00″पू.
311	कालाहेत्ता (Kalahetta)	सहारनपुर	29° 42′00″उ. 77° 13′00″पू.
312	कलैत एक (Kalait One)	जींद	29° 40′38″उ. 76° 13′23″पू.
313	कलैत दो (Kalait Two)	जींद	29° 40′48″उ. 76° 15′23″पू.
314	कलैत तीन (Kalait Three)	जींद	29° 41′38″उ. 76° 15′53″पू.
315	कलावती (Kalawati)	जींद	29° 20′20″उ. 76° 32′34″पू.
316	कलैन (Kalain)	संगरूर	30° 35′00″उ. 75° 43′00″पू.
317	कलराम (Kalram)	जींद	29° 42′44″उ. 76° 21′52″पू.
318	कल्वा एक (Kalwa One)	जींद	29° 20′07″उ. 76° 31′00″पू.
319	कल्वा दो (Kalwa Two)	जींद	29° 21′38″उ. 76° 31′30″पू.
320	कल्वा (Kalwa)	कुरुक्षेत्र	30° 07′00″उ. 76° 58′00″पू.
321	कल्वा (kalwa)	पटियाला	30° 25′00″उ. 76° 26′00″पू.
322	कल्वाह (Kalwah)	कुरुक्षेत्र	30° 07′00″उ. 76° 58′58″पू.
323	कल्वान दो (Kalwan Two)	जींद	29° 42′16″उ. 75° 58′17″पू.
324	कमलपुर (Kamalpur)	जींद	29° 23′02″उ. 76° 20′03″पू.
325	कनदै एक (Kanadai One)	जींद	29° 23′02″उ. 76° 20′23″पू.
326	कनाडाला दो (Kanadala Two)	जींद	29° 23′30″उ. 76° 19′30″पू.
327	कन्धौली (Kandholi)	कुरुक्षेत्र	30° 05′00″उ. 77° 00′00″पू.
328	कंगनवाला (Kanganwala)	लुधियाना	30° 51′00″उ. 75° 76′00″पू.
329	कनोली (kanoli)	कुरुक्षेत्र	30° 05′00″उ. 76° 58′00″पू.
330	कन्साला (Kansala)	रोहतक	28° 53′00″उ. 76° 46′00″पू.
331	करलान (Karanal)	कपुरथला	31° 23′00″उ. 75° 22′00″पू.
332	करमगढ़ (Karamgarh)	जींद	29° 38′00″उ. 76° 03′00″पू.
333	करेला एक (Karela One)	जींद	29° 08′08″उ. 76° 19′56″पू.
334	करियाना (Kriyana)	मुजफ्फरनगर	29° 23′00″उ. 77° 15′00″पू.

335	कर्षा (Karsa)	करनाल	29° 38′00′′उ. 76° 48′00′′पू.
336	कर्षोला (Karsola)	सोनीपत	
337	करतारपुर (Kartarpur)	जालंधर	31° 25′00′′उ. 75° 30′00′′पू.
338	कसौर (Kasaur)	कुरूक्षेत्र	30° 00′00′′उ. 76° 15′00′′पू.
339	कसेरी (Kaseri)	मेरठ	28° 44′00′′उ. 77° 22′00′′पू.
340	काशिमपुर (Kashimpur)	मेरठ	28° 50′00′′उ. 76° 40′00′′पू.
341	कसनती (Kasnati)	रोहतक	28° 53′00′′उ. 76° 46′00′′पू.
342	कसोर (Kasor)	कुरूक्षेत्र	
343	कसुना तीन (Kasuna Three)	जींद	29° 27′00′′उ. 76° 15′00′′पू.
344	कसुना दो (Kasuna Two)	जींद	29° 26′00′′उ. 76° 16′00′′पू.
345	कतना (Katana)	लुधियाना	30° 50′00′′उ. 76° 04′00′′पू.
346	कथना एक (Kathana One)	जींद	29° 33′04′′उ. 76° 22′58′′पू.
347	कथना दो (Kathana Two)	जींद	29° 32′33′′उ. 76° 23′30′′पू.
348	कठपलोन (Kathpalon)	जालंधर	31° 02′00′′उ. 75° 51′00′′पू.
349	कौल हेरी (Kaul Heri)	सहारनपुर	29° 53′00′′उ. 77° 17′00′′पू.
350	कौला खेड़ा (Kaula Khera)	सहारनपुर	29° 41′00′′उ. 77° 18′00′′पू.
351	काजीपुर (Kazipir)	सहारनपुर	29° 58′00′′उ. 77° 27′00′′पू.
352	केत राम (Ketr Ram)	जींद	29° 41′32′′उ. 76° 22′00′′पू.
353	खाजा अहमदपुर (Khaja Ahmadpur)	करनाल	29° 51′00′′उ. 76° 53′00′′पू.
354	खम्बा हेरा (Khamba Hera)	कुरूक्षेत्र	30° 06′00′′उ. 76° 20′00′′पू.
355	खण्डेवाला (Khandewala)	गुड़गाँव	27° 43′00′′उ. 77° 03′00′′पू.
356	खानपुर (Khanpur)	बुलन्दशहर	28° 95′00′′उ. 77° 34′00′′पू.
357	खप्रान (Khapran)	जींद	29° 25′14′′उ. 76° 10′18′′पू.
358	खर खोदा (Khar Khoda)	मेरठ	28° 50′00′′उ. 76° 45′00′′पू.
359	खरक पंदवान (Kharak Pandwan)	जींद	29° 40′00′′उ. 76° 17′00′′पू.
360	खराल एक (Kharal One)	जींद	29° 42′10′′उ. 76° 04′30′′पू.
361	खरन्ती (Kharanti)	जींद	29° 10′07′′उ. 76° 19′10′′पू.
362	खटकार एक (Khatkar One)	जींद	29° 24′08′′उ. 76° 15′46′′पू.
363	खेड़ा जाट (Khera Jat)	सहारनपुर	
364	खेमा खेड़ी (Khema Kheri)	जींद	29° 14′00′′उ. 76° 23′12′′पू.
365	खेड़ा (Khera)	लुधियाना	
366	खेड़ा (Khera)	जींद	29° 20′00′′उ. 76° 30′00′′पू.
367	खेड़ी बार्की (Kheri Barki)	हिसार	29° 17′00′′उ. 75° 46′00′′पू.
368	खेड़ी गौरिआन (Kheri Gaurian)	पटियाला	30° 23′00′′उ. 76° 15′00′′पू.

369	खेड़ी मान सिंह (Kheri Man Singh)	करनाल	29° 50′00″उ. 77° 00′00″पू.
370	खेड़ी रैवाली (Kheri Raiwali)	कुरूक्षेत्र	29° 52′00″उ. 76° 33′00″पू.
371	खेड़ी साफा (Kheri Safa)	जींद	29° 31′10″उ. 76° 10′01″पू.
372	खेड़ी शेरखान (Kheri Sherkhan)	जींद	29° 33′57″उ. 76° 10′02″पू.
373	खोखड़ी एक (Khokhari One)	जींद	29° 20′00″उ. 76° 20′00″पू.
374	खोखड़ी दो (Khokhari Two)	जींद	
375	किरी (Kiri)	लुधियाना	30° 56′00″उ. 75° 41′00″पू.
376	कोएल (Koel)	जींद	29° 44′58″उ. 76° 10′50″पू.
377	कोहदा (Kohada)	लुधियाना	30° 52′00″उ. 76° 00′00″पू.
378	कोट मंडोल (Kot Mandoal)	लुधियाना	30° 47′00″उ. 76° 03′00″पू.
379	कोतर खान (Kotar Khan)	रोपड़	30° 13′00″उ. 77° 13′00″पू.
380	कोटा (Kota)	सहारनपुर	29° 54′00″उ. 77° 38′00″पू.
381	कोतर खाने (Kotar Khane)	अंबाला	30° 13′35″उ. 77° 13′16″पू.
382	कोटली (Kotli)	रोपड़	30° 53′00″उ. 76° 29′00″पू.
383	कुबहेरी (Kubaheri)	रोपड़	30° 52′00″उ. 76° 40′00″पू.
384	कुदना (Kudana)	मुजफ्फरनगर	29° 25′45″उ. 77° 22′20″पू.
385	कुल्की कलाँ (Kulki Kalan)	सहारनपुर	29° 56′00″उ. 77° 39′00″पू.
386	कुम्हरा (Kumhara)	पटियाला	30° 38′00″उ. 76° 18′00″पू.
387	कुमकलाँ (Kumkalan)	लुधियाना	30° 55′00″उ. 76° 05′00″पू.
388	कुरदा (Kurada)	रोपड़	
389	कुर्दी (Kurdi)	रोपड़	
390	कुरूक्षेत्र दो (Kurukshetra Two)	कुरूक्षेत्र	29° 58′10″उ. 76° 51′40″पू.
391	लचकाने (Lachkane)	पटियाला	30° 25′00″उ. 76° 21′00″पू.
392	लदना चाकु (Ladana Chaku)	कुरूक्षेत्र	29° 59′40″उ. 76° 15′38″पू.
393	लहवोली (Lahboli)	सहारनपुर	
394	लजवान कलाँ (Lajwan Kalan)	जींद	29° 08′45″उ. 76° 27′30″पू.
395	ललौदा (Lalauda)	पटियाला	30° 22′00″उ. 76° 17′00″पू.
396	लंधौर गुजर (Landhaur Gujar)	सहारनपुर	29° 53′00″उ. 77° 31′00″पू.
397	लतौर (Lataur)	पटियाला	30° 32′00″उ. 76° 25′00″पू.
398	लौन (Laun)	जींद	29° 40′04″उ. 76° 02′00″पू.
399	लोहर माजरा (Lohar Majra)	लुधियाना	30° 42′00″उ. 76° 19′00″पू.
400	लोहर रघु (Lohar Raghu)	हिसार	29° 16′00″उ. 76° 04′00″पू.
401	लोहगढ़ (Lohgarh)	गुरदासपुर	32° 14′00″उ. 75° 30′00″पू.
402	लोपेन (Lopen)	पटियाला	30° 28′00″उ. 76° 11′00″पू.

403	लुदना (Ludana)	जींद्र	29° 14′22″उ. 76° 30′35″पू.
404	लुहिंगा कलाँ (Luhinga Kalan)	गुड़गाँव	27° 50′00″उ. 77° 08′00″पू.
405	लुखी (Lukhi)	कुरूक्षेत्र	30° 02′00″उ. 76° 44′00″पू.
406	मदिआला कलाँ (Madiala Kalan)	लुधियाना	
407	मदिना (Madina)	रोहतक	28° 58′00″उ. 76° 28′00″पू.
408	महातपुर (Mahat Pur)	हासियारपुर	31° 55′00″उ. 75° 39′00″पू.
409	महीपुर (Mahi Pur)	सहारनपुर	29° 58′00″उ. 77° 34′00″पू.
410	महोली एक (Moholi One)	संगरूर	
411	माजड़ा रोहान (Majra Rohan)	करनाल	29° 47′27″उ. 76° 42′58″पू.
412	माजड़ी जतान (Majri Jattan)	पटियाला	30° 38′00″उ. 76° 13′00″पू.
413	मालक पुर (Malak Pur)	कुरूक्षेत्र	30° 02′00″उ. 76° 38′00″पू.
414	मलोद (Malaud)	लुधियाना	30° 38′00″उ. 75° 57′00″पू.
415	मलहार खेड़ा (Malhar Khera)	जींद	29° 22′28″उ. 76° 34′25″पू.
416	मलिक पुर (Malik Pur)	कुरूक्षेत्र	
417	मलसिआन (Malsian)	जालंधर	31° 07′00″उ. 75° 22′00″पू.
448	मम्लीका (Mamlika)	गुड़गाँव	27° 55′00″उ. 77° 08′00″पू.
419	माना (Mana)	रोहतक	28° 50′00″उ. 76° 36′00″पू.
420	मनाल माजरा (Manal Majra)	करनाल	29° 33′00″उ. 76° 54′00″पू.
421	मन्द कौला (Mand kaul)	गुड़गाँव	28° 08′00″उ. 77° 10′00″पू.
422	मनेला (Manela)	रोपड़	30° 50′00″उ. 76° 21′00″पू.
423	मंगल पुर (Mangal Pur)	जींद	29° 31′41″उ. 76° 04′07″पू.
424	मंगली निची (Mangli Nichi)	लुधियाना	30° 52′00″उ. 75° 57′00″पू.
425	मानिकपुर सरीफ (Manikpur Sarif)	रोपड़	
426	मनोहर पुर (Manohar Pur)	जींद	29° 21′00″उ. 76° 24′00″पू.
427	मसौदपुर (Masaudpur)	हिसार	29° 12′47″उ. 75° 58′00″पू.
428	मतर शाम (Matar Sham)	हिसार	24° 10′00″उ. 75° 35′00″पू.
429	मथना (Mathana)	सहारनपुर	30° 00′00″उ. 77° 44′00″पू.
430	मौदी दो (Maudi Two)	करनाल	29° 47′40″उ. 76° 46′30″पू.
431	मौदी तीन (Maudi Three)	करनाल	29° 47′00″उ. 76° 46′00″पू.
432	मायापुर (Mayapur)	सहारनपुर	29° 56′00″उ. 78° 08′00″पू.
433	मेरठ (Meeruth)	मेरठ	29° 40′00″उ. 77° 45′00″पू.
434	मेहरा (Mehra)	कुरूक्षेत्र	30° 02′20″उ. 77° 04′36″पू.
435	मेहरानवाला (Mehranwala)	रोपड़	30° 55′00″उ. 76° 50′00″पू.
436	मिढ़ाणा (Midhana)	सोनीपत	29° 00′00″उ. 76° 23′00″पू.

437	मीर्चपुर (Mirchpur)	हिसार	29° 19'30''उ. 76° 11'30''पू.
438	मीरपुर (Mirpur)	अंबाला	
439	मीरपुर रूपनगर (Mirpur Rupnagar)	रोपड़	30° 13'00''उ. 77° 19'00''पू.
440	मीरपुर (Mirpur)	सहारनपुर	29° 25'00''उ. 77° 16'00''पू.
441	मिर्जापुर (Mirzapur)	कुरूक्षेत्र	29° 58'00''उ. 76° 48'00''पू.
442	मिताथल (Mitathal)	भिवानी	28° 53'10''उ. 76° 10'20''पू.
443	मीयोली (Miyoli)	कुरूक्षेत्र	29° 48'45''उ. 76° 33'45''पू.
444	मोआना (Moana)	जींद	29° 26'12''उ. 76° 34'47''पू.
445	मोहम्मदपुर (Mohammadpur)	संगरूर	30° 32'00''उ. 76° 55'00''पू.
446	मोहनपुर (Mohanpur)	अंबाला	30° 02'00''उ. 76° 30'00''पू.
447	मिहाना (Mihana)	कुरूक्षेत्र	
448	मोहोली (Moholi)	संगरूर	30° 38'00''उ. 75° 45'00''पू.
449	मोरखी (Morkhi)	जींद	29° 17'12''उ. 76° 33'16''पू.
450	मुलहेर एक (Mulhera One)	मुजफ्फरनगर	29° 23'15''उ. 77° 40'10''पू.
451	मुलहेरी दो (Mulheri Two)	मुजफ्फरनगर	
452	मूलाना (Mulana)	अंबाला	30° 16'50''उ. 77° 02'40''पू.
453	मुंडेठा (Mundetha)	गुरगाँव	27° 55'00''उ. 77° 80'00''पू.
454	मूंढ़ दो (Munfh Two)	जींद	29° 31'00''उ. 76° 33'00''पू.
455	मुनकोला (Munkola)	गुरगाँव	28° 30'00''उ. 76° 54'00''पू.
456	मुनकोला एक (Munkola One)	गुरगाँव	
457	मुनकोला दो (Munkola Two)	गुरगाँव	
458	नादा (Nada)	चण्डिगढ़	30° 47'00''उ. 76° 48'00''पू.
459	नदाना (Nadana)	जींद	29° 15'06''उ. 76° 27'04''पू.
460	नागमन (Nagaman)	पटियाला	
461	नागरी खेड़ा (Nagari Khera)	जींद	
462	नागुरान एक (Naguran One)	जींद	29° 26'10''उ. 76° 22'25''पू.
463	नागुरान दो (Naguran Two)	जींद	29° 26'10''उ. 76° 21'25''पू.
464	नगवान (Nagwan)	पटियाला	30° 07'00''उ. 76° 23'00''पू.
465	नाहली (Nahli)	मेरठ	29° 14'00''उ. 77° 33'00''पू.
466	नाहरीवाला (Nahariwala)	भटिंडा	30° 05'00''उ. 75° 25'00''पू.
467	नैनान (Nainan)	कुरूक्षेत्र	29° 47'00''उ. 76° 32'00''पू.
468	नखरौली (Nakharauli)	अंबाला	30° 20'36''उ. 77° 06'20''पू.
469	नाला (Nala)	मुझफ्फरनगर	29° 17'20''उ. 77° 16'40''पू.
470	नलहेरा (Nalhera)	मेरठ	29° 10'00''उ. 77° 21'00''पू.

471	नलहेरा बाकल (Nalhera Bakal)	सहारनपुर	29° 59′00″उ. 77° 30′00″पू.
472	नंदगढ़ एक (Nandgarh One)	जींद	29° 10′54″उ. 76° 28′50″पू.
473	नंदगढ़ दो (Nandgarh Two)	जींद	29° 17′54″उ. 76° 28′50″पू.
474	नन्दूखेड़ा (Nandu Khera)	कुरूक्षेत्र	29° 59′00″उ. 76° 39′00″पू.
475	नरानी (Narani)	जींद	29° 15′00″उ. 76° 25′00″पू.
476	नरिआम खेड़ा (Narian Khera)	सिरसा	
477	नरकतारी (Narkatari)	कुरूक्षेत्र	29° 57′50″उ. 76° 48′00″पू.
478	नारू खेड़ी (Naru Khera)	करनाल	29° 38′00″उ. 76° 59′00″पू.
479	नरयाना (Naryana)	करनाल	29° 46′00″उ. 76° 55′00″पू.
480	नसीरपुर (Nasirpur)	सहारनपुर	29° 45′00″उ. 77° 51′00″पू.
481	नौगांव (Naugawan)	पटियाला	30° 07′00″उ. 76° 23′00″पू.
482	नौली (Nauli)	जालंधर	31° 23′00″उ. 75° 40′00″पू.
483	नौरा (Naura)	पटियाला	30° 26′00″उ. 76° 06′00″पू.
484	नवर्षा (Navarsa)	कुरूक्षेत्र	29° 55′40″उ. 77° 04′40″पू.
485	नवांन गाँव (Nawan Gaon)	सहारनपुर	29° 53′00″उ. 77° 26′00″पू.
486	नवानवांस (Nawanbans)	सहारनपुर	29° 54′00″उ. 77° 17′00″पू.
487	नेहरीवाली थेह (Nehriwala Theh)	भटिंडा	30° 05′00″उ. 75° 33′00″पू.
489	नेवान (Newan)	लुधियाना	30° 44′00″उ. 76° 21′00″पू.
490	निदरा (Nidara)	करनाल	
491	निगुरन दो (Niguran Two)	जींद	29° 26′00″उ. 76° 22′00″पू.
492	निसंग दो (Nisang Two)	करनाल	29° 42′00″उ. 76° 45′00″पू.
493	निदनी (Nidani)	जींद	29° 15′32″उ. 76° 05′04″पू.
494	नूर गढ़ (Noor Garh)	गुरगाँव	28° 21′00″उ. 76° 16′00″पू.
495	नुरन खेड़ी (Nuran Khera)	सोनीपत	29° 13′00″उ. 76° 33′00″पू.
496	पाल्लनपुर (Pallanpur)	रोपड़	30° 52′00″उ. 76° 41′00″पू.
497	पलवार (Palwar)	कुरूक्षेत्र	29° 57′00″उ. 76° 52′00″पू.
498	पंडितों का टीला (Panditon Ka Tila)	कुरूक्षेत्र	29° 45′00″उ. 76° 34′00″पू.
499	पंजलसा (Panjalsa)	अम्बाला	30° 27′30″उ. 77° 07′20″पू.
500	पापड़ा (Papra)	गुरगाँव	27° 54′00″उ. 77° 08′00″पू.
501	पराछ (Parachh)	चण्डीगढ़	30° 48′00″उ. 76° 46′00″पू.
502	परैत (Parait)	लुधियाना	
503	पसवाल (Pasawal)	कुरूक्षेत्र	29° 57′00″उ. 76° 15′00″पू.
504	पथोड़ी (Pathori)	सहारनपुर	29° 50′00″उ. 77° 37′00″पू.
505	पट्टी कल्याना (Patti Kalyana)	करनाल	29° 12′22″उ. 77° 01′43″पू.

506	पीडाल एक (Peedal One)	कुरूक्षेत्र	30° 01'00''उ. 76° 20'00''पू.
507	पीडाल दो (Peedal Two)	कुरूक्षेत्र	30° 00'00''उ. 76° 20'00''पू.
508	फाग्ला (Phagla)	लुधियाना	30° 56'00''उ. 75° 57'00''पू.
509	फफराना (Phaphrana)	करनाल	29° 21'26''उ. 76° 38'34''पू.
510	पिनौद्दीन (Pinaundin)	पटियाला	30° 26'00''उ. 76° 26'00''पू.
511	पिंडारा (Pindara)	जींद	29° 19'20''उ. 76° 22'28''पू.
512	पिंजूपुरा (Pinjupura)	जींद	29° 39'00''उ. 76° 06'30''पू.
513	पीपल्था एक (Pipaltha One)	जींद	29° 45'00''उ. 76° 06'00''पू.
514	पीपल्था तीन (Pipaltha Three)	जींद	29° 45'00''उ. 76° 06'00''पू.
515	पीपली (Pipali)	कुरूक्षेत्र	29° 58'00''उ. 76° 63'00''पू.
516	पुजाम (Pujam)	करनाल	29° 51'00''उ. 76° 55'00''पू.
517	पुजना (Pujana)	सहारनपुर	29° 41'00''उ. 77° 21'00''पू.
518	पुंडारी (Pundari)	कुरूक्षेत्र	29° 45'46''उ. 76° 33'25''पू.
519	पुर बलिआन दो (Pur Balian Two)	मुजफ्फरनगर	29° 21'22''उ. 77° 40'00''पू.
520	पुरन पुर (Piran Pur)	सहारनपुर	29° 58'00''उ. 78° 00'00''पू.
521	पुठार (Puthar)	करनाल	29° 12'51''उ. 76° 52'13''पू.
522	कुअबुलपुर एक (Quabulpur One)	करनाल	29° 38'48''उ. 76° 42'35''पू.
523	कुअबुलपुर दो (Quabulpur Two)	करनाल	29° 38'00''उ. 76° 42'00''पू.
524	राधना (Radhana)	जींद	29° 15'00''उ. 76° 20'53''पू.
525	राहतपुर (Rahatpur)	मुजफ्फरनगर	29° 39'00''उ. 79° 19'00''पू.
526	राहोन (Rahon)	जालंधर	31° 02'00''उ. 76° 05'00''पू.
527	रैचन्द वाला (Raichandwala)	जींद	29° 23'52''उ. 76° 25'05''पू.
528	रैसोन दो (Raison Two)	करनाल	29° 53'00''उ. 76° 48'00''पू.
529	राजा कर्ण का किला एक (Raja Karna Ka Qula One)	कुरूक्षेत्र	29° 58'00''उ. 76° 49'00''पू.
530	राजगढ़ (Rajgarh)	पटियाला	30° 25'00''उ. 76° 45'00''पू.
531	रामवा एक (Ramba One)	करनाल	29° 48'00''उ. 77° 00'00''पू.
532	रामवा दो (Ramba Two)	करनाल	29° 48'00''उ. 77° 00'00''पू.
533	रामगढ़ पदवान एक (Ramgarh Pandwan One)	जींद	29° 40'23''उ. 76° 17'00''पू.
534	रामगढ़ पदवान दो (Ramgarh Pandwan two)	जींद	29° 40'23''उ. 76° 18'00''पू.
535	रामकली (Ramkali)	जींद	29° 12'26''उ. 76° 25'16''पू.
536	रामपुर (Rampur)	रोपड़	30° 36'00''उ. 76° 47'00''पू.
537	रंगेल (Rangel)	सहारनपुर	29° 56'00''उ. 77° 40'00''पू.
538	रानी रण (Rani Ran)	जींद	29° 42'30''उ. 76° 21'32''पू.
539	रंके (Ranke)	लुधियाना	30° 57'00''उ. 75° 37'00''पू.

540	राओवाले (Raowala)	लुधियाना	30° 54′00″उ. 75° 32′00″पू.
541	रतन देहरा (Ratan Dehra)	कुरूक्षेत्र	29° 00′20″उ. 76° 52′00″पू.
542	रतन हेरी (Ratan Heri)	रोपड़	29° 21′00″उ. 76° 56′00″पू.
543	रतन खेड़ा (Ratan Khera)	अंबाला	
544	रत्ता खेड़ा खुराम (Ratta Khera Khuram)	कुरूक्षेत्र	30° 07′00″उ. 76° 27′00″पू.
545	रत्ता खेड़ा (Ratta Khera)	कुरूक्षेत्र	30° 05′23″उ. 76° 16′00″पू.
546	रत्ताखेड़ा कुहराम(Ratta Khera Kuhram)	कुरूक्षेत्र	
547	रत्ता थेह (Ratta Theh)	हिसार	29° 43′15″उ. 75° 42′15″पू.
548	रहौरनी खेड़ा (Rhaurani Khera)	कुरूक्षेत्र	
549	रीनढाना (Rindhana)	सोनीपत	29° 07′23″उ. 76° 30′00″पू.
550	रीतौली (Ritauli)	जींद	29° 24′20″उ. 76° 30′10″पू.
551	रोहिरा (Rohira)	संगरूर	30° 38′00″उ. 75° 50′00″पू.
552	रोहता (Rohta)	पटियाला	30° 22′00″उ. 76° 12′00″पू.
553	रोहतक (Rohtak)	रोहतक	28° 53′00″उ. 76° 35′00″पू.
554	रूखी (Rukhi)	सोनीपत	29° 03′00″उ. 76° 41′00″पू.
555	सब्दालपुर (Sabdalpur)	सहारनपुर	29° 56′00″उ. 77° 21′00″पू.
556	सादाबाद (Sadabad)	जींद	29° 29′00″उ. 76° 08′00″पू.
557	सागा (Saga)	करनाल	29° 46′00″उ. 76° 53′00″पू.
558	सहनेवाली (Sahnewala)	भटिंडा	39° 55′00″उ. 75° 06′00″पू.
559	सलारपुरा (Salarpur)	सहारनपुर	29° 49′00″उ. 77° 16′00″पू.
560	सालेपुर (Salepur)	सहारनपुर	29° 56′00″उ. 77° 21′00″पू.
561	सलीमगढ़ (Salimgarh)	हिसार	29° 10′30″उ. 75° 32′45″पू.
562	सलीमगढ़ दो (Salimgarh Two)	हिसार	29° 11′20″उ. 75° 33′11″पू.
563	सम्भल्खा (Sambhalkha)	मुजफ्फरनगर	29° 25′00″उ. 77° 20′00″पू.
564	सम्भी एक (Sambhi)	करनाल	29° 49′00″उ. 76° 49′00″पू.
565	सन्दो (Sando)	जींद	29° 29′31″उ. 76° 23′51″पू.
566	समेलहेड़ी (Samle Heri)	रोपड़	30° 20′00″उ. 76° 57′00″पू.
567	समलेहरी (Samlehri)	अंबाला	
568	सम्पन खेड़ी (Sampan Kheri)	कुरूक्षेत्र	
569	सांड (Sand)	अंबाला	30° 10′00″उ. 77° 15′00″पू.
570	सन्धै (Sandhai)	रोपड़	30° 10′00″उ. 77° 55′00″पू.
571	संध्या संग (Sandhya Sang)	कुरूक्षेत्र	
572	संगान (Sangan)	जींद	29° 48′17″उ. 76° 13′59″पू.
573	संगतपुरा (Sangatpura)	जींद	29° 20′00″उ. 76° 14′00″पू.
574	संघी (Sanghi)	रोहतक	29° 02′00″उ. 76° 37′00″पू.

575	संघोल (Sanghol)	लुधियाना	30° 47'00''उ. 76° 24'00''पू.
576	संगरोली (Sangroli)	कुरूक्षेत्र	29° 50'00''उ. 76° 30'00''पू.
577	सनोली (Sanoli)	बागपत	29° 08'28''उ. 77° 13'01''पू.
578	सापर खेड़ी (Sapar Kheri)	कुरूक्षेत्र	29° 47'00''उ. 76° 30'00''पू.
579	सपरोड नांगल (Saprod Nangal)	जालंधर	31° 15'00''उ. 75° 43'00''पू.
580	ससा (Sasa)	पटियाला	
581	सासी (Sasi)	पटियाला	30° 07'00''उ. 76° 20'00''पू.
582	सैंखरा एक (Saunkhara One)	करनाल	29° 48'35''उ. 76° 51'55''पू.
583	सौंखरा दो (Saunkhara Two)	करनाल	29° 47'35''उ. 76° 50'55''पू.
584	सील (Seel)	पटियाला	30° 20'00''उ. 76° 32'00''पू.
585	शकरपुर (Shakarpur)	सहारनपुर	29° 48'00''उ. 77° 57'00''पू.
586	शाखपुर मंचुरी (Shakhupur Manchuri)	करनाल	
587	शाकपुर मचुरी (Shakpur Machuri)	करनाल	29° 35'00''उ. 76° 45'00''पू.
588	शामली शमला (Shamli-Shamla)	मुजफ्फरनगर	
589	शीशपुर (Shishpur)	करनाल	29° 14'39''उ. 76° 49'03''पू.
690	सिअमलो कलाँ एक (Siamlo Kalan One)	जींद	29° 12'45''उ. 76° 24'10''पू.
591	सिअमलो कलाँ दो (Siamlo Kalan Two)	जींद	29° 12'10''उ. 76° 23'51''पू.
592	सिहनेवाली (Sihnewali)	भटिंडा	29° 55'00''उ. 75° 30'00''पू.
593	सिकरेरा (Sikrera)	मुजफ्फरनगर	29° 18'00''उ. 77° 58'00''पू.
594	सीकरी (Sikri)	मुजफ्फरनगर	29° 32'00''उ. 77° 55'00''पू.
595	सीला खेड़ा एक (Sila Khera One)	जींद	29° 23'00''उ. 76° 37'12''पू.
596	सीनाद (Sinad)	जींद	29° 45'50''उ. 76° 13'00''पू.
597	सिंधवी खेड़ा (Sindhvi Khera)	जींद	29° 17'04''उ. 76° 24'35''पू.
598	सिंगहरा (Singhra)	करनाल	29° 42'00''उ. 76° 50'00''पू.
599	सिंहवा (Singhwa)	हिसार	29° 02'00''उ. 76° 17'00''पू.
600	सिंहवाल (Singhwal)	जींद	29° 35'50''उ. 76° 13'20''पू.
601	सीसै बोला एक (Sisai Bola One)	हिसार	29° 10'00''उ. 76° 01'00''पू.
602	सीसै बोला दो (Sisai Bola Two)	हिसार	29° 10'00''उ. 76° 01'00''पू.
603	सीसै काली रावन एक (Sisai Kali Ravan One)	हिसार	29° 09'00''उ. 76° 00'00''पू.
604	सीसै काली रावन दो (Sisai Kali Ravan Two)	हिसार	29° 09'00''उ. 76° 00'00''पू.
605	सीसै काली रावन चार (Sisai Kali Ravan Four)	हिसार	29° 09'00''उ. 76° 00'00''पू.
606	सीसै एक (Sisai One)	हिसार	29° 11'47''उ. 76° 03'20''पू.
607	सीसै दो (Sisai Two)	हिसार	29° 12'02''उ. 76° 02'50''पू.
608	सीसै तीन (Sisai Three)	रोहतक	29° 56'00''उ. 76° 51'00''पू.
609	सीसवाल (Siswal)	हिसार	29° 13'12''उ. 76° 30'30''पू.
610	सीसवान (Siswan)	रोपड़	30° 50'00''उ. 76° 42'00''पू.
611	सीवाना मल एक (Siwana Mal One)	जींद	29° 15'12''उ. 76° 35'20''पू.

612	सीवाना मल दो (Siwana Mal Two)	जींद	29° 16′07′′उ.	76° 35′04′′पू.
613	सोहवी (Sohavi)	लुधियाना	30° 45′00′′उ.	76° 24′00′′पू.
614	सोलठ (Solath)	जींद	29° 23′00′′उ.	76° 31′00′′पू.
615	सुवरी ख्वाजा (Subri Khwaja)	सहारनपुर	29° 53′00′′उ.	77° 37′00′′पू.
616	सुघेल (Sudhel)	रोपड़	30° 10′23′′उ.	77° 14′00′′पू.
617	सुहावी (Suhavi)	लुधियाना		
618	सुकेतरी (Suketri)	रोपड़	30° 45′00′′उ.	76° 50′00′′पू.
619	सुकेतरी (Suketri)	अंबाला		
620	सुलतानपुर (Sultanpur)	गुरगांव	27° 56′00′′उ.	77° 08′00′′पू.
621	सुनेत (Sunet)	लुधियाना	30° 50′00′′उ.	75° 50′00′′पू.
622	सुनिअरहेरी (Suniarheri)	पटियाला	30° 27′00′′उ.	76° 26′00′′पू.
623	सुरवड़ा (Surbra)	जींद	29° 29′35′′उ.	76° 04′21′′पू.
624	सुतना (Sutana)	करनाल	29° 22′10′′उ.	76° 52′50′′पू.
625	तालु (Talu)	हिसार	28° 59′00′′उ.	76° 09′00′′पू.
626	तलवारा (Talwara)	लुधियाना	30° 55′00′′उ.	75° 44′00′′पू.
627	टंडवाल (Tandwal)	अंबाला	30° 27′00′′उ.	77° 04′00′′पू.
628	तेलीवाला (Teliwala)	सहारनपुर	29° 57′00′′उ.	77° 58′00′′पू.
629	थाना भवन (Thana Bhawan)	मुजफ्फरनगर	29° 35′00′′उ.	77° 25′00′′पू.
630	थेन लहरा (Then Lahara)	लुधियाना	30° 35′00′′उ.	75° 20′00′′पू.
631	थिराना (Thirana)	करनाल	29° 25′00′′उ.	76° 50′00′′पू.
632	थुवा (Thuwa)	जींद	29° 31′36′′उ.	76° 21′00′′पू.
633	तिगराना (Tigrana)	भिवानी	28° 53′15′′उ.	76° 08′12′′पू.
634	टोडी खेड़ा (Todi Khera)	जींद	29° 25′20′′उ.	76° 42′12′′पू.
635	उच्चा गांव (Uchcha Gaon)	पटियाला	30° 22′00′′उ.	76° 21′00′′पू.
636	ऊच्चा खेड़ा (Uchcha Khera)	पटियाला	30° 34′00′′उ.	76° 38′00′′पू.
637	उझाना एक (Ujhana One)	जींद	29° 41′53′′उ.	76° 07′03′′पू.
638	उझाना दो (Ujhana Two)	जींद	29° 43′45′′उ.	76° 08′30′′पू.
639	उन (Un)	मुजफ्फरनगर	29° 35′00′′उ.	77° 15′00′′पू.
640	उपलाना (Uplana)	कुरुक्षेत्र		
641	उपलाना दो (Uplana Two)	करनाल	29° 36′10′′उ.	76° 39′51′′पू.
642	उपलाना तीन (Uplana Three)	करनाल	29° 35′40′′उ.	76° 40′25′′पू.
642	उपलाना तीन (Uplana Four)	करनाल	29° 35′40′′उ.	76° 40′25′′पू.
643	उर्दना (Urdana)	जींद	29° 28′36′′उ.	76° 33′16′′पू.
644	उर्लाना खुर्द एक (Urlana Khurd One)	करनाल	29° 21′00′′उ.	76° 43′00′′पू.
645	उर्लाना खुर्द दो (Urlana Khurd Two)	करनाल	29° 22′12′′उ.	76° 40′50′′पू.
646	वादलान ग्रंथिअन (Vadalan Garanthian)	गुरदासपुर	31° 50′23′′उ.	75° 17′00′′पू.

इसके अतिरिक्त कुछ महत्वपूर्ण उत्खनित पुरास्थलों का संक्षिप्त विवरण प्रस्तुत किया गया है जिनके आधार पर हड़प्पा सभ्यता की निरंतरता को रेखांकित किया जा सकेगा।

बणावली

बणावली पुरास्थल कालीबंगा से 120 किलोमीटर उत्तर–पूर्व में हरियाणा के हिसार जिले के फतेहबाद तहसील में स्थित है। प्राचीन काल में पुरास्थल के दक्षिण में प्राचीन सरस्वती नदी प्रवाहित थी, जिसका अनुमान वर्तमान बालू भरी घाटी से किया जा सकता है। इस स्थल पर आर. एस. बिष्ट ने सन् 1973–74 ई. में उत्खनन करवाया था[18] जिसके फलस्वरूप 8 मीटर के जमाव से तीन सांस्कृतिक काल प्रकाश में आए थे, जिन्हें क्रमशः प्रथम, द्वितीय तथा तृतीय कालखण्ड कहा गया।

कालखण्ड प्रथम–इस कालखण्ड की संस्कृति कालीबंगा के प्राक्हड़प्पा के अनुरूप थी।

कालखण्ड द्वितीय–प्रौढ़ हड़प्पा काल

कालखण्ड तृतीय–उत्तर हड़प्पा काल

प्रथम काल: प्रथम काल को तीन उपभागों 1अ, 1ब एवं 1स में विभाजित किया गया है। 1अ में सुरक्षा प्राचीर नहीं थी। 1ब में सुरक्षा प्राचीर का निर्माण हुआ था। 1स में दुर्ग तथा निम्न नगर की द्वयात्मकता का प्रारंभ हुआ था। 1अ तथा 1ब उपकालों में ईंटों का अनुपात 3:2:1 था किंतु 1स में 4:2:1 अनुपात में भी ईंटे बनने लगी थीं।

द्वितीय काल : बाणावली में दुर्ग और निम्न नगर अलग–अलग टीलों पर नहीं थे तथा दोंनो एक ही सुरक्षा प्राचीर से आवेष्ठित थे, किंतु दुर्ग को एक आन्तरिक सुरक्षा प्राचीर निम्न नगर से अलग करती थी। फलतः दुर्ग का तल विन्यास अर्द्ध–दीर्घ वृत्ताकार (Semi ellipse) था। चूँकि इसका निर्माण पूर्ववर्ती आवासीय जमाव पर हुआ था, अतः इसकी ऊँचाई अपेक्षाकृत अधिक थी। दुर्ग की दीवारें 4 से 7 मीटर मोटी थी। दुर्ग के उत्तर–दक्षिण तथा पूर्व–पश्चिम में सड़कें उसे अनेक वर्गों में विभाजित करती थीं। कुछ सड़कों पर रिहायशी मकानों की पहचान की गई है। दुर्ग के पानी के निकास के लिए पकी ईटों से बनी कई नाली थीं। नाली की व्यवस्था पश्चिम–पूर्व दिशा की एक सड़क के अनुरूप थी। नाली के निकास के पास एक बुर्ज था। इस प्रकार के बुर्ज दीवाल के दक्षिण भाग में थे। निम्न नगर से दुर्ग में प्रवेश के स्थान पर 1.5 मीटर चौड़ा पकी ईटों से निर्मित चबूतरा था।

निम्न नगर चतुष्कोणीय था, ऐसा प्रतीत होता है कि दुर्ग के सुरक्षा प्राचीर के बाहर एक खाई भी थी। कहना कठिन है कि यह सम्पूर्ण सुरक्षा प्राचीर के साथ थी। निम्न नगर में दक्षिण–पश्चिम तथा उत्तर–पश्चिम दिशाओं में जाने वाली सड़कों की चौड़ाई 4–5 मीटर थी, जैसा कि कालीबंगा में भी मिली थी। घरों की रूपरेखा वैसी ही थी, जैसा अन्य स्थलों पर थी। कभी–कभी घरों की फर्शें कच्ची ईटों से निर्मित थी। एक घर में शौचालय में वास–वेसिन की व्यवस्था एक कोने में नाली के ऊपर थी। गंदा पानी घर के बाहर सड़क पर रखे बर्तन में जाता था। इस घर से मुहरें तथा बटखरे भी मिले थे। जिससे अनुमान किया गया है कि यह किसी बड़े व्यापारी का निवास था। इसी प्रकार से एक घर की पहचान स्वर्णकार के घर से की गई है। इस घर से बहुत अधिक संख्या में सोने, लेपिसलैजुली तथा कार्नेलियन

के मनके और रत्नों की तौल करने वाले बटखरे मिले हैं। एक सोने की पहचान करने की कसौटी प्राप्त हुई थी, जिसपर घिसने के कारण विविध रंग की स्वर्ण धारियाँ थी।

कुछ घरों में अग्नि वेदिकायें भी मिली है, एक गजपृष्ठाकार (Apsidal) संरचना अग्निकुण्डों से संबंधित मिली थी। कुछ विद्वानों ने इसके आधार पर एक मंदिर की परिकल्पना की है। यहाँ के घरों में 1×1 अथवा 1×2 मीटर के आले भी मिले हैं। घरों के आगे प्रायः चबूतरे भी मिले हैं। यहाँ पर पकी ईटों का प्रयोग कुओं, नालियों तथा स्नान के स्थानों तक सीमित था। अन्यत्र सभी जगह कच्ची ईटों का प्रयोग किया था, जो निम्न आकारों में मिलते हैं, किंतु उनका अनुपात 4:2:1 ही था– यथाः 24×12×6 से.. मी., 32×16×8 से. मी. तथा 40×20×10 से. मी.।

यहाँ प्रथम तथा द्वितीय काल में कोई व्यतिक्रम नहीं था। मृद्‌भाण्ड में भी पूर्वकालिक प्रकार तथा चित्रण अभिप्राय इस काल में भी मिलते हैं। यहाँ से पुरावशेष प्रचुर संख्या में मिले हैं। मुहरें केवल निम्न नगर से ही मिली हैं। बाट–बटखरों में छोटे बटखरे विशेष उल्लेखनीय हैं, जिनमें से दो का भार 0.216 ग्राम तथा 0.072 ग्राम मात्र है। यह एक चावल के भर का (0.036 ग्राम) छः तथा दोगुना है। *मार्शल* का विचार था कि प्रौढ़ हड़प्पा में भार का आधार चावल रहा होगा। किंतु कहना कठिन है कि हड़प्पा के लोगों ने चावल की कृषि का प्रारंभ कब किया तथा वह कब उनकी अर्थव्यवस्था का आधार बना। यहाँ से प्राप्त टेराकोटा की वस्तुओं में विशेष उल्लेखनीय एक हल का प्रतिरूप तथा स्त्री प्रतिमायें तथा बैल की लघु मूर्तियाँ हैं। स्त्री मूर्तियाँ, नौशेरो, कुल्ली, मेही, मेहरगढ़, शेरीखान एवं तारखेह की स्त्री मूर्तियों से कला शैली में मेल खाती हैं।

तृतीय कालः प्रौढ़ हड़प्पा की समाप्ति के कुछ अंतराल के बाद उत्तर हड़प्पा काल प्रारंभ होता है। जिसमें प्रौढ हड़प्पा की कोई भी विशेषतायें नहीं मिलती। मकान ईटों के स्थान पर मिट्‌टी के बनने लगे। इस काल की मृदभाण्ड में तैलीय चमक मिलती है। यह मृदभाण्ड बारा की मृदभाण्ड से काफी साम्य रखती है। उत्खननकर्ता के अनुसार इसमें Cemetry-H की मृद्‌भाण्ड से भी समानता है। पुरावशेषों में विशेष उल्लेखनीय सिलखड़ी (Faience) के आभूषण, मनके, पीपल के पत्ते के आकार के कर्णाभरण, चूडियाँ, पायल आदि हैं। इसके अतिरिक्त एक मिट्‌टी की बनी वस्तु जिसका आधार वर्गाकार है तथा ऊपर की ओर संकरा होता जाता है तथा उसके ऊपर का भाग दो श्रृंगों के समान मिला है। इस प्रकार की वस्तुयें सतलज, घग्घर घाटी से अन्यत्र भी मिली हैं।

राखीगढ़ी

राखीगढ़ी 29 °16′ उत्तरी अक्षांश 16 °10′ पूर्वी देशान्तर पर जनपद हिसार, हरियाणा के सूखी दृश्द्वती वर्तमान चौतांग नदी के बायीं तट पर अवस्थित है। यह प्राचीन सरस्वती नदी की सहायक सरिता थी। राखीगढ़ी में सात टीलों के अवशेष प्राप्त होते हैं। यह लगभग 118 हेक्टेयर में फैला हुआ है। ये सभी टीले राखीखास एवं राखीशाहपुर नामक दो पंचायतों के मध्य फैले हैं। इन टीलों की अधिकतम् ऊँचाई 18 मीटर तक है।

इस महत्वपूर्ण पुरास्थल की खोज भगवान देव द्वारा 1964 में की गयी एवं सूरजभान द्वारा सन् 1972–73 में पुनः सर्वेक्षित किया गया।[19] इस स्थल का उत्खनन भारतीय पुरातत्त्व सर्वेक्षण के पुरातत्त्व

संस्थान द्वारा डॉ0 अमरेन्द्रनाथ एवं चण्डीगढ़ मण्डल के डॉ0 फणी कान्त मिश्र के संयुक्त निर्देशन में सन् 1997–98 ई0 में किया गया।[20] तत्पश्चात् सन् 1998–99 एवं 1999–2000 ई0 में भी उत्खनन कार्य कराया गया।[21] उक्त टीलों का नामकरण RGR-1, RGR-2, RGR-3, RGR-4, RGR-5, RGR-6 and RGR-7 किया गया। इनके उत्खनन में मुख्य रूप से दो सांस्कृतिक कालों के अवशेष प्राप्त हैं :–

1. प्राक् हड़प्पा संस्कृति
2. विकसित हड़प्पा संस्कृति

प्राक् हड़प्पा संस्कृति को दो उपभागों अ एवं ब में विभक्त किया गया है। 1. अ. पूर्व नगरीकरण संस्कृति : इस काल में तीन संरचनात्मक स्तर के अवशेष प्राप्त हुए हैं। 1. मिट्टी से निर्मित चबूतरे 2. वृत्ताकार संरचना– इसमें सूखी ईटों का प्रयोग हुआ है। इसके किनारों पर गर्तास्तम्भ भी हैं। 3. आयताकार संरचना है, जिसकी माप 2.2×1.6 मीटर है तथा इसमें प्रयुक्त ईटों की माप 33×24×9 से. मी. है।

1. ब. प्रारम्भिक नगरीकरण : इस स्तर से कई आयताकार संरचनाएं प्राप्त हैं जिनकी माप 3×2.4 मीटर है तथा इसके निर्माण में कच्ची ईटों का प्रयोग हुआ है। ईटों का अनुपात 3:2:1 है। इन संरचनाओं से जले हुए फर्श का साक्ष्य मिला है। इसके साथ चूल्हे भी हैं। ये सभी संरचनाएं एक ही दिशा के अनुरूप निर्मित हैं।

मृदभाण्डों में कालीबंगा के छः फेब्रिक प्रकारों के साथ ग्रूब्स पात्र भी प्राप्य हैं। जिसकी उत्पत्ति हाखरा से हुई थी। चाकलेट स्लिप वेयर और राखीगढ़ी का विशेष प्रकार का वर्तन तथा अन्य पात्रों में तश्तरी, लाल रंग के बर्तनों में जार, हाण्डी, कटोरे, इत्यादि प्राप्त हैं। इनमें काले रंग से चित्रण किया गया है। जिसमें क्षैतिज रेखाएं, पट्टियां, धारियां, त्रिभुज, पीपल की पत्ती, सूर्य, ज्यामितीय अलंकरण, पौधों एवं सींगों को भी चित्रित किया गया है। अन्य में मृदभाण्डों के ऊपर चित्रलेख, सीलिंग बाल, टेराकोटा की टूटी चूड़ियां, कभी–कभी धूसर रंग की चूडियां, संयुक्त चूड़ियां, पहिए, बैलगाड़ी खिलौना, अस्थि छिद्रक, पशु–मूर्तियां इत्यादि प्राप्त हैं। पाषाण निर्मित सिल–लोढ़े, ताम्र के कांटे, चूड़ियां, बाणाग्र और शंख के मनके, सेलखड़ी मनके, चर्ट ब्लेड, टेराकोटा की मुहरें आदि प्राप्त होते हैं।

2. विकसित हड़प्पा संस्कृति : इस काल का जमाव मुख्यतः RGR-2 पर है। यहाँ पर उत्खननकर्ता ने दुर्ग क्षेत्र स्वीकार किया है। इस क्षेत्र में आवासीय संरचनाएं हैं, जिसमें एक विशाल चबूतरा है जो लगभग 40×14 मीटर चौड़ा है। ये सभी कच्ची ईटों के द्वारा निर्मित हैं, इन पर यज्ञवेदियां प्राप्त हैं। इस टीले के किनारे चौड़ी रक्षा प्राचीर के भी अवशेष प्राप्त हैं। इसके अतिरिक्त RGR-1, RGR- 4 , एवं RGR- 5 पर भी विकसित हड़प्पाकालीन संरचनाओं के अवशेष प्राप्त हुए हैं, जिसमें आवास, आंगन, गलियां, चूल्हे हैं। इनमें से कुछ भवन शिल्पियों द्वारा उपयोग किए जाते थे, क्योंकि उक्त घरों के चूल्हों के भीतर मुस्टिका और केक के साथ जली हुई राख प्राप्त हुई है। इसके आस–पास विभिन्न प्रकार के अर्धमूल्यवान पाषाणों के टुकड़े भारी मात्रा में प्राप्य हैं। जिसमें कार्नेलियन, अगेट, जैस्पर, लाजवर्द, चर्ट, चाल्सीडोनी, कांचली, मिट्टी, सेलखड़ी की वस्तुएं, शंख की चूड़ियों के अवशेष के साथ मनकों को रगड़कर चमकदार बनाने का पत्थर तथा मनकों में छिद्र करने के लिये पाषाण छिद्रक भी मिले हैं। साथ ही मिट्टी की चूड़ियां, मुस्टिका और केक प्रचुर मात्रा में पूरे क्षेत्र से प्राप्त होते हैं।

RGR-5 से हड्डी एवं हाथी दांत से निर्मित वस्तुओं के अतिरिक्त उक्त वस्तुओं के निर्माण में उपयोग आने वाले उपकरण प्रचुर मात्रा में प्राप्त हुए हैं। इस टीले से हड्डी एवं हाथी दांत के अनेक टुकड़े प्राप्त हुए हैं, जिनसे कई प्रकार के वस्तुऐं यथा– हड्डी से बने वस्तुओं में बाल में लगाने का पिन, आखों में सुरमा लगाने के लिये कोहल स्टिक, लिखने के लिये स्टायलस, बाणाग्र, भाला, एवं हाथी दांत से निर्मित कंघी, शतरंज के पासे, वाट आदि का निर्माण किया गया था।

RGR-7 से हड़प्पाकालीन ग्यारह शवाधानों का उत्खनन किया गया इनमें से कुछ के अपने पूर्ण विसर्जित अवशेषों के साथ सुरक्षित पाए गए हैं। जबकि कतिपय उत्तरवर्ती कब्रों को बनाने वाले लोगों द्वारा दुबारा से उसी स्थान का पुनः उपयोग किये जाने के समय पूर्ववर्ती शवाधानों को काट भी दिया गया था। शवों के साथ पात्रों को सर के तरफ रख गया है। कुछ शवों को आभूषणों के साथ दफनाया गया था। इसमें से एक शवाधान राष्ट्रीय संग्रहालय के हड़प्पा वीथिका में प्रदर्शित है।

इस काल में भी कच्ची मिट्टी की ईटों का प्रयोग संरचना निर्माण में किया गया है। जबकि नाली एवं पानी के उपयोग वाले स्थानों पर पक्की ईटों का उपयोग किया गया है।

इस पुरास्थल से मुख्य मृदभाण्डों में लाल रंग के कुछ धूसर रंग के कतिपय बिना चमकदार वाले छिद्रित पात्र गोवलेट, साधारण तश्तरी, वाश, जार, वेसल्स, तसला, नांद और इन पर काले रंग का चित्रण–अभिप्राय जैसे पीपल की पत्ती, मयूर, मत्स्य आदि प्राप्त हैं। विभिन्न प्रकार के पालतू एवं जंगली पशुओं की अस्थियां तथा गेहूँ, जौ, बथुआ के बीज प्राप्त हुए हैं। चावल की भूसी भी मिली है।

महत्वपूर्ण पुरावशेषों में स्वर्ण की पट्टिटी, अंगूठी, मनके, रजत, तांबे, शंख एवं मिट्टी की चूड़ियां और पच्चीकारी युक्त सादे मनके प्राप्त हैं। चर्ट ब्लेड, बाट, शतरंज के पासे, गेम्समैन, सेलखड़ी की मुद्राएं, टेराकोटा की मुद्रा, सीसा की मुहरें, टेराकोटा की सीलिंग तथा बहुतायत मात्रा में पशु मूर्तियां, एवं मानव धड़, बाणाग्र, छेनियां, ताम्र के मत्स्य कांटे इत्यादि प्राप्त हुए हैं।

कुणाल

कुणाल 29° 36′ उत्तरी अक्षांश एवं 75° 41′ पूर्वी देशान्तर पर 'भूना' नामक शहर से 12 किलो मीटर पश्चिम दिशा में, जनपद हिसार, हरियाणा में अवस्थित है। यह पुरास्थल लगभग 3 एकड़ क्षेत्र में सरस्वती नदी के बाऐं तट पर स्थित है। इस स्थल का उत्खनन पुरातत्व एवं संग्रहालय विभाग हरियाणा सरकार के अधीन जे. एस. खत्री के निर्देशन में सन 1991–1992 एवं 1995–1996 में हुआ।[22] इस पुरास्थल के उत्खनन से प्राक् हड़प्पा कालीन तीन संरचनात्मक स्तर प्राप्त हुए हैं।

प्रथम संरचनात्मक काल : इस काल से गर्त–आवास के अवशेष प्राप्त हुए थे। जिसके किनारों पर कुछ स्तम्भगर्त प्राप्त हुए थे। इनके ऊपर बांस–बल्ली एवं घास–फूस के माध्यम से मौसम के दुश्प्रभाव से सुरक्षित किया जाता रहा होगा। इन गठ्टों को लाल रंगीय मिट्टी के द्वारा प्लास्तर किया गया था। इस स्तर का अधिकतम जमाव 0.71 मीटर है। इस स्तर के लोग पशुपालक थे एवं कृषि कार्य भी प्रारंभिक अवस्था में थी। यहाँ से कुछ चाक निर्मित बर्तनें और अधिकांशतः हस्तनिर्मित बर्तनें प्राप्त हुए हैं। हस्त निर्मित लाल–कृष्ण पात्र और हाखरा प्रकार के लाल रंगीय मृद्भाण्ड में बाहरी भाग को खुरचकर लहरिया रेखाएं चित्रित कि गयीं हैं। 'श्रृंगदेवी', हीरा के आकार का क्रिस–क्रोस अलंकरण,

द्विरंगीय एवं अधिक रंगों से युक्त बर्तनें प्राप्त हैं। इस स्तर से अस्थि छिद्रक, चाल्सीडोनी की सूक्ष्म मनके, ताबें के बाणाग्र, मत्स्य कांटे प्राप्त हैं। ताम्र के उपकरण का प्राप्त होना, ताम्र पाषाण काल से सम्बन्धित होता है।

द्वितीय संचरना काल : इस स्तर से प्राप्त वृत्ताकार संरचना का व्यास लगभग 3 मीटर, ऊँचाई 1. 9 मीटर है यह कच्ची ईटों से निर्मित है। ईटों का आकार 11×4×39 से. मी., 10×22×37 से. मी., 11×23×38 से. मी. है, जो कि अन्य प्राक्हड़प्पीय ईटों के बराबर नहीं है। इस स्तर से कालीबंगा से प्राप्त मृद्भाण्ड प्रकार प्राप्त हुए हैं। कुणाल से कालीबंगा के समान उत्तम प्रकार की पात्र परंपराएं प्राप्त हुए हैं, जो कालीबंगा से पहले की हैं।

तृतीय संरचनात्मक काल : इस काल में वर्गाकार एवं आयताकार कमरों के साथ रसोईघर एवं शौचालय कच्चे ईटों से निर्मित हैं जिसके ईटों की माप 9×18×36 से. मी., 11×22×44 से. मी. एवं 13×26×39 से. मी., 11×22×33 से. मी. है। आवासों के गन्दे पानी को निकालने के लिए नालियां, सोख्ता गड्ढ़े से जुड़े हुए हैं। कूड़े को गड्डों में डालकर बंद कर दिया जाता था।

कृषि कार्य का विकास इस काल में ही हो चुका था। मृद्भाण्डों में संग्रहपात्रों के विभिन्न आकार–प्रकार प्रकाश में आए हैं। इस पुरास्थल से 12000 से अधिक मनकों में 5600 से अधिक मनके लाजवर्द से निर्मित हुए प्राप्त हैं। लगभग 4000 शंख के मनके, 3000 कार्नेलियन के मनके, 2000 सेलखड़ी के मनके, दो मुकुट, बाजूबन्द, चूड़ियां, मनके, 11 तश्तरी के आकार के मनके, चांदी से निर्मित हैं, जिनका वजन 35 ग्राम है। ताम्र एवं अगेट के मनके, शंख, चूड़ी, सेलखड़ी की मुहरें, अस्थि, हाथी दांत के बाट, शतरंज के गेम्समेन आदि प्राप्त हैं।

इस पुरास्थल से प्राप्त मृदभाण्डों में कालीबंगा के सभी प्रकार के पात्र तथा द्विरंगीय और बहुरंगीय सुसज्जित पात्र उपलब्ध होते हैं। जिसमें साधार तश्तरी, साधार कटोरे, तसले, घड़े इत्यादि हैं। काले और भूरे–कृष्ण एवं श्वेत पात्रों पर ज्यामितीय चित्रण, पशु–पक्षियों का चित्रण, जैसे वृषभ, हिरण, मयूर, इत्यादि है। प्राकृतिक अलंकरणों में पीपल के पत्ते, पुष्प चित्रण के साथ श्रृंग देव प्राप्त होते हैं। यहाँ से प्राप्त महत्वपूर्ण अवशेष में 21.30 मीटर लम्बे, 4.15 मीटर चौड़ा एवं 3.45 मीटर गहरा उत्तर–दक्षिण दिशा में 'वाटर चैनल' प्राप्त हुआ है। अनाजों में यहाँ से गेहूँ, जौ, मटर, तिल, मूंग आदि के जले दाने प्राप्त हैं। चावल की भूसी पात्रों पर प्रयोग की जाती थी। जिससे ज्ञात होता है कि तत्कालीन समय में कुणाल में वर्षा बहुत अधिक होती थी।

ढ़लेवां

ढ़लेवां नामक पुरास्थल 80° 01' 32''उत्तरी अक्षांश एवं 75° 35' 45'' पूर्वी देशान्तर पर जनपद मनसा, पंजाब में स्थित है। यह स्थल जनपद मुख्यालय से 30 किलोमीटर उत्तर–पूर्व दिशा में अवस्थित है। यह लगभग 81000 वर्ग मीटर क्षेत्र में फैला हुआ है, जिसकी अधिकतम् ऊँचाई 8 मीटर है। सर्वप्रथम जगतपति जोशी एवं मधुबाला द्वारा सन् 1984 में सर्वेक्षण किया गया तथा उत्खनन कार्य, उत्खनन शाखा–II नई दिल्ली के अधीक्षण पुरातत्त्वविद्, मधुबाला के निर्देशन में सन् 1999–2000, 2000–2001 ई0 में किया गया।[23] उत्खनन से तीन सांस्कृतिक कालों के अवशेष प्राप्त होते हैं–

प्रथम–प्राक् हड़प्पा कालः इसे तीन उपकालों अ, ब एवं स में विभक्त किया गया है।

द्वितीय–कुषाण काल

तृतीय–गुप्त काल

प्रथम– प्राक् हड़प्पा काल 'अ' : इस काल में लगभग 80 से. मी. मोटा सांस्कृतिक जमाव है, जो वास्तवित स्तर के ऊपर रक्षा प्राचीर के मध्य में निर्मित है। इस स्तर से प्राक् हड़प्पा के मृद्भाण्ड का अवशेष प्राप्त हैं तथा प्रथम आवासीय स्तर भी प्राप्त हुआ है।

प्रथम– प्राक् हड़प्पा काल 'ब' : इस काल में आरंभिक हड़प्पा के दुर्गीकृत अवशेष हैं। दुर्गों के निर्माण में कच्ची ईटों का उपयोग हुआ है। यह उत्तर–पश्चिम से दक्षिण–पूर्व को 28 मीटर लम्बे एवं 2 मीटर चौड़ी है। आवास के प्रमाण इस स्तर से दुर्ग के पश्चिमी दिशा में मिलें हैं। इसके भीतर वृत्ताकार भट्टी एवं दो कमरे दृष्टव्य हैं। यहां के कमरों का उपयोग उद्योग के रूप में होता था। इस उपकाल में निर्मित घरों एवं रक्षा प्राचीरों में प्रयुक्त ईटों के कई आकार का अनुपात 1:2:3 एवं 1:2:4 है। इस स्तर से प्राक् हड़प्पा मृद्भाण्ड के साथ साधार तश्तरी, छिद्रित पात्र साथ ही कई प्रकार के टेराकोटा केक भी मिलते हैं।

प्रथम– प्राक् हड़प्पा काल 'स' : इस काल में संरचना प्रणाली में परिवर्तन हो जाता है। रक्षा प्रचीर के भीतर आवास निर्मित हैं। यहां से गोलाकार चूल्हे, संयुक्त चूल्हे, तन्दूर, भट्ठियाँ, सेलखड़ी के मनके आदि प्राप्त हैं। यह क्षेत्र सम्भवतः सेलखड़ी मनके बनाने के स्थल के रूप में उपयोग होता था। इसके अतिरिक्त घनाकार बाट, चर्ट ब्लेड, अलंकृत हड़प्पा मृद्भाण्ड परम्परा इत्यादि है। यह काल पूर्ण रूप से हड़प्पा कालीन लोगों द्वारा बसाया हुआ था। तत्पश्चात् यह स्थल काफी दिनों के लिए मृतप्राय हो गया।

इस पुरास्थल से प्राप्त मृद्भाण्ड मुख्यतः कालीबंगा के प्राक् हड़प्पीय प्रकार के मृदभाण्डों एवं बनावली से प्राप्त मृद्भाण्डों जैसा मृद्भाण्ड ढलेवां से भी प्राप्त हैं। जिसमें लाल रंग के साधार तश्तरी, साधार कटोरे, धूसर रंग के छिद्रित पात्र, गोबलेट, तसलों के टुकड़े आदि हैं। द्विरंगी तथा बहुरंगी अलंकृत मृद्भाण्ड, टेराकोटा के गोलाकार केक, त्रिभुज केक, मुस्टिका एवं चटाई के छाप आदि प्राप्त हैं।

इस स्थल से प्राप्त पुरावशेषों में टेराकोटा, कांचली मिट्टी, सेलखड़ी की चूड़ियां, घनाकार बाट, चर्ट ब्लेड, लालवर्द, कार्नेलियन, अगेट, सेलखड़ी के मनके, टेराकोटा की पहिया, वृषभ, अस्थि बेधक, गेम्समैन, सिलिंग बाल इत्यादि है। इसके अतिरिक्त मृद्भाण्डों के ऊपर कुछ चित्रलेख भी हैं।

द्वितीय–कुषाण काल : यह काल ऐतिहासिक कुषाण काल से सम्बन्धित है।

तृतीय– गुप्त काल : यह काल ऐतिहासिक गुप्तकाल से सम्बन्धित है।

भिडाना

भिडाना नामक पुरास्थल जनपद–फतेहाबाद, हरियाणा में 29°30′ उत्तरी अक्षांश 75°33′ पूर्वी देशान्तर पर अवस्थित है। इस पुरास्थल पर भारतीय पुरातत्त्व सर्वेक्षण के उत्खनन शाखा–I नागपुर के अधीक्षण पुरातत्त्वविद एल0एस0 राव एवं उनके सहयोगियों द्वारा उत्खनन कार्य किया गया।[24]

इस पुरास्थल के उत्खनन से 2 सांस्कृतिक काल प्रकाश में आए हैं, जिन्हें दो–दो उपखण्डों में विभाजित किया गया है–

प्रथम (अ) सांस्कृतिक काल	–	हाकरा पात्र परम्परा
प्रथम (ब) सांस्कृतिक काल	–	प्राक् हड़प्पा संस्कृति
द्वितीय (अ) सांस्कृतिक काल	–	प्राक् विकसित हड़प्पा संस्कृति
द्वितीय (ब) सांस्कृतिक काल	–	विकसित हड़प्पा संस्कृति

प्रथम (अ) सांस्कृतिक काल– हाकरा पात्र परम्परा : इस काल में मुख्य रूप से हस्त निर्मित एवं धीमी गति से चलने वाले चाक पर बने बर्तन का निर्माण किया जाता था। ये बर्तन निम्न गढ़न भिन्न कोटि के थे। हस्तनिर्मित बर्तनों में बडे आकार के अनाज संग्रह पात्र, गगरे, मटके, तसले, कटोरे, लोटा आदि निर्मित किए जाते थे। जबकि धीमी गति के चाक पर गोबलेट जार, लोटा, गमले आदि का निर्माण किया जाता था। मृदभाण्डों का रंग लाल, भूरा, चाकलेट है, जिन पर काले रंग से चित्रण हैं। मृदभाण्डों पर चित्रों को उकेरा भी गया है। इसके साथ काले एवं चाकलेट रंगों से चित्रण किया गया है। गोलाकार वर्तन में हत्थे भी लगे हैं।

इस स्तर से पिट नं. 5, 13, 14 में छिछले गड्डे प्राप्त हुए हैं। जिनकी व्यास की माप 2.30 मीटर, 02 मीटर, 2.96 मीटर, 1.10 मीटर, 0.52 मीटर तथा 0.08 मीटर हैं। इन पिटों के दीवालो को अच्छी पीले रंग की मिट्टी से प्लास्तर किया गया था। अन्य महत्वपूर्ण पुरावशेषों में सेलखड़ी से निर्मित सूक्ष्म एवं तश्तरीनुमा मनके, सूक्ष्म आकार के लाजवर्द के मनके, मिट्टी की चूड़ियों के टुकड़े और तांबे की चूड़ियां पिट सं. 5 से प्राप्त हुए हैं एवं जली हुई अस्थियां भी प्राप्त हुई हैं।

प्रथम (ब) सांस्कृतिक काल– प्राक् हड़प्पा संस्कृति : इस काल के स्तर से मुख्यतः कच्चे ईटों से निर्मित आवासों के अवशेष प्राप्त हुए हैं। इन आवासों के निर्माण में 3:2:1 के अनुपात में निर्मित ईटों का उपयोग किया गया है, जैसे 45×30×15 सें. मी., 42×24×14 सें. मी. तथा 39×26×13 से. मी., कोई भी आवास पूर्ण प्राप्त नहीं हो सका है। इस स्तर के आवास रक्षा प्राचीर युक्त नहीं हैं।

कालीबंगा से प्राप्त 6 प्रकार के मृद्भाण्ड इस स्तर से प्राप्त होते हैं। जिसमें भूरे रंग की संख्या काफी कम है। फेब्रिक डी में मुख्यतः गहरे कटोरे से लेकर तसले तक प्राप्त हुए हैं। ये मुख्यतः हस्तनिर्मित हैं, जिसके बाहरी भाग अगठित हैं तथा अन्दर के भाग चित्रित हैं।

इस स्तर से मिट्टी से निर्मित नारी मूर्तियां प्राप्त हुई हैं। जिसमें से एक का वक्ष उभरा हुआ है। दूसरी मूर्ति मातृदेवी की है जो टूटी हें, इसके अतिरिक्त दो सिर, पांच धड़ एवं भुजाओं के कई टुकड़े प्राप्त हुए हैं। इस काल के एक छिछले गड्ढे से जले हुए मानव मस्तक के साथ–साथ पशु मस्तक भी प्राप्त हुए हैं। उपकरणों में ताम्र निर्मित बाणाग्र, चर्ट के ब्लेड, अर्ध मूल्यवान पत्थरों के मनके, केश पिन, पकी मिट्टी की चूड़ियां भी उपलब्ध हुई हैं।

द्वितीय (अ) सांस्कृतिक काल– प्राक् विकसित हड़प्पा संस्कृति : उपरोक्त काल में नगरों को पुनः नियोजित तरीके से बसाया गया, जिसकी सुरक्षा हेतु रक्षा प्राचीर से घेरा गया था। यहाँ से दुर्ग क्षेत्र एवं निचला नगर प्राप्त है। दुर्ग क्षेत्र के रक्षा प्राचीर की मोटाई लगभग 2.7 मीटर है। निचले क्षेत्र को

भी रक्षा प्राचीर से प्रवेष्टित किया गया है। इस स्तर से प्राक् हड़प्पा एवं विकसित हड़प्पा के कतिपय महत्वपूर्ण मृद्भाण्ड प्राप्त हैं। इनमें मुख्यतः हाखरा पात्र परम्परा, चाकलेट स्लिप पात्र, रस्टीकेटेड वेयर, रिजर्व स्लिप वेयर हैं।

पुरावशेषों में अर्धमूल्यवान पाषाण के दो मनके, छोटे बर्तन, आदि उपलब्ध हैं। एक बर्तन में 940 वृत्ताकार शंख के मनके, 17 तश्तरी आकार के लाजवर्द के मनके, गोलाकार ताम्र अंगूठी, चूड़ियां, वेलनाकार कांचली, मिट्टी के मनके, मिट्टी के 17 छोटे द्विकोणीय मनके, कांचली मिटटी के मनके, बाणाग्र, मत्स्य कांटे, नेटसिंकर इत्यादि प्राप्त हैं। चर्ट, जैस्पर, लाजवदै इत्यादि में अर्धमूल्यवान प्रस्तरों के भी उपकरण प्राप्त हैं।

द्वितीय (ब) सांस्कृतिक काल– विकसित हड़प्पा सांस्कृति : इस काल में नगरों को पुनः नियोजित किया गया था। रक्षा प्राचीर की ऊँचाई को बढ़ायी गयी थी। कच्ची ईटों के अतिरिक्त पीले रंग की ईटों का भी प्रयोग किया गया था। मुख्य द्वार को मध्यभाग से हटाकर किनारे लाया गया था। इस काल में निर्माण कार्य काफी मात्रा में हुआ था, जिसमें ईटों का प्रयोग हुआ है। यहाँ के निर्माण में दो मुख्य गली प्राप्त हैं जो दक्षिण–पूर्व से उत्तर–पश्चिम को घूमती हुई टीले के दक्षिण–पूर्वी ढ़लान पर स्थित है। गलियों की चौड़ाई 2.8 मीटर है। मुख्य गली की चौड़ाई 4 मीटर और सुरक्षा दीवाल से लगी हुई गली 4.10 मीटर चौड़ी है। कहीं–कहीं पर स्थिति के अनुसार 1.90 मीटर चौड़ी गलियॉ भी पाई गई हैं।

मुख्य मृद्भाण्ड प्रकारों में हल्के लाल रंग के मृदभाण्ड, काले रंग से चित्रित लाल मृदभाण्ड, जिसके ऊपर चाकलेटी एवं परपल रंग से प्रलय किया गया है। इसके मुख्य आकार गमले, लाल और धूसर रंग में निर्मित हैं। लाल रंग के संग्रह पात्र के आकार के घड़े, तश्तरी, साधार तश्तरी, लाल एवं धूसर रंग के, छिद्रित पात्र, कैरीनेटैड कटोरे, प्याले इत्यादि हैं। मृदभाण्डों के उपर काले रंग से ज्यामितीय चित्रण, पशु–पक्षी , पेड़–पौधे, क्षैतिज एवं लम्बवत, रेखाएं, शतरंज के आकार का अलंकरण, लूपलाइन, मत्स्य शल्क, इन्टरसेक्टिंग सर्किल, आर्च, नेत्र, सूर्य, नीम, पीपल, केला पत्ती, मत्स्य इत्यादि चित्रित हैं।

मुख्य पुरावशेषों में टुटे हुए आयताकार सेलखड़ी की मुहरें, अर्धमूल्यवान, पत्थरों से निर्मित मनके, चर्ट ब्लेड, शंख, मिट्टी के बने मनके, पशु चित्रण, एक श्रृंगी कूबड़दार पशु, लोमड़ी, भेड़, शंख एवं मिट्टी से बनी चूड़ियां, हड्डी से निर्मित छिद्रक, अंजन शलाका, मिट्टी की गाड़ी एवं पहिए आदि हैं।

भार माप हेतु अगेट एवं बलुआ पत्थर के बाट तथा ताम्र से निर्मित चूड़ियां, छेनी, अंगूठी इत्यादि उपलब्ध होते हैं। इस काल से कतिपय जले हुए अनाज के दाने भी मिले हैं, जिसमें गेहूँ, जौ, मटर, मसूर, आदि मुख्य हैं।

मिताथल

मिताथल 28°50′ उत्तरी अक्षांश 76°10′ पूर्वी देशान्तर पर जनपद भिवानी, हरियाणा में अवस्थित है। यह रेलवे स्टेशन से 10 किलोमीटर उत्तर–पश्चिम दिशा में स्थित है। यहां पर दो टीले हैं, ऊँचा टीला पूर्व तथा निचला टीला पश्चिम दिशा में स्थित है, इस पुरास्थल का नामकरण मिताथल–1 एवं मिताथल–2 है।

मिताथल–1 : यह टीला 150×130×5 मीटर का है। मिताथल– 2 : 300× 175×3 मीटर है। सर्वप्रथम यहाँ से गुप्त कालीन स्वर्ण सिक्के सन् 1915–16 ई. में प्राप्त हुए थे। दो ताम्र निर्मित हार्पून सन् 1965 ई. में आकस्मिक रूप से मिले थे। सन् 1965 ई. में पंजाब विश्वविद्यालय के डॉ. सूरजभान ने यहाँ उत्खनन कार्य करवाया।[25] पुरातात्विक खुदाई से प्राप्त सांस्कृतिक काल को दो भागों में विभाजित किया गया है। बाद में दूसरे काल को दो उपभागों 'अ' एवं 'ब' में बांटा गया।[26]

प्रथम काल : इस से प्राप्त मृद्भाण्ड मुख्य रूप से शिशवल से प्राप्त Fabric A और Fabric C हैं, जो कालीबंगा प्रथम एवं कुछ मृद्भाण्ड के टुकडे Fabric B,D,E और F के भी प्राप्त होते हैं। Fabric A के मृद्भाण्ड मध्यम प्रकार के हैं। चित्रण काले रंग से चौड़े किनारे और गर्दन में निर्मित है। Fabric A प्रसिद्ध मृदभाण्ड प्रकार के हैं। इनके निर्माण में अच्छी तरह से गुंथी मिट्टी और चाक का प्रयोग हुआ है तथा इसे अच्छी प्रकार से पकाया गया है। अलंकरणों में काले रंग से ज्यामीतिय चित्रण है। प्रात्र प्रकारों में जार, छिद्रित पात्र, बीकर, नुकीले घड़े आदि हैं।

यहाँ की संरचनाओं में मुख्य रूप से कच्ची ईटों द्वारा निर्मित दीवाल, घास–फूस डालकर भवनों का निर्माण किया जाता था। इन ईटों का आकार 30×20×10 से. मी. है। दीवालों के बहुत कम अवशेष वर्तमान में प्रकट होते हैं।

द्वितीय 'अ' काल : यह विशेष प्रकार का हड़प्पा काल है। इसमें हड़प्पाकालीन पात्र, विशेष संरचना, आभूषण, घरों में उपयोग होने वाली वस्तुएं प्राप्त हैं। यहाँ से प्राप्त अवशेष शिशवल परम्परा के समकालीन हैं।

मृद्भाण्ड परंपरा को दो भागों में विभाजित किया गया है। हड़प्पा और उत्तर शिशवल में प्राप्त मृद्भाण्डों में साधार तश्तरी, जार, कटोरे, छिद्रित पात्र इत्यादि हैं। पुरावशेषों में टेराकोटा, सेलखड़ी के सादे मनके और अलंकृत मनके भी प्राप्त हैं। कार्नेलियन के बेलनाकार मनके, टेराकोटा की एकल एवं संयुक्त चूड़ियां, खिलौना गाड़ी, पहिए, पशु, प्लेट में नाखून का चिह्न, सिलिंग वाल, मुस्तिका और क्वार्जाइट का हथौड़ी पत्थर, सिल–लोढ़े, बाट, चर्ट ब्लेड, सिंगस्टोन, अस्थियां और हाथी दांत केश में लगाने का पिन, ताम्र रिंग और चौकोर स्तर इत्यादि प्राप्त हैं।

द्वितीय 'ब' काल : यह सांस्कृतिक काल शिशवल के अन्तिम काल अर्थात् हड़प्पाकालीन स्तर से साम्यता रखता है। इस काल से बीकर, गोबलेट, साधार तश्तरी, छिद्रित पात्र, वाश, कटोरे, इत्यादि प्राप्त हैं। उक्त पात्र लाल रंग के हैण्डल के साथ काले रंग से चित्रण, नाखून का निशान, गूब्स रिंग, ऊंची गर्दन आदि प्रकार के पात्र मिले हैं।

संरचना में कच्ची ईटों का उपयोग किया गया है। इनका आकार 40× 20×10 से. मी. है। इस काल की गलियों की चौड़ाई 1.50 मीटर से 3.10 मीटर तक है। आवासों से मिट्टी से निर्मित अनाज रखने वाली कोठियां भी प्राप्त होती हैं। इन्हें मिट्टी के द्वारा प्लास्तर किया गया है।

सिसवल

यह पुरास्थल 29° 10′ उत्तरी अक्षांश 75° 08′ पूर्वी देशान्तर, जनपद हिसार, हरियाणा के जिला मुख्यालय से 26 किलोमीटर पश्चिम दिशा में स्थित है। यह दृश्द्ववती नदी वर्तमान चौतांग सरिता के

तट पर अवस्थित है। इस स्थल की सर्वप्रथम खोज सन् 1968 में हुई।[27] टीले का क्षेत्रफल 300×200 मीटर उत्तर से दक्षिण तक फैला हुआ है। इसकी अधिकतम् ऊंचाई 2.5 मीटर है।

इसका उत्खनन सन् 1970 ई. में किया गया। परिणाम स्वरूप पांच स्तर प्रकाश में आए जिनको दो चरणों में विभक्त किया गया है।[28]

प्रथम काल : इस काल के मृद्‌भाण्ड परम्परा में लाल, भूरा, काला, धूसर, लाल–कृष्ण और हस्तनिर्मित हल्के लाल रंग प्राप्त होते हैं। लाल मृदभाण्ड कालीबंगा के समान Fabric A से D तक तथा भूरा एवं धूसर Fabric E भी प्राप्य है। काले एवं लाल मृद्‌भाण्डों में मात्र एक ही प्रकार के कटोरे प्राप्त हैं। Fabric A पतले बनावट के पात्र हैं। ये धीमी गति के चाक पर निर्मित हैं, इसका सेक्सन धूसर है। इन पर काले एवं श्वेत रंगों से एवं आधार लाल एवं गुलाबी रंगों से अंलकृत है। प्रमुख पात्रों में लोटा, वाश, हैण्डलयुक्त वाश, वेसिन और जार हैं। कटोरों की पेंदी अंगूठीनुमा है। नांद और तसले पेडस्टलयुक्त हैं। नादों के मुख चौड़े हैं।

Fabric B में सीमित मात्रा में मृद्‌भाण्ड प्राप्त हुए हैं। जिनकी पेंदी खुरदरी है तथा ऊपरी भाग स्लिप युक्त है।

Fabric C में अच्छी बनावट के मृद्‌भाण्ड है, जिसमें काले रंग का अलंकरण है। इस प्रकार के मृद्‌भाण्ड हड़प्पा से भी प्राप्त हैं। इन पात्रों को धनिक वर्ग उपयोग करता रहा होगा।

Fabric D अपेक्षाकृत मोटे गढ़न के लाल बर्तन हैं, जिनमें से कुछ बाहर से खुरदुरे हैं। इस प्रकार के पात्रों में प्रमुख पात्र नांद, संग्रहपात्र, हस्तनिर्मित लाल, हल्के लाल तथा भूरे रंग में वाश, जार, कप के ऊपर कन्धा, गर्दन तथा रिम के भाग को अलंकृत किया गया है। यहाँ के अलंकरण कालीबंगा की अपेक्षा बहुत कम हैं। लाल बर्तन के ऊपर गुलाबी, चाकलेट एवं श्वेत रंगों से चित्रण किया गया है। अलंकरणों में क्षैतिज रेखाएं, काली पट्टियां, जिग–जैग, मत्स्य शल्क, क्रिस–क्रौस, डायमण्ड आकार, सिग्मा, मत्स्य, बाण, त्रिशूल आदि हैं। खुरचे हुए अलंकरण बारा पात्र से साम्यता रखते हैं।

द्वितीय काल : इस काल में प्रथम चरण की मृद्‌भाण्ड परंपरा भी प्रचलित थी। इनमें अलंकरण मात्र श्वेत रंग से किया गया है। मात्र एक वाश में काले रंग का प्रयोग किया गया है। यहाँ से हड़प्पा कालीन प्रमुख पात्र प्रकार प्राप्त होते हैं, इनकी संख्या काफी कम है। मुख्य पात्र प्रकारों में संग्रहपात्र, 'S' आकार के जार, वाश, छिद्रित पात्र, साधार तश्तरी इत्यादि हैं। अन्य मुख्य प्रकारों में हड़प्पा काल के प्रमुख परंपरायें प्राप्त होती हैं।

रोपड़

रोपड़ को रूपनगर के नाम से भी जाना जाता है। इसको बसाने वाले राजा रूपचन्द के नाम पर ही इस नगर का नाम रूपनगर पड़ा था। यह चण्डीगढ़ से 42 किलोमीटर दूर 30° 58' उत्तरी अक्षांस एवं 76° 32' पूर्वी देशान्तर पर स्थित है।

रोपड़ का प्राचीन टीला, रोपड़ शहर के उत्तर पश्चिम–दिशा में स्थित है। इस टीले की लम्बाई 225 मीटर एवं चौड़ाई 180 मीटर है। आस–पास के मैदानी भाग से यह 45 मीटर ऊंचा है। इस प्राचीन टीले का महत्व इसलिए भी है, क्योंकि यह कोटला निहंग खान के सानिध्य में स्थित है। जहां पर 'हड़प्पन'

एवं 'चित्रित धूसर मृद्भाण्ड' के टुकड़े साथ–साथ मिले हैं। रोपड़ के इस प्राचीन टीले पर भारतीय पुरातत्त्व सर्वेक्षण द्वारा किये गये विभिन्न उत्खननों एवं अन्वेषणों के फलस्वरूप यहां पर 2000 ई. पू. से लेकर पूर्व मध्यकाल तक की विभिन्न सांस्कृतिक श्रृंखलाएं मिली हैं,[29] जो कि पांच क्रमवार श्रृंखलाओं में विभाजित हैं।

कालावधि – 1 (2000 ई. पू. से 1400 ई. पू.)

कालावधि – 2 (1000 ई. पू. से 700 ई. पू.)

कालावधि – 3 (600 ई. पू. से 200 ई. पू.)

कालावधि – 4 (200 ई. पू. से सन् 600 ई.)

कालावधि – 5 (700 ई. से 1200 ई.)

कालावधि – 1 (2000 से 1400 ई. पू.) : डॉ. वाई डी शर्मा द्वारा किए गये उत्खनन से इस धारणा को बल मिलता है कि हड़प्पन लोग यहां पर सरस्वती से सतलूज की ओर जाते हुए बस गये थे। सांस्कृतिक श्रृंखला की पहली अवधि में हड़प्पन लोगों ने अपने रहने के लिए कच्ची ईटों, नदियों के बहाव द्वारा तराशे गए पत्थरों एवं कंकड़ों से मकान निर्मित किए। हड़प्पाकालीन प्रमुख मृदभाण्ड प्रकार इस स्तर से प्राप्त होते है– इस मृदभाण्ड पर काले रंग से चित्रण किया गया है। अर्द्ध मूल्यवान पत्थरों से निर्मित मनके, तांबे की कुल्हाड़ी, चर्ट ब्लेड, कांचिल मिट्टी के आभूषण, मिट्टी के केक एवं सेल–खड़ी पर उत्कीर्ण मुहरें प्राप्त हुई हैं ।

कालावधि –2 (1000 से 700 ई. पू.) : हड़प्पा संस्कृति के निवासियों द्वारा यहाँ से पलायन करने के लगभग 400 वर्षों के बाद चित्रित धूसर मृद्भाण्ड के प्रयोगकर्ता यहां आए। इस सांस्कृतिक श्रृंखला की अवधि के मकान योजनाबद्ध तरीके से निर्मित नहीं पाए गए हैं। चित्रित धूसर मृद्भाण्ड की सतह पर लोहे के प्रयोग के कोई प्रमाण नहीं मिले हैं।

कालावधि –3 (600 से 200 ई. पू.) : इस सांस्कृतिक श्रृंखला की अवधि के मकान योजनाबद्ध तरीके से बनाए गए थे। उत्खनन में इस सतह पर उत्तर भारतीय काले चमकीले मृद्भाण्ड (N.B.P.W), पंचमार्क सिक्के एवं दूसरे पुरावशेष बहुतायत से मिले हैं।

कालावधि – 4 (200 ई. पू. से सन् 600 ई0 तक) : इस सांस्कृतिक श्रृंखला के स्तर पर पंजाब के इतिहास के क्रमिक कालक्रम का व्यौरा मिलता है। उत्खनन के फलस्वरूप शुंग, कुषाण एवं गुप्तकालीन सभ्यताओं के भवनों की अनेक सतहें पाई गई हैं।

कालावधि – 5 (700 से 1200 ई.) : इस सांस्कृतिक श्रृंखला के निवासी शायद हूणों के हमलों के कारण यहाँ से पलायन करने के बाद 700 ई0 के आस–पास इस जगह पर दोबारा आकर आबाद हुए। पूर्व मध्य–कालीन एवं उत्तर मध्यकालीन कांसे के तीन बर्तन मिले हैं, जो कि गुप्त शिल्प कला से मेल रखते हैं।

सनौली

विगत कुछ वर्षों में भारतीय पुरातत्त्व सर्वेक्षण ने पुरातात्त्विक महत्व के अनेक प्राचीन पुरास्थलों में उत्खनन कर भारतीय संस्कृति के अध्याय जोड़े हैं, जिसके फलस्वरूप कई नूतन जानकारियाँ प्रकाश

में आई हैं। उनमें प्रागैतिहासिक संदर्भ में, एक स्थल है सनौली, जहाँ पिछले दो वर्षों से सत्र 2004–05 तथा 2005–06 में डा. धर्मवीर शर्मा के निर्देशन में उत्खनन कार्य के फलस्वरूप लगभग 4000 वर्ष प्राचीन हड़प्पा कालीन कब्रिस्तान प्रकाश में आया।[30] देश तथा काल के परिपेक्ष्य में सनौली की खोज हड़प्पा सभ्यता का सर्वथा नया आयाम है।

सनौली गाँव 29° 8′ 28′′ उत्तरी अक्षांश एवं 77° 13′ 33′′ पूर्वी देशान्तर पर स्थित है। इसका पूरा नाम सादिकपुर सनौली है, पश्चिमी उत्तर प्रदेश के बागपत–जिला, तहसील–बड़ौत–छपरौली सड़क के किनारे बड़ौत से लगभग 5 किलोमीटर की दूरी पर बसा है। दिल्ली से सनौली लगभग 60 किलोमीटर सुदूर उत्तर–पूर्व दिशा में अवस्थित है (चित्र–3)।

यह माना जाता है कि कोई न कोई सदानीय नदी किसी संस्कृति की जननी होती है, जिसके तट पर यह संस्कृति न केवल जन्म लेती है, बल्कि फलती–फूलती है। इस दृष्टिकोण से सनौली ऊपरी गंगा–यमुना नदी के दोआब में स्थित है, और यदि सटीक रूप में कहें तो यमुना–हिंडन दोआब (हिंडन यमुना की सहायक नदी है) में स्थित है। आज की तारीख में यमुना सनौली गाँव से लगभग 6 किलोमीटर दूर पश्चिम दिशा में बहती है, किन्तु प्राचीन समय में, लगभग 4000 वर्ष पूर्व यमुना गाँव के नजदीक से बहती होगी। जिसका प्रमाण गाँव के किनारे जोहड़ खाड़िए है, जो कि यमुना से बनी 'आक्स–बो' झील का बचा–खुचा भाग है। चूंकि गाँव तथा इसके आसपास का पूरा क्षेत्र यमुना तथा इसकी सहायक नदियों द्वारा गठित बाढ़ क्षेत्र पर बसा है, यहाँ की मिट्‌टी कछारी तथा काफी उपजाऊ है। जमाव के दृष्टिकोण से आज की ऊपर सतह से लगभग 1.20 मीटर तक की मिट्‌टी का जमाव पूर्णतः कछारी है। इसके पश्चात् लगभग 1 मीटर छोटे–मोटे रोड़े, जिनको कि ''बिच्छू–कंकड़'' कहा जाता है, का है। तत्पश्चात् यमुना मिट्‌टी तथा रेत के बारी–बारी से जमाव हैं। बिच्छू–कंकड़ वाली मिट्‌टी का जमाव भूमिगत जल के इस स्तर पर उतार–चढ़ाव के कारण से हुआ जान पड़ता है। भूमिगत जल स्तर जब बढ़ता है तो मिट्‌टी में नमी बढ़ती है, और जब जलस्तर उतरता है तो मिट्‌टी क्रमशः सूखती चली जाती है और जहाँ नमक सांद्रण अधिक होता है वहाँ बिच्छू–कंकड़ का उद्‌भव हो जाता है।

जैसा कि ऊपर कहा गया है कि सम्पूर्ण विचाराधीन क्षेत्र नदियों द्वारा लाया जमाव है, जिसकी वजह से यह क्षेत्र भरपूर उपजाऊ है। आज कृषि विज्ञान तथा सिंचाई व्यवस्था में हुए विकास की बदौलत समूचा क्षेत्र 'सघन कृषि क्षेत्र' में तब्दील हो चला है। अधिकतर क्षेत्र में पूरे वर्ष गन्ना उगाया जाता है, जिसकी वजह से इस क्षेत्र और इसके आस–पास कई चीनी बनाने के कारखाने हैं। उगाई जाने वाली अन्य फसलों में गेहूँ प्रमुख है।

सनौली का कब्रिस्तान आज के सनौली गाँव से आधा किमी. से भी कम दूरी पर पूर्व दिशा में स्थित है। वर्ष 2004 में कुछ गाँव वालों ने यहाँ एक खेत से मिट्‌टी निकालने हेतु खुदाई कराई तो खुदाई से कुछ मिट्‌टी के पात्र, एक मानव खोपड़ी तथा कंकाल के अन्य हिस्से, ताँबे की एक तलवार के साथ प्राप्त हुए। यह एक अचानक, किंतु महत्वपूर्ण खोज थी।

कब्रिस्तान का उत्खनन कार्य : सनौली कब्रिस्तान का उत्खनन करने से पहले संपूर्ण स्थल की गहरी छानबीन की गई, और यह निर्णय लिया गया कि शुरुआत गाँववालों द्वारा बनाए गए लगभग 700

वर्ग मीटर गड्ढे से ही की जाय क्योंकि अनजाने में यहाँ कई महत्वपूर्ण साक्ष्य नष्ट हो गए थे। फिर भी जो बच रहे थे, उनको संदर्भ सहित विस्तृत रूप से अभिलेखित करना नितांत आवश्यक था। दूसरे यहाँ से कार्य प्रारंभ करने पर ''ज्ञात से अज्ञात की ओर'' वाले पुरातात्त्विक सिद्धांत का अनुपालन करना सुगम था। उत्खनन के उद्देश्यों की प्राप्ति हुई। इस प्रणाली विज्ञान का अनुसरण अंततः प्रभावी सिद्ध हुआ और लगभग 12 महीनों की अवधि के भीतर ही महत्वपूर्ण साक्ष्य प्रकाश में आए।

सनौली कब्रिस्तान के उत्खनन के 3 महत्वपूर्ण पहलू परिभाषित किए गए। यह थे (1) प्राप्त ताँबे की तलवार का सांस्कृतिक पहलू निश्चित करना, (2) यहाँ के सम्भावित हड़प्पीय कब्रिस्तान से सम्बन्धित जानकारी हासिल करना, तथा (3) गंगा–यमुना दोआब के हड़प्पा सभ्यता के विस्तार तथा इसके सांस्कृतिक विन्यास को समझना।

सनौली उत्खनन के परिणाम : अभी तक सनौली उत्खनन से मिले परिणाम के फलस्वरूप 116 कब्र खोदी जा चुकी हैं जिन्हें मुख्यतः दो श्रेणियों– (अ) नरकंकाल सहित और (ब) नरकंकाल रहित– में बाँटा जा सकता है। हर श्रेणी की अपनी विशेषताएं हैं, जिनका जिक्र हम नीचे करेंगे। उत्खनन के परिणाम की जो कुछ सामान्य विशेषताएँ हैं वह इस प्रकार हैं :–

(क) कब्रों को स्तरीकरण विन्यास के आधार पर तीन तलों –निम्न, मध्य तथा ऊपरी तलों में रखा जा सकता है।

(ख) अन्य बातों के अलावा कमोबेश सभी–कब्रो में मिट्टी के पात्र हैं, जिसमें बोतलमुना पात्र (फ्लाक्स), कटोरा, पानी का घड़ा, आधारयुक्त तश्तरी (डिश आन स्टैंड) तथा किसी कब्र में पात्रों के ढक्कन भी हैं। सभी पात्रों की स्थिति थोड़ी सी तिरछी रखी हैं, जैसे उन्हें लिटा कर रखने का प्रयास किया गया हो। कहीं–कहीं पात्र बिलकुल बेतरतीबी से रखे गये हैं। जो लगता है कब्र मे अनुष्ठान पूरा होने के पश्चात् जब वापस मिट्टी डाली गयी होगी तो पात्रों की मूल दशा बदल गयी होगी।

(ग) अधिकतर कब्रों में आधारयुक्त तश्तरी कंकाल के लगभग बीचोंबीच कूल्हे के नीचे रखी पायी गयी है। हालाँकि कहीं–कहीं यह सिर के पास अथवा पैर के पास भी रखी पायी गयी है। ऐसा प्रतीत होता है कि मृतक का शव कब्र में रखने से पहले मिट्टी के बर्तन रखे जाते थे।

(घ) कुछ कब्रों से मृतक के सुन्दर गहने भी मिले हैं, जिनमें विशेष हैं, सोने, ताँबे अथवा उपरत्नों, से बने गले अथवा हाथ के गहने। सभी कब्रों में किन्हीं अनुष्ठानों का कुछ न कुछ प्रमाण मिलता है। जिन कब्रों में मृतक का शव नहीं पाया गया, उनमें लगता है अधिक अनुष्ठान किए गए थे, तथा प्रतीकात्मक वस्तुएँ जिनका सम्बन्ध किसी न किसी रूप में मृतक से था, मृतक की जगह रखी जाती थीं।

(ङ) प्रतीकात्मक कब्रों के दृष्टिकोण से सर्वाधिक विचारणीय है कब्र 14, जिसमें मृतक के शव के स्थान पर संभवतः उसकी तलवार और म्यान को मिट्टी के पात्रों के साथ दफन किया गया था। एक अन्य कब्र में सिर्फ एक म्यान को ही अन्य वस्तुओं के साथ दफन किया गया था। नीचे इसके बारे में विस्तृत चर्चा करेंगे। किन्तु यहाँ इतना ही कहना प्रासंगिक रहेगा कि प्रतीकात्मक कब्रें मृतक द्वारा किसी हादसे का शिकार होने का द्योतक हैं, और इन हादसों

की वजह कुछ भी, जैसे सुदूर व्यापार, युद्ध, दुर्घटना, जंगली जानवरों द्वारा आक्रमण, हो सकती है।

(च) कुछ कब्रों से मृतकों के शारीरिक अवशेषों के साथ–साथ जानवरों की हड्डियाँ भी मिली हैं। इन जानवरों में मुख्य हैं बकरी तथा बैल। कब्रों से जानवरों की हड्डियाँ मिलना कोई नई बात नहीं है और यह सम्भव है कि जानवरों का अनुष्ठानों के तहत बलिदान(?) किया जाता था। किसी–किसी कब्र में जानवरों की हड्डियाँ नहीं मिली पर अनेक पकी मिट्टी के बर्तन मिले हैं। एक कब्र से किसी पक्षी का कंकाल, जो गरुड़(?) हो सकता है, मिला है।

(छ) कब्रिस्तान से प्राप्त विभिन्न साक्ष्यों का अध्ययन करने के पश्चात् यह प्रतीत होता है कि कुछ बाद की हड़प्पीय कब्रों के लिए पूर्व कब्रों को अपने मृतकों को दफनाने के लिए खोदा गया। इस तरह के संकेत कुछ कब्रों में स्पष्ट मिलते हैं। कहीं–कहीं कब्रों में कुछ टूटे हुए बर्तन या अन्य टूटी हुई वस्तुएँ मिलती हैं जिन्हें देखकर लगता है कि यह कब्रें किसी न किसी रूप में अवश्य अस्तव्यस्त हुई होंगी। मिट्टी के पात्रों में सम्भवतः खाने–पीने की वस्तुएँ रखी जाती होंगी। यह इस बात का संकेत है कि हड़प्पा संस्कृति के लोगों में मृत्यु के बाद भी इन वस्तुओं की आवश्यकता पड़ने का विश्वास था, जो पुनर्जन्म में आस्था के रूप में हो सकता है। गहनों का कब्रों में पाया जाना मृतक का गहनों के साथ सम्बन्ध तथा उसकी रूचि दर्शाता है। अब चुनिन्दा कब्रों के बारे में कुछ विस्तृत रूप से कहने का प्रयास किया जा रहा है।

दोहर कब्र : सनौली कब्रिस्तान से उत्खनन की गई कब्रों में मध्य तल की पृष्ठव्य है एक दोहरी कब्र, जिसमें दो मृतकों के कंकाल पाए गए हैं। दोनों मृतकों की उम्र लगता है, 30–35 वर्ष के भीतर रही होगी। शवाधान से प्राप्त वस्तुओं में शामिल है, सिर के पास रखे मिट्टी के पात्र–मध्यम आकार के बोतलनुमा बर्तन (फ्लास्क) जिनके किनारे क्रमशः बाहर को जाते हुए तथा चौड़े हैं। इन वस्तुओं के अतिरिक्त इस कब्र से सोने का सुन्दर मनका एवं सेलखड़ी से बना लम्बा मनका, जिसे सजाने के लिए पहले घोटी आड़ी रेखाएँ उत्कीर्ण की गई, तत्पश्चात् उनमें रंग भरा गया भी प्राप्त हुए हैं।

मृतक के अवशेष के रूप में इस कब्र में मात्र एक ही खोपड़ी मिली है जबकि शरीर के अन्य हिस्से की हड्डियों के दो सेट मिले हैं, जो इस कब्र का दोहरी कब्र होना साबित करते हैं। यहाँ एक दूसरी ध्यान देने योग्य बात यह है कि चूँकि यहाँ मृतकों के शरीर के सभी हिस्सों की हड्डियाँ नहीं पाई गई हैं, अतः ऐसा लगता है कि मृतकों का निधन कहीं दूर किन्हीं असाधारण परिस्थितियों में हुआ होगा, किंतु उनका दाह संस्कार संयुक्त रूप से इस कब्र में किया होगा। अब तक हड़प्पा स्थल से इस प्रकार की दोहरी कब्र लोथल (गुजरात) से मिली है जहाँ इसकी संभावना सती प्रथा इंगित करने की बात कही गई है। सनौली में संभवतः ये दो मृतक भाई जान पड़ते हैं।

तिहरी कब्र : सनौली से प्राप्त अन्य महत्वपूर्ण तथा अपने आप में पूर्ण विशिष्ट है मध्य तल से प्राप्त तिहरी कब्र (कब्र 69)। इस कब्र में तीन मृतकों के कंकाल मिले है। जिनकी कई हड्डियाँ यहाँ नहीं हैं। मात्र एक खोपड़ी उल्टी रखी गई है। कुल 21 मिट्टी के बर्तन रखे मिले हैं, जिनमें 9 बोतलनुमा पात्र, 2 घट, 3 आधारयुक्त तश्तरी तथा 6 कटोरे थे। इनमें दो घटों, जिनके विशेष रूप से बनाए

ढक्कन भी थे, का विशेष रूप से वर्णन किया जा सकता है । ये घट या तो 'अस्थिकलश' अथवा 'भस्म कलश' रहे होंगे। इन घटों को ढकने के लिए दो ढक्कन थे जिनमें गुमटे के स्थान पर सुन्दर तैयार किए गए सींगों वाले बैलों के नमूने थे। यहाँ सभी तीनों आधारयुक्त तश्तरी, जो कि तीन मृतकों की परिचायक लगती है, कूल्हे की हड्डी के नीचे अथवा कब्र में इन स्थान पर नहीं है। एक को छोड़कर बाकी में एक पैर की हड्डी वाले स्थान के पास तथा दूसरी पैर के स्थान के पास रखी मिली है।

तीन मृतकों को एक ही कब्र में दफन करने की यह घटना हड़प्पा संस्कृति के संदर्भ में पहली बार प्रकाश में आयी है। अभी तक इस प्रकार की कब्रें लौह युग की 'महापाषाण संस्कृति' (मैगालिथिक काल) से ही ज्ञात थी। कब्र से मृतक की एक खोपड़ी का पाया जाना मृतकों का किसी अनहोनी घटना में मारा जाना, और सभी मृतकों के समूचे कंकाल न मिल पाने की स्थिति की ओर इंगित करते हैं।

प्रतीकात्मक कब्रें : श्रृंगिकायुक्त तलवार रखी कब्र सनौली कब्रिस्तान से प्राप्त सर्वाधिक महत्वपूर्ण साक्ष्य है। यह कब्र (कब्र 14) जहाँ से एक ताँबे की श्रृंगिकायुक्त तलवार तथा इसकी म्यान एक साथ हड़प्पा संस्कृति की एक कब्र से मिली है। पुरातात्विक दृष्टिकोण से यह एक महत्वपूर्ण साक्ष्य है, जो हड़प्पा संस्कृति और ताम्र जखीरे के लोगों के बीच पारस्परिक सांस्कृतिक आदान–प्रदान दर्शाता है। अभी तक किसी अन्य स्थल से ना तो ताँबे की श्रृंगिकायुक्त तलवार किसी कब्र से मिली है और न ही कभी म्यान सहित मिली है। कोई भी म्यान इस संदर्भ में भी पहली बार सनौली से मिली है।

संघोल

संघोल गांव 30° 47' उत्तरी अक्षांश एवं 76° 23' पूर्वी देशान्तर पर अवस्थित है। इसे ऊंचे टीले पर स्थिल होने के कारण यह 'ऊँचा पिण्ड' के नाम से भी जाना जाता है। यह चण्डीगढ़ से 40 किलो मीटर दक्षिण में, चण्डीगढ़–लुधियाना मार्ग सं. 18 से आधा किलो मीटर दक्षिण में तहसील–खन्ना, जिला–फतहगढ़ साहिब, पंजाब में स्थित है। भारत सरकार ने इस प्राचीन स्मारक को सन् 1996 ई. में प्राचीन स्मारक अधिनियम के अन्तर्गत सूचना संख्या 18 के द्वारा अधिग्रहण किया।

एक वर्गमील में फैला हुआ यह पुरास्थल सर्वप्रथम सन् 1933 ई. में प्रकाश में आया। परिणामस्वरूप कुछ जिज्ञासु पुरातत्त्वविदों ने समय–समय पर इस स्थल से उत्खनन में प्राप्त प्राचीन सामग्री के अध्ययन द्वारा सैंधव सभ्यता के महत्व को समझा। पंजाब राज्य पुरातत्त्व विभाग ने यहां सन् 1968 ई. में योजनाबद्ध व वैज्ञानिक विधि से पुरातात्त्विक उत्खनन आरम्भ किया जो सन् 1973 ई. तक जारी रहा।[31] यद्यपि सीमित मात्रा में उत्खनन किया गया, तथापि इससे प्राकृतिक भूमि के ऊपर विभिन्न संस्कृतियों के अस्तित्व के परिचायक स्तर मिले जो कि उत्तरी सैंधव युग से लेकर आज तक है। सन् 1973 ई. उत्खनन विराम के बाद, स्थल विशेष के विभिन्न भागों का अन्य कोणों से इतिहास जानने के लिए पुनः उत्खनन किया गया। इन सभी से प्राप्त प्रमाणों के आधार पर स्थल को तिथि क्रमों के आधार पर सात भागों में विभाजित किया गया है।

पहला काल : यह काल उत्तर सैंधव काल से संबंधित है। विशिष्ट प्रकार के लाल रंग से उत्कीर्ण किये हुए पात्र, मिट्टी की ईटों के ढांचे, गोलाकार भट्टी व तन्दूर प्राप्त हुए हैं। यह पात्र तकनीक व निरूपण में सैंधव मृद्भाण्डों से मिलते हैं, परन्तु इनमें संस्थापित प्रकार के आकार के जारों, बीकरों, ऊँचे आधार वाली तश्तरी आदि का अभाव है। इसी प्रकार मुहर, चर्ट के फलक व मनकों की

अनुपस्थिति भी उल्लेखनीय है। बनावट व आकृति दोनों ही में यह भाण्ड बाड़ा से प्राप्त मृद्भाण्डों से मिलते हैं। बड़े आकार के नीचे से गोल सिरों वाले परन्तु ऊपर से चिकनी सतह वाले रेखीय, प्राकृतिक या उत्कीर्ण रूपांकन से सुसज्जित अनाज रखने के भाण्ड भी इन घरों से प्राप्त हुए हैं। अन्य प्राप्तियों में घिया पत्थर, गोमेद के मनके, मिट्टी की चूड़ियां, हड्डियों की पिन एवं सोने के छोटे–छोटे मनके भी प्राप्त हुए हैं।

दूसरा काल : इस काल में चित्रित भूरे पात्र, साधारण भूरे पात्र व इसी काल के लाल पात्र उपस्थित हैं। इस काल में किसी ढांचे के अवशेष नहीं मिला हैं। केवल स्तंभगर्तों के अवशेष के आधार पर सीमित क्षेत्र में लोगों के फूस की झोपड़ियों में रहने के संकेत मिलते हैं। लोहे के तीरों के सिरे, हड्डियों की शलाका, घट आकार के मृण्मयी मनके, अर्द्ध कीमती पत्थरों के मनके, इस काल से प्राप्त पुरावशेष में हैं।

तीसरा काल : यह काल काले चमकीले पात्रों का प्रतिनिधित्व करता है (जबकि इस काल में उत्तरी भारत के अन्य भागों में उत्तरी क्षेत्रीय काली पालिश वाले मृदभाण्डों का प्रचलन था)। इस काल के अन्य प्राप्तियों में घट आकार के मनके, हड्डियों की सुईयां, मृण्मयी आकृतियां व मिट्टी की ईटों के ढाँचे हैं। ईटें मुख्यतः 36×22×8 से. मी. आकार की हैं।

चौथा काल : यह काल अंकित भाण्डों व सधन चौकोर ईटों के कारण अन्य कालों से भिन्न है। अत्यधिक मात्रा में मृण्मय मानवी व जानवरों की आकृतियां, लोहे के तीरों के सिरे, हड्डियों की सुईयां, मृण्मय व अर्ध कीमती पत्थरों के मनके, तांबे की छड़ें, गोडोफरनीज, वीमाक्डफीसीज के समय के सिक्के, स्तूप व मठ इस काल के मुख्य पुरावशेषों में हैं।

पांचवां काल : यह काल कुषाण व गुप्त काल से संबंधित है। इस काल से ठप्पे युक्त पात्र व अन्य पुरावशेष प्राप्त हुए।

छठा काल : आरम्भिक मध्य काल से संबंधित लाल पात्र व अन्य पुरावशेष प्राप्त हुए।

सातवां काल : यह टीला मुगल काल में पुनः आबाद हुआ विभिन्न भागों में उत्खनन से लाखौरी ईटों के ढ़ांचे भी मिले हैं।

हुलास

हुलास नामक पुरास्थल 29°15′ उत्तरी अक्षांश एवं 78°40′ पूर्वी देशान्तर पर तहसील नेकुर, जनपद–सहारनपुर, उतर प्रदेश में ननौता से 8 किमी. पश्चिम दिशा में स्थित है। ननौता दिल्ली–सहारनपुर राजपथ पर छोटा सा शहर है। इस पुरास्थल की सर्वप्रथम खोज भारतीय पुरातत्त्व सर्वेक्षण के श्री शंकरनाथ के द्वारा गांव–गांव सर्वेक्षण के दौरान किया गया। उक्त स्थल उत्तर–दक्षिण दिशा में 330 मीटर एवं पूर्व–पश्चिम दिशा में 172 मीटर चौड़े क्षेत्र में फैला है। जिसकी ऊँचाई लगभग 5 मीटर है। इस स्थल का उत्खनन भारतीय पुरातत्त्व सर्वेक्षण के श्री के. एन. दीक्षित के निर्देशन में सन् 1978–79, 1979–80 ई0 में हुआ था।[32] इस स्थल के उत्खनन का उद्देश्य गंगा–यमुना दोआब के ऊपरी भाग में हड़प्पा सभ्यता के विस्तार का आकलन करना था।

इसके उत्खनन से पांच सांस्कृतिक कालों के अवशेष प्राप्त हैं–

1. हड़प्पा संस्कृति
2. चित्रित धूसर पात्र संस्कृति
3. उत्तरी कृष्ण मार्जित पात्र संस्कृति
4. शुंग–कुषाण कालीन संस्कृति
5. गुप्त तथा पूर्व मध्य कालीन संस्कृति

1. हड़प्पा संस्कृति : इस स्तर का जमाव लगभग 1.8 से. मी. है। यहाँ से जो मृदभाण्ड प्राप्त हुए हैं, उसमें हड़प्पा कालीन मृदभाण्डों की विशेषता परिलक्षित होती है। जिसमें मुख्यतः साधार तश्तरी, हाथ से दबा हुआ किनारा, घड़े जिसके बाहर की ओर मुड़े हुए रिम एवं कटोरेनुमा ढक्कन हैं, इसके मध्य में पकड़ने हेतु हुण्डी बनी है। लघु पात्रों की भी संख्या काफी है। चित्रण के लिए काले रंग का प्रयोग किया गया है। अलंकरण–अभिप्राय में साधारण पट्टी, त्रिकोण, क्षैतिज रेखाएं, श्रृंखला प्रकार का अलंकरण तथा नाचते मयूर का चित्रण है। कुछ मृदभाण्डों के बाहरी भाग को खुरचकर चित्रित किया गया है। अन्य चित्रण में लहरिया, सिग्मा, रस्सी के छाप आदि हैं। उत्कीर्ण मृदभाण्डों की संख्या कम है। एक मृद्भाण्ड के टुकड़े में भीतर की तरफ भी चित्रण किया गया है। अन्य महत्वपूर्ण अवशेषों में मृतपिण्ड के मनके, चूड़ियां, पशु आकृति एवं बैलगाड़ी के पहिए हैं। कांचली मिट्टी के मनके, चूड़ियां, अगेट के मनके, कुछ तांबे की चूड़ियों के टुकड़े, अस्थि छिद्रक, पत्थर के सिल एवं लोढे भी प्राप्त हैं।

इस स्तर से भट्ठियों में पकी हुई ईटें प्राप्त हैं जिसके ऊपर भूसे के निशान और तीन अंगुलियों के चिन्ह भी दर्शित हैं। कुछ चूल्हे और दीवालें दृष्टिगत होती हैं। इस स्थल की ओर दक्षिण–पूर्व दिशा में 40×35 मीटर क्षेत्र में ठोस मिट्टी की संरचनाएं निर्मित हैं। इन संरचनाओं को दुबारा बढ़ाया गया है, जिससे कि बाढों से सुरक्षा हो सके।

प्रथम काल एवं द्वितीय काल के मध्य 1.2 मीटर के जमाव का अन्तर दृष्टिगत होता है।

2. चित्रित धूसर पात्र संस्कृति : इस काल का मानव हड़प्पा संस्कृति–उत्तर और पूर्व में अपना निवास स्थान बनाया था। जिसका सांस्कृतिक जमाव 1.30 मीटर है। इस स्तर से मुख्यतः चित्रित धूसर पात्र, सादे धूसर पात्र, कृष्ण–लोहित मृदभाण्ड, कृष्ण–प्रलेपित मृदभाण्ड एवं उसके साथ पाए जाने वाले लाल रंगीय मृदभाण्ड प्राप्त होते हैं। इसके अतिरिक्त 'अस्थि लेखनी' एवं हड्डियों के छिद्रक, तांबे की अंजनशलाका, धातुमल, मिट्टी की चूड़ियां, स्तम्भगर्त, आदि हैं।

इस स्तर के महत्वपूर्ण मृद्भाण्डों में मुख्यतः चित्रित मृद्भाण्ड हैं। जिसके ऊपर सीधी रेखाओं का चित्रण, लहरिया, अर्धवृत्त, सिग्मा, चित्रित धूसर रंग के कटोरे, लाल रंग के कटोरे, लाल रंग के ढ़क्कनयुक्त कटोरे, मुडे हुए किनारों से युक्त कटोरा, तश्तरी, काले प्रलेपयुक्त एवं काले और लाल रंग के बर्तन भी प्राप्त होते हैं।

3. उत्तरी कृष्ण मार्जित पात्र संस्कृति : इस काल का जमाव 90 से. मी. है। यह चित्रित धूसर पात्र संस्कृति के ऊपर है। उक्त स्थल से उत्तरी कृष्ण मार्जित परंपरा के बहुत कम मृद्भाण्ड के टुकड़े प्राप्त हुए हैं। इस स्तर के महत्वपूर्ण आकार–प्रकारों में धूसर पात्र प्रकार भी शामिल हैं। कप, थालियां एवं

लाल रंगीय मृदभाण्ड, प्राप्त हैं। यह अहिच्छत्र से प्राप्त पात्रों के सदृश्य हैं। जिसमें केरीनेटेड हांडी, तसले, घड़े, ढक्कन, लघुपात्र, मिट्टी की वस्तुएं, मनके, पहिए, मानव एवं पशु की मूर्तियां, पाषाण के गेंद, हड्डी के छिद्रक, कांच एवं कार्नेलियन के मनके तथा एक दुमंजिला अनाज संग्रह पात्र एवं चूल्हे इत्यादि प्राप्त होते हैं।

4. शुग–कुषाण लाल पात्र परम्परा संस्कृति : इस काल का जमाव 2.20 मीटर है। यह स्तर तृतीय काल के ऊपर आधारित है। महत्वपूर्ण पात्र प्रकार में टोटीयुक्त घडे, ढक्कनें, टोंटीदार कटोरे, संग्रहपात्र, तसले, आदि उपलब्ध हैं। अर्धमूल्यवान पत्थरों के मनके, तांबे के सिक्के, शंख की चूड़ियां, हड्डियों के टुकड़े और मिट्टी की वस्तुओं में एक मंच पर बैठी मां और शिशु तथा अन्य पुरुष एवं पशु मूर्तियां, मुहरें, कच्ची और पक्की ईटों की संरचनाएं हैं। एक संरचना की चौड़ाई 2.10 मीटर है, जिसमें 52×28×8 से. मी. की ईटों का उपयोग किया गया है। लम्बी दीवाल में प्रवेश द्वार एवं नगर में पानी लाने हेतु नालियों की व्यवस्था की गई थी।

5. गुप्तकाल एवं पूर्व मध्यकाल संस्कृति : इसका जमाव चतुर्थ काल के ऊपर लगभग–70 सेमी. का है। लाल रंग के मृदभाण्डों के ऊपर विभिन्न प्रकार के चित्रण किए गए हैं। महत्वपूर्ण पुरावशेषों में हंसासन इत्यादि हैं।

आलमगीरपुर

आलमगीरपुर नामक पुरास्थल 29°29′ उत्तरी अक्षांश 71°01′ पूर्वी देशान्तर जनपद मेरठ, उत्तर प्रदेश के यमुना नदी की सहायक हिंडन सरिता के बायें तट पर लगभग 3 किलोमीटर की दूरी पर मेरठ से 27 किलोमीटर पश्चिम में तथा दिल्ली से 45 किलोमीटर उत्तर–पूर्व में स्थित है।

इस टीले को 'परशुराम का खेड़ा' के नाम से जानते हैं, जिसका आकार पूर्व–पश्चिम में 60 मीटर तथा उत्तर–दक्षिण में 50 मीटर है। 'भारत सेवक समय युग' ने 1958 में एक खन्ती डालकर मृद्भाण्ड, मनके इत्यादि प्राप्त किए थे।

सन् 1959 ई. में भारतीय पुरातत्त्व सर्वेक्षण के अधीन उत्खनन कार्य किया गया।[33] परिणामस्वरूप चार सांस्कृतिक कालों के जमाव प्रकाश में आये हों इस प्रकार हैं–

प्रथम– हड़प्पा और बारा संस्कृतिक काल

द्वितीय– चित्रित धूसर पात्र परम्परा संस्कृति काल

तृतीय– ऐतिहासिक काल

चतुर्थ– उत्तर मध्य काल

प्रथम– हड़प्पा और बारा संस्कृति काल : इस स्तर का जमाव 1.02 मीटर है, जिसमें विकसित हड़प्पा के मृदभाण्ड में थाली, साधार प्याले, बेलनाकार वाश एवं बीकर का आधार लेपित है। पशुओं के सिर युक्त हैण्डल वाले मृदभाण्ड छिद्रित पात्र, लघु बीकर, बटन के आकार का वाश, अण्डाकार वाश की रिम ढ़ालू एवं चौड़े मुखवाले ढक्कन प्राप्त हुए हैं। साधार तश्तरी की रिम ढालू है। ढक्कन के रिम बाहर की ओर मुड़ा है जिसपर '/' लाईन युक्त चित्रण है, यह बारा प्रकार के पात्र है। केरीनेटेड

हाण्डी, साधार तश्तरी, साधार घड़े, ढक्कन के मध्य घुण्डी, बीकर इत्यादि हैं। यह हड़प्पा और बारा दोनों संस्कृतियों में प्राप्त होते हैं। अलंकरणों में चौड़ी और पतली रेखाएं, आयत, त्रिभुज, स्प्रिंग प्रकार, मयूर, क्रिस–क्रास इत्यादि निर्मित है, जो काले रंग से चित्रित हैं।

संरचनाओं में मिट्टी की दीवाल पर करकट के छाप और भट्ठे में पकी ईटें हैं। ईटों का आकार 7×15×30 से. मी. एवं 10×20×35 से. मी. है। इनका अनुपात 1:2:3 है। कुछ में अंगुलियों के निशान बने हैं। ऐसे ही चिन्ह संघोल से भी प्राप्त होते हैं। यहाँ से प्राप्त मृण्मूर्तियां पहचानी नहीं जा सकी हैं, क्योंकि इनके मात्र कुछ टुकड़े ही प्राप्त हैं। साथ ही वृषभ एवं सर्प की भी मृण्मूर्तियां प्राप्त हैं। यहाँ से प्राप्त पुरावशेषों में त्रिभुजाकार केक, खिलौना गाड़ी, 'चौखट', घनाकार तश्तरी, गेम्समैन, चूड़ियाँ एवं मनके हैं। सम्भव है, कुछ मनके स्वर्ण से लेपित थे। कांचली मिट्टी की चूड़ियां, मनके एवं कटोरे, सेलखड़ी एवं पेस्ट से निर्मित लघु बेलनाकार मनके, डिस्क मनके, सूक्ष्म मनके आदि प्राप्त हैं। अर्धमूल्यवान पत्थरों में कार्नेलियन के मनके, बैण्डेड अगेट से निर्मित लम्बे आकार के बेलनाकार मनके प्राप्त हैं। तीन छोटे पिरामिड प्रकार के मनके, क्वार्टज और कार्नेलियन से निर्मित हैं। ताम्र और कांसे की पिनें तथा कुल्हाड़ी प्राप्त हैं। यह सांस्कृतिक काल हड़प्पा एवं बारा संस्कृति से सम्बद्ध है।

द्वितीय– चित्रित धूसर पात्र परम्परा संस्कृति काल : इस काल में हड़प्पा और चित्रित धूसर के मध्य अन्तराल दृष्टिगत होता है। इसका जमाव 1.35 मीटर है। चित्रित धूसर मृद्भाण्ड और काले रंग का स्लिप युक्त हल्के लाल रंग का मृद्भाण्ड में थाली, कटोरा प्राप्त हैं। ऐसे पात्र हस्तिनापुर और रोपड़ से भी प्राप्त हैं। इसके साथ ही काले और लाल रंगीय मृद्भाण्ड प्रचुर मत्रा में प्राप्त हुए हैं। तांबे के साथ लोहे का उपयोग प्रारम्भ हो गया था। लौह निर्मित बाणाग्र, पिनें, पशु, पहिया युक्त खिलौना गाड़ी, वृषभ और भेड़ प्राप्य हैं। टेराकोटा से निर्मित चूड़ियां, मनके, अलंकृत डिस्क, अस्थि निर्मित डिस्क, बालों में लगाने के कांटे, मातृदेवी एवं छिद्रक पाप्त हैं। काले जैस्पर से बने डिस्क, पकी मिट्टी की चूड़ियां, कांच के मनके भी प्राप्त हैं। इस सांस्कृतिक काल से संरचना के रूप में मात्र टूटी हुई मिट्टी की दीवाल प्राप्त हुई है। इस पर सरकन्डे की छाप अंकित है। यहां से कई आवासों की संरचनाएं प्राप्त होती हैं।

तृतीय– ऐतिहासिक काल : यह ऐतिहासिक काल है।

चतुर्थ– उत्तर मध्य काल : उत्तर मध्य काल है।

माण्डी

माण्डी 29° 26′ 10″ उत्तरी अक्षांश एवं 77° 34′ 35″ पूर्वी देशान्तर तथा समुद्रतल से 224 मीटर की ऊँचाई पर जनपद– मुज्जफरनगर, उत्तर प्रदेश में अवस्थित है। यह पुरास्थल आकस्मिक खोज द्वारा सन् 2000 ई. में प्रकाश में आया। यहां पर गग्रमीणों द्वारा खेत में कार्य करते समय अकस्मात् रूप से काफी संख्या में सोने से बने आभूषण प्राप्त हुए। बाद में ग्रामीणों द्वारा शासन को सूचना दी गयी, तत्पश्चात् जिला प्रशासन ने उक्त आभूषण को संग्रहित किया। भारतीय पुरातत्त्व सर्वेक्षण एवं राज्य पुरातत्त्व विभाग उत्तर प्रदेश के पुरातत्त्वविदों ने माण्डी का सर्वेक्षण किया। वर्तमान में उक्त आभूषण भारतीय पुरातत्त्व सर्वेक्षण के पास है। जिनमें से कुछ राष्ट्रीय संग्रहालय दिल्ली एवं राज्य संग्रहालय, लखनऊ की शोभा बढ़ा रहे हैं।

उक्त पुरास्थल का उत्खन्न कार्य भारतीय पुरातत्व सर्वेक्षण के डॉ. आर. एस. बिष्ट के निर्देशन में आर. के. वर्मा द्वारा सन् 2000–2001 ई. में किया गया।[34] यहाँ अन्त हड़प्पा कालीन मृद्भाण्ड के अवशेष प्राप्त हुए। इन मृदुभाण्डों की हुलास एवं आलमगीरपुर के मृद्भाण्ड परम्परा के पात्रों से साम्यता है। साथ ही कुछ पकी हुई ईटों के अवशेष भी प्राप्त हैं। मृद्भाण्डों में लाल रंग एवं धूसर रंगीय मृद्भाण्डों के ऊपर काले रंग का अलंकरण जैसे पीपल के पत्ते, क्षैतिज पट्टी आदि मिलते हैं। मुख्य पात्रों में जार, संग्रहपात्र, साधार तश्तरी, वास, हेण्डल युक्त ढक्कन, डिश वासेल्स इत्यादि हैं। ये पात्र अच्छी तरह गूंथी हुई मिट्टी से, चाक द्वारा निर्मित पके हुए हैं। भारी मात्रा में प्राप्त स्वर्ण मनकों के प्रकार मुख्य रूप से गोलाकार होलोटर्मिनल, डिश, स्पेशर, डबल स्पेशर, थ्री होल स्पेशर फोर होल स्पेशर, सिक्स होल स्पेशर, मनके प्राप्त हुए हैं। इन्हीं स्पशरों द्वारा हारों का निर्माण किया जाता रहा होगा। अन्य प्रकार के मनकों में अर्ध चन्द्राकार घंटी आकार के और मात्र छिद्र वाले मनके हैं। अर्ध मूल्यवान पाषाण के मनकों में कार्नेलियन, अगेट, ओनेक्स इत्यादि से बने मनके प्राप्त हैं। ताम्र की चूडियां, मनके, स्वर्ण की चूड़ियां, कड़े आदि भी प्राप्त हैं। माण्डी से कुल स्वर्ण आभूषण का वजन 10 किलो ग्राम है।

भगवानपुरा

भगवानपुरा नामक पुरास्थल 30° 34′ उत्तरी अक्षांश एवं 76° 57′ पूर्वी देशान्तर पर कुरूक्षेत्र जिले में सरस्वती नदी के दाहिने तट पर स्थित है। यहाँ 1976–77 ई. में भारतीय पुरातत्त्व सर्वेक्षण के जगतपति जोशी ने उत्खनन करवाया था।[35] उत्खनन के फलस्वरूप 2.70 मीटर के जमाव में दो सांस्कृतिक अनुक्रम प्राप्त हुए थे, जिन्हें क्रमशः उपकाल खण्ड 1ए तथा 1बी कहा गया।

इस पुरास्थल पर सर्वप्रथम उत्तर हड़प्पा (Late Harappa) तथा चित्रित धूसर पात्र–परंपरा (PGW) परस्पर गुंथे हुए मिले थे। उपकाल 1ए में अंत हड़प्पा के लोगों ने सरस्वती के जलोढ़ जमाव पर अपने आवास निर्मित किए। बाढ़ से बचने के लिए उन्होंने निरन्तर दो कालों तक मिट्टी के चबूतरों का निर्माण किया। उनमें से एक चबूतरा 4.25×10 मीटर था। इसे दो बार बाढ़ ने प्रभावित किया था, जब चित्रित धूसर पात्र परंपरा के लोग भी साथ में रहते थे।

इस काल की पात्र परंपरा अन्त हड़प्पा की पात्र परंपरा के समान थी, जैसी बारा, बहादराबाद, अतरंजीखेड़ा, सिसवाल 2ब, मिताथल 2ब, दौलतपुर तथा राजा करन का टीला आदि स्थलों से मिली है। यहाँ से गोवलेट (Goblet) प्रकार के पात्र तो मिले हैं, किन्तु बीकर (Beaker) अथवा छिद्रयुक्त पात्र नहीं मिले हैं। चित्रण तथा उत्कीर्णित पात्र भी मिलते हैं। लाल पात्र–परंपरा की उत्कीर्णित पात्रों की तकनीक कालीबंगा के प्राक् हड़प्पा स्तर के फैब्रिक के समान हैं। मृद्भाण्ड पर ग्रैफिटी भी मिलती है। प्राप्त पुरावशेषों में लाल टेराकोटा की मानव आकृति के पैर का टूटा भाग उल्लेखनीय है। ताँबे की छड़ें, पिन आदि अन्य वस्तुयें हैं।

स्तर विन्यास की दृष्टि से उपकाल 1ए तथा 1बी में कोई अन्तराल नहीं है। अंत हड़प्पा तथा चित्रित धूसर पात्र–परंपरा के लोग साथ रहते थे। लगभग 15 से 20 से. मी. के आवासीय जमाव के बाद बाढ़ के प्रकोप के कारण पुरास्थल का एक भाग प्रभावित हुआ था, किंतु बाढ़ के प्रकोप के बाद पुनः दोनों ही लोग वहाँ पर बस गए थे।

इस काल में गोलाकार अथवा अर्द्ध चन्द्राकार झोपड़ीयों के निर्माण के प्रमाण मिलते हैं। इस प्रकार की एक झोपड़ी से चार सिल तथा मूसल (Pestlle) मिले थे। दूसरे काल में मिट्टी की दीवालें बनने लगी थी। एक तेरह कमरों का घर मिला है। जिसके कमरे 1.60×1.60 से 3.35×4.20 मीटर आकार के हैं तथा बीच में आंगन है। इस घर से जो पुरावशेष मिले हैं। उनमें पशुओं की हड्डियाँ, तश्तरियाँ तथा कटोरे, टेराकोटा के मनके, हड्डी के स्टाइलस, ताँबे की वस्तुयें तथा थोड़ी सी अंत हड़प्पा कालीन मृद्भाण्ड मिली हैं। इस काल में 12×12×8, 29×22×12.5, 16×12×4 से. मी. ईटों का प्रयोग हुआ है। दो अण्डाकार संचरनायें भी चिन्हित की गई थीं।

शवाधान : उत्खनन में दो शवाधान जिसमें एक बच्चे तथा एक वयस्क का था, प्रकाश में आए। दोनों का दिकविन्यास उत्तर–दक्षिण था तथा सिर उत्तर की ओर था। इसमें किसी भी प्रकार की शवाधान सामग्री नहीं थी।

मृदभाण्ड परंपरा : इस काल में अन्त हड़प्पा तथा चित्रित धूसर पात्र– परंपरा के अतिरिक्त धूसर पात्र–परंपरा तथा काली मार्जित मृद्भाण्ड (Black Polished ware) भी मिली थी। चित्रित धूसर में विविध अलंकरण अभिप्राय मिले थे। पहली बार माल्टीस क्रास (Maltese Cross) तथा प्रतिच्छेदीवृत (Concentric Circles) से निर्मित फूल की डिजायन मिली थी। ज्यामितीय अभिप्राय भी इस काल में उल्लेखनीय हैं। बर्तनों में कुछ अन्त हड़प्पा के बर्तन जैसे कटोरे, तसलों, तश्तरियाँ तथा साधार तश्तरियाँ भी इस स्तर से मिली थी।

इस काल के सबसे महत्वपूर्ण पुरावशेषों में टेराकोटा की मानवाकृति (Anthropomarphic Figures), पहिये युक्त भेड़ें, पक्षी, पशु, कुत्ते, गाड़ी के पहिए, कान के आभूषण, बायलिन की आकार की मातृदेवी, हाथीदाँत तथा हड्डी की सुई, पिन, स्टाइली, कांच की चूड़ी, ताँबे की चूड़ी तथा मिट्टी की घट आकृति के मनके आदि उल्लेखनीय हैं।

संदर्भ

1. इण्डियन आर्कियोलॉजी, 1976–77, ए रिव्यू, आर्कियोलॉजिकल सर्वे ऑफ इण्डिया, नई दिल्ली, पृ. 22.–225
2. भान, सूरज, 'एक्सवेशन एट मिताथल (68) एण्ड अदर एक्सप्लोरेशन इन द सतलज– यमुना डिवाइड, कुरूक्षेत्र यूनिवरसीटी, कुरूक्षेत्र 1965, पृ. 95
3. इण्डियन आर्कियोलॉजी, 1994–95, ए रिव्यू, आर्कियोलॉजिकल सर्वे ऑफ इण्डिया, नई दिल्ली, पृ. 26–28
4. वही, 1999–2000, पृ. 125–27
5. राव, एल. एस., 'पुरातत्व', इण्डियन ऑर्कियोलॉजिकल सोसायटी, नई दिल्ली, 2005–06, न. 36, पृ. 45
6. भान, सूरज, जनरल, 'हरियाना स्टडिज', 1969, पृ. 1–15
7. घोष, ए. 'एनसाईक्लोपेडिया ऑफ इण्डियन आर्कियोलॉजी' वाल्यूम–2, मुंशीराम मनोहरलाल पब्लिशर्स प्रा. लि., नई दिल्ली, 1989, पृ. 414
8. इण्डियन आर्कियोलॉजी, 1953–54, 1954–55, ए रिव्यू, आर्कियोलॉजिकल सर्वे ऑफ इण्डिया, नई दिल्ली, पृ. 4, पृ. 9

9. शर्मा, डी. वी. एण्ड अदर्स, 'पुरातत्त्व', न. 36, इण्डियन आर्कियोलॉजिकल सोसायटी, नई दिल्ली–2005–06, पृ. 166–177

10. घोष, ए. 'एनसाईक्लोपेडिया ऑफ इण्डियन आर्कियोलॉजी' वाल्यूम–2, मुंशीराम मनोहरलाल पब्लिशर्स प्रा. लि., नई दिल्ली, 1989, पृ. 390

11. देशपाण्डेय, एम. एन. 'द हड़प्पन सेटलमेन्ट इन गंगा–यमुना दोआव, इण्डस सिविलाइजेशनः प्रोबलेमस एण्ड इसू' शिमला, 1977

12. इण्डियन आर्कियोलॉजी, 1958–59, ए रिव्यू, आर्कियोलॉजिकल सर्वे ऑफ इण्डिया, नई दिल्ली, पृ. 50

13. वही, 2000–2001, पृ. 14.

14. जोशी, जगतपति, 'एक्सवेशन एट भगवानपुरा (1975–76), आर्कियोलॉजिकल सर्वे ऑफ इण्डिया, नई दिल्ली, 1993, पृ. 52–54

15. पोशेल, जी. एल., 'इण्डस एज द बिगनिंग्स' ऑक्सफोर्ड एण्ड आई बी एच पब्लिशिंग क. प्र., नई दिल्ली, कलकत्ता, 1999

16. वही

17. वही

18. इण्डियन आर्कियोलॉजी, 1976–77, ए रिव्यू, आर्कियोलॉजिकल सर्वे ऑफ इण्डिया, नई दिल्ली, पृ. 220–225

19. भान, सूरज, 'एक्सवेशन एट मिताथल (68) एण्ड अदर एक्सप्लोरेशन इन द सतलज–यमुना डिवाइड, कुरूक्षेत्र यूनिवरसीटी, कुरूक्षेत्र, 1965, पृ. 95

20. इण्डियन आर्कियोलॉजी, 1997–98, ए रिव्यू, आर्कियोलॉजिकल सर्वे ऑफ इण्डिया, नई दिल्ली, पृ. 53–63

21. वही, 1998–99, पृ. 13–23, 1999–2000, पृ. 30–33

22. वही, 1994–95, पृ. 26–28

23. वही, 1999–2000, पृ. 125–27, 2000–2001

24. राव, एल.एस., 'पुरातत्त्व', न. 36, इण्डियन ऑर्कियोलॉजिकल सोसायटी, नई दिल्ली, 2005–06, पृ. 45

25. भान, सूरज, 'एक्सवेशन एट मिताथल (68) एण्ड अदर एक्सप्लोरेशन इन द सतलज–यमुना डिवाइड, कुरूक्षेत्र यूनिवरसीटी, कुरूक्षेत्र, 1965, पृ. 95

26. घोष ए. 'एनसाईक्लोपेडिया ऑफ इण्डियन आर्कियोलॉजी' वाल्यूम–2, मुंशीराम मनोहरलाल पब्लिशर्स प्रा. लि., नई दिल्ली, 1989, पृ. 289–290

27. वही, पृ. 414

28. अग्रवाल, डी. पी., घोष, ए. 'रेडियोकार्बन एण्ड इण्डियन ऑर्कियोलॉजी, बॉम्बई, 1995

29. घोष ए. 'एनसाईक्लोपेडिया ऑफ इण्डियन आर्कियोलॉजी' वाल्यूम–2, मुंशीराम मनोहरलाल पब्लिशर्स प्रा. लि., नई दिल्ली, 1989, पृ. 377

30. शर्मा, डी. वी. एण्ड अदर्स, 'पुरातत्त्व', न. 36, इण्डियन आर्कियोलॉजिकल सोसायटी, नई दिल्ली, 2005–06, पृ. 166–177

31. इण्डियन आर्कियोलॉजी, 1968–69, 1969–70 ए रिव्यू, आर्कियोलॉजिकल सर्वे ऑफ इण्डिया, नई दिल्ली, पृ. 25, 1969–70

32. दीक्षित, के. एन., 'द एक्सवेशन एट हूलास एण्ड फरदर एक्सप्लोरेशन ऑफ द अपर गंगा–यमुना दोआव', मैन एण्ड इनवायरनमेन्ट, वाल्यूम–5, 1981, पृ. 70–72

33. इण्डियन आर्कियोलॉजी, 1958–59, ए रिव्यू, आर्कियोलॉजिकल सर्वे ऑफ इण्डिया, नई दिल्ली, पृ. 50

34. वही, 2000–2001, पृ. 14.

35. जोशी, जगतपति, 'एक्सवेशन एट भगवानपुरा (1975–76), आर्कियोलॉजिकल सर्वे ऑफ इण्डिया, नई दिल्ली, 1993, पृ. 52–54

अध्याय – तीन

हड़प्पा सभ्यता की समकालीन एवं परवर्ती संस्कृतियाँ

इस अध्याय के अन्तर्गत उत्तर–भारत में हड़प्पा सभ्यता के समकालीन संस्कृतियों के रूप में नवपाषाणकालीन एवं ताम्रपाषाण कालीन संस्कृतियों के पुरास्थलों के उत्खनन से प्राप्त अवशेषों के विषय में संक्षिप्त उल्लेख किया जा रहा है। इन संस्कृतियों के अवशेषों के आधार पर आगे के अध्याय में हड़प्पा सभ्यता के पुरास्थलों से प्राप्त अवशेषों का मूल्यांकन किया गया है। हड़प्पा सभ्यता के समकालीन संस्कृतियों की उत्तरजीवितता को रेखांकित करने के लिये उसके परवर्ती संस्कृतियों के पुरास्थलों के विषय में भी संक्षिप्त विवरण दिया जा रहा है, जिससे हड़प्पा सभ्यता का परवर्ती संस्कृतियों में सांस्कृतिक निरंतरता को रेखांकित किया जा सके। हड़प्पा सभ्यता की कई महत्वपूर्ण अवशेषों के साक्ष्य, बाद की संस्कृतियों यथा–गैरिक मृद्भाण्ड एवं ताम्रनिधि संस्कृति, कृष्ण–लोहित मृद्भाण्ड संस्कृति एवं चित्रित घूसर मृद्भाण्ड संस्कृति में भी मिलते हैं।

उत्तर भारत की नवपाषाण कालीन संस्कृति के पुरास्थल

क्र. सं.	*पुरास्थल*	*जिला*	*अक्षांश / देशांतर*
1	बुर्जहोम (Burzahom)	श्रीनगर	
2	गुफाराल (Gufkaral)	पुलवामा	
3	अवन्तीपुर (Abantipira)	अनंतनाग	
4	वेगागुण्ड (Begagund)	अनंतनाग	
5	बराह (Brah)	अनंतनाग	
6	दामोदर करेवा (Damodar Karewa)	अनंतनाग	
7	गुरहोमा सांगरी (Gurhoma Sangari)	अनंतनाग	
8	हरिपरीगोम (Hariparigom)	अनंतनाग	
9	जयादेवी उदर (Jayadevi Udar)	अनंतनाग	
10	कनिशपुर (Kanishpur)	बारामुला	34°13'35'' उ. 74°24'30'' पू.
11	खोर (Khor)	बारामुला	
12	खुरी नारा (Khri Nara)	बारामुला	

13	मार्तण्ड (Martand)	अनंतनाग
14	ओलचीबाग (Ochalibag)	अनंतनाग
15	पामपुर (Pampur)	अनंतनाग
16	पंजागोम (Panzagom)	अनंतनाग
17	समथन (Samthan)	अनंतनाग
18	पाट्टन (Pattan)	बारामुला
19	पेठा गंटमुला (Petha Gantmula)	बारामुला
20	सेरू (Seru)	अनंतनाग
21	सिंहपुर (Singhpur)	बारामुला
22	सोमबुर (Sombur)	अनंतनाग
23	थाजीवोर (Thjiwor)	अनंतनाग
24	वाजताल (Waztal)	अनंतनाग
25	रोड़ (Ror)	कांगड़ा
26	देहरा गोपीपुर (Dehara Gopipur)	कांगड़ा
27	बावली (Bawli)	कांगड़ा
28	ढ़ोलवाहा (Dholwaha)	होसियारपुर
29	ऐतवारपुर (Aitbarpur)	होसियारपुर
30	दोमेली (Domeli)	कपुरथला

उत्तर भारत के गैरिक मृद्भाण्ड एवं ताम्र निधि संस्कृति के पुरास्थल

क्र. सं.	*पुरास्थल*	*जिला*	*स्थिति अक्षांश/देशांतर*
1	अदिंगा (Adinga)	मथुरा	
2	अघैना (Aghaina)	सहारनपुर	29° 54′00′′उ. 77° 17′00′′पू.
3	अहार (Ahar)	बुलन्दशहर	28° 25′00′′उ. 78° 15′00′′पू.
4	अहिच्छत्र (Ahichchhatra)	बरैली	28° 25′00′′उ. 78° 15′00′′पू.
5	अक्रावास (Akrabas)	बुलन्दशहर	
6	अलीपुरा (Alipura)	सहारनपुर	
7	अलीपुरा (Alipura)	मुजफ्फरनगर	
8	अम्बखेड़ी (Ambkheri)	सहारनपुर	29° 44′00′′उ. 77° 46′00′′पू.
9	अनेकी पांच (Aneki Five)	सहारनपुर	
10	अनवरपुर बरोली (Anwarpur baroli)	सहारनपुर	30° 08′00′′उ. 77° 40′00′′पू.
11	आसनबाली (Asanwali)	सहारनपुर	30° 02′00′′उ. 77° 36′00′′पू.
12	अतरंजीखेड़ा (Atranjikhera)	ईटा/एटा	27° 42′00′′उ. 78° 44′00′′पू.
13	वादल कैथवारा (Badal Kaithwada)	मेरठ	

14	वढ़ईकलां (Badhai Kalan)	मुजफ्फरनगर	
15	वहदरावाद (Bahadrabad)	सहारनपुर	29° 56′00′′उ. 78° 03′00′′पू.
16	बहरिआ (Baharia)	सहारनपुर	27° 30′00′′उ. 79° 32′00′′पू.
17	वहेराखुर्द (Bahera Khurd)	सहारनपुर	
18	वकार्का (Bakarka)	सहारनपुर	
19	वलुआ (Balua)	वाराणसी	
20	बड़गाँव (Bargaon)	सहारनपुर	30° 12′00′′उ. 77° 32′00′′पू.
21	वौंदकी (Baundki)	सहारनपुर	30° 04′00′′उ. 77° 37′00′′पू.
22	वाजिदपुर (Bazidpur)	सहारनपुर	30° 03′00′′उ. 77° 36′00′′पू.
23	वाजिदपुर माजरा (Bazidpur Majra)	सहारनपुर	
24	भलाड़ी (Bhalari)	कुरूक्षेत्र	30° 01′24′′उ. 77° 02′00′′पू.
25	भावरी (Bhabri)	सहारनपुर	
26	भटपुरा (Bhatpura)	बुलन्दशहर	28° 32′00′′उ. 78° 03′00′′पू.
27	भेदकी (Bhedki)	सहारनपुर	29° 57′00′′उ. 77° 36′00′′पू.
28	भेदेकी धमोला (Bhedeki Dhamola)	सहारनपुर	
29	भोलनी (Bholni)	सहारनपुर	
30	बीबीपुर (Bibipur)	कुरूक्षेत्र	29° 59′00′′उ. 76° 40′00′′पू.
31	बिठूर (Bithur)	कानपुर	
32	चंदन (Chandan)	मुजफ्फरनगर	
33	चंदौसी (Chandausi)	मुरादाबाद	
34	चौड़ादेव (Chauradevi)	सहारनपुर	
35	छाजपुरा (Chhajpura)	सहारनपुर	29° 59′00′′उ. 77° 37′00′′पू.
36	छापरहेरी (Chhaparheri)	सहारनपुर	29° 54′00′′उ. 77° 30′00′′पू.
37	चिलहेरा (Chilheri)	सहारनपुर	30° 02′00′′उ. 77° 39′00′′पू.
38	चुनेठीगाड़ा (Chunethi Gara)	सहारनपुर	
39	चुनेहती शेख (Chunehti Shekh)	सहारनपुर	29° 54′00′′उ. 77° 43′00′′पू.
40	दौदपुर (Daudpur)	सहारनपुर	30° 05′00′′उ. 76° 36′00′′पू.
41	दौलतपुर (Daulatpur)	बुलंदशहर	28° 14′00′′उ. 78° 11′00′′पू.
42	दीवलाखाड़ा (Deevlakhara)	बुलन्दशहर	
43	देओटी (Deoti)	लखनऊ	
44	ढाका (Dhaka)	शाहजहानपुर	
45	धनसा (Dhansa)	दिल्ली	28° 31′00′′उ. 76° 56′00′′पू.
46	दुदली बुखारा (Dudali Bukhara)	सहारनपुर	
47	डुंगर (Dungar)	मुजफ्फरनगर	29° 15′00′′उ. 77° 22′00′′पू.
48	डुंगर (Dungr)	मेरठ	

49	एलना (Elana)	उंनाऊ	
50	फतेहगढ़े (Fatehgarh)	फारूखाबाद	
51	फतेहपुर (Fatehpur)	मुजफ्फरनगर	29° 27′45′′उ. 77° 22′50′′पू.
52	फतेहपुर जाट (Fatehpur Jat)	सहारनपुर	29° 56′00′′उ. 77° 31′00′′पू.
53	फतेहपुर (Fatehpur)	सहारनपुर	29° 53′00′′उ. 77° 32′00′′पू.
54	गधरोना (Gadharona)	सहारनपुर	
55	गंधौली (Gandhauli)	सीतापुर	
56	गढ़ कुतुबपुर (Garh Qutubpur)	सहारनपुर	
57	गठेरा (Gathera)	सहारनपुर	
58	घानाखण्डी (Ghanakhandi)	सहारनपुर	30° 04′00′′उ. 77° 36′00′′पू.
59	हाजीपुर (Hajipur)	मेरठ	
60	हर्दी (Hardi)	सीतापुर	
61	हर्दाखेड़ी (Hardakheri)	सहारनपुर	
62	हरिवास (Haribas)	सहारनपुर	
63	हेतामपुर (Hetampur)	सहारनपुर	
64	हुस्सैनपुर वोपादा (Hussainpur Bopada)	मुजफ्फरनगर	29° 21′10′′उ. 77° 42′20′′पू.
65	हुजुरनगर (Huzur Nagar)	मुजफ्फरनगर	29° 19′00′′उ. 77° 40′00′′पू.
66	इन्दिलापुर (Indilapur)	सहारनपुर	
67	जैनपुर (Jainpur)	सहारनपुर	
68	जानीपुर (Janipur)	सहारनपुर	
69	जौला (Jaula)	मुजफ्फरनगर	29° 16′45′′उ. 77° 25′00′′पू.
70	झाल (Jhal)	मुजफ्फरनगर	29° 16′15′′उ. 77° 20′50′′पू.
71	झींझना (Jhinjhina)	मुजफ्फरनगर	29° 30′00′′उ. 77° 15′00′′पू.
72	कवीरपुर (Kabirpur)	सहारनपुर	30° 05′00′′उ. 77° 38′00′′पू.
73	कैलाशपुर (Kailashpur)	सहारनपुर	29° 59′00′′उ. 77° 39′00′′पू.
74	कलालहाट्टी (Kalalhatti)	सहारनपुर	
75	कोल्की कलान (Kolki Kalan)	सहारनपुर	
76	कोटा (Kota)	सहारनपुर	
77	कृष्णी (Krishni)	सहारनपुर	
78	कमलपुर (Kamalpur)	हरदोई	
79	कमलापुर (Kamalapur)	मुजफ्फरनगर	
80	कन्नौज (Kannauj)	फारूखाबाद	
81	कानसी (Kansi)	मेरठ	
82	कसेरी (Kaseri)	मेरठ	
83	कोरिआगंज (Koriaganj)	अलीगढ़	

84	कौशाम्बी (Kausambi)	इलाहाबाद	
85	काजिमपुर (Kazimpur)	गाजियाबाद	
86	खंजहानपुर (Khanjahanpur)	मुजफ्फरनगर	
87	खरखोदा (Kharkhoda)	मेरठ	
88	खतौली (Khatauli)	सहारनपुर	30° 00′00″उ. 77° 40′00″पू.
89	खेडा जाट (Kheda Jat)	सहारनपुर	
90	खेड़ा (Khera)	लुधियाना	
91	किरातपुर (Kiratpur)	बुलन्दशहर	28° 31′40″उ. 78° 15′00″पू.
92	क्रिधनी (Kridhni)	सहारनपुर	29° 55′00″उ. 77° 30′00″पू.
93	कुदना (Kudana)	मुजफ्फरनगर	29° 25′45″उ. 77° 22′20″पू.
94	कुलहेरी (Kulheri)	मुजफ्फरनगर	
95	लादवा (Ladava)	मुजफ्फरनगर	
96	लाल किला (Lal Qula)	बुलन्दशहर	28° 30′00″उ. 77° 15′00″पू.
97	लखमंती कलान (Lakhmanti Kalan)	सहारनपुर	
98	महमूदपुर (Mahmoodpur)	मुजफ्फरनगर	
99	मैनपुरी (Mainpuri)	मैनपुरी	
100	मझादपुर (Majhadpur)	हरदोई	
101	माहीपुरा (Mahipur)	सहारनपुर	
102	मथाना (Mathana)	सहारनपुर	
103	मायापुर (Mayapur)	सहारनपुर	
104	मीरपुर (Mirpur)	सहारनपुर	
105	मलेहरा (Malehra)	मेरठ	
106	मालिकपुर (Malikpur)	कुरूक्षेत्र	
107	मानपुर (Manpur)	बुलन्दशहर	
108	मण्ड़ला (Mandala)	सहारनपुर	30° 04′00″उ. 77° 39′00″पू.
109	मण्डोवाला (Mandowala)	सहारनपुर	30° 05′00″उ. 77° 45′00″पू.
110	मरहानवाल एक (Marhanwala One)	रोपड़	
111	मरहानवाला दो (Marhanwala Two)	रोपड़	
112	मथुरा (Mathura)	मथुरा	
113	मटकीझरौली (Matki Jharauli)	सहारनपुर	30° 04′00″उ. 77° 35′00″पू.
114	मीताथल (Mitathal)	भिवानी	28° 53′10″उ. 76° 10′20″पू.
115	मोहिउद्दीनपुर (Mohiuddinpur)	सहारनपुर	30° 00′00″उ. 77° 38′00″पू.
116	मुजाहिदपुर (Mujahidpur)	हरदोई	
117	मुलहेरी एक (Mulaheri One)	मुजफ्फरनगर	29° 17′20″उ. 77° 40′10″पू.
118	मुलहेरी दो (Mulaheri Two)		

119	नाहली (Nahli)	मेरठ	
120	नकरहिया (Nakarahiya)	सीतापुर	
121	नाला (Nala)	मुजफ्फरनगर	29° 17′20″उ. 77° 16′40″पू.
122	नलहेरा वकाल (Nalhera Bakal)	सहारनपुर	
123	नसीरपुर (Nasirpur)	शाहजहांपुर	
124	पहलवान (Pahlwan)	जींद	29° 39′00″उ. 76° 12′00″पू.
125	पजराना (Pajrana)	सहारनपुर	30° 10′00″उ. 77° 40′00″पू.
126	पाओली (Paoli)	जींद	29° 04′39″उ. 76° 26′30″पू.
127	पपरेकी (Papreki)	सहारनपुर	
128	पथोरी (Pathori)	सहारनपुर	
129	पिकी (Piki)	सहारनपुर	
130	पिंजौरा (Pinjaura)	सहारनपुर	
131	पुराणपुर (Puranpur)	सहारनपुर	
132	परिआर (Pariar)	उनाँऊ	26° 35′00″उ. 80° 20′00″पू.
133	पिंजौड़ा (Pinjaura)	सहारनपुर	29° 36′00″उ. 77° 33′00″पू.
134	पीपल्सा (Pipalsa)	मुजफ्फरनगर	
135	पुरबलिआन दो (Pur Balian Two)	मुजफ्फरनगर	29° 21′22″उ. 77° 40′00″पू.
136	राजधाना (Rajdhana)	सहारनपुर	30° 00′00″उ. 77° 28′00″पू.
137	रंगोल (Rangeli)	सहारनपुर	
138	रौलपुर (Raulpur)	सहारनपुर	
139	रसुलपुर जाहिद (Rasulpur Zahid)	मेरठ	
140	रत्ताखेड़ा कुहराम (Rattakhera Kuhram)	कुरूक्षेत्र	
141	रेरी मलकपुर (Reri Malakpur)	सहारनपुर	29° 55′00″उ. 77° 29′00″पू.
142	रेवाड़ी (Rewari)	महेन्द्रगढ़	
143	सादावाद (Sadabad)	मथुरा	
144	सैफई (Saipai)	एटा	29° 27′00″उ. 78° 58′00″पू.
145	साकेत कालोनी (Saket Colony)	मेरठ	
146	सालेमपुर भोकरी (Salempur Bhokri)	सहारनपुर	30° 02′00″उ. 77° 35′00″पू.
147	समेलहेड़ी (Samelheri)	अंबाला	
148	सनोली (Sanoli)	वागपत	29° 08′28″उ. 77° 13′01″पू.
149	सारंगपुर (Sarangpur)	रोपड़	30° 46′00″उ. 76° 48′00″पू.
150	सवदलपुर (Sabdalpur)	सहारनपुर	
151	सलेमपुर महदुद (Salempur Mahadud)	सहारनपुर	
152	सरकारी कुमार (Sarkari Kumar)	सहारनपुर	
153	सरकारी शेख (Sarkari Shekh)	सहारनपुर	
154	सरूरपुर (Sarurpur)	सहारनपुर	

155	सतीकुण्ड (Satikund)	सहारनपुर	
156	शेरपुर गुर्जर (Sherpur Gurjar)	सहारनपुर	
157	सोना (Sona)	सहारनपुर	
158	सुभरी ख्वाजा (Subhri Khwaja)	सहारनपुर	
159	सरोला (Srola)	कुरूक्षेत्र	29° 02′00″उ. 76° 15′00″पू.
160	सरथौली (Sarthaula)	शाहजहाँपुर	
161	सरूपपुरतगा (Saruppur Taga)	सहारनपुर	29° 56′00″उ. 77° 18′00″पू.
162	शामली–शमला (Shamli-Shamla)	मुजफ्फरनगर	
163	शेओराजपुर (Sheorajpur)	कानपुर	
164	शेरपुर (Sherpur)	सहारनपुर	29° 53′00″उ. 77° 39′00″पू.
165	शिकारपुर (Shikarpur)	मुजफ्फरनगर	29° 23′00″उ. 77° 39′00″पू.
166	शिकारपुर (Shikarpur)	मेरठ	
167	शुकरताल (Shukartal)	सहारनपुर	29° 55′00″उ. 77° 17′00″पू.
168	सिकरेड़ा (Sikrera)	मुजफ्फरनगर	
169	ताहिरपुर (Tahirpur)	सहारनपुर	29° 55′00″उ. 77° 17′00″पू.
170	तागा (Taga)	सहारनपुर	
171	तौली (Tauli)	सहारनपुर	
172	तेलीवाला (Taliwala)	सहारनपुर	
173	थटौला (Thataula)	सहारनपुर	
174	तौली (Tauli)	सहारनपुर	29° 56′00″उ. 77° 27′00″पू.
175	टोडा (Toda)	मुजफ्फरनगर	29° 17′00″उ. 77° 32′00″पू.
176	टोडा (Toda)	मेरठ	
177	उँनाऊं (Unknown)	उँनाऊं	
178	उँनाऊं (Unknown)	हरदोई	
179	उँनाऊं (Unknown)	एटा	

उत्तर भारत के चित्रित-धूसर मृद्भाण्ड संस्कृति के पुरास्थल

क्र.सं.	*पुरास्थल*	*जिला*	*स्थिति अक्षांश/देशांतर*
1	अल्लाहपुर (Allahpur)	मेरठ	
2	अचेजा (Acheja)	बुलंदशहर	
3	अदिंगा (Adinga)	मथुरा	
4	अहिच्छत्रा (Ahichchhatra)	बरैली	28° 22′00″उ. 79° 07′00″उ.
5	अहमदगढ़ (Ahmadgarh)	बुलंदशहर	
6	अहिर (Ahir)	सहारनपुर	
7	आलमगीरपुर (Alamgirpur)	मेरठ	29° 00′00″उ. 77° 22′00″पू.

8	आलमपुर (Alampur)	सहारनपुर	
9	अम्बखेड़ी (Ambkheri)	सहारनपुर	
10	असवाल (Asawal)	सहारनपुर	
11	असवार (Asawar)	बुलंदशहर	
12	असरफगढ़ (Ashrafgarh)	जींद	29° 17′43″उ. 77° 21′50″पू.
13	अतिरंजीखेड़ा (Atranjikhera)	एटा	27° 42′00″उ. 78° 44′00″पू.
14	बाद सीकरी कलान एक (Bad Sikri kalan one)	जींद	29° 36′21″उ. 76° 19′04″पू.
15	बहोला (Bahola)	करनाला	29° 48′00″उ. 76° 46′00″पू.
16	बहोली दो (Baholi two)		29° 28′00″उ. 76° 53′00″पू.
17	बलाना (Balana)	अंबाला	30° 20′00″उ. 76° 44′00″पू.
18	वाघपत (Baghpat)	मेरठ	
19	बानी (Bani)	हिसार	29° 35′00″उ. 74° 35′00″पू.
20	बाड़ा (Bara)	रोपड़	30° 54′00″उ. 76° 30′00″पू.
21	बड़ोली (Baroli)	जींद	29° 16′16″उ. 76° 21′29″पू.
22	बरोता (Barota)	करनाला	29° 38′00″उ. 76° 56′00″पू.
23	वौरशाम एक (Boursham one)	करनाला	29° 53′00″उ. 76° 47′00″पू.
24	बड़ौली (Barauli)	बुलंदशहर	
25	वरनेर सरीफ (Barner sharif)	बुलंदशहर	
26	वेरीखेड़ा (Beri Khera)	जींद	29° 23′40″उ. 76° 31′50″पू.
27	विसराख (Bisrakh)	मेरठ	
28	विलासपुर (Bilaspur)	सहारनपुर	
29	भगवानपुर (Bhagwanpura)	कुरुक्षेत्र	30° 04′00″उ. 76° 57′00″पू.
30	भवानीखेड़ा (Bhawanikhera)	कुरुक्षेत्र	29° 59′00″उ. 76° 50′00″पू.
31	भोगपुर (Bhogpur)	बुलंदशहर	
32	वलैकोट (Balaikot)	बुलंदशहर	
33	वीरपुर (Birpur)	बुलंदशहर	
34	वीरूपुर (Birupur)	बुलंदशहर	
35	भोंगरा (Bhongra)	जींद	29° 26′11″उ. 76° 09′12″पू.
36	भूरा (Bhura)	मुजफ्फ़रनगर	
37	बलेनी (Baleni)	मेरठ	
38	बम्नौली (Bamnouli)	मेरठ	
39	बरनावा (Barnawa)	मेरठ	
40	बीबीपुर (Bibipur)	कुरूक्षेत्र	29° 59′00″उ. 76° 40′00″पू.
41	बुद्धाखेड़ा (Budhakhera)	सहारनपुर	
42	बुद्धाखेड़ा दो (Budhakhera two)	जींद	29° 23′55″उ. 76° 33′10″पू.

43	बुर्ज (Burj)	हिसार	29° 38′00″उ. 75° 40′00″पू.
44	चमकौर (Chamkaur)	रोपड़	30° 54′00″उ. 76° 25′00″पू.
45	चाँदपुर (Chandpur)	रोपड़	
46	चीका (Cheeka)	कुरूक्षेत्र	30° 03′00″उ. 76° 21′00″पू.
47	चौड़ादेवा (Chouradeo)	सहारनपुर	
48	दधेरी (Dadheri)	लुधियाना	30° 40′00″उ. 76° 19′00″पू.
49	दरोलीखेड़ा (Darolikhera)	जींद	29° 29′24″उ. 76° 06′33″पू.
50	दौलतपुर (Daulat pur)	कुरुक्षेत्र	29° 57′00″उ. 76° 57′00″पू.
51	दराउ (Daraw)	बुलंदशहर	
52	दवथुआ (Dabathua)	मेरठ	
53	दवका (Dabka)	मेरठ	
54	दाकल एक (Dhakal one)	जिंद	29° 34′45″उ. 76° 09′42″पू.
55	धनावली (Dhanawali)	मेरठ	
56	धरोदी (Dharodi)	जींद	29° 38′22″उ. 76° 04′03″पू.
57	धौरौ (Dhaurau)	बुलंदशहर	
58	धालीवपुर (Dhalibpur)	बुलंदशहर	
59	धुर्मारखाकलान दो (Dhurmarkalan-Two)	जींद	29° 32′24″उ. 76° 08′40″पू.
60	दुधाखेड़ी (Dudhakheri)	कुरूक्षेत्र	29° 46′00″उ. 76° 27′00″पू.
61	दुराद (Dhrad)	करनाल	
62	दुराद (Dhrad)	पटियाला	30° 10′00″उ. 76° 27′00″पू.
63	दुर्गानपुर (Durganpur)	मेरठ	
64	फतेहपुर (Fatehpur)	मुजफफरनगर	29° 27′45″उ. 77° 22′50″पू.
65	गर्हिरोदन (Garhi Rodan)	कुरूक्षेत्र	29° 57′30″उ. 76° 43′44″पू.
66	घर्वाली (Gharwali)	जींद	29° 10′06″उ. 76° 20′31″पू.
67	घुराम (Ghuram)	पटियाला	30° 07′00″उ. 76° 23′00″पू.
68	गुलिस्तानपुर (Ghulistanpur)	बुलंदशहर	28° 30′00″उ. 77° 30′00″पू.
69	हंस्याला (Hansyala)	कुरूक्षेत्र	30° 01′34″उ. 76° 47′30″पू.
70	हस्तिनापुर (Hastinapur)	मेरठ	29° 09′00″उ. 78° 03′00″पू.
71	हाजीपुर (Hazipur)	मेरठ	
72	हुलास (Hulas)	सहारनपुर	29° 42′00″उ. 77° 22′00″पू.
73	हुजुर नगर (Huzur Nagr)	मेरठ	
74	हुजुरनगर (Huzur Nagr)	मुज्जफरनगर	29° 19′00″उ. 77° 40′00″पू.
75	जखेड़ा (Jakhera)	एटा	27° 51′00″उ. 78° 41′00″पू.
76	जठेरी (Jatheri)	कुरूक्षेत्र	29° 44′00″उ. 76° 34′00″पू.
77	जौला (Jaula)	मुजफ्फरनगर	29° 16′45″उ. 77° 25′00″पू.

78	जौरासीखास (Jaurasi Khas)	करनाल	29′ 15′′06 उ. 77° 02′58′पू.
79	जरौठी (Jarauthi)	मेरठ	
80	जौला (Jaula)	मेरठ	
81	झाल (Jhal)	मेरठ	
82	झींझना (Jhinjhina)	मुजफ्फरनगर	
78	जेहरा (Jehra)	बुलंदशहर	
79	जोधाकन्न (Jodhakann)	सिरसा	
80	जोगनाखेड़ा एक (Jogna khera-One)	कुरूक्षेत्र	29° 59′00′′उ. 76° 48′00′′पू.
81	जोरासी (Jorasi)	सहारनपुर	
82	धीअना (Dhiana)	सहारनपुर	
83	हल्वाना अहातमाना (Halwana Ahatmal)	सहारनपुर	
84	इसापुर (Isanpur)	सहारनपुर	
85	कैला कुनेहरा (Kaila Kunehra)	गाजियाबाद	
86	कलिना (Kalina)	मेरठ	
87	कंसी (Kansi)	मेरठ	
88	कसेरी (Kaseri)	मेरठ	
89	कैलापुर (Kailapur)	मुजफ्फरनगर	
90	फैराना (Kairana)	मुजफ्फरनगर	
91	कैथोरा (Kathora)	मुजफ्फरनगर	
92	कलैत एक (Kalait One)	जींद	29° 40′38′′उ. 76° 15′23′′पू.
93	कनादला दो (Kanadala Two)	जींद	29° 23′30′′उ. 76° 19′30′′पू.
94	कतौरी (Katauri)	बुलंदशहर	
95	कोट खेड़ा (Kot khera)	बुलंदशहर	
96	कर्षा (Karsa)	करनाल	29° 38′00′′उ. 76° 40′00′′पू.
97	कैला खेड़ी (Kaila Kheri)	सहारनपुर	
98	कोल्कीकलान (Kolaki Kalan)	सहारनपुर	
99	कुराली (Kurali)	सहारनपुर	
100	कठपालोन (Kathpalon)	जालंधर	31° 02′00′′उ. 75° 51′00′′पू.
101	कुरी (Kuri)	मेरठ	
102	खंजहानपुर (Khanjahanpur)	मुजफ्फरनगर	
103	खरक पंदवान (Kharak Pandwan)	जींद	29° 40′00′′उ. 76° 17′00′′पू.
104	खेड़ा (Khera)	मेरठ	
105	खरन्ती (Kharanti)	जींद	29° 10′07′′उ. 76° 19′10′′पू.
106	खींदवारी (Khindwari)	मेरठ	
107	खोखाडी एक (Khokhari One)	जींद	29° 20′00′′उ. 76° 20′00′′पू.

108	कोहड़ा (Kohara)	लुधियाना	
109	कुवहेरी (Kubheri)	रोपड़	30° 52′00″उ. 76° 40′00″पू.
110	कुदना (Kudana)	मुजफ्फरनगर	29° 25′45″उ. 77° 22′20″पू.
111	कुणाल (Kunal)	हिसार	29° 37′35″उ. 75° 39′30″पू.
112	लादवा (Ladava)	मुजफ्फरनगर	
113	लुखी (Lukhi)	कुरूक्षेत्र	30° 02′00″उ. 76° 44′00″पू.
114	लोनी (Loni)	मेरठ	
115	लतिफपुर (Latifpur)	सहारनपुर	
116	मलहारखेड़ा (Malhar Khera)	जींद	29° 22′28″उ. 76° 34′25″पू.
117	मांदा (Manda)	जम्मू	32° 54′00″उ. 74° 48′00″पू.
118	मंडोली (Mandoli)	दिल्ली	
119	मनोहरपुर (Manoharpur)	जींद	29° 21′00″उ. 76° 24′00″पू.
120	मंडोली (Mandoli)	मेरठ	
121	मोपालपुर (Mopalpur)		
122	मुजफ्फरनगर सैनी (Muzaffarnagar Saini)	मेरठ	
123	महेशपुर (Maheshpur)	सहारनपुर	
124	मण्डला (Mandla)	सहारनपुर	
125	मिरागपुर (Miragpur)	सहारनपुर	
126	मुस्ताहकाम (Mustahkam)	सहारनपुर	
127	नगमान (Nagaman)	पटियाला	
128	नगर (Nagar)	जालंधर	31° 02′00″उ. 75° 50′00″पू.
129	नगुरन एक (Naguran One)	जींद	29° 26′10″उ. 76° 22′25″पू.
130	नलहेड़ा अनंतपुर (Nalhera Anantpur)	सहारनपुर	
131	नरकटारी (Narkatari)	कुरूक्षेत्र	29° 57′50″उ. 76° 48′00″पू.
132	नारूखेड़ी (Narukheri)	करनाल	29° 38′00″उ. 76° 59′00″पू.
133	नौरा (Naura)	पटियाला	30° 26′00″उ. 76° 66′00″पू.
134	नियामु (Niyamu)	मुजफ्फरनगर	
135	नूर नगर (Nur Nagar)	मुजफ्फरनगर	
136	नाला फिरोज मोहनपुर (Nala Firoz Mohanpur)	मेरठ	
137	नगला हरेरू (Nagla Hareru)	मेरठ	
138	नेथाला (Nethala)	मेरठ	
139	निजामपुर (Nizampur)	मेरठ	
140	पाली (Pali)	हिसार	29° 10′10″उ. 76° 04′06″पू.
141	पंडितों का टीला (Panditon Ka Tila)	कुरूक्षेत्र	29° 45′00″उ. 76° 34′00″पू.
142	परिआर (Pariar)	उँनाऊ	26° 35′00″उ. 80° 20′00″पू.

143	पट्टी कल्यान (Pattikalyan)	करनाल	29° 12'22''उ. 77° 01'43''पू.
144	पुजम (Pujam)	करनाल	29° 51'00''उ. 76° 55'00''पू.
145	परिक्षत गढ़ (Parichhat garh)	मेरठ	
१146	पुरा (Pura)	मेरठ	
147	पुरा बलिआना (Pura Baliana)	मेरठ	
148	पोंवार्का (Ponwarka)	सहारनपुर	
149	पुंजा (Punja)	सहारनपुर	
150	पुराण पुर (Piran Pur)	सहारनपुर	
151	रैसोन दो (Raison Two)	करनाल	29° 53'00''उ. 76° 48'00''पू.
152	राजा कर्ण का किला एक (Raja Karna Ka Qila One)	कुरूक्षेत्र	29° 58'00''उ. 76° 49'00''पू.
153	रामकली (Ramkali)	जींद	29° 12'26''उ. 76° 25'16''पू.
154	रहौरनी खेड़ा (Rhaurani Khera)	कुरूक्षेत्र	
155	रीतोली (Ritauli)	जींद	29° 24'20''उ. 76° 30'10''पू.
156	रोहिरा (Rohira)	जींद	29° 24'20''उ. 76° 30'10''पू.
157	रणखान्डी (Rankhandi)	सहारनपुर	
158	रसुलपुर (Rasulpur)	सहारनपुर	
159	रोपड़ (Ropar)	रोपड़	30° 58'00''उ. 76° 32'00''पू.
160	रायपुर (Raipur)	बुलंदशहर	
161	रामपुर (Rampur)	मुजफ्फरनगर	
162	सगा (Saga)	करनाल	29° 46'00''उ. 76° 53'00''पू.
162	सालेपुर भोकरी (Salepur Bhokri)	सहारनपुर	30° 02'00''उ. 77° 35'00''पू.
164	सन्दो (Sando)	जींद	29° 29'31''उ. 76° 23'51''पू.
165	सधौली (Sadhauli)	सहारनपुर	
166	सरसावा (Sarsaba)	सहारनपुर	
167	संधाया (Sandhaya)	यमुनानगर	
168	सठौरा (Sadhaura)	यमुनानगर	
169	संधोला (Sanghol)	लुधियाना	29° 47'00''उ. 76° 24'00''पू.
170	सरोला (Sarola)	कुरूक्षेत्र	29° 02'00''उ. 76° 15'00''पू.
171	ससा (Sasa)	पटियाला	
172	सतोजसर (Satoj sar)	पटियाला	
173	सलेमपुर (Salempur)	बुलंदशहर	
174	सुल्तानपुर हिताना (Sultanpur Hitana)	मेरठ	
175	सराव (Saraw)	मेरठ	
176	सुठारी (Suthari)	गाजियाबाद	
177	सीकरेरा (Sikrera)	मुजफ्फरनगर	29° 18'00''उ. 77° 58'00''पू.

178	सीकरी (Sikari)	मुजफ्फरनगर	29° 32'00''उ. 77° 55'00''पू.
179	शेउनागरी (Seonagri)	मेरठ	
180	शामली–शमला (Shamli-shamla)	मुजफ्फरनगर	
181	सोलठ (Solath)	जींद	29° 23'00''उ. 76° 31'00''पू.
182	सुनेत (Sunet)	लुधियाना	30° 50'00''उ. 75° 50'00''पू.
183	सकरपुर रोड (Sakarpur Road)	सहारनपुर	
184	शकूरगंज (Shakurganj)	बुलंदशहर	
185	ताजपुर पिअऊली (Tajpur-Piaoli)	बुलंदशहर	
186	ताहिरपुर (Tahirpur)	सहारनपुर	29° 55'00''उ. 76° 32'00''पू.
187	तिपारपुर (Tiparpur)	मुजफ्फरनगर	
188	टण्डवाल (Tandwal)	अंबाला	30° 27'00''उ. 77° 04'00''पू.
189	टाण्डा (Tanda)	मेरठ	
190	टोडा (Toda)	मुजफ्फरनगर	29° 17'00''उ. 77° 32'00''पू.
191	थम्ना माजरा (Thamna Majra)	सहारनपुर	
192	थतौला (Thataula)	सहारनपुर	
193	उत्सरा (Utsara)	बुलंदशहर	
194	येसीनपुर (Yesseenpur)	बुलंदशहर	

अतः इस अध्याय में आवश्यकतानुसार हड़प्पा सभ्यता के समकालीन एवं उत्तरवर्ती संस्कृतियों के कुछ महत्वपूर्ण पुरास्थलों के विषय में संक्षिप्त विवरण के साथ उत्तर–भारत में खोजे गये अन्य पुरास्थलों की स्थिति को भी रेखांकित किया गया है। इस क्रम में सर्वप्रथम नवपाषाणकालीन, ताम्रपाषाणकालीन, गैरिक मृद्भाण्ड व ताम्रनिधिकालीन, कृष्ण– लोहित मृद्भाण्ड कालीन एवं चित्रित धूसर मृद्भाण्डकालीन संस्कृतियों के कुछ विशेष पुरास्थलों– बुर्जहोम[1], गुफकराल[2], कनिशपुर[3], लहुरादेवा[4], झूंसी[5], सेनुवार[6], टोकवा[7], चिरांद[8], खैराडीह[9], राजानल का टीला[10], हस्तिनापुर[11], अतिरंजीखेड़ा[12], इमलीडीह खुर्द[13], नरहन[14], जाखेड़ा[15], संकिसा[16] थापली[17] और अहिछत्र[18] का विवरण प्रस्तुत किया गया है।

कश्मीर घाटी का आकार एक नाव की तरह है जिसकी दक्षिणी–पश्चिमी सीमा का निर्धारण पीर पंचाल की पर्वत मालाएँ करती हैं और उत्तरी–पूर्वी सीमा हिमालय की चोटियाँ बनाती हैं, झेलम प्रमुख नदी है।

उत्तरी भारत में नव पाषाण काल के पुरावशेष जम्मू–कश्मीर प्रदेश में झेलम की घाटी में स्थित विभिन्न पुरास्थलों से प्राप्त हुए हैं। प्रमुख पुरास्थलों में बुर्जहोम, गुफकराल, कनिष्कपुर तथा मार्तण्ड का उल्लेख किया जा सकता है। नव पाषाणकाल के पुरास्थल करेवा से निर्मित ऊँचे सोपानों पर स्थित मिलते हैं। करेवा मिट्टी का जमाव प्रातिनूतन काल में झीलों में हुआ जो बाद में सूख गयीं।

बुर्जहोम

येल–क्रैम्ब्रिज अभियान दल के द तेरा तथा *पीटरसॅन* ने सन् 1935 में बुर्जहोम की खोज तथा यहाँ पर परीक्षणात्मक उत्खनन कराया था। कालान्तर में भारतीय पुरातत्व सर्वेक्षण की ओर से सन् 1959–60

से 1963–64 ई0 तक चार उत्खनन सत्रों में *टी. एन. खजांची* की देख–रेख में बुर्जहोम का सुव्यवस्थित ढंग से उत्खनन कराया गया।[19] इस स्थलों के उत्खननों के परिणामस्वरूप अधोलिखित दो प्रमुख सांस्कृतिक कालों के सम्बन्ध में जानकारी हुई :

1. नवपाषाणिक काल,
2. बृहत्पाषाणिक काल,

नवपाषाण काल से सम्बन्धित प्रथम काल की संस्कृति को बुर्जहोम के उत्खनन से उपलब्ध साक्ष्यों के आधार पर 'अ' तथा 'ब' दो उपकालों में विभाजित किया गया है।

1. प्रथम अ : मृद्भाण्ड रहित नवपाषाणिक काल
2. प्रथम ब. : प्रारंभिक नवपाषाणिक काल

प्रथम 'अ' काल ऐसा प्रतीत होता है कि इस क्षेत्र में करेवा या लोयस मिट्टी का जमाव हो जाने के बाद मृद्भाण्ड रहित नवपाषाणिक संस्कृति अस्तित्व में आयी। गुफकराल के उत्खनन में 35 से. मी. से 1.10 मीटर मोटा जो जमाव मिला है, उसमें मिट्टी के बर्तनों का पूर्ण अभाव मिलता है।यद्यपि बुर्जहोम के विषय में भी इस प्रकार की सम्भावना कुछ पुराविदों ने प्रकट की है। इस उपकाल को फर्श के दो स्तरों के आधार पर दो चरणों में विभाजित किया गया है।

आवास प्रथम 'अ' काल में 'करेवा' मिट्टी के धरातल में गोल तथा अण्डाकार गढ़्ढ़े खोदकर लोग निवास करते थे। बुर्जहोम के प्रथम 'अ' उपकाल में गढ्ढों में निवास के प्रमाण मिले थे। इस पुरास्थल पर गढ़्ढ़े ऊपर की तरफ सँकरे तथा नीचे पेंदी में चौड़े मिले हैं। गढ्ढों की औसत गहराई 20 से. मी. से 30 से. मी. तक और मुँह के पास का व्यास 1.50 मीटर से 3.80 मीटर तक मिलता है। इस पुरास्थल पर गढ़्ढ़े के मुँह के पास व्यास 1.50 मीटर से 3.80 मीटर तक मिले थे। बुर्जहोम में, जो सबसे बड़ा गढ़्ढ़ा था, उसका व्यास मुँह पर 2.74 मीटर तथा पेंदे में 4.75 मीटर था। इस स्थल पर इस प्रकार के सोलह गढ़्ढे प्राप्त हुए थे। खाना पकाने के लिए इन गढ़्ढ़ों के समीप ही चूल्हों के साक्ष्य भी मिले थे। गढ़्ढ़ों के अन्दर आवास की फर्श चौरस था। गढ़्ढ़ों में नीचे उतरने के लिए तारव या आले बने हुए हैं। इन गढ़्ढ़ों के अन्दर फर्श के ऊपर राख इत्यादि मिलने से यह इंगित होता है कि इनका उपयोग रहने के लिए होता था। इन गढ़्ढ़ों के किनारों पर थोड़ी–थोड़ी दूर पर स्तम्भ–गर्त (post holes) मिलते हैं, जिनसे यह आभास होता है कि इन गढ़्ढ़ों के ऊपर घास–फूस का छाजन भी सम्भवतः बनाया जाता था।

उपकरण :– पाषाण उपकरणों में ट्रैप पत्थर पर निर्मित कुल्हाड़ियों, बेधक, पाषाण–वलय अथवा गदाशीर्ष, सिल–लोढ़े आदि प्राप्त हुए हैं। इनके अलावा भेड़–बकरी एवं हिरण के सींगों तथा पाँवों की हड्डियों पर बने हुए हड्डी के सत्ताईश उपकरण भी मिले हैं। इनमें से अधिकांश बेधक तथा बाण (Arrow head) हैं। दो छिद्रक, कतिपय खुरचनी एवं नाकेदार सुई की गणना भी हड्डी के बने हुए उल्लेखनीय उपकरणों में की जा सकती है। श्रृंग का बना हुआ एक मनका और सिलखड़ी के बने हुए दो मनके भी प्रथम उपकाल की अन्य विशिष्ट पुरानिधियाँ हैं।

प्रथम 'ब' काल इस काल का सांस्कृतिक जमाव मिलता है। इसकी प्रमुख विशेषताओं में हस्तनिर्मित मृद्भाण्डों के प्रचलन तथा गड्ढ़ों में निवास के स्थान पर समतल धरातल के ऊपर मकान बनाने की प्रथा का उल्लेख किया जा सकता है।

आवास : ऐसा प्रतीत होता है कि इस उपकाल में लोगों ने गड्ढ़ों में निवास करने की प्रथा का परित्याग कर दिया था। धरातल के ऊपर मिट्टी और कंकड–पत्थर की दीवालें बनाना प्रारंभ कर दिया था। इस काल के मकान अपेक्षाकृत बड़े तथा आयताकार थे। बुर्जहोम में इस काल के मकानों की फर्श पर गैरिक रंग का प्रलेप मिलता है। इस पुरास्थल के मकानों में चबूतरे बने हुए मिले हैं और मकानों को कई कमरों में विभाजित करने वाली दीवालें उपलब्ध हुई हैं। घरों से बुर्जहोम में चूल्हे, सिल–लोढ़े एवं मिट्टी के बर्तन आदि के अवशेष मिले हैं। बुर्जहोम में प्रथम 'ब' काल में अन्त्येष्टि संस्कार मृतकों को दफनाने के साक्ष्य भी प्रकाश में आए हैं।

मिट्टी के बर्तन : इस काल में हस्तनिर्मित मृद्भाण्डों का प्रचलन हो गया था। धूसर पात्र परंपरा के सर्वाधिक ठीकरे मिलते हैं। रूक्ष तथा फीके लाल रंग की पात्र परंपरा के भी कतिपय नमूने उपलब्ध हैं। बर्तन अच्छी तरह तैयार मिट्टी से निर्मित नहीं थे। ये भली–भाँति पके भी नहीं थे। इनकी पेंदी में चटाई की छाप का अलंकरण मिला है तथा बर्तनों की बारी पर चुटकी से दबाकर बनाई गई डिजाइन मिलती है। बर्तनों के बाहर तथा भीतर दोनों ओर नरकुल या सरकण्डे की छाप अंकित है।

उपकरण : बुर्जहोम से प्राप्त उपकरणों में कुल्हाड़ियाँ, छेनियाँ, बसूले, खुरपा अथवा गडाँसा, गदाशीर्ष तथा कुदाल आदि उल्लेखनीय है। हड्डी के उपकरणों में अधिकांश ओपदार बेधक हैं और केवल दो स्क्रेपर हैं।कृषि में प्रयुक्त होने वाले उपकरण प्राप्य हैं।

पशु पालन : बुर्जहोम में एक शिला–पट पर धनुष बाण से शिकार का दृश्य अंकित मिला है। अनेक हड्डियों में हलाल करने के चिन्ह मिलते हैं। पक्षियों में मुर्गे (Gellus) को भी पालतू बनाया गया है। बुर्जहोम में कुत्ते, भेड़िये तथा साकिन की हड्डियाँ विधिवत् दफनायी हुई मिली हैं।

कृषि : जौ, गेहूँ एवं मसूर के अतिरिक्त इस काल में मटर के भी दाने प्राप्त हुए हैं। इस प्रकार पशु पालन तथा कृषि की मिश्रित अर्थ व्यवस्था के प्रचलन का संकेत मिलता है।

शवाधान बुर्जहोम के उत्खनन के फलस्वरूप नवपाषाण काल के द्वितीय चरण से सम्बन्धित मनुष्यों तथा पशुओं के पूर्ण एवं आंशिक शवाधान के साक्ष्य आवास क्षेत्र से प्राप्य हैं। समाधियाँ गोलाकार अथवा अण्डाकार गड्ढों के रूप में अधिकतर प्राप्त होती हैं। पूर्ण समाधियों में विस्तीर्ण शवाधान मिले हैं, जिनमें मृतक को चित लिटा कर दफनाया गया था। इन समाधियों से जो मानव कंकाल मिले हैं, उनके ऊपर गैरिक रंग छिड़का गया था। मानव कपालों को देखने से विदित होता है कि वे लोग संभवतः कपाल–क्रिया भी करते थे। आदमियों के साथ कुत्ते, बकरे आदि पालतू पशुओं को भी दफनाया जाता था। इनके अतिरिक्त पशुओं की भी पूर्ण तथा आंशिक स्वतंत्र समाधियां प्राप्य हैं, कुत्ता, भेड़िया तथा हिरण की समाधियां प्राप्त हुई हैं। एक पशु समाधि में पांच जंगली कुत्ते तथा एक हिरण के सींग दफनाये हुए मिले हैं। मालिक के साथ तथा स्वतन्त्र रूप से पशुओं को दफनाने की प्रथा चीन की नवपाषाणिक संस्कृति में भी मिलती है।

कालानुक्रम उत्तरी भारत की नव पाषाणिक संस्कृति के कालानुक्रम निर्धारण के लिए बुर्जहोम से प्राप्त रेडियों कार्बन तिथियां उपलब्ध हैं। बुर्जहोम की तिथियां टाटा फंडामेण्टल रिसर्च इंस्टीट्यूट, बम्बई की प्रयोगशाला द्वारा निर्धारित की गई है। रेडियों कार्बन तिथियों के अनुसार बुर्जहोम के पुरास्थल पर 2,375 ई. पू. के लगभग सर्वप्रथम निवास प्रारम्भ हुआ है। इस पुरास्थल से ज्ञात अनेक

रेडियों कार्बन तिथियों से सिद्ध होता हे कि लगातार 1,400 ई. पू. तक मानव आवास का अविछिन्न क्रम चलता रहा।

गुफकराल

सर्वेक्षण विभाग की प्रागितिहासिक शाखा के तत्त्वाधान में ए. के. शर्मा ने सन् 1981 में यहाँ पर उत्खनन कराया।[20] बुर्जहोम से दक्षिण–पूर्व दिशा में लगभग 41 किलोमीटर की दूरी पर स्थित है। इस स्थल के उत्खननों के परिणामस्वरूप अधोलिखित तीन प्रमुख सांस्कृतिक कालों के सम्बन्ध में जानकारी हुई :

1. नवपाषाणिक काल,
2. बृहत्पाषाणिक काल,
3. ऐतिहासिक काल,

नवपाषाण काल से सम्बन्धित प्रथम काल की संस्कृति को गुफकराल के उत्खनन से उत्तरी भारत की नवपाषाणिक संस्कृति के विषय में कतिपय नवीन साक्ष्य प्राप्त हुए हैं। नवपाषाण काल की संस्कृति को 'अ', 'ब', 'स' तीन उपकालों में विभाजित किया गया है।

1. प्रथम अ : मृद्भाण्ड रहित नवपाषाणिक काल
2. प्रथम ब. : प्रारंभिक नवपाषाणिक काल
3. प्रथम स. : उत्तर नवपाषाणिक काल

प्रथम 'अ' काल : ऐसा प्रतीत होता है कि इस क्षेत्र में करेवा या लोयस मिट्टी का जमाव हो जाने के बाद मृद्भाण्ड रहित नव पाषाणिक संस्कृति अस्तित्व में आयी। गुफकराल के उत्खनन में 35 सेमी. से 1.10 मीटर मोटा जो जमाव मिला है, उसमें मिट्टी के बर्तनों का पूर्ण अभाव मिलता है। इस उपकाल को फर्श के दो स्तरों के आधार पर दो चरणों में विभाजित किया गया है।

आवास प्रथम 'अ' काल में 'करेवा' मिट्टी के धरातल में गोल तथा अण्डाकार गढ्ढ़े खोदकर लोग निवास करते थे। बुर्जहोम के प्रथम 'अ' उपकाल में भी इसी प्रकार गढ्ढों में निवास के प्रमाण मिले थे। दोनों ही पुरास्थलों पर गढ्ढ़े ऊपर की तरफ सँकरे तथा नीचे पेंदी में चौड़े मिले थे। गढ्ढों की औसत गहराई 20 से. मी. से 30 से. मी. तक और मुँह के पास का व्यास 1.50 मीटर से 3.80 मीटर तक मिलता था। गुफकराल के उत्खनन से बाँस–बल्ली की छाप से युक्त मिट्टी के टुकड़े मिले हैं। जिससे यह अनुमान किया जाता है कि गढ़ढ़ों के किनारों पर निर्मित छाजन के कम–से–कम निचले भाग को छाप–लीप कर मजूबत तथा पानी एवं बर्फ को रोकने योग्य बनाया जाता था। गुफकराल के प्रथम चरण में गढ्ढ़ों के फर्श को गेरु का प्रलेपित किया जाता था। इस पुरास्थल के दूसरे चरण के गढ्ढ़ो में गेरू का प्रलेप नहीं मिला है। दूसरे चरण में कतिपय गढ्ढ़ों को दो भागों में विभाजित करने के प्रमाण मिले हैं। गढ्ढ़ों का आकार प्रकार भी पूर्ववर्ती चरण की तुलना में बड़ा मिलता है।

उपकरण : पाषाण उपकरणों में ट्रैप पत्थर पर निर्मित कुल्हाड़ियों, बेधक, पाषाण–वलय अथवा गदाशीर्ष, लोढ़े तथा सिल प्राप्त हैं। इनके अलावा भेड़–बकरी एवं हिरण के सींगों तथा पाँवों की

हड्यिों पर बने हुए हड्डी के सत्ताईश उपकरण भी प्राप्त हैं। इनमें से अधिकांश बेधक तथा बाण (Arrow head) हैं। दो छिद्रक, कतिपय खुरचनी एवं नाकेदार सुई की गणना भी हड्डी के बने हुए उल्लेखनीय उपकरणों में की जा सकती है। श्रृंग का बना हुआ एक मनका और सेलखड़ी के बने हुए दो मनके भी प्रथम उपकाल की अन्य विशिष्ट पुरानिधियाँ हैं।

पशुपालन : गुफकराल के मृद्भाण्ड रहित प्रथम उपकाल में वहाँ के लोगों का जीवन प्रधान रूपेण जंगली पशुओं के शिकार पर निर्भर था। जंगली भेड़, बकरी, गाय–बैल, हिरण तभा भेड़िया एवं भालू की हड्डियाँ प्राप्त हुई हैं। केवल भेड़ और बकरियों को ही इस उपकाल तक पालतू बनाया गया था।

अनाज : गुफकराल में 'प्लवन तकनीक (Floatation Technique) के माध्यम से जौ, गेहूँ तथा मसूर के कार्बनीकृत या अधजले दाने प्राप्त हुए हैं : इसमें संदेह नहीं कि जौ, गेहूँ एवं मसूर के दानों का खाद्यान्न के रूप में महत्व भली–भाँति ज्ञात हो चुका था लेकिन यह निश्चित नहीं है कि इनके जंगली पौधों से दाने एकत्र किए जाते थे अथवा सीमित क्षेत्र में इनकी कृषि प्रारंभ हो चुकी थी। यह ध्यान देने योग्य है कि प्रथम उपकाल से कृषि–कार्य में सहायक उपकरण प्राप्त नहीं हुए हैं।

प्रथम 'ब' काल प्रथम 'अ' काल के पश्चात् बिना किसी व्यवधान एवं अन्तराल में प्रथम 'ब' काल इस पुरास्थल पर प्रारंभ हुआ था। इस काल का लगभग 40 से. मी. मोटा सांस्कृतिक जमाव मिला था। इसकी प्रमुख विशेषताओं में हस्तनिर्मित मृद्भाण्डों के प्रचलन तथा गड्ढ़ों में निवास के स्थान पर समतल धरातल के ऊपर मकान बनाने की प्रथा का उल्लेख किया जा सकता है। बुर्जहोम के प्रथम 'ब' काल को इसका समकालिक माना जा सकता है।

आवास ऐसा प्रतीत होता है कि इस उपकाल में लोगों ने गड्ढ़ों में निवास करने की प्रथा का परित्याग कर दिया था। धरातल के ऊपर मिट्टी और कंकड–पत्थर की दीवालें बनाना प्रारंभ कर दिया था। इस काल के मकान अपेक्षाकृत बड़े तथा आयताकार थे। गुफकराल में फर्श को साफ–सुथरा बनाने के लिए छः सात से0मी0 मोटी पीली मिट्टी का उपयोग किया गया है और किनारे–किनारे चूने का प्रयोग किया गया था। गुफकराल में अभी तक अन्त्येष्टि के प्रमाण नहीं मिले हैं।

मिट्टी के बर्तन : इस काल में हस्तनिर्मित मृद्भाण्डों का प्रचलन हो गया था। धूसर पात्र परंपरा के सर्वाधिक ठीकरे प्राप्त हैं। रूक्ष तथा फीके लाल रंग की पात्र परंपरा के भी कतिपय नमूने प्राप्त हैं। बर्तन अच्छी तरह तैयार मिट्टी से निर्मित नहीं थे। ये भली–भाँति पके भी नहीं थे। इनकी पेंदी में चटाई की छाप का अलंकरण बने हैं तथा बर्तनों की बारी पर चुटकी से दबाकर बनाई गई डिजाइन बने हैं। बर्तनों के बाहर तथा भीतर दोनों ओर नरकुल या सरकण्डे की छाप अंकित मिले हैं। इस पुरास्थल से लाल रंग की पात्र–परंपरा में साधार तश्तरी के आधार का एक टुकड़ा भी प्राप्य हैं।

उपकरण : गुफकराल से एक पाषाण निर्मित बेधक, एक खण्डित गदाशीर्ष तथा हड्डी के बने हुए उन्नीस उपकरण प्राप्त हुए हैं। हड्डी के उपकरणों में अधिकांश ओपदार बेधक हैं और केवल दो स्क्रेपर हैं।

पशु–पालन : गुफकराल के उत्खनन से प्रथम 'ब' काल से पशुओं की जो हड्डियाँ मिली हैं, ये पालतू भेड़–बकरी तथा छोटे सींग वाले मवेशियों की हैं। इस काल में भी भेड़–बकरी का प्राधान्य प्रतीत होता है। भेड़ का आकार जंगली भेड़ की तुलना में कुछ छोटा हो जाता है। कुत्ते की हड्डियाँ

भी मिली हैं। हिरण, साकिन (Ibex) तथा भालू की हड्डियाँ यह इंगित करती है कि शिकार का अभी भी इनके आर्थिक जीवन में महत्वपूर्ण स्थान था।

कृषि : जौ, गेहूँ एवं मसूर के अतिरिक्त इस काल में मटर के भी दाने प्राप्त हुए हैं। इस प्रकार पशु पालन तथा कृषि की मिश्रित अर्थ व्यवस्था के प्रचलन का संकेत मिलता है।

प्रथम 'स' काल : गुफकराल के उत्खनन से प्राप्त नव पाषाणिक पुरावशेषों के तीसरे चरण को 'उत्तर नव पाषाणिक' कहा गया है। इस उपकाल से सम्बन्धित लगभग 70–80 से. मी. मोटा आवासीय जमाव मिलता है। इस सांस्कृतिक जमाव में कूड़े–कचरे के अनेक गड्ढे मिले हैं।

आवास : इस काल में भी मिट्टी तथा कंकड़–पत्थर की दीवालों के मकान मिलते हैं। मकानों के फर्श पर चूने का गाढ़ा प्रलेप पूरे आवास क्षेत्र में मिलता है। छाजन में घास–फूस तथा बांस बल्ली का प्रयोग संभवतः होता था।

मिट्टी के बर्तन : इस उपकाल में कई प्रकार की पात्र परम्पराएं प्रचलित थीं। धूसर, घर्षित धूसर तथा फीके रंग की लाल पात्र–परम्पराएं हस्त निर्मित मृद्भाण्ड परमपराएं थीं। इनके अलावा काली घर्षित पात्र परम्परा चाक–निर्मित थी। गोलाकार छिछले कटोरे, गहरे कटोरे, बोतल की भांति संकरे मुंह वाले घड़े, मोटी पेंदी वाली छिछली थालियां या प्लेटें आदि प्रमुख पात्र प्रकार हैं। घर्षित पात्र–परम्परा में साधार तश्तरी भी मिलती है। बर्तनों की पेंदी में चटाई तथा बटी हुई रस्सी की छाप, बाहरी सतह पर सरकण्डों की छाप एवं चुटकी से दबा कर बारी पर निर्मित डिजाइनें एवं तिर्यक् डिजाइनें उल्लेखनीय अलंकरण विधाएँ थी।

उपकरण : इस उपकाल में अर्द्ध निर्मित प्रस्तर कुल्हाड़ी को छोड़ कर इस उपकाल से अत्यल्प संख्या में नव पाषाणिक बड़े उपकरण प्राप्त हैं। इस काल में पाषाण निर्मित चौदह बेधक प्राप्त हुए हैं। अन्य पाषाणिक उपकरणों में दो छिद्र युक्त खुरपे या गडांसे, गोफन–पाषाण, सिल–लोढ़े तथा मिट्टी एवं पाषाण दोनों के बने हुए तकुओं आदि की गणना की जा सकती है। हड्डी के बने हुए सवाधिक इकतालीस उपकरण इसी उपकाल से प्राप्त हुए हैं, जिनमें से अधिकांश पालिशदार अस्थिबेधक हैं। बेधकों की नोक को आग में सेंक कर मजबूत तथा नुकीला बनाया गया है। मिट्टी की बनी हुई चूड़ियाँ, हड्डी तथा पत्थर के मनके अन्य महत्वपूर्ण पुरानिधियां हैं इस काल के ऊपर के स्तर से प्राप्त तांबे की एक कुण्डिलित शीर्ष वाली पिन की भी गणना विशिष्ट पुरानिधियों में की जा सकती है।

पशु–पालन : इस उपकाल तक आते–आते पशु पालन की प्रक्रिया लगभग पूर्ण हो चुकी थी। भेड़ बकरी तथा मवेशी पूर्ण रूपेण पालतू बना लिये गये थे। बकरियों तथा मवेशियों के आकर काफी छोटे हो गये थे। भेड़ बकरियों की इस काल में भी बहुतायत थी । इस उपकाल में सुअर, खरगोश, मछली, चूहे आदि की भी हड्डियां मिली हैं। इस प्रकार कतिपय छोटे–छोटे जीवों तथा जलचरों का शिकार इस काल में भी होता रहा।

कृषि : खुरपी या गड़ांसे की प्राप्ति से यह इंगित होता हे कि इस काल में कृषि–कर्म में महत्पूर्ण प्रगति हुई। जौं, गेहूं, मटर और मसूर इस उपकाल में भी प्रमुख खाद्यान्न थे।

कालानुक्रम : उत्तरी भारत की नव पाषाणिक संस्कृति के कालानुक्रम निर्धारण के लिए गुफकराल से प्राप्त रेडियों कार्बन तिथियां उपलब्ध हैं। गुफकराल की तिथियां बीरबर साहनी इंस्टीट्यूट ऑव

पोलियोबॉटनी, लखनऊ की प्रयोगशाला द्वारा निर्धारित की गई है। गुफकराल से जो रेडियों कार्बन तिथियां प्राप्त हैं, वे द्वितीय एवं तृतीय उपकाल से सम्बधित हैं। द्वितीय चरण के प्रारम्भ की तिथि लगभग 2,000 ई. पू. मानी जा सकती है। उत्तरी भारत की नव पाषाणिक संस्कृति के प्रारम्भ की तिथि 2,500 ई. पू. और अन्त की तिथि 1,400 ई. पू. फिलहाल निर्धारित की जा सकती है।

कनिशपुर

कनिशपुर अथवा कनिशपुरा 34° 13′ 35″ उत्तरी अक्षांश एवं 74° 24′ 30″ पूर्वी देशान्तर पर बारामूला जनपद कश्मीर में अवस्थित है। यह बारामूला से 7 किलोमीटर पूर्वी दिशा में बारामूला–श्रीनगर राजपथ 1 पर और श्रीनगर से पश्चिम दिशा में 48 किलोमीटर दूर है (चित्र–4)।

सर्वप्रथम इस पुरास्थल का उल्लेख कल्हण की राजतरंगिणी[21] (1148–1149 शती ई.) में वर्णित है। उक्त स्थल से नवपाषाणकाल से लेकर ऐतिहासिककाल तक के पुरावशेष प्राप्त हुए हैं।

कनिशपुर पुरास्थल से सबसे पहले एम. ए. स्टेन[22] को सिक्का एवं गढ़े हुए पाषाण प्राप्त हुए थे। इस पुरास्थल का पूर्व में भारतीय पुरातत्त्व सर्वेक्षण के दलों द्वारा कई बार सर्वेक्षण किया गया।[23] जिनमें इन्हें नवपाषाणिक एवं ऐतिहासिक कालीन सामग्री उपलब्ध हुई थी।

बाद में उक्त स्थल का सर्वेक्षण सुप्रसिद्ध पुराविद् डॉ. बी. आर. मणि के निर्देशन में श्रीनगर मण्डल, जम्मू, भारतीय पुरातत्त्व सर्वेक्षण के द्वारा 1998 में किया गया जिनमें नवपाषाणिक, आद्यऐतिहासिक तथा पूर्व मध्यकालीन मृद्भाण्ड और पकी हुई मिट्टी के टाईल्स के टुकड़े प्राप्त हुए। तत्पश्चात् आपके द्वारा सन् 1998–99 में उत्खनन कार्य भी किया गया।[24]

कनिशपुर में मानव बस्ती के चार टीले पाए गए हैं, जिनका नामकरण KNP-1, KNP-2, KNP-3 KNP-4 किया गया है। यहाँ कई खन्तियां खोली गयी, जिसमें मुख्य रूप से पांच सांस्कृतिक काल के जमाव प्रकाश में आये।

प्रथम सांस्कृतिक काल	–	मृदभाण्ड रहित नवपाषाण काल
द्वितीय सांस्कृतिक काल	–	मृद्भाण्डयुक्त नवपाषाण काल
तृतीय सांस्कृतिक काल		कुषाण काल
चतुर्थ सांस्कृतिक काल		कुषाणोत्तर काल
पंचम सांस्कृतिक काल		कश्मीर वंशीय काल

प्रथम सांस्कृतिक काल– मृदभाण्ड रहित नवपाषाण काल : इस काल का KNP-1 पर 15–20 सेंटीमीटर करेवा के ऊपर जमाव है। इस स्तर से पाषाण कुल्हाड़ी, और जले हुए स्थलों के निशान प्राप्त हुए हैं। जो बुर्जहोम के नवपाषाण काल से साम्यता रखता है। इसकी तिथि लगभग तीसरी शहस्त्रावदी ईसा पूर्व निर्धारित की गयी है।

द्वितीय सांस्कृतिक काल– मृदभाण्डयुक्त नवपाषाण काल : इस काल का जमाव KNP-1, KNP-2, KNP-3 से प्राप्त होते हैं। इस का सांस्कृतिक जमाव 1.6 मीटर से 2 मीटर तक मोटा है। यह करेवा

के सपाट स्तर पर बसा हुआ है। सतह पर आयताकार आवासों के अवशेष के रूप में स्तम्भगर्त प्राप्त हुए हैं। सम्भवतः इन स्तम्भगर्तों में बांस–बल्ली लगाकर आवासों का निर्माण किया गया रहा होगा। इसी स्तर से छः पालिसयुक्त पाषाण कुल्हाड़ी, पांच हड्डी के छिद्रक मिले हैं।

मृद्भाण्ड के रूप में हस्तनिर्मित एवं चाकनिर्मित दोनों प्रकार के मृद्भाण्ड प्राप्य हैं। उत्तम धूसर रंग के, मध्यम एवं मोटे गढ़न के, एवं अगढ़ित धूसर मृदभाण्ड के साथ लाल रंग, हल्के लाल रंग, काले रंग के चमकीले बर्तन के विभिन्न प्रकार मिलते हैं। इनके गीले सतह को रगड़कर चमकाया गया है तथा गीले सतह के नीचे चटाई के चिन्ह अंकित हैं। हस्तनिर्मित गमले के गर्दन एवं रिम पर खुरचकर, चिपकवां विधि द्वारा अलंकरण किया गया, जिस पर दबाने का चिह्न अंकित प्रतीत होता है। उक्त बर्तनों के टुकड़े अवशेष के रूप में प्राप्त हैं। इस प्रकार के अलंकरण के चिह्न मृदभाण्डों के ऊपर भी निर्मित हैं, जिसमें रेखाओं का श्रृंखलाबद्ध गहरे गढ्ढों के रूप में चित्रण किया गया है।

कतिपय मृदभाण्डों के आधार पर खुरदरा और हल्के गड्ढों से सजावट की गई है। ये मुख्यतः साधार तश्तरी के ऊपर निर्मित हैं। बर्तनों के मुख्य आकार कटोरे, छिछले कटोरे, साधार तश्तरी, घड़े, गमले, लम्बे गर्दन वाले गमले आदि हैं।

इस काल के ऊपरी सतह से ताम्र निर्मित पुरावशेषों में चूड़ी के टुकड़े सुई, दो पिन, कान या नाक की एक बाली और एक छेनी प्राप्त है।

सम्भवतः यह हड़प्पाकालीन अवशेषों से साम्यता रखता है। इस प्रकार के अवशेष इसी स्तर से बुर्जहोम एवं गुफकराल से भी प्राप्त हुए हैं।[4] यहाँ से जौ, गैहूँ, मटर, मसूर, बादाम आदि अनाज के जले हुए दाने भी मिले हैं।

तृतीय सांस्कृतिक काल– कुषाण काल : इस काल का सांस्कृतिक जमाव लगभग 2.30 मीटर है। KNP-1, KNP-2, KNP-3 से विभिन्न प्रकार के आवासों की संरचनाएं प्राप्त हुई हैं। यह प्रथम शती ई. से लेकर चौथी शती ई. के मध्य निर्मित हुए हैं। यहाँ से कुषाणकालीन भव्य संरचनाओं के अतिरिक्त अलंकृत टाइल्स से निर्मित भवनों के फर्श और सिक्के मिले हैं। जिससे इस काल की भव्यता परिलक्षित होती है। इसके अतिरिक्त कुषाणकालीन मृद्भाण्ड यथा– साधार तश्तरी, ठप्पायुक्त मृदभाण्ड, कटोरे, घडे इत्यादि प्राप्त हुए हैं।

चतुर्थ सांस्कृतिक काल– कुषाणोत्तर काल : उक्त काल का सांस्कृतिक जमाव लगभग 80 सेंटीमीटर है। इस काल में मुख्यतः अन्त कुषाण और प्रारंभिक कश्मीरी राजवंशों का शासन तथा हूणों का भी प्रभाव परिलक्षित होता है। यहां से आवासीय संरचनाएं भी प्राप्त होती हैं। मृद्भाण्डों में विभिन्न प्रकार के अलंकरणों से युक्त बीकर, कटोरे, छोटे पात्र, तश्तरी, साधार तश्तरी, गमले, घडे, इत्यादि प्राप्त हैं।

पंचम सांस्कृतिक काल– कश्मीर वंशीय काल : KNP-3 के उत्खनन से प्राप्त इस काल का सांस्कृतिक जमाव लगभग 2.10 मीटर है। इस काल से भी विभिन्न प्रकार के आवासीय संरचनाएं प्राप्त हुई हैं। वृत्ताकार ताम्र सिक्के मिले हैं जो राजा भीम गुप्त (975–981) के हैं जिस पर बैठी हुई लक्ष्मी की चित्रण है। इस काल से मुख्यतः लाल मृदभाण्ड प्राप्त हैं। जिसमें सात बड़े आकार के पूर्ण मृद्भाण्ड प्राप्त हुए हैं। इसके अतिरिक्त, कटोरे, लोटे, तश्तरी, गमले, घड़े, ढक्कन आदि पर विभिन्न प्रकार के अलंकरण अंकित हैं।

लहुरादेवा

लहुरादेवा पुरास्थल 26°46'30'' अक्षांश 82° 57' पूर्वी देशान्तर उत्तर प्रदेश के संतकबीर नगर जिले में बस्ती–गोरखपुर रोड में भुजैनी क्रांसिंग से लगभग 5 किमी. दक्षिण दिशा में एक झील के किनारे स्थित है। यह पुरास्थल वर्तमान में लगभग 220 मीटर पूर्व–पश्चिम तथा 140 मीटर उत्तर–दक्षिण क्षेत्र में फैला है। यह आसपास की भूमि से लगभग 4 मीटर ऊँचा है।[25]

इसकी सूचना सर्वप्रथम गोरखपुर विश्वविद्यालय के श्री कृष्णानन्द त्रिपाठी ने दी थी। तत्पश्चात् इसी विश्वविद्यालय के एस. एन. चतुर्वेदी ने सन् 1980 के प्रकाशन में इसके महत्त्व को दर्शाया गया। सन् 2001–2002 ई. में उत्तर प्रदेश राज्य पुरातत्त्व विभाग के तत्त्वाधान में राकेश तिवारी एवं आर. के. श्रीवास्तव के संयुक्त निर्देशन में पुरातात्त्विक उत्खनन करवाया गया।[26]

फलस्वरूप यहाँ से पाँच सांस्कृतिक कालों के साक्ष्य प्रकाश में आए हैं–

1. नवपाषाण काल
2. ताम्र–पाषाण काल
3. प्राक् उत्तरी कृष्णमार्जित मृदभाण्ड परम्परा
4. उत्तरी कृष्णमार्जित पात्र परंपरा
5. परवर्ती उत्तरी कृष्णमार्जित परंपरा

1. नवपाषाण काल : इस काल की सांस्कृतिक जमाव 0.45 मीटर है। यहाँ से अधिकतम् हस्तनिर्मित तथा कुछ चाक निर्मित रस्सी छाप वाले मृदभाण्ड एवं कृष्ण–लोहित पात्र प्राप्त हुए है। मृदभाण्डों में बीकर, ढक्कनदार वासेल हैं। पुरावशेषों में टेराकोटा के मनके, स्लिंगवाल, हड्डी के बाणाग्र, एक छोटा सा लकड़ी का कोयला, जली एवं बिना जली अस्थियाँ हैं। कुछ अस्थियों पर कटे का निशान भी दृष्टव्य है। इसके अतिरिक्त गर्तस्तम्भ, दो मिट्टी के फर्श तथा मिट्टी का चूल्हा प्राप्त है। अल्पपात्रों में रूक्ष लाल, कृष्णलोहित एवं कुछ धूसर मृदभाण्ड प्राप्त होते हैं।

2. ताम्रपाषाण काल : इस युग का सांस्कृतिक जमाव 1.60 मीटर है। यहाँ से प्रथम काल के पात्र के साथ–साथ कृष्ण–लोहित मृद्भाण्ड, कृष्ण–लेपित पात्र एवं कुछ चित्रित पात्र प्राप्त हुए हैं। मृदभाण्डों में साधार तश्तरी, साधार कटोरा, ढक्कन इत्यादि हैं। पुरावशेषों में टेराकोटा के मनके, अर्धमूल्यवान पत्थर के मनके, सेलखड़ी के मनके, हड्डी के छिद्रक, वाणाग्र, टूटी हुई वेसाल्ट पाषाण की कुल्हाड़ी, पत्थर का हथौड़ा, पत्थर का गेंद तथा भारी मात्रा में जली एवं बिना जली अस्थियां हैं। साथ ही मत्स्य कांटे, शलाका, नेलकटर और अलंकृत पालिशयुक्त अस्थि के बाणाग्र भी उपलब्ध होते हैं।

3. प्राक् उत्तरी कृष्णमार्जित मृदभाण्ड परम्परा : इस काल का सांस्कृतिक जमाव 0.80 मीटर मोटा है। यहाँ द्वितीयकाल में प्रचलित मृदभाण्ड के सभी प्रकार प्राप्त हैं। महत्वपूर्ण पुरावशेषों में लोहे के चाकू, पिन हैं। साथ ही हड्डी से निर्मित बाणाग्र, टेराकोटा मनके, अर्धमूल्यवान पाषाण के मनके, सेलखड़ी के मनके प्राप्त हैं। दो फर्श प्राप्त हैं, जिनकी मोटाई 10–15 सेमी है।

4. उत्तरी कृष्ण मार्जित पात्र परंपरा : इस सांस्कृतिक काल का जमाव 1.20 मीटर मोटा है। यहाँ उत्तरी कृष्ण– मार्जित मृदभाण्ड विभिन्न रंगों के कृष्ण–लोहित, मृद्भाण्ड लाल रंगीय, मृदभाण्ड प्राप्त हुए हैं। यहाँ प्राप्त पुरावशेषों में लौह धातु मल, एक हड्डी का टुकड़ा जिस पर कटे का चिन्ह बने हैं, जली हड्डी, सेलखड़ी के मनके, अर्द्ध मूल्यवान पाषाण के मनके, टेराकोटा के मनके, अस्थि, बाणाग्र, एवं छिद्रक हैं। लोहे एवं तांबे के अन्य महत्वपूर्ण पुरावशेष हैं।

5. परवर्ती कृष्ण मार्जित पात्र परंपरा : इस सांस्कृतिक काल के पात्रों में लाल मृदभाण्ड, कृष्णलोहित मृदभाण्ड परम्परा प्राप्त होती है। कुछ कृष्ण लेपित पात्र भी प्राप्य हैं। इनमें केरीनेटेड मुड़े हुए रिम वाले कटोरे, दवात, ढक्कन, टोटीदार लोटा, बड़ी गर्दन का घड़ा और टेराकोटा के मनके, मानवमूर्ति आदि महत्वपूर्ण पुरावशेष प्राप्त हुए हैं।

झूँसी

झूँसी अथवा प्रतिस्थानपुर 25°26′10″उत्तरी अक्षांश एवं 81°54′30″ पूर्वी देशान्तर पर इलाहाबाद जिलों में गंगा–यमुना संगम के बाये तट पर इलाहाबाद से 7 किलोमीटर पूर्व में स्थित है। इलाहाबाद से यहाँ तक पक्की सड़क शास्त्रीपुल से होकर जाती है। पुरास्थल गंगा के किनारे उत्तर में झूँसी रेल स्टेशन से दक्षिण में छतनाग तक फैला है। यह लगभग 1.5 किलोमीटर चौड़ा है। झूँसी कोहना (Jhusi Kohna), झूँसी हवेलिया (Jusi Havelia) तथा छतनाग (Chhatnaga) पुरास्थल के अधिकांश भाग पर स्थित गाँव है। इस सम्पूर्ण क्षेत्र में अनेक टीले विद्यमान हैं किंतु उन सभी में समुद्रकूप का टीला सबसे अधिक ऊँचा तथा सुरक्षित अवस्था में है।

प्राचीन इतिहास, संस्कृति एवं पुरातत्व विभाग इलाहाबाद विश्वविद्यालय के *बी. डी. मिश्र, जे. एन. पाल* तथा *मानिक चन्द्र गुप्त* के निर्देशन में यहाँ पर 1995, 1999 तथा 2002 ई. में उत्खनन किया गया।[27] जिसके फलस्वरूप गंगाघाटी के सांस्कृतिक अनुक्रम पर समुचित प्रकाश पड़ा। चार सत्रों में उत्खनन के फलस्वरूप 6 सांस्कृतिक कालों के जमाव प्रकाश में आए।

संस्कृति	*स्तर*	*जमाव*
प्रारंभिक मध्यकालीन	1–4	1.10 मीटर
गुप्तकालीन	5–8	1.68 मीटर
कुषाण–शुंगकालीन	9–20	3.15 मीटर
उत्तरी कृष्ण–मार्जित पात्र–परंपरा	21–44	5.84 मीटर
प्राक् ऊपरी कृष्ण–मार्जित पात्र–परंपरा	45–63	4.36 मीटर
परंपरा (ताम्रपाषाणिक)		1.00 मीटर से अधिक

नव पाषाणिक संस्कृति : यह जमाव केवल एक मीटर ही खोदा जा सका तथा उत्खनन के पूर्व ही बन्द करना पड़ा।

यह उल्लेखनीय है कि इस क्षेत्रों में ताम्र पाषाणिक स्तर पर सांस्कृतिक अन्तराल था।

कालखण्ड प्रथम – नवपाषाणिक संस्कृति : अभी तक झूँसी उत्खनन से ज्ञात सबसे निम्नवर्ती संस्कृति नव पाषाणिक संस्कृति है। यद्यपि निम्नतम स्तर अभी तक उत्खनित नहीं हैं। अतः निश्चयात्मक रूप से कुछ कहना सम्भव नहीं है। चूंकि निकट क्षेत्र में ही मध्य पाषाणिक पुरास्थल प्रतिवेदित किए जा चुके हैं। अतः इस बात की संभावना से नकारा नहीं जा सकता है कि यहाँ भी संस्कृति का प्रारंभ कम–से–कम मध्य पाषाण काल (Mesolithic) से हुआ होगा।

उत्खनन में हस्त निर्मित डोरी–छाप मृदभाण्ड (Cord impressed ware) रस्टिकेटेड वेयर (Rusticated ware) चमकदार काली पात्र परंपरा (Burnished Black ware) लघुपाषाण उपकरण (Microliths) लोढ़े के टुकड़े तथा पशुओं की हड्डियाँ प्राप्त हुई हैं। धान की भूसी का प्रयोग मिट्टी में सालन के रूप में किया गया था। पात्र मोटी बारी के तथा भली–भाँति पके नहीं थीं। बारी का रंग काला था तथा मिट्टी को भली भाँति–गूँथा नहीं गया था।

कालखण्ड द्वितीय – प्राक् उत्तरी कृष्ण मार्जित पात्र परंपरा : इस कालखण्ड को दो उपकालों में विभक्त किया गया है :

कलाखण्ड 2ए बगेर लौह युगीन तथा

कालखण्ड 2बी लौह युगीन

अभी तक प्राप्त साक्ष्यों के आधार पर ताम्रपाषाणिक तथा निम्नवर्ती नवपाषाणिक जमाव के बीच निरन्तरता के प्रमाण नहीं हैं, क्योंकि जिस क्षेत्र में नवपाषाणिक संस्कृति के जमाव प्राप्त हुए हैं, वहाँ पर ताम्रपाषाणिक नहीं है तथा जहाँ ताम्रपाषाणिक जमाव है, वहाँ नीचे परती भूमि मिली है। इस जमाव को प्राक् उत्तरी कृष्ण मार्जित काल भी कहा गया है। इसका संपूर्ण जमाव 4.36 मीटर (लेयर 45 से 63) था। जमाव का रंग कालापन लिए है। राख की अधिकता के कारण इसमें भूरापन भी है। लोहे की उपलब्धता के आधार पर इसे दो वर्गों में विभाजित कर सकते हैं। निम्नवर्ती जमाव (लेयर 52 से 63) जिसे 2ए कहा गया है में लोहा नहीं है तथा उसके ऊपर के लेयर (45 से 51) 2 बी में लोहा भी मिला है।

इस काल के जमाव से कृष्ण–लेपित पात्र (Blacked Slipped ware) कृष्ण–लोहित तथा लोहित पात्र (लाल पात्र) मिले हैं। लाल रंग को पुनः साधारण लाल, चाकलेट रंग तथा नारंगी रंगों में भी विभाजित कर सकते हैं। वर्तन चाक पर निर्मित हैं। पात्रों में साधारण कटोरे (Pedestalled bowl) गहरे कटोरे (Deep Bowl) उन्नतोदर किनारे के कटोरे (Convex sided bowls) टोटीदार कटोरे तथा बेसिन (Lipped bowls and basins) तथा साधार छिद्रयुक्त बर्तन (Footed and Perforaled vessles) आदि चाकलेट रंग की मृदभाण्ड पर रेखीय अलंकरण है। अन्य पुरावशेषों में हड्डी के साकेटेड बाणाग्र (Socketted bone arrow heads) हाथी दांत तथा उपरत्नों के मनके आदि। यहाँ के समान हडडी के बाणाग्र नरहन, प्रहलादपुर, चिरांद, सेनुआर एवं कोलडिहवा आदि से मिले हैं। स्तम्भगर्त तथा चूल्हे तथा पशुओं की हड्डियाँ भी प्रभूत संख्या में मिली है।

इस कालखण्ड को द्वितीय सहस्राब्दी ईसा पूर्व से 1000 ईसा पूर्व के अंतर्गत रखते हैं। इसकी पुष्टि, 2ए काल से प्राप्त कार्बन तिथियों से होती है, जो क्रमशः PRL No.2083 1340 ± 90 ईसा पूर्व है। 2बी को

1000–700 ईसा पूर्व काल कोष्ठक में रखते हैं। इसके लिए दो कार्बन तिथियाँ PRL No.2077 तथा 2081 उपलब्ध है। जो क्रमशः 950±90 ईसा पूर्व तथा 780±90 ईसा पूर्व हैं।

कालखण्ड तृतीय –उत्तरी कृष्ण मार्जित संस्कृति : इसका संपूर्ण जमाव 5.80 मीटर (21से 44) है। इसे दो वर्गों में विभाजित करते हैं।

1. प्रारंभिक वर्ग के लेयर 39 से 44 तक
2. उत्तरवर्ती वर्ग के लेयर 26 से 38 तक

संपूर्ण जमाव से उत्तरी कृष्ण मार्जिन पात्र, लौह तथा ताम्र वस्तुयें तथा मिट्टी के मनके तथा हड्डी की वस्तुयें और जले हुए अन्न मिले हैं। किंतु प्रारंभिक वर्ग से ईटों की संरचनायें नहीं मिलती केवल स्तंभगर्त, चूल्हे तथा जले हुए मिट्टी के पिण्ड मात्र मिले हैं। उत्तरवर्ती वर्ग से पकी ईटों से निर्मित संरचनायें भी मिली हैं। इस काल के जमाव से गेहूँ, सरसों, मूंग तथा उरद के जले हुए दाने मिले हैं। संभवतः इस काल में वृहद पैमाने पर अग्निकाण्ड हुआ था।

इस कालखण्ड की अन्य पात्र परंपराओं में कृष्ण पात्र परंपरा (Black Slipped ware) कृष्ण लोहित पात्र परंपरा (Black and Red ware) धूसर पात्र परंपरा (Grey ware) तथा लोहित पात्र परंपरा (Red ware) प्रमुख हैं। उत्तरवर्ती वर्ग के उत्तरी वर्ग से उत्तरी कृष्ण मार्जित पात्रों पर चित्रण भी मिलता है।

इस कालखण्ड के लिए भी दो कार्बन तिथियाँ PRL No. 2074 तथा PRL No. 2072 तथा PRL No. 2070 जो क्रमशः 640±90 ई. पू., 550±90 ई. पू. तथा 250±90 ई0 पू0 है। इसके आधार पर इस कालखण्ड का 700 ई. पू. से 300 ई. पू. के अंतर्गत रख सकते हैं।

कालखण्ड चतुर्थ – शुंग कुषाण कालः इस कालखण्ड का संपूर्ण जमाव 3.15 मीटर (लेयर 9 से 20) है। इसमें लेयर 20 तथा 19 शुंग कालीन तथा शेष कुषाण कालीन है। शुंग स्तर पर छापयुक्त (Stamped) पात्र, उपरत्नों तथा मिट्टी के मनके तथा कुछ मृण्मूर्तियाँ भी मिली है। पकी ईटों की जली दीवालें तथा जला फर्श भी मिला है।

कुषाणकालीन जमाव से कुषाण मृदभाण्ड, मिट्टी, लोहे तथा ताँबे की वस्तुयें उपरत्नों तथा मिट्टी के मनके आदि मिले हैं। इस काल से पकी ईटों की दीवालें फर्श तथा चूल्हे मिले हैं। कुछ लेखांकित सीलिंग भी मिली है। इस कालखण्ड को द्वितीय शताब्दी ईसा पूर्व से द्वितीय शताब्दी के अंतर्गत रखा गया है। इसके लिए एक कार्बन तिथि PRL No. 2068, 40±90 ई. उपलब्ध है।

कालखण्ड पंचम – गुप्तकालीन जमाव : इस कालखण्ड का सम्पूर्ण जमाव 1.68 मीटर (लेयर 5 से 8) है। गुप्तकालीन पात्र परंपरा के अतिरिक्त मृण्मूर्तियाँ तराशी हुई ईटों, उपरत्नों तथा मिट्टी के मनके, हड्डी लोहे तथा ताँबे की वस्तुयें तथा रेखांकित सील भी मिली है। कुछ घरों की रूपरेखा तथा पकी ईटों की फर्शे मिली थी। इस काल के लिए चतुर्थ, पांचवी सदी की तिथि प्रस्तावित की गई है।

गुप्तकाल के बाद कुछ समय के लिए यह पुरास्थल वीरान हो गया था।

कालखण्ड षष्ठम – मध्यकालीन संस्कृति : इस काल से प्रारंभिक मध्य पाषाण कालीन मृदभाण्ड मिली हैं। इसके अतिरिक्त मृण्मूर्तियाँ, ताँबे या लोहे की वस्तुयें और पशुओं की हड्डियाँ मिली है। कुछ लघु आकार के हिन्दू देवताओं–गणेश आदि की मूर्तियाँ भी मिली थीं। इस कालखण्ड

को दसवीं–ग्यारहवीं शती से पन्द्रहवीं शती (10th -11th Century AD ls 15th Century AD) के अंतर्गत रखते हैं।

सेनुवार

सेनुवार पुरास्थल 24°56′ उत्तरी अक्षांश एवं 83°56′ पूर्वी देशान्तर पर बिहार के रोहतास जिले में सासाराम से 7 किलोमीटर दक्षिण में कुद्रा नदी के दाहिने तट पर, नदी से लगभग 1 किलोमीटर की दूरी पर स्थित है। पुरास्थल पूर्व–पश्चिम में 300 मीटर तथा उत्तर–दक्षिण में 360 मीटर में फैला हुआ है। भूमि स्तर से उसकी अधिकतम ऊँचाई 9 मीटर है। यहाँ पर सन् 1986–87 ई. में काशी हिन्दू विश्वविद्यालय, वाराणसी के प्राचीन भारतीय इतिहास संस्कृति एवं पुरातत्त्व विभाग तत्वाधान में *के. के. सिन्हा* के निर्देशन में *विरेन्द्र प्रताप सिंह* ने सर्वेक्षण तथा उत्खनन कार्य किया था।[28]

सेनुवार में उत्खनन के फलस्वरूप चार सांस्कृतिक कालों के अवशेष प्रकाश में आए। जिन्हें क्रमशः निम्न कालखण्ड में विभाजित किया गया है।

कालखण्ड प्रथम : इस कालखण्ड को पुनः दो उपकालों में विभाजित किया गया है।

1ए – शुद्ध नवपाषाणिक अथवा धातु विहीन है

1बी – नवपाषाणिक–ताम्रपाषाणिक है।

कालखण्ड द्वितीय – ताम्र पाषाणिक

कालखण्ड तृतीय – काली ओपदार मृदभाण्ड परंपरा संस्कृति

काल खण्ड चतुर्थ – कुषाणकालीन

कालखण्ड प्रथम 1 ए शुद्ध नवपाषाणिक अथवा धातुविहीन : इस कालखण्ड का सम्पूर्ण जमा 1.5 मीटर है। इस जमाव से तीन प्रमुख पात्र परंपराओं का अवशेष मिले हैं।

1. लाल पात्र परंपरा (Red ware)
2. चमकदार लाल पात्र परंपरा (Burnished Red ware)
3. चमकदार धूसर पात्र परंपरा (Burnished Grey ware)

1. लाल पात्र–परंपरा : इस पात्र परंपरा के बर्तनों का गठन साधरण अथवा मोटा है। उनके ऊपर गाढ़ा मोटा चमकीला लाल रंग का लेप है। इनको क्षैतिज प्रकार से रगड़कर चमकाया गया है। इनके बर्तनों की गर्दन लम्बी तथा नतोदार प्रकार की है। लेप छोटे बर्तनों में एक तरफ मिलता है। इस पात्र–परंपरा के सबसे अधिक पात्र मिलते हैं। इन पर किसी प्रकार का लेप नहीं है इसकी बारी कंकरीली तथा सरंध्र है।

2. चमकदार लाल पात्र–परंपरा : इस प्रकार के बर्तनों पर लाल रंग का लेप लगाकर उसे रगडकर चिकना बनाया गया है। मुख्य पात्र प्रकार कटोर तथा घडे हैं।

3. चमकदार धूसर पात्र–परंपरा : इस प्रकार के अधिकांश बर्तनों में धूसर रंग का पतला लेप बर्तन के दोनों ओर लगाकर उसे रगड़कर चमकाया गया है। इस में पात्र अपेक्षाकृत रूक्ष, कंकरीले सरंध्र हैं।

इनमें मुख्य रूप से कटोरे तथा घड़े मिलते हैं। 1ए उप–कालखण्ड में इस पात्रों पर उसकी बारी (Rim) तथा गर्दन के भागों पर लाल गेरू से चित्रण मिलता है। अलंकरण बर्तनों को पकाने के बाद करते थे। इनके अतिरिक्त रस्टिकेटेड पात्र–परंपरा तथा डोरी छाप पात्रों के भी अवशेष मिले हैं। डोरी छाप का अनुभाग महीन तथा औसत प्रकार का है। बाहरी सतह पर डोरी के छाप मिली है जो बहुत हल्की है। इस पात्र–परम्परा में केवल कटोरे मिलते हैं।

इस कालखण्ड के प्रमुख पात्र–प्रकारों में चौडे मुँह के छिछले कटोरे (Wide Mouthed shallow bowel) नालीदार कटोर (Channelled bowel) घड़े (Vases), टोटीदार बर्तन (Spoted Vassels) आदि हैं। अधिकांश बर्तनों का निर्माण चाक पर किया गया है, किंतु हस्तनिर्मित बर्तन भी प्रभूत संख्या में मिलते हैं।

लघुपाषाण उपरकणों में फलक तथा विविध प्रकार के ब्लेड हैं। इनमें छोटे ब्लेड़ों की संख्या सबसे अधिक है। उपकरणों के निर्माण में चर्ट, चाल्सेडनी, अगेट, क्वार्ट्‌जाइट, पत्थरों का प्रयोग किया गया है। छोटे आकार के बसाल्ट के त्रिकोणात्मक सेल्ट मिले हैं जो पूर्णतया घर्षित तथा ओपदार हैं। इनके अतिरिक्त सिल–लोढ़े, घिसने के पत्थर, हथौड़े हथगोले (Sling Ball) तथा अगेट और चाल्सेडनी के मनके मिले हैं। इनके अतिरिक्त हड्‌डी के प्वाइन्ट/शर भी मिले हैं, जिनका निर्माण पशुओं की लम्बी हड्‌डियों से किया जाता था।

पशुओं की बहुत सी जली/अधजली हड्‌डियाँ मिली हैं, जिन पर काटने के निशान हैं। इनका उपयोग भोज्य सामग्री के रूप में होता था।

सबसे निम्नवर्ती स्तर से जले हुए अन्न मिले हैं, जो क्रमशः चावल (Oriza sativa), जौ (Hordeum Vulgare), मटर (Field pea- pisum Sativum, Vararvense), मसूर (Lintil Culinqris and some) हैं। ऊपर के स्तर से बौना गेहूँ (Dwarf-wheat Triticum-pharococum), ग्रास पी (Grass peas Lathyrus Sativus) मिले हैं। इनके अतिरिक्त कोदों के दाने भी मिले हैं। चावल इनका प्रमुख भोज्य प्रतीत होता है। कोलडिहवा तथा महगड़ा से सातवीं–छठीं सहस्राब्दि ईसापूर्व में इसकी खेती होती थी। खेती के अतिरिक्त पशुपालन भी उनकी अर्थव्यवस्था का अंग था।

पुरावशेषों में मिट्‌टी के मनके, चक्री, जो कभी–कभी छिद्रयुक्त भी होती थी मिले हैं। मिट्‌टी को पीटकर फर्श बनाते थे तथा उस पर बाँस बल्ली से छाजन करते थे।

कालखण्ड 1 बी. (नवपाषाणिक/ताम्रपाषाणिक) : इस कालखण्ड का सम्पूर्ण जमाव 2.20 मीटर था। इस काल खण्ड में पूर्ववर्ती सांस्कृतिक उपदानों के अतिरिक्त ताँबे की मछली पकड़ने की कटिया, एक तार, सुई (?) तथा एक वस्तु और मिली है। जिसकी पहचान नहीं की जा सकी।

इसके अतिरिक्त सीसे के आयताकार अनुभाग के छड़ का टुकड़ा भी मिला था। यहाँ से प्राप्त ताँबे की वस्तुयें शुद्ध ताँबे की थी। यह उल्लेख है कि बंगाल तथा बिहार में अन्य स्थलों से प्राप्त ताँबे में मिलावट मिलती है।

पूर्ववर्ती कालखण्ड की सभी पात्र परम्परायें इस काल खण्ड में प्रचलित थी। अन्तर मात्र इतना था कि उनका गढ़न पहले से बहुत अच्छा था। उनकी सतह अपेक्षाकृत अधिक चिकनी तथा चमकदार

थी। इस काल के डोरी छाप में विविधता मिलती है। इस कालखण्ड के चमकीले लाल–पात्र में भी चित्रण मिलता है। पात्रों को पकाने के बाद उन पर अलंकरण करना सेनुवार तथा चिरांद की नवपाषाणिक पात्र परम्पराओं की विशेषता है जो विन्ध्य क्षेत्र में अन्यत्र नहीं मिलती। कभी–कभी पकाने से पूर्व भी चित्रण के प्रमाण मिले हैं। चित्रण के अतिरिक्त अंगूँठे अथवा अंगुलियों के निशान, रस्सी के निशान से युक्त चिपकाई हुई मिट्टी की पट्टियों पर मिलते हैं। चाक पर बने बर्तनों के अतिरिक्त हस्तनिर्मित पात्र भी मिले हैं। पात्रों के प्रकार पहले के ही समान थे। प्रस्तर उपकरण अधिक संख्या में मिले हैं– सेल्ट, बसाल्ट के बने। लघु पाषाण उपकरण पूववर्ती काल के समान मिले हैं। अन्य प्रस्तर उपकरण घिसने के पत्थर, सिल–लोढ़े आदि इस काल में पूर्ववत् मिले हैं। इनके अतिरिक्त धार लगाने के पत्थर तथा कुछ ऐसे पत्थर भी मिले हैं जिनके ऊपर रखकर संभवतः मनकों में छेद करते थे। इस काल में कुछ नवीन अन्न ब्रेड गेहूँ (T. aestivum), चना (Cicer Ctnum) तथा मूंग (Vinga radiata) मिले हैं।

सौन्दर्य प्रसाधनों में सीप की वस्तुयें–विविध प्रकार के लटकन, अगेट, कार्नेलियन जैस्पर आदि के मनके मिले हैं। इनके अतिरिक्त सिलखड़ी के भी पच्चीस मनके मिले हैं, जो संभवतः आयातित हैं।

उपकरणों में छेनी तथा छिद्रक जो कि विविध आकार–प्रकार में मिले हैं उल्लेखनीय है। इस कालखण्ड के जमाव से प्राप्त मिट्टी से हस्त निर्मित बैल की आकृति उल्लेखनीय है। इस प्रकार की बैल की आकृति चिरांद से भी मिली है। टेराकोटा की अन्य वस्तुओं में सीटी (?), मनके, लघु आयताकार पिण्ड (Cake), चकरी आदि की गणना की जा सकती है।

इस काल के अनेक फर्शे (Floor Levels) मिली हैं, जो 20 सेमी0 तक मोटी है। चार स्तंभगर्त 10 से 15 सेमी. परिधि तथा 10 से 34 सेमी. गहरे तक मिले हैं। ये बाँस बल्लियों के झोपड़ियाँ बनाते हैं।

इस काल के निम्नवर्ती जमाव से जो कार्बन तिथियाँ प्राप्त हैं, वे क्रमशः 1770±120 ई. पू., 1660±120 ई. पू. तथा 1500±110 ई. पू., 1400±110 ई. पू.। इन तिथियों के आलोक में अनुमानतः 1बी काल का प्रारंभ 1800 ई. पू. के लगभग होता है। तथा 1ए का तृतीय सहस्राब्दी अथवा कुछ और पहले।

काल खण्ड द्वितीय (ताम्रपाषाणिक) : इस काल खण्ड का सम्पूर्ण जमाव 2.30 मीटर था। इसके निम्नवर्ती जमाव 1बी. तथा इसमें अतिछादन था। इस काल के जमाव से अनेक पिटी हुई फर्शे मिली थी। जिनकी मोटाई 6 से 30 सेमी. तक थी। लोग बांस–बल्लियों के झोपड़े में रहते थे। इनकी भूमितल योजना गोलाकार थी, कुछ मिट्टी की संरचनायें मिली हैं जिनके अन्दर तथा बाहर का व्यास क्रमशः 4.26 और 3.8 मीटर है। इस काल के कुछ जले किनारों के गोलाकार, अण्डाकार, आयताकार, गड्ढे मिले हैं। जिनमें राख, कोयला, मिट्टी के टीले आदि थे।

इस काल की पात्र–परंपरा को निम्न वर्गों में विभाजित कर सकते हैं :– (1) अलेपित तथा लेपित लाल पात्र–परंपरा, (2) काले रंग से चित्रित लाल पात्र–परंपरा यह इस कालखण्ड के प्रारंभ से ही मिलती है। इसमें चित्रण हल्के काले रंग से किया गया है। चित्रण में केवल रेखीय अभिप्राय बाहरी सतह पर मिलते हैं। बर्तनों की सतह चमकदार है। इसमें छोटे घड़े तथा कटोरे मुख्यतः मिलते हैं। (3) कृष्ण लोहित चित्रित तथा अचित्रित, (4) काली लेपित पात्र–परंपरा इनमें चित्रण श्वेत रंग से किया गया है चित्रण अभिप्रायों में मूलतः सीधी तथा आड़ी–तिरछी रेखायें हैं। (5) चमकदार काली पात्र–परंपरा

(6) डोरी छाप पात्र–परंपरा, (7) रस्टिकेटेड मृद्भाण्ड, इस प्रकार की पात्र– परंपरा में लाल पात्र–परंपरा ही मुख्यतया मिलती है। इसके ऊपर की सतह मोटी होती है तथा बालू लगाकर खुरदरी बनाई जाती थी। (8) चमकदार काली पात्र–परंपरा इसमें नं. 2, 6 तथा 7 के अतिरिक्त सभी सादी तथा चित्रित दोनों प्रकारों के पात्र थे।

अधिकांश पात्र चाक पर निर्मित थे। यद्यपि पूर्ववर्ती पात्र प्रकार अभी भी प्रचलित थे किंतु कुछ नवीन पात्र मिलने लगते हैं। पात्रों के गठन में भी परिवर्तन मिलता है। इसी प्रकार चित्रण शैली में भी अन्तर मिलता है। अब कुछ नवीन चित्रण अभिप्रायों का प्रयोग होने लगा जैसे लेटिस समानान्तरण आड़ी रेखायें, लघु लहरदार रेखायें आदि। चित्रण पात्र पकाने के पूर्व करने लगे थे। यद्यपि लाल गेरु से चित्रण पकाने के बाद भी करने के प्रमाण मिलते हैं। चित्रण में नवीन रंगों श्वेत, मटमैले सफेद रंग तथा काले रंग का प्रयोग है। इनके अतिरिक्त उत्कीर्णन तथा पट्टी चिपकाकर भी अलंकरण करते थे। ताँबे का प्रयोग होता था उससे बने कड़े तथा बहुत से पिन, कान की बाली, लटकन, ताँबे के टुकड़े मिले थे। कुछ बर्तनों के टुकड़े ऐसे मिले थे जिनमें अन्दर की ओर ताँबा लगा था, ये संभवतः ताँबा गलाने के लिए प्रयुक्त होते थे। लघु पाषाणोपकरणों में ब्लेड, फलक आदि की बहुलता थी। चाल्सीडोनी तथा चर्ट का प्रयोग हुआ है। ओपदार उपकरण स्तरित जमाव से मिले थे जिनमें हथौड़े, सिल, गोला, डिस्क आदि प्रमुख हैं। हड्डी की चूडियाँ, अगेट चाल्सीडोनी तथा सिलखेड़ी के मनके मिले थे। संभवतः यहाँ सिलखड़ी का कारखाना था। हड्डी कि उपकरणों में छिद्रक, शर(?), सुई, छेनी तथा बाणाग्र–साकेट तथा पुच्छल युक्त मिले हैं। सीप के लटकन भी उल्लेखनीय हैं। इसके अतिरिक्त मिट्टी के मनके, पशु तथा पक्षी की आकृतियाँ, चकरी, आदि हैं।

खेती बड़े पैमाने पर होने लगी थी। चावल, गेहूँ, ज्वार, मटर, मूँग, चना, तिल, तीसी आदि के दाने मिले हैं। इसके अतिरिक्त बेर आदि भी मिले हैं। गाय, बैल आदि की हड्डियाँ प्रभूत संख्या में मिली हैं। उपर्युक्त विवरण से स्पष्ट होता है कि यहाँ की ताम्रपाषाणिक संस्कृति पूर्ववर्ती नवपाषाणिक संस्कृति से विकसित हुई थी।

तृतीय कालखण्ड : इस कालखण्ड में उत्तरी काली–मार्जित पात्र–परम्परा का प्रयोग प्रारंभ होता है तथा साथ–साथ में अब लोहा भी मिलने लगता है। इस कालखण्ड में तथा पूर्ववर्ती कालखण्ड में अतिछादन के प्रमाण मिलते हैं जिससे स्पष्ट है कि दोनों काल खण्डों में कोई अन्तराल नहीं था किंतु यह उल्लेख है कि यहाँ पर उत्तरी काली मार्जित पात्र–परंपरा के प्रारंभिक काल के ही अवशेष मिलते हैं तथा उसको उत्तरवर्ती काल के अवशेष यहाँ उपलब्ध नहीं है।

चतुर्थ कालखण्ड : तृतीय कालखण्ड के उपरान्त एक अन्तराल मिलता है तथा उसके बाद के चतुर्थ काल को कुषणकालीन कहा जा सकता है।

टोकवा

टोकवा नामक पुरास्थल 24°54′20″ उत्तरी अक्षांश 82°16′45″ पूर्वी देशान्तर पर बेलन तथा अदवा के संगम पर उत्तर प्रदेश के मिर्जापुर जिले के लालगंज तहसील में बरौधा से 8 किलोमीटर तथा मिर्जापुर मुख्यालय से दक्षिण–पूर्व दिशा में 68 किलोमीटर की दूरी पर स्थित है। पुरास्थल के उत्तरी किनारे

पर बेलम नदी तथा दक्षिणी किनारे पर अदवा नदी है जो इस पुरास्थल को त्रिकोण का स्वरूप प्रदान करती है। पुरास्थल का नाम पूर्वी सीमा पर स्थित ग्राम टोकवा पर आधारित है। इसकी खोज सत्तर के दशक में हुई थी। सन् 1999 ई. में पुनः इसका सर्वेक्षण बी. डी. मिश्रा, जे. एन. पाल तथा एम. सी. गुप्ता ने किया था।[29]

स्थल के महत्व को ध्यान में रखकर फरवरी–मार्च सन् 2000 ई. में इलाहाबाद विश्वविद्यालय के तत्वावधान में उत्खनन किया गया। यह स्थल इस दृष्टिकोण से विशेष महत्वपूर्ण था कि यह बेलन घाटी के नवपाषाण युगीन पुरास्थलों यथा कोलडिहवा, पंचोह या मगहड़ा तथा सोनघाटी के कुनझुन के मध्य में है तथा सर्वेक्षण के दौरान यहाँ से नवपाषाण, ताम्रपाषाण तथा लौहयुगीन संस्कृतियों के अवशेष प्राप्त हुए थे। इस पुरास्थल के उत्खनन से आशा की जाती थी कि विन्ध्य की नवपाषाणिक संस्कृति पर तो प्रकाश पड़ेगा ही साथ ही ताम्रपाषाण संस्कृति के विकास के संबंध में भी महत्वपूर्ण जानकारी प्राप्त हो सकेगी। इन लोगों का विकास स्थानीय रूप से हुए अथवा ये कहीं से आए इनका लौह युगीन लोगों के साथ जो पूर्ववर्ती लोगों का में पारस्परिक सबंध था?

टोकवा जहाँ पर आवासीय जमाव सबसे अधिक था उत्खनन के लिए चिन्हित किया गया। उत्खनन के फलस्वरूप 4 मीटर के जमाव को तीन सांस्कृतिक कालों में विभाजित किया गया। ये क्रमशः इस प्रकार हैं–

(1) नवपाषाणिक (2) ताम्रपाषाणिक (3) लौहयुगीन

कालखण्ड प्रथम– नवपाषाणिक : सबसे निम्नवर्ती जमाव नवपाषाणिक काल का था जिसकी मोटाई 2.47 मीटर (लेयर 6–8) थी। इस जमाव से डोरी की छाप वाले खुरदुरे (Rusticated) पात्र चमकदार लाल तथा काली मृद्भाण्ड उपलब्ध हुई थी। अन्य पुरावशेषों में हड्डी के बाणाग्र, उपरत्नों तथा मिट्टी के मनके, सिल–लोढ़े आदि थे। लघुपाषाण उपकरणों में फलक, ब्लेड, स्क्रेपर, त्रिभुज आदि थे। पशुओं की हड्डियाँ काफी संख्या में मिली थी। ये जंगली तथा पालतू दोनों प्रकार के पशुओं की थी। अन्नों में गेहूँ, चावल, जौ, तिल तथा मूँग उल्लेखनीय है। इसके अतिरिक्त कुछ फल तथा दालें भी थी। अण्डाकार अथवा गोलाकार झोपड़ों तथा स्तम्भगर्तों के प्रमाण मिले थे। साथ ही साथ मिट्टी के पिण्ड मिले थे, जिसके ऊपर सरकण्डों आदि के निशान थे, जिससे अनुमान कर सकते हैं कि झोपड़ियों को सरकण्डों, बाँस तथा घास आदि से छाते होंगे।

इस काल की मृद्भाण्ड हस्तनिर्मित हैं। धान की भूसी सालन के रूप में प्रयोग करते थे। इनके बर्तन अधिकांशतया मोटी बारी (Core) के होते थे किन्तु पतले तथा मध्यम मोटाई के बारी का भी पात्र मिलते हैं। मिट्टी भी भली–भाँति गूँथी नहीं प्रतीत होती है। बर्तन भी भली–भाँति पके नहीं हैं। बारी प्रायः काले रंग की है, बर्तनों में प्रमुख आकार गहरे तथा छिछले कटोरे, बेसिन तथा गोलाकार बर्तन हैं।

कालखण्ड द्वितीय– ताम्रपाषाणिक काल : नवपाषाणिक जमाव के ऊपर 50 से. मी. मोटा ताम्रपाषाणिक जमाव (लेयर 5–7) है। उत्खननकर्ताओं के अनुसार नवपाषाणिक तथा ताम्रपाषाणिक कालों के मध्य में कुछ अन्तराल था क्योंकि इन दोनों कालों की पात्र–परंपराओं में किसी सम्बन्ध के प्रमाण नहीं मिलते हैं और न ही नवपाषाणिक पात्र ताम्रपाषाणिक स्तर से मिलते हैं। इसके आधार पर अनुमान किया गया है

कि इस पुरास्थल पर ताम्रपाषाणिक संस्कृति का आगमन पूर्ववर्ती नवपाषाणिक संस्कृति के समापन के बाद हुआ होगा। इस कालखण्ड के जमाव से कृष्ण–लोहित पात्र, कृष्ण–लेपित पात्र तथा लाल पात्र मिले हैं। लाल पात्रों को अनेक वर्गों में विभाजित कर सकते हैं। पात्र प्रकारों में विविध प्रकार के कटोरे, तश्तरियाँ, बेसिन, साधार तथा छिद्रयुक्त बेसिन, साधार कटोरे, मध्यम आकार के घड़े, संग्रह के पात्र आदि। कुछ पात्रों पर कभी–कभी चित्रण भी मिलता है।

बर्तन भली–भाँति गूँथी मिट्टी के बने हैं तथा अच्छी प्रकार से पके हैं। यहाँ के पात्र चेचर कुतुब पुर, चिरांद, सेनुवर, ताराडीह, सोहगौरा, नरहन, खैराडीह, मलहार आदि के समान है। अन्य पुरावशेषों में हड्डी के बाणाग्र, कुछ ताम्बे के उपकरण उपरत्नों, मिट्टी के मनके, फलक, सिल–लोढ़े, तथा हथौड़े आदि हैं। ये बाँस–बल्ली के मकानों का निर्माण करते थे। उत्खनन के फलस्वरूप गर्त तथा धरातल के ऊपर निर्मित दोनों प्रकार के चूल्हे भी मिले थे।

कालखण्ड तृतीय– प्रारम्भिक लौह काल : ताम्रपाषाणिक जमाव के ऊपर का सम्पूर्ण जमाव 1.04 मीटर है जिसके अंतर्गत लेयर (1–4 तक) आते हैं। इन्हें दो वर्गों में विभाजित करते हैं। प्रथम जमाव (लेयर 3 तथा 4) 46 से. मी. मोटा है। इसमें उत्तरी कृष्ण–मार्जित पात्र नहीं है। किंतु लोहा उपलब्ध है। कृष्ण–लोहित, कृष्ण–लेपित तथा लाल पात्र–परंपरा इनमें मिलती है। अन्य पुरावशेषों में हड्डी के वाणाग्र, ताँबे के कतिपय उपकरण उपरत्नों तथा मिट्टी के मनके, सिल–लोढ़े आदि तथा पशुओं की हड्डियाँ काफी संख्या में मिली हैं। जले हुए अन्न भी काफी मात्रा में मिले हैं। गर्त तथा धरातल में ऊपर निर्मित दोनों ही प्रकार के चूल्हे मिले हैं। स्तम्भगर्तों तथा मिट्टी के पिण्ड जिनपर बाँस–बल्ली के प्रमाण हैं से अनुमान करते हैं कि ये लोग गोलाकार झोपड़ों का निर्माण करते थे।

यह उल्लेखनीय है कि इस काल में भी पूर्वकाल की पात्र–परंपरा मिलती है। जो अन्य पुरास्थलों जैसे चेचर कुतुबपुर, चिरांद, ताराडीह, नरहन, खैराडीह, आदि के ही समान है। लोहे का प्रयोग उत्तरी कृष्ण–मार्जित पात्र–परंपरा के पहले हो गया था, इसके प्रमाण झूंसी, मल्हार आदि में भी मिले हैं। अभी यहाँ किसी स्तर से सी.–14 तिथियाँ उपलब्ध नहीं हैं।

सबसे ऊपर का जमाव प्रारंभिक लौह युगीन था, इसकी अधिकतम् मोटाई 58 से. मी. (लेयर 1 तथा 2) थी। इस स्तर से उत्तरी कृष्ण–मार्जित ओपदार, कृष्ण– लेपित, कृष्ण–लोहित तथा लाल मृद्भाण्ड मिली थी। उत्तरी कृष्ण–मार्जित पात्र–परंपरा की तश्तरियों के बीच में छाप (Stamp desing) अभिप्राय मिलता है। जैसा कि गंगाघाटी के अन्य स्थलों पर मिला है। कृष्ण लेपित पात्रों में इस प्रकार की छाप नहीं मिलती। इनके अतिरिक्त इस स्तर से बहुत से हड्डी के बाणाग्र, पशुओं की हड्डियाँ, मनके, कांच की चूड़ियाँ, सिल–लोढ़े के टुकड़े आदि मिले थे। मिट्टी के पिण्ड पर अंकित निशानों से अनुमान करते हैं कि अभी भी बाँस–बल्ली सरकण्डों आदि के घरों का निर्माण करते थे।

चिरांद

सारण प्रमण्डल के मुख्यालय छपरा से लगभग ग्यारह किलोमीटर दक्षिण–पूर्व में चिरांद नामक ग्राम पवित्र गंगा और घाघरा (सरयू) नदियों के संगम स्थली के समीप अवस्थित है। चिरांद (25° 45′ उत्तरी अक्षांश और 84° 50′ पूर्वी देशान्तर) ग्राम छपरा सोनपुर मार्ग से लगभग आठ किलोमीटर उत्तर में अपनी अभूतपूर्व

पुरातात्त्विक, ऐतिहासिक एवम् सांस्कृतिक धरोहरों को संजोए हुए है। इसके समीप से सोन तथा पूर्व में गंडक नदियां प्रवाहित हो रही हैं। इस प्रकार चार–चार प्रमुख नदियों के समीप अवस्थित चिरांद नवपाषाण युग से लेकर पूर्व मध्य कालीन संस्कृतियों को एक सूत्र में पिरोये हैं। यह क्षेत्र गंगा नदी की उर्वरक मिट्टी से भरा पड़ा है। अभी भी इसके समीप डोरीगंज घाट से नदी मार्ग से व्यापार हो रहा है।

सर्वप्रथम सन् 1877 ई. में सर *डब्लू. डब्लू. हंटर* इस क्षेत्र के पुरातात्त्विक महत्व को प्रकाश में लाये। तत्पश्चात् सन् 1952–80 ई. के बीच *कार्लाइल* ने चिंराद के बारे में विस्तृत जानकारी दी।[30] उसने बताया कि चिरांद में एक मस्जिद है जिसमें अभिलेख लगा हुआ है। मस्जिद के आस–पास पालकालीन प्रस्तर खम्भों को भी उसने देखा। परन्तु इस स्थल पर सर्वप्रथम उत्खनन करने हेतु ए. एस. अल्तेकर ने वर्ष 1954 ई. में लिखा। अनेक हिन्दू और बौद्ध प्रस्तर प्रतिमाएं भी इस ग्राम में हैं। यह ग्राम एक भिण्ड के रूप में उभरा हुआ है, जो लगातार कृषि कार्य के कारण अपना आकार खोता जा रहा है। सन् 1962 ई. से चिरांद में उत्खनन कार्य बिहार सरकार के पुरातत्त्व एवं संग्रहालय निदेशालय के अंतर्गत प्रारम्भ हुआ जो सन् 1962–72 ई. तक चला। वर्ष 1972 ई. के बाद इस स्थल पर उत्खनन कार्य पटना विश्वविद्यालय के प्राचीन इतिहास एवं पुरातत्व विभाग के तत्वावधान में हुआ।[31] कई वर्षों तक चले पुरातात्त्विक उत्खनन कार्य से हमें जो पुरावशेष मिले हैं। उसके आधार पर चिरांद की सांस्कृतिक पृष्ठभूमि को पांच भागों में बांटा गया है जिसका विवरण निम्नलिखित प्रकार से है।

प्रथम काल : चिरांद की सबसे प्रारम्भिक संस्कृति नव पाषाण युग से संबंधित है। यह मानव सभ्यता के विकास का वह मील का पत्थर है, जहां हमारे पूर्वज अपनी घुमक्कड़ी प्रवृत्ति को त्याग कर एक स्थान पर रहने लगे। हांलाकि वे धातु के प्रयोग से अनभिज्ञ थे फिर भी हड्डी से मिट्टी खोदने के औजार, पेड़ काटने के औजार, पशुओं के चमड़ा छीलने और काटने के औजार आदि बनाना जान गये थे। कुछ समय बाद वे मिट्टी के बर्तन भी बनाना सीखे, पहले हाथ से फिर चाक से, हड्डी के औजार काफी चिकने और चमकदार हैं। इनमें एक कंघी और एक माला का लॉकेट अत्यन्त ही उल्लेखनीय है। हड्डी के ही तकुआ और आंख पर सुरमा लगाने की सलाई चित्रकारी की गई है, जो अन्य भारतीय नवपाषाण संस्कृतियों से साम्यता रखती है। यहां प्राप्त अनाजों के अवशेष से पता चलता है कि यहां के लोग चावल, जौं, मटर, चना, मूंग आदि फसल उपजाते थे। मिट्टी के मनके काफी मात्रा में मिले हैं। इतना ही नहीं वे उच्च्व कोटि के पत्थरों का प्रयोग भी करने लगे थे, जिनमें एगेट, चाल्सीडोनी, जैस्पर, स्टीएटाइट आदि के मनके प्रमुख हैं। ग्रामवासी बन जाने के बाद वे झोपड़ियों का निर्माण भी करने लगे। इस कार्य के लिए वे बांस, खर और मिट्टी का प्रयोग किया जाने लगा जिसका प्रमाण हमें उत्खनन से प्राप्त है। इस काल के उत्तरार्द्ध में बने मिट्टी के तीन मुहां चूल्हा के अवशेष मिले हैं जो उनका सामूहिक रसोई घर भी हो सकता है।

यहां के नवपाषाण युग के अवशेषों का रेडियों कार्बन विधि से काल निर्धारण भी हो चुका है जो इसे ईसा से ढाई हजार वर्ष पुराना बताता है।

द्वितीय काल : चिंराद के उपर्युक्त नवपाषाण युगीन संस्कृति में तब एक और क्रान्ति का दौर आया जब वहां ताम्रयुगीन सभ्यता का शुभारंभ हुआ। प्रारम्भ में चिरांद में सिर्फ एक मात्र तांबे का टुकड़ा मिला जिसके साथ पूर्व के नवपाषाण कालीन धूसरित रंग के मिट्टी के बर्तन के टुकड़े, हड्डी के औजार, मिट्टी के मनके, पत्थर के मनके, माइक्रोलिथें (पत्थर के छोटे–छोटे औजार) आदि मिले हैं।

परन्तु बाद में तांबे का प्रचुर मात्रा में प्रयोग होने लगा। सुरमा लगाने हेतु सलाइयां इनमें प्रमुख हैं। मिट्टी के खिलौने भी मिले हैं जिनमें मुख्यतः पक्षियों की आकृतियां ज्यादा है। काले तथा लाल रंग के वैसे मिट्टी के बर्तन मिले हैं, जिन पर सफेद रंग से चित्रकारी की गई है। इन पत्थरों की कुल्हाड़ियां भी मिली हैं, जो नवपाषाण युग से संबंधित हैं। मिट्टी के बड़े–बड़े घड़े भी मिले हैं जो नव पाषाण युग से संबंधित हैं। तांबा की चूड़ियां, चिड़ियों एवं मछलियों की हड्डिडां प्रचुर मात्रा में मिली हैं। चिरांद की इस ताम्रयुगीन सभ्यता के मध्य भारत की अन्य ताम्रयुगीन पुरातात्त्विक स्थलों से रेडियों–कार्बन पद्धति द्वारा निर्धारित कालक्रम से मिलाया गया है, जिससे चिरांद के इस काल को ईसा से 1600 वर्ष पूर्व का माना जाता है। यह सभ्यता ई. पू. 800 तक चलती रही।

तृतीय काल : चिरांद में लौह युग ई. पू. 800 वर्ष के आस–पास प्रारम्भ हो चुका था। पूर्व की ताम्रयुगीन सभ्यता की प्रमुख मिट्टी के बर्तन (काला और लाल रंग का) अभी भी प्रचलित था। परन्तु एक नये प्रकार के मिट्टी के बर्तन का उद्भव इस काल में हुआ जो काले चमकीले रंग का था। इसे पुरातत्वविद् एन. बी. पी. प्रकार के मिट्टी के बर्तन कहते हैं। यह पूरे उत्तरी भारत में मिलता है। इसको तेज चाक पर बनाया जाता है और तीव्र अग्नि में पकाया जाता है। इस पर चमकीला पॉलिश किया जाता था। सम्भवतः मार्यकालीन प्रस्तर मूर्तियों एवं खम्भों पर किये गये चमकीले पॉलिश की भांति। इस सांस्कृतिक स्तर से हमे ऐसा मानव अस्थि अवशेष मिले हैं, जिसे जलाने के उपरांत बर्तन में रख कर मिट्टी में दबाया गया था। पुनः इस स्तर से हमें भारत के प्राचीनतम् सिक्के पंचमार्क सिक्के मिले हैं, जिसके साथ पकी हुई मिट्टी की बैलगाड़ी और पशु–पक्षियों एवं मनुष्यों की मूर्तियां, पत्थर का कार्णाभूषण, हड्डियों के तीर, पीन तथा पत्थर के गोला, नवपाषाण युगीन कुल्हाड़ी तांबा की अंजनशलाका आदि प्राप्त हुए हैं। इनमें सबसे उल्लेखनीय मिट्टी के पांच घुंघरू हैं। इनकी नृत्य प्रियता का प्रमाण मिलता है। इसी स्तर से एक मुखौटा मिला है। पत्थर के मनके जिनमें कार्नेलियम, जैस्पर, एगेट, चालसीडोनी, आदि प्रमुख हैं। कुछ पत्थर के मनकों पर चित्रकारी भी की गयी है, जो संभवतः धार्मिक कार्यों में प्रयोग किया जाता था। पिटी हुई फर्शों का अवशेष मिला है। कुछ एक पकी हुई ईटों की दीवार भी प्रकाश में आया है। लोहा का प्रचुर मात्रा में प्रयोग होने लगा था। पकी हुई मिट्टी की एक मुहर भी मिली है। चिरांग ग्राम की यह लौहयुगीन सभ्यता ई. पू. 800 से लेकर ई. पू. 200 तक कायम रही। इसी काल में भगवान बुद्ध अपनी यात्रा के दौरान चिरांद के समीप से गुजरे थे। भगवान बुद्ध के अस्थि भस्म को रखने के लिए सोपस्टोन की ढक्कनदार डिबिया भी यहां से मिला है।

चतुर्थ काल : चिरांद ग्राम से कुषाण काल का अत्यन्त पुरावशेष और स्थापत्य के नमूने मिले हैं। इस सांस्कृतिक स्तर को 100 ई. से 300 ई. के मध्य रखा जा सकता है।

पंचम काल : चिरांद में कुषाण काल के बाद सम्भवतः आबादी नहीं रही। क्योंकि गुप्तकाल के पुरावशेष नहीं के बाराबर मिलते हैं। पाल काल एवं कलचुरी राजवंश के समय में पुनः चिरांद महत्वपूर्ण हो गया था। इस अंतिम महत्वपूर्ण सांस्कृतिक स्तर को सन् 800–1200 ई. मे मध्य रखा गया है।

खैराडीह

खैराडीह पुरास्थल 26°10′00″ उत्तरी अक्षांश एवं 83°15′30″ पूर्वी देशान्तर पर उत्तर प्रदेश के बलिया–जिले के खैराडीह नामक गांव में घाघरा नदी के दाहिने तट पर स्थित है। यहाँ का पुरास्थल

पूर्व–पश्चिम में 710 मीटर तथा उत्तर–दक्षिण में 11 मीटर है। यहाँ पर काशी हिन्दू विश्वविद्यालय, वाराणसी के प्राचीन भारतीय इतिहास संस्कृति एवं पुरातत्त्व विभाग के तत्वावधान में 1980–81 से 83–84 तथा 85–86 ई. में प्रोफेसर के. के. सिन्हा तथा वीरेन्द्र प्रताप सिंह के निर्देशन में उत्खनन किया गया।[32] सन् 1996–97 ई. में प्रो. विभा त्रिपाठी एवं डॉ. वीरेन्द्र प्रताप सिंह के निर्देशन में उत्खनन किया गया[33] जिनके फलस्वरूप तीन कालों के साक्ष्य प्रकाश में आए जिन्हें कालखण्ड प्रथम, द्वितीय एवं तृतीय में विभाजित किया गया। जो क्रमशः निम्न हैं:

कालखण्ड प्रथम :– ताम्रपाषाणिक–1100 ईसा पूर्व।

कालखण्ड द्वितीय :– 600 ईसा पूर्व से 200 ईसा पूर्व।

कालखण्ड तृतीय :– 200 ईसा पूर्व से 300 ईसवी सन्।

कालखण्ड प्रथम (ताम्रपाषाणिक) : उत्खनन के फलस्वरूप सबसे निम्नवर्ती ताम्रपाषाणिक जमाव 2. 40 मीटर से 0.80 मीटर है, प्रकाश में आया। ये ताम्रताषाणिक लोग, यहाँ के प्रथम निवासी थे जो नदी के किनारे परती भूमि में आकर बसे। ये लोग बांस–बल्ली के झोपड़ों में रहते थे। उत्खनन के फलस्वरूप स्तम्भगर्त, बांस–बल्ली के निशान की जली मिट्टी तथा मिट्टी की दीवाल जो 1.06 मीटर से 0.62 मीटर तक चौड़ी थी। भवनों की स्पष्ट भूमितल योजना नहीं मिल सकी। प्रथमकाल के जमाव से निम्न पात्र परंपरायें प्रकाश में आयीं :

कृष्ण लोहित पात्र परंपरा– इसमें सादे तथा चित्रित दोनों प्रकार की पात्र है। यह चिरांद, ताराडीह, सेनुआर तथा नरहन आदि के अनुरूप है। काली लेपित सादी तथा चित्रित पात्र परंपरा, लाल लेपित तथा सादी पात्र–परंपरा– कुछ में चित्रण भी मिलता है, तथा काली पात्र परंपरा– यह काली लेपित पात्र परंपरा से गढ़न तथा सतह के आधार पर भिन्न मानी गई है। इसके पात्रों का बाहरी सतह बहुत चिकना है, जिससे अनुमान किया जाता है कि उसे घिसकर चमकदार बनाया गया होगा।

प्रथम वर्ग की पात्र परंपरा को पुनः चार वर्गों में अ, ब, स एवं द में विभाजित किया गया है। वर्ग अ के पात्रों की सतह पर किसी प्रकार का लेप नहीं किया गया है। इसमें अधिकांशतय कटोरे तथा विविध प्रकार के घड़े हैं।

वर्ग ब के पात्र बाहरी सतह तथा गठन में पहले से अधिक विकसित है। उनके ऊपर लाल लेप मिलता है तथा अन्दर काला लेप। इस वर्ग के प्रमुख पात्र तसले (बेसिन), छिद्रयुक्त पैरदार कटोरे, साधार कटोरे तथा विविध आकार के कटोरे हैं।

वर्ग स के पात्र और परिष्कृत हैं। इनमें अन्दर बाहर दोनों ओर लेप है तथा उनको घिसकर चमकदार बनाया गया है। इस वर्ग में तश्तरियाँ, वलय आधार युक्त कटोरे, होंठदार तथा टोंटीदार कटोरे हैं। इनके आकार में विविधता है। इस पात्र–परंपरा में घड़े नहीं हैं। संभवतः इनमें छोटे आकार के बर्तनों का उपयोग भोजन करने के बर्तनों के रूप में करते हैं।

वर्ग द के पात्रों की बारी बहुत गठित (Compact) है तथा वे भली–भांति पके हैं। उनमें धातु की खनक मिलती है इस वर्ग की मृदभाण्ड इस काल के अंतिम स्तरों से प्राप्त हुई है।

अ वर्ग के पात्रों को छोड़कर सभी में अलंकरण मिलता है। अधिकांश में चित्रण सफेद रंग से किया गया है, किंतु कुछ में लाल रंग का भी प्रयोग किया गया था चित्रण अन्दर तथा बहार दोनों ओर किया गया है चित्रण अभिप्रायों में मोटी, सीधी, लहरदार, आड़ी रेखायें तथा अर्धवृत्त हैं। कुछ में पत्ती के आकार का उत्कीर्णन भी मिलता है। कृष्ण–लोहित पात्र–परंपरा के कुछ में डोरी की छाप भी मिलती है।

काली–लेपित परंपरा–पात्रों को तीन वर्गों में विभाजित किया गया है, जो क्रमशः अ, ब तथा स हैं। वर्ग अ के पात्र पतले अनुभाग के हैं तथा ऊंपर गाढ़ा काला लेप है। इनमें कुछ लाल कोर की मृदभाण्ड भी हैं– जिस पर काला लेप किया गया था किंतु वह छूट गया है। वर्ग ब में औसत गठन के पात्र हैं। इसे उसकी सतह के स्वरूप के आधार पर दो वर्गों में विभाजित किया गया है। एक वर्ग के सम्पूर्ण पात्रों पर गाढ़ा काला लेप मिलता है तथा अन्य में पतला लेप है, जिससे उसके अन्दर का धूसर रंग कभी–कभी दीखता है। इसमें कुछ खुरदुरे (Rusticated) सतह के पात्र हैं। वर्ग स के बर्तन रूक्ष तथा मोटी गठन के हैं। इनका कोर (Core) सरंध्र है। इस वर्ग के पात्रों पर पतला लेप है। इस वर्ग में विविध प्रकार के कटोरे मिलते हैं।

अभिप्रायों का चित्रण मैले, सफेद रंगों से किया जाता था। चित्रण अभिप्रायों में लैटिस, आड़ी रेखा समूह, सकेन्द्रित अर्द्धवृत्त, बिन्दु आदि उल्लेखनीय हैं।

सभी पात्र परंपराओं में लाल पात्र–परंपरा सबसे प्रमुख थी। इसमें दो वर्ग थे। प्रथम में सतह चिकनी की गई है तथा दूसरे में नहीं। प्रथम में गाढ़े चमकीले लाल अथवा नारंगी रंग से लेप किया गया है। इस पात्र–परंपरा में डोरी छाप तथा खुरदुरे (Rusticated) पात्र भी मिले हैं। इनमें से कुछ पर मटमैले सफेद रंग में चित्रण किया गया है। कुछ में गाढ़े भूरे दानेदार रंग में पट्टी बनी है। इसमें घड़े छिद्रदार कटोरे, साधार कटोरे, टोंटीदार कटोरे, गोलाकार कटोरे, छोटे आकार के कटोर तथा छिछले बेसिन तथा बडे आकार के कुण्ड मिलते है।

लाल पात्र–परंपरा तथा कृष्ण लोहित पात्र–परंपरा के कुछ पात्रों विशेषतः कटोरों तथा तसलों (बेसिन) में बहुत समानता मिलती है।

ताँबे का एक साकेटेड बाणाग्र जिसके साकेट में दो छिद्र है तथा एक और वस्तु मिली है, जिसकी पहचान नहीं की जा सकी है। हड्डी का भी एक साकेटेड बाणाग्र मिला है। पशुओं की बहुत सी हड्डियाँ मिली हैं जिन पर काटने के चिन्ह हैं। अनुमानतः इसका उपयोग भोजन के रूप में किया गया होगा।

ये लोग खेती से परिचित थे। धान की भूसी का प्रयोग सालन के रूप में किया गया है इसके अतिरिक्त पशुपालन इनका दूसरा व्यवसाय था।

अन्य पुरावशेषों में सिलखड़ी, अगेट, कार्नेलियन चर्ट तथा चाल्सेडनी के मनकों की गणना की जा सकती है। अधिकांश मनके बेलनाकार हैं। मिट्टी की (हापस्काच) खेलने की चकरी तथा एक जानवर(?) की आकृति भी मिली है।

इस काल के 1.2 मीटर के जमाव से अनुमान करते हैं कि इस कालखण्ड की अवधि काफी लम्बी रही होगी इस काल खण्ड की प्राचीनतम तिथि 1100 ईसा पूर्व के लगभग निर्धारित की जा सकती है। यहाँ से निम्न कार्बन तिथियाँ उपलब्ध हैं।

BSI-1 3070±90 वर्ष पूर्व

PRL-1049 1030±160 ईसा पूर्व या 3030±160 वर्ष पूर्व

940±150 ईसा पूर्व या 2940±150 वर्ष पूर्व

ये तिथियाँ इस क्षेत्र के अन्य स्थलों से प्राप्त तिथियों से भी मेल खाती हैं।

राजानल-का-टीला

राजा नल का टीला (अक्षांश 20°41′55″ एवं देशान्तर 83°19′) उत्तर प्रदेश के सोनभद्र जिले में जिला मुख्यालय रोबर्ट्सगंज से पूर्व दिशा में 29 किलो मीटर की दूरी पर कर्मनाशा नदी के बायें तट पर स्थित है। वर्तमान में यह पुरास्थल 'तल्ला' नाम से जाना जाता है, जो आयताकार टीला के रूप में विद्यमान है। यह टीला पूर्व से पश्चिम 780 मीटर क्षेत्र में फैला है। यहां के उत्खनन से प्राप्त लौह उपकरणों की प्राचीनतम् तिथि 1300 ई. पू. निर्धारित की गई है।

राजा–नल–का टीला का उत्खनन : राजा नल का टीला का पुरातात्विक उत्खनन उत्तर प्रदेश राज्य पुरातत्व विभाग के *डॉ. राकेश तिवारी* के निर्देशन में 1995–96 तथा 1996–97 में किया गया।[34] पुरातात्विक उत्खनन के पश्चात् यहाँ से निम्नांकित चार सांस्कृतिक कालों के अवशेष प्राप्त हुए हैं।

प्रथम काल : पूर्व लौहयुगीन संस्कृति (1700–1300 ई.पू.)

द्वितीय काल : आरंभिक लौहयुगीन संस्कृति (1300–700 ई.पू.)

तृतीय काल : उत्तरी कृष्णमार्जित मृद्भाण्ड कालीन संस्कृति (700–200 ई.पू.)

चतुर्थ काल : गुप्तकालीन/उत्तर गुप्तकालीन संस्कृति।

प्रथम काल : पूर्व लौहयुगीन संस्कृति से संबंधित प्रथम काल का सांस्कृतिक जमाव 0.4 मीटर से 0.50 मीटर पाया गया है। इस चरण की कार्बन तिथि 1700–1300 ई. पू. निर्धारित की गई है। इस काल से लाल मृद्भाण्ड, कृष्ण–लोहित मृद्भाण्ड, कृष्ण–लेपित मृद्भाण्ड और धूसर मृद्भाण्ड प्राप्त हुए हैं। इस काल से प्राप्त पुरावशेषों में अस्थि उपकरण के बाणाग्र, टेराकोटा और अर्द्धकीमती पत्थर के मनके, ब्लेड के टुकड़े, प्रस्तर का लोढ़े आदि प्रमुख हैं।

द्वितीय काल : द्वितीय काल आरंभिक लौहयुगीन संस्कृति से संबधित है। इस काल का सांस्कृतिक जमाव 1.50 मीटर से 2.00 मीटर पाया गया है। इस काल की कार्बन तिथि 1300–700 ई. पू. निर्धारित की गई है। इस काल को लौह उपकरणों की दृष्टि से महत्वपूर्ण माना जा सकता है। सन् 1995–96 ई. के उत्खनन से इस काल के निम्न स्तर से लौह उपकरण प्राप्त हुए हैं। इस काल से लोहे का चाकू, बाणाग्र, छेनी, रूखानी, भालाग्र के अतिरिक्त लौह धातुमल प्राप्त हुए हैं। प्राप्त लौह उपकरणों के आधार पर कहा जा सकता है कि 1300 ई. पू. के आस–पास यहाँ के लोग सैन्य उपकरणों का उपयोग आत्म रक्षा तथा दूसरे कबीलों पर आक्रमण करने हेतु करते रहे होंगे। प्राप्त चाकू, रूखानी तथा छेनी से प्रतीत होता है कि अन्य कामों में भी लौह उपकरणों का इस्तेमाल होता रहा होगा। मृद्भाण्डों में कटोरे, थालियां, छिद्रित पात्र, मुख्य डिजायनों में ज्यामितीय अलंकरण हैं। हड्डियां एवं हड्डी के छिद्रक तथा भारी संख्या में यहां से मुख्य अवशेषों में शिवलिंग और योनिपीठ प्राप्त है। लौह उपकरणों

के अलावा इस काल से प्रमुख पुरावशेषों में प्रस्तर लौढ़ा, टेराकोटा के मनके, टेराकोटा चूड़ियाँ, प्रस्तर के मनके, अस्थि उपकरण और ताम्र उपकरण प्राप्त हुए हैं।

तृतीय काल : उत्तरी कृष्ण–मार्जित मृद्भाण्ड संस्कृति से सम्बन्धित इस काल का सांस्कृतिक जमाव 0.70 मीटर से 1.00 मीटर तक पाया गया है। मृदभाण्डों में कटोरे, घड़े, तसले, लघु बर्तन, पुरावशेषों में टेराकोटा के मनके, डिश, पहिए एवं बाणाग्र। इस काल की कार्बन तिथि 700–200 ई. पू. निर्धारित की गई है। तृतीय काल से अन्य पुरावशेषों में उत्तरी कृष्ण–मार्जित मृद्भाण्ड काल से प्राप्त लौह उपकरणों के समान लौह उपकरण, अस्थि उपकरण, ताबीज, कंघी, बाणाग्र आदि पुरावशेषों के साथ प्राप्त हुए हैं। यहाँ कृषि कार्य के भी कुछ अवशेष प्राप्त हुए हैं।

चतुर्थ काल : चतुर्थ काल गुप्तकालीन और उत्तर गुप्तकालीन संस्कृति से संबंधित है। यहाँ से रक्त वर्णित मृद्भाण्ड परम्परा के पात्र प्राप्त हुए हैं।

हस्तिनापुर

महाभारत के अनुसार हस्तिनापुर नगर कुरु राजवंश के राजाओं की राजधानी थी। छठवीं शताब्दी ई. पू. में भी कुरु महाजनपद की यह राजधानी थी।

हस्तिनापुर (29° 9′ उत्तरी अक्षांश एवं 78° 3′ पूर्वी देशान्तर पर) उत्तर प्रदेश के मेरठ जिले की मवाना तहसील में गंगा नदी के किनारे पर स्थित है। यह ऊपरी गंगा घाटी के उत्खनित स्थलों में विशेष रूप से उल्लेखनीय हैं। जिस समय इस स्थल के उत्खनन की योजना बनाई गई, उस समय भारतीय पुरातत्त्व में हड़प्पा सभ्यता का अन्त और प्रारंभिक ऐतिहासिक काल के मध्य विकसित संस्कृतियों के पुरातत्त्व के विषय में लगभग कुछ भी ज्ञात नहीं था। इस 'अंधकार युग' के सम्बन्ध में पुरातात्त्विक साक्ष्यों की खोज करना इस स्थल के उत्खनन का प्रमुख लक्ष्य था। उत्खनन के फलस्वरूप जो पुरावशेष प्रकाश में आए हैं, उनसे ऊपरी गंगाघाटी के पुरातत्त्व के विषय में हमारा ज्ञानवर्धन हुआ। इस स्थल पर बी. बी. लाल द्वारा सन् 1950–52 ई. के बीच कराए गए उत्खनन से ऊपरी गंगा घाटी के सांस्कृतिक अनुक्रम पर महत्त्वपूर्ण प्रकाश पड़ा है।[35] उत्खनन के फलस्वरूप यहाँ पर पाँच सांस्कृतिक काल प्रकाश में आए, जिनमें से प्रत्येक के बीच स्पष्ट सांस्कृतिक व्यवधान एवं अनुक्रम में विच्छिन्नता दिखलाई पड़ती है।

प्रथम काल : हस्तिनापुर के सबसे निचले स्तरों से जो विशिष्ट प्रकार के पात्र खण्ड प्रकाश में आए हैं, उन्हें भारतीय पुरातत्त्व में गैरिक मृदभाण्ड के नाम से जाना जाता है। इस तरह के पात्र खण्ड संख्या में कम थे और जो उपलब्ध भी थे, वे टूटे–फूटे एवं अत्यन्त भंगुर थे। इनके आकार–प्रकार के विषय में कोई विशेष जानकारी नहीं हो सकी, अनुमान किया गया है कि इस तरह के पात्र ठीक पके हुए नहीं थे। जो लोग इस तरह की पात्र–परंपरा का प्रयोग करते थे, उनके जीवन के अन्य पक्षों के सम्बन्ध में भी कोई जानकारी नहीं मिलती है। क्योंकि हस्तिनापुर गैरिक मृदभाण्ड से सम्बन्धित क्षेत्र बहुत ही सीमित था और उत्खनन ऊर्ध्वाधर रीति से किया गया था। राजपुर परसु एवं बिसौली से इस तरह के पात्र–खण्ड उन स्थलों से प्राप्त हुए थे, जहाँ से ताम्रनिधियों के सम्बन्धित उपकरण प्राप्त हुए थे।

द्वितीय काल : हस्तिनापुर की दूसरी संस्कृति का प्रतिनिधित्व चित्रित धूसर पात्र परंपरा करती है। इस पात्र परंपरा से सम्बन्धित द्वितीय काल का निक्षेप लगभग 2.10 मीटर मोटा मिला है, जिससे

अनुमान किया जा सकता है कि इस संस्कृति के लोग हस्तिनापुर में काफी लम्बे समय तक रहे। इस पात्र परंपरा के पात्रखण्ड भली भांति तैयार की गई मिट्टी से तेज गति के चाक पर बनाए गए थे तथा इन्हें ऊँचे तापक्रम में पकाया गया था। पात्र–प्रकारों में थाली, कटोरे मिलते हैं, जिनकी सिलेटी सतह पर काले रंग से अलंकरण मिलते हैं। समानान्तर रेखायें, लहरिया, स्वस्तिक, सिग्मा, सकेन्द्रिक वृत्त एवं बिन्दु समूह आदि प्रमुख अलंकरण अभिप्राय हैं। इस पात्र–परंपरा के साथ–साथ इस काल के स्तरों में कृष्ण–लोहित पात्र परंपरा, कृष्ण–लेपित पात्र परंपरा एवं सामान्य लाल पात्र परंपरा के बर्तन भी मिले हैं। ताबें के उपकरण तथा बैल एवं घोड़े की मृण्मूर्तियाँ भी प्राप्य हैं।

हस्तिनापुर के उत्खनन से जानवरों की हड्डियाँ मिली हैं जो मवेशियों, भेड़–बकरी, घोड़े एवं हिरण की हैं। इनमें हिरण को छोड़कर अन्य हड्डियाँ पालतू पशुओं से सम्बन्धित हैं। हिरण का संभवतः शिकार किया जाता रहा होगा। धान की खेती के साक्ष्य से ऐसा प्रतीत होता है कि चावल इनका प्रमुख खाद्यान्न था। बी. बी. लाल को इस काल के आरंभिक स्तरों से लोहे के उपकरण नहीं प्राप्त हुए थे। केवल ऊपरी सतह से लौह अयस्क एवं लौह धातु मल अवश्य मिले थे। इस काल का अंत गंगा नदी की एक विनाशकारी बाढ़ के फलस्वरूप हुआ था।

तृतीय काल : हस्तिनापुर की तीसरी संस्कृति का सम्बन्ध उत्तरी–काली चमकीली मृद्भाण्ड परम्परा से है। यहाँ पर द्वितीय काल से समय का एक लम्बा अन्तराल दिखलायी देता है। इस काल के स्तरों का कुल निक्षेप लगभग 2.70 मीटर मोटा मिलता है। उत्तरी–काली चमकीली पात्र परम्परा के अतिरिक्त कृष्ण–लोहित एवं कृष्ण–लेपित मृद्भाण्ड तथा अलंकृत धूसर मृद्भाण्ड तृतीय काल में प्रचलित थे। इस काल से प्राप्त पुरातात्त्विक साक्ष्य अपेक्षाकृत अधिक सम्पन्न सांस्कृतिक स्थिति की सूचना देते हैं। इस काल के स्तरों से पकी ईटें, सिक्के (आहत एवं लेख रहित ढ़ले हुए सिक्के), मानव एवं पशु मृण्मूर्तियों आदि के साक्ष्य उपलब्ध हुए हैं। सफाई के सन्दर्भ में विशेषकर व्यक्तिगत भवनों में मृत्तिका वलय, कूप और सोख्ता घड़ों के उपयोग के साक्ष्य मिले हैं। तृतीय काल में लोहे के औजारों का भरपूर प्रयोग होने लगा था। तृतीय काल की समाप्ति एक भयंकर अग्निकांड के फलस्वरूप हुई जिसके संकेत जली दीवालों, राख एवं कोयले के टुकड़ों के रूप में मिले हैं।

चतुर्थ सांस्कृतिक काल : हस्तिनापुर का चौथा सांस्कृतिक काल शुंग–कुषाण कालीन है। इस काल के अवशेषों के साथ पूर्ववर्ती मृद्भाण्ट नहीं मिलते है। चतुर्थ काल में लाल मृद्भाण्डों का निर्माण होने लगा था।

पंचम काल : (पूर्व मध्य काल) चतुर्थ काल के एक लम्बे अन्तराल के बाद हस्तिनापुर एक बार पुनः आबाद हुआ।

तिथि क्रम : हस्तिनापुर के उपर्युक्त पांचों विभिन्न सांस्कृतिक कालों का तिथि क्रम पुरातात्त्विक साक्ष्यों के आधार पर निर्धारित किया गया था। द्वितीय एवं तृतीय सांस्कृतिक कालों के तिथि क्रम के विषय में कतिपय रेडियों कार्बन तिथियां भी प्राप्य हैं। यहां पर यह बात उल्लेखनीय है कि पुरातात्त्विक तिथि क्रम एवं रेडियों कार्बन तिथियों के बीच आपस में क्रमबद्धता एवं तारतम्य नहीं है।

हस्तिनापुर की दूसरी संस्कृति चित्रित धूसर पात्र परम्परा से सम्बन्धित है। हस्तिनापुर में चित्रित धूसर पात्र परम्परा के अन्त एवं उत्तरी काली चमकीली पात्र परम्परा के आरम्भ के बीच समय का

अन्तराल है। इस लम्बे अन्तराल में द्वितीय एवं तृतीय कालों की संस्कृतियों के बीच पर्याप्त परिवर्तन दृष्टिगोचर होते हैं। चित्रित धूसर परम्परा की अपेक्षा उत्तरी काली चमकीली पात्र–परम्परा के लोग अधिक सम्पन्न थे। दोनों कालों के बीच स्पष्ट सांस्कृतिक अंतर दिखलायी पड़ते हैं। लाल ने द्वितीय एवं तृतीय सांस्कृतिक कालों के बीच के सांस्कृतिक परिवर्तनों के लिए लगभग 200 वर्षों तक का समय माना है। इस प्रकार हस्तिनापुर में चित्रित धूसर पात्र–परम्परा का अंत लगभग 800 ई. पू. में निर्धारित किया गया है। द्वितीय काल के लगभग 2.10 मीटर मोटे निक्षेप को लगभग 300 वर्षों का समय दिया गया है। इस प्रकार दूसरे सांस्कृतिक काल का प्रारम्भ लगभग 1100 ई0 पूर्व में माना गया है।

चित्रित धूसर पात्र–परम्परा के प्रारम्भ एवं गैरिक पात्र–परम्परा के बीच समय का अन्तराल दिखलाई देता है। यदि इस अन्तराल की अवधि एक सौ वर्ष की रही हो तो गैरिक पात्र–परम्परा वाले प्रथम सांस्कृतिक काल के प्रारम्भ की तिथि 1200 ई. पू. से पहले की मानी जा सकती है।

अतरंजीखेड़ा

अतरंजीखेड़ा का पुरास्थल 27°42′ उत्तरी अक्षांश एवं 78°44′ पूर्वी देशान्तर पर उत्तर प्रदेश में एटा जिले की एटा तहसील में स्थित है। पुरास्थल का निकटम् बस स्टेशन एटा जिले से कासगंज–एटा रोड पर 17 किलोमीटर की दूरी पर मिरछी है। मिरछी से पुरास्थल 10 किलोमीटर पूर्व में है जो एक पक्की सड़क से जुड़ी है। यह पुरास्थल गंगा की सहायक काली नदी के दाहिने तट पर है। इसके दक्षिण–पश्चिम तथा उत्तर में क्रमशः अचलपुर, कल्याणपुर तथा बुरहनाबाद गाँव हैं। यहाँ का टीला 1127.76 मीटर (3700 फीट) लम्बा 411.48 मीटर (1350 फीट) चौड़ा तथा निकटवर्ती स्थलों से 6 से 20.5 मीटर ऊँचा है। टीले के पूर्वी किनारे पर काली नदी बहती है।

यहाँ पर सर्वप्रथम सन् 1962 ई0 में आर. सी. गौड़ ने अलीगढ़ मुस्लिम यूनीवर्सिटी के तत्वावधान में सीमित उत्खनन किया था। पुनः सन् 1964 ई0 से यहाँ पर विस्तृत उत्खनन शुरू हुआ।[36] उत्खनन का मुख्य उद्देश्य गैरिक पात्र (OCP) तथा उसके बाद की संस्कृतियों के विकास क्रम को जानना था। उत्खनन के फलस्वरूप गैरिक पात्र–परंपरा से लेकर उत्तरी काली मार्जित पात्र–परंपरा (NBPW) तक का सांस्कृतिक अनुक्रम प्रकाश में आया जो क्रमशः इस प्रकार था–

कालखण्ड – प्रथम – गैरिक पात्र परंपरा (OCP)

कालखण्ड– द्वितीय – कृष्ण लोहित पात्र परंपरा (B& RW)

कालखण्ड –तृतीय – चित्रित धूसर पात्र परंपरा (PGW)

कालखण्ड – चतुर्थ – उत्तरी काली मार्जित पात्र परंपरा (NBPW)

कालखण्ड प्रथम– गैरिक पात्र परंपरा (द्वितीय सहस्राब्दि ई. पू. का द्वितीय चरण) : इस कालखण्ड की प्रमुख पात्र–परंपरा गैरिक पात्र–परंपरा थी जिस पर गाढ़ा लाल लेप मिलता है। इस पर कभी–कभी काले रंग से अभिप्राय भी चित्रित किए जाते थे अथवा उत्कीर्णित होते थे। इस पात्र–परंपरा का जमाव 0.8 से 1.5 मीटर था। उत्खननकर्ता के अनुसार यह पुर्नस्थापित था।

ये लोग बांस बल्लियों से घरों को बनाते थे। दीवालों को बांस बल्ली से बनाकर उस पर मिट्टी थोपते थे। बांस बल्लियों को किसी प्रकार की रस्सी बनाकर बांधते थे। मिट्टी के प्लास्तर में धान की

भूसी मिली थी। यहाँ लोग चावल, जौ, चना, तथा खेसारी से अवगत थे। ये मांसाहारी थे, गाय की कुछ हड्डियाँ मिली हैं जिनके ऊपर काटने के निशान थे। निश्चित रूप से गाय को पालते थे। आग में पकी तथा कच्ची ईटें भी यहाँ से मिली है। पकी ईटें 7 से. मी. तथा 3.5 से. मी. की और कच्ची ईटें 7 से0मी0 मोटी मिली है। चूंकि ईटें टूटी हैं इसलिए उनकी लम्बाई चौड़ाई का आकलन नहीं हो सकी। पकी ईटों पर अंगुलियों के निशान मिले हैं।

गैरिक पात्र भंगुर हैं तथा रंग छूटता हैं। ये मूलतः दो प्रकार के हैं : प्रथम गेरू के रंग के तथा दूसरे हल्के लाल रंग के, लाल में भी विविध रंग है। बहुत से ठीकरों पर गहरा लाल लेप है तथा वे ओपदार है। ये चाक पर निर्मित हैं। अधिकांशतः पूरे बर्तन नहीं हैं। पात्र प्रकारों में कटोरे, ढक्कनें, बेसिन, कठौती, साधार तश्तरियाँ, संग्रह पात्र, घड़े, लघुपात्र आदि है।

इनके अतिरिक्त सिल–लोढ़े के टुकड़े तथा कुछ मिट्टी की वस्तुयें जैसे डैबर, स्लिंग बाल आदि भी मिले हैं।

कालखण्ड द्वितीय–कृष्ण लोहित पात्र–परंपरा : अतरंजीखेड़ा के उत्खनन की एक विशेष उपलब्धि कृष्ण–लोहित पात्र–परंपरा के एक स्वतंत्र स्तर को चिन्हित करना था। इस काल के जमावों से इस पात्र प्रकार के अतिरिक्त मनके, मिट्टी के चकरी आदि मिले हैं। उपरत्नों के कोर तथा फलक ताम्र वस्तुएं आदि मिली थी इसके अतिरिक्त चावल तथा जौ, से भी लोग अवगत थे। ये मांसाहारी थे, गाय, भेड़, कछुए तथा मछलियाँ इनके प्रिय भोज्य थे। इनके अतिरिक्त भैंस, हिरण भी खाते रहे होंगे। कुत्तों को भी पालते थे।

इस कालखण्ड के जमाव 400 वर्ग मीटर क्षेत्र में 15 से 50 से. मी. मोटा मिला है। इनके ऊपर चित्रित धूसर पात्र–परंपरा का जमाव है तथा नीचे गैरिक पात्र– परंपरा का जमाव है। इन जमावों में कही भी अन्तर्सम्बन्ध नहीं था।

इस काल के जमावों से पकी ईटें तथा चूल्हों के प्रमाण प्राप्त हुए थे। निम्नवर्ती स्तर से प्राप्त चूल्हा अथवा अग्निकुण्ड उत्खनन कर्ता के अनुसार बलिदान कुण्ड भी हो सकता है। चूल्हों से संबंधित फर्श पीली मिट्टी के थे। इस काल के जमाव से काली तथा लाल, काली लेपित तथा लाल लेपित तथा बिना लेपित पात्र मिले थे। कृष्ण–लोहित पात्र प्रायः बर्निश्ड हैं। इनमें अन्दर काला तथा बाहर भूरा चाकलेट रंग है। काला रंग गहरा चमकदार से हल्का है। बर्तन पतली बारी के तथा भली भाँति पके हैं किंतु कुछ की मिट्टी अच्छी नहीं है। वह कंकरीली तथा पोरस है और भली–भांति पकी भी नहीं है।

इसी के साथ ही कृष्ण–लोहित पात्र–परंपरा भी है जो अन्दर से काली तथा बाहर से भूरी और काली है। काला रंग प्रायः बारी के पास है कभी–कभी ऊपर का भाग वर्निश्ड है, किन्तु नीचे का भाग रूक्ष है। इसमें केवल घड़े मिले हैं। इसके साथ तीसरी काली लेपित पात्र–परंपरा है। यह बहुत महीन है तथा तेज चाक पर बनी है संभवतः यह वनिश्र्ड भी है कुछ टुकड़े रूक्ष प्रकार के भी हैं। लाल पात्र–परंपरा जो लेपित तथा अलेपित दोनों प्रकार की है तथा चाक पर बनी है, इसमें घड़े, कटोरे, तश्तरियाँ लघु पात्र भी मिलते हैं। कटोरे प्रायः सभी पात्र परंपराओं में मिलते हैं। तश्तरियाँ लाल पात्र–परंपरा में नहीं है। गहरे तसले लाल पात्र परंपरा में मिलते हैं। कृष्ण–लोहित परंपरा भी प्रायः नहीं है। संग्रह पात्र, घड़े केवल लाल पात्र परंपरा में है। इस काल के बर्तनों पर चित्रण नहीं मिलता किंतु उत्कीर्णन है।

इस काल खण्ड के अन्य पुरावशेषों में कार्नेलियन यथा सीप के मनके, ताँबे की वस्तुयें, कंघी, सिल–लोढ़े के टुकड़े तथा उपरत्नों के फलक आदि उल्लेखनीय हैं।

कालखण्ड तृतीय (चित्रित धूसर पात्र परंपरा संस्कृति) : इस पात्र–परंपरा का जमाव लगभग 1000 वर्गमीटर क्षेत्र में 0.8 से 2.2 मीटर तक था। इसके सम्पूर्ण काल में अनेक बार बाढ़ के प्रकोप के प्रमाण दृष्टिगोचर होते हैं। इसकाल में सर्वप्रथम गेहूँ के प्रमाण मिले हैं। ये लोग चावल, जौ, तथा गेहूँ तीनों का उपयोग करते थे। इनकी उपज आवश्यकता से अधिक होती थी। संभवतः ये सिंचाई की विधि से अवगत थे।

यह आश्चर्य है कि इस काल के जमाव से कोई भी खेती का उपरकण नहीं मिला है। ये लोग गाय, भैंस, बकरी, भेड़, सुअर तथा कुत्ते पालते थे तथा उनका मांस भी खाते थे। इनके अतिरिक्त ये मछली, कछुए, घोंघे तथा चिड़ियों को भी खाते थे। बारहसिंगा, नीलगाय, भेड़िया, आदि का शिकार करते थे।

इस काल के जमाव को तीन भागों में क्रमशः प्रारंभिक, मध्य तथा अन्त में विभाजित करते हैं। प्रारंभिक काल में कृष्ण–लोहित और काली लेपित पात्रों की अधिकता है तथा लोहे और ताँबे की वस्तुए बहुत कम मिलती है। मध्यकाल को पुनः उपकाल 'अ' तथा 'ब' में विभाजित किया गया है। उपकाल 'अ' का जमाव 25 से 40 से. मी. है। इस काल में चित्रित धूसर पात्र सबसे अधिक संख्य में मिले हैं। लोहे की वस्तुओं की बहुलता है। उपकाल 'ब' का जमाव 40 से 90 से. मी. है। पहले की अपेक्षा चित्रित धूसर पात्रों की संख्या बढ़ जाती है। कृष्ण–लोहित पात्र–परंपरा समाप्त हो जाती है। अन्तकाल का जमाव 10 से 40 से. मी. है अब चित्रित धूसर पात्र और कम हो जाते हैं। लोहे की वस्तुओं में विविधता बढ़ जाती है।

इस काल के जमाव से किसी घर की रूपरेखा नहीं मिली है। किंतु इसे सात निर्माण कालों में विभाजित किया गया है। पकी ईटें प्रायः टूटी मिली हैं किंतु प्लास्टर पर बाँस–बल्ली के निशान काफी मिलें हैं। स्तम्भगर्तों के आधार पर अनुमान किया जाता है कि इनके घर आयताकार अथवा चौकोर होते थे। फर्श पीली मिट्टी को पीटकर बनाते थे। उन पर जलने के निशान मिलते हैं।

चित्रित धूसर मृद्भाण्डों का प्रतिशत 3 प्रतिशत से 10 प्रतिशत तक था। इसके साथ की अन्य पात्र–परंपरायें सादी धूसर, कृष्ण लोहित, काली लेपित, महीन लेपित तथा अलेपित, रूक्ष लाल पात्र–परंपरायें थी। चित्रित धूसर पात्र प्रायः महीन बारी के तथा भली–भांति पके होते थे। उन पर प्रायः काले रंग से अभिप्राय मिलते हैं किंतु कभी–कभी लाल, चाकलेट, पीले तथा श्वेत धूसर तथा दो रंगों में भी मिलते हैं। साधारणतया सीधी, आड़ी, तिरछी रेखाओं में चित्रण है। इनके अतिरिक्त अन्य अभिप्रायों में पंक्ति में त्रिकोण, आड़ी लाइनें वृत्त अर्द्धवृत्त, बिन्दु, लघु हुक आदि हैं। इसके अतिरिक्त उत्कीर्णन भी मिलता है। धूसर चित्रित पात्र–परंपरा में प्रमुख बर्तन कटोरे तथा विविध प्रकार की तश्तरियाँ ही हैं। इनके अतिरिक्त अन्य बर्तन जो अन्य पात्र–परंपराओं में मिलते हैं, उनमें संग्रह पात्र, घड़े आदि प्रमुख हैं। इस काल में एक विशिष्ट पात्र जिसे चलनी कहा गया है मिलने लगे हैं। ये प्रमुख रूप से लाल पात्र परंपरा में हैं। इनके अतिरिक्त गोलाकार पहिए अथवा चिपड़ी या चक्र मिले हैं, जिनपर पर विविध अभिप्राय भी मिलते हैं। अन्य पुरावशेषों में मिट्टी के पहिए, उपरत्नों के मनके, सिल–लोढ़े, हड्डी के बाणाग्र, कंघी, लटकन, बिनने की सूई आदि तथा शीशे, लोहे, शंख की वस्तुयें उल्लेखनीय हैं।

पुरावशेषों में सबसे महत्वपूर्ण लोहे के उपकरण हैं जिनकी संख्या 135 है। लोहे के अतिरिक्त ताँबे की भी वस्तुयें मिली हैं जिनमें मूलतः प्रसाधन की वस्तुयें जैसे सुरमें की शलाका, नाखून घिसने की रेती, कड़े, अंगूठी, चिमटी आदि महत्वपूर्ण हैं।

कालखण्ड चतुर्थ (उत्तरी कृष्ण मार्जित पात्र परंपरा) : इस काल के जमाव में धूसर चित्रित पात्र–परंपरा के जमाव के ऊपर प्राप्त हुए हैं। इस काल का जमाव 5 मीटर का था जिसे चार उपकालों में– अ, ब, स एवं द में विभक्त किया गया है। इस काल तथा पूर्ववर्ती काल में कोई अन्तराल नहीं है। इस काल में कोखदार (कैरीनेटेड) हाँडी प्रकार के बर्तनों का विकास होता है। इसके अतिरिक्त साधार कटोरे पहली बार मिलते हैं। बाँस–बल्ली के मकानों के साथ–साथ बिना पकी तथा पकी ईटों की संरचनायें मिलने लगते हैं। वलयकूप के प्रमाण मिलते हैं। इस काल में संभवतः नगर में सुरक्षा दीवाल का प्राविधान होता है। सिक्कों का विकास होता है। खेती के उपकरण यथा हल के फाल, हँसिये आदि लोहे के मिलने लगते हैं। मिट्टी की मानवाकृतियाँ तथा अन्य खिलौने आदि बनने लगते हैं।

चावल, जौ, तथा गेहूँ की खेती वृहत पैमाने पर होने लगी थी। उरद इस काल में सर्वप्रथम मिलती है। वे सभी पशु जो पूर्ववर्ती काल में थे अब भी मिलते हैं। वाणिज्य व्यापार में बढ़ोतरी होती है। बैलगाड़ी के प्रयोग के प्रमाण मिलने लगते हैं।

इस कालखण्ड की प्रमुख पात्र–परंपरा उत्तर काली मार्जित पात्र–परंपरा थी। इसके अतिरिक्त वे सभी पात्र–परंपरायें आती थी जो पूर्ववर्ती काल में प्रचलित थी। बर्तनों के सभी प्रकार कटोरे, लघुपात्र, तश्तरियाँ, तसले (बेसिन, टोंटीदार बेसिन), कठौत, चलनी, संग्रहपात्र, हांडी तथा घड़े आदि प्रचलित थे और उनके आकारों में भी थोड़ी विविधता आ गई थी। अलंकरण के लिए विविध प्रकार के उत्कीर्णन एवं चित्रण तथा चिपकाकर बनाए गए विविध अभिप्राय मिलते हैं।

अन्य महत्वपूर्ण पुरावशेषों में मिट्टी के पशु आकृतियाँ, घोड़े, हाथी, बैल आदि चिडियाँ, मानव आकृतियाँ मिट्टी की गुटि्टयाँ, मिट्टी के लटकन, डैबर, चकरी, उपरत्नों के मनके आदि हैं। पत्थर की वस्तुओं में एक पशु आकृति, सिल, लोड़े, चक्र, गेंदें आदि हड्डी तथा हाथीदाँत की वस्तुओं में वाणाग्र, स्टाइलस, छिद्रक, लटकन मनके, कंछी, चूड़ियाँ, कर्णभरण आदि मिले हैं। शीशे की वस्तुओं में मनके, चूड़ियाँ, भार मापक बाट, बटखरे आदि उल्लेखनीय हैं। लोहे की वस्तयें प्रभूत मात्रा में मिली थी। जिन्हें 31 वर्गों में विभाजित कर सकते हैं। इनमें बाणाग्र, बरछी, हासियाँ हल का फाल, खुरपा, चिमटा, कील हुक, चाकू आदि हैं। इसी प्रकार ताँबे की भी प्राप्त वस्तुओं को 19 वर्गों में विभाजित किया जाता है। जिन्हें प्रसाधन सामग्री, कर्मकार के उपकरण, घर में प्रयुक्त होने वाले उपकरण के अंतर्गत रख सकते हैं। सोने के दो टुकड़े तथा सीसा भी मिला है। सिक्कों में आहत लेखांकनविहीन सिक्के तथा लेखयुक्त भी मिले हैं।

तिथिक्रम : उत्खननकर्ता के अनुसार यहाँ के विविध कालखण्डों को निम्न तिथिक्रम में रख सकते हैं–

कालखण्ड प्रथम – द्वितीय सहस्राब्दि का प्रथम चरण।

कालखण्ड द्वितीय – 1450 से 1200 ईसा पूर्व

कालखण्ड तृतीय – 1200 से 600 ईसा पूर्व

कालखण्ड चतुर्थ – 600 से 50 ईसा पूर्व

इमलीडीह खुर्द

इमलीडीह खुर्द का पुरास्थल 26°30'36'' उत्तरी अक्षांश 83°12'5'' पूर्वी देशान्तर पर उत्तर प्रदेश में गोरखपुर–गोला मार्ग पर गोरखपुर से 40 किलोमीटर दक्षिण में सिकरीगंज से 1/2 किलोमीटर उत्तर–पश्चिम में घाघरा नदी की सहायक कुवाना नदी के बाँए तट पर दक्षिण–पश्चिम गोरखपुर में स्थित है। पुरास्थल 15–20 एकड़ में फैला हुआ है तथा इसी पर आधुनिक इमलीडीह ग्राम स्थित है। यहाँ पर सन् 1990–91 ई. में काशी हिन्दू विश्वविद्यालय, वाराणसी के प्राचीन भारतीय इतिहास संस्कृति एवं पुरातत्त्व विभाग के तत्वावधान में प्रो. पुरूषोत्तम सिंह एवं उनके सहयोगियों ने सर्वेक्षण किया था, तथा सन् 1992 ई0 में उत्खनन कार्य किया।[37] उत्खनन के फलस्वरूप निम्न सांस्कृतिक अनुक्रम प्रकाश में आए।

कालखण्ड प्रथम (प्राक् नरहन संस्कृति 1300 ईसा पूर्व)

कालखण्ड द्वितीय (नरहन संस्कृतिक लगभग 1300 ईसा पूर्व–800 ईसा पूर्व)

कालखण्ड तृतीय (नरहन कालखण्ड द्वितीय 800–600 ईसा पूर्व)

कालखण्ड प्रथम (प्राक् नरहन संस्कृति) : यहाँ के उत्खनन की प्रमुख उपलब्धि प्राक् नरहन संस्कृति की जानकारी थी। इस कालखण्ड का कुल जमाव 50–60 से. मी. था। चूँकि यह नरहन संस्कृति के पूर्ववर्ती थी, इसलिए इसे पूर्व नरहन संस्कृति के नाम से अभिहित किया गया।

इस कालखण्ड की प्रमुख पात्र परम्परा एक रूक्ष लाल पात्र परंपरा थी जिनमें से कुछ के ऊपर डोरी की छाप (Card impression) भी मिलता है। अतः इसे डोरी छाप पात्र–परंपरा भी कहा गया है। पात्रों के निर्माण के लिए मिट्टी में काफी मात्रा में सालन मिलाया जाता था। अधिकांश गोलाकार पात्रों की बारी, पतली बालू से युक्त तथा भंगुर है। पात्र कम पके हैं तथा कोर काले और कंकरीले हैं। डोरी छाप बर्तनों में प्रमुख प्रकार अन्दर की ओर मुड़े साधार कटोरे (Pedestalled Bowl) जिनके बाहर की सतह पर डोरी की छाप मिलती है। पूरे कटोरे की ऊँचाई 7 से. मी. तथा व्यास 16 से. मी. था, इन बर्तनों का आधार अलग से चाक पर बनाते थे, फिर इसे बर्तन से जोड़ देते थे। इसी प्रकार से बड़े गोलाकार नाशपाती आकार के बर्तन (Golobular Vessel) मिलते हैं, जिनकी गर्दन संकरी तथा मुँह फैला होता था। इनमें भी मुँह (Rim) अलग से जोड़ा जाता था। इनमें गर्दन के ठीक नीचे डोरी की छाप होती थी। तीसरे प्रकार का हाँडी की सतह का पात्र मिलता है। ये तीक्ष्ण कोखदार (Sharply Carinated) होते थे तथा उन पर पट्टी चिपकाकर अलंकरण करते थे। पट्टी पर भी रस्सी अथवा नाखून का अभिप्राय बनाते थे। इसी प्रकार के पात्रों पर काख के नीचे डोरी छाप मिलती है। कुछ पात्रों पर लाल पाण्डु रंग में बिन्दु तथा डैश तथा पकाने के बाद ज्यामितीय उत्कीर्णन के द्वारा संजोया जाता था।

इस काल के लोग बाँस–बल्ली के झोपड़ों में रहते थे। झोपड़ों के अतिरिक्त मिट्टी की अनेक फर्शें, चूल्हे तथा भट्टियाँ मिली हैं। पुरावशेषों में स्टीयटाइट, टेराकोटा, अगेट तथा फियान्स के मनके, हड्डी के शर तथा मिट्टी की चकरी की गणना की जा सकती है। प्राप्त हड्डियों के अवशेषों से ज्ञात होता है कि ये लोग चौपायें जानवर भेड़, बकरी तथा संभवतः सुअर पालते थे। उनकी हड्डियों पर काटने के निशान मिलते हैं। जंगली पशुओं में भ्वह क्ममत तथा संभवतः भेड़िये की हड्डियाँ मिले हैं। पानी के जन्तुओं में कछुए, मछलियाँ तथा घोंघे मिले हैं।

कालखण्ड द्वितीय (नरहन संस्कृति) : इस काल के दो फर्शों, स्तम्भ गर्त, चूल्हे तथा भठियाँ मिली हैं। इस काल की प्रमुख पात्र परंपरा सफेद रंग से चित्रित कृष्ण–लोहित पात्र–परंपरा हैं। इनमें कटोरे, साधार तश्तरियाँ तथा होठदार बेसिनें हैं। यहाँ पर इस पात्र–परंपरा के रूक्ष तथा औसत गढ़न के ही पात्र मिले हैं। सुन्दर गढ़न के पात्र जैसे नरहन में मिलते हैं, यहाँ पर दुर्लभ थे। चमकदार कृष्ण तथा लाल जो नहरन में अपेक्षाकृत नगण्य थे यहाँ पर प्रभूत संख्या में मिले थे। काले लेपित पात्रों में यहाँ पर नवीन पात्र 'लोटा' भी मिलने लगता है। इसके अनेक पात्र मिले हैं कुछ पर मुँह से गर्दन के भाग तक बाहर की ओर सीधी रेखाओं में अलंकरण मिलता है। लाल–लेपित मृद्‌भाण्ड जैसी नरहन में मिली थी यहाँ से नहीं मिली।

इस काल के पुरावशेषों में हड्‌डी के शर, मृतिका चकरी, मिट्‌टी के मनके, ताँबे के बाणाग्र तथा दो ताँबे के मनके उल्लेखनीय हैं। कलात्मक वस्तुओं में स्टेटाइट के मनके उल्लेखनीय हैं। पशुओं में इस काल के लोग चौपायें बकरी, भेड़, घोड़े तथा कुत्तों को पालते थे। जंगली पशुओं में भालू, कुत्ते, हिरन, चितल, बारहसिंगा आदि की हाड्डियाँ मिली हैं। सबसे अधिक हड्डियाँ गाय–बैलों (Cattles) की हैं। घोंघे छोड़कर सभी जल के जन्तु जो प्रथम काल के जमाव से मिले थे, इस काल में भी मिलते हैं। मुर्गा भी संभवतः इनका भोज्य था।

कालखण्ड तृतीय : इस काल का जमाव आधुनिक काल की गति विधियों के कारण बहुत अधिक बुरी स्थिति में था। इस काल में जमावों में कृष्ण लोहित पात्र– परंपरा का नितान्त अभाव था और लाल पात्र परंपरा की बहुलता थी। काली लेपित मृद्‌भाण्ड का भी आधिक्य हो जाता है। इसके अतिरिक्त धूसर रंग के पात्र भी मिले हैं। एन. बी. पी. के पात्र का एक टुकड़ा धरातल से मिला था। इस काल का सांस्कृतिक जमाव नरहन के कालखण्ड द्वितीय से तुलनीय है।

नरहन

नरहन नामक पुरास्थल 26° 19' उत्तरी अक्षांश, 83° 24' पूर्वी देशान्तर पर उत्तर प्रदेश में गोरखपुर की गोला तहसील में घाघरा नदी के बायें तट पर स्थित है। यहाँ का निकटतम् गाँव भड़ोह (Bharroh), बड़हलगंज गोला मार्ग पर अवस्थित है। बड़हलगंज यहाँ से 12 किलोमीटर पूर्व में है। यहाँ का निकटतम् रेलवे स्टेशन दोहरी घाट है। इस स्थल पर काशी हिन्दू विश्वविद्यालय, वाराणसी के प्राचीन भारतीय इतिहास संस्कृति एवं पुरातत्त्व विभाग के तत्वावधान में डॉ0 पुरुषोत्तम सिंह ने 1984–89 ई. के मध्य पाँच सत्रों में उत्खनन कार्य कराये थे।[38] उत्खनन के फलस्वरूप 1300 ईसा पूर्व से गुप्तकाल तक के सांस्कृतिक स्तर प्रकाश में आए जिन्हें पाँच काल खण्डों में विभाजित किया गया। ये क्रमशः निम्न हैं–

कालखण्ड प्रथम–श्वेत रंग से चित्रित–लोहित पात्र–परंपरा।

कालखण्ड द्वितीय–कृष्ण लेपित तथा संबंधित पात्र–परंपरा।

कालखण्ड तृतीय–लाल मोटे धूसर पात्र, कृष्ण लेपित तथा उत्तरी कृष्ण मार्जित ओपदार पात्र–परंपरा।

कालखण्ड चतुर्थ– शुंग–कुषाणयुगीन लाल पात्र–परंपरा

कालखण्ड पंचम– लाल पात्र–परंपरा तथा संबंधित पुरावशेष।

नरहन पुरास्थल में दो टीले थे, जिनमें से प्रथम टीले का दो तिहाई भाग घाघरा नदी ने बहा दिया तथा एक तिहाई भाग में गाँव है। गाँव के पश्चिम में 2×2 मीटर की आठ खनतियों में सन् 1985 ई. में उत्खनन किया गया था जिसमें प्रथम दो कालखण्डों का उत्खनन दूसरे टीले पर किया गया था जो कि प्रथम टीले से लगभग 500 मीटर उत्तर–पूर्व दिशा में स्थित था।

कालखण्ड प्रथम– कालखण्ड प्रथम का लगभग 1 मीटर मोटा जमाव प्रथम टीले में उत्खननित किया गया। इस जमाव से मुख्य रूप में श्वेत रंग से चित्रित, कृष्ण–लोहित पात्र–परंपरा, कृष्ण–लेपित पात्र जिस पर कभी–कभी श्वेत रंग से चित्रण किया गया था। लाल लेपित पात्र–परंपरा तथा सादी लाल पात्र–परंपरा के पात्र मिले थे। कृष्ण–लोहित पात्र–परंपरा में कटोरे, गहरे तसले एवं घड़े मिले हैं।

प्रथम काल के बासिंदे बांस–बल्ली के मकानों में रहते थे। स्तम्भगर्त, मिट्टी पर बल्लियों के निशान, पीट कर बनाए गए फर्श तथा चूल्हे आदि मिले हैं। सम्पूर्ण घर की योजना नहीं मिली है। जमीन में खोदे हुए गहरे गड्डों में मृद्भाण्डों के टुकड़े पशुओं की हड्डियाँ, हिरण के सींग तथा राख युक्त मिट्टी मिली है।

ये खेती करते थे यहाँ उत्खनन से जौ, गेहूँ तथा चावल के दाने मिले हैं। दालों में मटर, मूँग, चना, खेसारी, सरसों और तिल मिले हैं। सरसों के प्राचीनतम् प्रमाण इसी पुरास्थल से भारत में मिले है। कटहल तथा बेर के प्रमाण भी मिले हैं।

मांस भी इनके भोजन के प्रमुख अंग था। पशुओं की जली हड्डियाँ जिन पर काटने के निशान हैं प्रभूत मात्रा में मिली हैं, जिन पशुओं की हड्डियाँ हैं– उनमें गाय, बैल, भेड़–बकरी तथा हिरन और घोड़ा पहचाने जा सके हैं। मिट्टी के एक पिण्ड पर कटिया तथा डोरी के निशान मिले हैं। जिनसे अनुमान करते हैं कि मछली भी इनके भोजन का एक मुख्य अंग था। कटिया लोहे की बनाते थे। धागा वनस्पति से बनाते थे।

इस कालखण्ड के अन्य पुरावशेषों में 63 मिट्टी की चकरी जिनमें से कुछ के मध्य में छेद है, संभवतः पहिये के समान प्रयोग में लाते थे, मिट्टी के डैबर तथा दो गेदें जिसमें से एक मिट्टी तथा दूसरी पत्थर की मिली है। पत्थर का एक मनका भी मिला है। चिरांद, कोलडिहवा, सोहगौरा आदि अन्य स्थलों के समान नरहन से लघु पाषाण उपकरण नहीं मिले हैं।

इस काल के जमाव से एक ओपदार कुल्हाड़ी कुछ बाणाग्र–साकेटेड पुच्छलयुक्त हड्डी प्वाइन्ट आदि भी मिले है। इस काल के ऊपरी स्तर से (900–800 ईसा पूर्व) लोहे के दो टुकड़े भी मिले हैं।

तिथि– सोहगौरा पुरास्थल जो यहाँ से मात्र 30 किमी. दूर है में कृष्ण लोहित पात्र–परंपरा स्तर से दो कार्बन तिथियाँ प्राप्त हुई थी। जो क्रमशः (PRL- 179), 1140±130 ईसा पूर्व तथा (PRL- 178) 1240±110 ईसा पूर्व है। नरहन से भी चार तिथियाँ हैं जिनमें दो एक दूसरे की पूरक हैं– वे (B.S.850) 1090±110 ईसा पूर्व तथा (B.S.852) 1100±110 ईसा पूर्व है।

इसी प्रकार से खैराडीह के निम्नतम् स्तर से भी तीन तिथियाँ हैं जो क्रमशः (PRL-1049) 940±150 (BS-722) 720±90; (BS-5519) 1030±90 ईसा पूर्व है। सी.–14 के आधार पर प्रारंभ की तिथि 1300 ईसा पूर्व तथा अन्त की तिथि 800 ईसापूर्व प्रस्तावित करते हैं।

कालखण्ड द्वितीय– प्रथम टीले पर इस कालखण्ड का औसत जमाव 90 सेमी. है। इसमें कृष्ण लोहित पात्र–परंपरा का नितान्त अभाव है। कृष्ण लेपित पात्र– परंपरा की बहुलता है। किंतु लाल पात्र परंपरा भी मिलती है। सादी लाल पात्र–परंपरा सबसे अधिक है। कृष्ण लेपित पात्र–परंपरा में प्रमुख पात्र प्रकार कटोरे, तश्तरियों, तसलों, तथा घड़े मिलते हैं।

अन्य पुरावशेषों में मृद्भाण्ड की चकरी विविध प्रकार के बाणाग्र तथा हड्डी के प्वाइन्ट आदि प्रमुख हैं। पुच्छल तथा साकेटेड बाणाग्रों पर वृत्त का निशान आहत करके बनाया जाता था। कांच अगेट, मिट्टी तथा हड्डी का पासा, मिट्टी की मुहरें उल्लेखनीय हैं। मिट्टी की लटकन तथा दो मिट्टी की मातृदेवी की मूर्ति उनके धार्मिक पक्ष को उजागर करती है। मिट्टी की घरियां (Crucibles) भी मिली हैं। लोहे की वस्तुओं में बढ़ोतरी होती है। लोहे के बाणाग्र, बरछी के फलक, छेनी तथा कीलें मिली हैं। पहले के सभी खाद्यान्न इस काल में भी मिले। इनके अतिरिक्त कुसुम्भ (Sun flower) के बीज इस काल के जमाव से प्रथम बार प्राप्त हुए।

ऐसा प्रतीत होता है कि बाढ़ के प्रकोप के कारण इस कालखण्ड के अन्त में लोग एक दूसरे क्षेत्र में चले गए। इस कालखण्ड को 800 ई. पू. से 600 ई. पू. के अंतर्गत रखते हैं।

कालखण्ड तृतीय– इस कालखण्ड के जमाव दूसरे टीले से मिले हैं। अब मिट्टी के घर बांस–बल्ली से छाकर बनाते थे। एक घर में एक संग्रह पात्र मिला था और उसी के निकट एक उल्टा ताँबे का बर्तन भी था। इस काल के जमाव से लाल पात्र–परंपरा, मोटी धूसर पात्र–परंपरा, कृष्ण लोपित पात्र–परंपरा थोड़े से उत्तरी कृष्ण मार्जित पात्र–परंपरा तथा एक प्रकार की रस्सी छाप पात्र–परंपरा मिली है। लाल पात्र– परंपरा इस कालखण्ड की प्रमुख पात्र–परंपरा थी।

इस काल के अन्य पुरावशेषों में ताँबे तथा लोहे की वस्तुयें, मनके, चूड़ियाँ मानव आकृतियाँ, चकरी तथा खिलौने की गाड़ी के पहिए तथा ताबें का एक सिक्का मिला है। इनके अतिरिक्त चांदी के आहत सिक्कों का ढ़ेर भी मिला है। जिसमें 48 आहत सिक्के तथा तीन बिना आहत चांदी के टुकड़े मिले थे। बाणाग्र पहले की अपेक्षा कम मिले हैं। टेराकोटा का एक मूसल उल्लेखनीय है। इनके अतिरिक्त कानों के आभूषण, मिट्टी की चूड़ियां, कांच तथा अगेट के मनके भी मिले हैं। अन्नों में पूर्व के समान चावल, गेहूँ, कोदों आदि मिले हैं। इनके अतिरिक्त चन्दन तथा आँवले के अवशेष भी मिले। इस कालखण्ड से प्राप्त कार्बन तिथियों 2200±100 ईसा पूर्व तथा 2100±100 वर्ष पूर्व हैं।

कालखण्ड चतुर्थ– इस कालखण्ड की प्रमुख पात्र–परंपराओं में लाल पात्र परंपरायें प्रमुख थी। इसमें कटोरे, तश्तरियाँ, घड़े, तसले, छिद्रयुक्त पात्र तथा ढक्कन प्रमुख हैं। इस काल में पकी ईटों का प्रयोग होने लगता है। टेराकोटा की सुन्दरता से बनी आकृतियाँ मिली हैं। इनके अतिरिक्त कर्णाभरण, सुरमे की शलाका, ताँबे की अंगूठी, मिट्टी, हड्डी, हाथीदाँत, अगेट की चूड़ियाँ तथा मातृदेवी की प्रतिमायें, बहुलता से मिली हैं। इनके अतिरिक्त गणेश तथा माया की भी प्रतिमायें मिली हैं।

इस कालखण्ड के निम्नवर्ती स्तर से एक कार्बन तिथि उपलब्ध है जो 2200±100 वर्ष पूर्व है। इस कालखण्ड को 2000 ईसापूर्व से 300 ईसा पूर्व के बीच रखते हैं।

कालखण्ड पंचम– इस कालखण्ड में भी प्रमुख पात्र परंपरा लाल पात्र परंपरा थी। इस कालखण्ड का 300 ई० से 600 ई० के मध्य रखते हैं।

जखेड़ा

जखेड़ा पुरास्थल एटा जिले में काली नदी के बायें तट पर अतरंजीखेड़ा से 16 किमी. की दूरी पर स्थित है। स्थानीय लोग इसे 'कुशक' के नाम से जानते हैं। यहाँ पर मुस्लिम विश्वविद्यालय, अलीगढ़ के इतिहास विभाग के तत्वावधान में सन् 1974–76 ई0 में *एम. डी. एन. साही* ने उत्खनन कार्य किया था।[39] इस स्थल पर उत्खनन का उद्देश्य कृष्ण–लोहित पात्र–परंपरा और चित्रित धूसर पात्र–परंपरा के पारस्परिक संबंध का निरूपण करना तथा चित्रित धूसर पात्र–परंपरा की संस्कृति के संबंध में जानकारी प्राप्त करना था। उत्खनन के फलस्वरूप तीन सांस्कृतिक स्तर प्रकाश में आए, जो क्रमशः इस प्रकार हैं:

कालखण्ड प्रथम : कृष्ण लोहित पात्र परंपरा

कालखण्ड द्वितीय : इस कालखण्ड पुनः दो खण्डों में विभाजित किया गया।

(क) काल अ–कृष्ण लोहित पात्र- परंपरा व चित्रित धूसर पात्र–परंपरा का संक्रमण काल।

(ख) काल ब–चित्रित धूसर पात्र–परंपरा काल।

कालखण्ड तृतीयः उत्तरी काली मार्जित पात्र–परंपरा काल।

कालखण्ड प्रथम : इस काल के जमावों से सादी कृष्ण–लोहित (Black and Red Ware), कृष्ण लेपित पात्र–परंपरा तथा लाल पात्र–परंपरा के मृद्भाण्ड प्रकाश में आए थे। इनके अतिरिक्त कतिपय रगड़कर चमकाये हुए धूसर पात्र भी मिले थे। इसके अतिरिक्त एक फर्श जिस पर कहीं–कहीं जलने के निशान थे तथा स्तम्भ गर्त एवं सरकण्डों तथा बांस के निशान से युक्त जली मिट्टी के पिण्ड भी प्रकाश में आए। फर्श के ऊपर एक टूटा हुआ अण्डाकार चूल्हा भी मिला था।

पुरावशेषों में मिट्टी की चकरी, एक अगेट का टुकड़ा, बेलनाकार मनके तथा पुच्छल बाणाग्र जिसके ऊपर एक वृत्त का निशान था, मिले थे।

कालखण्ड द्वितीय 'अ' – कालखण्ड द्वितीय अ में पूर्ववर्ती पात्र–परंपरा पूर्ववत मिलती है, किंतु साथ में कतिपय संख्या में चित्रित मृद्भाण्ड भी मिलने लगते हैं। चित्रण काले रंग से लाल सतह के ऊपर किया गया है। इसके अतिरिक्त इनके ऊपर के स्तर से चित्रित धूसर पात्र भी मिले हैं। चित्रित अभिप्रायों में चौड़ी, सीधी अथवा आड़ी समानान्तर रेखायें हैं। कुछ में काले रंग में चित्र कृष्ण–लोहित और धूसर पात्रों पर भी किया गया है। यह चित्रित धूसर पात्र–परंपरा के प्रारंभिक स्तर को निरूपित करता है।

एम. डी. एन. साही इस स्तर को आद्य चित्रित धूसर पात्र–परंपरा के नाम से भी अभिहित करते हैं। उनके अनुसार कुछ पात्रों के प्रारंभिक स्वरूप गैरिक पात्र परंपरा, मालवा तथा बनास से सम्बन्धित किए जा सकते हैं। जैसे पैरदार छिद्र युक्त कटोरे, होठदार गहरी तश्तरियाँ आदि। इनके अतिरिक्त एक गोलाकार बांस–बल्ली से निर्मित घर की भूमितल योजना के प्रमाण मिले थे।

इस काल के प्राप्त पुरावशेषों में ताम्बे की चूड़ियाँ, लोहे की वस्तुयें, पत्थर की गेंद, दो कंघी, बाणाग्र, हड्डी के सर, टेराकोटा के मनके तथा गेंद उल्लखित हैं। सबसे महत्वपूर्ण चार ज्यामितीय आकार की टेराकोटा वस्तुयें थी।

कालखण्ड द्वितीय 'ब' – इस कालखण्ड में उन्नत चित्रित धूसर पात्र– परंपरा के पात्र मिले थे। इनके साथ अचित्रित धूसर पात्र, कृष्ण लोहित पात्र, कृष्ण लेपित पात्र, लाल लेपित पात्र तथा सादे पात्र भी मिले थे। इस काल में आवास के कुछ भागों को मिट्टी की एक दीवाल से घेरा गया था, संभवतः यह सुरक्षा प्राचीर था। प्राप्त दीवाल के नीचे आधार 4.80 मीटर चौड़ी है, तथा 1.20 मीटर की ऊँचाई तक मिली थी। नदी की ओर इसके दक्षिण में एक परिखा (Moat) भी चिन्हित की गई थी।

घरों की अण्डाकार/गोलाकार, आयताकार भूमिगत योजनायें भी चिन्हित की गई थी और इस काल के 20 क्रमिक फर्श चिन्हित किए गए थे। पकी इटों का प्रयोग संभवतः धार्मिक अनुष्ठानों के निमित्त करते थे।

ज्यामितिक शास्त्र में भी संभवतः इनकी प्रगति हो गई थी। एक धूसर पात्र पर प्रतिच्छेदी वृत्त उत्कीर्ण मिले हैं। पुरावशेषों में उपरत्नों के मनके, हड्डी तथा लोहे की वस्तुयें, जैस्पर की कोर, आरी से कटे हुए हिरण की सींग आदि उल्लेखनीय हैं। इनके अतिरिक्त चूड़ियाँ, सूरमे की शालाका, मछली पकड़ने की कटिया, सूई (ताँबे), कुदाल, हँसिया, भाले, फाल, बरछी, छेनी, कुल्हाड़ी, कीलें, टेराकोटा की चकरी, तकुआ, मोहरें, डैबर आदि उल्लेखनीय हैं। सोने के आभूषण तथा उनको बनाने के उपकरण प्रकाश में आए हैं, जिनसे स्पष्ट है कि स्वर्णाभूषणों का प्रचलन व्यापक हो गया था।

इनके अतिरिक्त मिट्टी की तीन मानव आकृतियाँ जो काले धूसर रंग की थी, महत्वपूर्ण हैं। इनमें से एक स्त्री आकृति संभवतः साड़ी पहने है। इस काल की एक सड़क 4.25 मीटर चौड़ी चिन्हित की गई थी। सड़क संभवतः पूर्व–पश्चिम दिशा में थी।

कालखण्ड तृतीयः इस काल में उत्तरी काली मार्जित पात्र–परंपरा का प्रारंभ होता है। यह चित्रित धूसर पात्र–परंपरा में अतिच्छादन करती है। यह काल श्रावस्ती के समकालीन माना जा सकता है। इस काल में पुरावशेषों की संख्या में बहुलता हो जाती है। इस कालखण्ड की समाप्ति के साथ की आबादी भी समाप्त हो जाती है।

संकिसा

संकिसा (27° 21' उत्तरी अक्षांश, एवं 79° 20' पूर्वी देशान्तर) नामक पुरास्थल उत्तर प्रदेश के फर्रूखाबाद जिले में स्थित है। प्राचीन काल के महत्वपूर्ण नगरों में से एक संकिसा 'कुशध्वज' नामक राजा की राजधानी थी। कुशध्वज राजा जनक के भाई थे ऐसा विवरण वाल्मीकि रामायण में मिलता है। बौद्ध साहित्य में भी संकिसा का विवरण हुआ है, यहां सम्राट अशोक द्वारा हस्ति–स्तंभ स्थापित किया गया था। संकिसा नामक इस महत्वपूर्ण पुरास्थल का उत्खनन नई दिल्ली स्थित भारतीय पुरातत्व सर्वेक्षण की उत्खनन भाखा–II के तत्कालीन अधीक्षण पुरातत्त्वविद् डॉ. बी. आर. मणि के निर्देशन में सन् 1995–96 एवं 1996–97 के दो सत्रों में किया गया।[40] उत्खनन के परिणाम स्वरूप यहां पर चार सांस्कृतिक कालों के अवषेश प्राप्त हुए हैं। प्रथम काल– चित्रित धूसर मृदभाण्ड संस्कृति (नवीं से छठी शताब्दी ईसा पूर्व), द्वितीय काल– उत्तरी कृष्ण मार्जित मृदभाण्ड संस्कृति (छठी से तीसरी शताब्दी ईसा पूर्व), तृतीय काल– शुंग काल (दूसरी से पहली षताब्दी ईसा पूर्व), चतुर्थ काल– कुषाण काल (पहली से तीसरी शताब्दी ईसा)।

प्रथम काल– चित्रित धूसर मृद्भाण्ड संस्कृति : इस काल से चित्रित धूसर मृद्भाण्ड के साथ कृष्ण लोहित एवं कृष्ण मार्जित मृद्भाण्ड जिनमें कटोरे, परात, थाली के साथ–साथ घड़े, जार, संग्रहपात्र, लघुपात्र आदि प्राप्त होते हैं। कुछ मृद्भाण्डों के ऊपर काले रंग से चित्रण के साथ–साथ उकेर कर व नाखून से भी चित्रण किया गया हैं। महत्वपूर्ण पुरावषेषों में मृण्मय मातृदेवी के सिरो भाग, मृण्मय मानव मूर्तियों के अवषेषों के साथ साथ पशुओं की मूर्तियाँ, मनके एवं चूड़ियाँ आदि के अवशेष हैं। इसके अतिरिक्त अर्द्ध मूल्यवान पत्थरों से निर्मित मनके, अस्थि निर्मित वेधक एवं वाणाग्र, लोहे की छेनी आदि प्राप्त हुए हैं।

चित्रित धूसर मृद्भाण्ड संस्कृति के बाद उत्तरी कृष्ण मार्जित मृद्भाण्ड संस्कृति से यहां पर नगरों का विकास प्रारम्भ हुआ जो मौर्य काल, शुंग काल, कुषाण काल तथा परवर्ती काल तक अबाध रूप से चलता रहा।

थापली

थापली नामक पुरास्थल 30°12′ उत्तरी अक्षांश एवं 78°47′ पूर्वी देशान्तर पर अलकनन्दा नदी के दाहिने तट पर टिहरी गढ़वाल में श्रीनगर से 2 किलो मीटर दक्षिण पश्चिम में स्थित है। श्रीनगर से वडियारगढ़ मार्ग पर इसकी दूरी 13 किलोमीटर है। यह क्षेत्र हराभरा तथा खेती की दृष्टि से बहुत अच्छा है। सड़क निर्माण के कारण पुरास्थल का बहुत भाग नष्ट हुआ है। 2.90 मीटर के सम्पूर्ण आवासीय जमाव में 1. 70 मीटर सड़क निर्माण प्रक्रिया के फलस्वरूप नष्ट हो चुका है। यहाँ पर गढ़वाल विश्वविद्यालय श्रीनगर के तत्वाधान में डा. नौटियाल तथा डा. खण्डूरी और उनके सहयोगियों ने सीमित उत्खनन 5×2 मीटर की खनती में किया था।[41] उत्खनन में केवल धूसर चित्रित पात्र परंपरा संस्कृति के अवशेष प्राप्त हुए थे। इसके अतिरिक्त उससे संबंधित अन्य पात्र परंपरायें भी प्रकाश में आयी थीं।

उत्खनन के फलस्वरूप तीन स्तर प्रकाश में आए, जिनका सम्मिलित जमाव 1.20 मीटर तथा जो नदी के पेबुल मिश्रित पीले तथा चिपचिपी मिट्टी के धरातल पर आश्रित था। यह उल्लेखनीय है कि चित्रित धूसर पात्र–परंपरा की केवल तश्तरियाँ तथा कटोरे ही यहाँ पर मिले थे। इनके अतिरिक्त एक चित्रित लघुपात्र भी मिला था। इस प्रकार के बर्तन अहिछत्र, नोह, तथा अतरंजीखेड़ा से भी मिले हैं। इस प्रकार के लघु पात्र का क्या उपयोग था कहना कठिन है। उत्खनन कर्ताओं की धारणा है कि इनका उपयोग किसी धार्मिक अनुष्ठान में होता रहा होगा।

थापली के धूसर पात्रों पर चित्रण अभिप्रायों में सूर्य प्रतीक, शैर्षिक तथा क्षैतिज पट्टी (Horizental rim band), बिन्दु (Dot) सिग्मा (Sigma), संकेन्द्रित वृत (Concentric Circle), आड़ी तिरछी लघु धारियाँ, लहरदार रेखा बिन्दु से युक्त दो लाइनें पत्ती आदि हैं। यह उल्लेखनीय है कि दोनों महीन तथा मोटी बारी के पात्र यहाँ से मिले हैं।

चित्रित धूसर पात्रों के साथ काली लेपित पात्र (Black Slipped Pottery), महीन लाल, धूसर तथा रूक्ष लाल पात्र भी मिले हैं। पात्र प्रकारों में मुख्य रूप से तश्तरियाँ, कटोरे, घड़े तथा तसले प्रमुख हैं। घड़े तथा तसले प्रमुख हैं घड़े तथा रूक्ष लाल पात्र परम्पराओं में भी मिले हैं। लाला पात्रों में एक छिद्रयुक्त घड़ा भी मिला था। लाल पात्रों पर कभी–कभी उत्कीर्णन द्वारा अलंकरण भी मिलता है।

अन्य सांस्कृतिक उपादनों में मिट्टी की बनी पक्षी की एक प्रतिमा जो भली–भाँति पकी हुई हैं, ताँबे के कड़े, ताँबे की नहन्नी, मिट्टी के मनके आदि हैं। कुछ लाल मृदभाण्ड में धान की भूसी मिली हैं जिससे अनुमान करते हैं कि ये लोग चावल का उपयोग करते थे। प्राप्त हड्डियों के परीक्षण से ज्ञात होता है कि ये लोग गाय, बैल, सुअर, घोड़े, पालते थे तथा पशुओं के मांस को खाते थे।

थापली का उत्खनन इस दृष्टिकोण से विशेष महत्वपूर्ण है कि इसके आधार पर हम कह सकते हैं कि चित्रित धूसर पात्र परंपरा के लोग गंगा–यमुना दोआब तक ही सीमित नहीं थे अपितु उनका विस्तार हिमालय तक था।

अहिछत्र

अहिछत्र पुरास्थल 24°56′ उत्तरी अक्षांश एवं 83°56′ पूर्वी देशान्तर पर उत्तर प्रदेश के बरेली जिले में रामनगर के निकट लगभग 25 किलो मीटर की दूरी पर विस्तृत क्षेत्र में टीले के रूप में विद्यमान है। स्थानीय लोग इसे 'आदिकोट' के नाम से भी अभिहित करते हैं। प्राचीन नगर प्रकाराश्रेष्ठित है जिसकी लम्बाई लगभग 6 किलो मीटर है। इसके बाहर एक खाई (Moat) थी।

भारतीय वाङ्मय में अहिछत्र का विवरण अनेक स्थलों पर मिलता है। पौराणिक विवरणों के अनुसार अहिछत्र पांचाल राज्य की राजधानी थी। उन्नीसवीं शताब्दी के मध्य में कैप्टन *हान्सन* ने सर्वप्रथम इसे चिन्हित किया था। सन् 1862 ई. *कनिंघम* ने यहाँ पर सीमित उत्खनन करवाया था। इसके बाद सन् 1891 ई. में *फ्यूरर* ने भी कुछ स्थलों का उत्खनन करवाया किन्तु ये सभी उत्खनन अत्यन्त सीमित थे। इस स्थल का वास्तविक महत्व सन् 1940 ई. से 44 ई0 के बीच भारतीय पुरातत्व सर्वेक्षण के तत्वाधान में राय बहादुर *के. एन. दीक्षित* तथा *अमलानन्द घोष* के निर्देशन में किए गए उत्खननों से ही उजागर हुआ।[42] इस पुरास्थल का उत्खनन इस दृष्टि से विशेष महत्वपूर्ण था कि इसके साथ इतिहास कालीन मृद्भाण्ड परम्पराओं का व्यवस्थित रूप से अध्ययन प्रारंभ हुआ जिसके फलस्वरूप कालान्तर में इतिहास कालीन संस्कृतियों के सापेक्ष तिथिक्रम निर्धारित की जा सकी। *दीक्षित* तथा *घोष* के उत्खनन के फलस्वरूप यहाँ पर नौ कालों का जमाव प्रकाश में आए, जिन्हें प्राक् 300 ईसा पूर्व से 1100 ई. के मध्य रखा गया।

कालखण्ड प्रथम (प्राक् 300 ई. पू.) : यहाँ के सबसे निम्नवर्ती जमाव कालखण्ड प्रथम से उन्हें चित्रित धूसर मृद्भाण्ड प्राप्त हुए किंतु उत्खनन के सीमित क्षेत्र तथा अल्प संख्या में प्राप्त मृदभाण्डों के कारण उनके सापेक्षिक महत्व का निरुपण नहीं हो सका। इस काल में कोई संरचना (Structure) नहीं मिली थीं। इस कालखण्ड की तिथि को प्राक 300 ईसा पूर्व कहा गया।

कालखण्ड द्वितीय (300–200 ई. पू.) : में कच्ची ईटों से निर्मित कुछ संरचनायें मिली थी तथा उनके साथ उत्तरी कृष्ण मार्जित पात्र–परम्परा के भी पात्र प्राप्त हुए थे।

कालखण्ड तृतीय (200–100 ई. पू.) : में भी कच्ची ईटों से निर्मित संरचनायें मिली।

कालखण्ड चतुर्थ एवं कालखण्ड पाँचम् (प्रथम शती ईसा पूर्व) में पकी ईटों से निर्मित संरचनायें सर्वप्रथम में मिली। इसी काल में नगर को एक 5–5 किलोमीटर लम्बी सुरक्षा प्राचीर से घेरा गया था। यह सुरक्षा प्राचीर पकी ईटों से निर्मित थी। इसके पूर्व सुरक्षा प्राचीर मिट्टी की थी। इन कालखण्डों से बहुत मात्रा में पांचाल सिक्के प्राप्त हुए थे। इस प्रकार के सिक्के पाँचवे कालखण्ड तक मिलते हैं।

कालखण्ड षष्टम् (100–350 ई.) में कुषाण कालीन पुरावशेषों के साथ–साथ इसी काल के सिक्के भी मिले थे।

कालखण्ड सप्तम् (350–760 ई.) में बड़े आकार की पकी मिट्टी की ब्राह्मण देवी–देवताओं की प्रतिमायें मिली थी। इस स्तर से कुछ मुद्रायें भी मिली थी जिन पर 'अच्यु' अंकित था। इसका समीकरण प्रयाग प्रशस्ति में वर्णित अच्युत से करते हैं, जिसे समुद्र गुप्त ने 350 ई. में पराजित किया था।

कालखण्ड अष्टम् (750–850 ई.) तथा कालखण्ड नवम् (850–1100 ई.) में संभवतः नगर अवनित की ओर अग्रसर था। इस काल की संचरचनायें बहुत निम्न प्रकार की थी। ऊपर के स्तरों से आदि वराह (Adi Varaha) तथा विग्रह (Vigraha) के सिक्के मिले थे।

यहाँ पर गुप्त काल में निर्मित दो विशाल मंदिर भी चिन्हित किए गए थे। ये मंदिर 12वीं सदी तक वर्तमान थे। 12वीं शती की पांचाल की राजधानी यहाँ से स्थानान्तरित होकर बोदामयुता (Vodamayuta) या आधुनिक बदायूँ में चली गई थी।

अहिछत्र से बहुत अधिक संख्या में मृण्मूर्तियाँ प्राप्त हुई थी। शुंगकाल की मृण्मूर्तियों में 'मिथुन' आकृतियाँ विशेष उल्लेखनीय हैं।

सन् 1963 –64 ई. तथा 64–65 ई. में यहाँ पर पुनः पुरातात्विक सर्वेक्षण कर के *एन0आर0 बनर्जी* तथा उनके सहयोगियों ने उत्खनन किया। इस उत्खनन का उद्देश्य चित्रित धूसर पात्र–परम्परा (PGW) तथा ऊपरी कृष्ण मार्जित पात्र–परंपरा (NBPW) के परस्पर संबंध की जानकारी प्राप्त करना; कार्बन तिथि के निर्धारण के लिए कार्बन सैम्पल का संकलन करना; लोहे की स्थिति के संबंध में जानकारी प्राप्त करना; सुरक्षात्मक दीवाल के स्तर विन्यास के संबंध में पूर्ण जानकारी प्राप्त करना तथा पुरास्थल के स्तर विन्यास के संबंध में जानना था। दो सत्रों के उत्खनन से यहाँ सांस्कृतिक अनुक्रम के संबंध में विशेष जानकारी प्राप्त हुई।

सन् 1964–65 ई. में किए गए उत्खनन से चित्रित धूसर पात्र–परंपरा के पूर्ववर्ती 60 से. मी. का जमाव परती भूमि के ऊपर प्राप्त हुआ। इसी कालखण्ड से गैरिक पात्र–परंपरा प्राप्त हुए।

कालखण्ड प्रथम के नाम से अभिहित किया गया। इसी प्रकार चित्रित धूसर पात्र–परंपरा (PGW) अथवा प्राक् 300 ई. पू. के कालखण्ड को द्वितीय कालखण्ड में रखा गया तथा उत्तरी कृष्ण मार्जित पात्र–परंपरा को कालखण्ड तृतीय तथा उसके ऊपर के जमाव, कुषाण और गुप्त कालीन स्तरों को कालखण्ड चतुर्थ में रखा गया।

कालखण्ड द्वितीय का कुल जमाव 1.22 मीटर था। इस जमाव से चित्रित धूसर पात्र–परंपरा के पात्र मिले थे। जिनमें कटोरे (Bowls) तथा तस्तरियाँ (Dishes) प्रमुख थीं। इसके साथ रूक्ष–गठन के तथा महीन गढ़न के लाल पात्र–परंपरा के पात्र भी मिले थे। लाल पात्र–परंपरा में एक साधार तश्तरी भी मिली थी जो उल्लेखनीय है। इस काल की कोई संरचना नहीं मिली थी। ताँबा तथा लोहा दोनों धातुएं भी मिली थी। इस काल के जमाव से बहुत संख्या में टेराकोटा की आकृतियाँ तथा तकुये मिले थे।

कालखण्ड तृतीय का जमाव 1.22 मीटर तथा इस कालखण्ड की प्रमुख पात्र–परंपरा उत्तरी कृष्ण मार्जित पात्र–परंपरा थी। यद्यपि कोई संरचनायें नहीं मिली थीं, किंतु अनेक फर्श तथा चूल्हे मिले थे।

पुरावशेषों में ताँबे की अंगूठियाँ, कीलें, लोहे के टुकड़े, मिट्टी तथा कार्नेलियन के मनके, चूड़ियाँ, पहिए, मानव एवं पशु आकृतियाँ सिल–लोढ़े तथा मूसल मिले थे।

कालखण्ड चतुर्थ का कुल जमाव 1.22 मीटर था। इस स्तर से कुषाण कालीन मृदभाण्ड कटोरे, छिद्रयुक्त पात्र (Sprinkler) दवात प्रकार का ढ़क्कन, घड़े, ठप्पे से बने अभिप्राय त्रिरत्न, आरीयुक्त पहिये, सूर्य प्रतीक आदि प्राप्त हुए। इस स्तर से कुषाण कालीन सिक्के, पंचाल तथा 'अच्यु' नामांकित सिक्के भी मिले हैं। पकी ईटों का प्रयोग प्रचुरता से मिलता है। आवासीय गृह योजनायें भी मिली हैं।

लोहे के टुकड़े, ताँबे के पिन, बेधक, सुरमें की शलाका, मिट्टी की चूड़ियाँ, हड्डी, हड्डी के शर आदि अन्य पुरावशेष हैं।

उत्खनन से सुरक्षा प्राचीर के संबंध में विशेष जानकारी मिली। सुरक्षा प्राचीर का निर्माण तृतीय काल से प्रारंभ होता है। इसके जीवन काल की पांच अवस्थायें चिन्हित की गई थीं। सर्वप्रथम मिट्टी की प्राचीर बनाई गई। उसके बाद उसे पकी ईटों से पुष्ट किया गया था। उसके बाद तृतीय काल में उसको मिट्टी से ढका गया और चतुर्थ काल में इसे पुनः पुष्ट किया गया। पाँचवें काल में जगह–जगह पर प्राचीर की ईटों की परदी से पुष्ट किया गया था।

संदर्भ ग्रन्थ

1. इण्डियन आर्कियोलॉजी, 1961–62, ए रिव्यू, आर्कियोलॉजिकल सर्वे ऑफ इण्डिया, नई दिल्ली, पृ. 17–21
2. शर्मा, ए. के., 'एक्सवेशन एट गुफकराल', पुरातत्त्व न. 11, इण्डियन ऑर्कियोलॉजिकल सोसायटी, नई दिल्ली, 1979–80, पृ. 19–25
3. गणि, वी. आर., 'एक्सवेशनस एट कानिसपुर', पुरातत्त्व, न. 36, इण्डियन ऑर्कियोलॉजिकल सोसायटी, नई दिल्ली, 2004–05 पृ. 11
4. सिंह पुरूषोत्तम, ऑर्कियोलॉजी ऑफ मिडिल गंगा प्लेन, मैन एण्ड इनवायरनमन्ट, वाल्यूम ग्टड, न. 1, 2003, पृ. 1–6
5. इण्डियन आर्कियोलॉजी, 1998–99, ए रिव्यू, आर्कियोलॉजिकल सर्वे ऑफ इण्डिया, नई दिल्ली, पृ. 161–167
6. वही, 1986–87, पृ. 26
7. वही, 1999–2000, पृ. 186–189
8. घोष, ए. 'एनसाईक्लोपेडिया ऑफ इण्डियन आर्कियोलॉजी' वाल्यूम–2, मुंशीराम मनोहरलाल पब्लिशर्स प्रा. लि., नई दिल्ली, 1989, पृ. 77
9. इण्डियन आर्कियोलॉजी, 1980–81, 1983–84 ए रिव्यू, आर्कियोलॉजिकल सर्वे ऑफ इण्डिया, नई दिल्ली, पृ. 69–70, पृ. 86–87
10. वही, 1996–97, पृ. 169–71
11. घोष, ए., 'एनसाईक्लोपेडिया ऑफ इण्डियन आर्कियोलॉजी' वाल्यूम–2, मुंशीराम मनोहरलाल पब्लिशर्स प्रा. लि., नई दिल्ली, 1989, पृ. 164–66

12. इण्डियन आर्कियोलॉजी, 1962–63, 193–64, ए रिव्यू, आर्कियोलॉजिकल सर्वे ऑफ इण्डिया, नई दिल्ली, पृ. 34, पृ. 47
13. वही, 1992–93, पृ. 92–93
14. सिंह पुरूषोत्तम, 'एक्सवेशन एट नरहन' 1984–89, वाराणसी, 1994, पृ. 3, 5, 9, 10, 25, 59 आदि
15. इण्डियन आर्कियोलॉजी, 1974–75, ए रिव्यू, आर्कियोलॉजिकल सर्वे ऑफ इण्डिया, नई दिल्ली, पृ. 43–45
16. वही, 1995–96, पृ. 89–97, 1996–97, पृ. 139–42
17. घोष ए. 'एनसाईक्लोपेडिया ऑफ इण्डियन आर्कियोलॉजी' वाल्यूम–2, मुंशीराम मनोहरलाल पब्लिशर्स प्रा. लि., नई दिल्ली, 1989, पृ. 201
18. वही, पृ. 99–103
19. इण्डियन आर्कियोलॉजी, 1961–62, ए रिव्यू, आर्कियोलॉजिकल सर्वे ऑफ इण्डिया, नई दिल्ली, पृ. 17–21
20. वही, 1981–82, पृ. 19–25
21. स्टेन, एम.ए., (ट्र.), 'कल्हणस राजतरंगिणी, 1, पृ. 168–70, वाल्यूम 1, फस्ट एडिसन, लंदन–1900 एण्ड रिप्रिंटेड दिल्ली, 1979, पृ. 30–31, 'कल्हणस राजतरंगिणी, एडिटड वाई रामतेज शास्त्री पाण्डेय (संस्कृत टेक्सट एण्ड हिन्दी ट्रान्सलेशन), दिल्ली, 1985, पृ. 12
22. स्टेन, एम. ए. 'एन्शिएन्ट ज्योग्राफी ऑफ कश्मीर', ओ. पी. सी. आई. टी. वाल्यूम 2, पृ. 482
23. इण्डियन आर्कियोलॉजी, 1971–72, 1976–77 एवं 1981–82, ए रिव्यू, आर्कियोलॉजिकल सर्वे ऑफ इण्डिया, नई दिल्ली
24. मणि, बी. आर.,'एक्सवेशनस एट कानिसपुर' पुरातत्त्व, न. 36, इण्डियन ऑर्क्येयोलॉजिकल सोसायटी, नई दिल्ली, 2004–05, पृ. 11
25. सिंह पुरूषोत्तम, ऑर्कियोलॉजी ऑफ मिडिल गंगा प्लेन, मैन एण्ड इन्वायरनमेन्ट, वाल्यूम XVM, न. 1, 2003, पृ. 1–6
26. तेवारी, राकेश श्रीवास्तव, आर.के. एण्ड सिंह, के.के., 'एक्सवेशन एट लहुरादेउवा', 2..1–2..2, 'पुराभारती' न. 32, पृ. 54–59
27. इण्डियन आर्कियोलॉजी, 1998–99, ए रिव्यू, आर्कियोलॉजिकल सर्वे ऑफ इण्डिया, नई दिल्ली, पृ. 161–167
28. वही, 1986–87, पृ. 26
29. वही, 1999–2000, पृ. 186–189
30. वही, 1962–63, पृ. 6, 1963–64, पृ. 6, 1964–65, पृ. 6, 1968–69, पृ. 5, 1969–70, पृ. 2, 1970–71, पृ. 2, 1971–72, पृ. 6
31. घोष, ए. 'एनसाईक्लोपेडिया ऑफ इण्डियन आर्कियोलॉजी' वाल्यूम–2, मुंशीराम मनोहरलाल पब्लिशर्स प्रा. लि., नई दिल्ली, 1989

32. इण्डियन आर्कियोलॉजी, 1980–81, 1983–84, ए रिव्यू, आर्कियोलॉजिकल सर्वे ऑफ इण्डिया, नई दिल्ली, पृ. 69–70, पृ. 86–87

33. वही, 1996–97, पृ. 109–112

34. वही, 1980–81, पृ. 167–171

35. घोष ए. 'एनसाईक्लोपेडिया ऑफ इण्डियन आर्कियोलॉजी' वाल्यूम–2, मुंशीराम मनोहरलाल पब्लिशर्स प्रा. लि., नई दिल्ली, 1989, पृ. 164–66

36. इण्डियन आर्कियोलॉजी, 1962–63, 1963–64, ए रिव्यू, आर्कियोलॉजिकल सर्वे ऑफ इण्डिया, नई दिल्ली, पृ. 34, पृ. 47

37. वही, 1992–93, पृ. 92–93

38. सिंह, पुरूषोत्तम, 'एक्सवेशन एट नरहन' 1984–89, वाराणसी, 1994, पृ. 3, 5, 9, 10, 25, 59 आदि

39. इण्डियन आर्कियोलॉजी, 1974–75, ए रिव्यू, आर्कियोलॉजिकल सर्वे ऑफ इण्डिया, नई दिल्ली, पृ. 43–45

40. वही, 1974–75, पृ. 43–45

41. घोष ए. 'एनसाईक्लोपेडिया ऑफ इण्डियन आर्कियोलॉजी' वाल्यूम–2, मुंशीराम मनोहरलाल पब्लिशर्स प्रा. लि., नई दिल्ली, 1989, पृ. 201

42. वही, पृ. 103

अध्याय – चार

पुरावशेषों के आधार पर हड़प्पा सभ्यता का अन्य संस्कृतियों से सम्पर्क एवं निरंतरता

विश्व की प्राचीनतम् एवं विकसित नगरीय सभ्यताओं में से एक हड़प्पा सभ्यता का पता भी उत्खनित पुरास्थलों एवं वहाँ से प्राप्त पुरावशेषों के आधार पर ही हो सका था। इस सभ्यता से सम्बन्धित सैकड़ों पुरास्थल आज के आजाद भारत में प्राप्त हो चुके हैं, जिनका विस्तृत विवरण उपर्युक्त सन्दर्भों के अंतर्गत किया गया है। इनमें उत्खनित और अन्वेषित दोनों तरह के पुरास्थलों का अलग–अलग विवरण दिया गया है।

हड़प्पा सभ्यता के पुरास्थलों एवं पुरावशेषों की अपनी कुछ विशेषताएं होती हैं जिनके आधार पर ही हम हड़प्पा सभ्यता एवं संस्कृति के अस्तित्व की पहचान कर पाते हैं। इस नगरीय सभ्यता के समकालीन ही कई ऐसी क्षेत्रीय संस्कृतियाँ थीं जो ग्रामीण परिवेश में जीवनयापन कर रहीं थीं। अतः इन ग्रामीण संस्कृतियों के ऊपर हड़प्पा सभ्यता का प्रभाव और हड़प्पा सभ्यता के तीनों चरणों प्रारंभिक, विकसित और उत्तरवर्ती हड़प्पा का अपने समकालीन संस्कृतियों के साथ सम्बन्ध थे। अन्य प्रमुख संस्कृतियों में यथा– नव पाषाणिक संस्कृति, ताम्रपाषाणिक संस्कृति, गैरिक मृदभाण्ड संस्कृति, कृष्णलोहित मृदभाण्ड संस्कृति, चित्रित धूसर मृदभाण्ड संस्कृति इत्यादि हैं, जिनके हड़प्पा संस्कृति से सम्पर्क थे। ऐसा प्राप्त पुरावशेषों के आधार पर सिद्ध होता है। अनेक ऐसे पुरावशेष जैसे संरचनात्मक अवशेष मिट्टी की वस्तुएँ, धातु निर्मित वस्तुएँ, हड्डी एवं हाथी दांत निर्मित वस्तुएं, पत्थरों (बहुमूल्य एवं अर्धबहुमूल्य) द्वारा निर्मित अवशेष, शवाधान के प्रकार, खनिज पदार्थ इत्यादि के आधार पर हड़प्पा एवं अन्य संस्कृतियों से सम्पर्क को स्पष्ट किया जा सकता है और इन्हीं पुरावशेषों के आधार पर हड़प्पा संस्कृति की उत्तरजीवितता को भी सिद्ध किया जा सकता है।

आवासीय अवशेष : हड़प्पा के पतन के बाद पुरास्थलों पर आवासीय अवशेषों के साक्ष्य मिलते हैं (चित्र–1, 2, 3)। चूंकि यह एक नगरीय सभ्यता थी, अतः इनकी आवासीय पृष्ठभूमि एवं नगर नियोजन एक विस्तृत स्वरूप में विद्यमान थी। हड़प्पा सभ्यता का नगर नियोजन इनकी एक प्रमुख पहचान है। जिनमें सामान्यतः नगरों की रक्षा प्राचीर से घेरना भी प्रमुख है और इसके साक्ष्य प्राक् हड़प्पा चरणों में कोटदीजी और कालीबंगा से भी मिले हैं। इस सभ्यता के अधिकांश नगरों का दो भागों में विभाजन था, क्रमशः दुर्ग क्षेत्र, नगर क्षेत्र– इसमें दुर्ग क्षेत्र पूरब में परन्तु लोथल इसका अपवाद है। दुर्ग और

नगर क्षेत्र एक साथ भी दुर्गीकृत हैं और अलग–अलग भी।[1] केन्द्रीय नियोजन हड़प्पीय सन्निवेश का सर्वाधिक प्रसिद्ध लक्षण है। यद्यपि वे नगरों का नियोजन चेसबोर्ड (शतरंज के आधार पर) संरचना के अनुरूप करते थे तथापि यह उनके विकसित आवासीय नियोजन का प्रतीक है। प्रमुख स्थल जैसे मोहनजोदड़ो, हड़प्पा और कालीबंगा इत्यादि में देखने को मिलता है।[2] सिन्धु सभ्यता के लगभग सभी नगरों एवं गाँवों को उनके सड़कों तथा भवनों के ओरियेन्टेशन (पूर्व दिशा की ओर) के आधार पर पृथक किया जा सकता है, जो चारों दिशाओं के आधार पर निर्मित है, पूरब–पश्चिम और उत्तर–दक्षिण। सन्निवेशीय नियोजन का यह विचार अचानक ही दो बड़े नगरों मोहनजोदड़ो और हड़प्पा से नहीं आया था। बल्कि यह पहले से ही कोटडीजी के प्रारंभिक चरण लगभग 2600 ई. पू. में और हड़प्पा में द्वितीय काल (2800–2600 ई. पू.) में बहुत अच्छी तरह स्थापित हो चुका था। आवासीय नियोजन का समान्य प्रसार ग्रिड–प्रणाली के साथ ही स्थापित हो चुका था, जो बड़ी सड़कें जिनका विस्तार उत्तर–दक्षिण और अनुमानतः पूरब–पश्चिम में था से प्रमाणित होता है। इसी तरह के आवासीय नियोजनों के प्रमाण हमें पूरे सिन्धु तथा सरस्वती क्षेत्र में इसी कालक्रम के अंतर्गत मिलते हैं।

सिन्धु सभ्यता में भवनों का निर्माण अलग–अलग समुदाय के लोगों द्वारा किया गया है। अतः भवन निर्माण में जो सामग्री प्रयोग की गयी है उसमें विशेष अन्तर मिलता है। खासकर निर्माण की कला में ईटों के निर्माण एवं उनको जोड़ने की तकनीक इत्यादि में अन्तर मिलता है। सिन्धु सभ्यता के नगरों में उनके भवन निर्माण की कला और प्रयुक्त सामग्री में एक विलक्षण समानता देखने को मिलती है, क्योंकि अधिकांशतः सिन्धु सभ्यता के सन्निवेश नदियों के किनारे या नदी द्वारा निर्मित जमावों पर स्थित मिलते हैं। उत्तर भारत में भवन निर्माण की सबसे सामान्य सामग्री मिट्टी की कच्ची ईटें एवं पकी ईटें, लकड़ी और नरकट (Reeds) इत्यादि हैं। यहीं जब पहाड़ी क्षेत्रों में कच्छ में और सौराष्ट्र इत्यादि के क्षेत्रों में पत्थर सामान्य रूप से उपलब्ध होते हैं, इसलिए यहाँ तराशे हुए पत्थर पक्की ईटों का स्थान लेते हैं। कच्ची ईटों और पकी ईटों की औसत आकार 7×14×28 सेमी. का प्रयोग भवन निर्माण में किया गया था और दूसरा आकार 10×20×40 से. मी. जिसका प्रयोग शहरों के घरों की दीवारों में किया गया था। इन आकारों को सामान्यः 1:2:4 के मानक के अन्तर्गत रख सकते हैं। ये दोनों आकार कोट्दीजी चरण से ही प्रारंभ हो गए थे और हड़प्पा चरण तक एक निर्धारित मानक बन गए थे।

मिट्टी की कच्ची ईटों और पकी ईटों या तराशे हुए पत्थरों का प्रयोग घरों की नींव तथा कुओं के निर्माण में किया जाता था तथा दरवाजे और खिड़कियों का निर्माण लकड़ी से किया जाता था। घरों में फर्श का निर्माण मिट्टी कूट–कूट कर किया गया है, तत्पश्चात् उस पर प्लास्टर या बालू को भरकर फर्श का निर्माण किया गया है। स्नान करने के क्षेत्र को और नालियों को पकी ईटों से तथा पत्थरों से निर्मित किया गया है। कुछ कमरों में ईटें एवं पकी मिट्टी की टिकिया बिछाई गई है। छतों के कुछ टुकड़े प्राप्त हुए हैं जो सम्भवतः लकड़ी की धरन है। जिस पर कड़ी एवं चिकनी मिट्टी की परत है, प्राप्त हुआ है।[3] कालीबंगा का आवासीय सन्निवेश अधिक या कम ग्रिड प्रणाली पर ही बना है। यद्यपि लम्बी सड़कें उत्तर–दक्षिण दिशा में रक्षा प्राचीर के साथ सीधी पंक्ति में नहीं चलती हैं तथापि पूरब–पश्चिम दिशा की सड़क में घुमाव है और ये उत्तर की रक्षा प्राचीर का अनुगमन करती है। एक

बहुत प्रमुख बिन्दु है कि गलियों तथा सड़कों में जो ईटें गिरी हैं। उनका मानक 1:2:3:4 का है। सबसे पतली लेन जिसकी चौड़ाई 1.8 मीटर थी अन्य क्रमशः 3.6, 5.4 और 7.2 मीटर हैं।

औसतन घरों के बीच आंगन है उनके तीन ओर कमरे हैं चौथी तरफ प्रवेश द्वार है। प्रवेश द्वार काफी चौड़ा है जिसमें एक बैलगाड़ी अन्दर जा सकती है। आंगन में एक आयताकार नांद है जो मिट्टी की ईटों से निर्मित है जिसमें पशुओं को चारा दिया जाता था। पानी की व्यवस्था हेतु निचले क्षेत्र में बड़े–बड़े मिट्टी के जार जमीन में स्थापित किया गया है। सामान्यतः भोजन बनाने का कार्य भी आंगन में किया जाता था, अतः यहाँ कुओं का निर्माण भी किया जाता था। कमरों में फर्श पर मिट्टी की ईटें बिछाई गई हैं कभी–कभी टाइल (खपड़ा या पटिया) बिछाया गया है। यहाँ एक ध्यान देने योग्य बात है कि भवन निर्माण कर्ताओं ने यहाँ विशेष तकनीक का प्रयोग किया है वे पहले पके मिट्टी के टुकड़ों को जले कोयले के साथ मिला कर बिछाते थे, इसके ऊपर वह गीली मिट्टी से फर्श निर्मित किये है।[4]

हरियाणा में भी सैन्धव सभ्यता के सैकड़ों पुरास्थल प्राप्त हो चुके हैं। प्रमुख रूप से हड़प्पीय सन्निवेशों के साक्ष्य बणावली, मिताथल और राखीगढ़ी (चित्र–2) इत्यादि से प्राप्त हुए हैं। यहाँ भी दो से अधिक टीलों के प्राप्त होने से इस सभ्यता के अन्य पुरास्थलों की तरह नगरों का कई भागों में विभाजन है। यहाँ की आकर्षक विशेषताओं में गलियाँ, रक्षा प्राचीर तथा उत्सर्जन सामग्री के सुनियोजित निपटारे की व्यवस्था है। सामान्यतः यहाँ के दोनों टीलों से कच्ची ईटों के चबूतरे प्राप्त होते हैं और मिट्टी की पकी ईटों से निर्मित संरचनायें मिलती हैं। मिताथल से बड़ी संख्या में आवासीय साक्ष्य मिले हैं जिनमें कच्ची ईटों का प्रयोग हुआ है, बस्तियों के चारों ओर कच्ची ईटों के परकोटे के साक्ष्य हैं। नगरों (फलक–8,9, चित्र–33,35) को योजनाबद्ध तरीके से बसाया गया है। चौपड़ की बिसात के नमूने की सड़कें (1.50 से 3.10 मीटर तक चौड़ी) और गलियों के दोनों तरफ आवासीय साक्ष्य प्राप्त होते हैं। जिनके निर्माण में कच्ची ईटों का प्रयोग किया गया है। यहाँ से प्राप्त अधिकतर ईटें 10×20×40 से. मी. के आकार की हैं, ऐसी ही ईटें कालीबंगा (राजस्थान) से प्राप्त हुई हैं।[5] दौलतपुर से भी इसी तरह के आवासों के साक्ष्य प्राप्त होते हैं। यद्यपि बड़ा दिलचस्प तथ्य है, कि इन मकानों में लगी ईटें अन्य जगह प्रयुक्त ईटों के आकार–प्रकार की नहीं हैं। इनका आकार 10×36×52 से. मी. और 12×32×42 से. मी. है, तथापि यह किसी अन्य संस्कृति से सम्पर्क या प्रभाव को परिलक्षित करता है।

बणावली से भी नगरीय आवासीय नियोजन के साक्ष्य प्राप्त है (चित्र–1)। आवास कुछ बडे हैं, तो कुछ छोटे हैं, जो सड़कों पर दोनों किनारों पर बने हैं। जहाँ पानी का प्रयोग अधिक होता है वहाँ पर पक्की ईटों का प्रयोग हुआ है, पर शेष जगहों पर कच्ची ईटों का प्रयोग हुआ है। इन ईटों का आकार कई प्रकार का है जैसे 6×12×24 से. मी., 8×16×32 से. मी., 10×20×40 से. मी., 11×22×44 से. मी. , 12.5×25×50 से. मी. इत्यादि। पहली प्रकार की ईटें घरों में लगी हैं और दूसरी प्रकार की सुरक्षा की दृष्टि से बनी सरंचनाओं में। ईटों की बनावट में 1:2:4 का अनुपात मिलता है जो सैन्धव सभ्यता की खास देन है। यहाँ से अन्य संरचनात्मक अवशेषों में चूल्हे, तंदूर, ओवन, खुरली, आदि हैं। राखीगढ़ी से भी अन्य हड़प्पा नगर स्थलों के समान ही अवशेष प्राप्त हैं। यहाँ से प्राप्त ईटों का आकार 6.5×13×26 से. मी., 12×24×48 से. मी. है। अर्थात् 1:2:4 का अनुपात है। इस पूरे क्षेत्र में सामान्यतः भवनों का निर्माण नींव डाल कर होता था। कुछ अवशेषों को देखने से ऐसा लगता है कि कभी भवन

ऊँचे–ऊँचे चबूतरों पर भी बनाये जाते थे सम्भवतः ऐसा पानी एवं ठंड से बचने के लिए किया जाता होगा। मकानों की बाहरी दीवरों पर प्रायः सम्पूर्ण ईटों का प्रयोग हुआ हैं। दीवारों को मिट्टी लेप से प्रलेपित किया गया है।[6]

उत्तर भारत में गंगा–यमुना के दोआब के क्षेत्रों में हड़प्पा सभ्यता के आवासीय अवशेषों का साक्ष्य उसके ह्रासित अवस्था में ही मिलता है, अर्थात् उत्तरवर्ती हड़प्पा के साक्ष्य ही मिलते हैं। आलमगीरपुर से चार सांस्कृतिक कालों के साक्ष्य मिलते हैं। जिनमें से प्रथम दो उत्तरवर्ती हड़प्पा के तथा बाद के दो चित्रित धूसर मृदभाण्ड संस्कृति के हैं। यहाँ–पर सीमित उत्खनन के फलस्वरूप आवासीय गतिविधियों के साक्ष्य संतोषजनक नहीं है। यद्यपि मिट्टी की ईटों एवं आँवे में पकी ईटों के साक्ष्य मिलते हैं। हुलास से भी भवनों या नालियों के प्रमाण नहीं मिलते हैं, परन्तु मिट्टी की एक मजबूत संरचना है जो संभवतः सुरक्षा के दृष्टिकोण से बनाई गई होगी। यहीं से एक अन्य खोज जो आवासीय गतिविधियों को इंगित करती है जिसमें तीन अण्डाकार और गोलाकार चूल्हों के चारों ओर पकी ईटों के साक्ष्य हैं जिस पर हाथ की उंगलियों के निशान है। एक सर्वाधिक महत्वपूर्ण बात है कि यहाँ पर झोपड़ियों के रूप में आवासों के साक्ष्य हैं जिस पर नरकट की छाप है तथा जले हुए प्लास्तर के साक्ष्य मिले है। फर्श पर जले हुए पैच प्रकाश में आये हैं।[7]

इसके अतिरिक्त अन्य संस्कृतियों में आवास के साक्ष्य मिलते हैं। नवपाषाण के 'अ' काल से आवासीय सीलों में विशेषतः गर्तस्तंम्भ एवं छाजन के ही प्रमाण हैं जबकि उसके पश्चात् की संस्कृतियों में हड़प्पा काल से मिलता–जुलता आवास विन्यास प्रारम्भ हो जाता है। जिसका विवरण निम्नवत् है–

बुर्जहोम में प्रथम 'अ' काल से आवासीय गढ्ढे, स्तंभगर्त, बांस–बल्ली की छाप से युक्त मिट्टी के टुकड़े प्राप्त हुए हैं। फर्श को गेरू से प्रलेपित किया गया हैं। जिससे प्रमाणित होता है कि यहाँ के निवासी आवासीय गढ्ढों में रहते थे तथा उनके ऊपर बाँस–बल्ली एवं घास–फूस का छाजन डालते थे ताकि बारिस एवं बर्फ से बचा जा सके। लगभग यही स्थिति 'ब' काल में रही किन्तु अब मिट्टी, कंकड पत्थर की दीवालें बनाना प्रारम्भ हो गया था। भवन को कई कमरों में विभाजित करने के प्रमाण मिलते हैं। भवनों का निर्माण चबूतरों पर होता था। 'ब' काल में गुफकराल से भी फर्श को साफ–सुथरा बनाने हेतु छः–सात सेमी. मोटी पीली मिट्टी का उपयोग किया गया है और किनारों पर चूने का प्रयोग हुआ। 'स' काल में उपरोक्त सभी तथ्यों के साथ गुफकराल से कूड़े–कचरे के अनेक गढ्ढे म्रिले हैं। ध्यातव्य हो कि कई हड़प्पीय पुरास्थलों से भी सड़कों के किनारे नालियों में कूड़ादान का निर्माण किया गया था। यह विशेष उल्लेखनीय तथ्य है। नवपाषाणिक कनिष्कपुर[8] से भी स्तम्भगर्त एवं जले हुए स्थलों का साक्ष्य प्रकाश में आया हैं।

चिरांद[9] के नवपाषाणिक काल से नरकुल के छाप से युक्त जली हुई मिट्टी के टुकड़े प्राप्त है। नवपाषाणिक स्तर टोकवा से स्तम्भगर्त और सरकन्ड़े, बांस एवं घास के चिन्ह मिट्टी के पिण्ड में प्राप्त हुआ हैं। ऐसा प्रतीत होता है कि घास–फूस की झोपड़ी निर्मित कर रहने की व्यवस्था की जाती थी।

लालकिला[10] गैरिक मृद्भाण्ड़ पात्र संस्कृति से सम्बद्ध है। यहाँ से प्राप्त आवासीय साक्ष्य विशेष उल्लेखनीय है। मिट्टी की जली हुई फर्श जो रसोईघर से सम्बद्ध है, का फर्श मिट्टी से प्लास्टर कर बनायी गयी हैं। यहाँ से स्तंभगर्त भी प्राप्त है। साथ ही कच्ची ईट एवं मिट्टी के गारे से निर्मित एक

प्लेट फार्म जैसी संरचना प्राप्त हुई हैं। इस स्थल से प्राप्त कोई भी ईट पूर्ण नहीं है, सभी टूटी हुई हैं। यहाँ के साक्ष्य भवन निर्माण की प्रक्रिया को स्पष्ट रूप से दर्शातें हैं।

जखेड़ा पुरातात्विक स्थल से कृष्ण–लोहित पात्र संस्कृति के अवशेष प्रकाश में आये हैं। यहाँ से आवासीय स्थल के रूप में फर्श पर जलने के निशान, अण्डाकार चूल्हा, स्तम्भगर्त और सरकन्डे़ एवं बांस के निशान से युक्त मृतपिण्ड प्राप्त हैं। यहाँ से भी ग्रामीण आवास योजना के सन्दर्भ में प्रमाण उपलब्ध हुए हैं। अल्लापुर[11] से उपर्युक्त सभी विशेषताओं के साथ फर्श पर मिट्टी का प्लास्टर विशेष तथ्य हैं। नरहन एवं इमलीडीहखुर्द से भी उक्त विशेषताएं प्राप्त है। इमलीडीहखुर्द से चूल्हें और भट्टियाँ भी प्रकाश में आये हैं।

ताम्रपाषाणिक संस्कृतियों में टोकवा, खैराड़ीह, सेनुवार प्रमुख हैं। टोकवा से आवासीय साक्ष्य के रूप में स्तम्भगर्त, बांस–बल्ली के पिण्ड पर निशान प्राप्त हुए हैं। ऐसा प्रतीत होता है कि सम्भवतः गोलाकार झोपड़ी का निर्माण करते थे। खैराडीह की खुदाई से भी ताम्रपाषाणकाल ही प्रस्फुटित हुआ है। यहाँ से भी स्तम्भगर्त और बांस–बल्ली के प्रमाण मिले हैं। मिट्टी की दीवाल का भी स्पष्ट प्रमाण हैं, जो 1.0 मीटर से 0.62 मीटर चौड़ी हैं। किन्तु भवनों का स्पष्ट योजना दृष्टिगत नहीं है। सेनुवार ताम्रपाषाणिक स्थल से भी बांस–बल्ली के निशान, मिट्टी की फर्श तथा जले हुए किनारों से युक्त गोलाकार, अण्डाकार और आयताकार गढ्ढे मिले हैं। भगवानपुरा[12] के प्रथम 'ब' काल से चित्रित धूसर पात्र परम्परा के अवशेष प्राप्त हुए हैं। इसमें आवासों का निर्माण मिट्टी की दीवाल बनाकर किया गया है। कुछ दिवालें तो 70 सेमी0 से 1 मीटर तक चौड़ी हैं। आलमगीरपुर[13] के इसी काल से ही टूटी हुई मिट्टी की दीवाल प्रकाश में आयी हैं जो यहाँ उल्लेखनीय हैं। यहाँ से कई आवासों की संरचनाएं उपलब्ध हैं। हुलास[14] से भी निवास स्थल प्रकाश में आया हैं। यहाँ के चित्रित धूसर पात्र संस्कृति के लोगों ने हड़प्पीय निवास से उत्तर–पूर्व की दिशा में अपना आवास बनाया था। इसी संस्कृति के पुरास्थल जखेड़ा से मिट्टी की दीवाल प्राप्त हुई है जो सम्भवतः रक्षा प्राचीर थी। इसकी चौड़ाई 4. 80 मीटर एवं ऊँचाई 1.20 मीटर हैं और एक परिखा भी प्रकाश में आयी है। कहीं–कहीं फर्श में पकी ईटों का प्रयोग भी किया गया। सम्भवतः एक सड़क भी प्राप्त हुई हैं, जिसकी चौड़ाई 4.25 मीटर हैं यह पूर्व–पश्चिम की दिशा में निर्मित हैं। जखेड़ा की उक्त विशेषताओं को संदर्भित करते हुए कहा जा सकता है कि यहाँ के निवासी ग्रामीण व्यवस्था से ऊपर उठ कर कस्बों के रूप को धारण कर रहे थे। जिनमें एक क्रमिक विकास परिलक्षित होता है। अल्लाहपुर से भी इस काल में कच्ची ईटों की दिवाल एवं पक्की ईटों की फर्श वाले गोलाकार कमरे की संरचना मिली हैं। जो हड़प्पा संस्कृति के सम्पर्क और उत्तरजीवितता को प्रमाणित करती हैं। यहाँ स्तंभगर्त चूल्हें एवं राख भी मिली हैं।[15] अतिरंजीखेड़ा के चित्रित धूसर पात्र संस्कृति काल से बांस–बल्ली, कच्चे मकान, चूल्हे, आग से जले गढ्ढे प्रकाश में आये हैं। इसी काल के श्रृंगबेरपुर[16] से भी संरकड़ों से युक्त मृणपिण्ड प्राप्त हैं। जिससे प्रतीत होता है कि यहाँ भी बासं–बल्ली से युक्त झोपड़ियां निर्मित की जाती थी।

उक्त सभी कालों से सरकन्डे़, बांस–बल्ली, स्तंभगर्त, जली हुई मिट्टी की फर्श तथा कतिपय पुरास्थलों से मिट्टी की दिवाल, कच्चे ईटों की दिवाल, चूल्हें आदि निरंतर रूप से मानवों द्वारा उपयोग किये जाते रहे हैं। चित्रित धूस पात्र संस्कृति से जखेड़ा, अल्लाहपुर में पक्की ईटों एवं फर्शो का शुभारम्भ होता है। जो हड़प्पा संस्कृति से सम्बन्ध तथा उत्तरजीवितता को रेखांकित करता है।

पशुपालन : पशुपालन सिन्धु सभ्यता के आर्थिक जीवन का एक अति महत्वपूर्ण आधार था। डीलादार एवं बिना डीलदार बैल, (चित्र–30, 49) भैंस, गाय, भेड़–बकरी, कुत्ते, गधे, खच्चर और सुअर आदि प्रमुख पालतू पशु थे। हाथी भी पालतू थे। कृषि कार्य एवं बोझा ढोने के लिए पालतू पशुओं का उपयोग प्रमुख रूप से किया जाता होगा। पशुओं का महत्व मांस, खाल एवं ऊन के लिए भी था।

अवशेष के रूप में इनका उत्कीर्णन एवं चित्रण मुहरों, मुद्राओं एवं मृदभाण्डों पर हुआ है। साथ ही प्रत्येक पुरास्थल से प्रचुर मात्रा में अस्थियाँ प्राप्त हुई हैं। जिनसे प्रमाणित होता है कि उक्त पशु–पालतू थे तथा जो पालतू नहीं भी थे उनसे हड़प्पा निवासी भलि भाँति परिचित थे।

उत्तर भारतीय हड़प्पीय पुरास्थलों, राखीगढ़ी[17] से कूबड़दार बैल, बिना कूबड़दार बैल, मुहर, मुद्राऐं उत्कीर्ण हैं तथा मृदभाण्डों पर चित्रित हैं। गाय, बैल, भैंस, भेड़–बकरी, हिरण, बारहसिंगा इत्यादि पशुओं के चित्रण प्राप्त हैं तथा इनकी हडिडयाँ भी भारी मात्रा में मिली है। जिनसे इनके अस्तित्व का ज्ञान होता है। यहाँ से मोर, मछली, के भी अवशेष, एवं चित्रांकन मिले हैं। इसी प्रकार बणावली[18] नामक पुरास्थल से भी कूबड़दार बिना कूबड़दार बैल, भैंस, भेड़, बकरी, हिरण इत्यादि के अवशेष एवं चित्रांकन मिलते हैं। भिडाना[19], हुलास[20], कुणाल[21], ढलेवां[22] तथा आलमगीरपुर[23] के पुरास्थलों से भी उक्त पशुओं की आस्थियां, उत्कीर्णन एवं चित्रांकन मिलते हैं।

इसी प्रकार से उक्त पशु अन्य संस्कृतियों में भी अवशेष एवं चित्रांकन के रूप में उपस्थित होकर उत्तरजीवितता को बनाये हुए हैं।

नवपाषाणिक पुरास्थलों में गुफकराल से तीनों उपकालों में पशुपालन के साक्ष्य मौजूद है। भेड़–बकरी बहुतायत मात्रा मे थी। गाय, बैल, सुअर, खरगोश, कुत्ता, हिरन, भालू, मुर्गा, मछली, चूहा आदि की हड्डियां प्राप्त हुई हैं। जिससे अनुगान लगाना सहज एवं सरल है कि इनमें कुछ पशु अवश्य पालतू रहें होंगें। चिरांद नामक नवपाषाणिक पुरास्थल से भी गाय, बैल, भेड़, बकरी, हिरन, बारहसिंगा एवं हाथी की जली हुई हड्डियां प्रकाश में आयी हैं। कनिशपुर और टोकवा से जंगली एवं पालतू पशु गाय, बैल, भेड़, बकरी, सुअर, खरगोश, कुत्ता, हिरण, भालू आदि की अस्थियां प्राप्त हुई हैं। एक अन्य नवपाषाणिक पुरास्थल सेनुवार से भी उक्त पशुओं की हड्डियां प्राप्त हैं जिन पर काटने के निशान हैं।

उक्त जंगली और पालतू पशु–पक्षियों के आधार पर हड़प्पा एवं इन संस्कृतियों के सम्पर्क एवं उत्तरजीवितता को सत्यापन करने में प्रबलतम् सहयोग मिलता है।

कृष्ण–लोहित पात्र परम्परा के पुरास्थल नरहन से पशुओं में भेड़, बकरी, गाय, बैल, हिरण, मछली तथा घोड़ा प्राप्य हैं। इसी काल के दूसरे पुरास्थल इमलीडीह खुर्द से भी भेड़, बकरी, हिरण, भेड़िया, कुत्ते, घोड़े, भालू, हिरण, चीतल, बारहसिंगा, कछुआ, मछली, घोंघा की अस्थियां प्राप्त हुए हैं। सबसे अधिक हड्डियां गाय–बैल की मिली हैं। इस काल में भी पशुपालन एवं उनको भोज्य के रूप में ग्रहण करने की निरंतरता दिखलाई पड़ती है।

चित्रित धूसर पात्र संस्कृति के पुरास्थल भगवानपुरा[24] से पशुपालन में मवेशी, भेड़–बकरी और घोड़े प्रमुख है। अश्व का पालन विशेष रूप से उल्लेखनीय हैं। इस काल में थापली नामक पुरास्थल से भी गाय, बैल, सुअर, घोड़े पाले जाते थे। अतिरंजीखेड़ा के चित्रित घूसर पात्र संस्कृति से मवेशी, भेड़,

बकरी, घोड़े प्रमुख हैं। इसी प्रकार खैराडीह से भी गाय, बैल, भेड़, बकरी तथा हिरण आदि के अवशेष प्राप्त हैं। इस काल के पुरास्थलों से प्राप्त पशु–पक्षियों के अस्थियों के आधार पर भी इस संस्कृति को हड़प्पा संस्कृति से सुमेलित किया जा सकता हैं।

अनाज : नगरीकरण सैधव सभ्यता के स्वरूप की मुख्य विशेषता थी। नगरीकरण विकसित एवं जटिल आर्थिक संगठन का परिचायक है। कृषि और पशुपालन सिन्धु सभ्यता के आर्थिक जीवन के प्रमुख आधार थे। स्थानीय उपभोग से अधिक पैदावार देने वाली उन्नत एवं कारगर कृषि के द्वारा ही नगरवासियों के भरण–पोषण के लिए अनाज सुलभ होता रहा होगा। सिन्धु सभ्यता की उर्वराभूमि अनाज उत्पादन के लिए अत्यन्त उपयुक्त थी।[25]

सैंधव सभ्यता के कई पुरास्थलों से खाद्यान्न प्राप्त हुए हैं। इनके मुख्य खाद्यान्न गेहूँ और जौ थे। इनके अतिरिक्त मटर, सरसों, तिल एवं कपास की भी खेती की जाती थी। लोथल नामक पुरास्थल से धान, बाजरा, रोजदी से रागी के अवशेष मिले हैं। लोथल, रंगपुर से चावल के अवशेष प्राप्त हैं। रोजदी से ही कोदो, सावां और ज्वार भी मिले हैं।

उत्तर भारतीय हड़प्पन स्थलों में सर्वप्रथम राखीगढ़ी[26] से गेहूं, जौ, बथुआ के बीज तथा चावल की भूसी मिली है। इसी प्रकर दूसरे हड़प्पा स्थल भिडाना[27] से गेहूं, जौ, मटर, मसूठ के दाने प्रकाश में आये हैं। हुलाश[28] और बालू से भी चावल की उपज के विषय में महत्वपूर्ण सूचना मिलती है। गेहूं की दो प्रजातियां थी जिन्हें आज की वैज्ञानिक शब्दावली में 'ट्रिटीकम कम्पेस्क्टस' और 'स्परोकोकम' कहा जाता था। जौ की भी तीन प्रजातियां थीं।

इसी प्रकार से अन्य संस्कृतियों में भी उक्त अन्न ने अपना अस्तित्व बनाये रखा था। नवपाषाण काल के पुरास्थलों गुफकराल के तीनों कालों से कार्बनीकृत जौ, गेहूँ, मसूर आदि के अवशेष प्राप्त हुए हैं। लहुरादेवा एवं कनिशपुर[29] से भी अधजले दाने के रूप में जौ, गेहूँ, मसूर, मटर तथा एक बीज बादाम का भी प्राप्त हैं। चिरांद से जौ, गेहूँ, मसूर, मूंग और धान उल्लेखनीय हैं। टोकवा के अनाजों में जौ, गेहूँ, तिल, मूंग तथा धान के अवशेष मिले हैं।

इसके पश्चात् की संस्कृतियों में गैरिक मृदभाण्ड़ पात्र परम्परा में उत्तर भारत के अतिरंजीखेड़ा से अनाज में जौ, दाल एवं धान के अवशेष प्राप्त हो सके हैं। कृष्ण–लोहित पात्र संस्कृतियों में नरहन[30] से जौ, गेहूँ, धान, मटर, मूंग, चना, तिल, सरसों, कटहल, बैर, आंवला आदि के प्रमाण उपलब्ध हुए हैं। सरसों का प्राचीनतम उदाहरण नरहन से ही प्राप्त होता है। इस काल का मल्हर[31] एक अन्य पुरास्थल है जहॉ से जौ, मूंग, मसूर के साथ धान प्राप्त हुआ है।

इसके पश्चात् की संस्कृति चित्रित धूसर पात्र–परम्पराओं में थापली से कुछ धान की भूसी मृद्भाण्ड़ों में चिपकी हुई प्राप्त है। अल्लाहपुर[32] से भी ईटों पर धान की भूसी लगी हुई मिली है। हस्तिनापुर से चावल के साक्ष्य तथा अतिरंजीखेड़ा से भी जौ, गेहूँ, दाल एवं धान के पुरावशेष प्रकाश में आये हैं। खैराडीह के अवशेषों में धान की भूसी उल्लेखनीय है।

इस प्रकार उत्तर भारत के हड़प्पा सभ्यता एवं इन संस्कृतियों में सम्पर्क स्थापित करने में विशेष योगदान प्राप्त होता है। अधिकांश अनाज हड़प्पा संस्कृति के पुरास्थलों से प्राप्त होते हैं। अस्तु इन् कार्बनीकृत अनाजों के आधार पर निरंतरता को परखा जा सकता है।

वस्तुएं : उपकरणों का उनके निर्माण सामग्री के आधार पर पृथक–पृथक रूप से वर्णन किया जा रहा हैं। उदाहरणार्थ– मिट्टीं की वस्तुएं, प्रस्तर वस्तुएं, अस्थि वस्तुएं, शंख, सिलखड़ी तथा धातु की वस्तुएं आदि।

मिट्टी की वस्तुएं– मिट्टी की मूर्तियों को छोड़कर विभिन्न प्रकार की अन्य वस्तुऐं निर्मित की गयी हैं। जो नित्य दैनिक प्रयोग में तथा खिलौना आदि के रूप में हमारे सम्मुख उपस्थित हैं। इनमें सर्व प्रथम मृदभाण्ड हैं जिन्हें हड़प्पा सभ्यता में सर्वाधिक निर्मित किया गया है (चित्र–64 से 71)। ये अनेकानेक है जिनमें प्रमुख साधार तश्तरी, तश्तरी, घड़े, मटके, कटोरे आदि हैं। अन्य वस्तुओं में मिट्टी के निर्मित मनके, मुहर, खिलौना गाड़ी, चूडियां नेटसिंकर, केक, मुस्तिका एवं बणावली से हल का प्रतिरूप इत्यादि हैं।

उत्तर भारत के हड़प्पीय पुरास्थल राखीगढ़ी से महत्वपूर्ण साक्ष्य प्रकाश में आये हैं। मिट्टी के मनके, नेटसिंकर, मुस्तिका, केक एवं विकसित हड़प्पा काल के स्तरीकृत जमावों से मिट्टी के ताबीज प्राप्त हैं। मिट्टी की चूड़ियां भी प्राप्य हैं। खिलौना गाड़ी की पटिया और उसका ढाँचा भी प्राप्त हुआ है[33]। भिडाना[34] से एक विशेष सामग्री प्राप्त हुई है–एक ठोस घनाकार मिट्टी को तोलने का उपकरण, यहीं से बड़ी संख्या में मनके एवं चूड़ियाँ भी प्राप्य हैं। बच्चों को खेलने की अन्य सामग्री के साथ–साथ अन्य मनोरंजन की वस्तुएं प्रकाश में आयी हैं। खिलौना गाड़ी का ढांचा चित्रित एवं अचित्रित दोनों रूपों में प्राप्त हुए हैं। यहाँ से हड़प्पा काल का विशिष्ट तीलीवाला पहिया, जिसकी प्रतीकात्मक अभिव्यक्ति यहाँ से प्राप्त पहिए में मिलती है। इसी तरह की वस्तु कुणाल, बणावली[35] और राखीगढ़ी से भी संलिखित हैं। मिताथल[36] से तिकोने मिट्टी की टिकिया, खिलौना, पहिएं और छोटी गोलियां भी दृष्टव्य हैं। बालू से भी चूड़ियां, खिलौना गाड़ी और तिकोना केक, भगवानपुरा[37] के उत्तरवर्ती हड़प्पा काल से खिलौना गाड़ी का पहिया, मनके, कान के आभूषण प्राप्त हैं। रोपड़ में प्रथम 'अ' काल से मनके, चूड़ियाँ, द्वितीय काल विकसित हड़प्पा से मिट्टी की टिकिया, पहिए और खिलौना गाड़ी, चण्डीगढ़ से खिलौना गाड़ी, पहिया, धागा, लपेटने का उपकरण, गोलियां, भगवानपुरा से बड़ी संख्या में मिट्टी की वस्तुऐं मनके, चूड़ियां, पहिए प्राप्त हैं। पश्चिमी उत्तर प्रदेश के आलमगीरपुर[38] एवं हुलास[39] से टिकिया, पासा, खिलौना गाड़ी, मनके, चूड़ियां, खण्डित आभूषण आदि प्राप्त हैं।

इसी प्रकार से निरविच्छिन्न रुप में नवपाषाणिक गुफकराल के अन्तिम 'स' काल से मिट्टी की चूड़ियां, इसी काल के टोकवा से मिट्टी के मनके प्राप्त हो सके हैं।

कृष्ण–लोहित एवं कृष्ण–लेपित मृद्भाण्ड संस्कृति से प्राप्त वस्तुओं को भी उनके निर्माण–सामग्री के आधार पर विभाजित किया गया है। इस काल के श्रृंगबेरपुर से मिट्टी के बने मनके प्राप्त हैं। नरहन से 63 मिट्टी की चकरी मिली है। इनमें से कुछ के मध्य में छिद्र निर्मित हैं। एक मृण गेंद भी मिला है और मिट्टी के गेम्समैन विशेष हैं। इमलीडीहखुर्द से मृण मनके मिट्टी की चकरी उल्लेखनीय हैं। मल्हर[40] एवं राजा नल का टीला[41] से भी मनके प्राप्त हुए हैं।

चित्रित धूसर पात्र संस्कृति से प्राप्त वस्तुओं को भी उनके निर्माण सामग्री के आधार पर विभाजित किया गया है। चित्रित धूसर पात्र संस्कृतियों के पुरास्थलों से इसके पूर्व की संस्कृतियों की अपेक्षा में अधिक पुरावशेष प्राप्त हुए हैं। हुलास[42] के चित्रित धूसर मृदभाण्ड काल से मिट्टी की चूड़ियाँ, थापली

से मिट्टी के मनके तथा जखेड़ा से पकी मिट्टी की चाकरी प्राप्त हुई है। आलमगीरपुर[43] से मनके, चूड़ियां प्राप्त हैं। अल्लाहपुर[44] के चित्रित धूसर पात्र संस्कृति से मृण मनके और अलंकृत थाली प्राप्त है। खैराडीह से मिट्टी की खेलने की चकरी मिली है। मल्हर[45] से भी मृण वस्तुएं तथा राजानल–का–टीला से मनके तथा चूड़ियां उपलब्ध हैं। टोकवा के ताम्र पाषाणिक काल से मिट्टी के मनके तथा सेनुवार से भी मिट्टी की चकरी एवं मनके प्रकाश में आये हैं।

प्रस्तर निर्मित वस्तुएं– प्रस्तर से निर्मित कुछ वस्तुएं हड़प्पा काल से लेकर पश्चात् कालों में निरन्तर उपस्थित रह कर भूत और वर्तमान संस्कृति के आयामों का मूक साक्ष्य प्रस्तुत करती हैं। चूँकि पाषाण आसानी से सुलभ था तथा ये अन्य सामग्री की तुलना में दीर्घकालीन अवस्था तक जीवित रहता। अतः प्राचीन मानव ने इन्हें अपना साथी बनाया।

उत्तर भारतीय हड़प्पा संस्कृति के कुछ प्रमुख पुरास्थलों से इनसे निर्मित विभिन्न प्रकार के वस्तुओं का निर्माण किया गया है जिनका अनुसरण बाद की संस्कृतियों ने भी किया। उत्तर भारत के सबसे बड़े हड़प्पीय पुरास्थल राखीगढ़ी[46] के प्राक्हड़प्पा काल से चर्ट प्रस्तर से निर्मित ब्लेड और सिल–लोढा मिले हैं। विकसित हड़प्पा काल से अर्धकीमती पाषाण के टुकड़े भारी मात्रा में हैं जिनमें कार्नेलियन, अगेट, जैस्पर, लाजवर्द, चर्ट, चाल्सीडोनी के मनके तथा मनकों को रगड़ कर चमकाने वाला पत्थर भी प्राप्त है। इनसे निर्मित ब्लेड, बांट, पाशा, शतरंज, गेम्समैन प्राप्त होते हैं। इसी प्रकार बणावली[47] के हड़प्पीय स्तर से चर्ट ब्लेड, सिल–लोढे, कार्नेलियन, अगेट, जैस्पर, लाजवर्द एवं चाल्सीडोनी के मनके, बाट, पाशा, शतरंग, गेम्समैन आदि भारी मात्रा में पाषाण निर्मित वस्तुऐं प्रकाश में आयी हैं। एक अन्य महत्वपूर्ण पुरास्थल, भिडाना कुणाल[48] से भी अर्धकीमती पत्थरों लाजवर्द के मनके, चर्ट के ब्लेड, जैस्पर, तथा अगेट के बाट मिले हैं। हुलास[49] नामक पुरास्थल के हड़प्पीय स्तर से अगेट के मनके, चर्ट ब्लेड, सिल–लोढे और कुणाल, के प्रथम स्तर से अर्ध कीमती पत्थर चाल्सीडोनी के सूक्ष्म मनके, चर्ट ब्लेड प्राप्त हैं। संघोल, रोपड़ और मिताथल[50] के हड़प्पा कालीन स्तर से चर्ट ब्लेड, क्वार्टजाइट का हथौड़ा, कार्नेलियन के मनके, बाट एवं सिल–लोढा मिले हैं। ढलेवां[51] नामक पुरास्थल से भी अर्धकीमती पाषाण के घनाकार बाट, चर्ट ब्लेड, लाजवर्द, कार्नेलियन एवं अगेट के मनके मिले हैं। उत्तर प्रदेश के आलमगीरपुर[52] के परवर्ती हड़प्पा कालीन स्तर से भी अर्ध मूल्यवान पत्थरों कार्नेलियन के मनके, लम्बे आकार के बेलनाकार बैण्डेड अगेट प्राप्य हैं। तीन छोटे पिरामिड प्रकार के मनके, क्वार्टज और कार्नेलियन से निर्मित हैं। इसी प्रकार उत्तर प्रदेश के ही पुरास्थल माण्डी[53] से भी अर्ध बहुमूल्य पाषाण के मनके कार्नेलियन, अगेट, जैस्पर एवं अनेक्स द्वारा निर्मित हैं।

इसी प्रकार से अन्य संस्कृतियों में भी पाषाण निर्मित वस्तुऐं क्रमशः प्राप्त होती हैं। गुफकराल के 'अ' काल से ट्रैप पत्थर से निर्मित खुरपी, बुर्जहोम 'ब' काल से प्रस्तर की कुल्हाड़ियाँ, छेनियाँ, गदाशीर्ष, कुदाल गुफकराल से बेधक, ओपदार बेधक तथा दो स्क्रेपर प्राप्त हुए हैं। इसी के 'स' काल से पाषाण निर्मित चौदह बेधक, पाषाण गोफन और सिल–लोढे प्राप्त हैं। टोकवा के नवपाषाणिक काल से उपरत्नों के मनके तथा सिल–लोढे और चिरांद से प्रस्तर कुल्हाडियां, हथौड़ा, चर्ट, चाल्सेडनी, अगेट और जैस्पर से छिद्रक, बाण और बेधक प्राप्त हैं। सेनुवार से बेसाल्ट निर्मित कुल्हाड़ी, सिल–लौढ़े, हथौड़े, Ceiling Ball प्राप्त हुआ है। कनिशपुर[54] से सात पॉलिसयुक्त पाषाण कुल्हाड़ियां मुख्य हैं।

गैरिक मृदभाण्ड़ संस्कृति से पाषाण द्वारा निर्मित सिल–बट्टे गैरिक मृद्भाण्ड संस्कृति के पुरास्थल अतिरंजीखेड़ा से तथा श्रृंगबेरपुर[55] से मृण्मय चक्रिक खण्ड़ एवं कार्नेलियन के फलक प्राप्त हैं। श्रृंगबेरपुर के उक्त काल से कार्नेलियन के फलक जैस्पर के मनके अतिरंजीखेड़ा से पाषाण के छोटे–छोटे कोड़ और फलक प्राप्त हैं। नरहन[56] से प्रस्तर की एक गेंद, मनका, ओपदार प्रस्तर कुल्हाड़ी, मल्हर[57] और राजानल–का–टीला से भी प्रस्तर के लोढ़े, मनके एवं अन्य पुरावशेष प्राप्त होते हैं।[58]

चित्रित धूसर पात्र संस्कृति पुरास्थल आलमगीरपुर[59] से जैस्पर के डिस्क, अल्लाहपुर[60] से पाषाण का सिल एवं लोढा, खैराडीह से अगेट, कार्नेलियन, चाल्सडोनी एवं चर्ट के अधिकांश बेलनाकार मनके प्राप्त हैं। राजानल–का–टीला से अर्धकीमती पत्थर के मनके, ब्लेड़ के टुकड़े एवं लोढ़ा प्राप्त हुए हैं। टोकवा से सिल–लोढ़े, सेनुवार से अर्धकीमती पत्थर अगेट एवं चाल्सडोनी के मनके, हथौड़ा, रूखानी, ब्लेड़ एवं सिल प्राप्त होते हैं।

हड्डी एवं हाथी दाँत की वस्तुएँ : सभ्यता एवं मानव विकास के साथ–साथ हड्डी एवं हाथी दाँत की वस्तुएँ प्राप्त होती हैं। प्रागैतिहासिक काल से ही इन वस्तुओं की प्राप्ति काफी अधिक मात्रा में होती है। हड़प्पा सभ्यता में भी हड्डी एवं हाथी दाँत के उपकरणों का निर्माण होता था इसकी पुष्टी हमें पुरास्थलों के उत्खनन से प्राप्त उपकरणों से होती है। प्रमुख उपकरणों में हाथी दाँत पर मानव एवं पशु की आकृति उत्कर्णित है। हाथी दाँत की कंघी, बालों में लगाने वाली पिन, चूड़ियाँ एवं कंगन इत्यादि मिले हैं। इनके अतिरिक्त पासे और चौपड खेलने का उपकरण, घरेलू प्रयोग के उपकरणों जैसे दर्पण, चाकू, इत्यादि के हैडल जो मोहनजोदड़ो तथा हड़प्पा से मिले हैं। पासे मुख्यतः चार आकारों में मिले हैं– घनाकार एवं ठोस पासे, टेबल के आकार का पासा, आयताकार पासा एवं तिकोना पासा।

हाथी दाँत (Ivory) का प्रयोग छोटे–छोटे छड़ों को बनाने में भी किया जाता था इन छड़ों के टुकड़े हड़प्पा तथा मोहनजोदड़ो के उत्खनन से प्राप्त हुए है। हड़प्पीय सभ्यता के लोग हाथी दाँत का प्रयोग मनकों एवं लटकनों के निर्माण में भी करते थे अब ये उपकरण भी काफी मात्रा में मिले हैं और यही उपकरण बाद के कालों में काफी लोकप्रिय हो गए।

हरियाणा के हड़प्पीय पुरास्थलों जैसे मित्ताथल, बालू, बाणवली, भगवानपुरा, राखीगढ़ी, कुणाल इत्यादि से भी हड्डी एवं हाथी दाँत के बने उपकरणों की प्राप्ति हुई है। उपर्युक्त प्रथम तीन पुरास्थलों से प्वाइंट की अधिकता है। भगवानपुरा के उत्खनन से लगभग 114 हड्डी एवं हाथी दाँत के बने उपकरण प्राप्त हुए हैं जिनमें से सर्वाधिक 89 उपकरण द्वितीय उपकाल से प्राप्त है। बाकी बचे अनस्तरीकृत जमावों से प्राप्त हैं। प्रमुख उपकरणों में सूआ, जाली बुनने वाली सूई, चूड़ियाँ, लटकन, लिखने का उपकरण, खुरचने का उपकरण इत्यादि प्राप्त हुए हैं। हड्डी के नूकीले उपकरण का प्रयोग लिखने के कार्य में प्रयोग हुआ होगा या किसी अन्य कार्य के लिए प्रयुक्त हुआ होगा। एक ऐसे नूकीले उपकरण की नोंक पर प्रत्यक्षतः काले रंग का निशान लगा है।[61]

उत्खनित पुरास्थल राखीगढ़ी के विकसित हड़प्पा काल से हड्डी का प्वाइंट बड़ी संख्या में तथा हाथी दाँत की बनी कंघी प्राप्त हुई है। उक्त अधिकांश उपकरण राखीगढ़ी– पांच से प्राप्त है, जो यह इंगित करता है कि ये क्षेत्र हड्डी एवं हाथी दाँत से सम्बन्धित कारीगरों का रहा होगा।[62]

इसी प्रकार बुर्जहोम एवं गुफकराल के प्रथम 'अ' काल से भेड़–बकरी और हिरण के सींगों एवं पैर की अस्थियों से निर्मित सत्ताइस उपकरण प्राप्त हुए हैं। इनमें अधिकांश बेधक बाण, दो छिद्रक, खुरचनी एवं नोकदार सुई हैं। श्रृंग का बना मनका भी है, बुर्जहोम के प्रथम काल से हड्डी से निर्मित इक्तालिस उपकरण बेधक हैं, साथ ही बाल में लगाने की पिन भी उल्लिखित हैं। नवपाषाण काललीत टोकवा से हड्डी के बाणाग्र विशेष हैं। सेनुवार से अस्थिनिर्मित छिद्रक, बाणाग्र, छेनी प्राप्त हैं। नवपाषाणिक प्रमुख पुरास्थल चिरांद से अस्थि एवं श्रश्ंग द्वारा निर्मित उपकरणों में छेनी, बेधक, बाण, कुदाल, हथौड़ा, नोकदार सुईयां एवं चूड़ियाँ प्राप्त हुई हैं। कनिशुपर[63] नवपाषाणकालीन स्थल से हड़िडयों से निर्मित पांच छिद्रक उपलब्ध हैं। आलामीरपुर[64] से अस्थि के कांटे, छिद्रक, बाणाग्र, हुलास[65] से लेखनी और छिद्रक, मल्हर[66] से बाणाग्र, बेधक और नुकीले बाणाग्र टोकवा से हड्डी के बाणाग्र और सेनुवार से बाणाग्र छेनी और छिद्रक प्राप्त हुए हैं।

इस प्रकार से प्रमाणित होता है कि अस्थि एवं हाथी दांत से निर्मित वस्तुएं अन्य संस्कृतियों में से बहुलता से मिलती हैं जिससे इसकी निरंतरता प्रमाणित होती है।

धातु की वस्तुएँ : सिन्धु सभ्यता का धातु उद्योग अपने–आप में काफी महत्वपूर्ण एवं रूचिकर है तथा इसे एशिया की प्राचीन नगरीय सभ्यताओं में काँस्य काल के नाम से जाना जाता है। सामान्यतः इस काल में ताँबे एवं कांसे इन्हीं दो धातुओं के उपकरण तथा हथियार बनाए जाते थे। सिन्धु सभ्यता के धातुकारों द्वारा इन धातुओं के लिए किन माध्यमों का प्रयोग करते थे इस संदर्भ में निश्चित जानकारी नहीं है। यद्यपि भारत में ऐसे अनेक क्षेत्र है जहाँ ताँबे का काफी जमाव मिलता है। प्रमुखतः खेत्री की खदान (80 किमी. लम्बी) राजस्थान में स्थित है, दूसरा महत्वपूर्ण जमाव सिंहभूमि का ताँबा क्षेत्र (130 किमी. लम्बा) झारखण्ड में स्थित है। इनके अतिरिक्त कई अन्य खदानें, गुन्टूर, अर्कोट, कुमाऊँ तथा गढ़वाल में भी स्थित है।

सिन्धु सभ्यता के लोग ताँबे के विविध प्रकार के उपकरणों का निर्माण करते थे जिनमें ताँबे की कुल्हाड़ियाँ, चाकू, भाले, छेनी, मछली मारने की हुक, तीर, सूइयाँ और आरियाँ इत्यादि हैं। ये उपकरण बहुत बड़ी संख्या में विभिन्न सैन्धव पुरातात्विक स्थलों से प्राप्त हुए हैं तथा जो लगभग समान आकार–प्रकार के हैं। सिन्धु सभ्यता के धातुकार (लोहार) धातु के बर्तनों और व्यक्तिगत आभूषणों का भी बहुत बड़ी संख्या में निर्माण करते थे। ताँबे की बहुत सारी वस्तुएं जैसे चूड़ियाँ, अंगुठी, कर्णाभूषण, लटकन, बाल में लगाने वाला पिन, स्नानगृह में लगाने वाला दर्पण, ये सभी सैन्धव औरतों द्वारा प्रयोग किए जाने वाले आभूषण एवं वस्तुओं के कुछ उदारहण हैं। जिससे यह इंगित होता है कि सिन्धु सभ्यता में बड़ी संख्या में धातुओं का प्रयोग होता था और सैन्धव धातुकारों द्वारा इन धातुओं को बड़ी आसानी से प्राप्त कर लिया जाता था।

हड़प्पा सभ्यता के उपकरणों के संग्रह में युद्धक उपकरणों की कमी दिखाई देती है। ये साधारण बनावट के हैं। ये ना ही मेसोपोटामिया के साँचे द्वारा निर्मित वस्तुओं की तरह जटिल और न ही चीन की धातु वस्तुओं की तरह अलंकृत हैं। अधिकांशतः वस्तुओं को व्यक्तिगत प्रयोग के लिए बनाया गया था। धातु निर्मित सिर्फ दो नर्तकी की मूर्तियों के अतिरिक्त धातु की कोई भी मानव प्रतिमा उपलब्ध नहीं है। यद्यपि कुछ पशु–मूर्तियों का उहारहण है जो ढालने की लास्ट–वैक्स (Lost Wax) तकनीक की योग्यता को प्रदर्शित करता है। बहुत सारे पात्र भी प्राप्त हुए हैं धातु निर्मित अन्य प्रमुख उपकरणों

में दाढ़ी बनाने के लिए रेजर, पीपल के पत्ते के आकार का चाकू, तेज धार वाला हंसिया, छेनी, भाले, पतली नोक वाले तीर, सीधी एवं गोल आकार की आरी, बँसुले, कटार, सूईयाँ (आँख के आकार की), छेद करने वाला यंत्र (वर्मा) इत्यादि प्राप्त हुए हैं। मोहनजोदड़ो से एक रेजर प्राप्त हुआ है जो कपड़े में लिपटा हुआ है।[67]

सिन्धु सभ्यता से धातु निर्मित आभूषण भी प्राप्त होते हैं। प्रमुख आभूषणें में मनके, लटकन, चूड़ियाँ, इत्यादि हैं। सोने और चाँदी जैसी धातुओं के आभूषण भी प्राप्त हुए हैं। कालीबंगा से सोने की मनके प्रारंभिक हड़प्पा चरण से प्राप्त हैं। ताँबे के उपकरण भी प्राप्त हैं जिनमें प्रमुखतः कुल्हाड़ी, रिंग, बाणाग्र, छड़ इत्यादि है। कालीबंगा के ही विकसित हड़प्पा चरण से एक महत्वपूर्ण उपलब्धि ताँबे की वृषभ मूर्ति है जिसके सींग निकले हुए हैं।

हरियाणा में कुणाल से काफी महत्वपूर्ण धातु की वस्तुएँ प्राप्त हुई है। ताँबे की घुमावदार अंगूठी, काफी संख्या में बाणाग्र, जो अंग्रेजी के उल्टे वी (V) अक्षर के आकार का है। ये राजस्थान के 'गणेश्वर' ताम्राश्मीय संस्कृति के पुरास्थल से प्राप्त वाणाग्र की तरह है, अतः इसे गणेश्वरा टाईप भी कहते हैं।यहाँ से चिपटी कुल्हाड़ियों और मछली पकड़ने का कंटिया, भाले, इत्यादि प्राप्त हुए हैं। यहाँ से सोने एवं चाँदी के आभूषण भी प्राप्त हुए हैं सोने से निर्मित छः बटन के आकार की मनका, तीन बेलनाकार मनका, दो छोटे आकार का मनका, एक हार में गुंथी हुई है, हार का वजन 35 ग्राम है।

इसी क्षेत्र में राखीगढ़ी से ताँबे का छड़ प्राप्त हुआ है जिसमें एक स्वर्ण फीता 5 चाँदी की चूड़ियाँ और चाँदी के छल्लों का एक गुच्छा प्राप्त हुआ है। इसके अतिरिक्त ताँबे की चूड़ियाँ, मछली पकड़ने की कंटिया तथा स्वर्ण के मनके प्राप्त हुए हैं। इन उपकरणों के अतिरिक्त ताँबे का ही बाणाग्र, भाले, छेनी, दर्पण एवं छल्ले प्राप्त हुए हैं।[68]

भिडाना से (हाल में उत्खनित) भी धातु की वस्तुओं में ताँबे के उल्टे वी (V) आकार का बाणाग्र, मछली पकड़ने का कांटा, छेनी, भाले, नेलकटर, चूड़ियाँ इत्यादि प्राप्त हुए हैं। यहाँ से प्राप्त एक बाणाग्र में फाइबर के निशान प्राप्त हुए हैं। यहाँ के उत्खनन से एक महत्वपूर्ण उपलब्धी ताँबे के दो लिखित कुल्हाड़ियाँ प्राप्त हुई हैं। इन पर हड़प्पा सभ्यता के अक्षरों का उत्कीर्णन है। समान विशेषता से युक्त लिखित ताँबे की कुल्हाड़ियाँ कालीबंगा, मोहनजोदड़ो, चाहुन्दोड़ो इत्यादि से प्राप्त हुई है।[69] हरियाणा के अन्य प्रमुख पुरास्थालों जैसे मिताथल, बालू एवं भगवानपुरा इत्यादि से भी ताँबे की वस्तुएं जैसे–चूड़ियाँ, मनके, कुल्हाड़ियां, छल्ले इत्यादि मिले हैं। मिताथल के द्वितीय काल के द्वितीय उपचरण से ताँबे का एक परसु प्राप्त हुआ है।

पंजाब में भी अधिकांश पुरास्थलों से धातु की वस्तुएँ प्राप्त हुई है। कोटला निहंग खान से सुरमा लगाने वाला अंजन शलाका मिला है। ताँबे की ही अंगुठी एवं पिन प्राप्त है। बाड़ा उत्खनन से काँसे की मछली पकड़ने की कटिया प्राप्त हुई है। अन्य प्रमुख पुरास्थलों जैसे चण्डीगढ़, ढ़ेरमाजरा एवं संघोल इत्यादि से भी ताँबे के उपकरण प्राप्त हुए हैं। चण्डीगढ़ से ताँबे की चूड़ियों के साथ ही ताँबे के एवं काँस्य के छल्ले, तार, छड़ एवं बालों में लगाने वाला पिन इत्यादि प्राप्त हुआ है।

उत्तर प्रदेश के क्षेत्रों में से धातु निर्मित वस्तुएं प्राप्त होती है। विशेष रूप से पश्चिमी उत्तर प्रदेश में उत्तरवर्ती हड़प्पा काल के साक्ष्य अधिक संख्या में मिलते हैं। हाल ही में उत्खनित माण्डी गाँव जो

पश्चिमी उत्तर प्रदेश के मुजफ्फर नगर जिले में स्थित है, बहुत बड़ी संख्या में हड़प्पाकालीन आभूषणों की प्राप्ति हुई है। कुल आभूषणों का वजन लगभग 10 किग्रा. है। ताँबे के दो बड़े वर्तनों में मनके जो सोने, ताँबे, बैन्डेड एंगेट (सुलेमानी पत्थर) तथा गोमेद पत्थर (ओनेक्स) इत्यादि से निर्मित हैं। स्वर्ण निर्मित मनके चार प्रकार के हैं– स्पेसर मनका आयात, मध्यान्तर के रूप में प्रयुक्त होने वाला मनके, बेलनाकार मनके, एकहरे एवं दुहरे घंटे के आकार का मनके, तथा चौथा पेपर जैसा पतला गोल मनके प्राप्त हुआ है।

माण्डी से प्राप्त इन मनकों के समान ही अन्य बहुत से हड़प्पीय पुरास्थलों से इस तरह के मनके प्राप्त हैं जैसे माण्डी के मध्यान्तर मनका की ही तरह मोहनजोदड़ो से स्वर्ण, ताँबा, काँसा, फेयान्स तथा मिट्‌टी (टेराकोटा) इत्यादि के मनके प्राप्त हुए हैं। हड़प्पा से ताँबा तथा टेराकोटा की, लोथल से स्वर्ण, ताँबा, सेलखडी तथा टेराकोटा की अल्लादीनों से काँस्य की चाहुन्दरो से काँसा तथा ताँबा की मनकाएँ प्राप्त हुई हैं।

पेपर की जितने पतले गोल मनकों की तरह ही मोहनजोदड़ो, हड़प्पा, लोथल, कालीबंगा, चाहुन्दाड़ो, सुरकोटडा इत्यादि से पतली सेलखड़ी की मनकाएँ हैं। माण्डी की टर्मिनल गोल मनका की तरह मोहनजोदड़ो एवं हड़प्पा से स्वर्ण, ताँबा, काँसा तथा टेराकोटा इत्यादि की लोथल से षि स्वर्ण टेराकोटा तथा अलदीनों से काँसे की मनकें प्राप्त है।

माण्डी से स्वर्ण और चांदी की चूड़ियाँ (कंगन) प्राप्त हुए हैं। जो अपने आप में अत्यन्त महत्वपूर्ण है।[70] उत्तर प्रदेश में गंगा यमुना दोआब के क्षेत्रों में उत्तरवर्ती हड़प्पा के ही समकक्ष ताम्र निधियों का पता चलता है। विभिन्न प्रकार के इन ताम्र उपकरणों का पता छिपाये हुए भण्डार के रूप में चलता है। जिसको सामान्यतः ताम्र निधियों की संज्ञा दी जाती है। सर्वप्रथम 1822 में बिठूर ;कानुपर के पासद्ध से एक मत्स्य भाला प्राप्त हुआ था। उसके बाद 100 से अधिक पुरास्थलों से इस तरह की निधियाँ प्राप्त हो चुकी हैं। ये सामान्यतः दक्षिण के पठारी भागों को छोड़कर एवं उत्तर–पूर्वी प्रदेशों को छोड बांकी पूरे देश में इनकी प्राप्ती हुई है परन्तु अधिकांशतः अचानक ही प्राप्त हुए हैं। इन छुपी हुई ताम्र निधियों का घनत्व मुख्यतः उत्तर प्रदेश, हरियाणा, मध्य प्रदेश और बिहार में अधिक है। विशेष रूप से गंगा–जमुना दोआब के क्षेत्रों में सम्भवतः उत्तर भारत में कच्चे ताँबे की उपलब्धता ही इस क्षेत्र में बड़ी संख्या में प्राप्त होने का कारण रहा हो।

मात्र कनिशपुर[71] नवपाषाणिक काल से ताम्र निर्मित चूड़ी के टुकड़े, सुई, दो पिन, कान एवं नाक की बाली तथा छेनी उपलब्ध विशेष उपकरण हैं।

अतिरंजीखेड़ा से तांबा की वस्तुएं तथा नरहन[72] से लोहे की कटिया, लोहे के दो टुकड़े, बाणाग्र, छेनी और कीलें प्राप्त होती हैं। इमलीडीहखुर्द से ताम्रनिर्मित मनके एवं बाण प्राप्त हैं। हुलास[73] के चित्रित धूसर पात्र संस्कृति के स्तर से ताम्र–मल, ताम्र की अंजन शलाका, थापली से ताम्र के कड़े, नहन्नी एवं जखेड़ा से ताम्र चूड़ियां, अंजन शलाका, मछली पकाने की कटिया, सुई, कुदाल, हंसिया, छेनी, कुल्हाड़ी, कीलें उपलब्ध हुई हैं। आलमगीरपुर[74] के इस स्तर से तांबे एवं लोहे के बाणाग्र, पिनें एवं पहियायुक्त पशु खिलौना प्राप्त हुए हैं। अल्लाहपुर[75] से ताम्र की नहन्नी, लौह का बाणाग्र एवं ब्लेड, हस्तिनापुर के चित्रित धूसर पात्र संस्कृति से भी ताम्र निर्मित वस्तुएं और अतिरंजीखेड़ा से प्राप्त लौह

उपकरणों में बाणाग्र, कुल्हाड़ी, छेनी, छड़, चाकू, कटिया, छल्ले एवं कीलें मिली हैं। खैराडीह से ताम्र निर्मित साकेटेड बाणाग्र जिसके साकेट में ही छिद्र हैं। मलहर[76] से ताम्र के हथौड़ा, मूसल, मनके और लौह निर्मित हंसिया, कटिया, बाणाग्र, चाकू, तलवार एवं नहन्नी प्राप्त वस्तुओं में हैं। राजानल–का–टीला[77] से लौहे के चाकू, बाणाग्र, छेनी इत्यादि हैं। टोकवा के इस काल से ताम्र उपकरण तथा सेनुवार से ताम्र निर्मित कड़े, पिनें, कान की बाली, लटकनें और तांबे के कुछ टुकड़े तथा कुछ बर्तन के ऐसे टुकड़े मिले हैं जिनमें भीतर की ओर तांबा लगा हैं। सम्भवतः यह बर्तन धातु को गलाने में प्रयुक्त होता था।

इसके अतिरिक्त कतिपय अन्य महत्वपूर्ण वस्तुएं भी प्राप्त हैं जैसे– सेलखड़ी, कांचली मिटटी, लाजवर्द एवं शंख निर्मित वस्तुएं।

उत्तर भारतीय हड़प्पा सभ्यता के पुरास्थलों में सर्व प्रथम राखीगढ़ी[78] के प्राक विकसित हड़प्पा स्तर से सेलखड़ी के मनके, चूड़ियां, शंख के चूड़ियां, मनके, कांचली मिट्टी, की चूड़ियां षरी मात्र में प्राप्त हैं। इसी प्रकार ष्रिाना[79] के प्राक् एवं विकसित हड़प्पा काल से षे सेलखड़ी से निर्मित सूक्ष्म एवं तस्तरीनुमा मनके, लाजवर्द के मनके, कांचली मिट्टी के मनके, बाण, मत्स्य कांटे मिले हैं। हुलास[80] से कांचली मिटटी के मनके प्राप्य हैं। कुणाल[81] नामक पुरास्थल से लाजवर्द के 5600 मनके, शंख के 4000 तथा सेलखंड़ी से निर्मित 2000 मनके मिले हैं। मिताथल से सेलखड़ी के मनके और ढ़लेवां[82] नामक पुरास्थल से सेलखड़ी, कांचली मिटटी, लाजवर्द के मनके मिले हैं। ढ़लेवां से सेलखड़ी कि चूड़ियां षे मिले हैं। आलमगीरपुर[83] से कांचली मिट्टी चूड़ियां, मनके एवं कटोरे मिले हैं, सेलखड़ी के लघु बेलनाकार, डिस्क आकार एवं सूक्ष्म आकार के मनके मिले हैं।

इसी प्रकार से ये वस्तुऐं अन्य संस्कृतियों में भी निरविच्छिन्नता का परिचय देती हैं। गुफकराल के प्रथम 'अ' काल से सिलखड़ी के दो मनके भी प्राप्त हैं।

सेलखड़ी के मनके सेनुवार के इसी स्तर से प्राप्त हैं। आलमगीरपुर[84] से कांच द्वारा निर्मित मनके, जखेड़ा से स्वर्ण आभूषण प्राप्त हैं, जो अत्यन्त महत्वपूर्ण पुरानिधि हैं। इमलीडीहखुर्द से सेलखड़ी के मनके कांचली मिट्टी के मनके भी विशेष उल्लेखनीय हैं। नरहन[85] से कांच के पांसे प्राप्त हैं।

मूर्तियां : कला एक क्रियाशील प्रक्रिया है जो विकास के विभिन्न अवस्थाओं से गुजरती है और इसमें तत्कालीन समाज एवं संस्कृति का प्रतिबिम्ब दिखाई देता है। टेराकोटा या मिट्टी की वस्तुएँ महत्वपूर्ण स्थान रखते हैं जो अति प्राचीन समय से ही प्रयोग में आ रहे है। यह क्रियाशीलता के कई रूप को अभिव्यक्त करते हैं। मिट्टी की ये छोटी मूर्तियां तत्कालीन समय की रीति–रिवाजों और व्यवहारों की अत्यधिक महत्वपूर्ण सूचना प्रदान करती हैं तथा ये मूर्तियां सामाजिक–आर्थिक दशा, नगरों एवं गांव दोनों के धार्मिक दशा की विभिन्न पक्षों को भी उदधृत करती हैं। इन मृण्मय परंपराओं के विभिन्न प्रकार हैं इनके माध्यम से संस्कृतियों के आपस में सम्पर्कों तथा उनकी उत्तरजीवितता को भी रेखांकित किया जा सकता है, क्योंकि ये लगभग सभी कालों से प्राप्त होते हैं। इनके प्रमुख प्रकारों में घरों में सजाने वाले उपकरण, बच्चों के खेलने के उपकरण, धार्मिक उपकरण, जादू–टोने से सम्बन्धित उपकरण इत्यादि हैं। मृण्मूर्तियों का सबसे प्रारंभिक उदाहरण हमें मेहरगढ़ के मृदभाण्डीय नवपाषाणिक चरण से मिलता है। छठी–पाँचवीं सहस्राब्दी ई. पू. के इस चरण से 5 बिना पकी हुई मानव एवं पशुओं

की मृण्मूर्तियाँ प्राप्त होती है। पकी हुई मिट्टी की जानवरों की मृण्मूर्तियाँ पहली बार मेहरगढ़ के तृतीय चरण से मिलती हैं। इन मृण्मूर्तियों के बीच कलात्मक विकास विशेष रूप से चौथे से सातवें चरणों के बीच में मिलता है। प्रारंभ में डंडे की भांति सिर होता था, चतुर्थकाल और छठे चरण में विकसित होते हुए लम्बी टोपी की भाँति सिर हो जाता था, और यही बाद में चलकर सांतवें चरण में झाब संस्कृति के अनुरूप परिवर्तित हो जाता है। संयुक्त रूप से इन मृण्मूर्तियों में स्त्री मूर्तियों की संख्या ज्यादा है परन्तु बाद के चरणों में पुरुष मूर्तियां मिलती हैं।

मेहरगढ़ के चतुर्थ चरण अर्थात चतुर्थ सहस्राब्दि ई. पू. के मध्य का ये चरण दम्बसादात के प्रथम चरण और आमरी के प्रांरभिक चरणों से नजदीकियां प्रतिबिम्बित करता है क्योंकि इन्हीं चरणों से प्राकृतिक स्त्रियोचित मृण्मूर्तियाँ संलिखित है। साथ ही ये मूर्तियाँ नामाजगा के तृतीय चरण काराटेपा से और रहमानढेरी के प्रारंभिक काल से खोजी गई हैं।

हड़प्पीय मृण्मूर्तियाँ प्रारंभिक चरण में हस्त निर्मित ही मिलती हैं, यद्यपि कुछ साँचे से निर्मित भी उल्लेखित हैं। ये हस्तनिर्मित मूर्तियाँ गतिविधियों की स्वतंत्रता को इंगति करते हैं। इनकी ऊंचाई मुख्यतः 8.9–10.2 से. मी. के बीच में है। इन मूर्तियों को ढ़ालने का विचार बलूचिस्तान के प्राक्हड़प्पीय चरण से आता है जहाँ प्रारंभिक अभिव्यक्ति के साथ स्त्रियोचित मृण्मूर्तियाँ प्राप्त होती हैं। हड़प्पीय प्रकारों में खास कर सिर के वस्त्रों, बालों की स्टाइल और अलंकरण पर अधिक ध्यान दिया गया है। इनको कभी–कभी दो या तीन गले का हार, भुजबन्द, कमरबन्द और कान के आभूषणों से अलंकृत दिखाया गया है। इनके हाथों और पैरों में विभिन्न भंगिमाऐं हैं और इन्हें खड़ी मुद्रा में या बैठी मुद्रा में दिखाया गया है।

मानव और पशु मूर्तियाँ बहुत बड़ी संख्या में हड़प्पा, मोहनजोदड़ो, चाहुन्दोड़ो, लोथल, कालीबंगा, राखीगढ़ी, कुणाल ढ़लेवां, मिताथल इत्यादि पुरास्थलों से प्राप्त हुए हैं। इन मृण्मूर्तियों की महत्वपूर्ण विशेषता इनमें आभूषणों की अधिकता है और सिर के वस्त्रों का अलंकृत होना है। कभी–कभी जानवरों को माला पहने हुए दिखाया गया है। इस सन्दर्भ में कालीबंगा से प्राप्त साँढ़ की मृण्मूर्ति उल्लेखनीय है। इनमें प्रयोग किए गए आभूषणों में विविधता है। अधिकांश आभूषण मुख्यतः गले के हार में छोटे–छोटे निशान दबाकर बनाए गए हैं जो हड़प्पीय समुदाय के लोगों स्त्री–पुरुष दोनों का सर्वाधिक पसंदीदा आभूषण है। चूड़ियाँ और बाजूबन्द भी सामान्य रूप से प्रचलित थे परन्तु दुर्भाग्य से अधिकांश मूर्तियों के हाथ टूटे (खण्डित) अवस्था में होती है, पायजेब बहुत कम दिखता है। कमरबन्द या करधनी भी मिलती है जो सामान्यतः एक बैल्ट के रूप में प्रयुक्त होती थी जिसमें नीचे के आभूषणों को बाँधा जा सके। अधिकांश मृण्मूर्तियों में कान के आभूषण नहीं दिखाई पड़ते हैं। सामान्यतः वे सिर पर धारण किए कपड़ों से छिप जाते हैं। यहाँ उनके सिर के परिधान भी कई तरह के हैं जो पुरुष और स्त्री मृण्मूर्तियों में दिखता है। सर्वाधिक सामान्य सिर का परिधान पंखे के आकार का प्रयोग किया गया है जो तत्कालीन समय का सुशोभित करने वाला परिधान था। इसे ललाट बिम्ब के ऊपर धारण किया गया है। एक अन्य तरह का पुरुष के सिर का परिधान देखा गया है जिसे सम्भवतः पगड़ी या टोपी बताया गया है। आश्चर्यजनक तथ्य ये है कि मृण्मूर्तियाँ जो लोथल और कालीबंगा से प्राप्त हैं वो बिल्कुल ही आभूषण रहित हैं। परन्तु हड़प्पा, मोहनजोदड़ो, चाहुन्दोड़ो और बणावली से प्राप्त मृण्मूर्तियों के आभूषणें में विभिन्नता है। बालों और सिर के परिधानों से आभूषण और सजने–सजाने

के प्रति उनका प्यार और समर्पण ही नहीं दिखता है बल्कि सौन्दर्य के प्रति उनकी समझ का पता भी चलता है।

पशु–पक्षी प्रकार : हड़प्पा सभ्यता के सभी उत्खनित पुरास्थलों से पशु–पक्षियों की मृण्मूर्तियाँ काफी प्रचुर मात्रा में मिलती हैं। सर्वाधिक सामान्य रूप से प्राप्त होने वाला पशु साँढ़ है। इन मृण्मूर्तियों की सर्वाधिक संख्या हस्तनिर्मित है जिनको काफी मजबूत बनाए गए हैं तथा इनमें जीवतन्ता है। इनका निर्माण एक भौतिक विचारधारा के तहत सफलतापूर्वक किया गया है। अतः कलाकार इनके विषय में अच्छी तरह परिचित हो चुके थे। इनमें काफी विविधता है, अत्यधिक आकर्षक हैं और इनको दो वर्गों के अंतर्गत रखा गया हैं। जो क्रमशः गंभीर और लौकिक वर्ग के अंतर्गत है। द्वितीय वर्ग की संख्या अधिक है। औसतन इन पशु मूर्तियों का निर्माण मनोविनोद एवं हँसने–खेलने के निमित्त किया गया है। जिसका वर्णन हम इन वस्तुओं से मिलता है जैसे– चूहे का कान, गैडें की नाक, विशालकाय एवं माँसल सूअर इत्यादि। इसी तरह प्रथम प्रकार जिसमें इन पशु मूर्तियों को अत्यन्त सावधानीपूर्वक बनाया गया है जो कलाकार के उच्च कला शैली और दक्षता को दर्शाता है। अत्यन्त सुन्दर और वास्तविकता के काफी करीब साँढ़ की मृण्मूर्ति जिसके छोटे सींग है, एक अच्छा उदाहरण है। अन्य पशुओं में बन्दर, भैंसा, चीता, बकरी, गैड़ा, हाथी, सुअर, कुत्ता, हिरन, बिल्ली, जंगली सुअर और कछुआ इत्यादि हैं।[86]

पशुओं की मृण्मूर्तियाँ भी प्राप्त हैं।[87] बहुत सी मानव मृण्मूर्तियाँ भी प्राप्त होती हैं। मिट्टी की एक मुद्राँक एवं टिकियाएँ मिली है।[88] सन् 1999 से 2000 ई. के उत्खनन सत्र में टेराकोटा की धूसर रंग की चूड़ियाँ प्राप्त हैं, जिन पर कभी–कभी नुकीले वस्तु से अलंकरण किया गया है तथा ये आपस में जुड़े हुए भी मिलते हैं। हरियाणा के एक अन्य महत्वपूर्ण पुरास्थल भिडाना जो फतेहबाद जिले में स्थित है से भी महत्वपूर्ण सामग्री मिली है। गिट्टी की काफी बड़ी संख्या में पशु मूर्तियां मिलती हैं जिनमें साँढ़ के मृण्मूर्तियाँ की अधिकता है। भेड़ एवं कुत्ते की मृण्मूर्ति भी प्राप्त होती हैं जिनके नाक में एक बेल्ट बंधा है। पक्षी मृण्मूर्तियों के रुप में छिद्र युक्त बाँसुरी षि प्राप्य है।

मिताथल से मिट्टी की वस्तुएं कम संख्या में मिली हैं पशुओं में साँढ़ तथा भेड़ों की मृण्मूर्तियाँ प्राप्त हुई हैं। बालू से भी मिट्टी की पशु मृण्मूर्तियां मिली हैं, भगवानपुरा के उत्तरवर्ती हड़प्पाकाल से मानवाकृतियाँ एंव पशु आकृतियां मिली हैं।

हरियाणा में उत्खनन के दौरान प्राप्त मृण्मूर्तियों जो सामान्यतः हड़प्पा के अंतिम चरण या बाँड़ा संस्कृति से सम्बन्धित है में साँढ़ों (Bulls) के साथ–साथ दो मानवाकृतियाँ एक मनुष्य का पैरा का टूटा हुआ भाग, साँप, पक्षियों और चाक युक्त पशुओं की मृण्मूर्तियां प्राप्त है। अधिकांशतः टूटी हुई अवस्था में मिले हैं। निःसंदेह इन मूर्तियों में रूक्षता है। प्रमुख विशेषता जैसे रूक्ष एवं कठोर बनावट इसके अतिरिक्त समानता का निर्वाह नहीं किया गया है जो निर्माण कर्त्ता के खराब कलाकारी का प्रमाण है। इनके रूक्ष सतह से यह पता चलता है कि अधिकांशतः मूर्तियों का निर्माण मिट्टी को बिना ढंग से गूंथ कर किया गया है। दूसरा महत्वपूर्ण तथ्य है कि यहाँ इस क्षेत्र में इस काल के लोग सिर्फ धार्मिक महत्व की वस्तुएं ही नहीं बनाते थे बल्कि खेलों तथा मनोरंजन से सम्बन्धित सामग्री का भी निर्माण करते थे विशेष रूप से बच्चों के लिए। वृषभ (Bull) की लाल रंग की मृण्मूर्ति जो भगवानपुरा से प्राप्त है, उसका सींग एवं कूबड़ लम्बा है इस पशु का कूबड़ कठोर है तथा दबा कर उसे ऊपर की तरफ उठाया गया

है। दूसरी मूर्ति में उसका मुख हल्का लम्बा है और पैर टूटे हुए है। एक अन्य जगह पर पशु का कूबड़ उन्मुक्त (उठा हुआ) और पैर लम्बे है, लेकिन सिर का भाग नहीं है ये सभी काफी रूक्ष बनावट के है। मिताथल के द्वितीय काल के द्वितीय उपचरण से पशु मृण्मूर्तियाँ जैसे कुत्ता, पहिए वाली गाड़ी (खिलौना) के साथ बुल या भेड़ा का सिर इत्यादि भी बहुत अच्छी बनावट के नहीं है जैसे विकसति हड़प्पा काल में होते हैं। चाक द्वारा पशुओं एवं पक्षियों का निर्माण करना हरियाणा के उत्तरवर्ती हड़प्पा कालीन लोग भी जानते थे। दौलतपुर के उत्खनन से प्राप्त चाक से निर्मित पशु एवं पक्षियों से इसकी पुष्टि होती है। चाक निर्मित इन पशु–पक्षियों एवं खिलौने की प्राप्ती दैमाबाद, कालीबंगा, लोथल और सुरकोटड़ा से भी प्राप्त हुए है।[89]

पंजाब के क्षेत्रों में भी हड़प्पा संस्कृति के पुरास्थलों से इस तरह के अवशेष प्राप्त (मिट्टी के अवशेष) होते हैं जो बाद के परवर्ती चरणों में भी मिलते हैं, रोपड़ में प्रथम काल के द्वितीय उपचरण से विकसित हड़प्पा के साक्ष्य मिले हैं, जिनमें मिट्टी की वस्तुओं में मिट्टी की टिकिया, पहिए और खिलौना गाड़ियों के ढाँचे मिले हैं। कोटलानिहंग खान से भी मिट्टी की चूड़ियाँ प्राप्त हुई हैं मिट्टी की टिकिया, पशु मूर्तियां, पहिए एवं गाड़ियों के ढ़ाँचे प्राप्त हुए हैं। बारा के उत्खनन से टिकिया, वृषभ की मृण्मूर्तियॉं, चूड़ियाँ एवं मनके प्राप्त हैं। चण्डीगढ़ से प्राप्त मिट्टी की वस्तुओं में जैसे वृषभ की मृण्मूर्तियॉं, दधेरी के उत्खनन से भी मिट्टी की चूड़ियाँ, पहिए, मनकाएँ एवं चित्रित वृषभ की मृण्मूर्ति प्राप्त हुई है।[90]

भगवानपुरा के उत्खनन से भी बड़ी संख्या में मिट्टी की वस्तुएँ प्राप्त हुई हैं जिनमें मानव मूर्तियों के अतिरिक्त पशु मूर्तियाँ, मनके, चूड़ियाँ, पहिए इत्यादि प्राप्त हुए हैं। यहाँ से कुल 7 मानव मृण्मूतियाँ प्राप्त हुई हैं जिनमें एक छोड़कर सभी मानवाकृति है। इनमें से तीन प्रथम उपकाल से एवं अन्य तीन द्वितीय उपकाल से प्राप्त है। यहाँ से 35 की संख्या में पशुओं एवं पक्षियों की मृण्मूर्तियाँ प्राप्त हुई हैं ये सभी मृण्मूर्तियाँ हस्तनिर्मित है। इनके विश्लेषण के पश्चात ये पता चलता है कि वृषभ प्रथम उपकाल में प्रसिद्ध है, जबकि भेड़ बड़ी संख्या में द्वितीय उपकाल में प्राप्त हुए हैं। इसके अतिरिक्त द्वितीय उपकाल की किसी नुकीली वस्तु की उकेर कर चित्रण बनाने की परम्परा थी। अतः इसी तरह के चित्रण के साथ भेड़े की मृण्मूर्ति आलामगीरपुर (उत्तर प्रदेश) के चित्रित धूसर मृदभाण्ड संस्कृति के चरण से प्राप्त हुआ है, ऐसे डिजायन के साथ पक्षी की मृण्मूर्ति नोह तथा थापली से भी प्राप्त है। इसी तरह का जखेरा से प्राप्त भेड़ें मृण्मूर्ति जिस पर उकेर कर चित्रण बनाया गया है जिसकी समानता भगवानपुरा से प्राप्त भेड़े के साथ है। अतः इस आधार पर इनमें आपस में सम्पर्क को दर्शाया जाय तो अतिशयोक्ति नही होगी। उत्तर प्रदेश में भी हड़प्पा सभ्यता के साक्ष्य मुख्यतः पश्चिमी क्षेत्र में ही अधिक मिले हैं। प्रमुख उत्खनित पुरास्थलों, आलमगीरपुर, हुलास एवं वरगाँव इत्यादि हैं। आलमगीर के उत्खनन से मिट्टी से निर्मित कुछ वस्तुएँ प्राप्त हुई हैं, कुछ पशुओं की मृण्मूर्तियां जिनका सिर्फ सिर का भाग प्राप्त है, एक कूबड़दार वृषभ भी खण्डित अवस्था में मिला है। यहाँ पर भी सर्प की उपस्थिति है। इसी प्रकेर अन्य संस्कृतियों में भी मृण्मूर्तियां पाप्त हैं।

उत्तर भारत के नवपाषाणिक पुरास्थलों में चिरांद से कुदमान बैल, नाग और चिड़ियां की मृण्मूर्तियां प्राप्त हुई हैं। इस के पश्चात् के काल ताम्रपाषाणिक काल में सेनुवार से हस्तनिर्मित एक मिट्टी की बैल की मूर्ति मिली है। भगवानपुरा[92] के घूसर मृदभाण्ड संस्कृति से वशभ एवं चिंडियां की मृण्मूर्तियां

मिली हैं। इसी काल की पक्षी मृण्मूर्ति थापली[93] एवं हस्तिनापुर से घोड़े की अतिरंजीखेड़ा[35] से दो पशु मृण्मूर्ति उद्धटित हुई हैं। खैराडीह से भी मृण्मूर्ति प्राप्त हुई हैं।

मानव प्रकार : यद्यपि हड़प्पीय स्त्री मृण्मूतियाँ कम अलंकृत है तथापि उनकी बेहतर अभिव्यक्ति है। इनकी भंगिमाओं में काफी विविधता है। कुछ गृहणी का कार्य करते हुए आटा गूथते हुए, रोटियाँ बनाते हुए, रोटियों से भरी डलिया (टोकरी) को तेजी से ले जाते हुए, अपने बच्चों के बालों की देखभाल एवं उनको झाडते हुए इत्यादि मुद्रायें प्रदर्शित हैं। यहाँ स्त्री मृण्मूर्तियों को तीन वर्गों में रख सकते हैं। प्रथम वर्ग में जो सर्वाधिक महत्वपूर्ण है ये एक मातृदेवी की मूर्ति है, इस मूर्ति का कूल्हा बड़ा है, उन्मुक्त वक्षस्थल और कमर का भाग पतला है। इनके अतिरिक्त आभूषणों की अधिकता है। द्वितीय वर्ग में यह एक गर्भवती स्त्री का चित्रण है ये गोल और स्थूलकाय स्त्री की मूर्ति खुशी और हँसी की मुद्रा में है। तीसरा वर्ग में जो स्त्री मूर्तियाँ है, वो किसी धार्मिक पक्ष से सम्बन्धित नहीं है और उनकी भंगिमाओं में काफी विविधता है एवं ये कई गृहपयोगी कार्यों को करते हुए प्रदर्शित हैं। इनका वर्णन उपर्युक्त संदर्भों में किया गया है।

यद्यपि हड़प्पा संस्कृति में पुरुष मृण्मूर्तियों की अभिव्यक्ति बहुत अच्छी नहीं है तथापि इनमें विविधता है। ये काफी बड़ी संख्या में हड़प्पा से प्राप्त हुई हैं जो सम्पूर्ण प्राप्त संख्या का एक तिहाई हिस्सा है और अन्य पुरास्थलों पर ये काफी कम हैं। पुरुष प्रकार सामान्यतः हथियार के साथ बैठी मुद्रा में है या तो भक्ति करते हुए दिखाया गया है। पुरुषों की खड़ी मुद्रा में मृण्मूर्ति बहुत कम हैं। यद्यपि प्रकारों में यह समान्य हैं। इन मृण्मूर्तियों की नाक चिपटी है कानों में छेद है और उभरी हुई ठुड्डी है, ये कमर में चारों तरफ घुमा कर मेखला पहनते थे जो इनका फैशन था। बनावट में रूक्ष, अभिव्यक्ति में जीवन्ता है। इसका शरीर नग्न है तथा कभी दाढ़ी के बिना या कभी दाढ़ी युक्त दिखाया गया प्राप्त होता है। अन्य संस्कृतियों में इनका निर्माण अवाध गति से चलता रहा।

कृष्ण–लोहित संस्कृति के नरहन[94] नामक पुरास्थल से दो मृण्मूर्तियां प्राप्त हैं। धूसर चित्रित पात्र संस्कृति के भगवानपुरा[95] नामक पुरा स्थल से मानवाकृत की खंडित मूर्तियां मिली हैं। लालकिला[96] के गैरिकमृदभाण्ड संस्कृति से दो नारी मूर्तियां, जखेड़ा के चित्रित धूसर पात्र संस्कृति से तीन मृण मानव मूर्तियां उल्लेखनीय हैं। इनमें से एक स्त्री साड़ी धारण की हुई हैं। राजा–नल–के टीला से योनियुक्त से युक्त शिवलिंग प्राप्त हैं।[97] आलमगीरपुर[98] के चित्रित धूसर पात्र संस्कृति से अस्थि निर्मित मातृदेवी की मूर्ति प्राप्त हुई हैं। आलमगीरपुर[99] के चित्रित धूसर पात्र संस्कृति से ही धातु से निर्मित वृषभ और भेड़ की मूर्तियां प्राप्त हैं।

इस प्रकार मूर्तियों के संदर्भ में हड़प्पा एवं अन्य संस्कृतियों के मध्य संबंधा बना रहा तथा निरंतरता भी स्वतः रेखांकित होती हैं।

अन्त्येष्टि संस्कार : उत्तर भारतीय पुरातत्त्व के क्षेत्र में मध्यपाषाणिक शवाधानों को छोड़ कर बुर्जहोम प्रथम नवपाषाणिक पुरास्थल है जहाँ से मानव एवं पशुओं के शवाधान के साक्ष्य प्रकाश में आये हैं। दूसरा भगवानपुरा, तीसरा राखीगढ़ी एवं चौथा महत्वपूर्ण स्थान सनौली हैं। यहाँ पर बुर्जहोम, राखीगढ़ी, भगवानपुरा एवं सनौली का उल्लेख किया जा रहा है।

सबसे महत्वपूर्ण हड़प्पा कालीन ताम्रनिधि युक्त पुरास्थल सनौली है जहाँ से अब तक सर्वाधिक शवाधान के साक्ष्य प्रकट हुए हैं। सनौली से एकल, द्वितियक एवं तृतीयक समाधियां प्राप्त हुई हैं। मृतकों के साथ सिर के पास रखे मिट्टी के पात्र मध्यम आकार के बोतलनुमा बर्तन, जिनके किनारे क्रमशः बाहर को अधिक चौड़े हैं तथा सेलखली के मनके के साथ तश्तरी और ढक्कन आदि हैं। तीन मृतकों को एक ही साथ दफनाने की घटना पहली बार हड़प्पा संस्कृति के सन्दर्भ में आयी हैं। अभी तक इस प्रकार की कब्रें लौह युग की 'महापाषाणिक संस्कृति' (Megalithic Culture) से ही ज्ञात थी।

सर्वाधिक महत्वपूर्ण तथ्य है कि एक कब्र से तांबे की श्रृंगिकायुक्त तलवार और म्यान एक साथ हड़प्पा संस्कृति की कब्र से मिली है। पुरातात्विक दृष्टि से यह महत्वपूर्ण साक्ष्य है, जो हड़प्पा एवं ताम्रनिधि संस्कृति के लोगों के मध्य पारस्परिक आदान–प्रदान को दर्शाता है।

नवपाषाणिक बुर्जहोम के प्रथम 'ब' काल से विस्तीर्ण समाधि प्राप्त हुई है जिसमें मृतक को चित लिटाकर समाधिस्थ किया गया है। समाधियों से जो मानव के कंकाल मिले हैं उनके ऊपर गैरिक रंग छिड़का गया है। मानवों के साथ कुत्ते, बकरे आदि पालतू पशुओं को भी दफनाया गया है। इनके अतिरिक्त पशुओं की भी पूर्ण तथा आंशिक स्वतन्त्र समाधियां मिली हैं। कुत्ता, भेड़िया तथा हिरण की समाधियां प्राप्त हुई हैं। एक पशु–समाधि में पांच जंगली कुत्ते तथा एक हिरण की सींग दफनायी गयी है। मालिक के साथ कुत्तों को दफनाने की प्रथा चीन की नवपाषाणिक संस्कृति में भी मिलती है।

इसके पश्चात् चित्रित धूसर पात्र–परम्परा से सम्बन्धित भगवानपुरा[100] के प्रथम 'ब' काल से शवाधान सम्बन्धी साक्ष्य मिले हैं। इनमें से एक वयस्क पुरूष का और दूसरा 8 से 10 वर्ष की आयु के एक बच्चे का हैं। मृतकों को आवास क्षेत्र में ही बिना किसी अन्त्येष्टि सामग्री के उत्तर–दक्षिण दिशा में चित्त लिटा कर दफनाया गया हैं। वयस्क की समाधि की रूपरेखा (Grave pit lines) के साक्ष्य मिले हैं। बच्चे की समाधि की रूपरेखा के साक्ष्य नहीं खोजे जा सके हैं।

इससे सिद्ध होता है कि हड़प्पा संस्कृति के ताम्र निधि के उपकरणों से परिचित थे। अभी तक ताम्र निधि को अधिकांश विद्वान गैरिक वर्णीय मृद्भाण्ड संस्कृति के साथ सम्बन्ध स्थापित करते रहे हैं। मगर इस महत्वपूर्ण उपलब्धि के बाद कहा जा सकता है कि हड़प्पा वासी ताम्रनिधि एवं गैरूवर्णीय संस्कृति से भली–भांति परिचित थे। इसलिए उक्त वस्तुओं को अपने जीवन के अन्त जैसे महत्वपूर्ण संस्कारों में इसका उपयोग किया है। इस विषय पर और अधिक खोज की आवश्यकता है। जिसके आधार पर भारत वर्ष के प्राचीन संस्कृति का एक दूसरे के साथ संबंध स्थापित करने में महत्वपूर्ण सहयोग प्राप्त हो सकेगा।

संदर्भ ग्रन्थ

1. अग्रवाल, डी. पी., 'द ऑर्कियोलॉजिकल सर्वे ऑफ इण्डिया' फर्स्ट पब्लिशेड, कर्जन प्रेस लि., लंदन एवं लाल्मो, 1982
2. चक्रवर्ती, डी. के. 'इण्डिस सिविलाइजेशन साईट इन इण्ड़िया न्यू डिस्कवरी, मार्ग पब्लिकेशन, दिल्ली, 2004
3. केनोवॉर, जे. एम., 'एन्शियेन्ट सिटी ऑफ द इण्डस वैलीय सिविलाइजेशन', ऑक्सफोर्ट यूनिवर्सीटी प्रेस, बंगलोर टॉऊन, कराँची – 1998

4. भान, सूरज, 'एक्सवेशन एट मिताथल (68) एण्ड अदर एक्सप्लोरेशन इन द सतलज–यमुना डिवाइड, कुरूक्षेत्र यूनिवर्सीटी, कुरूक्षेत्र, 1975
5. यादव, के. सी., हरियाणा का इतिहास, मैकमिलन इण्डिया लिमिटेड, दिल्ली, 1982
6. नौटियाल, के. पी. 'प्रोटोहिस्टोरिक इण्डिया', अगम कला प्रकाशन, दिल्ली, 1989
7. दीक्षित, के. एन., 'द एक्सवेशन एट हुलास एण्ड फरदर एक्सप्लोरेशन ऑफ द अपर गंगा–यमुना दोआव', मैन एण्ड इनवायरनमेन्ट, वाल्यूम ट, डेक्कन कॉलेज, पूना, 1981, पृ. 70–72
8. मणि, बी. आर., 'एक्सवेसनस एट कानिसपुर', प्रागधारा, न. 10, लखनऊ, 1998–99, पृ. 4–5
9. पाण्डेय, जे. एन., पुरातत्त्वविमर्श, इलाहाबाद, 2000 पृ. 333, 335, 354
10. इण्डियन आर्कियोलॉजी, 1971–72, ए रिव्यू, आर्कियोलॉजिकल सर्वे ऑफ इण्डिया, नई दिल्ली, पृ. 45–46
11. वही पृ. 41
12. जोशी जगतपति, 'एक्सवेशन एट भगवानपुरा', (1975–76), आर्कियोलॉजिकल सर्वे ऑफ इण्डिया, नई दिल्ली, 1993, पृ. 41
13. इण्डियन आर्कियोलॉजी, 1959–60, ए रिव्यू, आर्कियोलॉजिकल सर्वे ऑफ इण्डिया, नई दिल्ली, पृ. 105–06
14. दीक्षित, के. एन., 'द एक्सवेशन एट हुलास एण्ड फरदर एक्सप्लोरेशन ऑफ अपर गंगा–यमुना दोआव', मैन एण्ड इनवायरनमेन्ट, वाल्यूम ट, डेक्कन कॉलेज, पूना, 1981, पृ. 70–72
15. इण्डियन आर्कियोलॉजी, 1970–71, ए रिव्यू, आर्कियोलॉजिकल, सर्वे ऑफ इण्डिया, नई दिल्ली, पृ. 41
16. लाल, बी. बी., 'एक्सवेसशनस एट श्रृंगवेरपुर (1977–86), आर्क्येयोलॉजिकल सर्वे ऑफ इण्डिया, 1993, पृ. 70–71
17. इण्डियन आर्कियोलॉजी, 1999–2000, ए रिव्यू, आर्कियोलॉजिकल सर्वे ऑफइण्डिया, नई दिल्ली, पृ. 30–31
18. वही, 1976–77, पृ. 20–22
19. राव, एल. एस., पुरातत्त्व, न. 36, इण्डियन आर्कियोलॉजिकल सोसायटी, नई दिल्ली, 2005–06, पृ. 47
20. इण्डियन आर्कियोलॉजी, 1994–95, ए रिव्यू, आर्कियोलॉजिकल सर्वे ऑफ इण्डिया, नई दिल्ली, पृ. 25–28
21. दीक्षित, के. एन., 'द एक्सवेशन एट हुलास एण्ड फरदर एक्सप्लोरेशन ऑफ द अपर गंगा–यमुना दोआव', मैन एण्ड इनवार्मेन्ट, वाल्यूम ट, डेक्कन कॉलेज, पूना, 1981, पृ. 70–72
22. इण्डियन आर्कियोलॉजी, 2000–2001, ए रिव्यू, आर्कियोलॉजिकल सर्वे ऑफ इण्डिया, नई दिल्ली, पृ. 125–127
23. वही, 1959–60, पृ. 104–105
24. जोशी जगतपति, 'एक्सवेसन एट भगवानपुरा (1975–76)', आर्क्येयोलॉजिकल सर्वे ऑफ इण्डिया, नई दिल्ली, 1993, पृ. 52

25. थपलियाल, किरण कुमार, सैन्धव सभ्यता, लखनऊ, 2000, 401
26. इण्डियन आर्कियोलॉजी, 1999–2000, ए रिव्यू, आर्कियोलॉजिकल सर्वे ऑफ इण्डिया, नई दिल्ली, पृ. 30–38
27. राव, एल. एस., पुरातत्त्व, न. 36, इण्डियन आर्कियोलॉजिकल सोसायटी, नई दिल्ली, 2005–06, पृ. 47
28. दीक्षित, के. एन., 'द एक्सवेशन एट हुलास एण्ड फरदर एक्सप्लोरेशन ऑफ द अपर गंगा–यमुना दोआव', मैन एण्ड इनवायरनमेन्ट, वाल्यूम ट, डेक्कन कॉलेज, पूना, 1981, पृ. 71–73
29. मणि, बी. आर., 'एक्सवेशनस एट कानिसपुर', प्राग्धारा न. 10, लखनऊ, 1998–99, पृ. 4–5
30. सिंह, पुरूषोत्तम, 'एक्सवेशनस एट नरहन' (1984–89), वाराणसी, 1994, पृ. 59
31. तिवारी, राकेश एण्ड श्रीवास्तव, आर. के., 'एक्सवेशन एट मलहर', प्राग्धारा, नं. 10, लखनऊ, 1999, पृ. 7.
32. इण्डियन आर्कियोलॉजी, 1970–71, ए रिव्यू, आर्कियोलॉजिकल सर्वे ऑफ इण्डिया, नई दिल्ली, पृ. 41
33. वही, 1999–2000, पृ. 30–35
34. राव, एल. एस., 'पुरातत्त्व' इण्डियन आर्क्योलॉजिकल सोसायटी, नई दिल्ली, न. 36, 2005–06, पृ. 47
35. इण्डियन आर्कियोलॉजी, 1976–77, ए रिव्यू, आर्कियोलॉजिकल सर्वे ऑफ इण्डिया, नई दिल्ली, पृ. 20–22
36. सूरज, भान, जनरल, 'हरियाणा स्टडिज', 1969, पृ. 1–15
37. जोशी जगतपति, 'एक्सवेशन एट भगवानपुरा (1975–76)', आर्कियोलॉजिकल सर्वे ऑफ इण्डिया, नई दिल्ली, 1993, पृ. 69
38. इण्डियन आर्कियोलॉजी, 1976–77, ए रिव्यू, आर्कियोलॉजिकल सर्वे ऑफ इण्डिया, नई दिल्ली, पृ. 20–22
39. दीक्षित, के. एन., 'द एक्सवेशन एट हुलास एण्ड फरदर एक्सप्लोरेशन ऑफ द अपर गंगा–यमुना दोआव', मैन एण्ड इनवायरनमेन्ट, वाल्यूम V, डेक्कन कॉलेज, पूना, 1981, पृ. 72–73
40. तिवारी, राकेश एण्ड श्रीवास्तव, आर. के., 'एक्सवेशन एट मल्हर', प्राग्धारा, नं. 10, लखनऊ 1999, पृ. 70–71
41. तिवारी, राकेश एण्ड श्रीवास्तव, आर. के., 'एक्सवेशन एट राज नल का टीला', प्राग्धारा, नं. 8 लखनऊ, 1997–98, पृ. 99
42. दीक्षित, के. एन., 'द एक्सवेशन एट हुलास एण्ड फरदर एक्सप्लोरेशन ऑफ द अपर गंगा–यमुना दोआव', मैन एण्ड इनवायरनमेन्ट, वाल्यूम V, डेक्कन कॉलेज, पूना, 1981, पृ. 72–73
43. इण्डियन आर्कियोलॉजी, 1959–60, ए रिव्यू, आर्कियोलॉजिकल सर्वे ऑफ इण्डिया, नई दिल्ली, पृ. 104–105
44. वही, 1970–71, पृ. 41
45. तिवारी, राकेश एण्ड श्रीवास्तव, आर.के., 'एक्सवेसन एट मल्हर', प्राग्धारा नं. 10, लखनऊ, 1999, पृ. 7.

46. इण्डियन आर्कियोलॉजी, 1999–2000,ए रिव्यू, आर्कियोलॉजिकल सर्वे ऑफ इण्डिया, नई दिल्ली, पृ. 30–33

47. वही, 1976–77, पृ. 20–22

48. वही, 1994–95, पृ. 26–28

49. दीक्षित, के. एन., 'द एक्सवेशन एट हुलास एण्ड फरदर एक्सप्लोरेशन ऑफ द अपर गंगा–यमुना दोआव', मैन एण्ड इनवायरनमेन्ट, वाल्यूम V, डेक्कन कॉलेज, पूना, 1981, पृ. 70–72

50. भान, सूरज, जनरल 'हरियाणा स्टडीज', 1969, पृ. 1–15

51. इण्डियन आर्कियोलॉजी, 2000–2001,ए रिव्यू, आर्कियोलॉजिकल सर्वे ऑफ इण्डिया, नई दिल्ली, पृ. 125–127

52. वही, 1959–60, पृ. 104–105

53. शर्मा, डी. वी., एण्ड तिवारी, राकेश, पुरातत्त्व इण्डियन ऑर्कियोलॉजिकल सोसायटी, नई दिल्ली, नं. 3. 1999–2000 पृ. 36

54. मणि, बी. आर., 'एक्सवेशनस एट कानिसपुर', प्रागधारा न. 10, लखनऊ, 1998–99, पृ. 4–5

55. लाल, बी. बी., 'एक्सवेसशन एट श्रृंगवेरपुर (1977–86), आर्कियोलॉजिकल सर्वे ऑफ इण्डिया, 1993, पृ. 70–71

56. सिंह, पुरूषोत्तम, 'एक्सवेशन एट नरहन (1984–89)', वाराणसी, 1994, पृ. 3

57. तिवारी राकेश एण्ड श्रीवास्तव, आर. के., 'एक्सवेशन एट मल्हर', प्राग्धारा नं. 10 लखनऊ, 1999, पृ. 70–71

58. तिवारी, राकेश एण्ड श्रीवास्तव, आर. के., 'एक्सवेशन एट राजा नल का टीला', प्राग्धारा नं. 8, लखनऊ, 1997–98, पृ. 99

59. इण्डियन आर्कियोलॉजी, 1959–6.,ए रिव्यू, आर्कियोलॉजिकल सर्वे ऑफ इण्डिया, नई दिल्ली, पृ. 104

60. वही, 1971–72, पृ. 45–46

61. विद्यालंकार, सत्यकेतु, प्राचीन भारत नई दिल्ली, 2000

62. विद्यालंकार, सत्यकेतु, प्राचीन भारत नई दिल्ली, 2000

63. मणि बी. आर., 'एक्सवेशनस एट कानिसपुर', प्राग्धारा, न. 10, लखनऊ, 1998–99, पृ. 4–5

64. इण्डियन आर्कियोलॉजी, 1959–60, ए रिव्यू, आर्कियोलॉजिकल सर्वे ऑफ इण्डिया, नई दिल्ली, पृ. 104–105

65. दीक्षित, के. एन., 'द एक्सवेशन एट हुलास एण्ड फरदर एक्सप्लोरेशन ऑफ द अपर गंगा–यमुना दोआव', मैन एण्ड इनवायरनमेन्ट, वाल्यूम ट, डेक्कन कॉलेज, पूना, 1981, पृ. 70–72

66. तिवारी, राकेश एण्ड श्रीवास्तव, आर. के., 'एक्सवेशन एट मल्हर', प्राग्धारा, नं. 10 लखनऊ, 1999, पृ. 7.

67. द्विवेदी, वी. पी., 'इण्डियन आईवरी' (ए सर्वे ऑफ इण्डिया आईवरी एण्ड बोन कार्विंग फ्रोम द अर्लियेस्ट टू द मोडर्न टाईम्स) फस्ट पब्लिशेड, आगम कला प्रकाशन, दिल्ली, 1976

68. जोशी, जगतपति, 'एक्सवेशन एट भगवानपुर (1975–76)', आर्क्येयोलॉजिकल सर्वे ऑफ इण्डिया, नई दिल्ली, 1993, पृ. 69

69. इण्डियन आर्कियोलॉजी, 1999–2000, ए रिव्यू, आर्कियोलॉजिकल सर्वे ऑफ इण्डिया, नई दिल्ली, पृ. 30–33

70. सिंह, आर. एल., 'ए रिजनल ज्योग्राफी', नेशनल ज्योग्राफिकल सोसायटी ऑफ इण्डिया, वाराणसी, 1971

71. मणि, बी. आर., 'एक्सवेशनस एट कानिसपुर', प्राग्धारा, न. 10, लखनऊ, 1998–99, पृ. 4–5

72. सिंह पुरूषोत्तम, 'एक्सवेशनस एट नरहन (1984–89)', वाराणसी, 1994, पृ. 3

73. दीक्षित, के. एन., 'द एक्सवेशन एट हुलास एण्ड फरदर एक्सप्लोरेशन ऑफ द अपर गंगा–यमुना दोआव', मैन इन इनवायरनमेन्ट, वाल्यूम V, डेक्कन कॉलेज, पूना, 1981, पृ. 70–72

74. इण्डियन आर्कियोलॉजी, 1959–60, ए रिव्यू, आर्कियोलॉजिकल सर्वे ऑफ इण्डिया, नई दिल्ली, पृ. 104–105

75. वही, 1976–77, पृ. 20–22

76. तिवारी, राकेश एण्ड श्रीवास्तव, आर. के., 'एक्सवेशन एट मल्हर', प्राग्धारा, नं. 10 लखनऊ, 1999, पृ. 70

77. तिवारी, राकेश एण्ड श्रीवास्तव, आर.के., 'एक्सवेसन एट राजा नल का टीला', प्राग्धारा नं. 8, लखनऊ, 1997, पृ. 99

78. इण्डियन आर्कियोलॉजी–ए रिव्यू, आर्कियोलॉजिकल सर्वे ऑफ इण्डिया, नई दिल्ली, 1999–2000, पृ. 30–33

79. राव, एल. एस., पुरातत्त्व, न. 36, इण्डियन आर्कियोलॉजिकल सोसायटी, नई दिल्ली, 2005–06, पृ. 45–46

80. दीक्षित, के. एन., 'द एक्सवेशन एट हुलास एण्ड फरदर एक्सप्लोरेशन ऑफ द अपर गंगा–यमुना दोआव', मैन एण्ड इनवायरनमेन्ट, वाल्यूम V, डेक्कन कॉलेज, पूना, 1981, पृ. 70–72

81. इण्डियन आर्कियोलॉजी, 1994–95, ए रिव्यू, आर्कियोलॉजिकल सर्वे ऑफ इण्डिया, नई दिल्ली, पृ. 26–28

82. वही, 2000–2001, पृ. 125–27

83. वही, 1959–60, पृ. 104–105

84. वही, 1999–2000, पृ. 105–106

85. सिंह, पुरूषोत्तम, 'एक्सवेशनस एट नरहन (1984–89)', वाराणसी 1994, पृ. 3

86. बनर्जी, अरून्धती, 'अर्ली इण्डियन टेराकोटा आर्ट, हार्मन पब्लिशिंग हाऊस, दिल्ली, 1994

87. इण्डियन आर्कियोलॉजी, 1999–2000, ए रिव्यू, आर्कियोलॉजिकल सर्वे ऑफ इण्डिया, नई दिल्ली, पृ. 30–33

88. वही, 1998–1999, पृ. 43–44

89. वही, 1976—1977, पृ. 63—64

90. वही, 1954—1955, पृ. 2

91. जोशी, जगतपति, 'एक्सवेशन एट भगवानपुरा (1975—76)', आर्क्योलॉजिकल सर्वे ऑफ इण्डिया, नई दिल्ली, 1993, पृ. 52—54

92. वही

93. भान, सूरज, जनरल 'हरियाणा स्टडिज', 1969, पृ. 1—15

94. सिंह, पुरूषोत्तम, 'एक्सवेशनस एट नरहन (1984—89)', वाराणसी 1994, पृ. 3

95. जोशी, जगतपति, 'एक्सवेशन एट भगवानपुर (1975—76)', आर्कियोलॉजिकल सर्वे ऑफ इण्डिया, नई दिल्ली, 1993, पृ. 52—54

96. इण्डियन आर्कियोलॉजी, 1971—72, ए रिव्यू, आर्कियोलॉजिकल सर्वे ऑफ इण्डिया, नई दिल्ली, पृ. 45—46

97. तिवारी, राकेश एण्ड श्रीवास्तव, आर.के., 'एक्सवेशन एट राजा नल का टीला', प्राग्धारा, नं. 8, लखनऊ, 1997—98, पृ. 99

98. इण्डियन आर्कियोलॉजी, 1959—6., ए रिव्यू, आर्कियोलॉजिकल सर्वे ऑफ इण्डिया, नई दिल्ली, पृ. 104—105

99. वही, 1959—6., पृ. 105—106

100. जोशी जगतपति, 'एक्सवेशन एट भगवानपुरा (1975—76)', आर्कियोलॉजिकल सर्वे ऑफ इण्डिया, नई दिल्ली, 1993, पृ. 52—54

अध्याय – पांच

मृद्भाण्डों के आधार पर हड़प्पा सभ्यता का अन्य संस्कृतियों से सम्पर्क एवं निरंतरता

मृद्भाण्ड का निर्माण मानव जीवन में आये क्रांतिकारी परितर्वन में से एक था। पाषाणकाल में मानव द्वारा आकस्मिक रूप से कुछ मिट्टी के प्रलेप के जल जाने से एवं जले हुए मिट्टी की आयु में अत्यधिक वृद्धि होने के कारण ही मृद्भाण्डों की उत्पत्ति मानी जा सकती है।

जब मानव अपने जीवन काल के एक निश्चित पड़ाव पर क्रांतिकारी परिवर्तन हेतु प्रेरित हुआ तो मानव द्वारा धरती के कुछ हिस्सों में अपना स्थायी निवास बनाया, उसने अनाज उत्पादन की प्रक्रिया को शुभारम्भ किया। अनाज एक विशेष मौसम एवं अधिक मात्रा में उत्पादित होने वाला खाद्यन्न था। जिसका उपयोग मानव अन्य भोज्य पदार्थ के उपस्थित नहीं होने पर इसे ग्रहण करते थे। शनैः–शनैः यह कृषि कर्म मानव की आवश्यकता बन गया, जिसके कारण तत्कालीन मनुष्यों के जीवन में एक ठहराव आया। इस ठहराव का मुख्य कारण अनाज का संग्रह होना था। मानव द्वारा अनाज संग्रहपात्र की आवश्यकता महसूस की गयी, जिसके लिए मिट्टी से बने बड़े–बड़े संग्रहपात्र का निर्माण शुरू हुआ। इन संग्रह पात्रों में अधिक मात्रा में उत्पन्न होने वाले अन्न को रखा जाने लगा। जबकि कम मात्रा में पैदा होने वाले अनाज को रखने के लिए मध्यम एवं लघु पात्रों का निर्माण शुरु हुआ। प्रारम्भिक दिनों में उक्त पात्रों का निर्माण मिट्टी से हाथ द्वारा निर्मित किया जाने लगा तत्पश्चात् इसे मजबूती देने के लिए अग्नि में पकाया जाने लगा।

मानव जीवन में आये ठहराव के कारण मानव नवीन खोजों एवं तकनीकी विकास की ओर प्रेरित हुआ। कालान्तर में मानव ने चाक का निर्माण किया और बर्तनों को चाक पर बनाने लगा। परिणामस्वरूव कम श्रम में अधिक संख्या में एवं सुन्दर गढ़न के बर्तनों का निर्माण अस्तित्व में आया। चाक द्वारा निर्मित बर्तनों को विभिन्न आकार– प्रकार में निर्मित किया जाने लगा।

1. निर्माण तकनीक के आधार पर : हड़प्पा सभ्यता सहित अन्य संस्कृतियों में लगभग एक समान तकनीक का उपयोग किया गया है। मृद्भाण्ड निर्माण की तकनीक में निम्नलिखित विधियों का उपयोग किया जाता है–

मिट्टी का चुनाव– सामान्यतः मृद्भाण्ड निर्माण के लिए उचित एवं उपयुक्त मिट्टी का संग्रह किया जाता था। चूना, बालू और माइका युक्त मिश्रित चिकनी मिट्टी का उपयोग किया जाता था, जिससें मृद्भाण्ड निर्माण के बाद सुखाने एवं पकाने के समय फटे नहीं।

मिट्टी को तैयार करना– मृद्भाण्ड हेतु मिट्टी तैयार करने के क्रम में सर्वप्रथम उपयुक्त मिट्टी को एक स्थान विशेष पर रखकर तोड़ा जाता था। मिट्टी को तोड़ते समय प्राप्त कंकड़ पत्थरों को निकाल कर फेंक दिया जाता था। मिट्टी को पानी से भिगोया जाता था, भिगोने के कुछ दिन बाद मिट्टी को फावड़ा एवं पैरों से बारीक किया जाता था। साथ ही मिट्टी से मिले कंकड़ पत्थर एवं अन्य वस्तुऐं पुनः हटाई जाती था! तत्पश्चात् गीली मिट्टी के खण्ड को हाथ से बारीकी से गूँथते थे एवं फिर से छानते थे। उक्त गुत्थाई के क्रम में कुछ कपास अथवा सदृश वस्तु को मिट्टी में मिलाकर लकड़ी द्वारा निर्मित फट्टों से पीटकर उक्त मिट्टी की गुणवत्ता को निखारा जाता था।

आकार प्रदान करना– तैयार मिट्टी को संग्रह किया जाता था। मिट्टी से आवश्यकतानुसार हाथ या चाक द्वारा आकार प्रदान किया जाता था। चाक के उपयोग होने के साथ मृदभाण्ड निर्माता बर्तनों को विभिन्न आकार–प्रकार देना प्रारम्भ कर दिया था। चाक को डण्डे के द्वारा घुमाया जाता था तथा हाथ में पानी लगाकर चाक के मध्य में रखी मिट्टी को इच्छानुसार आकार प्रदान किया जाता। चूँकि बर्तन निर्माण के समय दोनों हाथों का उपयोग किया जाता था। अतः उक्त बर्तन पर हाथ की रेखाओं के चिन्ह अंकित हो जाते थे। बर्तन जब अपना पूर्ण आकार ग्रहण कर लेता था तो निर्माता धागा के माध्यम से चाक से लगी मिट्टी से नवनिर्मित बर्तन को अलग कर देता था। तत्पश्चात बड़ी सावधानी पूर्वक उक्त बर्तन को घूमते चाक के ऊपर से उठा लिया जाता था। अतः चाक निर्मित पात्रों के पेंदी में धागे के निशान स्पष्ट दृष्टिगत होता है।

इस नव–निर्मित बर्तन को सावधानी पूर्वक अप्रत्यक्ष धूप में रखकर सुखाया जाता था। सूखने के क्रम में जब बर्तन अर्धसूखा (Leather Hard Condition) हो जाता था, तब मृद्भाण्ड निर्माता बर्तनों के आकार को ठीक करने के लिए पात्र के अन्दर से एक हाथ का सहारा देकर दूसरे हाथ से चोट देकर उचित आकार देते हुए उसे सुन्दर बनाते थे। इसके पश्चात् रंगों का प्रलेपन एवं विभिन्न प्रकार के चित्रण अभिप्रायों द्वारा अलंकृत करते थे।

चित्रण करना– कुछ मृदभाण्डों के ऊपर प्रलेप किया जाता था। प्रलेप में सामान्यतः बर्तन निर्माण में उपयोग की गयी मिट्टी को बारीक बना कर पेस्ट तैयार किया जाता था, तथा कभी कभी पेस्ट में रंगों को मिलाकर पात्र के ऊपर प्रलेपित किया जाता था। पुनः कुछ देर सूखने के पश्चात उक्त प्रलेप के ऊपर अस्थि अथवा लकड़ी के बने चौड़े एवं चिकने वस्तु के द्वारा कतिपय मृदभाण्डों के सतह को रगड़ कर चमकदार भी बनाया जाता था। बर्तन की सतह को सुन्दर बनाने के बाद कुछ पर विभिन्न प्रकार के रंगों द्वारा अनेक प्रकार के चित्र निर्मित किये जाते थे।

कतिपय मृद्भाण्डों को मिट्टी से बने विभिन्न रंगों के घोलों में डुबाकर उन्हें पुनः सुखाया जाता था। कुछ बर्तनों के बाहर एवं भीतरी भाग में लगाया जाता था एवं कतिपय पात्रों के मात्र एक सतह पर ही घोल लेपित किया जाता था। इसके बाद बर्तनों को अप्रत्यक्ष धूप में पुनः सुखाया जाता था। सूखने के पश्चात अलंकरण–अभिप्राय संजोये जाते थे।

पकाने की तकनीक– मृद्भाण्डों को सूखने के बाद लगभग 3 फिट गहरे एवं 8–10 फिट व्यास वाले गडडों के अन्दर घास–फूस एवं गोबर के ओपलों से गड्ढ़े को भर दिया जाता था।

तत्पश्चात् बर्तनों को विभिन्न स्तरों में सजा कर रखा जाता था। सबसे ऊपर पुनः गोबर के ओपले एवं जलावन को रखा जाता था। सभी पकाने वाले बर्तनों के ऊपर गोबर युक्त गीली मिटटी का लेपन पूरे भट्ठे के बाहरी भाग में लगा दी जाती थी। इस दौरान इस बात का ध्यान रखना होता था कि भट्ठी के चारों ओर कुछ छिद्र छोड़ दिये जाऐ। इन छिद्रों से भट्ठे में आग लगायी जा सके तथा आग लगने के बाद इसका धुंआ बाहर निकल सके। आग का तापमान लगभग 700^0–1000^0 सेंटी ग्रेड के मध्य होता था।

मृद्भाण्डों को काल क्रम के अनुसार उनके निर्माण में प्रयुक्त विधियों (हस्त या चाक और गठन) के आधार पर विश्लेषण किया जा रहा है।

राखीगढ़ी[1] से हड़प्पा सभ्यता के दो काल प्राप्त हैं। प्राक् हड़प्पा काल में तीव्र एवं धीमी गति के चाक पर बर्तन निर्मित किये गये हैं। जिनका गढ़न कुछ पतले एवं मोटे हैं। कतिपय बर्तन के टुकड़े हस्त निर्मित भी प्राप्य होते हैं, इनका गढ़न मोटा है। विकसित हड़प्पा काल से अधिकतम् पात्र तीव्र गति के चाक पर निर्मित हैं और इनदा गढ़न पतला है। चिकनी मिट्टी को अच्छी तरह से गूंथा गया हैं। इनमें धातुविक खनक की आवाज होती हैं। बणावली[2] से हड़प्पा काल के तीनों चरण प्रकाश में आये हैं। प्रथम चरण प्राक् हड़प्पा सभ्यता से सम्बद्ध है। इसके बर्तन तीव्र एवं धीमी दोनों गति पर बनाये गये हैं। मिट्टी को अच्छी तरह से गूंथा गया हैं। कुछ हस्त निर्मित बर्तनों के भी टुकड़े मिले हैं। इनका गढ़न मोटा एवं पतला दोनों हैं। चित्रांकन श्वेत रंग से किया गया है जिसमें से कुछ पकाने के पहले एवं अधिकांश बाद के हैं। विकसित हड़प्पा काल के अधिकतम् बर्तन तीव्र गति के चलने वाले चाक पर निर्मित किये गये हैं। इनकी मिट्टी चिकनी है, जिसको अच्छी तरह गूंथा गया है। गढ़न पतला है इनकी खनक धातु के समान हैं। अन्त हड़प्पा के चरण से भी भारी मात्रा में मृद्भाण्ड प्राप्य हैं। जिनकी गुणवत्ता में क्रमशः कमी आयी हैं। इस काल से प्राप्त पात्रों मे कुछ धीमी गति एवं कतिपय हस्त निर्मित भी हैं। इनका गढ़न पतला और मोटा हैं। भिड़ाना[3] के प्रथम सांस्कृतिक काल से हस्तनिर्मित बर्तन एवं धीमी गति के चाक पर निर्मित बर्तन मिले हैं। इनके गढ़न मोटे हैं। हस्त निर्मित बर्तनों में संग्रह पात्र, गगरे, मटके, तसले, कटोरे, लोटा आदि हैं। यहाँ से कालीबंगा के छः गढ़न (Fabric) के बर्तन मिले हैं। मुख्यतः Fabric 'D' में तसले हस्त निर्मित हैं जिनके बाहरी भाग अगठित हैं तथा अन्दर का भाग चित्रित हैं। विकसित काल में उपरोक्त स्थलों के समान ही बर्तन पाये गये हैं। ढलेवां[4] प्राक् हड़प्पाकालीन स्तर से भी धीमी गति के चाक पर निर्मित पात्र प्राप्त हैं। कालीबंगा और बनावली के समान यहाँ से भी छः प्रकार के बर्तन प्राप्त हुए हैं। कुछ पात्रों के टुकड़े हस्तनिर्मित भी मिले है जिनके गढ़न मोटे हैं। कुणाल[5] के हड़प्पाकाल के स्तर से और सनौली[6] के स्थल से भी तीव्र गति के चाक पर निर्मित बर्तन प्राप्त हैं। इनमे चमक, एवं पतला गढ़न हैं। इन्हें चिकनी मिट्टी को अच्छी तरह से गूंथ कर निर्मित किया गया हैं। जिनमें धातुविक खनक हैं। आलमगीरपुर[7] के अन्त हड़प्पा काल के स्तर से हड़प्पीय एवं बारा संस्कृति के पात्र प्राप्त है, जिनमें धातुविक खनक है। भगवानपुरा[8] के परवर्ती हड़प्पा काल में चाक पर निर्मित पात्र मिलें हैं, इनके गढ़न पतले हैं।

इसी प्रकार से अन्य संस्कृतियों में भी पात्रों के निर्माण तकनीक की विशिष्टताएं उपस्थित हैं, जो हड़प्पा एवं अन्य संस्कृतियों के मध्य उत्तरजीवितता का प्रमाण हैं।

नवपाषाण कालीन बुर्जहोम एवं गुफकराल[9] से प्राप्त मृदभाण्ड अच्छी तरह तैयार मिट्टी से निर्मित नहीं है। ये भली भाँति पके भी नहीं हैं। ये हस्त निर्मित बर्तन हैं जो गढ़न में मोटे एवं मध्यम हैं। कनिशपुर[10] नवपाषाणकाल के पुरास्थल से प्राप्त पात्र गढ़न में मोटे एवं मध्यम हैं। यहाँ से मिले बर्तनों में हस्त निर्मित एवं चाक निर्मित दोनों प्रकार की परम्पराएं स्थापित थी। उत्तम धूसर रंग के मध्यम एवं मोटे गढ़न के रूक्ष एवं धूसर मृदभाण्ड हैं। लाल रंगीन, हल्के लाल रंगीय एवं कृष्ण रंगीय बर्तनों के देह को गीली अवस्था में रगड़ कर चमकाया गया है। हस्त निर्मित गमले के गर्दन एवं रिम पर पहले खुरचा गया तदोपरान्त चिपकवां विधि द्वारा अलंकरण बनाए गये हैं। इसी प्रकार चिरांद नामक पुरास्थल से प्राप्त मृदभाण्ड परम्परा का प्रचलन था। अधिकांश मृदभाण्ड हस्त निर्मित थे। किन्तु कुछ पात्र धीमी गति से चलने वाले चाक पर सम्भवतः बनाये गये थे। कुछ पात्रों को पकाने के पहले चमकाया गया था। चिपकवां तथा उत्कीर्ण अलंकरण बनाने की भी परम्परा थी। मोटे एवं मध्यम दोनों प्रकार के गढ़न प्राप्त हैं।

नवपाषाण काल के समान ही गैरिक मृदभाण्ड परम्परा में एवं चित्रित धूसर पात्र परम्परा में भी हस्त एवं चाक का प्रयोग हुआ है। हस्तिनापुर के पुरास्थल से गैरिक मृद्भाण्ड के पात्र खण्ड कम संख्या में हैं। जो उपलब्ध भी हैं, वे टूटे–फूटे एवं अत्यन्त भंगुर हैं। ये ठीक तरह से पके हुए नहीं हैं। पात्रों के गढ़न पतले एवं मोटे दोनों हैं। ये चाक एवं हस्त द्वारा निर्मित हैं। लाल किला से प्राप्त पात्र परम्परा एक समान नहीं हैं। इनका निर्माण चाक द्वारा किया है। उक्त पात्र ठीक से पके नहीं है। इनका गढ़न पतला है। जखेड़ा के कृष्ण–लोहित पात्र–परम्परा के कतिपय पात्र रगड़ कर चमकाए गये हैं। अतिरंजीखेड़ा[11] के गौरिक मृद्भाण्ड मोटी तथा पतली गढ़न के हैं, जिससे ज्ञात होता है कि बर्तनों का निर्माण हस्त एवं चाक दोनों द्वारा होता था। सियापुर[12] एवं संचनकोट[13] की पात्र परम्पराओं के बर्तन पतले गढ़न के हैं। जिन्हें अच्छी गुत्थी हुई मिटटी से चाक द्वारा निर्मित किया गया था। श्रृंगवेरपुर[14] के गौरिक मृदभाण्ड भी चाक निर्मित एवं हस्त निर्मित हैं। इनकी गढ़न पतला एवं मोटा दोनों हैं। लहुरादेवा[15] और नरहन[16] से भी पात्र चाक निर्मित एवं हस्त निर्मित मिले हैं जिनके गढ़न मोटे एवं पतले हैं।

इसी क्रम में चित्रित धूसर पात्र–परम्परा की संस्कृति में भी निरन्तरता दृष्टिगोचर होती है। भगवानपुरा[17] के चित्रित धूसर पात्र–परम्परा से सभी पात्र चाक पर बने हुए मिले हैं। जिनका गढ़न पतला है। हस्तिनापुर के चित्रित धूसर पात्र–परम्परा के मृदभाण्ड भली–भाँति तैयार की गयी मिट्टी से चाक को तेज गति से चलाकर बनाए गये थे तथा इन्हें ऊँचे तापक्रम में पकाया गया था। इनके गढ़न पतले हैं। हुलास एवं आलमगीरपुर[18] से भी तीव्र गति से चलने वाले चाक पर बर्तनों का निर्माण किया गया है। इनका भी गढ़न पतला है। मिट्टी भली–भाँति गूंथ कर तैयार की गयी थी। अतिरंजीखेड़ा के चित्रित धूसर पात्र–परम्परा के बर्तन चाक पर निर्मित हुए हैं जिनका गढ़न पतला है। अतिरंजीखेड़ा की कृष्ण लोहित पात्र–परम्परा में चित्रकारी का पूर्ण अभाव मिलता है। अतिरंजीखेड़ा की चित्रित धूसर पात्र–परम्परा भोजनालय से सम्बद्ध मृदभाण्ड परम्परा प्रतीत होती है। चिकनी मिट्टी को अच्छी तरह गूंथ कर तैयार की गयी है। अधिकांश पात्र चाक पर बने हुए हैं लेकिन यदाकदा हाथ से बने मिट्टी के बर्तन भी मिलते हैं। चित्रण अभिप्राय बर्तनों को पकाने से पहले किये गये हैं। श्रृंगबेरपुर के चित्रित धूसर काल से भी बर्तन चाक निर्मित हैं जिनका गढ़न पतला है किन्तु कुछ बर्तन हाथ से भी बनाए गये हैं जिनका गढ़न मोटा है।

उक्त विश्लेषाणात्मक अध्ययन के परिणामस्वरूप कई तथ्य समान रूप से उत्तर भारतीय हड़प्पा एवं पश्चात् की संस्कृतियों में समान रूप से विद्यमान है। उदाहरणार्थ–मिटटी को अच्छी तरह गूंथना, हस्त एवं चाक द्वारा निर्माण करना, पतले एवं मोटे गढ़न इत्यादि हैं, जो हड़प्पा और बाद की संस्कृतियों में निरंतरता को बनाये हुए हैं।

पात्र प्रकार के आधार पर– सिन्धु सभ्यता के स्थलों से प्राप्त प्रमुख पात्र–प्रकारों में साधार तश्तरियां, बेलनाकार बहुल छिद्रित पात्र, नुकीले आधार वाले चषक, जामदानी, लम्बे आकार के मर्तबान, साधारण थालियां, हस्थेदार प्याले, कलश, घड़े, मटके, नांद, तसले, घुण्डीदार ढक्कन आदि हैं। इनमें से कतिपय पात्र–प्राकार अपनी निरविच्छन्नता का परिचय देते हुए अन्य संस्कृतियों में भी प्राप्त होते हैं। उत्तर भारत के हड़प्पीय पुरास्थलों के अतिरिक्त दूसरे कालों में भी बड़ी मात्रा उपलब्ध हैं। जिनका क्रमागत वर्णन है–

राखीगढ़ी[19] के प्राक् हड़प्पा संस्कृति के स्तरों से डिश, जार, हाण्डी, कटोरे, नाद आदि तथा विकसित संस्कृति से साधार तश्तरी, जार, तसला, नांद प्राप्त होते हैं। बणावली[20] से भी प्राक हड़प्पा संस्कृति से डिश, जार, हाण्डी, कटोरे, नांद तथा विकसित संस्कृति से साधार तश्तरी, वाश, जार, तशला, इत्यादि प्राय हैं। कुणाल[21] के प्राक् हड़प्पा संस्कृति से कालीबंगा के समान सभी प्रकार की Fabric प्राप्त है। मृदभाण्डों में डिश, जार, कटोरे, हांडी, विकसित हड़प्पा काल से साधार तश्तरी, साधार, कटोरे, तसले, घड़े आदि हैं। भिडाना[22] के प्राक् हड़प्पीय स्तर से कटोरे, तसले और विकसित हड़प्पा से तश्तरी, साधार तश्तरी, प्याला प्राप्त हैं। इसी प्रकार ढलेवां[23] के प्राक् हड़प्पीय स्तर से '1ब' काल से साधार तश्तरी तथा '1स' काल से साधार तश्तरी, साधार तश्तरी, साधार कटोरे तथा तसलों के टुकड़े मिले हैं। हुलास[24] के प्रथम सांस्कृतिक काल हड़प्पा संस्कृति के स्तर से साधार तश्तरी, घड़े एवं ढक्कन मिले हैं। सनौली[25] से भी साधार तश्तरी, घड़ा, कटोरा प्रकाश में आये हैं। आलमगीरपुर[26] के अन्त हड़प्पा संस्कृति से भी बीकर, साधार तश्तरी, कटोरे हाण्डी और भगवानपुरा[27] से भी साधार तश्तरियाँ, थालियां, कटोरे, घड़े, मिले हैं।

इसी प्रकार अन्य संस्कृतियों में भी ऐसे ही मृद्भाण्ड प्रकाशित हुए हैं। नवपाषाणिक पुरास्थल बुर्जहोम और गुफकराल से पात्रों के ठीकरे प्राप्त हैं उनमें से एक पात्र साधार तश्तरी को पहचाना जा सकता है।[28] नव पाषाणिक कनिशपुर से साधार, तश्तरी, कटोरे, घड़े, छिछले कटोरे एवं गमले मिले हैं।[29] इसी प्रकार चिरांद से भी कटोरे, तसले, कलश, घड़े और टोंटीदार बर्तन प्राप्त हुए हैं।

इसकी क्रम में इसके पश्चात् के कालों में भी उक्त पात्रों का निर्माण अवच्छिन्न रूप से चलता रहा। चित्रित धूसर पात्र परम्परा के हुलास नामक पुरास्थल से कटोरे और तश्तरी मिले हैं।[30] आलमगीरपुर के इसी काल से थाली एवं कटोरे प्राप्त हुए हैं।[31] भगवानपुर के चित्रित धूसर पात्रों में थालियां, कटोरे, तसले, घड़े एवं मटके आदि हैं।[32] लालकिला[33] के इसी काल से साधार तश्तरी, कटोर, तशले, जार एवं ढक्कन, हस्तिनापुर से थाली और कटोरे, जखेड़ा के कृणलोहित पात्र–परम्परा के कटोरे, तश्तरियां तथा चित्रित धूसर पात्र परम्परा से भी उक्त पात्र प्राप्त हुए हैं। अतिरंजीखेड़ा के गैरिक मृद्भाण्ड परम्परा से घड़े, कलश, कटोरे, मटके, तसले, नांद, साधार तश्तरी और घुण्डीदार ढक्कन तथा चित्रित धूसर पात्र–परम्परा से घड़े, मटके, तसले, हांडी, कटोरे प्रकाश में आये हैं। एक अन्य प्रमुख पुरास्थल सियापुर[34] से कृष्ण–लेपित एवं कृष्ण–लोहित पात्र प्रकारों में कटोरे, थालियां, तथा तशले एवं चित्रित

धूसर पात्रों में थालियां, कटोरे, घड़े प्रमुख हैं। संचानकोट[35] के चित्रित धूसर पात्रों में भी कटोरे, थालियां, तसले, घड़े प्राप्त हुए हैं। श्रृंगबेरपुर[36] के गैरिक मृद्भाण्ड परम्परा से साधार तश्तरी, तसले, ढक्कन, घड़े, मटके इत्यादि प्राप्त हैं। इसी के चित्रित धूसर पात्र परम्परा में भी कटोरे, थालियां, तसले, घड़े प्रमुख उपलब्धियां हैं। लहुरादेवा[37] के दूसरे चरण से साधार तश्तरी तथा तीसरे चरण से थालियां एवं घड़े प्राप्त हुए हैं। नरहन से कृष्ण–लोहित पात्र–परम्परा में कटोरे, तसले और घड़े प्राप्त हुए हैं।[38]

अलंकरण–अभिप्राय के आधार पर हड़प्पा सभ्यता की निरंतरता– सिन्धु सभ्यता के मिट्टी के बर्तन मुख्यतः लाल अथवा गुलाबी रंग के हैं। जिनके उपर लाल रंग का चमकदार लेप किया गया है। चित्रित एवं सादे दोनों प्रकार के पात्र मिले हैं। अलंकरण–अभिप्राय प्रायः काले रंग से संजोये हुए प्राप्त होते हैं। यदा–कदा सफेद एवं हरे रंगों का भी प्रयोग किया गया है। त्रिभुज, वृत्त, वर्ग, शतरंज के खाने, क्षैतिज रेखा आदि ज्यामितिय आकृतियां, पीपल की पत्ती, खजूर, ताड़, केला, नीम आदि वनस्पतियों, वृषभ, हिरण, बाहरसिंगा आदि पशुओं, मोर, सारस, बतख, आदि पक्षियों तथा मत्स्य का चित्रण विशेष तौर से लोक प्रिय था।

इनमें से कतिपय अलंकरण अभिप्राय अन्य संस्कृतियों में भी प्राप्त होते हैं। उत्तर भारत के हड़प्पीय स्थलों एवं कुछ दूसरी संस्कृतियों से भी उक्त अलंकरण प्रकाश में आये हैं जिनका विश्लेषण निम्नवत् है :–

राखीगढ़ी के प्राक् हड़प्पा काल से (Choclate slip ware, Red ware) भी प्राप्त हैं। इनके ऊपर काले रंग से चित्रण किये गये हैं जिनमें क्षैतिज रेखाएं, पट्टियां, धारियां, पीपल की पत्ती, सींगों का चित्रण, त्रिभुज, वृत्त आदि ज्यामितीय अलंकरण निर्मित है। विकसित हड़प्पा काल से लाल और धूसर रंगों के ऊपर काले रंग से अलंकरण अभिप्राय संजोये गये हैं। जिनमें मुख्य सकेन्द्रीयवृत्त (Intersccting Circle) त्रिभुज, वृत्त, क्षैतिज रेखाएं, पट्टियां, धारियां इत्यादि ज्यामितीय अंकन है। वनस्पति में पीपल की पत्ती, पक्षी में मयूर एवं मत्स्य को जाल में ले जाते हुए मछुआरे का भी चित्रांकन है।[39]

बणावली[40] से भी हड़प्पा के तीनों प्राक् हड़प्पा, विकसित हड़प्पा एवं अन्त हड़प्पा संस्कृतियां प्राप्त हुई हैं। इनके ऊपर काले रंग से चित्रण–अभिप्राय अंकित हैं। जिनमें क्षैतिज रेखाएं, पट्टियां, धारियां, ज्यामितीय अलंकरणों में त्रिभुज, वृत्त आदि हैं। विकसित एवं अन्त हड़प्पा से लाल और धूसर रंगों के ऊपर काले रंग से अलंकरण निरूपित है। जिनमें क्षैतिज रेखाएं, पट्टियां, धारियां, लहरिया, क्रिश–क्राश संकेन्द्रीयवृत्त (Intersecting Circle) त्रिभुज, वृत्त, वर्ग, हिरण, मत्स्य, वृषभ, बारहसिंगा, मयूर, सारस, आदि प्रमुख अलंकार अभिप्राय प्राप्य हैं।

कुणाल[41] के प्रथम काल से कृष्ण लोहित पात्र और हाखरा प्रकार के लालरंगीय मृद्भाण्ड मिले हैं। जिनमे ऊपर हीरा के आकार का क्रिश–क्राश अलंकरण एवं 'श्रृंग देवी' का आरोपण है। इनके बाहरी किनारों को खुरचकर लहरिया डिजाइन अंकित की गयी है। इसके अलावा द्विरंग एवं अधिक रंगों से युक्त पात्र प्राप्त हैं। द्वितीय काल में Red & Buff Ware, Black & White ware पर काले रंग से ज्यामितीय चित्रण, पशु–पक्षियों में अश्व, वृषभ, हिरण, मयूर इत्यादि, वनस्पतियों में पीपल के पत्ते, पुष्प तथा श्रृंगदेव का अलंकरण किया गया है। भिडाना[42] पुरास्थल के प्राक् हड़प्पा काल से ज्यामितीय आकार, पीपल की पत्ती, क्षैतिज रेखाएं, लहरिया, हीरा के आकार का क्रिश–क्राश आदि अलकंरण काले

रंग से आच्छादित हैं। विकसित हड़प्पा काल से ज्यामितीय अलंकरण, साधारण बैण्ड, शतरंज के आकार का चित्रण, मत्स्य, शल्क, सूर्य, पीपल, नीम, खजूर एवं केला की पत्तियां एवं मयूर चित्रित हैं। ढलेवा[43] से प्राप्त मुख्यतः कालीबंगा के प्राक् हड़प्पीय प्रकार के एवं बणावली से प्राप्त मृद्भाण्ड प्रकार के समान ही हैं। ये लाल और धूसर रंग के हैं जिनके ऊपर काले रंग से अलंकरण अभिप्राय संजोये गये हैं। चित्रण में मुख्यतः ज्यामितीय, क्षैतिज रेखाएं, लहरिया इत्यादि हैं।

हुलास[44] के हड़प्पीय स्तर से प्राप्त मृद्भाण्डों के अलंकरणों में रस्सी के छाप, लहरिया, क्षैतिज रेखाएं, श्रृंखला के आकार के चित्रण, त्रिकोण, सिग्मा एवं नाचते मयूर का अंकन है। एक मृदभाण्ड के टुकड़े में भीतर की तरफ भी चित्रण उपस्थित हैं। इसी स्थल के चित्रित धूसर पात्रों में धूसर रंग के ऊपर काले रंग से सीधी रेखाओं, लहरियां, अर्धवृत्त, सिग्मा आदि को अलंकरण के रूप में चित्रित किया गया है। यहाँ से कृष्ण लोहित एवं कृष्ण लोपित प्रकार के बर्तन भी उपलब्ध हैं। आलमगीरपुर से भी ऐसे ही अलंकरण मिलते हैं। हड़प्पाकालीन चित्रों में चौड़ी–पतली रेखाएं, आयत, त्रिभुज, संकेन्द्रीयवृत्त क्रिश–क्राश तथा मयूर को काले रंग से चित्रित किया गया है। इसी स्थल के चित्रित धूसर मृदभाण्ड परम्परा में कृष्ण लोहित पात्र भी प्राप्त हैं। अलंकरणों में समानान्तर रेखाएं, लहरिया बिन्दु समूह चित्रित हैं।

भगवानपुरा[45] के प्रथम 'अ' परवर्ति हड़प्पा काल में लाल, गैरिक और धूसर रंग के चाक निर्मित मृद्भाण्ड प्रचलित थे। बर्तनों पर प्राप्य प्रमुख अलंकरणों में समानान्तर रेखाएं, त्रिभुज, पीपल की पत्ती, केले के पेड़ आदि उल्लेखनीय हैं। चित्रित धूसर स्तर से प्राप्त बर्तनों के रिम, ग्रीवा और स्कन्ध भाग लेपित हैं। इसके अतिरिक्त समानान्तर रेखाएं, क्षैतिज रेखाएं, लहरिया, वर्ग, वृत्त, अर्धवृत्त, पत्तियां आदि अलंकरण–अभिप्राय संजोये गये हैं।

उक्त मृद्भाण्डों एवं अलंकरणों से मिलता–जुलता पात्र अलंकरण नवपाषाणिक पुरास्थल बुर्जहोम से प्राप्त होते हैं। यहाँ से धूसर पात्र–परम्परा के सर्वाधिक ठीकरे मिलते हैं। रूक्ष तथा फीके लाल रंग की पात्र परम्परा के भी कतिपय नमूने उपलब्ध हैं। इनकी पेंदी में चटाई की छाप के अलंकरण हैं। बर्तनों की बारी पर चुटकी से दबा कर बनाई गयी डिजाइन मिलती हैं। बर्तनों के बाहर तथा भीतर दोनों ओर नरकुल या सरकण्डे की छाप अंकित मिलती है। गुफकराल से लाल रंग की पात्र–परम्परा में साधार तश्तरी के आधार का एक टुकड़ा मिला है।[46] कनिशपुर[47] के नवपाषाण काल से लाल रंग, हल्के लाल रंग तथा काले रंग के चमकीले बर्तन के विभिन्न प्रकार मिलते हैं। इनके अल्प गीले सतह को रगड़कर चमकाया गया है। इन पर चटाई के चिन्ह अंकित हैं। गमले के ग्रीवा एवं रिम को खुरचकर फिर इसके ऊपर चिपकाकर डिजाइन बनाई गयी है। डिजाइन पर दबाने का निशान स्पष्ट हैं। अन्य अलंकरणों में श्रृंखलाबद्ध रेखाएं– गहरे गडढे के रूप में चित्रित किया गया है। कतिपय मृद्भाण्डों के आधार को खुरदुरा करके और हल्के गड्ढे से सजावट की गयी है। चिरांद की नवपाषाणिक संस्कृति में कई प्रकार के मृद्भाण्डों का प्रचलन था। प्रमुख मृद्भाण्ड लाल, काले, स्लेटी अथवा धूसर तथा कृष्ण–लोहित हैं। अलंकरण अभिप्रायों में पांच से सात तिरछी रेखाऐं, संकेन्द्रिय अर्धवृत्त, वृत्त, लहरिया रेखाएं आदि प्रमुख हैं। चिपकवां तथा उत्कीर्ण अलंकरण बनाने की भी प्रथा थी।

हस्तिनापुर के सबसे निचले स्तर से गैरिक मृद्भाण्ड प्राप्त हैं। द्वितीय काल के चित्रित धूसर पात्र–परम्परा के पात्र मिलते हैं। जिनमें काले रंग से अलंकरण संयोजित किया गया है। जिनमें

समानान्तर रेखाएं, लहरिया, स्वस्तिक, सिग्मा, सकेन्द्रिय वृत्त एवं बिन्दु समूह आदि हैं। लालकिला के चित्रित धूसर पात्र–परम्परा के पात्रों के रिम, गर्दन और कन्धा का भाग लेपित हैं। इसके अतिरिक्त समानान्तर रेखाएं, क्षैतिज रेखाएं, लहरिया, वर्ग, वृत्त, अर्धवृत्त, पत्तियां, कुदुम्बनी (Lily) [?], Grid, अंगूठे के नाखून का चिन्ह, Grafity marks इत्यादि का संयोजन प्राप्त होता है।

ध्यातव्य है कि Grafity marks सिन्धु सभ्यता के मृद्भाण्डों में अंकित मिलते हैं। जखेड़ा[48] के प्रथम काल से कृष्ण–लोहित, कृष्ण–लेपित तथा लाल पात्र के अतिरिक्त कतिपय रगड़कर चमकाए हुए धूसर पात्र भी मिले हैं। काल खण्ड द्वितीय 'अ' से पूर्ववर्ती पात्र परम्परा पूर्ववत् मिलती हैं किन्तु साथ में कतिपय चित्रित धूसर मृदभाण्ड भी मिलते हैं। चित्रित अभिप्रायों में काले रंग से सीधी अथवा आड़ी समानान्तर रेखाएं बनी हैं। कुछ पात्रों में चित्रण पात्र–परम्परा के प्रारम्भिक स्तर को रेखांकित करता है। द्वितीय काल से उन्नत चित्रित धूसर पात्र–परम्परा के पात्र मिलते हैं। इन के साथ अचित्रित धूसर पात्र, कृष्ण–लोहित, कृष्ण–लोपित तथा लाल लेपित पात्र और सादे पात्र भी मिले हैं। महत्वपूर्ण पुरास्थल अतिरंजीखेड़ा के गैरिक मृद्भाण्ड काल के बर्तन पतली तथा मोटी गढ़न के हैं। इस काल के मिट्टी के बर्तन हल्के लाल एवं गैरिक रंग के हैं। गैरिक मृद्भाण्डों में प्रायः चित्रकारी एवं रेखाकंन का अभाव मिलता है। कतिपय पात्रों की लाल सतह पर काले रंग से कभी–कभी चित्रण किये गये हैं। जैसे घड़ों के गर्दन के ऊपर एक चौड़ी काली पट्टी मिलती है। उत्कीर्ण अलंकरण भी कतिपय पात्रों पर मिले हैं। लहरदार रेखाएं, पत्ती, चौखने, टेढ़ी–मेढ़ी रेखाएं और अंगुष्ठन नख अलंकरण उल्लेखनीय है। सियापुर[49] के प्रथमकाल प्राक् चित्रित धूसर बर्तनों के अलंकरण में लाल रंगीय एवं हल्के लाल रंग दोनो प्रकार के बर्तन मिलते हैं। कृष्ण–लेहित, कृष्ण–लोपित तथा गैरिक रंग के पात्र प्राप्त होते हैं। हल्के लाल रंग के ऊपरी हिस्से में छाप के प्रकार का अलंकरण, चिपकवां विधि द्वारा निर्मित है। द्वितीय काल चित्रित धूसर पात्र–परम्पारा से गैरिक पात्र एवं कृष्ण–लोपित पात्र प्राप्त हैं।

संचानकोट[50] के चित्रित धूसर पात्र परम्परा में गैरिक मृद्भाण्ड, उत्तम गैरिक मृद्भाण्ड, कृष्ण–लोहित, कृष्ण–लेपित पात्र तथा लाल रंगीय पात्र प्राप्त हुए हैं। लहुरादेवा[51] पुरास्थल के द्वितीय एवं तश्तीय काल से कृष्ण–लोहित पात्र सादे एवं अलंकृत हैं। कृष्ण–लेपित और लाल मृद्भाण्ड, गैरिक मृद्भाण्ड प्राप्त हुए हैं। गैरिक मृद्भाण्ड के पेंदी में चौखाने एवं उसके ऊपर साधारण उत्कींर्ण चारों ओर रेखाएं निर्मित हैं। नरहन[52] से भी उक्त सभी प्रकार की पात्र परम्परायें प्रकाश में आयी हैं। इसके प्रथम काल से श्वेत रंग से चित्रित कृष्ण–लोहित पात्र परम्परा 60.58 प्रतिशत है। कृष्ण–लेपित पात्र जिस पर कभी–कभी श्वेत रंग से चित्रण किया गया था, लाल लेपित पात्र तथा सादे लाल पात्र भी प्राप्त हुए हैं। इसी के द्वितीय काल में भी कृष्ण–लेपित, लाल–लेपित पात्र मिलते हैं। सादे लाल पात्र सबसे अधिक हैं। कृष्ण–लोहित पात्रों का नितान्त अभाव है। तृतीय काल से भी लाल पात्र, कृष्ण–लेपित बर्तन उपलब्ध हैं।

उक्त उत्तरी भारत के हड़प्पीय पुरास्थलों से प्राप्त पात्र परम्पराओं एवं अन्य संस्कृतियों जैसे नव पाषाण काल की पात्र परम्परा, गैरिक पात्र, कृष्ण लोहित एवं कृष्ण लेपित पात्र परम्परा तथा धूसर पात्र एवं चित्रित धूसर पात्र परम्पराओं के विश्लेषण करने पर प्रकट होता है कि हड़प्पन पात्र प्रकारों को अन्य संस्कृतियां अपने में समाहित किये हुए हैं जिससे इन संस्कृतियों के बीच एक अविच्छिन्नता दृष्टिगत होती है।

संदर्भ ग्रंथ

1. इण्डियन आर्कियोलॉजी, 1999–2000, ए रिव्यू, आर्कियोलॉजिकल सर्वे ऑफ इण्डिया, नई दिल्ली, पृ. 30–33
2. इण्डियन आर्कियोलॉजी, 1999–2000, ए रिव्यू, आर्कियोलॉजिकल सर्वे ऑफ इण्डिया, नई दिल्ली, पृ. 30–33
3. राव, एल. एस., पुरातत्त्व, न. 36, इण्डियन आर्कियोलॉजिकल सोसायटी, नई दिल्ली, 2005–06, पृ. 45–46
4. इण्डियन आर्कियोलॉजी, 1999–2000, ए रिव्यू, आर्कियोलॉजिकल सर्वे ऑफ इण्डिया, नई दिल्ली, पृ. 1999–2000
5. इण्डियन आर्कियोलॉजी, 1999–2000, ए रिव्यू, आर्कियोलॉजिकल सर्वे ऑफ इण्डिया, नई दिल्ली, पृ. 30–33
6. शर्मा, डी. वी. एण्ड अदर्स, 'पुरातत्त्व', न. 36, इण्डियन आर्कियोलॉजिकल सोसायटी, नई दिल्ली, 2005–06, पृ. 166–177
7. इण्डियन आर्कियोलॉजी, 1999–2000, ए रिव्यू, आर्कियोलॉजिकल सर्वे ऑफ इण्डिया, नई दिल्ली, पृ. 30–33
8. जोशी, जगतपति, 'एक्सवेशन एट भगवानपुर (1975–76)', आर्कियोलॉजिकल सर्वे ऑफ इण्डिया, नई दिल्ली, 1993, पृ. 5.
9. पाण्डेय, जे. न., 'पुरातत्व विमर्श', इलाहाबाद, 2000, पृ. 336
10. मणि बी. आर., 'एक्सवेशनस एट कानिसपुर', प्राग्धारा, न. 10, लखनऊ, 1998–99, पृ. 4–5
11. पाण्डेय, जे. न., 'पुरातत्व विमर्श', इलाहाबाद, 2000, पृ. 336
12. तिवारी, डी. पी., श्रीवास्तव, डी. के., पुरातत्त्व, न. 35, इण्डियन आर्कियोलॉजिकल सोसायटी, नई दिल्ली, 2004–05, पृ. 184
13. तेवारी, राकेश, 'एक्सवेशन एट लहुरादेउवा', पुरातत्त्व, न. 35, इण्डियन आर्कियोलॉजिकल सोसायटी, नई दिल्ली, 2004–.5, पृ. 47
14. लाल, बी. बी., 'एक्सवेशन एट श्रश्ंगवेरपुर' वाल्यूम–1, ए. एस. आई., नई दिल्ली, 1993, पृ. 59
15. तेवारी, राकेश, 'एक्सवेशन एट लहुरादेउवा', पुरातत्त्व, न. 35, इण्डियन आर्कियोलॉजिकल सोसायटी, नई दिल्ली, 2004–05, पृ. 47
16. सिंह, पुरूषोत्तम, 'एक्सवेशनस एट नरहन (1984–89)', वाराणसी 1994, पृ. 59–60
17. जोशी, जगतपति, 'एक्सवेशन एट भगवानपुर (1975–76)', आर्कियोलॉजिकल सर्वे ऑफ इण्डिया, नई दिल्ली, 1993, पृ. 51
18. इण्डियन आर्कियोलॉजी, 1959–60, ए रिव्यू, आर्कियोलॉजिकल सर्वे ऑफ इण्डिया, नई दिल्ली, पृ. 104–105

19. वही, 1999–2000, 30–33
20. वही, 1976–77, 20–22
21. वही, 1994–95, 26–28
22. राव, एल. एस., पुरातत्त्व, न. 36, इण्डियन आर्कियोलॉजिकल सोसायटी, नई दिल्ली, 2005–06, पृ. 47–49
23. इण्डियन आर्कियोलॉजी, 1999–2000, ए रिव्यू, आर्कियोलॉजिकल सर्वे ऑफ इण्डिया, नई दिल्ली, पृ. 125–27
24. दीक्षित, के. एन., 'द एक्सवेशन एट हुलास एण्ड फरदर एक्सप्लोरेशन ऑफ द अपर गंगा–यमुना दोआव', मैन एण्ड इनवायरनमेन्ट, वाल्यूम ट, डेक्कन कॉलेज, पूना, 1981, पृ. 70–72
25. शर्मा, डी. वी. एण्ड अदर्स, 'पुरातत्त्व', न. 36, इण्डियन आर्कियोलॉजिकल सोसायटी, नई दिल्ली, 2005–. 6, पृ. 170–179
26. इण्डियन आर्कियोलॉजी, 1959–1960, ए रिव्यू, आर्कियोलॉजिकल सर्वे ऑफ इण्डिया, नई दिल्ली, पृ. 104
27. जोशी, जगतपति, 'एक्सवेशन एट भगवानपुर (1975–76)', आर्कियोलॉजिकल सर्वे ऑफ इण्डिया, नई दिल्ली, 1993, पृ. 5.
28. पाण्डेय, जे. न., 'पुरातत्व विमर्श', इलाहाबाद, 2000, पृ. 321
29. मणि बी. आर., 'एक्सवेशनस एट कानिसपुर', प्राग्धारा, न. 10, लखनऊ, 1998–99, पृ. 4–5
30. दीक्षित, के. एन., 'द एक्सवेशन एट हुलास एण्ड फरदर एक्सप्लोरेशन ऑफ द अपर गंगा–यमुना दोआव', मैन एण्ड इनवायरनमेन्ट, वाल्यूम ट, डेक्कन कॉलेज, पूना, 1981, पृ. 7.
31. इण्डियन आर्कियोलॉजी, 1959–1960, ए रिव्यू, आर्कियोलॉजिकल सर्वे ऑफ इण्डिया, नई दिल्ली, पृ. 104–105
32. जोशी, जगतपति, 'एक्सवेशन एट भगवानपुर (1975–76)', आर्कियोलॉजिकल सर्वे ऑफ इण्डिया, नई दिल्ली, 1993, पृ. 51
33. इण्डियन आर्कियोलॉजी, 1969–1970, ए रिव्यू, आर्कियोलॉजिकल सर्वे ऑफ इण्डिया, नई दिल्ली, पृ. 38–39
34. तिवारी, डी. पी., श्रीवास्तव, डी. के., पुरातत्त्व, न. 35, इण्डियन आर्कियोलॉजिकल सोसायटी, नई दिल्ली, 2004–05, पृ. 184
35. तिवारी, डी. पी., श्रीवास्तव, डी. के., पुरातत्त्व, न. 35, इण्डियन आर्कियोलॉजिकल सोसायटी, नई दिल्ली, 2004–05, पृ. 188
36. लाल, बी. बी., 'एक्सवेशन एट श्रशंग्वेरपुर' वाल्यूम–1, ए. एस. आई., नई दिल्ली, 1993, पृ. 70–71
37. तिवारी, राकेश एण्ड अदर्स, पुरातत्त्व, न. 35, इण्डियन आर्कियोलॉजिकल सोसायटी, नई दिल्ली, 2004–05, पृ. 47
38. सिंह, पुरूषोत्तम, 'एक्सवेशनस एट नरहन (1984–89)', वाराणसी 1994, पृ. 59

39. इण्डियन आर्कियोलॉजी, 1999–2000, ए रिव्यू, आर्कियोलॉजिकल सर्वे ऑफ इण्डिया, नई दिल्ली, पृ. 30–33

40. वही, 1976–77, पृ. 20–22

41. वही, 1994–95 पृ. 26–28

42. राव, एल. एस., पुरातत्त्व, न. 36, इण्डियन आर्कियोलॉजिकल सोसायटी, नई दिल्ली, 2005–06, पृ. 47

43. इण्डियन आर्कियोलॉजी, 1999–2000, ए रिव्यू, आर्कियोलॉजिकल सर्वे ऑफ इण्डिया, नई दिल्ली, पृ. 125–27

44. दीक्षित, के. एन., 'द एक्सवेशन एट हुलास एण्ड फरदर एक्सप्लोरेशन ऑफ द अपर गंगा–यमुना दोआव', मैन एण्ड इनवायरनमेन्ट, वाल्यूम V, डेक्कन कॉलेज, पूना, 1981, पृ. 70–72

45. जोशी, जगतपति, 'एक्सवेशन एट भगवानपुर (1975–76)', आर्कियोलॉजिकल सर्वे ऑफ इण्डिया,नई दिल्ली, 1993, पृ. 51

46. पाण्डेय, जे. न., 'पुरातत्व विमर्श', इलाहाबाद, 2000, पृ. 336–37

47. मणि बी. आर., 'एक्सवेशनस एट कानिसपुर', प्राग्धारा, न. 10, लखनऊ, 1998–99, पृ. 4–5

48. इण्डियन आर्कियोलॉजी, 1999–2000, ए रिव्यू, आर्कियोलॉजिकल सर्वे ऑफ इण्डिया, नई दिल्ली, पृ. 125–27

49. तिवारी, डी. पी., श्रीवास्तव, डी. के., पुरातत्त्व, न. 35, इण्डियन आर्कियोलॉजिकल सोसायटी, नई दिल्ली, 2004–05, पृ. 184

50. वही, पृ. 88

51. तिवारी, राकेश एण्ड अदर्स, पुरातत्त्व, न. 36, इण्डियन आर्कियोलॉजिकल सोसायटी, नई दिल्ली, 2005–06, पृ. 47

52. सिंह, पुरूषोत्तम, 'एक्सवेशनस एट नरहन (1984–89)', वाराणसी 1994, पृ. 59–60

अध्याय – छः

साहित्य एवं परम्परा में हड़प्पा सभ्यता की सांस्कृतिक निरंतरता

सिन्धु एवं उसकी सहायक नदियों के उपजाऊ मैदान में भारत की कांस्य काल की प्राचीन सभ्यता का उदय हुआ था। जिसको सामान्यतः 'सिन्धु सभ्यता' कहा जाता है। हड़प्पा नामक पुरास्थल सर्वप्रथम ज्ञात होने के कारण इसे 'हड़प्पा सभ्यता' के नाम से भी जाना जाता है। कालक्रम की दृष्टि से यह सभ्यता मेसोपोटामिया तथा मिश्र की प्राचीन सभ्यताओं की समकालिक है। इस सभ्यता का क्षेत्र विस्तृत है तथा अनेक स्थलों का पुरातत्ववेताओं द्वारा उत्खनन कार्य किया जा चुका है और अनेक बहुमूल्य पुरावशेष एवं निधियां प्राप्त की जा चुकी हैं। जिससे यह प्रतीत होता है कि तत्कालीन मानव उच्च मानकों से युक्त भव्य जीवन व्यतीत करता था।

उक्त सभ्यता के समाप्ति के पश्चात् वैदिक संस्कृति के लोगों द्वारा भी मानवीय आवश्यकताओं की पूर्ति को निरंतर जारी रखा गया था। वैदिक साहित्य में सर्वाधिक प्राचीनतम् ग्रंथ ऋग्वेद है। जिसमें ऋषियों की बन्धुत्व पूर्ण उदात्त भावना के साथ ही भारतीय संस्कृति सर्वात्मना प्रतिबिम्बित हो उठी है। ऋषियों ने प्राकृतिक शक्तियों के प्रतीक विश्व–नियंता देवताओं के प्रति भावपूर्ण वन्दनाएं एवं मंगल कामनाएं व्यक्त की हैं। साथ ही रम्य–प्रकृति के हृदयावर्णक दृश्यों का सुन्दर वर्णन करते हुए धार्मिक, दार्शनिक, ऐतिहासिक, राजनैतिक, सामाजिक, सांस्कृतिक एवं भौगोलिक गूढ़ तत्वों का भी उद्घाटन किया है। अतएव ऋग्वेद प्राचीनतम् पावन ग्रंथ के रूप में पुरातन काल से ही संस्कृति के विविध अंगों की व्याख्या करने के लिए मनीषियों एवं विद्वानों का ध्यान आकृष्ट करता रहा है।

इस अध्याय में सिन्धु सभ्यता के पुरास्थलों से प्राप्त अवशेषों के आधार पर वैदिक साहित्य एवं वैदिकोत्तर साहित्य में वर्णित साम्य परक तत्वों–भौगौलिक स्थिति, नगर निर्माण, भवन निर्माण, सामाजिक, आर्थिक, सांस्कृतिक स्थितियों के साथ जलवायु, वनस्पतियों आदि प्रमुख तथ्यों को सुमेलित करने का प्रयास किया गया है।

सैंधव सभ्यता के क्षेत्र : भारत और पाकिस्तान में सैंधव सभ्यता से संबंधित स्थलों के उत्खनन से अब यह स्पष्ट है कि यह सभ्यता केवल सिन्धु घाटी तक ही सीमित नहीं थी इसका विस्तार उत्तर में जम्मू–कश्मीर के जम्मूक्षेत्र में मांडा (अखनूर) से लेकर दक्षिण में महाराष्ट्र के दैमावाद तक पूर्व में आलमगीरपुर से लेकर पश्चिम में सुत्कागेन्डोर तक विस्तृत था। यह सभ्यता अनेक नगरों, कस्बों और

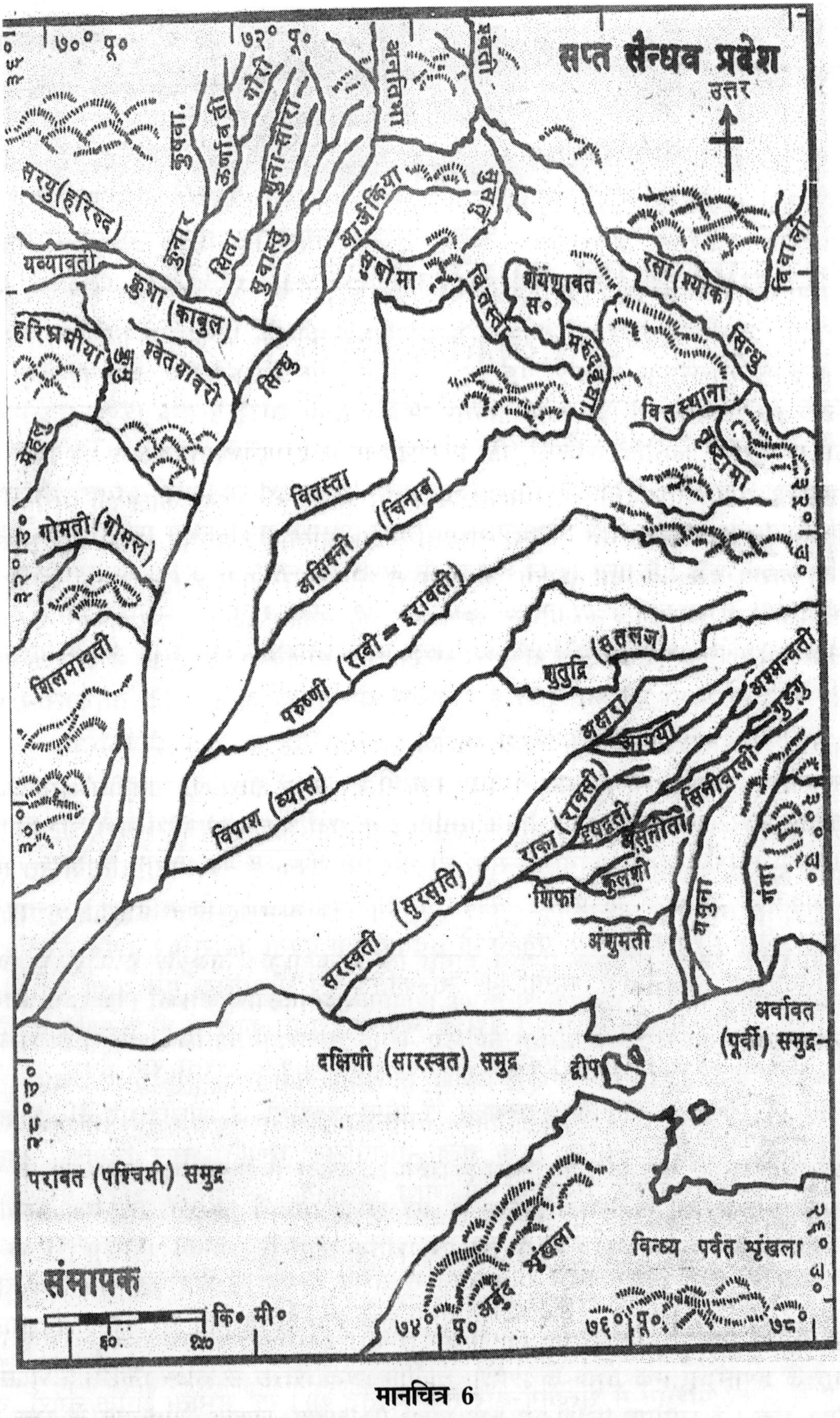
सप्त सैन्धव प्रदेश
उत्तर
७०° पू०
७२° पू०
३५°
कुभा (काबुल)
सिन्धु
सरयु (हरिरुद)
यव्यावती
हरिप्रमीया
श्वेतयावरी
मेहत्नु
कुमार
सिता
सुवास्तु
गौरी
कुनार
आर्जीकिया
सुषोमा
वितस्ता
शर्यणावत स०
रसा (श्योक)
वितस्थाना
महेद्वृधा
वितस्ता
असिक्नी (चिनाब)
गोमती (गोमल)
शिलमावती
परुष्णी (रावी = इरावती)
शुतुद्रि (सतलज)
विपाश (व्यास)
अश्मन्वती
सरस्वती (सुरसुति)
राका (राक्षती)
दृषद्वती
सिनीवाली
कुलशी
शिफा
अंशुमती
यमुना
गंगा
अर्वावत (पूर्वी) समुद्र
दक्षिणी (सारस्वत) समुद्र
द्वीप
परावत (पश्चिमी) समुद्र
अर्बुद शृंखला
विन्ध्य पर्वत शृंखला
संमापक
कि० मी०
७४° पू०
७६° पू०
७८°

मानचित्र 6

गाँवों को मिलाकर लगभग साढ़े आठ लाख वर्ग मील में फैली हुई थी। इस प्रकार उक्त सभ्यता का प्रभाव क्षेत्र तत्कालीन मिस्र और सुमेरियन सभ्यताओं से कई गुना अधिक विस्तृत था।

सैंधव सभ्यता या हड़प्पा सभ्यता का प्रमुख केन्द्र स्थल सप्त सैंधव का प्रदेश रहा था। इन प्रदेशों की उपजाऊ मिट्टी नदियों द्वारा लाकर जमा की गई थी। इस क्षेत्र में तत्कालीन समय में वर्षा भी अधिक होती थी, साथ ही नदियों द्वारा भी पानी की उपलब्धता सुनिश्चित थी। अतः सैंधव क्षेत्र में सभ्यता के विकास के लिए आवश्यक तत्व मिल गया था।

हड़प्पा सभ्यता से सम्बन्धित अधिकांश पुरास्थल सप्त सैंधव नदी के उपत्यकाओं में स्थित रही थी। उक्त सप्त सैंधव में सिन्धु व्यास, सतलज, झेलम, चिनाव, रावी और सरस्वती नदियों का नाम आता है। साथ ही इन बड़ी नदियों की सहायक नदियों के किनारे भी अनेक महत्वपूर्ण हड़प्पाकालीन नगर एवं गाँवों का बसाव था। इस क्षेत्र में यहाँ पर बहने वाली नदियों की उपत्यकाओं में ही वैदिक साहित्य की रचना की गई थी। भारतीय वैदिक साहित्य ऋषि—मुनियों द्वारा सप्त सैंधव क्षेत्र में रचा गया था।

वैदिक साहित्य में जिस भौगोलिक क्षेत्र एवं प्रवाहित होने वाली नदियों का उल्लेख किया गया है वह हड़प्पाकालीन प्रमुख क्षेत्रों में से एक सप्त सैंधव का क्षेत्र है। उक्त नदियों का नाम सिंधु, विपाशा, शतुद्रि या शत्रुद्र, वितस्ता, असिक्नी, परुष्णी और सरस्वती है, इन सप्त नदियों के कारण ही इस प्रदेश का नाम सप्तसैंधव पड़ा।

सिन्धु सरिता : प्राचीन भारतीय विशाल एवं पवित्र नदियों में सिन्धु का महत्वपूर्ण स्थान है अतः प्राचीन वैदिक साहित्य के अनेक स्थलों[1] के अतिरिक्त परवर्ती प्रमुख लौकिक संस्कृत ग्रन्थों[2] में भी इसका उल्लेख हुआ है। इस नदी के तट पर मलमल का महीन कपड़ा प्राचीन काल में निर्मित होकर बेबीलोनिया एवं असीरिया तक जाता था। अतः इस नदी के नाम पर मलमल को सिन्धु कहते थे।[3]

सिन्धु की वामतटीय प्रधान नदियों में राक्षसताल[4] से निकलने वाली शुतुद्रि[5] सरिता है। जिसके दक्षिण तट पर विपाशा[7] (व्यास) तत्पश्चात् असिक्नी (चिनाब) अपनी दाहिनी ओर की सहायक वितस्ता (झेलम) नदी, बाऐं ओर की सहायक परुष्णी (रावी) को साथ लेकर पंचनद का रूप धारण करती हैं।

सिन्धु प्रदेशीय चौड़ी, शुष्क तथा गहरी घाटियों को देखने से यह स्पष्ट प्रतीत होता है कि प्राचीन सिन्धु नदी अपनी धारा को प्रभूत मात्रा में परिवर्तित करती रही है। आज की अपेक्षा ऋग्वैदिक काल में सिन्धु आदि नदियों की घाटियां इतनी गहरी नहीं थी तथा धरातल की ऊँची सतह पर बहती थी। यह तथ्य भूगोलविदों द्वारा भी व्यक्त हुआ है।[7]

इसका प्राचीन स्वरूप जैसा भी रहा हो, इतना तो सुनिश्चित रूप से कहा जा सकता है कि वृहत्तर सप्तसैन्धव प्रदेश (आर्यवर्त) की यह मेरूदण्ड थी। अतः ऋग्वेद के नदी सूक्त में इसकी बहुत प्रशंसा हुई है। जहाँ इसे हरे—भरे प्रदेश की ओर जाने वाली नदियों में श्रेष्ठ[8] अच्छे घोड़ों वाली, अच्छे वस्त्रों एवं ऊन वाली बताया गया है। अन्य स्थलों पर भी सिन्धु को माता[9] के समान माना गया है।

इसे वेहिसतून अभिलेख के अतिरिक्त अवेस्ता में 'हिन्दु' बेडीडाड में 'हेन्दु' ग्रीक में 'इण्डोस' अंग्रेजी में 'इण्डस' तथा तिब्बती में 'खम्बाब' अर्थात चीता का मुंह कहा गया है।[10]

विस्तता : यह ऋग्वेद के नदी स्तुति[11] प्रसंग में वर्णित है। जिसे यास्काचार्य[12] एवं पाणिनि[13] ने इसी रूप में ग्रहण किया है। पुराणों में भी विस्तता का उल्लेख होता है। इसे यूनानी इतिहासकारों

ने 'हाइडस्पेस', टालमी ने 'विडस्पेस' मुसलमान इतिहासकारों ने 'बिहत' कश्मीरियों ने 'वेथ' कहा है। कनिंघम[14] ए. सी. दास[15] एन. एल. डे.[16] बी. सी. लाहा[17] पी. एल. भार्गव[18] आदि विद्वानों के मान्य मतों के अतिरिक्त ऋग्वेद के सन्दर्भों के आधार पर इसे निर्विवाद रूप से वर्तमान झेलम से समीकृत किया है।

असिक्नी : यह ऋग्वेद में[19] 'मरुद्वृधा' तथा वितस्ता आदि नदियों के साथ वर्णित हुई है। यास्काचार्य[20] असिक्नी नाम पड़ने के कारण उसका काला दिखाई देने वाला जल बताया है। इसे एरियन ने 'एकिसिनीज', टालमी ने 'सन्दबल अथवा 'सन्दबग' तथा परवर्ती संस्कृत साहित्यकारों ने निर्विवाद रूप से इसका समीकरण आधुनिक चिनाव अथवा चेनाब के साथ किया है, जो सर्वग्राह्य है।

परुष्णी : यह ऋग्वेद[21] में उल्लिखित सिन्धु की सहायक नदियों में सर्वाधिक प्रसिद्ध एवं महत्वपूर्ण है। विविध स्थलों में इसके वर्णन से ज्ञात होता है कि यह नदी गहरी थी जिस नाव द्वारा ही पार किया जा सकता था।[22] आदि भूगोलविदों द्वारा इरावती उद्‌गम स्थल पीरपंजाल हिमालय श्रेणियों से निकलने वाली रावी से समीकृत की गई है।

विपश या विपाशा : यह ऋग्वेद[23] में उल्लिखित है जहाँ इसका शुतुद्रि के साथ वेगपूर्वक समुद्र में गिरने का विविध रूपों में वर्णन प्राप्त होता है।[24] विपाश, शुतुद्रि दोनों नदियां अपनी उत्तुंग तरंगों से प्रदेश को सिंचित करती हुई तथा नदियों को जलप्लावित करती हुई[25] द्रुत वेग से चलती है। ऋग्वेद में विपाशा के इस नैसर्गिक वर्णन के आधार पर कहा जा सकता है कि उस समय यह एक स्वतंत्र सरिता थी। यह तथ्यमयी संभावना बी. सी. लाहा[26] द्वारा की गई है। प्रायः कनिंघम[27], भागर्व[28] आदि ने इसे वर्तमान व्यास नदी से समीकृत किया है। यूनानी इसे विपासिस, हापैसिस, हाफैसिस से अभिन्न माना है जो शुतुद्रि की एक सहायक नदीं है।

शुतुद्रि : विपाशा के साथ शुतुद्रि का समुल्लेख ऋग्वेद[29] के अतिरिक्त परवर्ती संस्कृत ग्रन्थों[30] में भी हुआ है। ऋग्वेद में स्पष्ट रूप से विपाशा (व्यास) और शुतुद्रि का पर्वत से निकलकर समुद्र की ओर जाने का वर्णन[31] हुआ है। कनिंघम[32] एस. सी. दास[33] डे[34] तथा भागर्व[35] इत्यादि विद्वानों के द्वारा निर्विवाद रूप से आधुनिक शतलज से समीकृत की गई है, जो सिन्धु की विशाल सहायक नदियों में सबसे पूर्वी है। यह टालेमी द्वारा 'जरड्रोस', प्लिनी द्वारा 'हेसीड्रस' उल्लिखित है।[36]

सरस्वती : ऋग्वेद में सरस्वती के सम्बन्ध में अनेक ऋचाएं[37] उपलब्ध होती हैं। जिससे उस समय का इसका महत्व स्वतः ही व्यक्त होता है। आधुनिक काल में जो महत्व गंगा को प्राप्त है, वैदिक काल में वही महत्व सरस्वती को प्राप्त था।[38] ऋग्वेद के कतिपय संदर्भों[39] से यह प्रतीत होता है कि यह सातधाराओं अथवा सहायक नदियों के साथ प्रवाहित होकर समुद्र में गिरती थी।[40] ऋग्वेद के अतिरिक्त सरस्वती अन्य वैदिक[41] साहित्य में भी उल्लिखित है जिसमें ताण्ड्य ब्राह्मण[42] में पलक्ष–प्रास्रवण (उन्मज्जन) का तथ्य व्यक्त हुआ है। सूत्रग्रन्थों[43] के अतिरिक्त अन्य संस्कृत साहित्य में भी इसके तट पर किए गए यज्ञों का महत्व तथा इसके जल की पवित्रता बताई गयी है।

कनिंघम[44] एन. एल. डे.[45] एम. एल. भागर्व[46] पी. एल. भागर्व[47] प्रभृति विद्वानों इसे आधुनिक सरस्वती (घग्घर से निकलने वाली) नदी से भिन्न नहीं मानते हैं, जबकि प्रो. क्षेत्रेशचन्द्र चट्‌टोपाध्याय[48] इस विचार से असहमति व्यक्त करते हुए इसे 'सिन्धुनद' स्वीकार करते हैं, क्योंकि वे कुरुक्षेत्र की सरस्वती को पटियाला में विलुप्त मानते हैं।

सरस्वती नदी हिमालय (शिवालिक) पर्वत की सिरमूर श्रेणियों (अम्बाल जिले की सीमा के समीप) से निकलकर अपने उद्‌गम के दक्षिण उन्नत धरातल निर्मित करती हुई पूर्व में यमुना पश्चिम में शुतुद्रि के मध्य प्रवाहित होती हुई आदिबद्री[49] के निकट मैदान में विलुप्त हो जाती है, किन्तु आगे कुछ दूर बरखेड़ा के समीप यह पुनः प्रकट हो जाती है। पिहोआ या बेहोआ के पास उरनई में मारकण्ड या मारकण्डा नदी इससे मिलती है।[50] इससे आगे 110 मील पटियाला में रसूल के पास संयुक्त धारा के रूप में यह घग्घर (घर्घर) से मिल जाती है, जहाँ से यह नदी 'हाखरा' अथवा 'सोतार' नामधारण करती है। हनुमानगढ़ में (बीकानेर जनपद के पास) यह पुनः बालू में विलुप्त हो जाती है। उक्त सभी नदियां उत्तर–पूर्व से दक्षिण–पश्चिम को प्रवाहित होती थीं।

यमुना : यह उत्तर भारत की एक प्रमुख सरिता पूर्वी सप्तसैन्धव प्रदेश के भू–भाग से सम्बन्धित है जिसकी ढाल उत्तर–पश्चिम से दक्षिण–पूर्व को है। ऋग्वेद[51] के अतिरिक्त अन्य वैदिक[52] ग्रन्थों के महत्वपूर्ण प्रसंगों में भी इसका उल्लेख हुआ है। अतः सप्तसैन्धव प्रदेश की नदियों में निःसन्देह यह महत्पूर्ण स्थान रखती है। यमुना वर्तमान यमुना से भिन्न नहीं है जिसे चीनी लोग 'येन–मौ–ना' संज्ञा प्रयुक्त किया हैं। ऋग्वेदकाल में इसका स्वरूप अवश्य भिन्न था तथा आज के अपेक्षा अधिक पश्चिम की ओर यह प्रवाहित थी। इस तथ्य को प्राचीन भूगोलविदों[53] द्वारा भी सर्मर्थित किया गया है।

वनस्पतियां : हड़प्पा सभ्यता एवं वैदिक संस्कृति की प्रमुख वनस्पतियां निम्नवत हैं–

पीपल– हड़प्पीय पुरास्थल राखीगढ़ी आलमगीर, संघोल, कुणाल, बणावली, भिडाना और भगवानपुर आदि से प्राप्त मृद्‌भाण्ड के टुकड़े पर पीपल की पत्ती का चित्रण हुआ है। साहित्यक साक्ष्यों में स्पष्ट रूप से पीपल का अश्वत्थ[54] नाम से उल्लेख है। वर्णन है कि इस वृक्ष की लकड़ी से सोमपात्र निर्मित करने तथा इसके मीठे फल 'गोदों' को खाया जाता था।

नरकट : नरकट अथवा सरकन्डा हड़प्पीय पुरास्थलों राखीगढ़ी, बणावली, कुणाल, भिडाना, भगवानपुरा, आलमगीरपुर, संघोल आदि से सरकन्डे की छाप मृदभाण्डों और मृतपिण्डों पर प्राप्त होता है। इस साक्ष्य से नरकट अथवा सरकन्डे का अस्तित्व हड़प्पा सभ्यता में दिखाई पड़ता है। इनका उल्लेख 'नङ'[55] के रूप में वैदिक[56] साहित्य में उल्लेख मिलता है। बाण के काण्ड (वाणाग्र का पिछला भाग जो लकड़ी का होता था) के लिए वर्णन है कि यह शीघ्रता से टूट जाता है।[57]

मोथा : राखीगढ़ी एवं अन्य कई स्थलों बणावली, ढलेवां, संघोल आदि से मिट्टी पर चटाई की छाप के अवशेष उपलब्ध हैं जो 'मोथा' से निर्मित की जाती थी। इसका भी ऋग्वेद[58] में 'नङ' के रूप में उल्लेख है। अथर्ववेद में इसे 'वार्षिक'[59] कहा गया है। इसे बीच से फाडकर, हल्का कूट कर प्रायः महिलाएं चटाईयां[59] बनाया करती होगी।

जीव जन्तु : हड़प्पा सभ्यता एवं वैदिक संस्कृति में समान रूप से पाए जाने वाले प्रमुख जीव–जन्तु निम्नलिखत हैं–

हाथी : हड़प्पीय पुरास्थलों, राखीगढ़ी, बणावली, कुणाल, भिडाना, रोपड़, मिताथल, शिशवल, हुलास, सनौली इत्यादि स्थलों से हाथीदांत एवं इससे निर्मित छिद्रक एवं वस्तुएं प्राप्त होती है। तात्पर्य यह कि हड़प्पीय लोग हाथी से अच्छी प्रकार परिचित थे जिनके बहुमूल्य दांतों का प्रयोग उपकरणों में एवं जीवन के अन्य पहलुओं में उपयोग करते थे। हाथी की मृण्मूर्तियां भी प्राप्त हैं। हाथी का ऋग्वेद

में 'हस्तिन' अथवा 'मृगहस्तिन' के नाम से उल्लेख है। यह मूलतः शाक वन्य जीव है, जिसे पकड़कर पाला जाता था।[60] ऋग्वेद[61] के उल्लेख से यह ज्ञात होता है कि हस्तिन सप्त सैन्धव प्रदेश के उत्तरी भाग में अवस्थित हिमवन्त (हिमालय) की तराई के वनों में पाया जाता था।

मृग : हड़प्पीय पुरास्थलों राखीगढ़ी, बणावली, कुणाल, रोपड़ इत्यादि स्थलों से मृद्भाण्डों पर हिरण का चित्रण एवं मृण्मूर्तियां प्राप्त हैं। जिससे हड़प्पा युग में मृग का होना सुनिश्चित होता है। ऋग्वेद में वर्णित है कि यह कई प्रकार की होती थी– कृष्णसार[62] (काला हिरण), रोहित[63] (लाल हिरण), पृषती[64] (चित्तीदार), एवं कस्तूरी मृग[65] आदि।

चीता : हड़प्पाकालीन पुरास्थल मोहनजोदड़ो, भगवानपुरा से इसके मृद्भाण्ड पर चित्रण पाया गया है। जिससे प्रमाणित होता है कि सैन्धवकालीन लोग इस हिंसात्मक पशु से पूर्णतः परिचित थे। चीता का साहित्यिक सभी वैदिक एवं उत्तर वैदिक ग्रन्थों में वर्णन है। ऋग्वेद में 'वारण'[66] शब्द प्रयुक्त हुआ है। भाष्यकार सायणाचार्य ने वारण शब्द का अर्थ व्याघ्र बताया है।

वराह या शूकर : वराह के साक्ष्य हड़प्पाकालीन कई पुरास्थलों में बणावली, कुणाल और भिडाना से प्राप्त हैं। इनकी अस्थियां, दन्त एवं मृण्मूर्तियां प्राप्त हैं। वाराह का भी उल्लेख ऋग्वेद में है। ऋग्वेद[67] में वर्णन है कि यह तृणभक्षी एवं मांसभक्षी जीव घास के वनों एवं सरोवरों के आस–पास अधिक होते हैं।

महिष : सैन्धव सभ्यता के राखीगढ़ी, बणावली, कुणाल, भिडाना, भगवानपुरा एवं अन्य पुरास्थलों से महिष के अवशेष प्राप्य हैं। इनकी अस्थियां, सींग, मृदभाण्डों पर चित्रण एवं मृण्मूर्तियां इत्यादि साक्ष्य के रूप में उपस्थित हैं। महिष का स्थान हड़प्पाकाल में वृषभों से कम था। इसका साहित्यिक साक्ष्यों में विशेष रूप से उल्लेख है। ऋग्वेद के अनुसार यह तृणभक्षी जीव सप्त सैन्धव प्रदेश के दक्षिणी तथा मध्यवर्ती मैदानी वनों में पाए जाते थे। इसका ऋग्वेद[68] में उल्लेख वन महिष के रूप में हुआ है। सप्त सिन्धु की बस्तियों में भी महिष[69] तथा महिषी[70] पालतू पशुओं में प्रमुख थी, जो दूध के अतिरिक्त मांसाहार में भी प्रयुक्त होते थे।

कपि : कपि तृणभक्षी जीव है। कपि अथवा बन्दर की मृण्मूर्ति मोहन जोदड़ो से प्राप्त है। इसका साहित्यिक साक्ष्य वैदिक एवं वैदिकोत्तर सभी ग्रन्थों में प्राप्त होता है। ऋग्वेद[71] में 'हरित' रूप में उल्लेख हुआ है। परवर्ती संहिता में इसे अनेक स्थलों पर कुत्तों का शत्रु कहा गया है। इसके पालतू होने का वर्णन ऋग्वेद में नहीं है, किन्तु तैत्तरीय संहिता[73] में मिलता है जहां इसे मर्कट कहा गया है।

सर्प : हड़प्पाकालीन लोग सर्प से भी परिचित थे जिनका साक्ष्य हड़प्पाकालीन पुरास्थलों के मृदभाण्ड से चित्रण के रूप में प्राप्त होता है। सर्प के सम्बन्ध में ऋग्वेद में वर्णित है कि यह रीढ़ वाले जन्तुओं में प्रमुख है, जो रेंग कर चलता है। यह घने जंगलों में पाया जाता है। इसके विषैले आक्रमण का भी उल्लेख है।[73]

नकुल : इस जीव से हड़प्पावासी भली–भांति परिचित थे जिसका चित्रण एवं मृण्मूर्ति के रूप में साक्ष्य मोहनजोदडो नामक पुरास्थल से प्राप्त होता है। नकुल का उल्लेख ऋग्वेद में सर्प विश खींचने के लिए हुआ है। यह सर्प के समान अंधेरी झाड़ियों एवं बिलों में रहता है, किन्तु फुर्ती में सर्प से अधिक तीव्र होता है।[74]

चूहा : सैन्धववासी इस कृदन्त जीव से भी परिचित थे। हड़प्पा नामक पुरास्थल से इसके चित्रण एवं मृण्मूर्तियां प्राप्त हैं। साहित्यिक साक्ष्यों में इसका उल्लेख ऋग्वेद में उल्लेख है कि यह तांत काटने[75] वाला जन्तु है। यह बिलों में पाया जाता है। तथा वस्तुओं को कुतरने की इसकी प्रवृत्ति होती है।

पक्षियां : हड़प्पा सभ्यता एवं वैदिक साहित्य में साम्यपरक प्रमुख पक्षियां अग्रलिखित हैं।

मयूर : इनका चित्रण राखीगढ़ी, बणावली, कुणाल, भगवानपुरा, इत्यादि पुरास्थलों से प्राप्त मृदभाण्डों में प्रचुर मात्रा में प्राप्त होता है। जिससे ज्ञात होता है कि हड़प्पावासी मयूर से भलीभांति परिचित थे। मयूर का चित्रण नृत्य मुद्रा में भी किया गया है। साहित्यिक साक्ष्यों में मयूर[76] (मोर), मयूरी[77] (मोरनी) का उल्लेख है।

बतख : हड़प्पावासी बतख से भी परिचित थे। बतख एक प्रकार का जलपक्षी है जो हंस से मिलता–जुलता है। हड़प्पाकालीन पुरास्थलों हड़प्पा, मोहनजोदड़ो, राखीगढ़ी, बणावली के मृदभाण्डों पर इनका चित्रण किया गया है। वैदिक साहित्य में इनका 'क्षाति' के नाम से उल्लेख है। पुरुर्वा और उर्वसी के आख्यान में अप्सरायें अतिथियों के रूप में आती है।[78]

नगर एवं भवन निर्माण योजना : सिन्धु सभ्यता के नगर और कस्बे एक निश्चित योजना के अनुसार बसाए जाते थे। हड़प्पा, मोहनजोदड़ो, कालीबंगा, राखीगढ़ी इत्यादि स्थलों पर पूर्व और पश्चिम दिशा में दो टीले हैं। पूर्व दिशा में विद्यमान टीले पर नगर या आवास क्षेत्र के साक्ष्य हैं। पश्चिम के अपेक्षाकृत ऊँचे किन्तु छोटे टीले पर किला अथवा दुर्ग स्थित थे। हड़प्पा, मोहनजोदड़ो एवं कालीबंगा के दुर्ग मजबूत रक्षा प्राचीर में युक्त थे और इनके आकार समलम्ब चर्तुभुज की तरह थे।

नगरक्षेत्र में सामान्य नागरिक, व्यापारी, शिल्पकार, कारीगर आदि रहते थे। दुर्ग के भीतर मुख्यतः महत्वपूर्ण प्रशासनिक और सार्वजनिक भवन तथा अन्नागार आदि स्थित थे। हड़प्पा के दुर्ग के बाहर उत्तर दिशा में स्थित टीला पर अन्नागार, अनाज कूटने के वृत्ताकार चबूतरे तथा श्रमिक आवास के प्रमाण मिले हैं।

सिन्धु सभ्यता के नगरों में प्रत्येक आवासीय प्रासाद के मध्य में एक आंगन, इसके चारों ओर चार–पांच कमरे, रसोईघर, स्नानाघर, एवं अधिकांश घरों में कुआं होता था। सम्पन्न लोगों के घरों में शौचालय भी होते थे। बड़े आकार के भवनों में 30 कमरे तक मिले हैं। सीढ़ियों से इंगित होता है कि दुमंजिला मकान भी होता था। यहाँ के वस्तुकला में सड़कों का महत्वपूर्ण स्थान रहा है।सड़कों का निर्माण एक सुनियोजित योजना के अनुसार किया जाता था। मुख्य भाग 9.15 मीटर तथा गलियां 3 मीटर चौड़ी थी।नगरों में सड़कों तथा गलियों के नीचे मल के निकास के लिए पकी हुइ ईटों की बनी हुई नालियां थी। नल–कूप भी निर्मित थे।[79]

ऋग्वैदिक[80] एवं परवर्ती साहित्य[81] में 'गृहशंकर' शब्द आवास अथवा घर के अर्थ में प्रयुक्त हुआ है। जिनमें आर्यों के संयुक्त परिवार के अतिरिक्त पालतू पशु[82] भी रहते थे। विशाल भवनों को 'हार्य'[83] कहा जाता था। जिनमें अनेक प्रकोष्ठ भी होते थे।[84] इन घरों को सुरक्षा हेतु बन्द भी किया जाता था।[85] छतों से पटे आवासों को 'छर्दिस'[86] कहा गया है। द्वारयुक्त घरों को 'दुरोण' तथा 'दुर्यसु' की संज्ञा प्राप्त है। इसके अतिरिक्त दीवारों वाले पुरों[87] (दुर्गों) का भी ऋग्वेद में उल्लेख है। जो प्रारंभ में मिट्टी[88] के तथा कालातंर में पत्थर के (अश्मनमयी)[89] बनाए जाने लगे थे। ऋग्वेद में त्रिधातु[90] शब्द

का अर्थ सायणाचार्य ने त्रिभूमि से किया है। इससे प्रतीत होता है कि वैदिक कालीन घर तीन आंगन अथवा तीन मंजिले वाले भी होते थे। भवनों के निर्माण में प्रायः घास–फूस से लेकर मिट्टी, लकड़ी, बांस तथा पत्थरों का प्रयोग होता था। मैदानी भागों के घरों की रचना मिट्टी[91] तथा लकड़ी[92] से होती थी। जिसमें घास–फूस के छप्पर को खम्भों[93] के सहारे टिकाये जाते थे। लता–गुल्मों से युक्त वेश्मों (कुटीरों) को भी बना लिया जाता था।[94] साधनहीन जनों का निवास पर्वतों की गुहाओं में होता था[95] तथा आर्येत्तर शम्बर आदि दस्युजन पत्थरों के सदृढ़ दुर्गों (पुरों)[96] को बना कर रहते थे।अतः ऐसा प्रतीत होता है कि सिन्धुवासी एवं वैदिक लोगों का निवास लगभग मिलता–जुलता था।

उपकरण : पुरातात्विक अन्वेषण एवं उत्खनन से बहुत अधिक संख्या में प्राचीन मानव द्वारा उपयोग किए गए प्रस्तर खण्ड एवं उससे निर्मित उपकरण, धात्विक उपकरण, अस्थि उपकरण, हाथीदांत के बने उपकरण आदि मिले हैं। इनमें अनेक की चर्चा भिन्न–भिन्न प्राचीन ग्रंथों में भी की गई है। सम्भवतः मानव के अस्त्र–शस्त्र प्राकृतिक दांत, नाखून एवं मुस्टिका ही थे। तदुपरान्त उसने टहनियों का प्रयोग आरंभ किया होगा हो सकता है उपकरण निर्माण हेतु उसने हड्डी, हाथी दांत, लकड़ी, सींग, बांस आदि का भी प्रयोग किया हो। जो संभवतः नाशवान होने के कारण इस युग तक चिर स्थायी न रह सका।

प्राचीन मानव धातुओं के आविष्कार में सर्वप्रथम ताम्र का उपयोग किया, क्योंकि इसकी कोमलता, सुदृढ़ता, सुन्दरता स्निग्धता आदि सभी गुण इसमें विद्यमान थे। किन्तु कालान्तर में मनुष्य ने इस बात का अनुभव किया कि कठोर कार्यों को करने के लिए उसे एक कठोर धातु की आवश्यकता थी। अस्तु अपने बुद्धिबल से तांबे तथा टीन के सम्मिश्रण से एक नूतन धातु कांसे का आविष्कार किया। कांसे के उपरान्त मनुष्य ने लोहे का उपयोग करना आरंभ किया। यह तांबे तथा कांसे से अधिक उपयोगी सिद्ध हुआ।

इन धातुओं से निर्मित कुछ प्रमुख उपकरणों का उल्लेख किया जा रहा है जो हड़प्पा सभ्यता एवं साहित्यिक ग्रंथों में समान रूप से प्रकाश में आए हैं।

तलवार :– भारतीय रण–विद्या में तलवार का स्थान हमेशा ही अक्षुण्य रहा है। सैन्धव सभ्यता के कर्मठ लोग इस शस्त्र से भी परिचित थे किन्तु अभी तक हड़प्पा संस्कृति से मात्र एक ही तलवार सनौली से प्राप्त हो सकी है। सनौली से प्राप्त खड़ग ताम्रनिर्मित हैं।

इसकी निरंतरता का उल्लेख साहित्य में प्रचुर मात्रा में किया गया है। अपने प्रारंभिक चरण से लेकर आणविक युग तक इस शस्त्र ने एक लम्बी यात्रा तय की है और हमेशा ही मनुष्य का अंगरक्षक रहा है। इसके माध्यम से मनुष्य ने आत्मरक्षा की, प्रकृति के विपरीत तत्वों पर विजय पाई, शत्रु का गर्व दलन किया, स्वधर्म की स्थापना की एवं संस्कृति का निर्माण किया। वैदिक परिभाषा के अनुसार यह 'अमुक्त'[97] शस्त्र है, क्योंकि यह हाथ से अलग नहीं होता। तलवार के लिए ऋग्वेद में 'कल्याण' शब्द मिलता है।[98] इस प्रकार हम कह सकते हैं कि तलवार का प्रयोग वैदिक काल से होता रहा है। वैदिक काल में इसके लिए 'निषंग' तथा म्यान के लिए 'निषंगधि' शब्द मिलता है।[99] महाभारत तक इस अस्त्र का पूर्ण रूप से विकास हो चुका था और इस काल में इसे 'असि' कहा जाता था। पाणिनि ने भी तलवार के लिए असि शब्द का उल्लेख किया है और इससे लड़ने वाले को 'आसिक' कहा है।[100] कौटिल्य ने अपने अर्थशास्त्र में तीन प्रकार की तलवारों का वर्णन किया है।[101]

बाणाग्र :– बाणाग्र अर्थात् बाण का अग्र भाग सैन्धव सभ्यता के हड़प्पा, मोहनजोदड़ो, कालीबंगा, राखीगढ़ी, भिड़ाना, सनौली, कुणाल, शिशवल इत्यादि स्थलों से ताम्रनिर्मित बाणाग्र प्राप्त हैं। इनकी निरंतरता वैदिक साहित्य एवं वैदिकोत्तर साहित्य में प्रबल रूप से चली आ रही है। प्राचीन ग्रंथों में धनुष के साथ बाणों का उल्लेख प्रचुर मात्रा में मिलता है। वेदों में बाण के लिए ईषु, शरू, शर्भ, बाण, शर, शारी आदि का प्रयोग हुआ है।[102] बाण के तीन भाग होते हैं[103]– 1. शरीर– यह नरकुल का बना होता था 2. बाण का अग्रभाग– यह सींग, कांसे या लोहे का बना होता था। 3. पूँछ– बाण के दूसरे सिरे पर पंख लगा हुआ होता था। कौटिल्य ने बांस के बने बाण को 'वेणु', सरकंडे के बने बाण को 'शर', अन्य लकड़ी के दंड से निर्मित बाण को 'शलाका', आधे लोहे और आधे लकड़ी के बने बाण को 'दंडासन', तथा सम्पूर्ण लोहे से बने बाण को 'नाराच', कहा है।[104] महाभारत में वैणव और आयस दो प्रकार के बाणों का उल्लेख है। इसी महाग्रन्थ में बास लोहे और सोने से बाणों को बनाने का उल्लेख है।[105]

कुल्हाड़ी :– कुल्हाड़ी प्राक् ऐतिहासिक से मानव के साथ रही है। इसके द्वारा वृक्ष, लकड़ी सदृश वस्तुओं को काटने के लिए प्रयुक्त किया जाता था। इसीलिए हड़प्पावासी कुल्हाड़ी का उपयोग किया करते थे। जिसका प्रमाण कालीबंगा के प्राक् हड़प्पा स्तर एवं आलमगीरपुर पुरास्थल के उत्खनन के परिणाम स्वरूप प्रकाश में आया है। इस सभ्यता के पश्चात् भी कुल्हाड़ी की निरंतरता पश्चात् की संस्कृतियों में बनी रही जिसका उल्लेख साहित्य में वर्णित है। ऋग्वेद में कुल्हाड़ी हेतु 'परशु' शब्द का उल्लेख हुआ है।[106] वैदिक देवताओं को परशु से युक्त बताया गया है। महाभारत में इसके विभिन्न नाम मिलते हैं, जैसे परशु, कुठार, परस्वध इत्यादि। युद्ध भूमि में भी इनका प्रयोग आयुध के रूप में राजपुरुषों द्वारा होता था।[107] कौटिल्य ने इसे छूरे के समान तेज धार वाला हथियार माना है और पटिश, परशु तथा कुठार आदि नामों से संबोधित किया है।[108]

हल अथवा फाल :– हल अथवा फाल का उपयोग कृषि के लिए आद्य ऐतिहासिक काल से हो रहा है। हड़प्पाकालीन पुरास्थल बणावली से एक मिट्टी से निर्मित हल का नमूना प्राप्त है। जबकि कालीवंगा नामक पुरास्थल पर जुते हुए खेत का प्रमाण प्राप्त हुआ है। जिससे प्रमाणित होता है कि सैन्धव वासी हल का प्रयोग खेती के लिए करते थे। मोहनजोदड़ो से प्राप्त अन्नागारों तथा हड़प्पा सभ्यता की धन–धान्यता को देखते हुए यह निश्चित तौर से कहा जा सकता है कि कृषि कार्य हल के द्वारा ही होता था। हल अथवा फाल की निरंतरता इसके पश्चात् भी बनी रही। वेदों में हल का उल्लेख सबसे महत्वपूर्ण कृषि उपकरण के रूप में किया गया है।[109] आज की ही भांति वैदिक काल में भी हल एवं बैलों की सहायता से कृषि–कार्य सम्पन्न होता था।[110] अवेस्ता में भी कृषि के लिए हल बैल के प्रयोग का उल्लेख है। वैदिक साहित्य में हल का साधारण नाम सीर,[111] सील[112] अथवा लांगल[113] मिलता है।

हल प्रायः लकड़ी के बने होते थे जो अधिकतर दो बैलों की सहायता से खींचे जाते थे। परन्तु कभी–कभी छः[114], आठ[115], बारह[116], यहां तक कि चौबीस[117] बैलों द्वारा भी इनके खीचे जाने के उल्लेख मिलते हैं। संभवतः वैदिक हल भी आधुनिक हलों की भांति अंग्रेजी वर्ण 'V' के आकार के होते थे।[118] हल के अगले नुकीले भाग को जो भूमि में प्रविष्ट होकर मिट्टी उखाड़ता था, उसे 'फाल'[119] या 'फार' कहते थे। यह प्रायः नुकीला और तीक्ष्ण धारयुक्त होता था। वेदों[120] में फाल के लिए 'स्तेग' शब्द भी मिलता है। इसके अतिरिक्त अन्य ग्रंथों 'महावग्ग'[121] आदि में भी फाल का उल्लेख किया गया है। पाणिनि ने लौह निर्मित फाल को 'अयोविकारकुश' कहा है।[122]

हथौड़ा :– हथौड़ा एक वजनदार उपकरण है। जिसका प्रयोग किसी भी वस्तु को एक निश्चित आकार देने के लिए किया जाता है। इस उपकरण का उपयोग हड़प्पावासी भी करते रहे हैं। इस बात का प्रमाण हड़प्पीय पुरास्थल मिताथल से प्राप्त क्वार्टजाईट से निर्मित हथौड़ा है।

इस वजनदार उपकरण का उत्तरजीवितता निरंतर बनी रही। बौद्धायन सूत्र में लोहार का उल्लेख मिलता है, जिसमें लोहारों द्वारा फाल, फावड़ा, हंसिया, सुई, चाकू, उस्तरा, फरसा, भाला आदि बनाये जाने का उल्लेख मिलता है।[123] जिससे प्रतीत होता है कि वैदिक सूत्रकाल में लोहारों द्वारा उपर्युक्त लौह उपकरणों का निर्माण हथौड़े की मदद से किया जाता होगा। इस तर्क का सर्मथन पाणिनी की अष्टाध्यायी से भी प्राप्त होता है। अष्टाध्यायी के अनुसार कर्मभार अपनी कर्मशाला में भस्त्रा (भाठी)[124], अयोधन (हथौड़ा)[125], दुधन (कुल्हाड़ी)[126], एक कुटिलक (सड़सी)[127] आदि द्वारा लोहे के उपकरणों का निर्माण करते थे। लोहे के घन का उल्लेख 'उदानपालि' से भी प्राप्त होता है। जिसका उपयोग धातु की सामग्री को पीटने अथवा धातुकर्म के निमित लाया जाता था।

कील :– हड़प्पावासी घरेलू कार्यो में आने वाले छोटे–छोटे वस्तुओं से भी परिचित थे तथा उनका उपयोग भी करते थे। हड़प्पीय स्थलों हड़प्पा, मोहनजोदड़ो, कालीबंगा, बणावली इत्यादि स्थलों से हाथी दांत, हड्डी एवं ताम्र से निर्मित कीले प्राप्त हुए हैं। ये कील लम्बी हैं इनका अग्रभाग नुकीला, पिछला भाग मोटा है। इसकी निरंतरता साहित्य में प्राप्त होती है।

लोहे की कील के संदर्भ में ऋग्वेद, शतपथ ब्राह्मण और छान्दोग्य उपनिषद में 'शूल' शब्द का उल्लेख मिलता है।[128] संभवतः 'शूल' से बोरा सिलने का काम लिया जाता था। यद्यपि कतिपय स्थलों पर इसका रूद्र के आयुध के रूप में भी प्रयोग मिलता है।[129] 'मंज्झिम निकाय' एवं 'अंगुत्तर निकाय' से भी लोहे की कील के संदर्भ प्राप्त होते हैं, यथा– 'अयोखिलं गमेन्ति'[130] अर्थात् लोहे की कील गाड़ते हैं।' अर्थशास्त्र में आयुध प्रकारों के अन्तर्गत लोहे के शूल का उल्लेख मिलता है, जो तेज मुख वाला होता था।[131]

छुरा / उस्तरा :– उस्तरा अथवा छुरा बाल मूड़ने का एक औजार होता है, जिसका उपयोग प्राचीन काल में भी होता था। इसके इस्तेमाल का प्राचीनतम पुरातात्विक प्रमाण हड़प्पा सभ्यता से मिलता है। विविध प्रकार के तांबे या कांस्य के बने उस्तरा हड़प्पा, मोहनजोदड़ो, लोथल, बणावली आदि पुरास्थलों से मिले हैं।[132]

संयुक्त निकाय से तकनीकी ज्ञान के संदर्भ में एवं 'विनयपिटक' में बौद्ध श्रमणों का केशकतर्न हेतु लोहे की छुरी को उपयोग में लाया जाने का उल्लेख प्राप्त होता है। यथा– 'तत्तेन तिण्हेन खुरेन' अर्थात् तप्त तीक्ष्ण लोहे की छुरी।[133] चुल्लवग्ग से भिक्षुओं द्वारा (श्रावस्ती) लोहे की छुरी का उपयोग मुंडन करने के संदर्भ में प्राप्त होता है। प्राप्त संदर्भ के अनुसार यदि सिर में घाव होते तो छुरी के स्थान पर कैंची को उपयोग में लाये जाने की अनुमति थी।[134]

खाद्य पदार्थ : मानवीय आवश्यकताओं के अन्तर्गत खाद्य (भोजन) अत्यन्त महत्वपूर्ण आवश्यकता है, क्योंकि इससे स्थल से सम्बन्धित आर्थिक विकास की प्रत्येक दशा नियंत्रित रहती है। चूंकि भोज्य पदार्थों का उत्पादन भौगोलिक वातावरण के अनुकूल होता है, अतएव भोज्य पदार्थों को सम्पूर्ति का मानव तथ्य उससे सम्बन्धित वातावरण से घनिष्ठ सम्बन्ध है। अस्तु हड़प्पाकाल एवं साहित्य दोनों में प्राप्त होने वाली खाद्य सामग्री अग्रलिखित है।

जौ : हड़प्पाकालीन मानव जौ से परिचित थे जिसका अवशेष के रूप में पुरास्थलों से जले दाने प्राप्त हुए हैं । यह ऋग्वेद में 'धाना'[135] के नाम से उल्लिखित है तथा इसे अन्य प्राचीन नाम 'यव' से भी जाना जाता है।

धान : हड़प्पाकालीन पुरास्थलों से धान की भूसी का साक्ष्य मृदभाण्डों में प्राप्त होता है, जिससे पता चलता है कि सैन्धव निवासी धान का प्रयोग भोजन के रूप में करते थे। धान का सबसे प्राचीनतम पुरातात्त्विक अवशेष कोलडिहवा से प्राप्त हुआ है। धान की आधुनिक खोज लहुरादेवा पुरास्थल से भी हुई है। वैदिक कालीन साहित्य में 'धान' शब्द का सीधा उल्लेख न होकर ब्रीही तथा इसके चावल के बने खीर का उल्लेख है जिसे 'क्षीरोदन'[136] कहते हैं। दूध में पके चावल को अभी भी 'खीर' (क्षीर) कहते हैं। धान के सत्तू को 'मन्थ'[137] तथा भात को 'ओदन'[138] कहते थे।

गेहूँ : हड़प्पावासी गेहूँ से भी परिचित थे क्योंकि सैन्धव पुरास्थलों हड़प्पा, मोहनजोदड़ो, कालीबंगा, बणावली, राखीगढ़ी से गेहूँ के जले हुए अवशेष प्राप्त हैं । साहित्यों में महाभारत में इस अन्न को 'गोधूम'[139] कहते थे।

तिल : तिल के भी अवशेष हड़प्पाकालीन पुरास्थलों से जले हुए अवशेष के रूप में मिलते हैं। जिसका उपयोग खाद्यान्न के रूप में हड़प्पावासी करते थे। साहित्यिक साक्ष्यों में महाभारत में इस अन्न का उल्लेख हुआ है।[140]

वस्त्र : किसी भी प्रदेश की ग्रीष्म, शीत, वर्षा, लू जैसे जलवायु के प्रभावों से मानव शरीर का संरक्षण करना अनिवार्य होने के कारण वस्त्र, भोजन और जल के पश्चात् दूसरी जरूरी आवश्यकता है। चूंकि वस्त्रों के द्वारा जलवायु के प्रत्यक्ष प्रभावों से मानव अपने शरीर की रक्षा करता है, अस्तु वस्त्रों की संरचना कुछ सीमा तक प्राकृतिक वातावरण पर आधारित होती है। हड़प्पावारी दो प्रकार के वस्त्रों का उपयोग करते थे –

1. सिले हुए कपड़े
2. बिना सिले हुए कपड़े

1. सिले हुए कपड़े– सिले हुए कपड़ों का प्रमाण मृण्मूर्तियों से मिलता है। मोहनजोदड़ो, हड़प्पा एवं अन्य स्थलों से मिली मृण्मूर्तियों में नारी कमर के नीचे आधुनिक स्कर्ट आदि प्रकार का वस्त्र धारण करते थे।

2. बिना सिले हुए कपड़ा– हड़प्पा से प्राप्त पाषाण निर्मित 'पुजारी' की मूर्ति में एक तिपतिया शाल ओढ़े हुए है, जो तत्कालीन वस्त्र प्रकारों को दर्शाते हैं। 'स्कर्ट' प्रकार के वस्त्र एवं तिपतिया शाल, सम्भव है दोनों कपास (रूई) द्वारा निर्मित किए गए हों। 'कपास' के बीज हड़प्पाकालीन पुरास्थलों से भी प्राप्त हैं जिसके संदर्भ में भ्रम उपयुक्त नहीं है। मोहनजोदड़ो से एक छूरा प्राप्त हुआ है जो कपड़े में लपेटा गया है। कपड़े का यह प्रबलतम साक्ष्य है। कालीबंगा, लोथल, आलमगीरपुर से कपड़ों के साक्ष्य मृदभाण्ड के टुकडे प्राप्त हुए हैं।

पुरातात्त्विक साक्ष्यों के अतिरिक्त साहित्य में भी वस्त्रों के विभिन्न प्रकार दृष्टव्य हैं। पूर्वज अज, मृग आदि पशुओं की खाल से निर्मित वस्त्रधारण करते थे, जिन्हें अजिन[141] अथवा मल[142] (वल्कल) कहा गया

है। प्रतीत होता है, मृगचर्म के पूर्व अज (बकरे) के चर्म से वस्त्र तैयार होते थे, अतः इन्हें 'अजिन अभिधान' कहा है, जो मृगचर्म के समान ही पवित्र समझे जाते थे । इसी 'अवि' भेड की खाल से अथवा बालों से निर्मित वस्त्र को 'अविवास'[143] कहा गया है। इससे भिन्न कपास आदि पौधों के रेशों से सूती अथवा वृक्षों की छाल के वस्त्रों का उपयोग होता था, जिन्हें बुनने का कार्य स्त्रियों[144] के अतिरिक्त पुरुष[145] भी किया करते थे। ऋग्वेद में दो प्रकार के वस्त्रों का वर्णन है[146]–

1. नीवि
2. अधिवास

नीवि अधोवस्त्र था जो धोती के समान था। अधिवास अपेक्षाकृत छोटा और कुर्ते अथवा अंगरखे की भांति सिला हुआ वस्त्र था।

आभूषण : प्राचीन काल से मानव सौन्दर्य प्रेमी रहा है। मानव अपनी आवश्यकता एवं गौण आवश्यकताओं की पूर्ति करता हुआ अपनी स्वाभाविक अलंकरणप्रियता के कारण अपने शरीर के अतिरिक्त मनुष्यों की आर्थिक सम्पन्नता प्रकट होती है। इसके साथ ही उसकी भौतिक समृद्धि के साथ सांस्कृतिक सुरूचि का भी स्पष्ट परिचय प्राप्त होता है। मनुष्य की यह सौन्दर्यप्रियता प्राग्वैदिक काल से ही रही है।

हड़प्पीय पुरातात्त्विक उपलब्धियों में मोहनजोदड़ो, हड़प्पा, वणावली, राखीगढ़ी, कुणाल, सनौली तथा सर्वाधिक स्वर्ण एवं रजत से निर्मित आभूषण एवं अलंकरण माण्डी से प्राप्त हैं। स्वर्ण के अनेक प्रकार के मनके, हार, अंगूठी, कड़े, चूड़िया इत्यादि प्राप्त हुई है। विशेषतः कुणाल से दो मुकुट प्राप्य हैं जो रजत की उपलब्धता प्रकट करते हैं। यहीं से रजत से निर्मित बाजुबन्द भी मिला है।

साहित्य में सर्वप्रथम ऋग्वेद से विदित होता है कि स्त्री और पुरुष दोनों स्वर्ण और रजत से निर्मित आभूषण समान रूप से धारण करते थे। अनेक प्रकार के आभूषण पहनते थे, जिनमें 'कर्णशोभन' कानों में, 'निष्क'[147] ग्रीवा में धारित किया जाता था। स्त्रियों के शीश पर कुम्ब आभूषण में कृश्न (मोती) लगा होता था।[148] वे हाथों में कड़े और पैरों में खादि का प्रयोग करती थी।[149] भुजबन्द एवं मुद्रिका भी प्रचलित आभूषणों में थे।[150]

हड़प्पीय पुरावशेषों में वृषभ की मृण्मूर्तियां, मृदभाण्डों पर चित्रण आदि हड़प्पा, मोहनजोदड़ो, राखीगढ़ी, बणावली आदि स्थलों से प्राप्त हैं। इसी प्रकार श्वान (कुत्ता) भी लोथल से प्राप्य है। भेड़ का भी चित्रण और मृण्मूर्ति मिलते हैं, साथ ही बकरी के भी साक्ष्य मृदभाण्डों के चित्रण में प्राप्त होते हैं।

हड़प्पाकालीन सबसे पवित्र पशु वृषभ था। अश्व का भी चित्रण उत्तर भारत के एक पुरास्थल भिडाना से प्राप्त है। इन सभी पशुओं का उल्लेख साहित्य में है। ऋग्वेद में वृषभ[151] अश्व[152] बकरी (अज)[153] तथा भेड़ (अविका)[154] का प्रमुख रूप से वर्णन है। श्वान[155] को पालतू पशुओं में स्थान प्राप्त था।

कृषि कार्य : कृषि कार्य करने के अवशेष हड़प्पाकालीन स्थल कालीबंगा से प्राप्त हैं। यहाँ के खेत में एक ही साथ दो फसल उगाई जाती थी। इसके अतिरिक्त बणावली, राखीगढ़ी से हल का खिलौना प्राप्त हुआ है, जिससे सिद्ध हो जाता है कि हड़प्पावासी कृषि कार्य से पूर्णरूप से दक्ष थे।

वैदिक साहित्य में भी कृषि के उन्नत होने के प्रमाण प्रचुर मात्रा में प्राप्त होते हैं। ऋग्वेद के अनुसार कृषि कार्य अत्यन्त विकसित अवस्था में थी।[156] उस समय मैदानी भाग में समस्त भूमि प्रायः क्षेत्र और अरण्य में विभक्त थी।[157] कृषि योग्य भूमि को 'क्षेत्र' कहा जाता था।[158] अरण्य प्राकृतिक रूप से हो जाते थे। जबकि क्षेत्र कृषि कार्य के हेतु मानव निर्मित होते थे जिन्हें सर्तकतापूर्वक बांस के लट्ठों से नाप कर[159] पृथक–पृथक रूप दिया जाता था। उपजाऊ खेत का आर्तन कहा जाता था।[160] कृषि करने के लिए हल (लांगल या सीर) में बैल जोते जाते थे।[161] परवर्ती वैदिक साहित्य[162] में हल से खेत जोतने हेतु प्रायः 6, 12 और 24 बैल तक प्रयुक्त होने का उल्लेख है।

काष्ठ : काष्ठ अथवा लकड़ी का उपयोगी अतिप्राचीन काल से होता रहा है। हड़प्पावासी भी इसके उपयोग से परिचित थे। सैन्धव पुरास्थल आलमगीरपुर से काष्ठ चौखट प्राप्त हुई है जो काष्ठ के प्रयोग करने के क्रम में अति महत्वपूर्ण प्रमाण है। साहित्यिक परिप्रेक्ष्य में लगभग प्रत्येक ग्रन्थों में काष्ठ द्वारा निर्मित भवनों एवं अन्य उपयोगी वस्तुओं का उल्लेख मिलता है। ऋग्वेद में लकड़ी का कार्य करने वाले वर्ग अथवा व्यक्तियों को तक्षा[163] अथवा तष्टा[164] (बढ़ई) कहा गया है। लोहे के परशु अथवा कुठार से वृक्षों से लकड़ी काटी जाती थी।[165]

नौका : हड़प्पा सभ्यता के निवासी नौकाओं से भी परिचित थे। हड़प्पा और लोथल से प्राप्त नाव के साक्ष्य इसके प्रबलतम उदाहरण है। ऋग्वेद में भी विशाल व्यापारिक नौकाओं के उपयोग किये जाने का वर्णन मिलता है, जो सौ (डंडों) से खेई (चलाई) जाती थी।[166]

ताम्र : सैन्धववासी सोना, चांदी के साथ–साथ ताम्र से भी भली–भांति परिचित थे। पुरास्थलों बणावली, राखीगढ़ी, भिडाना, सनौली, कुणाल, हुलास, रोपड़, भगवानपुरा आदि से ताम्र मल एवं ताम्र से निर्मित अन्य पुरावस्तुएं प्राप्त हैं। सनौली से ताम्र निर्मित तलवार एवं बाणाग्र प्राप्त है। हड़प्पाकाल में तांबे का प्रयोग सभी धातुओं से अधिक होता था। इसको संशोधित करने एवं उपकरण आदि बनाने वाली भट्टियां प्राप्त होते हैं। प्राचीनतम् ग्रन्थ ऋग्वेद में भी ताम्र को 'अयस' के नाम से सम्बोधित किया गया है। धातुओं का कार्य करने वाले को ऋग्वेद में 'कमारि'[167] कहा गया है।

वाणिज्य एवं व्यापार : सिन्धु सभ्यता के आर्थिक संरचना में व्यापार एवं वाणिज्य का अत्यन्त महत्वपूर्ण स्थान था। उत्खनन से प्राप्त अवशेषों के विश्लेषण से यातायात के स्वरूप, साधन तथा व्यापार वाणिज्य पर समुचित प्रकाश पड़ता है। यातायात के साधनों के विषय में जो पुरातात्विक साक्ष्य मिले हैं। उनके आधार पर कहा जा सकता है कि मैदानी क्षेत्रों मूलतः दो पहिए और चार ठोस पहिए वाली बैलगाड़ी अथवा भैंसागाड़ी का उपयोग माल ढोने के लिए किया जाता रहा होगा। ऐसा निष्कर्ष कांस्य धातु की बनी खिलौना गाड़ियों के आधार पर निकाला जा सकता है। पहाड़ी क्षेत्रों में भार ढोने हेतु हाथियों खच्चरों एवं बकरों आदि का उपयोग होता रहा होगा।

पश्चिमी भारत एवं मकरान के तटवर्ती क्षेत्रों से ज्ञात सम्भवतः समुद्रतटीय व्यापारिक पड़ाव के रूप में बन्दरगाह थीं। भारत में गुजरात के सौराष्ट्र तट पर किम नदी के किनारे पर स्थित भगतराव, नर्मदातट पर मेघम, हिरण्य सरिता के किनारे प्रभासपाटन, भोगवा एवं साबरमती के संगम पर स्थित लोथल और पाकिस्तान के सुतकागेनडोर, सुत्काकोह तथा बालाकोट व्यापारिक केन्द्रों के रूप में विद्यमान रहे होंगे।

सिन्धु सभ्यता के अन्तर्गत आन्तरिक व्यापार अत्यन्त विकसित अवस्था में था। कृषि उत्पादों का तैयार माल से विनिमय प्रायः नगरों एवं अन्य व्यापारिक केन्द्रों पर होता था। गांवों से खाद्य सामग्री आती थी और इसके बदले में सूती वस्त्र एवं धातु की बनी हुई वस्तुएं– उपकरण, बर्तन एवं आभूषण आदि बदले में दिये जाते थे।

सिन्धु सभ्यता के वाह्य व्यापार के सम्बन्ध में अपेक्षाकृत अधिक साक्ष्य उपलब्ध हैं। सिन्धु सभ्यता के नगरों के मध्य एवं पश्चिम एशिया के देशों के साथ घनिष्ठ व्यापारिक सम्बन्ध थे। अफगानिस्तार, तुर्कमानिस्तान, ईरान और इराक के साथ व्यापारिक सम्पर्क के साक्ष्य प्राप्य हैं। जलमार्ग से होने वाले व्यापार पश्चिमी भारत में समुद्र तटीय सैन्धव नगरों, मकरान, बाहरी नदी आदि का उल्लेख किया जा सकता है। निर्गत की जाने वाली वस्तुओं में सूतीवस्त्र, इमारती लकड़ी, मशाले, हाथीदांत, पशु एवं पक्षी रहे होंगे।

साहित्य में सर्वप्रथम ऋग्वेद में व्यापार एवं वाणिज्य का उल्लेख हुआ है। वाणिज्य द्वारा वस्तु के विनिमय से आर्थिक उत्पादन होता था। ऋग्वेद[168] के अतिरिक्त परवर्ती संहिताओं में 'कृ' धातु का प्रयोग हुआ है जिससे ज्ञात होता है कि उस समय व्यापारी साधारणतया वस्तुविनिमय हेतु व्यापार करते थे।[169] समस्त वैदिक प्रदेश के आन्तरिक भू–भागों में अनेक मार्गों से स्थलीय व्यापार किया जाता था, जिसमें एक स्थान से दूसरे स्थान को माल ढोने हेतु शकटों (बैलगाड़ियों)[170] आदि का प्रयोग होता था। व्यापारिक वाहनों में बैल, बकरा, कुत्ता आदि पशु जोते जाते थे।[171] शकट में सहस्रो स्वर्ण मुद्राओं को रखकर जाने का उल्लेख किया गया है।[172]

वैदिक युग में विशाल सात नदियों के अतिरिक्त आस–पास समुद्र होने के कारण जलीय यातायात अत्यन्त सुविधा पूर्वक होता था तथा व्यापारिक माल आन्तरिक भागों से बाहरी क्षेत्रों तक सरलता से नौ परिवहन द्वारा पहुँचाया जाता था। नौका (नाव) तथा उससे पार होने का अनेक स्थानों पर उल्लेख हुआ है।[173] आन्तरिक भू–भागों की विशाल नदियों के अतिरिक्त आर्य व्यापारी समुद्री मार्गों से भी व्यापार करते थे।[174] इसके विशाल व्यापारिक नौकाओं का उपयोग किया जाता था जो सौ पतवारों[175] (डंडों) से खेई जाती थी। व्यापारिक पदार्थों में खाद्यान्न के अतिरिक्त ऊनी, सूती परिधान (दूर्श, पवस्त)[176] बकरे या भेड़ों की खाल उल्लेखनीय है। जिनको आन्तरिक भागों के अतिरिक्त बाहर भी निर्गत किया जाता था।

मूर्तियां : सैन्धव स्थलों से हड़प्पा, मोहनजोदड़ो, कालीबंगा, बणावली, राखीगढ़ी, कुणाल, भगवानपुरा, रोपड़, आलमगीरपुर आदि स्थलों से मृण्मूर्तियां प्राप्त हुई हैं। मोहनजोदड़ो, हड़प्पा, राखीगढ़ी से प्रस्तर प्रतिमाएं भी प्राप्त हुई हैं। प्रचुर मात्रा में प्राप्त मुहरों एवं मुद्राओं में भी पशुओं का अंकन प्राप्त हुए हैं। हड़प्पावासी मूर्ति कला में परिचित थे।

ऋग्वेद में इन्द्र को क्रय[177] करने का उल्लेख प्राप्त है। इंगित होता है कि यह प्रमिता रही होगी जो शत्रु विनाशक थी। तात्पर्य है कि ऋग्वेदकालीन मानव भी मूर्ति निर्माण में तथा उसमें आस्थ रखते थे। उत्तरवैदिक एवं इसके पश्चात बड़ी मात्रा में मूर्तियों का उल्लेख होता है।

मत्स्यः हड़प्पावासी लोग अन्य जीव–जन्तुओं के साथ–साथ मत्स्य से भी भली–भांति प्रकार से परिचित थे। सभी प्रमुख स्थलों के साथ–साथ राखीगढ़ी, बणावली, रोपड़, भगवानपुरा, आलमगीरपुर

से मछली की हड्डियां (कांटे) एवं मृदभाण्ड पर अलंकरण के रूप में चित्रण प्राप्त है। राखीगढ़ी के एक मृदभाण्ड के टुकड़े पर एक व्यक्ति द्वारा जाल में फंसी मछलियों को डण्डे के सहारे कंधे पर रख कर ले जाते हुए पीठ के पीछे दृष्टिगत होता है। साहित्यिक साक्ष्यों ऋग्वेद में भी मत्स्य को जाल[179] द्वारा पकड़े जाने का उल्लेख है जो अल्प जल की अपेक्षा गहरे जल में अधिक प्राप्त की जाती है।[179]

खरगोश : सैन्धव स्थलों मोहनजोदड़ो इत्यादि से खरगोश की मृण्मूर्तियां प्राप्त हुई हैं। जिससे प्रमाणित होता है कि इस युग के लोग उक्त जन्तु से भी परिचित थे। इस तृणभक्षी का भी उल्लेख ऋग्वेद[180] में हुआ है।

नृत्य : प्राचीन काल से ही मानव मनोरंजन के प्रति गंभीर था। आद्य–ऐतिहासिक कालीन सैन्धववासी भी इस कला से पूर्ण परिचित था। हड़प्पा से एक पाषाण निर्मित मानव धड़ नृत्य की मुद्रा में प्राप्त हुआ है। दूसरी मूर्ति मोहनजोदड़ो की है जो कांस्य निर्मित है जिसे विद्वानों ने नर्तकी कहा है। अस्तु प्रमाणित होता है कि हड़प्पावासी 'नृत्य' कला में निपुन थे।

हड़प्पा सभ्यता के पश्चात् वैदिक एवं वैदिकोत्तर साहित्य में भी प्रचुर मात्रा में नृत्य का वर्णन मनोरंजन के मुख्य अंग के रूप में हुआ है। अन्तः साक्ष्यों से प्रतीत होता है कि स्त्री तथा पुरुष दोनों समान रूप से नृत्य से परिचित थे। आंगिरस ऋषि द्वारा एक ऋचा[181] में नृत्यक्रिया का उल्लेख किया है। अन्यत्र भारद्वाज ऋषि ने भी इन्द्र को 'चतुर नर्तक'[182] कहकर स्तुति की है। इन सन्दर्भों से उस समय की नृत्य कला की दुरुहता अभिव्यक्त होती है, जिसमें सामान्य व्यक्ति दक्षता नहीं प्राप्त कर पाता था।

पूजा : प्राकृतिक एवं ईश्वर में शक्ति को सन्निहित मानने के कारण इनकी पूजा भी की जाती थी। पूजा क्रिया का आश्रय आद्यऐतिहासिक युग से चला आ रहा है। सैन्धव सभ्यता के कई पुरास्थलों हड़प्पा, मोहनजोदड़ो, लोथल, बणावली, राखीगढ़ी, इत्यादि स्थलों से प्राप्त मुद्राओं, मुहरों एवं मिट्टी द्वारा निर्मित मूर्तियों पर ईष्टदेवों–देवियों की मूर्तियां उकेरित एवं निर्मित हैं।

देवों में पशुपतिनाथ की प्रतिमा मोहनजोदड़ो से प्राप्त मुहर पर अंकित है। देवता एक चौकी पर योगासन मुद्रा में बैठें हैं। दोनों ओर फैलाए हाथों में कई कंकड़ पहने है। यह ऋश्ंगमुकुट युक्त त्रिमुखी आकृति है जिसमें एक मध्यवर्ती एवं दो पाश्ववर्ती हैं। इस प्रतिमा को विद्वानों ने पशुपति अथवा शिव की मूर्ति बतलाया है। पशुपति शिव का एक अनन्य नाम है। शिव का उल्लेख वैदिक ग्रन्थों में बहुलता से मिलता है जिसमें इसे रुद्र अथवा शिव कहा गया है।[184] इसकी उपासना उग्र एवं सौम्य दोनों रुपों में होती थी। इसे पशुपति भी कहा गया है।

हड़प्पा सभ्यता के अनेक पुरास्थलों से लिंग प्राप्त हुए हैं। हड़प्पा, मोहनजोदड़ो, लोथल, कालीबंगा, बणावली घौलावीरा से चमकीले पत्थरों पर निर्मित कतिपय ऐसे पुरावशेष प्राप्त हैं जिनका समीकरण लिंग से किया गया है। सैंधववासी प्रकृति के प्रजनन शक्ति के रूप में लिंग एवं योनि की पूजा किया करते थे। कालान्तर में लिंग–योनि पूजा को काफी महत्वपूर्ण स्थान प्राप्त हुआ है। इसका साहित्यिक प्रमाण ऋग्वेद में प्राप्त होता जहाँ पर उल्लेख है कि लिंग की उपासना करने के कारण अनार्य शिश्नदेवाः कहे गए हैं। इस वर्णन से लिंग पूजा के प्रमाण का अकाट्य साक्ष्य हड़प्पा सभ्यता से प्राप्त है।[184]

सिन्धु सभ्यता के स्थलों हड़प्पा, मोहनजोदड़ो, कालीबंगा, बणावली, राखीगढ़ी घौलावीरा इत्यादि अनेक स्थानों से मातृशक्ति की पूजा के विषय में प्रमाण मिले हैं। मिट्टी एवं मुहरों पर अंकित नारी

आकृतियों के साथ अन्य दृश्य भी प्राप्त हुए हैं। ये कमर में चारों तरफ मेखला, गले में कई लड़ी वाले हार एवं विशद केश सज्जा से युक्त मृण्मूर्तियां प्रायः अर्धनग्न हैं। कतिपय मृण्मूर्तियों के गोद में शिशु को लिए हुए प्रदर्शित किया गया है। विद्वानों ने इन मृण्मूर्तियों को मातृशक्ति की उपासना से सम्बद्ध किया है। हड़प्पा से प्राप्त आयताकार एवं लेखयुक्त एक मुहर में एक तरफ सिर के बल खड़ी एक स्त्री का चित्र है जिसकी योनि से एक पौधा प्रस्फुटित होता हुआ दिखलाया गया है। इस प्रकार के विभिन्न अन्यानेक उकेरित एवं चित्रित मातृदेवियां प्राप्त हैं जिससे सिद्ध होता है कि सैन्धव सभ्यता में मातृशक्ति की पूजा अनन्य रूप में प्रचलित तथा विद्यमान थी।

मातृशक्ति एवं देवी रूप में पूजा की निरंतरता ऋग्वेद एवं उत्तरवर्ती साहित्यों में विपुल मात्रा में उल्लेखित हैं। ऋग्वेद में 'अदिति' विशाल प्रकृति के निस्सीम का दैवीकरण था, वह आर्यों की सार्वभौम भावना की देवी थी।[185]

ऋग्वेद[186] में सिन्धु नदी को भी देवी के रूप में स्वीकार किया गया है। वन देवी की प्रतिष्ठा भी आठ्यानी के रूप में है। ऊषा, पृथ्वी आदि भी देवी के रूप में पूज्य थीं।[187]

यज्ञ : हडप्पाकालीन पुरास्थलों से यज्ञवेदियां प्राप्त होने के पश्चात् यह मानने में कोई भ्रम नहीं होना चाहिए कि उस युग में भी यज्ञ क्रियायें सम्पन्न की जाती थी। कालीबंगा से सात, राखीगढ़ी से चार की संख्या में एक ही पंक्ति में यज्ञ वेदियां बनी हुई प्राप्त हुई हैं।

यज्ञ की निरंतरता साहित्यिक परम्परा में प्रबलतम् रूप से उपस्थित है। वैदिक युग में यज्ञ की सर्वाधिक महत्ता थी जो व्यक्ति को पावन पवित्र और कर्मठ बनाता था। यज्ञ की सम्पन्नता अग्नि से होती थी। देवोपासना में यज्ञ एवं हवन महत्वपूर्ण साधन था। प्रमुख प्राकृतिक शक्तियों की प्रसन्नता हेतु विशिष्ट ऋतु अथवा काल[188] में विशिष्ट पदार्थों दूध, घृत, यव, चावल आदि से हवन किया जाता था। वैदिक लोग यज्ञीय उपासना में अपनी प्रियतम् वस्तु अश्वों, वृषभों, गायों, मेषों आदि पशुधन[189] का भी हवन करने लगे।

अन्त्येष्टि संस्कार : सिन्धु सभ्यता के लोगों की परलोक विषयक मान्यताओं के विषय में लिपि के पाठोद्धार के अभाव में निश्चित जानकारी नहीं है किन्तु इतना स्पष्ट है कि मृतक के अन्तिम संस्कार के प्रति वे पूर्ण सजग थे। सिन्धु सभ्यता में तीन प्रकार की अन्त्येष्टि संस्कार प्रचलन में थी–

1. पूर्ण समाधीकरण।
2. आंशिक समाधीकरण।
3. दाह–संस्कार ।

कब्रिस्तान सिन्धु सभ्यता के नगरों में बस्ती के बाहर होते थे मोहनजोदड़ो, हड़प्पा, रोपड, कालीबंगा घौलावीरा, चण्डीगढ़, राखीगढ़ी एवं सनौली से अभी तक साक्ष्य मिले हैं। जमीन में गड्ढ़ा खोदकर कब्र बनाई जाती थी। यदा–कदा कब्र के किनारे पर कच्ची ईटें लगाई जाती थी। हड़प्पा उत्खनन से अभी तक एक मात्र ऐसी समाधि मिली है जिसमें शव को लकड़ी के ताबूत में रखकर दफनाया गया था। सम्भवतः यह किसी विदेशी व्यक्ति की कब्र थी। शवों का दिक्स्थापन उत्तर–दक्षिण होता था अर्थात् सिर उत्तर की ओर, पैर दक्षिण दिशा की ओर, कुछ अपवाद भी हैं जो पूर्व–पश्चिम

एवं दक्षिण–उत्तर दफनाए हुए मिले हैं। समाधि एकल, युग्म एवं त्रियुग्म भी होती थी। इनके साथ ही मिट्टी के बर्तन, आभूषण, उपकरण, दीप तथा दर्पण आदि अन्त्येष्टि सामग्रियां रखी जाती थी। रोपड़ की कब्र में मानव के साथ श्वान (कुत्ता) भी समाधिस्थ किया गया था।

मोहनजोदड़ो से कतिपय कलश–शवाधान मिले हैं जिनमे पशुओं, मछलियों एवं चिड़ियों की कुछ हड्डियां, आभूषण, राख, कोयला तथा मृदभाण्डों के टुकड़े आदि भरे मिले हैं। जॉन मार्शल तथा मैके[190] नामक विद्वान इन्हें प्रतीकात्मक समाधियां मानते हैं।

अन्त्येष्टि संस्कार का प्राचीन स्वरूप ऋग्वेद एवं अथर्ववेद में भी प्राप्त होता है। ऋग्वेद[191] में अग्नि से प्रार्थना की गई है कि मृतक के अज भाग को अपने ताप से तपायें। उसकी ज्वालाएं और दीप्ति मृतक को तपायें, तथा अग्नि की कल्याणकारी मूर्तियां उसे पुण्य कर्म करने वालों के लोक में ले जायें। मृतक का शरीर उसकी विधवा एवं अन्य नारियों के साथ उसके सम्बन्धी एवं मित्र श्मशान भूमि तक ले जाते थे। वहाँ पर संस्कारकर्ता मृत्यु को सम्बोधित करते हुए मृतक से कुटुम्बी जनों की सम्पन्नता एवं समृद्धि की शुभकामना की जाती थी।[192]

उक्त विवरण में एक तथ्य समान रूप से प्रकट होता है कि हड़प्पा सभ्यता एवं वैदिक साहित्य दोनों परंपराओं में शव को अग्नि से समर्पित कर अन्तिम संस्कार किया जाता था। ऐसा प्रतीत होता है कि हड़प्पावासी शव को जलाने के बाद बची कुछ अस्थियों को सम्भवतः जल में तिरोहित कर देते रहे होंगे तथा कतिपय हड्डियों को समाधिस्थ कर देते थे।

संदर्भ ग्रन्थ

1. ऋग्वेद, 1/126/1, 5/52/9, 8/20/25, 26/18, 10/64/9।
   अथर्ववेद, 14/1/43, 19/38/3
   जैमिनीय ब्राह्मण, 3/82, 3/237
2. बाल्मीकि रामायण, किष्किन्धाकाण्ड, 40/21, 42/15।
   महाभारत, सभापर्व, 32/8।
3. रिगोजिन्स, 'वैदिक इंडिया', पेज 306।
4. भारत भारती, मानचित्रावली, मेरठ, पृ. 26, 28।
5. ऋग्वेद, 10/75/5।
6. तथैव, 3/13/1, 3/33/3।
7. मिश्र, रामनारायण, 'भारतवर्ष का भूगोल', मार्डन रिब्यू वा. 113, नं. 3, मार्च 1963, 283।
8. द्विवेदी, कैलाशनाथ, 'ऋग्वैदिक भूगोल', कानपुर पृ. 122।
9. ऋग्वेद, 10/75/1।
10. रिगोजिन्स, 'वैदिक इंडिया', पेज 306।
11. ऋग्वेद, 10/75/5।

12. निरूक्त, 9/26।
13. अष्टाध्यायी, 1/4/21।
14. मजूमदर, एस. एन., 'एन्शियेन्ट जियोग्राफी ऑफ इंडिया', पृ. 39।
15. दास, ए. सी. 'ऋग्वैदिक इंडिया', वा.–1 पेज 66।
16. डे., एन. एल., ज्योग्राफिकल डिक्शनरी ऑफ एन्शियेन्ट एण्ड मेडिवल इंडिया', पृ. 106।
17. द्विवेदी, कैलाशनाथ, 'ऋग्वैदिक भूगोल', कानपुर पृ. 137।
18. भार्गव, पी. एल. 'इण्डिया इन द वैदिक एज', 1971, पृ. 65।
19. ऋग्वेद, 8/28/25, 10/75/5।
20. निरूक्त, 9/29।
21. ऋग्वेद, 5/52/9, 4/22/2, 8/74/15।
22. लाहा, बी. सी., 'प्राचीन भारत का ऐतिहासिक भूगोल', पृ. 150, 196।
23. तथैव, 3/31/1, 3/33/2, 3/33/3।
24. तथैव, 3/33/4।
25. ऋग्वेद, 3/33/4।
26. द्विवेदी, कैलाशनाथ, 'ऋग्वैदिक भूगोल', कानपुर पृ. 140।
27. मजूमदार, एस. एन., 'एन्शियेन्ट जियोग्राफी ऑफ इंडिया', इन्ट्रोडक्शन, पृ. 39।
28. भागर्व, पी. एल., इंडिया इन दि वैदिक एज', पृ. 68।
29. ऋग्वेद, 3/33/1,2,3,12, 10/75/5।
30. निरूक्त, 9/29; भागवतपुराण, 5/19/18; महाभारत, आदिपर्व, 193/10
31. ऋग्वेद, 3/33/2,3।
32. मजूमदार, एस. एन., 'एन्शियेन्ट जियोग्राफी ऑफ इंडिया', इन्ट्रोडक्शन, पृ. 39।
33. दास, ए. सी., 'ऋग्वैदिक इंडिया', वा. 1, पेज 66।
34. डे., एन. एल., ज्योग्राफिकल डिक्शनरी ऑफ एशियन्ट एण्ड मेडिवल ऑफ इंडिया', पृ. 81।
35. भागर्व, पी. एल., इंडिया इन दि वैदिक एज', 1971 पृ. 64।
36. द्विवेदी, कैलाशनाथ, 'ऋग्वैदिक भूगोल', कानपुर पृ. 141।
37. ऋग्वेद, 2/41/16, 2/41/18, 3/23/4, 6/61/2, 7/95/1, 7/36/6, 8/21/17, 8/21/18, 10/75/5।
38. सरस्वती सप्तसधी सिन्धुमाता' ऋग्वेद, 7/95/2, 6/61/12, 6/61/10।
39. ऋग्वेद 2/41/16।

40. तथैव 7/95/2।
41. तैत्तिरीय संहिता, 6/2/1/4, ताण्डव ब्राह्मण 25/10/1,6। जैमिनीय ब्राह्मण, 2/297, ऐतरेय ब्राह्मण, 2/19।
42. ताण्डव ब्राह्मण 25/10/1,16।
43. जैमिनीय ब्राह्मण, 2/297।
44. कात्यायनी श्रौतसूत्र, 12/3, 20। आश्वलायन श्रौतसूत्र, 12/6/2,3।
45. आर्कियोलाजिकल सर्वे ऑफ इंडिया, रिपोर्ट, वा. 14, पेज 89—100।
46. द्विवेदी, कैलाशनाथ, 'ऋग्वैदिक भूगोल', कानपुर पृ. 144।
47. द्विवेदी, कैलाशनाथ, 'ऋग्वैदिक भूगोल', कानपुर पृ. 144।
48. भार्गव पी. एल., 'इण्डिया इन द वैदिक एज', 1965, पृ. 65।
49. द्विवेदी, कैलाशनाथ, 'ऋग्वैदिक भूगोल', कानपुर पृ. 144।
50. द्विवेदी, कैलाशनाथ, 'ऋग्वैदिक भूगोल', कानपुर पृ. 145।
51. पंजाब गजेटियर, अम्बाला डिस्ट्रिक्ट, अध्याय – 1।
52. ऋग्वेद, 5/12/17, 7/18/19, 10/75/5।
53. अथर्ववेद, 4/9/10, ऐतरेय ब्राह्मण, 8/83, शतपथ ब्राह्मण, 13/5/4/11, आश्वलायन स्रौतसूत्र, 12/6/22, पंचविश ब्राह्मण, 9/4/11, 25/1024, 14/4।
54. ऋग्वेद, 10/164/20ए 1/164/22।
55. तथैव, 1/191/3।
56. अथर्ववेद, 4/7/4, तैत्तिरीय संहिता 5/2/6, 6/1/3।
57. तथैव, 8/8/4।
58. अथर्ववेद, 4/19/1।
59. तथैव, 6/138/5।
60. ऋग्वेद, 10/40/4, 6/45/8।
61. तथैव, 8/45/5, 1/64/7।
62. शतपथ ब्राह्मण, 1/4/2, मनुस्मृति, 2/23, 24।
63. ऋग्वेद, 1/39/6।
64. तथैव, 1/37/1, 39/6, 85/4, 5।
65. तथैव, 10/146/6।
66. तथैव, 10/40/4।

67. तथैव, 7/55/14, 10/28/4।
68. तथैव, 10/28/10, 10/60/3।
69. तथैव, 8/35/7।
70. तथैव, 5/29/8, 6/17/11।
71. तथैव, 10/86/5।
72. तैत्तिरीय संहिता, 4/2/10/1।
73. ऋग्वेद, 7/50/1।
74. तथैव, 1/164/15।
75. मूषो न शिश्नाव्यदन्ति, ऋग्वेद, 10/33/3।
76. ऋग्वेद, 3/45/1।
77. तथैव, 1/191/14।
78. ऋग्वेद, 10/95/9, शतपथ ब्राह्मण, 11/5/1/4; तैत्तिरीय संहिता 5/5/13/1।
79. पाण्डेय, जे. एन., पुरातत्व विमर्श, इलाहाबाद, 2000, पृ. सं. 386–87।
80. ऋग्वेद, 3/53/6, 4/49/6, 8/10/1, 10/18/12।
81. अथर्ववेद 7/83/1, 10/6/4, ऐतरेय ब्राह्मण, 8/21।
82. ऋग्वेद, 7/56/13।
83. तथैव, 7/55/6, 10/73/10, 8/5/23।
84. तथैव, 1/166/8, 7/15/14, 8/40/12।
85. तथैव, 7/85/6।
86. तथैव, 6/15/3।
87. तथैव, 1/166/8, 7/15/14।
88. दि वैदिक एज, पृ. 398।
89. ऋग्वेद, 2/14/6, 4/30/20।
90. तथैव, 6/46/9।
91. तथैव, 7/98/1।
92. तथैव, 4/5/1।
93. तथैव, 10/146/3।
94. तथैव, 10/146/3।
95. तथैव, 2/4/9।
96. तथैव, 2/14/6।

97. प्रसाद, सर्जुन, 'मध्य गंगाघाटी में लौह प्रौद्योगिकी का विकास', शोध प्रबन्ध, मगध विश्वविद्यालय, बोधगया, 2006 पृ. 149।

98. तथैव, पृ. 149।

99. अग्रवाल वासुदेवशरण, पाणिनिकालीन भारत, पृ. 414।

100. टी. टी. शास्त्री द्वारा सम्पादित कौटिलल्य का अर्थशास्त्र।

101. ऋग्वेद, 2.199.18, 1.112.16, अथर्ववेद, 6.57.1, 4.7.5।

102. पंत गायत्री नाथ, 'स्टडीज इन एन्सिएन्ट इण्डिया', वेपन्स एण्ड वारफाईड, नई दिल्ली, 1970, पृ. 63

103. सिंह, राम, 1987, पूर्वोक्त, पृ. 11–12।

104. दास अविनाश चन्द्र 1925, ऋग्वैदिक इण्डिया, कलकत्ता, पृ. 335।

105. अथर्वशास्त्र 2.18।

106. तथैव।

107. अच्छे लाल, पूर्वोक्त, पृ. 32।

108. ऋग्वेद, 1.176.2।

109. तथैव, 4.58.8 तथा 10.101.3।

110. कपिबुल संहिता, 2.8: मैकडोनेल एण्ड कीथ वैदिक इन्डेक्स भाग 2ए पृ. 451।

111. ऋग्वेद 10.101.4।

112. तथैव 20.106.2।

113. अथर्ववेद, 6.91.1।

114. तथैव।

115. तैत्तिरीय संहिता, 1/8/7/1, 5/2/5।

116. काठक संहित, 15/2।

117. प्रसाद, सर्जुन, 'मध्य गंगाघाटी में लौह प्रौद्योगिकी का विकास', शोध प्रबन्ध, अप्रकाशित, मगध विश्वविद्यालय, बोधगया, 2006, पृ. 155।

118. ऋग्वेद, 10/11/7/7, अथर्ववेद, 18/1/39।

119. तथैव, 10/31/9, तथवै 18/1/39।

120. प्रसाद, सर्जुन तथैव, पृ. 155।

121. अग्रवाल, वासुदेवशरण, पाणिनीकालीन भारत, पृ. 224।

122. चक्रवर्ती, डी. के., 1992, ओपी. सीटी, पृ. 104।

123. अष्टाध्यायी, 3.3.82।

124. तथैव, 4.4.18।

125. तथैव 4.2.96।

126. तथैव, 4.2.96।

127. ऋग्वेद 1.162.11, शतपथ ब्राह्मण, 11.4.2.4 : 7.3.2 : छान्दोग्य; उपनिषद, 7.15.3.

128. दूबे, सीताराम, 2003, ''इतिहास एवं पुरातत्व की अधुनातन प्रवृत्तियों के परिप्रेक्ष्य में वैदिक धात्विक संदर्भ ''वैदिक इतिहास एवं पुरातत्व के अद्यतन प्रवृतियाँ, संपादित डॉ. ओम प्रकाश पाण्डेय, दिल्ली, पृ. 72।

129. मंझिमनिकाय, खण्ड – 3, पृ. 236 : अंगुत्तर निकाय, पृ. 130।

130. अर्थशास्त्र, 2.18, पृ. 209।

131. घोष, ए. 'एनसाइक्लोपिडिया ऑफ इण्डियण ऑक्योलॉजी, भो–I, 1989, पृ. 186।

132. संयुक्त निकाय, खण्ड 4, पृ. 152।

133. विनयपिटक, चुल्लवग्ग, पृ. 441।

134. तथैव, 441।

135. ऋग्वेद, 1/112/1, 4/24/7।

136. तथैव, 4/4/67।

137. अष्टाध्यायी, 6/3/60।

138. महाभारत, 7.64.8।

139. तथैव, 7/64/8।

140. तथैव, 7/64/8।

141. ऋग्वेद, 1/66/10।

142. तथैव, 10/136/2।

143. तथैव, 10/26/6।

144. तथैव, 5/46/6।

145. तथैव, 10/106/1।

146. तथैव, 8/26/13, 1/140/9, 10/102/2।

147. तथैव, 8/703, 1/33/10।

148. तथैव, 8/383/10।

149. तथैव, 1/166/9, 5/54/11।

150. तथैव, 1/166/9।

151. तथैव, 8/46/30।

152. तथैव, 1/29/9, 162/21, 4/32/17।

153. तथैव, 8/70/15।

154. तथैव, 1/126/7।

155. तथैव, 7/155/2।

156. ऋग्वेद, 1/23/15, 176/2, 1117/21।
अथर्ववेद, 2/4/5, 8/2/19, 10/24, 20/6/12
तैत्तिरीय संहिता, 71/11/9, मैत्रेय संहिता, 1/2/2, 3/6/8,
वाजसनेयी संहिता, 4/10, 9/22, 14/99
शतपथ ब्राह्मण, 7/2/27, 8/6/2/2
तैत्तिरीय ब्राह्मण, 3/1/2/5

157. ऋग्वेद, 6/61/4।

158. "क्षेत्रमिव विममुस्तेजनेनं एकं पात्रमृभवोजेहमानस" ऋग्वेद, 1/110/5।

159. ऋग्वेद, 8/22/6, 8/6/48।

160. तथैव, 10/101/2।

161. तथैव, 8/22/6।

162. अथर्ववेद, 6/91/11, काठक संहिता, 15/2।

163. ऋग्वेद, 5/73/10।

164. "रण्यं न तष्टेव तत्सिनाय", ऋग्वेद, 1/61/4।

165. ऋग्वेद, 7/83/17।

166. ऋग्वेद, 6/3/5, 8/96/3, 5/75/5, 2/20/8।
वाजसनेयी संहिता, 17/13

167. ऋग्वेद, 1/116/5।

168. तथैव, 4/24/10।

169. तथैव, 8/1/5।

170. तथैव, 10/143/3।

171. तथैव, 8/46/28।

172. तथैव, 3/5/10।

173. तथैव, 1/182/5, 186/6, 2/39/4, 8/16/11, 7/18/5।

174. तथैव, 4/55/6, 7/88/3।

175. तथैव, 1/116/5।

176. अथर्ववेद, 4/7/6।

177. 'कइमं दशभिः ममेन्द्र क्रीणाति धेनुभिः' ऋग्वेद, 4/24/10।

178. ऋग्वेद, 7/18/6।

179. तथैव, 10/68/8।

180. तथैव, 10/28/2।

181. तथैव, 1/57/3।

182. तथैव, 6/29/3।

183. तथैव, 2/33/7।

184. तथैव, 2/14/4।

185. तथैव, 10/63/23, 10/75/2,4,6।

186. तथैव, 10/146।

187. तथैव, 6/61।

188. तथैव, 3/28/1, 3/28/4, 3/28/5।

189. "यस्मिन्नश्वास ऋषभास उक्षणो वशा मेषा अवसश्ष्टास आहुताः।
कीलालये सोमपृष्ठाय वैद्य से ह्रदा मतिं जनये चारूमग्नये।।" ऋग्वेद, 10/91/14।

190. पाण्डेय, जे. एन., पुरातत्व विमर्श, इलाहाबाद, 2000, पृ. सं. 419–21।

191. ऋग्वेद, 10/16/4।

192. तथैव, 10/18/1–6।

अध्याय – सात

उपसंहार

हड़प्पा सभ्यता के वैभवपूर्ण काल के बाद इस महत्वपूर्ण संस्कृति का क्या हुआ? हड़प्पा काल में इसके परे संस्कृति थी या नहीं? इस महत्वपूर्ण विषय पर विद्वानों में मत भिन्नता रही है। वैसे अब तक किये गये पुरातात्विक उत्खननों एवं उससे प्राप्त नवीन साक्ष्यों के संकलन ने अधिकांश विद्वानों को इस विषय में गहरी रूचि पैदा की है। क्योंकि नवीन साक्ष्य इतने प्रबल हैं, कि हड़प्पा सभ्यता और उसके बाद की संस्कृति के बीच महत्वपूर्ण संबंध स्थापित करते हैं।

वैसे तो हड़प्पा सभ्यता का जिस क्षेत्र में प्रसार था, वहाँ इस सभ्यता के समाप्ति के पश्चात् नई स्थानीय संस्कृतियों का उदय हुआ। इनमें प्रमुख है सिंधु में 'झूकर संस्कृति' पंजाब में कब्रिस्तान एच. संस्कृति, दक्षिण पूर्व राजस्थन, महाराष्ट्र, मालवा, गंगा–यमुना दोआब इत्यादि स्थानों में प्राप्त ताम्र पाषाणिक संस्कृतियां। अस्तु इस क्षेत्र में नये हड़प्पा निवासी (Neo-Harappans) पंजाब, हरियाणा, जम्मू–कश्मीर, उत्तर प्रदेश या गंगा–यमुना दोआब क्षेत्रों के गेरू वर्णीय मृद्भाण्ड संस्कृति पर हड़प्पा संस्कृति के प्रभाव स्पष्ट रूप से परिलक्षित होते हैं। पंजाब में बारा, उत्तर प्रदेश में बड़गाँव, अम्बखेड़ी, अहिच्छत्र, हस्तिनापुर, अतिरंजीखेड़ा, कौशाम्बी आदि स्थलों पर भी हड़प्पा संस्कृति के प्रभाव दृष्टिगोचर होते हैं, साथ ही ताम्र निधि संस्कृतियों के साथ भी हड़प्पा का संबंध स्थापित होता है। इस प्रकार स्पष्ट हो जाता है कि हड़प्पा संस्कृति विलुप्त नहीं हो गई बल्कि ह्रासोन्मुख स्थिति में यह बाद की संस्कृतियों में भी चलती रही और परवर्ती भारतीय संस्कृतियों को प्रभावित किया था।

हड़प्पा कालीन पुरास्थलों वाले क्षेत्र का भौगोलिक स्थिति जिनमें मुख्यतः सप्तसैंधव का क्षेत्र प्रमुख है। इस क्षेत्र का भारतीय संस्कृति में महत्वपूर्ण स्थान रहा है। इसी क्षेत्र में हड़प्पा काल में नगरों का विकास हुआ। यहाँ की ज़मीन उपजाऊ रही है, क्योंकि विभिन्न महत्वपूर्ण नदियों द्वारा लायी गई उपजाऊ मिट्टी एवं वर्षा की अधिकता के कारण उचित फसल एवं जंगलों में लकड़ी के साथ ही चारागाह के लिए घास के मैदान भी उपलब्ध थे। हड़प्पा सभ्यता के अधिकांश महत्वपूर्ण नगर नदी किनारे एवं कुछ समुद्र के किनारे में भी थे, जिससे व्यापारियों को आंतरिक व्यापार के साथ–साथ दूर देश से भी व्यापार करने में सहायक सिद्ध हुआ। हड़प्पा वासियों का जीवन कृषि एवं व्यापार के माध्यम से खुशहाल था। नगरों का विकास काफी बड़े क्षेत्रों में हुआ।

इस पुस्तक में हड़प्पा सभ्यता के पुरास्थलों से प्राप्त अवशेषों को अन्य तत्कालीन संस्कृति यथा नवपाषाण कालीन पुरास्थल, बुर्जहोम, गुफकराल, कनिशपुर एवं चिरांद से प्राप्त अवशेषों के बीच

समानता के आधार पर दोनों ही संस्कृतियों का आपस में संबंध स्थापित होता है। नव पाषाण संस्कृति पूर्ण ग्रामीण संस्कृति थी, जबकि हड़प्पा बस्ती ग्रामीण के साथ–साथ शहरी संस्कृति रही। जब हड़प्पा सभ्यता का अवसान शुरू हुआ तो नगरों की स्थिति बिगड़ने लगी, खेती के साथ–साथ व्यापार भी कमजोर होने लगा। इस काल में वर्षा भी कम हो गयी, बड़ी–बड़ी नदियों में जल की कमी हो गई। कुछ नदियों ने अपना मार्ग परिवर्तन कर लिया। इस प्रकार वातावरण में हो रहे परिवर्तनों का प्रभाव सारे क्षेत्र पर पड़ा था। अधिकांश लोग धीरे–धीरे अपने वैभवपूर्ण जीवन को समाप्त कर साधारण जीवन व्यतीत करना शुरू किया। कुछ लोग पश्चिमोत्तर भारत से दक्षिण–पूर्वी भारत की ओर जाकर बसने शुरू कर दिये, क्योंकि इस भाग में प्राचीन सप्त सैंधव जैसा ही वातावरण था। कुछ लोग अपने पुराने क्षेत्र में ही सीमित साधन के साथ जीवन यापन करने लगे। समय के साथ इन लोगों के दैनिक जीवन एवं क्रिया कलापों में अन्तर आने लगा, लोग अपने पूर्वजों की कुछ ही स्मृतियाँ संजो सके, वह भी समय के प्रवाह एवं लम्बे समय तक जमीन के अन्दर दबे होने के कारण प्रायः नष्ट हो गये होगें, क्योंकि बाद के काल में लोगों की भौतिक आवश्यकताएं सीमित हो गईं थी। इसके बावजूद जो अवशेष अब तक की निरंतर खोज से प्राप्त हुए हैं, उनमें स्पष्ट रूप से या किसी न किसी रूप में हड़प्पा सभ्यता से समानता करते दिखाई देते हैं।

हड़प्पा सभ्यता के क्षेत्र में जम्मू–कश्मीर, पंजाब, हरियाणा, दिल्ली, राजस्थान, गुजरात, उत्तर प्रदेश आदि क्षेत्रों में स्थित प्रमुख हड़प्पा कालीन पुरास्थलों यथा– धौलावीरा, राखीगढ़ी, बणावली, कालीबंगा, लोथल, बालाथल, कुणाल, भिड़ाना, मिताथल, ढ़लेवां, रोपड़, भगवानपुरा, माण्डी, आलमगीरपुर, हुलास आदि से प्राप्त पुरावशेषों का अन्य समकालीन संस्कृतिय के पुरास्थलों यथा– नवपाषाण कालीन पुरास्थल, बुर्जहोम, गुफकराल, कनिशपुर एवं चिरांद प्रमुख हैं। इसके अतिरिक्त बाद के संस्कृतियों में गैरिक मृदभाण्ड संस्कृति या ताम्र निधि संस्कृति के पुरास्थलों यथा– अतिरंजीखेड़ा, बड़गाँव, अम्बखेड़ी, सेफई, वहदरावाद, बिसौली, राजपुरपरशु, नसीरपुर आदि से प्राप्त पुरावशेषों में हड़प्पाकालीन तत्व दृष्टिगोचर होते हैं। इसके अतिरिक्त कृष्ण–लोहित मृद्भाण्ड संस्कृति में भी हड़प्पा सभ्यता के तत्व विद्यमान हैं। कृष्ण–लोहित मृद्भाण्ड वैसे तो लगभग उपर्युक्त सभी संस्कृतियों से प्राप्त होता है। इस संस्कृति के पुरावशेषों में भी हड़प्पा सभ्यता के कई तत्व हैं। चित्रित धूसर मृदभाण्ड संस्कृति से प्राप्त पुरावशेषों खास कर कृषि सामग्री, कृषि उत्पाद, तत्कालीन लाल रंग के मृद्भाण्ड, अर्द्ध मूल्यवान पत्थरों से निर्मित मनके, हड्डी की विविध वस्तुओं के अतिरिक्त अन्य दिन–प्रति–दिन की उपयोगी वस्तुओं पर हड़प्पा सभ्यता के छाप दृष्टव्य हैं।

हड़प्पा सभ्यता यद्यपि नष्ट हो गई तथापि बाद की भारतीय संभ्यता एवं संस्कृतियों पर इसका अमिट प्रभाव पड़ा। हड़प्पा सभ्यता का मुख्य क्षेत्र सप्त सैंधव, वैदिक साहित्य काल का भी महत्वपूर्ण क्षेत्र था। इसी सप्त सैंधव क्षेत्रों में पवित्र एवं प्राचीन वैदिक साहित्य की रचना की गयी। वैसे तो हड़प्पा सभ्यता से संबंधित किसी भी साहित्य का ज्ञान अभी तक उपलब्ध नहीं माना गया है, किन्तु हड़प्पा सभ्यता के बाद के संस्कृति को साहित्यिक युगों से जोड़ा गया है। वैसे नवीन साक्ष्यों के अध्ययन से कई महत्वपूर्ण तथ्यों पर प्रकाश पड़ा है। जैसा कि गैरिक मृद्भाण्ड या ताम्र निधि संस्कृति को 'रामायण काल' से कुछ विद्वानों द्वारा जोड़ा गया है। रामायण में उल्लेखित कई महत्वपूर्ण स्थलों से उक्त मृद्भाण्ड काल के अवशेष प्राप्त हुए हैं। मगर नयी खोज जिसमें महत्वपूर्ण रूप से सनौली व खेरी गुजर नामक पुरास्थलों

का उल्लेख किया जा सकता है। इस पुरास्थल से ताम्र निधि समरूप के महत्वपूर्ण पुरावशेषों का हड़प्पा कालीन शवाधान प्रथा में उपयोग किया गया है। खेरी गुजर, सोनीपत से प्राप्त मानवाकृति के ऊपर हड़प्पा सभ्यता से प्राप्त मुहरों पर उत्कीर्णन के समरूप चित्रण है। जिसमें हड़प्पन पशु व लेख उभरा है। पूर्व से ही कई विद्वानों द्वारा हड़प्पा सभ्यता को भारतीय प्राचीन साहित्य से जोड़ने का प्रयास किया गया है। उक्त विद्वानों के प्रयास में सनौली नामक पुरास्थल एक सेतु का कार्य किया है। उक्त पुरास्थल के अवशेषों के आधार पर हम कह सकते हैं कि ताम्र निधि के पुरावशेषों से हड़प्पा वासी परिचित थे एवं अपने धार्मिक क्रिया– कलापों एवं विभिन्न संस्कारों में उसका उपयोग करते थे। अनेक पुरास्थलों से हवन कुण्ड एवं अन्य धार्मिक पुरावशेष प्राप्त किये गये हैं। जिसके आधार पर हम हड़प्पा सभ्यता एवं वैदिक संस्कृति के काफी समीप होने अथवा दोनों एक ही संस्कृति के सिद्ध होने की ओर अग्रसर है। अनेक पुरावशेषों का वैदिक साहित्य या अन्य वैदिकोत्तर साहित्यों में उल्लेख मिलता है। इसके अतिरिक्त कई ऐसे अवशेष मिले हैं जो परवर्ती पुराणों एवं अन्य साहित्यों में वर्णित है। यथा काक–लोमड़ी की कथा पंचतंत्र में उल्लेखित है। इस प्रकार का चित्रण हड़प्पा सभ्यता के पुरास्थलों से प्राप्त मृद्भाण्डों के ऊपर हैं। सप्तमातृकाओं का अंकन सैंधव मुद्राओं पर उत्कीर्ण हैं। जिसका हमारे धार्मिक साहित्य में विशेष रूप से उल्लेख मिलता है। कई विद्वान चित्रित धूसर मृदभाण्ड संस्कृति को महाभारत काल से संबधित करते हैं, हो सकता है ऐसी सम्भावना रही हो?

हड़प्पा सभ्यता का नगरीय स्वरूप स्थायी प्रभाव नहीं डाल सका, क्योंकि बाद की अनेक शताब्दियों तक भारत में नगरों का विकास नहीं हो सका, लेकिन खान–पान और वस्त्र–आभूषण की परम्परा संशोधित एवं परिवर्तित रूप में आगे भी चलती रही। मिट्टी के बर्तन, धातु कर्म, लेखन–कला, मूर्तिकला, चित्रकला और नृत्य–संगीत की कला बाद में भी भारत में अविकल चलती रही। सिंधु–सभ्यता का सबसे गहरा प्रभाव धर्म के क्षेत्र में पड़ा। प्राकृतिक शक्तियों की पूजा बाद में भी भारतीय धर्म की प्रधान अंग बनी रही। इसी प्रकार पशुओं को पूज्य मानने की प्रथा, शक्ति के विभिन्न रूपों की पूजा, शिव की आराधना, सूर्य एवं स्वास्तिक की पूजा, जादू–मंतर, यज्ञबलि में विश्वास आदि बाद के भारतीय धर्म में भी देखे जा सकते हैं। लेखक के अनुसार चावल, कपास, ध्वज, चक्र, स्वास्तिक, पीपल, साँढ़, बैलगाड़ी, जाति–प्रथा, हाथी पालने की प्रथा, वंशगणना, नग्नता आदि की परम्परा का आरम्भ हड़प्पा सभ्यता से ही हुआ। इस प्रकार हड़प्पा सभ्यता, भारतीय सभ्यता एवं संस्कृतियों पर अमिट छाप छोड़ गई। वर्तमान सामाजिक, आर्थिक एवं धार्मिक जीवन के अनेक तत्व सिंधु सभ्यता के काल में भी देखे जा सकते हैं।

निरंतरता के इस विचार विमर्श में कतिपय मूर्तियों का उल्लेख अति विशिष्ट है। एकश्रृंगी पशु के समान ही खेड़ी गुजर, हरियाणा से प्राप्त ताम्र निर्मित मानवाकृति में एकश्रृंगी पशु निर्मित है। उस के ऊपर हड़प्पन अक्षर भी अंकित है (चित्र–48)। हड़प्पा से प्राप्त नग्न मानव धड़ के समान ही चमकदार ओप से प्रलेपित प्रस्तर से निर्मित मौर्यकालीन मानव धड़ लोहानीपुर पटना से प्राप्त है (चित्र–51)। इसकी पहचान विद्वानों ने तीर्थंकर मूर्ति से की है, इसकी निरंतरता ऐतिहासिक काल में भी दृष्टव्य है। इसी प्रकार मोहनजोदड़ो से प्राप्त अधोवस्त्र से युक्त भूमि स्पर्श जैसी मुद्रा में चूना पत्थर से निर्मित मूर्ति मिली है जो ऐतिहासिक काल के भू–स्पर्श मुद्रा के बुद्ध मूर्ति के समान है (चित्र–52)। अस्तु यह कहा जा सकता है कि तीर्थंकर या बुद्ध जैसी मूर्तियाँ सैन्धव सभ्यता में भी बनती थी। सिन्धु सभ्यता में मिट्टी की मूर्तियों को बनाने की विधि 'चिपकवां विधि' थी, जो बाद के कालों में विद्यमान रही,

इनके निर्माण विधि के अतिरिक्त वस्त्राभूषण भी मिलते–जुलते थे। राजा नहुष का कोट, घोषी, उत्तर प्रदेश से कुषाण कालीन मूर्तियों की नवीन प्राप्ति हुई है, जिनमें से कुछ के आभूषण (चित्र–55) हड़प्पा कालीन मूर्तियों से साम्य रखती हैं, ऐसी दो मूर्तियाँ गंगा–यमुना अहिच्छत्र से प्राप्त है (चित्र–57) जिनके वक्ष ढंकने का वस्त्र, मेहरगढ़ से मिली नारी मृण्मूर्ति जैसा है (चित्र–56)। इस प्रकार प्राचीन भारतीय परिप्रेक्ष्य में हड़प्पीय तत्त्व प्रमुखता से उपस्थित है।

भारतीय उपमहाद्वीप से बाहर खोज की जाय तो ऐसे कई उदाहरण प्रकट होते हैं, यहाँ दो उदाहरण जिनका उक्त सन्दर्भ में वर्णन करना समीचीन होगा। जिस प्रकार हड़प्पा से प्राप्त सेलखड़ी की मुहर पर पशुपति शिव को अंकित किया गया है, इनके सिर पर श्रृंग, पार्श्वो में सिंह, गज, भैंसा और गैंड़ा उकेरित है (चित्र–42)। इससे मिलती–जुलती आकृतियाँ प्रथम शती ई0 में यूरोप के डेनमार्क स्थित गोण्डोसोप नामक पुरास्थल के धातुपात्र से प्राप्त है, जिसमें मुख्य मूर्ति किसी देव की है जो पशुपति शिव के समान ही शिरोधान धारण किया है। उसके एक हाथों में सर्प भी धारण किये हुए है और पार्श्वो में सिंह, मश्ग इत्यादि पशु निर्मित हैं (चित्र–43)। यहाँ शिव के लांछनों को देखा जा सकता है। एक अन्य महत्वपूर्ण प्राप्ति मेसोपोटामिया के उर नामक पुरास्थल से है। हड़प्पा से प्राप्त एक नग्न मुनि दोनो हाथों से बाघों को पकड़कर खड़ा किए है। ऊपर हड़प्पा लिपि और नीचे गज का रूपांकन है। गजांकन होने के कारण लेखक ने इसकी पहचान इन्द्र से की है (चित्र–44)। ऐसा ही मेसोपोटामिया का नग्न मुनि दो सिंहों के पैरों को पकड़ कर उल्टा लटकाए है, पार्श्व में दो अन्य सिंह व लिपियों का अंकन है। उक्त उल्लेख से यह अनुमान लगाना तर्क संगत लगता है कि सम्भवतः हड़प्पीय संस्कृति के कुछ तत्व देश के बाहर भी गए होगें।

उपर्युक्त सभी विषयों को आधार बनाते हुए हड़प्पा सभ्यता और उनके समकालीन एवं परवर्ती संस्कृतियों– यथा नवपाषाण संस्कृति, ताम्रपाषाण संस्कृति, गेरूवर्णीय मृद्भाण्ड व ताम्र निधि संस्कृति, कृष्ण–लोहित मृद्भाण्ड संस्कृति एवं चित्रित धूसर मृद्भाण्ड संस्कृति के बीच की कड़ियों को जोड़ने का कार्य इस पुस्तक का मुख्य उद्देश्य है। अतः उक्त विषय को रेखांकित करते हुए, इस अत्यन्त महत्वपूर्ण विषय पर विचार किया गया है, जिसमें पूर्णतः नहीं तो अधिकांश तत्वों को रेखांकित किया गया है। हमें पूर्ण विश्वास है कि इस विषय पर हो रहे नये खोज एवं नवीन साक्ष्यों को आपस में जोड़ कर और अधिक नजदीकी संबंध स्थापित हो सकेगा। इस कार्य को और अधिक बढ़ाने के लिए इस विषय पर निरंतर कार्य करने एवं नये साक्ष्यों की खोज करने की संभावनाएं हैं।

संदर्भ ग्रंथ-सूची

(अ) मूल-ग्रंथ

अग्निपुराण : अनु. एम. एन. दत्त, जिल्द–2, कलकत्ता, 1903–04।

अंगुत्तर निकाय : चार भाग, नालंदा देवनागरी ग्रंथमाला, 1960।

अथर्ववेद : स्वाध्याय मंडल, पारडी (आन्ध्र), 1950।

अर्थशास्त्र : गैरोला वाचस्पति, हि. संस्कृत; 1983, रघुनाथ सिंह द्वारा संस्कृत हिन्दी अनुवाद, कौटिल्य अर्थशास्त्र, वाराणसी, 1960।

अर्थशास्त्र : आर. शामशास्त्री, मैसूर, 1929।

आचारांग सूत्र : जैनागम प्रकाशन, लुधियाना, 1963–64।

आदि पुराण : पन्नालाल जैन, भारतीय ज्ञानपीठ, वाराणसी, 1965।

ऋग्वेद : स्वाध्याय मंडली, पारडी, गुजरात, 1957।

ऋग्वेद संहिता : सायण भाष्य सहित, वैदिक संशोधन, पूना, 1933।

ऐतरेय ब्राह्मण : (हिन्दी अनुवाद), अनुवादक गंगा प्रसाद उपाध्याय, हिन्दी साहित्य सम्मेलन, प्रयाग, वि.सं. 2006।

कूर्म पुराण : वेंकटेश्वर प्रेस, बम्बई, 1935 अनु.के.आर. अयांर, लाहौर, 1921।

कठोपनिषद् : चौखम्भा विद्याभवन, वाराणसी, 1968।

कौटिल्य अर्थशास्त्र : (तीन भागों मे), सम्पादक और हिन्दी अनुवादक उद्‌यवीर शास्त्री, प्रकाशन मेहरचन्द्र लछमनदास, दरियांगज, नई दिल्ली, 1970।

कौटिल्य अर्थशास्त्र : सं. गणपति शास्त्री, त्रिवेन्द्रम संस्कृत सीरीज, 1924–25।

चरक संहिता : सं. जीवानन्द विद्यासागर, कलकत्ता, 1896।

तैत्तिरीय ब्राह्मण : आर. शामशस्त्री (सम्पा.), मैसूर, 1921।

दीघनिकाय : सम्पा. जगदीश काश्यप, भाग–1–3, नालन्दा, 1958 हिन्दी अनुवाद राहुल सांकृत्यायन एवं काश्यप, बुद्ध बिहार, लखनऊ, 1958।

पाणिनीय सूत्र या अष्टाध्यायी : रामलाल कपूर ट्रस्ट, अमृतसर, 1964–68।

पतंजलि का महाभाष्य : सम्पा. एफ. 'कलहॉर्न, जिल्द–3, बम्बई, 1892–1909।

मज्झिमनिकाय : श्री गोविन्द स्वामी, प्रणीत विवरण समेत, हिन्दी व्याख्याकार डा. उमेश चन्द्र पाण्ड़ेय, चौखंभा संस्थान संस्कृत सीरीज, वाराणसी, 1956।

महाभारत : 6 जिल्दों में, नीलकंठ टीका के साथ, त्रिशाला प्रेस, पूना, 1929।

महाभारत : गीता प्रेस, गोरखपुर, 1956–1959।

यजुर्वेद : श्री राम शर्मा, बरेली, 1969।

वाल्मीकि रामायण : सम्पा. कांशीनाथ पांडुरंग, भाग–2, बम्बई, 1881।

वाल्मीकि रामायण : चौखम्भ संस्कृत पुस्ताकालय, काशी, 1954।

वाल्मीकि रामायण : पंडित पुस्तकालय, काशी, विक्रम संवत् 2013।

शतपथ ब्राह्मण : अच्युत ग्रंथमाला, काशी, 1984 सं. वेनर।

शतपथ ब्राह्मण : सम्पा. वी.शर्मा गौड़ एवं सी.डी. शर्मा, काशी, शक संवत्, 1894–97।

हरिवंशपुराण : सम्पा. आर. किनजहवाडेकर, पूना, 1936

(ब) द्वितीयक ग्रंथ

अग्रवाल, वासुदेवशरण : 'पाणिनि कालीन भारत वर्ष', वाराणसी, 1964।

ओम प्रकाश : 'प्राचीन भारत का सामाजिक एवं आर्थिक इतिहास', नई दिल्ली, 1986, पृ. 78, 80–88।

कौशांबी, : 'प्राचीन भारत की संस्कृति और सभ्यता', राजकमल

दामोदर धर्मानन्द : प्रकाशन, तृतीय संस्करण, नई दिल्ली, 1990।

गुप्त, शिव कुमार : 'प्राचीन भारत का सामाजिक अध्ययन', दिल्ली, 1994।

चक्रवर्ती, दिलीप : 'भारत में लोहे का आरंभ' प्राचीन भारत, सं. एच. डी. सांकालिया एवं अन्य, दिल्ली, 1978।

चक्रवर्ती, दिलीप कुमार : 'भारतीय संदर्भ में लोहे का उद्‌भव', प्राचीन भारत का इतिहास, सं., द्विजेन्द्र नारायण झा एवं कृष्ण मोहन श्रीमाली, हिन्दी माध्यम कार्यान्वयन निदेशालय, दिल्ली विश्वविद्यालय, दिल्ली, 1991।

चन्द, मानिक : 'भारत में लोहे की प्राचीनता' पुरातत्व अनुशीलन, भाग–2, सं. आर. के. वर्मा, दिल्ली, 2003।

जाट, बी. सी. : 'भौगोलिक चिन्तन का इतिहास', मलिक एण्ड कम्पनी, जयपुर, 2003।

झा, डी. एन. : 'प्राचीन भारत :। सामाजिक, आर्थिक और सांस्कृतिक विकास', दिल्ली, 2000।

त्रिपाठी, विभा : 'प्राचीन भारत में लौहयुग' विश्वदृष्टि, सं. वेक्डटाचालम, वाराणसी, 1993।

थपल्याल, किरण कुमार शुक्ल संकटा प्रसाद : सिन्धु सभ्यता, उत्तर प्रदेश हिन्दी संस्थान लखनऊ, 1976

दुबे, सीता राम : 'इतिहास एवं पुरातत्व की आधुनातन प्रवृत्तियों के परिप्रेक्ष्य में वैदिक धातित्वक संदर्भ, 'वैदिक इतिहास एवं पुरातत्व की अद्यतन प्रवृतियां', सम्पा. डा. ओम प्रकाश पाण्डे एवं श्यामसुन्दर निगम, नई दिल्ली, 2003।

द्विवेदी, कैलाश नाथ : 'ऋग्वैदिक भूगोल', साहित्य निकेतन, कानपुर, 1985।

द्विवेदी, रामलखन : 'उत्तर प्रदेश साहित्य, संस्कृति एवं कला', सं. डा. विपिन बिहारी द्विवेदी, नई दिल्ली, 1987।

कुमार, धर्मेन्द्र : 'खनिज जगत', राजस्थान हिन्दी ग्रंथ अकादमी, प्रथम संस्करण जयपुर, 1973।

प्रसाद, ओम प्रकाश : 'प्राचीन भारत का सामाजिक एवं आर्थिक इतिहास' (ई.पू. प्रशान्त, गौरव 1500–550 ई.) राजकमल प्रकाशन, नई दिल्ली।

पाण्डेय, बी. सी. : 'प्राचीन भारत का सामाजिक इतिहास', इलाहाबाद, 1960।

पाण्डेय, जय नारायण : पुरातत्व विमर्श, प्राच्यविद्या, इलाहाबाद।

पाण्डेय, श्रीनेत्र : 'प्राचीन भारत का इतिहास', लोक भारती प्रकाशन, इलाहाबाद, 1980।

भट्टाचार्य, डी. के. : 'भारतीय प्रागैइतिहास की रूपरेखा', पलका प्रकाशन, नई दिल्ली, 1999।

मिश्र, आर. एन. : 'प्राचीन भारतीय समाज, अर्थव्यवस्था एवं धर्म, भोपाल, 1991।

मिश्र, एस. एम. : 'प्राचीन भारत में आर्थिक जीवन', इलाहाबाद, 1997

मैक मिलन : 'भारत का सामाजिक, सांस्कृतिक और आर्थिक इतिहास', नई दिल्ली, 1975।

राय, यू. एन. : 'प्राचीन भारत में नागरजीवन', प्रयाग, 1965।

राय, नन्द जी : 'प्राचीन भारत में यातायात के साधन', परिमल पब्लिकेशन, नई दिल्ली, 2001।

रावत, बृजेश : 'जैन प्रतिमा कला', स्वाति प्रकाशन, नई दिल्ली, 2010।

वर्मा, ठाकुर प्रसाद : 'अयोध्या का इतिहास एवं पुरातत्त्व', भारतीय इतिहास एवं एवं प्रकाश, स्वराज संस्कृति परिषद, नई दिल्ली, 1992।

वर्मा, राधा कान्त : 'भारतीय प्रागैतिहास', इलाहाबाद, 1970।

वर्मा, राधा कान्त : 'पुरातत्त्व अनुशीलन', भाग–2, परम ज्योति प्रकाशन, इलाहाबाद, 2003।

विद्यालंकार, सत्यकेतु : 'प्राचीन भारत का धार्मिक, सामाजिक एवं आर्थिक इतिहास', नई दिल्ली।

लाहा, विमलचरण : 'प्राचीन भारत ऐतिहासिक भूगोल', रामकृष्ण द्विवेदी द्वारा अनुदित, इलाहाबाद विश्वविद्यालय, इलाहाबाद, 1972।

शरण, आर. : 'प्राचीन भारतीय इतिहास, संस्कृति एवं पुरातत्त्व', राधा पब्लिकेशन, नई दिल्ली, 2002।

शर्मा, उर्मिला देवी : 'शतपथ ब्राह्मण–एक सांस्कृतिक अध्ययन', नई दिल्ली, 1982।

शर्मा, राम शरण : 'प्राचीन भारत', दिल्ली, 1990।

शर्मा, राम शरण : 'प्राचीन भारत मे भौतिक प्रगति एवं सामाजिक संरचनाएं, राजकमल प्रकाशन', नई दिल्ली एवं पटना, 1992।

शर्मा, राम शरण : 'प्रारंभिक भारत का आर्थिक और सामाजिक इतिहास', हिन्दी माध्यम कार्यान्वय निदेशालय, दिल्ली विश्वविद्यालय, दिल्ली, 1992।

शर्मा, राम शरण : 'भारत के प्राचीन नगरों का पतन', राजकमल प्रकाशन, नई दिल्ली, 1996।

शर्मा, रामशरण : 'मध्य गंगा क्षेत्र में राज्य की संरचना', ग्रंथ शिल्पी प्रकाशन नई दिल्ली, 1998।

शर्मा, रामशरण : 'भारत मे आर्यों का आगमन', हिन्दी माध्यम कार्यान्वयन निदेशालय, दिल्ली विश्वविद्यालय, दिल्ली, 1999।

शर्मा, राम शरण : 'प्रारंभिक भारत का परिचय', ओरियंट लॉग्मैन, नई दिल्ली, 2004।

श्रीवास्तव, प्रिया : 'प्राचीन ग्रन्थों में वर्णित धातु एवं धातुकर्म', रत्ना पब्लिकेशन, वाराणसी, 1997।

सरस्वती, सत्यप्रकाश : 'प्राचीन भारत में रसायन का विकास', नई दिल्ली, 1989।

सांकृत्यायन, राहुल : 'ऋग्वैदिक आर्य', किताब महल, इलाहाबाद, 1957।

सिंह, जगदीश : 'भारत का भौगोलिक आधार एवं आयाम', राधा पब्लिकेशन, नई दिल्ली, 2002।

सिंह, भगवान : 'हड़प्पा सभ्यता और वैदिक साहित्य' राधा कृष्ण प्रकाशन प्रकाशन प्राइवेट लिमिटेड, नई दिल्ली, 1987।

सिंह, शान्ति देवी : 'उत्तर भारत की संस्कृति का एक अध्ययन', कला प्रकाशन, वाराणसी, 1991।

सिंह, सभापति : 'प्राचीन भारत में सैन्य व्यवस्था', दुर्गा पब्लिकेशन, दिल्ली, 1990।

ज्ञानी, शिवदत्त : 'वेदकालिक समाज', वाराणसी, 1967।

अंग्रेजी ग्रंथ

Agrawal, Ashvini : *In Search of Vedic Harappan Relationship*, Aryan Books International, New Delhi, 2005.

Agrawal, D. P. : *The Archaeology of India*, Curzon Press, London, 1982.

Agrawal, D. P. : *The Copper-Bronze Age in India*, Delhi, 1971.

Agrawal, D.P. : The Indus Civilization an Interdisciplinary Perspective, Aryan Book International, New Delhi, 2007.

Agrawal, D. P. and Chakraborti, D. K. : *Essays in Indian Proto- history*, Delhi 1979.

Agrawal, D. P.& Gosh A : *Radio Carbon and Indian Archaeology*, Bombay, 1974.

Aitkinson, R. J. C. : *Field Archaeology*, (Rev. ed) London, 1953.

Allchins Bridget and Raymond : *Origins of A Civilization: the Prehistory and Early Archaeology of South Asia*, Viking, 1997.

Allchins, F. R. and Allchins, B. : *The Archaeology of Early Historic South Asia*, Cambridge University Press, Cambridge, 1995

Asthana, Shashi : *The Harappan Cultures of India and Pakistan*, New Delhi, 1985.

Asthana, Shashi : *Indus Mesopotamian Trade and a Structural Analysis of the Operative System, in essays in Indian Proto-history*, Eds. D. P. Agrawal and Dilip K. Chakrabarti L. B. R Publishing Corporation, Delhi, 1979.

Asthana, Shashi : *Harappan Trade in Metals and Mineral: A Regional Approach, in Harappan Civiliazation*, 1993.

Banerjee, N. R. : *The Iron Age in India*, Delhi, 1965.

Barma, K. C. : *The Aryanes, The Ved and the Kalyug era of 3102 B.C.*, Varanasi, 1984.

Binford, R. L. : *An Archaeological Perspective,* New York, 1972.

Bisht, R. S. : *Exvavation at Banawali*, in (Ed. G.L.Possehl) Harappan Civilization New Delhi, 1982.

Bisht, R. S. : *Dholavira : A New Horizons of the Indus Civilization,* Puratattva, No. 21, 1991.

Brothwell, D. R. and Higgs, E.S. (eds) : *Science in Archaeology (Rev. ed.),* London 1969

Campbell, B. G. : *Human Evolution,* Chicago, 1966.

Chakrabarti, D. K. and Kumar, G. D. : *Social Elements in Post-Harappan Skeletal remains at Lothal,* in (Ed. Bala Rattnam) Anthropology on March, Recent Studies of Indian Beliefs Attitudes and Social Institution', Madras, 1963

Chakrabarti, Dilip, K. : *Origin of the Indus Civilization:* Theories and Problems in Frontiers of the Indus Civilization, (Eds. B. B. Lal and S. P. Gupta), New Delhi. 1984

Chakraborti, D. K. : *A History of Indian Archaeology* from thc Beginning to 1947. Delhi 1988; *The External Trade of the Indus Civilization,* Munshiram Manoharlal New Delhi, 1990 The Archaeology of Ancient Indian Cities, Oxford University Press, Delhi, Bomboy, Calcutta, Madras, 1995.

Chatterjee, B. (ed.) : *History and Archaeology*, Ramanand Vidya Bhawan New Delhi 1989.

Chattopadhyay, D. P. : *History of Science and Technology in Ancient India- The Beginnings Firma*, K. L. Calcutta. 1986.

Cookson, M. B. : *Photography for Archaeologists,* London 1954.

Crawford, O. G. S. : *Archaeology in the Field.* (4th ed.) New York 1960.

Cunnigham, Allexander : *Archeaological Survey of India report*, Vol. I to XXIIII (Re- Print), Delhi, 1969.

Dalas, K. F. : *A Short History of Archaeological Explorations in Bikaner and Bahawalpur along the lost Saraswati River, India*, 1980, Vol. 17.

Dani, A. H. : *Excavation in Gomal valley*, Ancient Pakistan,1971, No. 5.

Dani, A. H. (ed.) : *Indus Civilization:* New Perspectives. Department of Archaeology, Karachi, 1981.

Prehistory and Proto-history of Eastern India, Calcutta, 1960.

Indian Paleography, Oxford, 1963.

Deo, S. B. and Kamath, S. : *The Aryan Problem*, Pune, (Eds.) 1993.

Dhavalikar, M. K. : *Indian Proto history*, Books & Books, New Delhi, 1997.

Dhavalikar, M. K. and Atre, S. : *The Fire Cult and virgin Sacrifice, Some Harappan Rituals*, in (Ed. Kenoyer J.M.); *Old Problems and New Perspectives in the Archaeology of South Asia,* 1989.

Dikshit, K. N. : *'The Sothi Complex: Old Records and Fresh Observation, in* (Eds. B.B. Lal and S.P. Gupta) Frontiers of the Indus Civilization, New Delhi. 1984.

Fairservice, W. A. Jr. : *'The root of Ancient India',* New York, 1971.

Flam, Louis : *'The Paleao geography and Prehistoric Settlement Pattern of the Lower Indus valley, in Eds., K. A. R.Kennedy and Palaeo anthropology of South Asia',* Delhi, 1984.

Frentress, M. : *From Jhelum to Yamuna: City and Settlement in the Second and Third Millennium B. C. in Harappan Civilization*, (Ed. G. L. Possehl) 1982.

Gaur, R. C. : *'Excavations at Atranjikhera'; Motilal Banarasidas,* Delhi, 1983.

Ghosh, A. : *'The Indus Civilization its Origins*, Extent and Chronology in Indian Archaeology, Poone, (Eds. V. N. Mishra and M. S. Mate), 1964.

Ghosh, A. : *Quoted in S. P. Gupta, Disposal of the Dead and Physical Types* in Ancient India, Oriental Publishers, Delhi, 1972.

Ghosh, A. : *An Encyclopedia of Indian Archaeology*, Vol.I & II, New Delhi, 1989.

Ghosh, A. : *The City in Early Historical India*, Simla, 1973.

Gordon, D. H. : *The Prehistoric Background of Indian Culture*. Bombay 1958.

Gupta, S.P. : The Root of Indian Art, B. R. Publishing Corporation, Delhi-52, 1980.

Gupta S. P. : *The Dichotomy of Harappan and Pre-Harappan Calture (Appendix) in O. Manchanda, A Study of the Harappan Pottery,* Delhi, 1972.

Gupta S. P. : *An Archaeological Tour Along the Ghaggar-Hakra River,* Kusumanjali Prakashan, Jodhpur, (Ed.) 1989.

Gupta S. P. : *Longer Chronology of the Indus- Saraswati Civilization,* Puratattva No. 23, 1993.

Gupta S. P. : *Palaeo anthropology and Archaeology of the Vedic Aryans,* in (Eds. S.B. Deo and S. Kamath)*The Aryan Problem,* Pune, 1993.

Gupta S. P. : *Studies in the Indus Saraswati Civilization: Some New developments Manthan,* (Deendayal Research Institute Jhandewala), New Delhi, 1994, Vol. Xi & XVI-1 Oct. 94, March 95.

Gupta S. P. : *The Last Sarswati and The Endus Civilization*, Kusumanjali Prakashan, Jodhpur, 1995.

Gupta, S. P. : *Disposal of the Dead and Physical Types in Ancient India*, Delhi 1972.

Archaology of Soviet Central Asia and the Indian Border lands, Vols I & II New Delhi 1979.

Jacobson, J. (ed.) : *Studies in the Archaeology of India and Pakistan,* Oxford 1986.

Jarriage, J. F. : *Excavation at Nausharo, 1987-88,* Pakistan Archaeology, 1989, No. 24.

Jayaswal, Vidula : *Palaeohistory of India*, Delhi 1978.

Jenkins, Paul Christy : *Continuity and change in the ceramic sequence at Harappa,* in (Eds. A Parpola and P. Koskikallio) South Asian Archeaology, Helsinki, 1993.

Jha, D. N. : *Ancient Indian,* New Delhi, 1981.

Joshi, J. P. : *Excavation at Surkotada 1971-72 and exploration in Kutch,* New Delhi, 1990.

Joshi, J. P. *et al.* : *Excavations at Bhagawanpura* – 1975-76 and other *Explorations and Excavations 1985-1991 in Haryana, Jammu and Kashmir and Punjab. Archaeological Survey of India*, New Delhi 1993.

Joshi, J. P. Madhubala and Jassu Ram : *The Indus civilization; A reconsideration on the basis of Distribution Maps*, in (Eds. B. B. Lal and S. P. Gupta) frontiers of the Indus Civilization, 1984.

Kenoyer, J. M. (ed.) : *Old Problems and New Perspectives in Archaeology of South Asia. Deptt. of Anthropology University of Wisconsin Madison*, 1989.

Kenoyer, J. M. : *Ancient Cities of the Indus Valley Civilization,* Oxford University Press, Oxford New York, Delhi, 1998.

Kenyon, K. M. : *Beginnings in Archaeology,* New York 1961.

Kesarwani, A. : *Harappan Gateways: A Functional Reassessment,* in (Eds. B.B. Lal and S.P. Gupta) frontiers of the Indus Civilization, 1984.

Khatri, J. S. & Acharya, M. : *Excavation at Kunal,* 1995, Puratattva, No. 25.

Kosambi, D. D. : *The Culture and Civilization of Ancient India*, London, 1965.

Lahiri, Nayanjot : *The Achaeology of India Trade Rootes,* New Delhi, 1992, Chapters 2 & 3.

Lal B. B. : *Indian Archaeology Since Independence,* Delhi 1965; *Excavations at Sringaverapur* (1977-86) vol. I.

Lal B. B. and Thapar, B. K. : *Excavations at Kalibangan,* Caltural Forum, 1961, Vol. XXXIV, P. 2888.

Lal M. A. Khan : *Settlement History and Rise of Civilization in the Ganga-Yamuna Doab,* New Delhi, 1984.

Lal, B. B. : *Excavation at Hastinapur,* 1954-55, Ancient India No. 10 & 11.

Lal, B. B. : *Kalibangan and the Indus Civilization, in (Eds. D. P. Agrawal and Dilip K. Chakrabarty) Esseys in Indian Protohistory,* New Delhi, 1979, p. 65-97.

Lal, B. B. : *Some aspects of the Archaeological Evidence Relation to the Indus Script, 1974, Puratattva*, No. 7.

Lal, B. B. & Gupta, S. P. : *Frontiers of Indus Civilization,* New Delhi, 1984.

Lal, B. B. : *Further Copper Hoards from the Gangetic Basin and a Review of the Problem,* Ancient India, No.7,1954-55 *Excavation at Hstinapura and*

		other Explorations in the Upper Ganga and Sutlej Basins, 1950-52. Ancient India No. 10 & 11, 1954-55.
		Birbhanpur, a Microlithic site in the Damodar Valley, West Bengal Ancient India No. 14, 1958.
Lal, B. B.	:	The earliest Civilization of South Asia, Aryan Book International, New Delhi, 1997.
Lal, B. B.	:	*The Sarasvati Flows on the continuity of Indian Culture,* Aryan Books International, New Delhi, 2002.
Mackay, E. J. H.	:	*Chandu-daru Excavation*, Boston, 1943.
Madhu Bala	:	*A Survey of the Protohistoric Investigation in Punjab and the Emergent Picture Indian Anthropologist*, 1978, No. 8.
Madhu Bala	:	*Archaeology of Punjab,* Agam Kala Prakashan, Delhi, 1992.
Mahadevan, I.	:	*The Indus Script, Texts, Concordance and Tables*, MASI No. 77 New Delhi 1977.
Majumdar, R. C.	:	*Regvedic Civilization in the Light of Archaeology*, A.B.O.R.I.-40.
Mandal, D.	:	*Radio Carbon Dates and Indian Archaeology*, Allahabad, 1972 *Excavations at Mahagara,* Allahabad 1980.
Mani, B. R.	:	*Delhi Threshold of the Orient*, Argan books Interational, New Delhi, 1997.
Manjul, S.K. & Arvin	:	Composite Anthropomorphic Figure from Haryana: A Solitary Example of Copper Hoard, Pragdhara-17, 2006-07, Lucknow.
Marshall, John	:	*Mohenjodaro and the Indus Civilization*, Vol.-3, London, 1931.
Mathpal, Y.	:	*Prehistoric Rock Painting of Bhimbetka Central India.* Abhinava Pub, New Delhi 1984*Rock Art in Kerala, Aryan Book Internationa,* New Delhi 1998.
Meadow, R. H. and Kenoyer, J.M.	:	*Harappa Excavations 1986-1990*, Madison (Eds.) 1991.
Mishra, S. S.	:	*The Problem: A Linguistic Approach*, New Delhi, 1993.
Mishra, V. D.	:	*Some Aspects of Indian Archaeology*, Allahabad, 1977.
Mishra, V. D. and J. N. Pal (eds.)	:	*Indian Prehistory*, Department of Ancient History Culture & Archaeology. Allahabad University, Allahabad, 1997.
Mishra, V. N.	:	*Indus Civilization and the Rigvedic Saraswati, in (Eds. A parpola and P.Koskikallio)* South Asian Archeaology, Vol-II, 1993.
Misra, V. N., Vasant Shinde, R. K. Mohanty, Kusush Dalal, Anup Mishra, Lalit Pandey and Jeewan Kharakwal	:	*Excavations at Balathal: their contribution to Chalcolithic and Iron Age Cultures of Mewar, Rajasthan*, Man and Environment XX (I) 1995.

Mughal, R. M. : *Recent Archaeological research in Cholistan Desert, in Harappan Civilization (Eds. G. L.Possehl)* Second Revised Edition, Oxford-IB.H., New Delhi-1993.

Nautiyal, K. P. : *Protohistoric India,* Agam Kala Prkashan, Delhi, 1989.

Pal, J. N. : *Archaeology of Southern Uttar Pradesh,* Allahabad 1985.

Pande, B. M. : *History of Research of Harappan Culture in (Ed. G.L. Possehl) Harappan Civilization*, New Delhi, 1982.

Pande, B. M. & Ramachandran, K.S. : *Bibliography of the Harappan Culture*, Florida, 1981.

Pant, P. C. : *Prehistoric Uttar Pradesh,* Delhi 1982.

Parpola, A. : *Deciphering the Indus Script,* The University Press Cambridge 1994.

Possehl, G. L. : *The Indus Civilization*, Man and Environment, 1998-99. Vol.-XIXI, Nos. 1-3.

Possehl, G. L. : *Radiometric Dates for South Asian Archaeology,* University Musuem Philadephia Pennsylvania 1994.

Indus Age: *The Writing System,* Oxford and IBH Publishing New Delhi 1996.

Possehl, G. L. : *Indus Age The Beginnings,* Oxford & IBH Publishing Co. Pvt. Ltd., New Delhi, Calucatta, 1999.

Prater, S. H. : *The Book of Indian Animals,* Bombay 1965.

Rao, S. R. : *Lothal and the Indus Valley Civilization,* Bombay, 1973.

Rao, S. R. : *Dawn and Devolution of Indus Civilization*, Delhi, 1991.

Rao, S. R. : *The Aryans in Indus Civilization*, in (Eds. Deo and Kamath) The Aryan Problem, 1993.

Rao, S. R. : *Lothal and the Indus Civilization,* Bombay, 1973.

Lothal-A Harappan Town (1955-62) MASI No. 78, New Delhi 1979.

Rao, T. N. : *The Ganges Civilization*, New Delhi, 1983.

Ratnagar, S. : *Enquiries into the Political organization of Harappan Society,* Ravish Publishers Pune 1991.

Sankalia, H. D. : *Indian Archaeology Today*, Bombay, 1962.

Sankalia, H. D. : *Prehistory and Protohistory of India and Pakistan* Poona, 1974.

Sankalia, H. D. : *Stone Age Tools, Their Techniques, Names and Probable Functions,* Poona 1964.

Santon, Kate : Archaeology Unearthing the Mystories of the Past Atlantic Publishing, China, 2007.

Sharma, A. K. : *Prehistoric Delhi and its Neighborhood,* Aryan Book International New Delhi 1993.

Sharma, D. P. : Newly Discovered Copper Hoard Weapons of South Asia, Bhartiya Kala Prakashan, Delhi, 2002.

Sharma, G. R. : *Excavations at Kausambi*, 1957-59. Allahabad 1960.

Sharma, G. R. : *Mesolithic Lake Cultures in the Ganga Valley*,India Proceedings of the Prehistoric Society 39, 1973.

Sharma, G. R. and Clark, J. D. (eds.) : *Palaeo-environments and prehistory in the Middle Son Valley,* Allahabad 1983.

Sharma, G. R., *et al.* : *Beginnings of Agriculture*, Allahabad 1980.

Sharma, R. K. (ed) : *Indian Archaeology: New Perspectives,* Delhi 1982.

Sharma, R. S. : *Material Cultural and Social Formations in Ancient India,* New Delhi, 1983.

Looking for the Aryans, Madras 1995.

: *Advent of the Aryans in India,* New Delhi 1989.

: *The State & Varna Formation in the Mid-Ganga PlainsAn Ethno archaeological View,* New Delhi, 1996.

Singh, B. P. (ed.) : *Potteries in Ancient India*, Patna, 1969.

Singh, Bhagawan : *Trade and Commerce in the Vedic Age, in (Eds. S.B. Deo and S. Kamanth) the Aryan Problem*, Pune, 1993.

Singh, P. : *Burial Practices in Ancient India*, Varanasi, 1970.

Singh, P. : *Excavations at Narhan* (1984-89) Banaras Hindu University, Varanasi & Delhi, 1994.

Singh, R. L. : *India : A Regional Geography,* National Geographical Society of India, Varanasi, 1971.

Sinha, K. K. : *Excavations at Sravasti*, Varanasi, 1967.

Stein, A. : *A Survey of Ancient Sites along the Lost Sarswati River, Geographical, Journal,* 1942, Vol. 99.

Suraj Bhan : *The sequence and spread of prehistory cultures in the upper saraswati basis, in (Eds. S.B. Deo and S. Ramath) the Aryan Problem*, Pune 1973.

Suraj Bhan : *Excavation at Mitathal1968 and other exploration in the Sutlaj-Yamuna Divide*, Kuruksherra, 1975.

Thakur, V. K. : *Urbanization in Ancient India,* New Delhi, 1981.

Thaper, B. K. : *Recent Archaeological Discoveries in India,* UNESCO, Paris, 1995.

Thaper, Romila : *From lineage to State : Social Formation in the mid-first millennium B.C. in the Ganga Valley,* Oxford University Press : New Delhi, 1984.

Interpretting Early India, Oxford University Press New Delhi, 1992.

Tewari, D. P. : *Archaeology of Ganga Plain and Excavation at Madanapur,* Lucknow, 2006.

Tiwari, R. L. : *Geography of Uttar Pradesh. National Book Trust*, New Delhi, 1971.

Tomory Edith : *A History of Fine Arts in India and the west orient,* Longman, 2004.

Tripathi, Vibhna : *Painted Grey Ware and Iron Age Culture of Northern India,* Delhi 1976.

Varma, R. K., Misra, V. D., Pandey J. N., Pal, J. N. : *A Preliminary Report on the Excavations at Damdama* (1982-1984) Man and Environment IX, 1985.

Vats, M. S. : *Excavations at Harappa,* Vol. 2, Delhi, 1940.

Wadia, D. N. : *Geology of India Macmillan*, London, 1957.

Weber, S. : *Plants and Harappan Subsistence,* American Institute of Indian Studies and Oxford, Delhi, 1991.

Wheeler, R. E. M. : *Early Indian and Pakistan,* London, 1959.

Wheeler, R. E. M. : *Civilization of the Indus Valley and Beyond,* London, 1966.

Wheeler, R. E. M. : *The Indus Valley Vivilization 3rd Eds., Combridge,* 1968.

Wheeler, R. E. M. a. Ghosh and Krishna Deva : *Arikamedu. An Indo-Roman trading Station on the East Coast of India,* Ancient India No.2, 1946, *Harappa 1946 : The Defences and Cementery R-37*, Ancient India No.13, 1947.

Zeuner, F. E. : *A History of Domestic Animal,* London, 1963.

फलक 1

1. उत्खनित पुरास्थल बणावली, फतेहाबाद एवं 2. राखीगढ़ी, हिसार, हरियाणा

3. उत्खनित पुरास्थल, सनौली, मेरठ, उत्तर प्रदेश एवं 4. कनिशपुर, बारामूला, कश्मीर

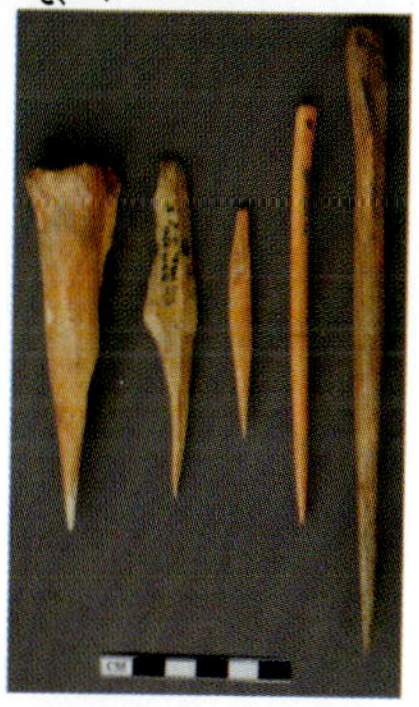

5. नवपाषाणिक ऋंग व अस्थि उपकरण चिरांद, बिहार एवं 6, 7. अस्थि उपकरण, बुर्जहोम, कश्मीर

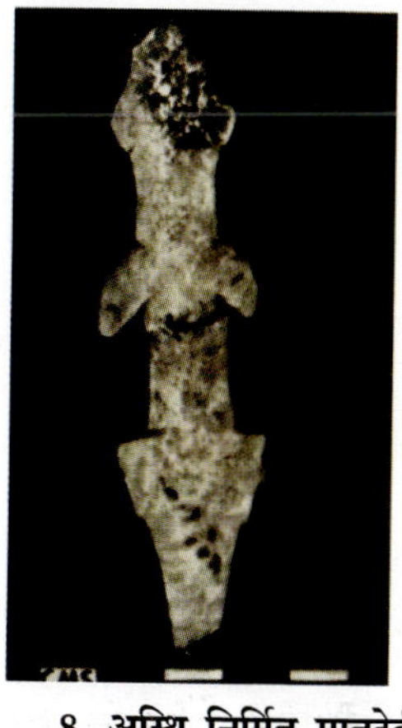
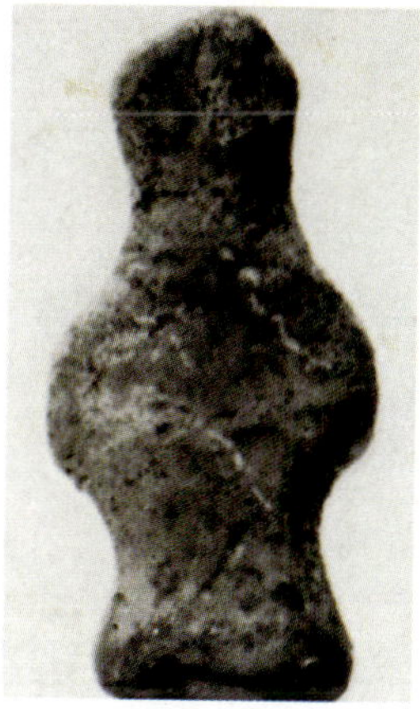

8. अस्थि निर्मित मातृदेवी! बेलन घाटी एवं 9. अस्थि निर्मित मातृदेवी! बुर्जहोम, कश्मीर

फलक 2

10. नवपाषाणिक अस्थि उपकरण बुर्जहोम एवं 11. कनिशपुर, बारामूला, कश्मीर

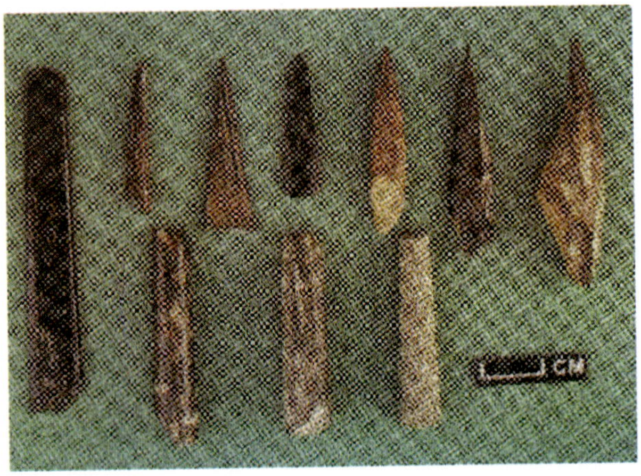

12. हड़प्पाकालीन अस्थि उपकरण, भिडाना एवं 13. नवपाषाणिक पाषाण उपकरण, बुर्जहोम

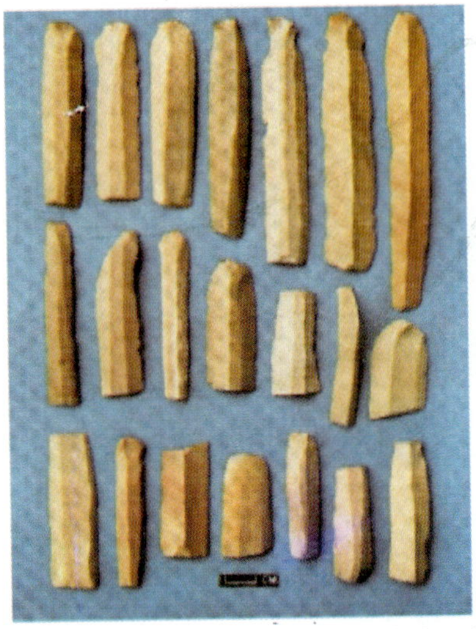

14. हड़प्पाकालीन चर्ट ब्लेड, भिडाना, फतेहाबाद एवं 15. नवपाषाणिक ताम्रउपकरण, कनिशपुर, बारामूला

फलक 3

16. हडप्पाकालीन ताम्र निर्मित बाणाग्र एवं 17. बरछी, सनौली, मेरठ, उत्तर प्रदेश

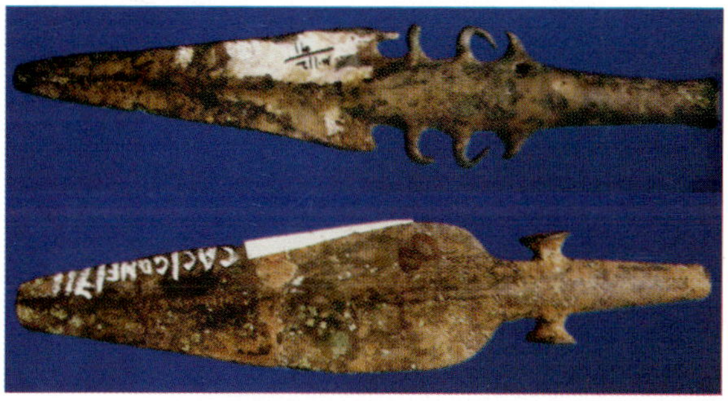

18. हडप्पाकालीन ताम्र उपकरण, भिडाना, फतेहाबाद एवं 19. ताम्रनिर्मित बरछी, सनौली, मेरठ

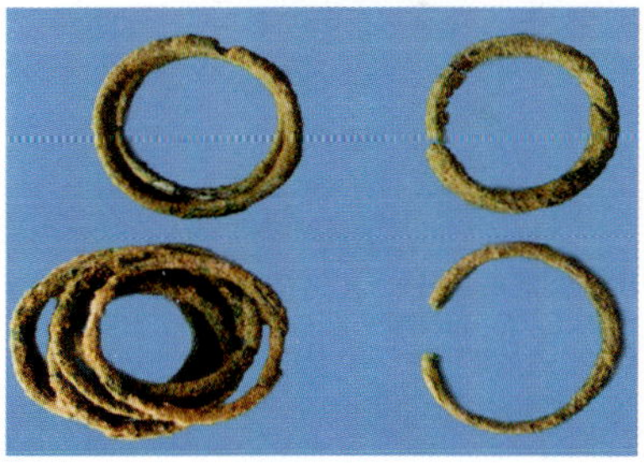

20. हडप्पाकालीन ताम्र निर्मित कंगन व छल्ले एवं 21. ताम्रनिर्मित बरछी, भिडाना, फतेहाबाद, हरियाणा

22. हडप्पाकालीन जुता खेत, कालीबंगा, राजस्थान एवं 23. हल आकृति बणावली, फतेहाबाद, हरियाणा

फलक 4

24, 25. ताम्रपाषाणिक कार्बनीकृत अनाज, लहुरादेवा, संत कबीर नगर, उत्तर प्रदेश

26, 27. नवपाषाणिक अर्द्ध मूल्यवान प्रस्तर के मनकें, बुर्जहोम, कश्मीर

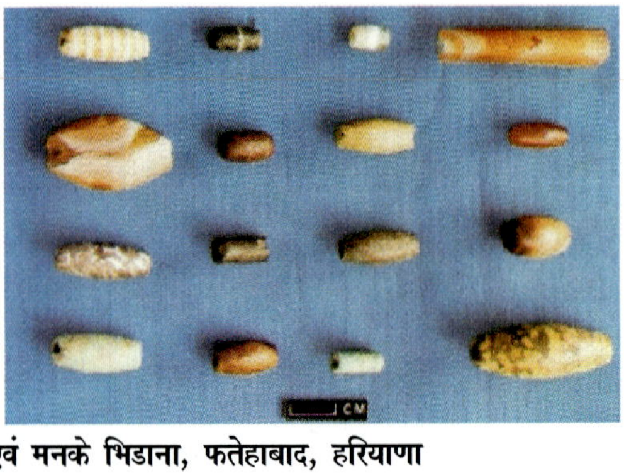

28, 29. हड़प्पाकालीन मृद्भाण्ड एवं मनके भिडाना, फतेहाबाद, हरियाणा

फलक 5

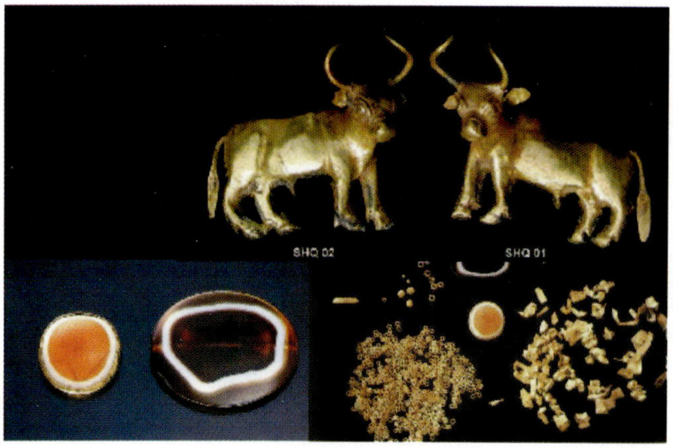

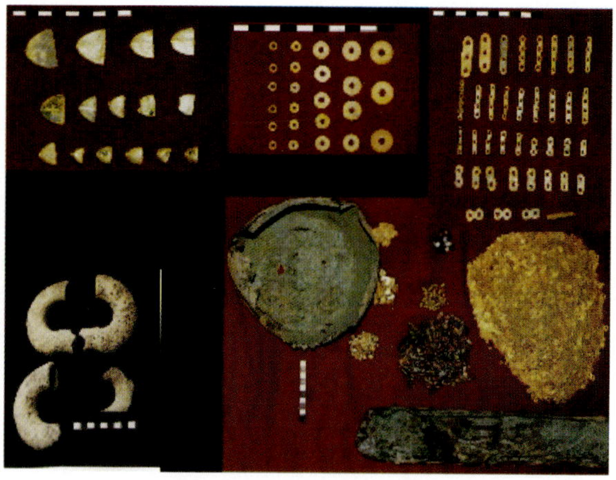

30. हड़प्पाकालीन स्वर्ण वृषभ एवं मनके, कुणाल, एवं 31. अर्द्ध मूल्यवान पत्थर के मनके, मांडी

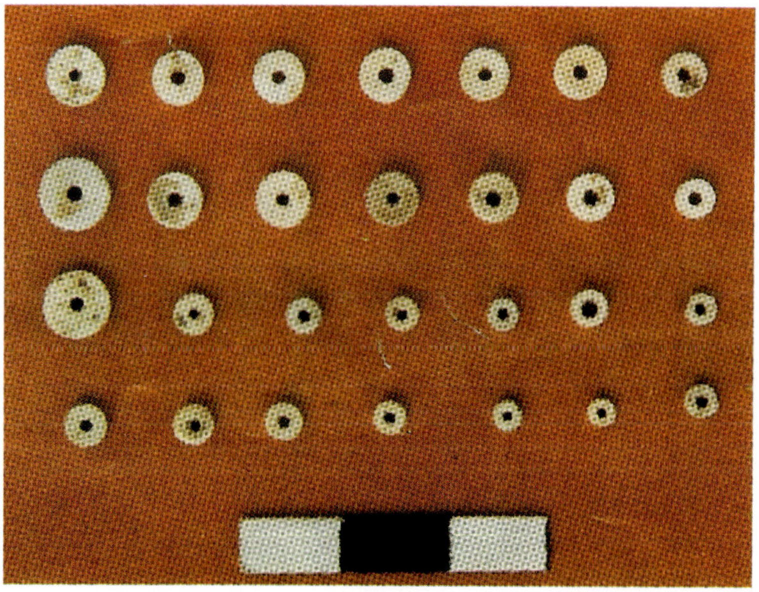

32. ताम्रपाषाणिक सेलखडी, मनके लहुरादेवा एवं 33. हड़प्पाकालीन मनके, भिडाना

34. हड़प्पाकालीन अर्द्ध मूल्यवान पत्थर के मनके एवं 35. स्वर्ण ढक्कन, सनौली, मेरठ

फलक 6

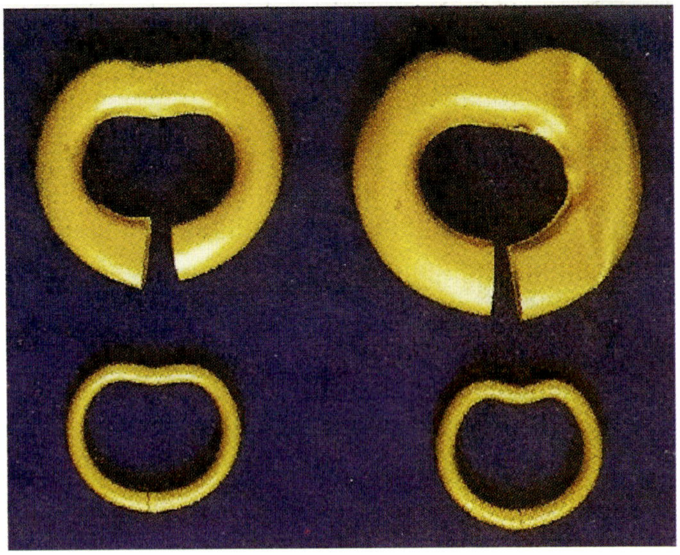

36. हड़प्पाकालीन घुमावदा चूड़ियाँ, कुणाल, फतेहरवाद एवं 37. स्वर्ण आभूषण, मांडी, मुज्जफर नगर

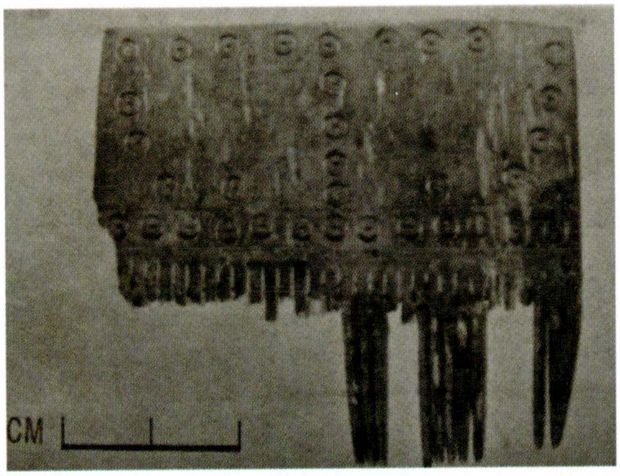

38. अस्ति निर्मित कंघी, बुर्जहोम एवं 39. हड़प्पाकालीन हाथी दाँत निर्मित कंघी, बणावली

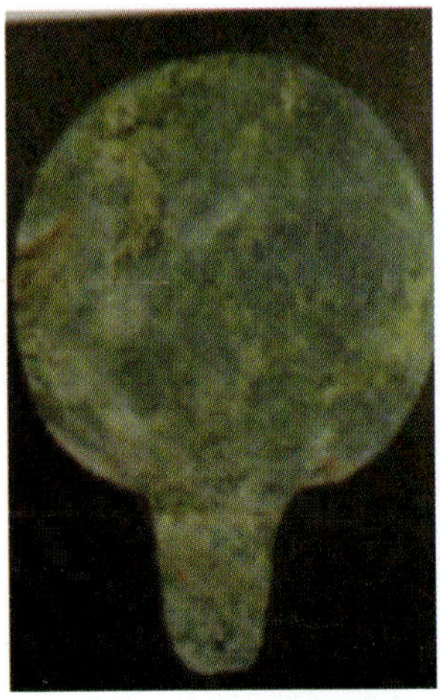

40. हड़प्पाकालीन ताम्र निर्मित दर्पण, राखीगढ़ी, हिसार एवं 41. दर्पण, धौलावीरा, कच्छ, गुजरात

फलक 7

42. हड़प्पाकालीन सेलखडी मुहर, मोहनजोदरों एवं 43. मृणपात्र पर अंकित चित्र, गोण्डोसोप, यूरोप प्रथम शती ई.

44. गजारूढ़ देव द्वारा बाघ दमन, हड़प्पा एवं 45. वस्त्र विहीन मुनि द्वारा सिंह मर्दन, उर, मेसोपोटामियाँ

46. सप्तमात्रिका सहित देव को पशु अर्पण एवं 47. योगी व पशुबद्ध (महिषमर्दनी?), मोहनजोदड़ो

फलक 8

48. ताम्रनिर्मित एक श्रृंगी पशु युक्त मानवाकृति, खेड़ीगुजर, हरियाणा एवं 49. श्रृंगी पशु युक्त मुहर, मोहनजोदड़ो

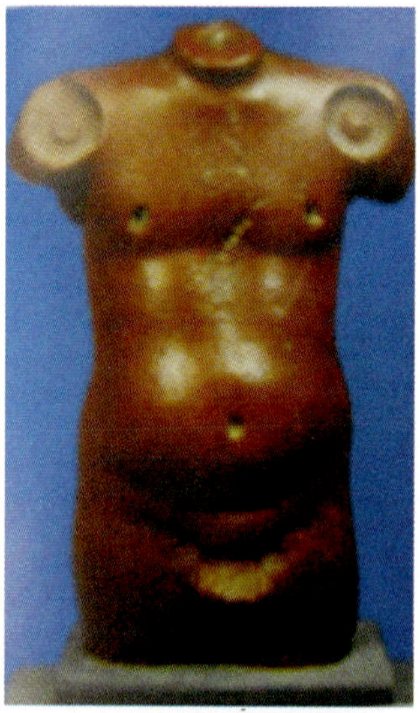

50. मानव धड़ हड़प्पा एवं

51. मानव धड़, मौर्यकालीन, लोहानीपुर, पटना

52. अद्योवस्त्र व भूमिस्पर्श सदृश मुद्रायुक्त, मूर्ति, मोहनजोदड़ो एवं 53. बुद्ध, भूमिस्पर्श मुद्रा, पालकालीन, नालंदा

फलक 9

54. नारी मृण्मूर्ति, हड़प्पा एवं 55. नारी मृण्मूर्ति, कुषाण, राजा नहुष का कोट, घोसी, उत्तर प्रदेश

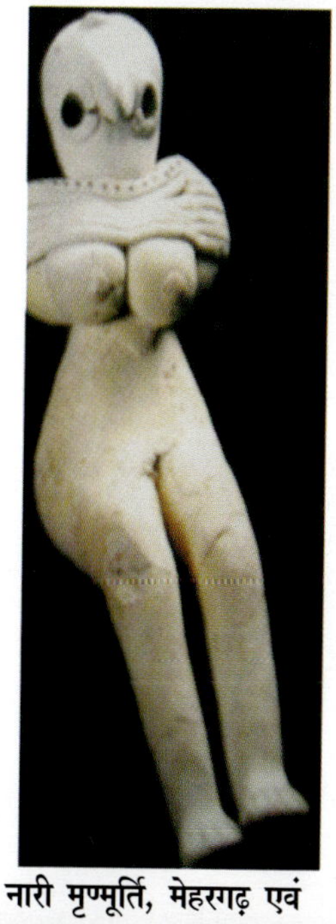

56. नारी मृण्मूर्ति, मेहरगढ़ एवं

57. गंगा, मृण्मूर्ति, अहिक्षत्र, बरैली, उत्तर प्रदेश

58. शिवलिंग, धौलावीरा एवं

59. शिवलिंग, मृत्युन्जय, जागेश्वर, अल्मोड़ा

फलक 10

60. मिट्टी के ऊपर छपी नाव, मोहनजोदड़ो

61. आधुनिक नाव, वाराणसी

62. फर्श, कालीबंगा एवं 63. मिट्टी निर्मित, खिलौना गाड़ी, नौशेरो

64. ताम्रनिर्मित चूड़ियाँ, मोहनजोदड़ो

फलक 11

65, 66. चित्रित मृद्भाण्ड, हड़प्पा

67. अलंकृत मृद्भाण्ड, बणावली एवं 68. ताम्र निर्मित थाली, मोहनजोदड़ो

69. ताम्र निर्मित पात्र, हड़प्पा एवं 70. अलंकृत मृद्भाण्ड, बणावली

फलक 12

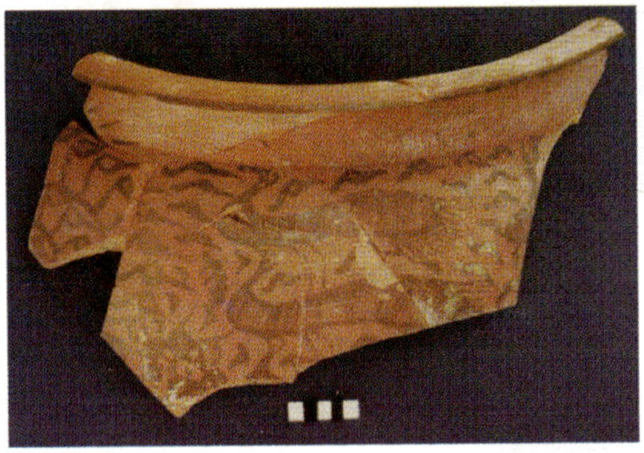

71. चित्रित मृद्भाण्ड, भिडाना एवं 72. चित्रित मृद्भाण्ड, कुणाल, हरियाणा

73. अलंकृत मृद्भाण्ड, नौसेरो, पाकिस्तान

74,75. चित्रित धूसर मृद्भाण्ड, भगवानपुरा, फतेहाबाद, हरियाणा

76, 77, 78. नवपाषाणिक चटाई छाप मृद्भाण्ड, बुर्जहोम, कनिशपुर व लहुरादेवा

अनुक्रमणिका